D1725348

JESUS CHRISTUS IN HISTORIE UND THEOLOGIE

Jesus Christus in Historie und Theologie

Neutestamentliche Festschrift für Hans Conzelmann
zum 60. Geburtstag

Herausgegeben von
GEORG STRECKER

1975

J. C. B. MOHR (PAUL SIEBECK) TÜBINGEN

Zum Erscheinen dieses Buches haben durch finanzielle Unterstützung die im folgenden genannten evangelischen Landeskirchen beigetragen: Bremische Evangelische Kirche, Evangelisch-lutherische Landeskirche in Braunschweig, Evangelisch-lutherische Landeskirche Hannovers, Evangelisch-lutherische Kirche in Oldenburg, Evangelisch-lutherische Landeskirche Schaumburg-Lippe, Evangelische Landeskirche in Württemberg.

CIP-Kurztitelaufnahme der Deutschen Bibliothek

Jesus Christus in Historie und Theologie: neutestamentl. Festschrift f. Hans Conzelmann z. 60. Geburtstag / hrsg. von Georg Strecker.
   ISBN 3-16-137872-5
NE: Strecker, Georg [Hrsg.]; Conzelmann, Hans

VORWORT

Lieber Herr Conzelmann,

daß Freunde, Kollegen und Schüler Ihnen diese Gabe zum 60. Geburtstag am 27. Oktober 1975 überreichen, braucht nicht ausdrücklich begründet zu werden. Wir alle schulden Ihnen Dank für viele Anregungen, für Kritik und Belehrung und möchten mit unseren Beiträgen den Wunsch aussprechen, daß wir noch lange mit Ihnen in Zusammenarbeit verbunden bleiben werden, auch im Blick auf die Fragestellung des vorliegenden Werkes.

Wie die Liste Ihrer Veröffentlichungen zeigt, haben Sie sich mit Engagement einer Vielzahl von Aufgaben der neutestamentlichen Wissenschaft und darüber hinaus gestellt und eine umfassende internationale Resonanz erhalten.

Als exegetisch besonders bedeutend sind Ihre Veröffentlichungen zur Theologie und zum Geschichtswerk des Lukas, Ihr Kommentar zum 1. Korintherbrief und vieles andere anerkannt. Unvergessen ist Ihre kritische Mitarbeit am „Malta-Dokument", in dem als Ergebnis mehrjähriger ökumenischer Gespräche Thesen zum Verhältnis von römisch-katholischer und evangelisch-lutherischer Kirche formuliert worden sind. Und — um nur weniges zu nennen — ins Zentrum der Theologie führen Ihr „Grundriß der Theologie des Neuen Testaments" und nicht zuletzt der RGG-Artikel „Jesus Christus" von beinahe monographischem Ausmaß. Dieser bildet den unmittelbaren Anlaß für die thematische Ausrichtung des Buches; es enthält ausschließlich Beiträge zum Problem des historischen Jesus und seiner christologischen Deutung. Wir, die wir für die einzelnen Aufsätze verantwortlich sind, möchten hierdurch einer Forderung entsprechen, die Sie seinerzeit zum Jesusproblem erhoben haben: Die historische Rückfrage nicht abschneiden, vielmehr sie an ihren richtigen theologischen Ort verweisen! Daß hierbei eine Pluralität von theologischen Positionen sichtbar wird, ist — darüber sind wir uns einig — kein Grund zur Klage, sondern als sachgemäße Reflexion des gegenwärtigen Standes der neutestamentlichen Wissenschaft zu begrüßen.

Zu Entstehung und Inhalt dieses Buches noch das Folgende: Einige Mitarbeiter wirkten in der internationalen Seminargruppe zur Frage des historischen Jesus zusammen, die sich seit 1969 im Rahmen der jährlichen SNTS-Kongresse regelmäßig traf. Ihre bei diesen Zusammenkünften vorgetragenen Referate sind in ausgearbeiteter Fassung in diesem Band abgedruckt worden.

Die Gliederung des Buches erfolgt nach sachlichen Gesichtspunkten. Dabei ist jeweils der Inhalt eines Aufsatzes für die Einordnung ausschlaggebend gewesen. Dem ersten Abschnitt wurden die Abhandlungen zugewiesen, die sich mit dem Problem „historischer Jesus und kerygmatischer Christus" befassen, in Hinsicht sowohl auf die Stellung des historischen Jesus in der Theologie des Neuen Testaments als auch auf die Frage nach Selbstverständnis und Verkündigung Jesu. Beiträge mit gleichgerichteter Fragestellung sind nebeneinandergestellt und darüber hinaus einer übergreifenden Linienführung „vom Allgemeinen zum Besonderen" zugeordnet worden[1]. Der zweite Abschnitt setzt demgegenüber mit Aufsätzen ein, die speziellen exegetischen Problemen gewidmet sind, und geht sodann zur allgemeineren Thematik über. Sein Gegenstand ist vorwiegend die Christologie des Neuen Testaments, besonders die neutestamentliche Überlieferung zur Verkündigung des Christus — im Sinn sowohl eines genetivus subiectivus wie auch eines genetivus obiectivus. Nicht zuletzt in diesem Zusammenhang wird deutlich, daß die historische und theologische Problematik der Jesusfrage aufs engste miteinander verflochten sind.

Wir hoffen, lieber Herr Conzelmann, daß Sie bei der Lektüre dieses Buches zu der Überzeugung gelangen, daß Ihre Worte nicht auf steinigen Boden gefallen sind, sondern ein vielfältiges Echo wachgerufen haben, und wünschen Ihnen für viele neue Jahre Gottes Segen.

Herzlichst
Ihr Georg Strecker

---

[1] Ausnahme: Die Überlegungen zum Zeitverständnis Jesu von E. Linnemann, die aus technischen Gründen nicht am vorgesehenen Platz, im Anschluß an W. Schmithals' Beitrag, aufgenommen werden konnten.

INHALT

I. HISTORISCHER JESUS
UND KERYGMATISCHER CHRISTUS

II. CHRISTUSVERSTÄNDNIS
UND CHRISTUSVERKÜNDIGUNG

I. HISTORISCHER JESUS
UND KERYGMATISCHER CHRISTUS

DER HISTORISCHE JESUS
Bilanz der Fragen und Lösungen

SIEGFRIED SCHULZ

Die wissenschaftlich ausgewiesene und darum kontrollierbare Frage nach dem historischen Jesus setzt gegenwärtig folgende sechs endgültige Ergebnisse voraus, hinter die keine ernst zu nehmende Theologie — welcher Konfession auch immer — mehr zurückfallen kann:

1. Im Unterschied zum Apostel Paulus hat Jesus nichts Schriftliches hinterlassen, auch wenn bekanntlich die vier Evangelien auf jeder Seite scheinbar Jesus-Reden reproduzieren.

2. Für den Katholizismus wie Protestantismus vor der Aufklärung stand die Tatsache 1800 Jahre lang fest, daß die Evangelien als kanonische und heilige Schriften historisch unbedingt zuverlässig über Jesus berichten: Er war von der Jungfrau Maria geboren, hat Wunder gewirkt und besaß als Bringer und Lehrer des ewigen Sittengesetzes ein göttliches Selbstbewußtsein. Das einzige noch verbleibende Problem im Horizont dieser supranaturalistischen und unbeirrbar geradlinig verlaufenden Geschichtsauffassung war lediglich die Paraphrasierung und völlige Harmonisierung der unterschiedlichen Evangelienbücher.

3. Erst die historische Vernunft der Aufklärung (englischer Deismus und H. S. Reimarus 1778) entdeckte mit Hilfe der historisch-kritischen Methode zum erstenmal den sogenannten historischen Jesus bzw. den wirklichen und wahren, den vorösterlichen und irdischen Jesus, isolierte ihn in der Antithese zum Christus-Kerygma und vor allem zur kirchlichen Dogmatik und machte ihn so wie niemals zuvor provokativ nicht nur zum Objekt wissenschaftlicher Forschung, sondern zugleich zum Gegenstand des Glaubens und der Verkündigung der Kirche.

4. Die damit einsetzende liberale Leben-Jesu-Forschung ist nach 150 Jahren unter der rücksichtslosen Kritik der konsequenten Eschatologie (J. Weiss und A. Schweitzer), der radikalen Synoptikerforschung (W.

Wrede und J. Wellhausen), der Formgeschichte (K. L. Schmidt, M. Dibelius und R. Bultmann), der Dialektischen Theologie und der konsequenten Kerygma-Theologie gescheitert. Es ist einerseits unmöglich, eine lückenlose Biographie Jesu nach den „Idealen vernunftgemäßer Wahrheit, historischer ‚reiner‘ Faktizität und psychologischer Folgerichtigkeit"[1] zu rekonstruieren, weil die Botschaft des historischen Jesus weithin ununterscheidbar in die Verkündigung nachösterlicher Gemeinden eingebettet ist. Zum anderen aber ist diese ganze Anstrengung für Glaube, Theologie und Kirche ohne Belang, weil nicht der historische Jesus, sondern der verkündigte Christus der Grund des Glaubens ist. Allerdings gelten diese Verdikte fast nur für die eigentliche Fachdiskussion. A. Schweitzer hätte heute jedenfalls „Stoff genug, seiner Geschichte der Leben-Jesu-Forschung II. Teil zu schreiben"[2].

5. Im Gegenschlag sowohl zur Leben-Jesu-Forschung alten und neuen Stils als auch zur konsequenten Kerygma-Theologie ist von E. Käsemann 1953 die „neue Frage" nach dem historischen Jesus initiiert worden[3]. Käsemann betont die historische Kontinuität und sachliche Identität des historischen Jesus mit dem nachösterlichen Christus-Kerygma, auch wenn Ostern das entscheidende Ereignis urchristlicher Geschichte bleibt und gravierende Unterschiede zwischen der Botschaft Jesu und dem nachösterlichen Christus-Evangelium keineswegs einzuebnen sind.

6. Auch nach dem schockierenden Grabgesang A. Schweitzers auf die Leben-Jesu-Forschung ist die wachzuhaltende Rückfrage nach dem historischen Jesus historisch-kritisch wie sachkritisch notwendig und legitim. Denn ohne eine historisch-kritische Rekonstruktion der Botschaft Jesu wie ihre theologische Sachkritik besteht die Gefahr und Versuchung, den Nazarener für eigene Zwecke historisch wie sachlich unangemessen auszubeuten.

a) *Die Quellenlage:* Die nichtchristlichen Quellen (z. B. Jos Ant 20, 200; Tac Ann 15,44; Plin ep 10,96,7) sind unergiebig und zeigen höchstens, daß Jesus in Palästina gelebt hat und unter Pontius Pilatus hingerichtet wurde. Für die Rekonstruktion der Worte und Taten Jesu sind wir deshalb ganz auf die christlichen Quellen angewiesen, und zwar ausschließlich auf die „Leben-Jesu-Traditionen" der Synoptiker und nicht

---

[1] *W. Trilling,* Geschichte und Ergebnisse der historisch-kritischen Jesusforschung, in: F. J. Schierse (Hg.), Jesus von Nazareth, 1972, 187—213, ebd. 187.

[2] So zu Recht *E. Grässer,* Motive und Methoden der neueren Jesusliteratur, VF 18/2 (1973), 3—45, ebd. 7 f.

[3] Das Problem des historischen Jesus, in: Exegetische Versuche und Besinnungen I, 1960, 187—214.

auf die „Kerygma-Traditionen"[4] der vorpaulinischen und vorjohanneischen Gemeindeüberlieferung.

Grundvoraussetzung ist die Zweiquellen-Theorie, nach der das Markusevangelium und die aus Syrien stammende Q-Quelle neben mündlichem Sondergut von Matthäus und Lukas verarbeitet wurden. Die Formgeschichte stieß hinter diese schriftlichen Evangelienquellen auf die älteste Tradition der Gemeinde, die als mündliche Überlieferung aus Wort-, Tat- und Geschichtentraditionen besteht. Dabei löste sich der Rahmen ebenso auf wie die Jesus-Reden als spätere Kompilation erwiesen wurden. Übrig blieben allein die kleinen Einheiten, Worte wie Geschichten, die selbständig, ja allermeist weder lokalisiert noch datiert und auch ohne Kolorit sind. Die Konsequenz der formgeschichtlichen Methode ist, „daß die historische Glaubwürdigkeit der synoptischen Tradition auf der ganzen Linie zweifelhaft geworden"[5] und deshalb „nicht mehr die etwaige Unechtheit, sondern gerade umgekehrt die Echtheit des Einzelgutes zu prüfen und glaubhaft zu machen"[6] ist. Komplementär dazu hat die Redaktionsgeschichte bewiesen, daß die Evangelisten Markus, Matthäus und Lukas die von ihnen benutzten Leben-Jesu-Traditionen durchgehend und im Sinne ihrer Dogmatik redigiert haben[7].

b) *Kriterien* für die Eruierung echten Jesusgutes sind aufgrund der bisherigen form- und redaktionsgeschichtlichen Ergebnisse problematisch geblieben. Formalkriterien gibt es zwar („Abba", „Ich sage euch", „Amen", Gleichnisse, Stilformen u. a.[8]), aber sie bleiben notgedrungen zweideutig, weil sie z. B. nicht mehr Worte des Endzeitpropheten Jesus von Worten urchristlicher Propheten zu scheiden vermögen. Sie haben nur Evidenz in Verbindung mit Sachkriterien. Solche werden genannt und diskutiert z. B. von R. Bultmann[9], E. Käsemann[10], H. Conzelmann[11], M. Lehmann[12], N. Perrin[13], F. Lentzen-Deis[14] und F. Hahn[15]. Sie lassen

---

[4] Diese Unterscheidung nach *Ph. Vielhauer*, Ein Weg zur neutestamentlichen Christologie?, in: Aufsätze zum Neuen Testament, 1965, 141—198, ebd. 196.

[5] *Käsemann*, Problem 205.   [6] Ebd. 203.

[7] Vgl. *S. Schulz*, Die Stunde der Botschaft, 1970².

[8] Dazu vgl. *M. Lehmann*, Synoptische Quellenanalyse und die Frage nach dem historischen Jesus, 1970, 186 ff; 189 ff.

[9] Die Geschichte der synoptischen Tradition, 1967⁷, 135 f.   [10] Problem 205.

[11] Art. Jesus Christus, RGG³ III, 1959, 619—653, ebd. 623.

[12] Quellenanalyse 163 ff.   [13] Was lehrte Jesus wirklich?, 1972, 32 ff.

[14] Kriterien für die historische Beurteilung der Jesusüberlieferung, in: K. Kertelge (Hg.), Rückfrage nach Jesus, 1974, 78—117, ebd. 94 ff.

[15] Methodologische Überlegungen zur Rückfrage nach Jesus, in: *K. Kertelge* (Hg.), Rückfrage nach Jesus, 1974, 11—77, ebd. 32 ff.

sich mit G. Theissen[16] auf zwei — das Sachkriterium der Kontingenz und
der Konsequenz der Jesusüberlieferung — reduzieren, die allerdings für
sich genommen immer noch problematisch bleiben und — wie allgemein
zugestanden wird — lediglich zu einem Minimalbestand echter Jesusworte führen können.

c) Angesichts dieser Forschungslage vermag die *konsequent traditionsgeschichtliche Frage* nach dem historischen Jesus — freilich nur bei Berücksichtigung der „Konvergenz der Einzelergebnisse" wie „Konvergenz
der Methoden"[17]— einen Schritt weiter zu führen[18]; denn die von der
Formgeschichte eruierte älteste Traditionsschicht als mündliche Gemeindeüberlieferung ist traditionsgeschichtlich beurteilt uneinheitlich. Die
Leben-Jesu-Stoffe, repräsentiert durch die ältesten und jüngeren Q-[19] sowie die vormarkinischen Traditionen und das Sondergut des Matthäus
und Lukas gehen auf verschiedene, wenn auch keineswegs beziehungslos
nebeneinanderstehende Gemeinden mit unterschiedlichen, keineswegs einheitlichen theologischen Entwürfen zurück[20]. Die Leben-Jesu-Traditionen
sind also weder traditionsgeschichtlich einheitlich noch historisch gleichursprünglich oder gar theologisch-sachlich deckungsgleich, obwohl sie —
wie gleich zu zeigen sein wird — sämtlich das konservativ-apokalypti-
sche Urchristentum repräsentieren. Zwischen diesen Gemeindegruppen
als Träger und Schöpfer der Jesustraditionen bestand kein Sprachenpro-
blem, es sind vielmehr sämtlich hellenistisch-judenchristliche Gemeinden,
die in Syrien und nicht in Palästina beheimatet sind und historisch wie
sachlich in die Geschichte und Theologie des Spätjudentums gehören.

Die entscheidende Frage lautet: Wo liegt die älteste theologische Konzeption innerhalb der Leben-Jesu-Traditionen? Zur Beantwortung dieser
traditionsgeschichtlichen Frage bedarf es der Anwendung z. B. folgender
Sachkriterien: 1. Die Stellung der Leben-Jesu-Gemeinden zum Kult- und
Sozialgesetz des Moses, 2. zur apokalyptischen Naherwartung der Basileia und des Menschensohnes, 3. zum prophetischen Enthusiasmus (kennt-

---

[16] Ergänzungsheft zu *R. Bultmann*, Die Geschichte der synoptischen Tradition,
1971[4], 10 ff.

[17] So zu Recht *Lentzen-Deis*, Kriterien 117.

[18] Vgl. *S. Schulz*, Die neue Frage nach dem historischen Jesus, in: Neues Testament
und Geschichte (Festschrift O. Cullmann), 1972, 33—42, ebd. 34 ff.

[19] Vgl. *S. Schulz*, Q — Die Spruchquelle der Evangelisten, 1972, 55 ff.

[20] Dazu vgl. außer *Schulz*, Frage 34 ff auch *H. Köster*, Ein Jesus und vier ursprüngliche Evangeliengattungen, in: *H. Köster/J. M. Robinson*, Entwicklungslinien durch die
Welt des frühen Christentums, 1971, 147—190; *G. Schille*, Prolegomena zur Jesusfrage, ThLZ 93 (1968), 481—488; *Lentzen-Deis*, Kriterien 107 f.

lich an den prophetisch-apokalyptischen Einleitungsformeln „Ich sage euch", der Seligpreisung, dem Weheruf und dem „Wer unter euch?")[21], 4. zur expliziten Christologie, 5. zu den Wundertaten Jesu, 6. zum Gericht über Israel. Geschieht das, dann zeigt sich sehr schnell, daß die ältesten Q-Stoffe die älteste Traditionsschicht im konservativen apokalyptischen Urchristentum überhaupt wiedergeben.

Ad 1) die ältesten Q-Stoffe anerkennen die pharisäische Tora (z. B. Verzehntung der Gartenkräuter Mt 23,23 par), ordnen das Kult- dem Sozialgesetz unter (Mt 23,4.6 f.13.23.25 f.29 ff par) und verschärfen das Sozial- und nicht das Kultgesetz (Mt 5,32.39 ff.44 ff par). Die bleibende Gültigkeit des Mosegesetzes steht außer Diskussion (Mt 5,18 par).

Die vormarkinische Gemeinde hat Zöllner (Mk 2,13—17), Sünder (Fischer, die nicht als gesetzestreu gelten: Mk 1,16—20) und Kranke (der geheilte Aussätzige soll sich dem Priester zeigen und das von Mose gebotene Reinigungsopfer darbringen: Mk 1,40—45) in Israel aufgenommen, den Sabbat in einer konkreten Notsituation gebrochen (Mk 2,23 bis 28; 3,1—6), die pharisäische Reinheitstora abgelehnt und das Händewaschen vor dem Essen unterlassen, weil für sie nicht der kultisch Reine, sondern der moralisch Reine vor Gott rein ist (Mk 7,1—23)[22]. Der Tempelkult in Jerusalem wird anerkannt (Mk 11,15) und das Sozialgesetz dem Kultgesetz eindeutig vorgeordnet (Mk 12,28—34: monotheistisches Bekenntnis und Erfüllung des sozialen Hauptgebotes sind „mehr als alle Schlachtopfer und Brandopfer"). Nur einmal wird von der Fernheilung einer Heidin berichtet (Mk 7,24—30) und gleichzeitig das Exklusivdogma Israels unmißverständlich anerkannt: Alle Heiden sind „Hündlein", die Israeliten allein die „Kinder Gottes", denen das „Brot" ausschließlich zusteht. Andererseits wird wie in den ältesten Q-Stoffen das Sozialgesetz verschärft, indem die Ehescheidung kategorisch abgelehnt wird (Mk 10,1—12).

In der jüngeren Q-Gemeinde ergeht die zweite Einladung Gottes an diejenigen, die sich „auf den Straßen" befinden, d. h. an die Sünder, Zöllner und Kranken Israels (Mt 22,1—10 par, auch Mt 11,16—19 par), werden die Unreinen und Abgefallenen in Israel aufgesucht (Mt 18,12 bis 14 par), werden Pietät und Sitte zugunsten der Jesusnachfolge abgelehnt (Mt 8,19—22 par) und ein Heide ausnahmsweise wegen der kultischen Verunreinigung ferngeheilt (Mt 8,5—13 par). Auch von der jüngeren Q- wie Markusgemeinde wird also das Kultgesetz des Mose nicht

---

[21] Vgl. *Schulz*, Q 57 ff.

[22] Vgl. *K. Berger*, Die Gesetzesauslegung Jesu I, 1972, 464 ff.

grundsätzlich verworfen, wohl aber dem Sozialgesetz untergeordnet.
Von einer gesetzesfreien Heidenmission ist nirgends die Rede.

Kein anderes Bild ergibt das Sondergut des Lukas. Der Sabbat als
Zentrum des mosaischen Kultgesetzes wird anerkannt, nur im Notfall
darf er gebrochen werden (Lk 13,10—17; 14,1—6). Zöllner (Lk 18,9 bis
14; 19,1—10) und Sünder (Lk 15,8—10.11—32) in Israel werden in die
christliche Gemeinde aufgenommen; denn Jesus ist gekommen „zu suchen
und zu retten das Verlorene" (Lk 9,10) in Israel. Gott freut sich über
jeden Sünder in Israel, der Buße tut (Lk 15,10). Innerhalb der Leben-
Jesu-Traditionen wagt sich aber die Gemeinde des Lukas-Sondergutes insofern am weitesten vor, als sie die den Juden verhaßten und außerhalb
des spätjüdischen Synagogenverbandes stehenden Samaritaner missio-
niert (Lk 17,11—19; 10,29—37). Das Kultgesetz wird auch hier anerkannt, wie der Befehl an die zehn geheilten Aussätzigen „Zeigt euch den
Priestern!" (Lk 17,14) beweist.

Konservativer ist das Matthäus-Sondergut, das in Mt 10,5b f (auch
10,23; 15,24) ausdrücklich die Heiden- und auch Samaritanermission verbietet und nur die Israelmission erlaubt: „Geht aber vielmehr zu den
verlorenen Schafen des Hauses Israel!" Die Gemeinde des Matthäus-
Sondergutes zahlt nach Mt 17,24—27 die gesetzlich gebotene Tempel-
steuer, opfert im Tempel von Jerusalem (Mt 5,23 f), betrachtet Tempel,
Altar und Opfergaben als gültig und heilig (Mt 23,16—22), anerkennt
die typisch verdienstlichen frommen Werke des Spätjudentums wie Almosengeben, Beten und Fasten (Mt 6,1—18), bildet eine christliche
Schriftgelehrsamkeit aus (z. B. Mt 5,21 f.27 ff.33 ff; in Mt 16,16—19 finden sich bereits die „Anfänge einer eigenen, sich auf Petrus berufenden
christlichen Halacha"[23]) und lädt Zöllner und Sünder in die Endzeit-
gemeinde ein (Mt 21,28—32). Nach Mt 23,2 f sitzen die Schriftgelehrten
und Pharisäer auf dem Katheder des Mose, weshalb ihre Lehre wie die
Tora göttliche Autorität beansprucht. Nur ihre Praxis wird verworfen.

Fazit: Der Partikularismus der Leben-Jesu-Stoffe ist unübersehbar.
Weil das Kultgesetz anerkannt ist, wird ausschließlich Mission in Israel
und höchstens unter abgefallenen Samaritanern, nicht aber unter unbe-
schnittenen Heiden praktiziert, was ausschließlich für die Kerygma-Traditionen (Stephanuskreis und die vorpaulinische Gemeindetradition
Westsyriens) zutrifft. Wer jedoch die Heilsbedeutung des mosaischen

---

[23] *G. Bornkamm*, Die Binde- und Lösegewalt in der Kirche des Matthäus, in: Geschichte und Glaube 2. Teil (Gesammelte Aufsätze IV), 1971, 37—50, ebd. 49.

Kultgesetzes, aber nirgends diejenige des Kreuzestodes Jesu bejaht, gehört in die Theologie und Geschichte Israels.

Ad 2) Die ältesten Q-Stoffe waren von der zeitlich terminierten Naherwartung der Basileia und des Menschensohnes bestimmt (Lk 12,8 f par;
die Makarismen und das Vaterunser); von einer Parusieverzögerung ist
noch keine Rede. Von dieser — bei gleichzeitiger apokalyptischer Naherwartung — wissen erst die Markus-[24], jüngeren Q-[25] und Sondergut-
Traditionen[26].

Ad 3) Während die ältesten Q-Stoffe vom prophetischen Enthusiasmus
aufgrund des eschatologischen Geistes bestimmt sind[27], ist in den Mar-
kus-[28], jüngeren Q-[29] wie Sondergut-Traditionen[30] ein sichtbares Nach-
lassen bzw. völliges Erlöschen dieses Enthusiasmus zu verzeichnen.

Ad 4) Die ältesten Q-Stoffe kennen weder den kerygmatischen Rückgriff auf Worte und Taten des historischen Jesus noch eine explizite
Christologie, noch werden Tod und Auferstehung Jesu überhaupt erwähnt. Anders die Markus-, die jüngeren Q- und Sondergut-Traditionen. Während der kerygmatische Rückgriff auf den historischen Jesus
und damit eine explizite, wenn auch unterschiedlich ausgeformte Christologie alle diese Traditionsbereiche beherrscht, fehlen in den jüngeren
Q-Stoffen sowohl eine Passions- als auch eine Ostergeschichte — der Tod
Jesu wird hier als gewaltsames Prophetenschicksal verkündigt[31] — und
wird in den Markus-Stoffen zwar eine Passionsgeschichte geboten, aber
ohne die vorpaulinische Aussage vom Sühntod Christi[32].

Ad 5) Enthalten die ältesten Q-Stoffe überhaupt keine ausgeführten
Wundergeschichten, so ändert sich das wiederum in den übrigen Leben-

---

[24] Mk 13,32.33—36; auch 9,1; 13,30.

[25] Die Wachsamkeitsgleichnisse Mt 24,34 f.45—51 par, die Talentenparabel Mt 25,
14—30 par und die Wachstumsgleichnisse vom Senfkorn und Sauerteig Mt 13,31 f.33
par sowie die Q-Apokalypse Mt 24,26—28.37—41 par (dazu vgl. *Schulz*, Q 268 ff).

[26] Das nachösterliche Prophetenwort Mt 10,23 ist ebenfalls ein Trostwort für die
verfolgten Missionare in Israel.

[27] Zehnmal „Ich sage euch", dreimal „Selig", siebenmal „Wehe" und zweimal „Wer
unter euch?" (dazu vgl. *Schulz*, Q 57 ff).

[28] Außer fünfmaligem „Ich sage euch" (Mk 9,1; 10,15.29; 13,30; 14,25) finden sich
keine der übrigen prophetisch-apokalyptischen Einleitungsformeln mehr.

[29] In den jüngeren Q-Traditionen kommen zwar die genannten prophetischen Rede-
formen vor, aber fast durchwegs in sekundärer Verwendung.

[30] Im Sondergut des Matthäus und Lukas treten alle diese Einleitungsformeln fast
völlig zurück.

[31] Vgl. *P. Hoffmann*, Studien zur Theologie der Logienquelle, 1972, 158 ff; *Schulz*,
Q 36 ff.   [32] Vgl. *Schulz*, Q 354 ff.

Jesu-Stoffen. In den jüngeren Q-Traditionen wird ausdrücklich gegen die hellenistische Wundermann-Christologie polemisiert (Mt 4,3—10 par). Wunder sind für die jüngere Q-Gemeinde nicht Demonstrationen des Gottmenschen, sondern Anbruch der Basileia (Lk 11,14—20 par; Mt 10,7b f par)[33]. In den Markus-Traditionen gehören der über die Erde schreitende Gottmensch und Wundertaten zusammen (z. B. Mk 4, 35—41 und 6,45—51; 5,21—24 und 25—34; 6,35—44 und 8,1—9)[34]. Im Sondergut des Lukas und des Matthäus stehen die Wunder im Dienste der Verkündigung (Lk 13,10—17; 14,1—6; 17,11—19 u. a.; Mt 17,14—20 u. a.).

Ad 6) Schließlich wurde von den ältesten Q-Stoffen in den Weherufen der apokalyptische Fluch über die Pharisäer aufgerichtet (Mt 23 par Lk 11), nicht aber wie später in den Markus- (Mk 12,1—9) und den jüngeren Q-Gemeinden (Mt 8,12 par; 19,28 par; 23,34—39 par; 11,21—24 par; 3,7—12 par) das Gericht ganz Israel angesagt. Dem korrespondiert die Erwartung, daß einerseits nach Mk 12,9 der „Weinberg" bei der Parusie Israel genommen und den Heiden gegeben wird und andererseits nach den jüngeren Q-Stoffen in der Menschensohnparusie Israel gerichtet, die Heiden aber in einer apokalyptischen Völkerwallfahrt von Gott selbst zum Zion gebracht werden (Mt 8,11 par u. a.).

d) Aufgrund dieser — wenn auch nicht erschöpfenden — traditionsgeschichtlichen Analyse der Leben-Jesu-Stoffe mit Hilfe ausgewählter Sachkriterien lassen sich folgende *Konsequenzen* ziehen:

1. Die Leben-Jesu-Traditionen des konservativen apokalyptischen Urchristentums sind traditionsgeschichtlich uneinheitlich, d. h. sie gehen auf verschiedene Schöpfer wie Träger der Überlieferung zurück und sind weder historisch gleichursprünglich noch theologisch-sachlich deckungsgleich.

2. Die Unterschiede zwischen den ältesten Q-Stoffen und den übrigen Leben-Jesu-Traditionen (jüngere Q-, Markus- und Sondergut-Traditionen) einerseits und die Differenzen zwischen den jüngeren Q-, Markus- und Sondergut-Traditionen andererseits sind nicht zu leugnen.

3. Es gibt also ein traditionsgeschichtliches, historisches und sachliches Gefälle: Die ältesten Q-Stoffe dürften auf die Botschaft des historischen Jesus zurückgehen[35]; die übrigen Leben-Jesu-Stoffe sind christologisch-

---

[33] Ebd.   [34] *Schulz*, Stunde 66 ff.

[35] Freilich soll das nicht heißen, daß sämtliche ältesten Q-Stoffe auf den historischen Jesus zurückgehen: Lk 12,8 f par ist sicher ein urchristlicher, wenn auch sehr alter Prophetenspruch.

kerygmatische Konsequenzen der Jesusbotschaft im Gewande der Verkündigung und Geschichte des Nazareners. Hier wird, den Intentionen Jesu folgend, mehr oder weniger radikal vollstreckt, was seine Botschaft von der nahen Basileia und dem Willen Gottes für eine sich wandelnde Gemeindesituation nach Ostern sachlich bedeutet. Kritisch heißt das, daß echte Jesusworte kaum gleichzeitig in den Q-, Markus- und Sondergut-Traditionen vorkommen, weil aus den genannten Gründen nur alternativ verfahren werden kann.

4. Trotz dieser traditionsgeschichtlichen, historischen und theologischen Differenzen muß aber grundsätzlich die sachliche und fundamentale Einheit aller Leben-Jesu-Stoffe mit Nachdruck festgehalten werden; denn sowohl in der Q-Quelle als auch in der vormarkinischen Gemeindetradition wie dem Sondergut des Matthäus und Lukas wird das Kultgesetz des Mose nicht demonstrativ verabschiedet, sondern bleibt in Kraft, gibt es demzufolge weder eine gesetzesfreie Heidenmission noch einen Bruch mit Israel und wird schließlich die apokalyptische Naherwartung der Basileia festgehalten. Ohne diese fundamentale Übereinstimmung zwischen vorösterlicher Jesusbotschaft und nachösterlicher Gemeindeüberlieferung hätte es niemals zur Ausbildung einer hellenistisch-judenchristlichen Leben-Jesu-Tradition kommen können. Das Bild ändert sich grundsätzlich nicht, ob man nun alternativ oder eklektisch auf die älteren und jüngeren Q-, die Markus- oder Sondergut-Traditionen zurückgreift oder sie endlich additiv zusammenstellt, um die Botschaft des irdischen Jesus zu eruieren. Insofern hatte R. Bultmann völlig recht, als er in seinem Jesusbuch grundsätzlich auf eine Scheidung innerhalb der ältesten Traditionsschicht bewußt verzichtete[36].

Innerhalb der Leben-Jesu-Stoffe des konservativen apokalyptischen Urchristentums gibt es — wie wir sahen — durchaus Unterschiede im theologischen Aussagebereich. Man kann die Theologie der Q-, Markus- und Sondergut-Gemeinden nicht ohne weiteres über einen Leisten schlagen. Aber diese Differenzen sind und bleiben letztlich belanglos, da die Heilsbedeutung des Kult- und damit des Mosegesetzes überhaupt, nicht aber des Kreuzestodes Jesu in Kraft bleibt. Gegenüber dieser fundamentalen Übereinstimmung zwischen Jesus und dem konservativen apokalyptischen Judenchristentum bzw. der nicht zu leugnenden Tatsache, daß die ältesten wie die jüngeren Q-, die Markus- und die Sondergut-Traditionen in die Geschichte und Theologie Israels bzw. des Spätjudentums gehören, sind alle übrigen Unterschiede sekundär.

---

[36] Jesus (Taschenbuchausgabe), 1964, 13 f.

5. Das vielverhandelte Problem der doppelten Abgrenzung Jesu von seiner jüdischen Umwelt einerseits und dem konservativen — natürlich nicht dem radikalen — Urchristentum andererseits hat demnach nur relative Bedeutung[37]. Denn wie Jesus (= die ältesten Q-Stoffe) im Religionsverband des Spätjudentums verbleibt und in die Geschichte Israels gehört, so nötigt auch die sachliche Übereinstimmung Jesu mit dem konservativen apokalyptischen Urchristentum (= jüngere Q-, Markus- und Sondergut-Traditionen) zu keiner anderen Konsequenz. Das heißt aber: Der irdische Jesus wie die seine Botschaft aufnehmende, wiederholende und vor allem neubildende konservative apokalyptische Urchristenheit gehören in den übergreifenden spätjüdischen Kult- und Religionsverband und in den ungebrochenen Zusammenhang der alttestamentlich-spätjüdischen Traditions- und Heilsgeschichte Israels. Der Gott Jesu wie der streng judenchristlichen Gemeinden nach Ostern ist der Gott des Alten Testaments. Die geschichtliche Erwählung Israels vor den Heidenvölkern ist seine gnädige Offenbarung, und das Gesetz vom Sinai bleibt seine gültige Gabe. Nur aus diesen alttestamentlich-spätjüdischen Voraussetzungen ist sowohl der historische Jesus als auch das auf ihn folgende konservative Judenchristentum zu verstehen. Von einem Exodus aus Israel und der Aufnahme der gesetzesfreien Heidenmission wie bei der Stephanusgruppe und der vorpaulinisch-westsyrischen Christenheit oder gar bei Paulus ist eben hier keine Rede.

6. Daß es schließlich so ungemein schwierig ist, die Botschaft des historischen Jesus von derjenigen der konservativ-apokalyptischen Gemeinden nach Ostern zu unterscheiden, hängt gar nicht in erster Linie mit den keineswegs zu leugnenden Grenzen der historisch-kritischen Methode, sondern einfach damit zusammen, daß die Botschaft des irdischen Jesus in der Sache letztlich deckungsgleich mit derjenigen der konservativen apokalyptischen Urchristenheit war, weil eben zwischen Jesus und den nachösterlichen Leben-Jesu-Stoffen geschichtliche Kontinuität und sachliche Identität besteht — trotz aller zugestandenen Unterschiede im einzelnen! Deshalb ist es voreilig und in gar keiner Weise gerechtfertigt, historisch-kritisch von der Unmöglichkeit zu sprechen, aufgrund der bekannten Methoden und angesichts der Quellenlage zum historischen Jesus vorzustoßen. Denn es ist historisch-kritisch beurteilt bei der Eruierung echten Jesusgutes lediglich von untergeordneter Bedeutung, ob man letztlich im Blick auf die verschiedenen Leben-Jesu-Stoffe alternativ, additiv oder eklektisch verfährt. Berücksichtigt man die Methoden- und Quellen-

---

[37] Vgl. *Lehmann*, Quellenanalyse 178 ff.

situation, so ist es sehr wohl möglich, den theologischen Rahmen und Inhalt der Botschaft des historischen Jesus herauszuarbeiten.

e) Weil das konservative apokalyptische Urchristentum die Botschaft des historischen Jesus bejahte, ist sie nach Ostern in dieser Gemeinde *gesammelt, bewahrt und weiterverkündigt*[38], von den Kerygma-Traditionen des radikalen apokalyptischen Urchristentums dagegen negiert worden. Da sich die nachösterliche Situation für die konservative Judenchristenheit nicht grundsätzlich geändert hatte, hielt man an der Reich-Gottes-Predigt, Weisheitslehre und vor allem Gesetzesauslegung Jesu fest. Diese Wiederholung der Botschaft Jesu nach Ostern bedeutete natürlich zugleich ihre Interpretation und gewisse Variation, freilich im Sinne der Vertiefung, nicht aber der tiefgreifenden Umbildung, Überfremdung oder gar Aufhebung. Wenn aber nur die ältesten Q-Stoffe mit der Botschaft des historischen Jesus gleichzusetzen, die übrigen Jesus-Traditionen dagegen nachösterliche Gemeindebildung als Christuskerygma im Gewand der Jesusbotschaft sind, dann heißt das: Innerhalb des Traditionskomplexes und -prozesses der Leben-Jesu-Stoffe ging es nicht nur um Wiederholung und Weiterverkündigung der Botschaft des historischen Jesus, sondern zugleich und vor allem um Neubildung von Jesustraditionen nach Ostern; denn als solche sind die jüngeren Q-, Markus- und Sondergut-Traditionen anzusprechen[39]. Bei dieser Neuschöpfung handelt es sich aber keineswegs um eine sachlich eklatante Veränderung, bewußte Verzeichnung oder gar Aufhebung der ursprünglichen Botschaft Jesu aufgrund ihres völligen Mißverständnisses, sondern um ihre notwendige Verbreiterung, sachlich entsprechende Aktualisierung und verstehende Vertiefung. Freilich darf diese Feststellung nicht für die allgemeine Zuverlässigkeit und Echtheit aller Leben-Jesu-Stoffe, wohl aber grundsätzlich für die sachliche Identität der Verkündigung Jesu und der Leben-Jesu-Stoffe ausgewertet werden.

Jesus blieb auch für das konservative Judenchristentum nach Ostern der autoritative Gesetzeslehrer, dem auf seiten der Gemeinde die Jünger und Schüler entsprechen, die seine Worte tradierten, neu interpretierten und vor allem neu bildeten[40]. Ohne daß die starre rabbinische Memorier-

---

[38] *R. Bultmann*, Theologie des Neuen Testaments, 1968[6], 35.

[39] Hierin sehe ich das relative Recht der These von *H. Schürmann*, Die vorösterlichen Anfänge der Logientradition, in: Traditionsgeschichtliche Untersuchungen zu den synoptischen Evangelien, 1968, 39—65, in der vorösterlichen Jüngerschaft Jesu den Tradentenkreis für Teile der Jesusüberlieferung zu sehen.

[40] *W. G. Kümmel*, Jesus und Paulus, in: Heilsgeschehen und Geschichte, 1965, 81—106, ebd. 85.

technik für das konservative Urchristentum als direkte Parallele veran-
schlagt werden dürfte[41], kann andererseits „ähnliches für die Entwicklung
und Aktualisierung der überlieferten Jesusworte" angenommen werden[42].
Denn das durch Jesus charismatisch-apokalyptisch interpretierte Gesetz
Gottes stellte auch den Jünger nach Ostern wieder auf den Heilsweg des
Gesetzes, so daß grundsätzlich dieselbe Situation wie im Spätjudentum
gegeben war. Deshalb mußte die apokalyptisch-prophetische Gesetzespredigt Jesu, der seine Taten untergeordnet wurden, wiederholt werden,
weil sie conditio sine qua non für das eigene Heil der Jüngerschar bedeutete. Der berühmte „Ostergraben" bzw. „Osterbruch" existiert in diesen judenchristlichen Gemeinden überhaupt nicht, weil das Gesetz des
Mose vor und nach Ostern Heilsbedeutung hat. Ebensowenig ist in den
Leben-Jesu-Stoffen des konservativen Urchristentums der Verkündiger
zum Verkündigten oder der Prediger Jesus zum gepredigten Christus
geworden, weil der Verkündiger auch nach Ostern als Verkündiger und
der Gesetzesausleger als Gesetzesausleger erzählend gepredigt wird.

f) Anders dagegen die *Kerygma-Traditionen des radikalen apokalyptischen Urchristentums* (Stephanuskreis, vorpaulinische Gemeindetradition und Paulus). Hier wurden Leben, Taten und Lehre des historischen
Jesus, d. h. das „Was und Wie seiner Geschichte"[43] ersetzt durch die exklusiv christologisch bestimmte Verkündigung seines Todes und seiner
Auferstehung (Röm 1,3 f; 3,24 f; 1Kor 11,23b ff; 15,3b ff u. a.) sowie
seiner Sendung bzw. Menschwerdung (Gal 4,4 f; Röm 8,3; Phil 2,6 ff;
2Kor 5,16—19) als Heilsereignisse, also durch den „Christus des Kerygma"[44], womit konsequent auf die Botschaft Jesu zugunsten des Christus-
Kerygma verzichtet wird (2Kor 5,16 als theologisch-sachkritisches Programm). Während die Leben-Jesu-Stoffe keine Heilsbedeutung des Todes
Jesu, wohl aber der Mose-Tora kennen, ist es bei den Kerygma-Traditionen gerade umgekehrt. Aber beide konkurrierenden Gemeindebereiche
entstammen dem hellenistischen Judenchristentum Syriens — womit einmal mehr die bisher übliche Scheidung von palästinensischen und hellenistischen Gemeinden als überholt erwiesen ist. Mit dem Exodus dieser ju-

---

[41] So *H. Riesenfeld*, The Gospel Tradition and its Beginnings, in: Studia Evangelica I, 1959, 43—65; *B. Gerhardsson*, Memory and Manuscript, 1961, die die gesamte
synoptische Jesustradition auf diese Weise für echt erklären.

[42] *Lentzen-Deis*, Kriterien 115.

[43] So *R. Bultmann*, Das Verhältnis der urchristlichen Christusbotschaft zum historischen Jesus, in: Exegetica, 1967, 445—496, ebd. 449.

[44] Ebd.

denchristlichen Gemeinden aus Israel, mit dem exklusiven Kerygma von Heilstod und Auferstehung Christi, vor allem aber mit der Weigerung, die Gesetzesbotschaft Jesu nach Ostern zu wiederholen oder gar neu zu produzieren, und mit der Aufnahme der gesetzesfreien Heidenmission wird aus dem Verkündiger wirklich der Verkündigte und beginnt die Geschichte und Theologie des Christentums und der Kirche, wie andererseits diejenige des Spätjudentums endet. Tendenz und Konsequenz der Kerygma-Traditionen sind in der Tat prinzipiell verschieden von derjenigen des historischen Jesus bzw. der Leben-Jesu-Stoffe überhaupt.

Aber nicht erst Paulus, sondern bereits der Stephanuskreis und die westsyrische Judenchristenheit haben die Lehre Jesu nicht wiederholt, sondern bewußt zurückgewiesen, vernachlässigt und ignoriert[45]. Die paulinische Theologie hat ihre historischen wie sachlichen Voraussetzungen nicht in den Leben-Jesu-, sondern in den Kerygma-Traditionen des westsyrischen Judenchristentums[46]. Allein damit hängt es zusammen, daß Paulus zwar im Bereich der Gemeindeordnung und -paränese (1Kor 7, 10 f.25; 9,14; Röm 12,14 u. a.) auf die ethische Verkündigung Jesu zurückgriff, nicht aber im Bereich seiner zentralen und zugleich originalen Rechtfertigungsbotschaft und Charismenlehre.

Aufs Ganze gesehen wird man also zwei Entwicklungen zu unterscheiden haben:

1. Wort und Tat des historischen Jesus — die Leben-Jesu-Stoffe des konservativen apokalyptischen Urchristentums — die heilsgeschichtlich motivierte und vor allem antignostisch ausgerichtete Leben-Jesu-Literatur des beginnenden (Markus), werdenden (Matthäus) und fortgeschrittenen (Lukas) Frühkatholizismus. Diese Entwicklungslinie wird eindeutig durch historische Kontinuität und sachliche Identität bestimmt.

2. Kreuz und Auferstehung Christi — das Christuskerygma des radikalen apokalyptischen Judenchristentums — Paulus[47]. Hier dagegen be-

---

[45] Anders *U. Wilckens,* Das Offenbarungsverständnis in der Geschichte des Urchristentums, in: W. Pannenberg (Hg.), Offenbarung als Geschichte, 1961, 42—90, ebd. 71 Anm. 55.

[46] Vgl. *W. Heitmüller,* Zum Problem Paulus und Jesus, ZNW 13 (1912), 320 bis 337; *K. L. Schmidt,* Die Stellung des Apostels Paulus im Urchristentum, 1924, *R. Bultmann,* Die Bedeutung des geschichtlichen Jesus für die Theologie des Paulus, in: Glauben und Verstehen I, 1961⁴, 188—213, ebd. 189 f.

[47] *W. Schmithals,* Paulus und der historische Jesus, ZNW 53 (1962), 145—160, weist zu Recht darauf hin, daß „die gesamte christliche Literatur bis hin zu Justin und viel Literatur zwischen Justin und Irenäus" sich zwar nicht grundsätzlich vom historischen Jesus distanziert (ebd. 156), „aber man kennt oder benutzt kaum Überlieferungen über

steht zwischen dem historischen Jesus und dem Christus des Kerygma historische Diskontinuität und sachliche Differenz.

g) Die *Rekonstruktion der Botschaft des historischen Jesus* aufgrund der ältesten Q-Stoffe führt, wenn man nicht bewußt oder unbewußt paulinisiert oder katholisiert, zu folgenden Ergebnissen: Die prophetisch-apokalyptischen Verkündigungsformeln „Ich sage euch", die Seligpreisungen, das „Wehe" und das „Wer unter euch?" beweisen, daß Jesus sich im Besitz des Geistes der Endzeit wußte, mit ihm also die apokalyptische Endzeit angebrochen war. Er war der letzte Prophet der Endzeit vor dem nahen Kommen der Basileia (Mt 23,29—31 par), ja, in diesem prophetischen Enthusiasmus vollzieht sich der Anbruch der nahen Basileia in der apokalyptischen Naherwartung, der charismatischen Toraverschärfung und der Ansage des nahen Schöpfergottes als des treu fürsorgenden Vaters. Jesus war als Endzeitprophet zugleich Apokalyptiker[48], wie die Ankündigung der nahen apokalyptischen Basileia (Mt 5,3 ff par; 6,1 ff. 25 ff par) beweist[49]. Jesus war Weisheitslehrer (vgl. Mt 5,44 ff par; 6, 19 ff.25 ff par; 7,1 ff.7 ff par u. a.), der mit der Unmittelbarkeit des nahen Schöpfergottes seine Forderungen und Verheißungen begründete.

Vor allem aber war Jesus der charismatische Gesetzesprediger und -ausleger, der in prophetischer Vollmacht und ohne den sonst üblichen Rückgriff auf das alttestamentliche Schriftwort in schneidendem Gegensatz zu den Pharisäern das Sozial- und nicht das Kultgesetz verschärfte (radikales Verbot der Ehescheidung, rigoroser Verzicht auf Wiedervergeltung und Gebot der Feindesliebe: Mt 5,32. 39 ff.44 ff par) und das Kult- dem Sozialgesetz unterordnete (Mt 23,23.25 f par u. a.), auch wenn sogar die pharisäische Gesetzesauslegung im Falle der Verzehntung der Gartenkräuter (Mt 23,23 par) bejaht und den Pharisäern die „Schlüsselgewalt" zuerkannt wurde (Mt 23,13 par). Die gesamte Mosetora bis hin zu den unzähligen Zierstrichen bleibt in Kraft (Mt 5,18 par). Diese provokativ antipharisäische Auslegung des Mosegesetzes wie der damit verbundene apokalyptische Fluch über die pharisäisch geführte Synagoge

---

den historischen Jesus" (157). Deshalb ist die Konsequenz zum Teil wahrscheinlich, „daß unsere Evangelien und die ihnen vorausliegende historische Jesus-Tradition bis in die Mitte des 2. Jh. eine ausgesprochen apokryphe Literatur darstellen" (ebd.).

[48] Das Für und Wider in der einschlägigen Literatur wird von *W. G. Kümmel,* Die Naherwartung in der Verkündigung Jesu, in: Heilsgeschehen und Geschichte, 1965, 457—470, vorgeführt und diskutiert.

[49] Wenn in der Verkündigung Jesu die Visionsberichte, Geschichtsüberblicke in Futurform und vor allem das enzyklopädisch-gelehrte Denken der großen literarischen Apokalypsen fehlen, so ist das natürlich kein Gegenbeweis.

waren aufrührerisch und der Grund des Kreuzestodes Jesu. Dieser geht zurück auf den Haß der jüdischen Frommen und das Mißverständnis der Römer.

Jesus warnt vor dem heidnischen Sorgen (Mt 6,25 ff par), fordert die endzeitlich bedingte Armut (Mt 6,19 ff par) und preist die wirklich Armen, Hungernden und Klagenden selig (Mt 5,3 ff par). Der historische Jesus entfaltete weder eine explizite Christologie noch hat er zu seinen Lebzeiten eine Kirche gegründet oder gar die gesetzesfreie Heidenmission praktiziert. Unbestritten ist, daß sich außer dem Scheidungsverbot und dem Gebot der Feindesliebe zu jeder einzelnen Forderung Jesu Analogien aus dem Spätjudentum beibringen lassen[50]. Aber auch wenn etwa das Scheidungsverbot Dtn 24,1 und das Gebot der Feindesliebe „jüdischem Denken widerspricht"[51], so vollzieht sich doch dieser Widerspruch gegen Mose immer auf dem Boden der Tora, will er diese nur ihrer eigentlichen Intention gemäß verschärfen, aber niemals bewußt oder gezielt sprengen oder ablösen[52]. Der historische Jesus hat also nicht grundsätzlich die Moseautorität kritisiert, sondern vom Wortlaut des mosaischen Gesetzes auf die Intention des göttlichen Willens zurückgeführt (Verbot der Ehescheidung, der Wiedervergeltung und Gebot der Feindesliebe)[53], für den Nächsten unter Einschluß des Feindes in Liebe da zu sein. Er hat seine Jünger weder aus dem Bereich des Spätjudentums herausgeführt noch zum demonstrativen Bruch mit dem Vätererbe genötigt, auch wenn er sich — wie zu Recht immer wieder betont wird — als eschatologisches Phänomen verstanden hat[54] und sein Vollmachtsbewußtsein[55] wie seine „Unmittelbarkeit"[56] nicht in Abrede gestellt werden können.

Weder hat Jesus gesellschaftsreformerische oder politische Anliegen verfolgt noch war er gar ein Zelot[57]. Umgekehrt hat er aber auch nicht einfach seinen Jüngern private Herzensfrömmigkeit und weltflüchtige Innerlichkeit dringlich gemacht. Seine Forderungen wie Warnungen ha-

---

[50] G. *Kittel*, Die Bergpredigt und die Ethik des Judentums, ZSTh 2 (1924/25), 555 bis 594, ebd. 561.

[51] H. *Braun*, Jesus, 1969, 36.

[52] H. *Braun*, Spätjüdisch-häretischer und frühchristlicher Radikalismus II, 1969², 12 f.

[53] Ebd. 5 (f) Anm. 2; 10 (f) Anm. 2.

[54] So *Käsemann*, Problem 199 ff.

[55] Vgl. E. *Fuchs*, Die Frage nach dem historischen Jesus, in: Zur Frage nach dem historischen Jesus, 1960, 143—167, bes. 155 ff.

[56] Vgl. G. *Bornkamm*, Jesus von Nazareth, 1959³, 52 ff.

[57] Vgl. M. *Hengel*, War Jesus Revolutionär?, 1970; O. *Cullmann*, Jesus und die Revolutionären seiner Zeit, 1970.

ben durchaus auch eine sozialethische Relevanz und gesellschaftskritische Dimension[58].

„Jesus war kein Christ, sondern Jude"[59], und zwar nicht nur nach seiner Herkunft, sondern vor allem auch nach seinen Vorstellungen. „In den Rahmen der jüdischen Religion gehört auch die Verkündigung Jesu."[60] Jesus „entwirft keine neue Religion, sondern will den Sinn der jüdischen zur Geltung bringen"[61]. „Die Geschichte der Kirche beginnt nach dem Tod Jesu."[62] Aber nicht nur Jesus selbst, sondern ebenso das konservative apokalyptische Judenchristentum verblieb in Israel und gehört in die Geschichte des Spätjudentums[63], nicht des Christentums. Als apokalyptischer Endzeitprophet und Weisheitslehrer hat Jesus zwar auch die Verheißung, vor allem aber das Gesetz gepredigt[64]. Selbst seine prophetische Polemik gegen die Pharisäer gehört sachlich in die große antipharisäische Kritik seitens der Apokalyptik innerhalb Israels (z. B. Ass Mos 7,1—10)[65]. Seine Lehre ist „theologisch beurteilt Gesetz, nicht Evangelium"[66]. Auch wenn, historisch-kritisch beurteilt, der eschatologische Geistbesitz Jesu seine apokalyptische Naherwartung der Basileia, die Toraverschärfung wie die Ansage des nahen Schöpfergottes bedingt, so werden theologisch-sachkritisch beurteilt dagegen eschatologischer Geistbesitz, apokalyptische Naherwartung und Ansage des nahen Schöpfergottes zur Funktion des Gesetzes und der Ethik. Die vielzitierte Universalität, Radikalität und Einzigartigkeit Jesu und seiner Botschaft sind deshalb nur scheinbar[67], wie andererseits jede unmittelbare Aktualisierung unmöglich wird. Der historische Jesus wird auch „für unsere Zeit

---

[58] Vgl. u. a. *P. Noll*, Jesus und das Gesetz, 1968, 4 ff; *H.-D. Wendland*, Ethik des Neuen Testaments, 1970, 32 f; *Cullmann*, Jesus 71 ff; *W. Schrage*, Barmen II und das Neue Testament, in: A. Burgsmüller (Hg.), Zum politischen Auftrag der christlichen Gemeinde (Barmen II), 1974, 127—171, ebd. 163.

[59] *J. Wellhausen*, Einleitung in die drei ersten Evangelien, 1911², 102.

[60] *R. Bultmann*, Das Urchristentum im Rahmen der antiken Religionen (Taschenbuchausgabe), 1962, 67.

[61] *H. Conzelmann*, Grundriß der Theologie des Neuen Testaments, 1968², 145.

[62] *H. Conzelmann*, Geschichte des Urchristentums, 1971², 1.

[63] *D. Lührmann*, Erwägungen zur Geschichte des Urchristentums, EvTh 32 (1972), 452—467, ebd. 460.

[64] *Bultmann*, Bedeutung 201.   [65] Vgl. *Schulz*, Q 97 ff.

[66] *H. Conzelmann*, Ergebnisse wissenschaftlich-theologischer Forschung?, Der Evangelische Erzieher 23 (1971), 452—460, ebd. 453.

[67] Dagegen läuft *G. Klein* Amok (vgl. Christusglaube und Weltverantwortung als Interpretationsproblem neutestamentlicher Theologie, VF 18/2 (1973), 45 f; ebd. 47; 49 f). Aber wenn man schon als Nachlaßverwalter der dualistischen Heilskonzeption

immer etwas Fremdes und Rätselhaftes behalten", so wie er bisher noch jede Leben-Jesu-Forschung alten oder neuen Stils, christlichen oder jüdischen Ursprungs „befremdete und erschreckte"[68].

Wohlgemerkt: Das ist die Rekonstruktion der Botschaft Jesu aufgrund der vorösterlichen, ältesten Q-Stoffe. Aber diese würde grundsätzlich auch dann nicht verändert, berücksichtigte man darüber hinaus auch die übrigen nachösterlichen Leben-Jesu-Stoffe (jüngere Q-, Markus- und Sondergut-Traditionen). In diesem Falle hätte der historische Jesus zwar z. B. nicht nur eine indirekte bzw. implizite[69], sondern eine explizite Christologie und auch die Parusieverzögerung vertreten, nicht nur Dämonen ausgetrieben, sondern viele Wunder getan, mit den „verlorenen Schafen" Israels, d. h. den Zöllnern, Sündern und Kranken in Israel und nicht nur mit den Pharisäern verkehrt und ganz Israel in der nahen Menschensohnparusie das Gericht angedroht — aber auch dann wäre das Entscheidende geblieben: Trotz Verschärfung des Sozialgesetzes hätte er das Kultgesetz des Mose anerkannt, seine Wirksamkeit bewußt auf die

---

über die traditionsgeschichtliche Analyse der judenchristlichen Leben-Jesu-Stoffe nur mangelhaft informiert ist, sollte man nicht darüber schreiben. Gravierender aber ist, daß *Klein* 1. damit die historische wie sachliche Zugehörigkeit des historischen Jesus und der konservativen Leben-Jesu-Stoffe zum Spätjudentum enthusiastisch überspielt — der paulinisierte Jesus wird dann ausschließlich existential interpretiert (ebd. 62) —, 2. zugleich die Geschichte Israels „radikal entheiligt und paganisiert" (Römer 4 und die Idee der Heilsgeschichte, in: Rekonstruktion und Interpretation, 1969, 145—169, ebd. 158), womit „die Berufung auf das AT im ganzen sinnlos" wird (*E. Käsemann*, An die Römer, 1973, 109) und darum die Kontinuität neben der Diskontinuität vom Alten zum Neuen Testament „grundsätzlich *zur Wahl*" steht (Bibel und Heilsgeschichte, ZNW 62 [1971], 1—47, ebd. 46; Hervorhebung von Klein), 3. konsequent die Apokalyptik und Heilsgeschichte des Judenchristen Paulus denunziert (Brisanz der Rechtfertigung, Ev. Kommentare 7 [1974], 244 f, ebd. 245; Apokalyptische Naherwartung bei Paulus, in: Neues Testament und christliche Existenz [Festschrift H. Braun], 1973, 241—262) und schließlich 4. jede sozialethische Relevanz des Evangeliums mit geradezu pathisch anmutender Hilflosigkeit bestreitet (vgl. u. a. Christusglaube 72 ff; auch „Reich Gottes" als biblischer Zentralbegriff, EvTh 30 [1970], 642—670, ebd. 667 ff). Als treibendes Motiv für diese Attacken läßt sich für den Historiker und Theologen die dualistische Heilslehre ausmachen. Deshalb perpetuiert Klein „auf Marcions Spuren" (so treffend *Käsemann*, Römer 109) und mit einer gewissen Rosenkranz-Routine sein Lieblingsthema: Dem Heil als der innerweltlichen Entweltlichung entspricht die Kirche als weltflüchtiger Mysterienverein, über den ein weltloser Gott thront und den Seinen durch den ebenfalls weltfeindlichen Gesandten die erlösende Gnosis bringt.

[68] *A. Schweitzer*, Geschichte der Leben-Jesu-Forschung (Taschenbuchausgabe), 1966, II 620.

[69] So zu Recht *H. Conzelmann*, Zur Methode der Leben-Jesu-Forschung, in: Theologie als Schriftauslegung, 1974, 18—29, ebd. 25 ff; *Bultmann*, Verhältnis 457.

„Städte Israels" begrenzt (Mt 10,5b f) und die gesetzesfreie Heidenmission abgelehnt. Von da her beurteilt erweist sich die allgemeine Alternativfrage „Jesus oder die nachösterliche Gemeinde?" ebenso als falsch, wie der immer wieder vorgebrachte Verdacht einer Rejudaisierung bzw. Entradikalisierung der Jesusbotschaft durch das nachösterliche Christentum gänzlich unbegründet ist.

h) Dieses historisch-kritische Ergebnis fordert die *theologische Sachkritik der Botschaft des historischen Jesus* geradezu heraus. Dabei hat man sich die Tatsache vor Augen zu halten, daß im Neuen Testament „nur" das konservative apokalyptische Urchristentum und der Frühkatholizismus in Gestalt der Synoptiker Botschaft, Taten und Geschichte des historischen Jesus wiederholt, das radikale apokalyptische Urchristentum (Stephanuskreis, vorpaulinische Gemeindetradition und Paulus) und der gnostische Enthusiasmus aber — allerdings mit je verschiedener Motivation — das Was und Wie der Geschichte Jesu ignoriert und auf das bloße oder nackte „Daß" des Dagewesenseins Jesu reduziert haben. Oder anders formuliert: Der historische Jesus ist *ein* Thema neutestamentlicher Theologie für das konservative apokalyptische Urchristentum und den heidenchristlichen Frühkatholizismus der Synoptiker; denn nur hier ist Jesus der Gesetzesprediger und hat das Gesetz (entweder mit oder ohne Kultgesetz) Heilsbedeutung. Der historische Jesus ist *kein* Thema neutestamentlicher Theologie für das radikale apokalyptische Urchristentum und vor allem für Paulus — vom gnostischen Enthusiasmus abgesehen, der ja den irdischen Jesus zugunsten des Geist-Christus überhaupt verwarf —; denn hier ist Jesus eben kein Gesetzesprediger und wird das Kultgesetz suspendiert bzw. Christus als das Ende des Gesetzes als Heilsweg verkündigt (Röm 10,4). Für Paulus war es Gottes Ratschluß, den präexistenten Sohn als irdischen Jesus dem Mosegesetz zu unterwerfen, „damit er die unter dem Gesetz Versklavten durch seinen gehorsamen Kreuzestod loskaufe" (Gal 4,4 f).

Das paulinische Evangelium von der Rechtfertigung der Gottlosen allein aus Glauben und nicht der Frommen aufgrund verdienstlicher Werke, die paulinische Charismenlehre mit dem allgemeinen Priestertum aller Gläubigen und der strikten Vorordnung der Christologie vor der Ekklesiologie sind die Mitte der Schrift, der Kanon im Kanon und das Sola scriptura des reformatorischen Erbes. Von Paulus her muß klipp und klar gesagt werden, daß der historische Jesus mit seiner Botschaft „zu den Voraussetzungen der Theologie des N(euen) T(estaments)" gehört und „nicht ein Teil dieser selbst" ist[70]. „Leben und Lehre Jesu sind die *Voraussetzung* der Kirchengeschichte. Ihre Darstellung gehört nicht *in* diese, sondern *vor* sie."[71] Der historische Jesus gehört historisch wie sachlich ins Spätjudentum und nicht ins Christentum, in die Geschichte Israels und nicht in die Kirchengeschichte; seine Lehre ist theologisch-sachkritisch beurteilt Gesetz und nicht Evangelium und kann schon gar nicht der kritische Maßstab von Theologie, Ethik und Verkündigung sein. „Daß das Wirken Jesu die Bedingung von Kirche, Glauben und Theologie ist, wird nirgends in Frage gestellt."[72] Aber aus den genannten Gründen kann es keinen Zweifel geben, daß das paulinische Evangelium und nicht die Gesetzesbotschaft des irdischen Jesus die Mitte der Schrift ist. Denn Jesus predigte das Gesetz und die Verheißung, Paulus dagegen das Evangelium von Sühntod und Auferweckung Christi als der Rechtfertigung der Gottlosen; der Nazarener blickte auf die nahe, Paulus dagegen auf die im Kreuzestod angebrochene Basileia zurück[73].

Für den Glauben nach Paulus wie schon der vorpaulinischen Gemeindetradition besitzt das Was und Wie des historischen Jesus zwar keine konstitutive Bedeutung mehr, was aber keineswegs heißt, daß die historisch-kritische Frage nach dem historischen Jesus vorschnell liquidiert werden muß. Denn dadurch würde doch nur — wie die Auslegungsgeschichte beweist — der Gefahr Vorschub geleistet, „daß man sich den *einstigen* Jesus mir nichts dir nichts ‚aneignet‘, d. h. für die eigenen Zwecke ausbeutet"[74]. Alle vorschnelle und unkritische Modernisierung und Aktualisierung zieht dem historischen Jesus „seine jüdischen Kleider" aus[75].

i) Angesichts dieser Ergebnisse ist nun noch abschließend ein Blick auf die *Wirkungsgeschichte des historischen Jesus* notwendig. Drei Positionen sind es, die die heutige Diskussion beherrschen:

1. Zwischen dem historischen Jesus und dem Christus des Kerygma besteht keine sachliche Übereinstimmung, so daß die Entscheidung alternativ gegen Paulus und für den historischen Jesus getroffen wird (so die

---

[70] *Bultmann*, Theologie 1.
[71] *Conzelmann*, Geschichte 1 (Hervorhebungen von Conzelmann).
[72] *Conzelmann*, Theologie 16.
[73] *Bultmann*, Bedeutung 200.
[74] H. *Conzelmann*, Jesus von Nazareth und der Glaube an den Auferstandenen, in: H. Ristow/.K Matthiae (Hg.), Der historische Jesus und der kerygmatische Christus, 1960, 188—199, ebd. 189 (Hervorhebung von Conzelmann).
[75] G. *Lindeskog*, Jesus als religionsgeschichtliches und religiöses Problem in der modernen jüdischen Theologie, Judaica 6 (1950), 190—229; 241—267, ebd. 216.

liberale Leben-Jesu-Forschung[76], das Reformjudentum[77] und die umfangreiche jüdische Jesus-Literatur seit der Entstehung des Staates Israel[78],
die amerikanische Social Gospel-Bewegung [W. Rauschenbusch][79], der
religiöse Sozialismus[80], die Frühsozialisten[81] und Neomarxisten[82] wie zum
Teil die politische Theologie[83]. Die Parole lautet hier: Zurück von Paulus
zu Jesus! Der irdische Jesus ersetzt den erhöhten Kyrios, und der optimi-
stische Morallehrer oder humane Kosmopolit, der „Bruder" oder der
soziale Reformer tritt an die Stelle der paulinischen Theologie.

2. Genau umgekehrt ist die Position z. B. M. Kählers[84], der Dialektischen Theologie[85], R. Bultmanns[86], H. Conzelmanns[87], G. Streckers[88], W.
Schmithals'[89] und S. Schulz'[90]. Auch hier besteht keine sachliche Übereinstimmung zwischen dem Christus des Kerygma und dem historischen
Jesus, vielmehr ersetzt der kerygmatische Christus den irdischen Jesus
und wird die paulinische Theologie an die Stelle der Botschaft des historischen Jesus gesetzt. Aus historischen wie sachlichen Gründen entscheidet
man sich für Paulus, d. h. die Kerygma-Theologie, und gegen den historischen Jesus, d. h. die Leben-Jesu-Theologie.

3. Eine Synthese im Sinne der historischen Kontinuität und sachlichen
Übereinstimmung zwischen dem historischen Jesus und dem kerygmatischen Christus stellt die dritte Position dar, und zwar mit einer doppelten Variante: a) „indem gezeigt wird, daß das Kerygma nicht nur das
Daß, sondern auch das Was und Wie des historischen Jesus voraussetzt

---

[76] Klassisch W. Wrede: Paulus als der „Verderber des Evangeliums Jesu" (vgl.
W. G. *Kümmel*, Das Neue Testament, 1970², 368).

[77] Vgl. G. *Lindeskog*, Die Jesusfrage im neuzeitlichen Judentum, 1938; *ders.*, Jesus
(Anm. 75), 190 ff.   [78] Dazu vgl. *Grässer*, Motive 30 ff.

[79] Vgl. *H.-H. Schrey*, Art. Social Gospel, RGG³ VI, 1962, 112 f.

[80] Z. B. *L. Ragaz*, Die Geschichte der Sache Christi, 1945.

[81] Z. B. *W. Weitling;* dann *C. H. de Saint-Simon; Ch. Fourier, K. Kautsky*.

[82] Zu *R. Garaudy, V. Gardavský, M. Machoveč* und *L. Kolakowski* vgl. *Grässer*,
Motive 34 ff.

[83] Z. B. *D. Sölle*, Politische Theologie, 1971, 39 ff; 81 ff; differenzierter *J. Moltmann*, Existenzgeschichte und Weltgeschichte, in: Perspektiven der Theologie, 1968,
128—146.

[84] Der sogenannte historische Jesus und der geschichtliche, biblische Christus, 1892.

[85] Z. B. *K. Barth*, How my mind has changed, EvTh 20 (1960), 97—106, ebd. 104.

[86] Verhältnis 450 ff.

[87] RGG³ III 651; Theologie 16.

[88] Die historische und theologische Problematik der Jesusfrage, EvTh 29 (1969),
453—476, ebd. 468 ff.

[89] Paulus (o. Anm. 47), 159.

[90] Frage 40 f.

und zu seinem Verständnis wie zu seiner Glaubwürdigkeit bedarf" (so z. B. P. Althaus, E. Fuchs, G. Bornkamm, J. M. Robinson, H. Diem und C. H. Dodd) oder b) „indem gezeigt wird, daß in Jesu Wirken in Tat und Wort das Kerygma schon in nuce enthalten ist" (so z. B. E. Fuchs, G. Bornkamm, H. Braun, G. Ebeling, J. M. Robinson, J. Jeremias, E. Jüngel und E. Käsemann)[91]. Die Parole lautet hier eben nicht: Jesus oder Paulus, sondern: Jesus *und* Paulus, weil der historische Jesus das Evangelium gebracht und nicht nur das Gesetz und die Verheißung gepredigt hat. Historische Kontinuität und sachliche Identität zwischen historischem Jesus und Christuskerygma sind die selbstverständlichen Voraussetzungen dieser dritten Position.

Aber sowohl die erste als auch die dritte Position sind historisch-kritisch wie theologisch-sachkritisch unhaltbar[92], weil einerseits Jesu Botschaft in die Theologie und Geschichte Israels bzw. des Spätjudentums und darum zu den Voraussetzungen der neutestamentlichen Theologie gehört und andererseits Paulus das Was und Wie des historischen Jesus nicht wiederholt, sondern in Kreuz und Auferstehung den Gott am Werk sieht, der immer nur die Gottlosen und niemals die Frommen rechtfertigt.

Allerdings bin ich nun nicht der Meinung, daß die Botschaft des historischen Jesus hoffnungslos der Historie überantwortet werden müßte, sowenig wie dies in der traditionell-katholischen Auffassung (Jesu Gebote als *consilia evangelica* für die mönchisch lebenden perfecti), in der Deutung Luthers (im Sinne der Zwei-Reiche-Lehre) wie der lutherischen (K. Stange) oder reformierten (E. Thurneysen) Orthodoxie (Jesu Gebote sind unerfüllbar, aber Christus hat sie für uns bereits erfüllt) und in der jüdischen (Jesus der „Bruder" Israels), der idealistisch-liberalen (es geht um eine neue Gesinnung), der konsequent-eschatologischen (Jesu Ethik ist eine „Interimsethik"), der religiös-sozialen (Jesus der Reformer), der marxistischen (Jesus der „Genosse"), der gesellschaftskritisch-politischen (Jesus der Anwalt der Elenden, Armen und Unterdrückten), der existentialen[93] oder biblizistischen (Jesus hat die paulinische Rechtfertigungsbotschaft in seiner Predigt vorweggenommen[94]) Interpretation geschieht[95].

---

[91] *Bultmann,* Verhältnis 450; zur Auseinandersetzung vgl. ebd. 450 ff.

[92] So *Bultmann* ebd.; *Barth,* Mind 104.

[93] Z. B. *Bornkamm,* Jesus 100: „die Forderungen Jesu tragen in sich selbst ‚die letzten Dinge', ohne sich Gültigkeit und Dringlichkeit erst von dem Feuerschein apokalyptischer Bilder geben zu lassen".

[94] Z. B. *J. Jeremias,* Die Gleichnisse Jesu, 1970[8], 140.

[95] Dazu vgl. den informativen Forschungsbericht von *E. Grässer,* Motive 3 ff.

Denn die Verkündigung Jesu enthält durchaus Sachhinweise und Übersetzungsmöglichkeiten — wie z. B. die Naherwartung der Gottesherrschaft, seine Forderung des Verzichts auf Gewaltanwendung, das Verbot des Richtens, der falschen Furcht und der Ehescheidung, seine Aufforderung zur Feindesliebe und zu endzeitlicher Armut, die Parteinahme für Frieden, Versöhnung und Freiheit der Geschöpfe und die Solidarität mit den Armen, Hungernden und Klagenden —, die auch unsere Zeit erreichen können, ohne damit freilich einer ahistorischen Wiederholung das Wort reden zu wollen. Denn Jesus hat im historischen Kontext seiner Zeit den Raum der Gnade erweitert und nicht verengt, er hat nicht wie die Qumran-Essener einen Klosterorden gegründet und die rituell Frommen noch frömmer machen wollen. Er hat das Sozial- und nicht das Kultgesetz verschärft und das Kultgesetz dem verschärften Sozialgesetz untergeordnet. Er lebte, litt und starb nur für eines: für die kommende Gottesherrschaft. Und diese Herrschaft Gottes ist vor ihrem endgültigen Kommen nur dort, wo Frieden gestiftet, für die Versöhnung eingetreten und die Freiheit der Kinder Gottes gelebt wird. Zusammengefaßt heißt das: Beim heutigen historisch-kritischen wie sachkritischen Stand der Jesusforschung kann höchstens eine intentionale Interpretation der Botschaft des Nazareners erlaubt und sinnvoll sein. Die Botschaft Jesu kann „nicht Erkenntnisprinzip und Deduktionsbasis" für eine Ethik sein[96], weil einerseits unsere Probleme nicht im Fragehorizont Jesu lagen, andererseits seine Verkündigung und Ethik historisch ins Spätjudentum und darum zu den Voraussetzungen einer neutestamentlichen Theologie und Ethik gehört.

Aber — und darauf kommt jetzt alles an — selbst eine intentionale Interpretation ist doch nur möglich und wirklich aufgrund des paulinischen Evangeliums mit der exklusiven Orientierung am Kreuzestod Jesu, der als das alleinige Heil für die Welt verstanden und verkündigt wird, insofern nämlich alles individual- wie sozialethische Handeln der Christen geistgewirkte Möglichkeit und darum gelebte Eschatologie der gerechtfertigten Gottlosen, also Konsequenz der geschehenen Rechtfertigung (1Kor 12 ff; Röm 12 ff), nicht aber gesetzliche und verdienstliche Anstrengung der Frommen, also Bedingung für die künftige Rechtfertigung ist. Weil der für uns gekreuzigte und auferweckte Kyrios das Gesetz als Heilsweg definitiv zu Ende gebracht hat (Röm 10,4), kann das Gebot Jesu als eigentlicher Wille Gottes niemals vom Frommen, sondern

---

[96] *M. Honecker*, Weltliches Handeln unter der Herrschaft Christi, ZThK 69 (1972), 72—99, ebd. 97.

nur vom gerechtfertigten Gottlosen als neuer Kreatur erfüllt werden (Röm 7), befreit schließlich Gott immer nur das nichtige und schuldige Geschöpf von der Macht der Sünde und übereignet es an die Herrschaft Christi, krönt er aber niemals das fromme und selbstgerechte Geschöpf aufgrund der eigenen Leistung (Röm 3 f).

Ohne dieses paulinische Evangelium muß die Predigt des historischen Jesus gesetzlich mißverstanden werden, wie schon das Neue Testament und die Kirchengeschichte zur Genüge beweisen.

JESUS IN DER THEOLOGIE DES NEUEN TESTAMENTS

ANDREAS LINDEMANN

Thema dieser Überlegungen ist die Frage, ob in einer Darstellung der neutestamentlichen Theologie Lehre und Person Jesu zu behandeln seien oder nicht. Muß ein Buch über die Theologie des NT ein Kapitel über (den historischen) Jesus enthalten, etwa unter der Überschrift „Die Theologie Jesu"? Gehört Jesus vielleicht sogar als Person in eine neutestamentliche Theologie — d. h. kommt nicht nur der Lehre, sondern auch und möglicherweise vor allem dem Leben und Handeln Jesu theologische Bedeutung zu[1]? Oder ist auf eine solche Darstellung zu verzichten — etwa deshalb, weil zu wenig authentisches Material über Jesus zu fassen ist, oder deshalb, weil Jesus Jude und nicht Christ war und deshalb eher in eine Darstellung der Theologie des Judentums hineingehört[2]? Wenn Jesu Lehre aber im Rahmen einer Theologie des NT dargestellt werden soll, welchen Rang hat sie dann einzunehmen? Ist Jesu Verkündigung darzustellen als Lehre eines jüdischen Lehrers oder Propheten, die lediglich die (freilich notwendige) Voraussetzung der neutestamentlichen Theologie ist? Oder ist sie gleichsam „die" Theologie schlechthin, stellt sie die Basis aller christlichen Theologie dar, so daß an ihr alle übrigen theologischen Aussagen zu messen wären?

Die Forderung, die Verkündigung des historischen Jesus müsse als der Kanon aller richtigen Theologie angesehen werden, wird in letzter Zeit verstärkt erhoben. Sollte

---

[1] Vgl. *J. Roloff*, Auf der Suche nach einem neuen Jesusbild, ThLZ 98 (1973) 567: „Jesus ist für uns nicht mehr nur der Funktionär des Kerygmas, sondern eine Erscheinung, deren geistiges Profil sich auch noch in der fragmentarischen Überlieferung mit erstaunlicher Klarheit abzeichnet." Daraus wird die Möglichkeit und Notwendigkeit abgeleitet, „die Bedeutung seines Verhaltens und Handelns" stärker in den Vordergrund zu rücken.

[2] Vgl. *R. Bultmann*, Das Verhältnis der urchristlichen Christusbotschaft zum historischen Jesus, in: Exegetica, 1967, 448 f.

sie berechtigt sein, dann bestünde wohl notwendig die Konsequenz, daß eine Theologie des NT sich in erster Linie mit Jesu Lehre zu befassen hätte. Es läßt sich aber beobachten, daß gerade in dieser „Jesus-Theologie" der Weg der historisch-kritischen Analyse des Quellenmaterials häufig verlassen wird und statt dessen Aussagen über Jesus gemacht werden, die eher dem eigenen theologisch-systematischen Interesse (oder auch der Phantasie) der Autoren entsprechen. Freilich wird die „Jesus-Theologie" vielfach auch gar nicht historisch zu rechtfertigen versucht, sondern letztlich systematisch bzw. „politisch". Nun braucht ein solcher Ansatz m. E. nicht von vornherein theologisch unsachgemäß zu sein. Begriff und Sache einer „politischen Theologie" sollen ja zunächst nur die Tatsache bezeichnen, daß christliche Verkündigung immer politisch ist, weil sie sich im konkreten gesellschaftlichen Kontext ereignet, und das bedeutet, daß dieser Kontext kritisch analysiert und gegebenenfalls auch zu seiner Veränderung aufgerufen werden muß. Inzwischen scheint aber die Tendenz um sich zu greifen, politische Theologie als Mischung von Politik und Theologie zu betreiben, d. h. bestimmte politische Forderungen theologisch zu begründen. Dabei findet sich immer öfter das theologisch und historisch unhaltbare Verfahren, diese Art politischer Theologie speziell auf den historischen Jesus zurückführen zu wollen: Jesus erscheint als früher Verfechter bestimmter gegenwärtig mehr oder weniger moderner politischer Tendenzen, der bestimmte politische Ideen, seien es liberale, sozialistische, konservative oder womöglich sogar faschistische, rechtfertigen soll.

Vor solchem Unterfangen müßte aber schon allein die Tatsache warnen, daß sich in den Evangelien praktisch nur in der Zinsgroschenfrage (Mk 12,13—17) eine möglicherweise authentische Stellungnahme Jesu zu einem politischen Problem findet. Und auch ein zweiter Tatbestand sollte zur Vorsicht mahnen: Wäre Jesus tatsächlich jener politische Kämpfer gewesen, zu dem ihn diese politische Theologie machen will, dann ist es doch einigermaßen unbegreiflich, daß seine Jünger, die ja seine politischen Meinungsgänger und Nachfolger gewesen wären, jahre- und jahrzehntelang praktisch unbehelligt blieben. Oder sollten die Christen bereits vom ersten Tage an das Erbe des „politischen" Jesus verleugnet haben? Sollte also das Urteil D. Sölles, daß der „in den Kirchen herrschende [unpolitische] Christus ... der Christus der Herrschenden" ist[3], bereits für die Jerusalemer Urgemeinde Geltung haben?

I.

Es läßt sich kaum bezweifeln, daß man aus den synoptischen Evangelien zumindest einzelne theologische Aussagen des historischen Jesus rekonstruieren kann. Andererseits aber ist es unmöglich, eine vollständige Übersicht zu gewinnen, d. h. den vollen Inhalt der Verkündigung Jesu wiederzugeben. Denn wir wissen nicht, wieviele und welche Aussagen des historischen Jesus von der christlichen Gemeinde — aus welchen Gründen auch immer — *nicht* tradiert wurden.

---

[3] *D. Sölle*, Hoffnung verändert die Welt. Kritische Auseinandersetzung mit der Theologie Rudolf Bultmanns, EvKomm 4 (1971) 18.

Nach welchen Kriterien lassen sich Aussagen der synoptischen Tradition historisch zuverlässig als Worte Jesu erweisen? Primärer Maßstab ist das von N. Perrin so genannte „Kriterium der Unähnlichkeit": Man könne ein Wort Jesu dann als echt betrachten, wenn sich nachweisen lasse, „daß es von charakteristischen Eigentümlichkeiten sowohl des antiken Judentums als auch der jungen Kirche unterschieden ist"[4]. Für Perrin steht fest, daß dies nur ein Minimalprogramm sein kann; es müsse ergänzt werden durch das „Kriterium der Kohärenz": Auch diejenigen Aussagen, die mit den bereits als echt (weil „unähnlich" dem Judentum und der Kirche) erwiesenen zusammenhängen, kann man als authentisch ansehen[5].

Es ist im Zusammenhang dieser Überlegungen nicht notwendig, die genannten Kriterien im einzelnen auf ihre Stichhaltigkeit zu untersuchen. In den verschiedenen NT-Theologien[6] ist der Rahmen dessen, was noch als authentisch angesehen wird und was nicht mehr, sehr verschieden abgesteckt. Das grundsätzliche theologische bzw. methodische Problem besteht aber unabhängig vom Grad der historischen Skepsis. Prinzipiell besteht die Frage: Gehört die Lehre Jesu in eine Darstellung der neutestamentlichen Theologie?

In den verschiedenen in diesem Jahrhundert erschienenen NT-Theologien — und auf diese soll die Untersuchung beschränkt bleiben — wird das Problem nur selten erörtert. Die Mehrzahl der Autoren geht davon aus, daß Jesu Lehre im Rahmen einer NT-Theologie selbstverständlich darzustellen sei[7]. Dabei findet sich in den „historisch" gegliederten Werken am häufigsten die Reihenfolge 1. Jesus, 2. Urchristentum, 3. Paulus, 4. Johannes. Einige Autoren, etwa Jeremias und Lohse, arbeiten Jesu

---

[4] *N. Perrin*, Was lehrte Jesus wirklich? Rekonstruktion und Deutung, 1972, 33; vgl. *R. Bultmann*, Die Geschichte der synoptischen Tradition, [5]1961, 222; *H. Conzelmann*, Art. Jesus Christus, RGG[3], III, 1959, 623.

[5] Vgl. *N. Perrin*, Was lehrte Jesus, 37. Als dritten Maßstab erwähnt *Perrin*, wenn auch mit großer Zurückhaltung, das „Kriterium vielfacher Bezeugung": Wenn ein Wort in allen oder den meisten Quellenschichten belegt ist, kann man es als echt ansehen (aaO. 40). Vgl. zum Ganzen auch *F. Hahn*, Methodologische Überlegungen zur Rückfrage nach Jesus, in: *K. Kertelge* (Hg.), Rückfrage nach Jesus. Zur Methodik und Bedeutung der Frage nach dem historischen Jesus, 1974, 11—77 (vor allem 32—52).

[6] Der Begriff „NT-Theologie" bezeichnet im folgenden durchweg die Bücher über die neutestamentliche Theologie.

[7] Vgl. etwa nur *A. Schlatter*, Die Theologie des Neuen Testaments I. Das Wort Jesu, 1909, 10: „Indem wir uns Jesu Werk verdeutlichen, machen wir uns den wichtigsten Faktor klar, der die Lehrbildung des Neuen Testaments erzeugt. Deshalb ist die Kenntnis Jesu das erste, unentbehrliche Hauptstück der neutestamentlichen Theologie."

authentische Verkündigung methodisch heraus (freilich mit unterschiedlichen Ergebnissen) und trennen sie von der Theologie der Synoptiker;
andere, so beispielsweise Bonsirven und Meinertz, gehen davon aus, daß
die synoptische Überlieferung einen sehr hohen Grad an historischer Zuverlässigkeit beanspruchen könne.

Ein ganz anderes methodisches Vorgehen findet sich in den NT-Theologien Bultmanns und Conzelmanns. Bei Bultmann ist die Lehre Jesu
von der eigentlichen neutestamentlichen Theologie getrennt; er hat sein
Buch so gegliedert, daß allein Paulus und Johannes unter der Überschrift
„Theologie", Jesu Verkündigung (und auch das Kerygma der Urgemeinde und der hellenistischen Gemeinde) hingegen unter der Überschrift
„Voraussetzungen und Motive der neutestamentlichen Theologie" dargestellt werden. Bultmann definiert die neutestamentliche Theologie als die
„Entfaltung der Gedanken, in denen der christliche Glaube sich seines
Gegenstandes, seines Grundes und seiner Konsequenzen versichert", d. h.
neutestamentliche Theologie ist eo ipso christliche Theologie[8]. Es ist klar,
daß die Verkündigung Jesu von dieser Voraussetzung her nicht unmittelbar in die NT-Theologie hineingehört, denn Jesus war Jude und nicht
Christ[9].

In Conzelmanns „Grundriß der Theologie des NT" ist die Verkündi-
gung Jesu überhaupt nicht in einem eigenen Abschnitt dargestellt. Die
Begründung dafür steht bereits im Vorwort: „Ich glaube — nicht aus
Eigensinn, sondern aus methodischer Konsequenz und aufgrund der
Aufnahme des exegetischen Bestandes — ... darauf bestehen zu müssen,
daß der ‚historische Jesus' kein Thema der neutestamentlichen Theologie
ist."[10] Eine ausführliche thematische Erörterung des Problems fehlt bei
Conzelmann allerdings.

In den nach Conzelmanns NT-Theologie erschienenen Werken von
Kümmel, Jeremias, Lohse und Goppelt ist der Verkündigung des historischen Jesus wieder breiter Raum gewidmet. Kümmel führt zur Begründung an, der Glaube sei „an der Frage brennend interessiert, ob und inwieweit zwischen dem Bild, das er von Jesus Christus aufgrund der apostolischen Verkündigung hat, und der geschichtlichen Wirklichkeit dieses

---

[8] *R. Bultmann*, Theologie des Neuen Testaments, ⁴1961, 1 f. Es fällt ein gewisser
terminologischer Widerspruch auf: Einerseits erklärt *Bultmann*, die Theologie des NT
beginne mit dem Kerygma der Urgemeinde (aaO. 2), andererseits fehlt aber später
eine ausdrückliche Darstellung der Theologie der Synoptiker.

[9] Das ist nicht formal gemeint. Es geht um das Verständnis des Heils, das nach
Ostern ein anderes ist als vorher.

[10] *H. Conzelmann*, Grundriß der Theologie des Neuen Testaments, ²1968, 16.

Jesus, auf den sich der Glaube zurückbezieht, eine Übereinstimmung besteht oder nicht"[11].

Kümmel hat damit die grundsätzliche Frage markiert, die hinter dem zunächst vordergründig scheinenden Problem der Plazierung Jesu in einer NT-Theologie steht. Ist wirklich der Glaube — und nicht etwa nur unser geschichtliches Wissenwollen — daran interessiert, das Verhältnis zwischen dem geglaubten Christus, d. h. dem Kerygma, und dem historischen Jesus aufzuhellen? Besteht nicht unter Umständen die Gefahr, daß der Glaube bestrebt ist, unbedingt eine sachliche Übereinstimmung zwischen beiden zu konstatieren? Wie reagiert er, wenn das Ergebnis des Vergleichs die Differenz ist und nicht die Identität[12]? Letztlich geht es um die Frage, ob die Behauptung des Glaubens, daß Jesus der Christus sei, sich mit dem Selbstverständnis des historischen Jesus deckt oder nicht. Mit andern Worten: Entweder ist Jesu Lehre und sein Verhalten für die christliche Theologie von außerordentlicher Bedeutung, und dann stellt seine Selbstinterpretation, sein „Selbstbewußtsein" als Messias gleichsam die authentische Christologie schlechthin dar. Oder dies alles ist nicht der Fall, und dann wird die Frage drängend, warum der christliche Glaube den gekreuzigten Menschen Jesus als Messias bekennt, obwohl Jesus selbst einen derartigen Anspruch nicht erhob.

II.

In den älteren, d. h. vor-formgeschichtlichen NT-Theologien werden Lehre (und Leben) Jesu ausführlich dargestellt. In seinem Vortrag „Über Aufgabe und Methode der sogenannten Neutestamentlichen Theologie" erklärte W. Wrede, die Predigt Jesu bilde „das erste Hauptthema der neutestamentlichen Theologie" — darüber sei „hier nicht näher zu re-

---

[11] *W. G. Kümmel*, Die Theologie des Neuen Testaments nach ihren Hauptzeugen. Jesus, Paulus, Johannes, 1969, 22 f.

[12] Welche Konsequenzen es hätte, wenn diese Identität sich nicht herstellen ließe, will *F. Mußner*, Der „historische" Jesus, TThZ 69 (1960) 336 Anm. 25 zeigen: „Stellt die historische Kritik fest, daß der historische Jesus in der Tat ein anderer war als der verkündigte Christus, dann war das kirchliche Kerygma über ihn ‚leer' (um mit 1Kor 15,14 zu sprechen), ‚leer auch unser Glaube'." *Mußner* beruft sich auf *Ebeling*, der freilich nirgends erklärt hat, die Aussagen der Christologie und unsere Kenntnis des historischen Jesus hätten identisch zu sein. Außerdem ist es höchst eigenartig, daß *Mußner* zur Begründung seiner These ausgerechnet auf 1Kor 15,14 verweist: Paulus bindet an dieser Stelle den Glauben doch gerade nicht an unsere Kenntnis vom irdischen, historischen Jesus, sondern an die Auferstehung.

den", fügt er lakonisch hinzu[13]. Dennoch weist er auf eine besondere Diskrepanz hin: Einerseits sei es unmöglich, Jesu Verkündigung als „Lehre" im eigentlichen Sinne darzustellen[14], denn seine Predigt sei nie unabhängig „von seinem ‚Plane', seiner Berufsauffassung und Selbstbeurteilung", und deshalb lasteten die damit verbundenen Probleme auch auf der NT-Theologie. Andererseits aber könne man nun einmal nicht „darauf verzichten, die Gedankenwelt Jesu selbst zu reproduzieren, — man müßte es denn für unmöglich erklären, darüber etwas Sicheres auszusagen". Konsequenz Wredes ist die Forderung nach einer kritischen „Scheidung zwischen dem Ursprünglichen und dem darauf Aufgetragenen, zwischen dem im einen oder andern Sinne verhältnismäßig Deutlichen und dem Zweifelhaften"[15].

Obwohl Wrede das grundsätzliche Problem, ob die Verkündigung Jesu überhaupt in einer NT-Theologie darzustellen sei, nicht erörtert, sieht es so aus, als habe er hier doch ein Problem gesehen. Er hält es jedenfalls für unmöglich (und er befindet sich dabei im Widerspruch zu den meisten Autoren), eine NT-Theologie als „Entwicklung und Fortbildung der Lehre Jesu" zu schreiben, so als habe sich die Verkündigung der Apostel aus Jesu Verkündigung heraus entwickelt[16]. Bei Jesus, so erklärt Wrede, steht im Mittelpunkt ein „aus höchstem religiösen Individualismus geborener ethischer Imperativ", bei den Aposteln hingegen, konkret bei Paulus, ist das Zentrum „der Glaube an ein System erlösender, zugleich im Himmel und auf Erden geschehener Thatsachen (Menschwerdung,

---

[13] W. *Wrede*, Aufgabe und Methode, 61. Der Vortrag erschien 1897 im Druck. Offenbar handelt es sich um die Skizze einer von *Wrede* geplanten, aber nicht mehr zur Ausführung gekommenen NT-Theologie. (*Wrede* würde einer solchen allerdings den Titel „Geschichte der urchristlichen Religion und Theologie" gegeben haben, vgl. aaO. 80.)

[14] Zum Stichwort „Lehre" vgl. W. *Wrede*, Aufgabe und Methode, 19 f: „Von Lehre sprechen wir nur dann mit Recht, wenn jemand Gedanken und Vorstellungen entwickelt, um zu lehren." *Wrede* fügt kritisch gegen die Methode der sog. Lehrbegriffe hinzu: „Das geschieht im Neuen Testamente nur sehr teilweise. Das Meiste ist praktische Ansprache, Weisung für's Leben."

[15] W. *Wrede*, Aufgabe und Methode, 62 f. Es ist deutlich, daß die Methode, die diese Scheidung nachprüfbar ermöglicht, zur Zeit Wredes noch aussteht. Vgl. aaO. 62: „Von einer Einigkeit im Bestimmen des Ursprünglichen und des Sekundären kann … selbst bei Forschern verwandter Richtung nicht die Rede sein" — es ist alles „im Flusse." Hier ist in gewisser Hinsicht eine Veränderung eingetreten, jedenfalls sind bestimmte Grundsätze inzwischen weitgehend anerkannt; vgl. E. *Lohse*, Grundriß der neutestamentlichen Theologie, 1974, 21.

[16] In den später erschienenen NT-Theologien, namentlich bei P. *Feine*, ist eben dieser Weg beschritten worden.

Tod, Auferstehung Christi)"[17]. Wrede trennt also scharf zwischen der vorösterlichen Verkündigung Jesu und der auf das Heilsgeschehen im Kreuz sich gründenden Lehre der christlichen Theologie[18]. Daraus ergibt sich aber die kritische Frage: Muß Jesu Predigt auch dann noch „das erste Hauptthema" einer NT-Theologie sein, wenn sich herausstellen sollte, daß Jesus sich nicht für den Messias hielt, daß seine Predigt an entscheidender Stelle einen ganz anderen Inhalt hatte als die Predigt der Christen nach Ostern[19]?

Kurz bevor Wrede seinen Vortrag veröffentlichte, erschien H. J. Holtzmanns NT-Theologie[20], die von Wrede mit Zustimmung, wenn auch nicht ohne Kritik aufgenommen wurde[21]. Holtzmann behandelt im ersten Band seines umfangreichen Werkes Jesus und das Urchristentum. Als Hauptproblem der neutestamentlichen Theologie betrachtet er die Frage, ob schon Jesus selbst „nicht bloß wie bisher vom Reich, vom Vater, von Gottes Willen und der Menschen Bestimmung, sondern auch von sich selbst und seiner Stellung zu Gott und Menschen" geredet habe[22] — mit andern Worten: ob Jesus sich als Messias im Sinne der urgemeindlichen Christologie gewußt habe. Er kommt zu dem Ergebnis, Jesus habe in der Tat „in der Spätzeit seines Wirkens" sich „zur Messianität im

---

[17] W. *Wrede*, Aufgabe und Methode, 67. Vgl. aaO. 68: „Wer könnte nach den Sprüchen Jesu auch nur ahnen, daß zwanzig Jahre später die paulinische Lehre vom Sohne Gottes verkündet werden würde?" Es bleibt freilich anzumerken, daß die Behauptung der Gottessohnschaft Jesu natürlich älter ist als die paulinische Theologie.

[18] Von der in der liberalen Theologie populären Abwertung der Theologie des Paulus gegenüber der Verkündigung Jesu ist dabei wenig zu spüren. Vgl. W. *Wrede*, Aufgabe und Methode, 64: Paulus ist im ältesten Christentum „die epochemachende Gestalt"; er ist „der Schöpfer einer christlichen Theologie" und „an dieser Gestalt, die deutlicher vor uns steht als Jesus selbst, hat man sich also zu orientieren".

[19] In der 1901 (³1963) erschienenen Monographie über „Das Messiasgeheimnis in den Evangelien" erklärte *Wrede* ausdrücklich, aller Wahrscheinlichkeit nach habe sich Jesus „thatsächlich nicht für den Messias ausgegeben" (aaO. 229). Welche Bedeutung *Wrede* dieser Entdeckung beimaß, kann man am Vorwort (S. VI) ablesen: „Es ist mir in mancher Stunde schmerzlich gewesen, daß meine Untersuchung so manches antastet, woran gute und fromme Menschen mit dem Herzen hängen. Ich gedachte alter Freunde, lieber Zuhörer, bekannter und auch unbekannter Gotteskinder, denen die Schrift vor Augen kommen könnte. Indessen, ich konnte hier nichts ändern."

[20] H. J. *Holtzmann*, Lehrbuch der neutestamentlichen Theologie I, 1896/1897. Hier ist die zweite Auflage von 1911 benutzt.

[21] Vgl. W. *Wrede*, Aufgabe und Methode, 30—34.

[22] H. J. *Holtzmann*, Ntl Theologie I, 295 f. AaO. 296: „Wie ist der Hergang zu begreifen, daß der Lehrer selbst zum Gegenstand der Lehre, unter Umständen sogar seiner eigenen Lehre werden konnte?"

Sinne der danielischen Apokalyptik bekannt", für sich also auch den
Menschensohntitel gebraucht[23]. Im Verhör vor dem Hohenpriester habe
er sich sogar als Gottessohn bekannt — „ohne allen Rückhalt, aber auch
ohne einen Versuch zu machen, das Wie dieser Messianität solchen gegenüber, die dafür kein Verständnis besaßen, näher darzutun"[24].

Die Aussagen insbesondere des Mk-Evangeliums stellen also nach
Holtzmanns Auffassung die im wesentlichen zuverlässige Überlieferung
des historischen Sachverhalts dar. Es ist von großer Bedeutung, daß
Holtzmann daraus unmittelbare theologische Konsequenzen zieht: Jesu
Verkündigung kann er als den, „zum Unterschied der Zeiten gleichgülti-
ger sich verhaltenden, Kern des Christentums" bezeichnen — eine Position, die so nicht möglich wäre, wenn Jesus nicht den eigentlichen Inhalt
des christlichen Bekenntnisses, nämlich seine Messianität, selbst gelehrt
hätte. So kann Holtzmann dann die spätere christliche Theologie, besonders die paulinische, als das Produkt „des nachschaffenden und daher
überall mit dem wandelbaren Vorstellungsmaterial und Denkapparat
einer bestimmten Zeit operierenden Geistes" ansehen, das eher an gnostische Systeme als an Jesus erinnere[25]. Faktisch ist der historische Jesus
das Kriterium aller Theologie — eine Anschauung, die in den neuesten
Beiträgen zur Debatte wiederkehrt[26]. Die christliche Theologie nach Jesus
ist mehr oder weniger Abstieg — jedenfalls dort, wo sie sich von Jesu
Lehre unterscheidet, denn „sehr wesentliche Teile jener grundlegenden
Elemente" der Verkündigung Jesu haben in der Lehre der Apostel „keine
Weiterbeförderung, geschweige denn Weiterbildung erfahren..., während des neu hinzutretenden Stoffes gerade genug begegnet"[27]. Es ist von

---

[23] *H. J. Holtzmann*, Ntl Theologie I, 331 f.

[24] *H. J. Holtzmann*, Ntl Theologie I, 337.

[25] *H. J. Holtzmann*, Ntl Theologie II, 229. Die Frage, warum der geschichtliche
Jesus innerhalb der paulinischen Theologie eine so geringe Rolle spielt, beantwortet
Holtzmann mit der Bemerkung, der paulinische Christus sein „eigentlich auf Erden gar
nicht heimisch" gewesen (aaO. 236). — Ist es Zufall, daß diese Position der liberalen
Theologie in den neuen Thesen vom „politischen" historischen Jesus und vom „un-
politischen", weil unweltlichen kerygmatischen Christus erneut begegnet?

[26] Vgl. *H. J. Holtzmann*, Ntl Theologie I, 178: Für alle wichtigen Themen der
Theologie „muß ein wesentlicher und unauflöslicher Kern des Christentums in bestimmten Grundanschauungen Jesu nachweisbar sein". Vgl. damit *D. Sölle*, EvKomm 4
(1971) 18 (s. Anm. 3): „Jesus von Nazareth, der irdische, der historische", bewahrt
„die Theologie davor, sich selber mit dem Kerygma zu verwechseln oder das Kerygma
in Lehrsätzen zu verdinglichen." Abgesehen von der Terminologie liegt letztlich dieselbe Position vor wie bei *Holtzmann*.

[27] *H. J. Holtzmann*, Ntl Theologie I, 25.

daher also nur konsequent und sachgemäß, daß die Verkündigung Jesu im Rahmen der NT-Theologie Holtzmanns formal und sachlich den ersten Rang einnimmt.

Im Prinzip kaum anders ist der Befund in den anderen vor-formgeschichtlichen NT-Theologien. H. Weinel (der der Formgeschichte ausdrücklich skeptisch gegenübersteht) betont ähnlich wie Holtzmann, „die Religion Jesu", also die „Botschaft vom Gottesreich und von der Buße", sei nach Ostern vollkommen verändert — eben „Christentum" geworden, in dessen Mittelpunkt Jesus selbst als der Christus getreten sei[28]. Weinel will diese Entwicklung jedoch nicht verurteilen: Erstens habe schon Jesus selbst sich für den Messias gehalten und mit der erlösenden Kraft seines eigenen Todes gerechnet[29], zweitens aber sei auch im Christentum Jesu eigene Lehre, „der Geist ernster Sittlichkeit", immer wieder zum Durchbruch gekommen und habe verhindert, daß Jesu Religion „im Strudel der synkretistischen Kulte verschwand"[30].

Auch P. Feine hat die Verkündigung Jesu an den Anfang seiner NT-Theologie gestellt[31]; für ihn steht fest, daß sich alle neutestamentlichen Schriften auf die Person Jesu beziehen[32] — und zwar auf den „historischen" Jesus: „Der Mittelpunkt aller NTlichen Theologie ist die geschichtliche Person Jesu, die in aller NTlichen Überlieferung im großen und ganzen eine Einheit, die alles zusammenhaltende Einheit ist."[33] Die Evangelien sind nur in geringem Maße Zeugnisse der Gemeindetheologie bzw. -christologie[34], vor allem sind sie authentische Wiedergabe der Lehre Jesu. Jesus hat die in den synoptischen Evangelien überlieferten Hoheitstitel mit Bezug auf seine Person gebraucht[35], die Leidens- und Aufer-

---

[28] *H. Weinel,* Biblische Theologie des Neuen Testaments. Die Religion Jesu und des Urchristentums, 1911 ([4]1928), 188.

[29] *H. Weinel,* NT-Theologie, 171: Es „bleibt wahrscheinlich, daß Jesus sich in besonderem Sinn als Gottessohn gewußt hat". Gewißheit könne freilich „nie erreicht" werden.

[30] *H. Weinel,* NT-Theologie, 190. Vgl. aaO. 334: „Bei Paulus ... liegt ganz wesentlich dieselbe Religion vor wie bei Jesus. Der Pharisäismus hat für ihre Darstellung nur die Form hergegeben."

[31] *P. Feine,* Theologie des Neuen Testaments, 1910. Hier ist die 6. Auflage von 1934 benutzt. Die 8. von *K. Aland* bearbeitete Auflage enthält gerade zu unserem Thema Tendenzen, die *Feine* selbst noch fremd waren.

[32] *P. Feine,* NT-Theologie, 1.

[33] *P. Feine,* NT-Theologie, 3.

[34] Bei der Aufzählung der Quellen für die theologischen Anschauungen der Urgemeinde werden die Synoptiker zuletzt genannt (aaO. 134).

[35] *P. Feine,* NT-Theologie, 44—70.

3*

stehungsweissagungen hat man „als zuverlässige Berichterstattung zu betrachten"[36].

Der Aufbau der NT-Theologie Feines ist also in sich völlig logisch: Jesus und seine christlichen Nachfolger haben im Prinzip das gleiche gelehrt — oder richtiger: Die Theologie der christlichen Verfasser der neutestamentlichen Schriften ist nur die Ausfüllung der Lehre Jesu, was insbesondere auch für Paulus gilt[37]. Natürlich ist diese Position nur möglich, weil Feine praktisch undiskutiert davon ausgeht, daß die synoptischen Evangelien historisch zuverlässig sind: Die damals ja noch lebenden Apostel „werden es für ihre Pflicht gehalten haben, über der Jesus betreffenden Überlieferung mit Sorgfalt zu wachen"[38].

J. Kaftan wendet sich in seiner kleinen NT-Theologie scharf gegen die Tendenz, Jesus und die apostolische Verkündigung auseinanderzureißen. In Wahrheit meinten beide dasselbe, denn schließlich habe ja auch das Evangelium Jesu „keinen anderen Inhalt als ihn selbst"[39]. Die kirchliche Christologie knüpft also direkt an das Selbstverständnis Jesu an.

Bei *Kaftan* findet sich eine auch für die heutige Diskussion wichtige methodische Feststellung: „Die Frage nach dem Verhältnis zwischen der Verkündigung Jesu einerseits und der christlichen Verkündigung, die ihn zum Inhalt hat, andererseits, ist für ihn „eine rein historische Frage ... Es sind zwei geschichtlich gegebene Größen, um deren Zusammenstellung und Verhältnis zueinander es sich handelt."[40] Das wertende Urteil ist unsachgemäß, mit andern Worten: Die Frage nach der authentischen Lehre Jesu ist als solche kein Problem des Glaubens[41].

Ausdrücklich diskutiert wird die Frage, ob Jesu Verkündigung in einem besonderen Kapitel der NT-Theologie darzustellen sei, von F. Büchsel, der darauf hinweist, daß ja schließlich alles, was von Jesus bekannt ist, Überlieferung der Gemeinde sei. Insofern hätte eine Gliederung der NT-Theologie in die Kapitel 1. Urgemeinde, 2. Paulus, 3. Evan-

---

[36] *P. Feine*, NT-Theologie, 128. Auch „die Verheißung der Wiederkunft ist ein fester Bestandteil der Verkündigung Jesu" (aaO. 129).

[37] *P. Feine*, NT-Theologie, 187: „Wir erblicken in der Entwicklung der christlichen Verkündigung von Jesus bis zu Paulus einen geradlinigen Werdegang." Vgl. dazu oben Anm. 16. *Feine* unterstreicht diese These in seinem Buch „Der Apostel Paulus", 1927, 403.

[38] *P. Feine*, NT-Theologie, 14.

[39] *J. Kaftan*, Neutestamentliche Theologie im Abriß dargestellt, 1927, 39; vgl. aaO. 69.

[40] *J. Kaftan*, Ntl Theologie, 68.

[41] Vgl. ebenda: „Wie wir uns persönlich zu ihnen stellen zu sollen glauben, hat mit der Sache gar nichts zu tun."

gelien „den wirklichen Vorzug, daß dann die Quellen ziemlich in ihrer
zeitlichen Reihenfolge behandelt werden". Den zweiten Vorzug dagegen,
„daß man die Frage umgeht, was an dem Bilde von Jesu Verkündigung
und Leben in den Evangelien der geschichtlichen Wirklichkeit entspricht,
und was von der Gemeinde hinzugefügt ist", nennt Büchsel einen „scheinbaren", „denn bei ihm verschwindet Jesus im Dunkel des Unerkennba-
ren"[42]. Es sei nötig, die Überzeugung der Gemeinde, daß sie das Wort
Gottes nicht sich selbst, sondern Jesus zu verdanken habe, auch in der
Anlage einer NT-Theologie zur Geltung zu bringen; deshalb habe Jesu
Verkündigung am Anfang zu stehen[43].

Auch für Büchsel steht fest, daß Jesus sich als Messias wußte. Aber er
bestimmt das Verhältnis zwischen der Verkündigung Jesu und der der
Apostel anders als Holtzmann, freilich auch anders als Feine: Die Theologie der Apostel ist für ihn weder Abstieg bzw. Verfälschung, noch ist
sie bloße Wiederholung der Lehre Jesu. Vielmehr steht zwischen „ihrer
Arbeit und der Jesu ... eine neue Offenbarung Gottes", nämlich „Jesu
Lebensausgang in Tod und Auferstehung und der Geistempfang seiner
Gemeinde". Büchsel nennt dies den „offenbarungsgeschichtlichen Unterschied": Die Apostel „hatten das Wort des geschichtlichen Jesus weiterzugeben, aber so, daß sie ein neues Wort Gottes erarbeiteten und bezeugten, das das Wort des geschichtlichen Jesus in sich enthielt". Infolgedessen
muß in seiner NT-Theologie Jesus am Anfang stehen, weil seine Verkündigung die Basis ist, auf der alle christliche Predigt aufbaut. Innerhalb des NT gibt es dabei keine wirklichen Widersprüche und keine
Sprünge, sondern es gibt nur eine kontinuierliche Entwicklung, eben eine
„Geschichte des Wortes Gottes im Neuen Testament" (so der Untertitel
seiner NT-Theologie), die mit dem Aufhören der selbständigen theologischen Arbeit der Apostel freilich endet und in Kirchengeschichte übergeht[44].

III.

Die erste NT-Theologie, die die Ergebnisse der Formgeschichte berücksichtigt und auf ihnen aufbaut, das Werk Rudolf Bultmanns, beginnt mit

---

[42] *F. Büchsel,* Theologie des Neuen Testaments. Geschichte des Wortes Gottes im
Neuen Testament, ²1937, 6.

[43] *F. Büchsel,* NT-Theologie, 6 f.

[44] *F. Büchsel,* NT-Theologie, 4. Eigentümlich ist, daß die im NT überlieferten theologischen Aussagen pauschal als Gottes Wort gelten.

dem lapidaren Satz: „Die Verkündigung Jesu gehört zu den Voraussetzungen der Theologie des NT und ist nicht ein Teil dieser selbst."[45] Das bedeutet: Zwar ist es durchaus möglich und sinnvoll, Aussagen über den Inhalt der Verkündigung Jesu zu machen, aber es ist falsch, diese Verkündigung als eigenen Bestandteil des neutestamentlichen theologischen Denkens anzusehen. Denn die Theologie des NT ist christliche Theologie, Entfaltung des Kerygmas der Urgemeinde, das von Kreuz und Auferstehung Jesu spricht. Bultmann geht davon aus, daß Jesu Verkündigung nicht christlich war, sondern daß er — bei allen Differenzen im einzelnen — Jude war und blieb. Das Ur*christen*tum zeichnete sich demgegenüber ja gerade dadurch aus, daß es Leben, Sterben und Auferstehung dieses Menschen Jesus als Gottes eschatologische, d. h. letztgültige Heilstat interpretierte und eben dadurch das Judentum verließ. Dennoch ist für Bultmann die Verkündigung Jesu mehr als nur eine der (vielen) Voraussetzungen der neutestamentlichen Theologie[46]; denn zwar vermutet er, daß Jesus sich nicht als Messias bezeichnet habe, aber er sagt zugleich, daß „Jesu Auftreten und seine Verkündigung eine Christologie impliziert, insofern er die Entscheidung gegenüber seiner Person als dem Träger des Wortes Gottes gefordert hat"[47]. Bultmann zieht daraus jedoch nicht die Konsequenz, den christlichen Glauben auf die Person des historischen Jesus zu beziehen, mithin dessen Verkündigung zum Gegenstand der NT-Theologie zu machen. „Denn der Nachweis, daß das Kerygma auf den im Wirken Jesu enthaltenen Anspruch Jesu zurückgeht, beweist noch nicht die sachliche Einheit des Wirkens und der Verkündigung Jesu mit dem Kerygma."[48] Das bedeutet: Der Lehre des historischen Jesus kommt keine für den Glauben normative Bedeutung zu, Jesus bleibt grundsätzlich im Rahmen des Judentums. Christliche Theologie und christlicher Glaube beziehen sich auf das Heilsereignis in Christus und eben deshalb nicht auf Leben und Verkündigung Jesu. Indem „das Kerygma Jesus als den Christus, als das eschatologische Ereignis verkündigt, wenn es beansprucht, daß in ihm Christus präsent ist, so hat es sich an die Stelle des historischen Jesus gesetzt; es vertritt ihn"[49].

---

[45] *R. Bultmann*, NT-Theologie (s. Anm. 8), 1.

[46] *Bultmann* widmet ihr immerhin einen besonderen Abschnitt, während andere Voraussetzungen (AT, Judentum, Hellenismus usw.) nicht in besonderen Paragraphen dargestellt werden.

[47] *R. Bultmann*, Das Verhältnis ... (s. Anm. 2), 457.

[48] *R. Bultmann*, Das Verhältnis ..., 458.

[49] *R. Bultmann*, Das Verhältnis ..., 468.

Zusätzlich scheint ein zweiter Aspekt von Bedeutung zu sein: Würde der Glaube an die Verkündigung des historischen Jesus gebunden, so bestünde die Gefahr, daß er vom Stand der jeweiligen historischen Erkenntnis über den Inhalt dieser Verkündigung abhängig wird[50].

Bultmann zieht aus diesem Befund die Konsequenz, Jesu Lehre nicht als Bestandteil der NT-Theologie darzustellen. Seine Position ist auf Zustimmung[51], aber auch auf scharfe Kritik[52] gestoßen, wobei u. a. auch der Vorwurf des „Doketismus" erhoben wird[53]. Solche Kritik geht aber an dem m. E. tatsächlich bestehenden Problem ganz und gar vorbei. Die Frage ist nämlich viel eher, ob Bultmann nicht sozusagen auf halbem Wege stehengeblieben ist, wenn er die Verkündigung Jesu zwar nicht als Bestandteil, aber doch als Voraussetzung der neutestamentlichen Theologie bezeichnet. Ist damit überhaupt der *historische* Befund zutreffend erfaßt? Offenbar nicht. Denn Jesu Verkündigung ist zwar *eine* wesentliche Voraussetzung für die Theologie der synoptischen Evangelien, aber keineswegs die einzige; und die Theologie des Paulus oder der Deuteropaulinen kommt ganz offensichtlich ohne eine nähere Kenntnis der Lehre Jesu aus. Auch der *theologische* Sachverhalt ist offensichtlich ein anderer, als er durch den Aufriß von Bultmanns NT-Theologie erscheint. Ist es denn überhaupt richtig, daß die Verkündigung des historischen Jesus inhaltlich eine Voraussetzung der christlichen, neutestamentlichen Theologie ist? Nota bene: Gefragt ist nicht, ob die christliche Theologie sich auf Jesus beruft — das tut sie zweifellos. Gefragt ist vielmehr, ob etwa die Evangelisten den Inhalt seiner Verkündigung aufnehmen mit der Intention, eben die Verkündigung des *historischen* Jesus weiterzugeben. Und das tun sie ganz offensichtlich nicht. Die Verfasser der synoptischen Evangelien haben gerade nicht die Verkündigung des historischen Jesus zum Ausgangspunkt ihrer eigenen Theologie gemacht, sondern sie haben

---

[50] Vgl. *Bultmanns* Kritik an *Althaus* (Das Verhältnis . . ., 454).

[51] Vgl. z. B. *H. Schlier*, Sinn und Aufgabe einer Theologie des Neuen Testaments, BZ NF 1 (1957) 13.

[52] Vgl. etwa O. *Cullmann*, Die Christologie des Neuen Testaments, 1957, 8: „Die Urkirche glaubte an Jesu Messianität nur deshalb, weil sie daran glaubte, daß Jesus selbst sich für den Messias gehalten hatte. Bultmanns Glaube an Christus ist in dieser Hinsicht grundsätzlich verschieden von dem der Urgemeinde."

[53] *N. A. Dahl*, Der historische Jesus als geisteswissenschaftliches und theologisches Problem, KuD 1 (1955) 124. — *G. Strecker*, Die historische und theologische Problematik der Jesusfrage, EvTh 29 (1969) 470 f wendet jedoch mit Recht ein, daß „einer angeblich spiritualistischen, doketischen Vorstellung vom Heilsgeschehen schwerlich mit historisierendem Illusionismus begegnet werden" könne.

authentisches und sekundäres Material miteinander verbunden und diese Einheit dann als „Evangelium von Jesus Christus" tradiert. Ist es unter diesen Umständen überhaupt *theologisch* legitim, aus den synoptischen Evangelien die Verkündigung des historischen Jesus herauszudestillieren und diese dann als deren Voraussetzung darzustellen? Daß ein solches Vorgehen historisch interessant ist, hat Bultmann gezeigt; aber der theologischen Arbeitsweise der Synoptiker und der anderen neutestamentlichen Autoren in ihrem Verhältnis zu Jesus ist er damit nicht gerecht geworden[54].

Wäre es also besser, im Rahmen einer NT-Theologie auf die Verkündigung des historischen Jesus überhaupt nicht einzugehen[55]? Oder muß man aus der Erkenntnis, daß sich Einzelheiten der Lehre Jesu darstellen lassen, den Schluß ziehen, sie gehöre trotz aller methodischen Probleme doch in eine NT-Theologie — aber eben nicht als Theologie, sondern als deren Voraussetzung[56]?

Kurz nach Bultmann veröffentlichten auf katholischer Seite M. Meinertz und J. Bonsirven ihre NT-Theologien. Meinertz widmet der Verkündigung Jesu den ersten Hauptabschnitt[57] und betont, die in den synoptischen Evangelien überlieferten Quellen seien zuverlässig; es sei „ein Verkennen der ungeheuren geistigen Bedeutung und des gewaltigen Eindruckes, den Jesus hinterlassen hat, wenn man sein Bild aus den Quellen

---

[54] Es ist ja bereits vielfach kritisiert worden, daß ein Abschnitt über die Theologie der Synoptiker in *Bultmanns* NT-Theologie fehlt.

[55] Diesen Weg hatte offenbar *W. Bousset* in seinem Buch „Kyrios Christos" gewählt, das in gewisser Hinsicht einer NT-Theologie recht nahekommt. *Bousset* geht hier auf das Problem von Jesu Selbstbewußtsein nicht ein, obwohl er durchaus annahm, daß Jesus den Messias- und den Menschensohntitel mit Bezug auf seine Person gebraucht hat. Freilich habe er dabei „die Grenzen des rein Menschlichen" nicht überschritten (*W. Bousset*, Jesus, [4]1922, 91; vgl. überhaupt aaO. 76—100).

[56] Es sei daran erinnert, daß *Bultmann* eine Monographie über Jesus geschrieben hat (*R. Bultmann*, Jesus, 1926). Sein theologisches Urteil in bezug auf Jesu Verkündigung ist nicht die Folge eines resignierten historischen ignoramus, ignorabimus.

[57] *M. Meinertz*, Randglossen zu meiner Theologie des Neuen Testaments, ThQ 132 (1952) 411—431 geht kurz auf dieses Problem ein. Es liege „ein gewisser Hiatus darin, daß der erste Abschnitt der Theologie des NT die Lehre Jesu darstellt (nicht aber die Lehre der Evangelisten, die doch zunächst greifbar sind), während etwa der dritte Abschnitt von Paulus handelt, dessen eigene Lehre aus seinen Briefen geschöpft wird" (aaO. 413). *Meinertz* unterstreicht aber, daß man aus den Synoptikern und auch aus Joh ein im ganzen zuverlässiges Bild der Predigt Jesu gewinnen könne. Das von *Bultmann* aufgeworfene systematisch-theologische Problem wird von *Meinertz* nicht diskutiert.

nicht mehr ungetrübt entnehmen zu können glaubt"[58]. Konsequenterweise benutzt Meinertz daher ähnlich wie Feine die synoptischen Evangelien fast ausschließlich als Quellen für die Rekonstruktion von (Leben
und) Lehre Jesu; die Theologie der Urgemeinde findet er in erster Linie
im ersten Teil der Apg überliefert[59].

Im Jahre 1968 erschien der erste von insgesamt vier geplanten Bänden
der NT-Theologie von K. H. Schelkle[60]. Seit Stauffers NT-Theologie ist
sie in Deutschland die erste (und bisher einzige), die nicht „historisch",
sondern nach bestimmten dogmatischen Themen gegliedert ist. Ähnlich
wie zuvor A. Richardson[61] und F. Stagg[62] gibt Schelkle eine Übersicht
über den neutestamentlichen Gottesgedanken, die neutestamentliche
Christologie, Ethik usw.; er berücksichtigt dabei jeweils auch die Lehre
Jesu, wobei er dem Problem der Authentizität freilich kein allzu großes
Gewicht beizumessen braucht, weil die entsprechenden Aussagen in den
synoptischen Evangelien unabhängig von ihrer „Echtheit" systematisch
von Bedeutung sind. Daß Jesus nicht in die Prolegomena, sondern in die
NT-Theologie selbst hineingehört, ist für Schelkle keine Frage: „Das
Wort Jesu und die in ihm sich ereignende Offenbarung Gottes" ist „Anfang und Urgrund neutestamentlicher Theologie", denn schließlich ist ja
„erst auf Grund dieser Offenbarung ... das neue Wort über Gott möglich". Ja, gemäß Joh 1,1 muß Christus als das Wort Gottes „nicht nur
Teil, sondern die wesenhafte Mitte neutestamentlicher Theologie" überhaupt sein[63]. Die Folge dieses Ansatzes ist das Bestreben Schelkles, die
wesentlichen Aussagen der christlichen Theologie auf Jesus selbst zurück-

---

[58] *M. Meinertz*, Theologie des Neuen Testaments I, 1950, 5. AaO. 11 verweist er
aber zustimmend auch auf Ergebnisse der Formgeschichte, ohne freilich sein grundsätzliches Urteil davon beeindruckt sein zu lassen.

[59] Vgl. *M. Meinertz*, NT-Theologie I, 212. Ähnlich auch *J. Bonsirven*, Théologie
du Nouveau Testament, 1951.

[60] *K. H. Schelkle*, Theologie des Neuen Testaments I (Schöpfung), 1968; II (Christologie) 1973; III (Ethik) 1970.

[61] *A. Richardson*, An Introduction to the Theology of the New Testament, 1958.
Das Werk ist nach einzelnen Themen der Dogmatik gegliedert und entspricht beinahe
dem Aufriß eines Katechismus: Gott, Christus, Geist, Kirche, Sakramente.

[62] *F. Stagg*, New Testament Theology, 1962 hat sein Buch ebenfalls nicht historisch,
sondern thematisch gegliedert. Er stellt Jesu Verkündigung nicht im Zusammenhang
dar, sondern verweist bei den einzelnen Themen jeweils auf Aussagen der synoptischen
Evangelien, ohne Kriterien für Authentizität zu nennen; z. B. steht für ihn fest, Jesus
habe eine Kirche gründen wollen (aaO. 172).

[63] *K. H. Schelkle*, NT-Theologie III, 24. Bedeutet dies, daß Christus als das Wort
Gottes und der historische Jesus identisch sind in dem Sinne, daß jedes Wort Jesu bereits Gottes Wort ist?

zuführen. So nennt er z. B. die Theologie des Kreuzes „eine unvergleich-
liche Leistung" der Kirche, fügt aber hinzu, daß sie „dem Historiker
schwer verständlich [würde], wenn man annehmen wollte, Gemeinde
und Apostel hätten die Passionstheologie völlig von sich aus geschaffen,
ohne daß Jesus selber die Grunddeutung gegeben hätte"[64]. Selbst wenn
man dies für historisch zutreffend hält, muß man eine unsachgemäße
Zweigleisigkeit in der Argumentation Schelkles konstatieren: Einerseits
führt er Jesu Stellung innerhalb der NT-Theologie auf das dogmatische
Urteil bzw. Bekenntnis zurück, daß Christus gemäß Joh 1,1 das Wort
Gottes ist und insofern die Mitte auch der NT-Theologie; andererseits
aber behauptet er, daß Jesus eben durch seine authentische Verkündigung
die christliche Theologie in allen ihren wichtigen Punkten beeinflußt
habe. Es ist aber erstens fraglich, ob man aus dem Bekenntnis die methodischen Konsequenzen ziehen darf, die Schelkle fordert, und es ist zweitens mehr als fraglich, ob Schelkle den historischen Sachverhalt zutreffend beschrieben hat. Es kann doch keine Frage sein, daß beispielsweise
Paulus seine Deutung des Todes Jesu nicht aus den Leidensankündigungen Jesu — deren „Echtheit" einmal unterstellt — gewonnen hat, und
dennoch war er davon überzeugt, mit seiner Deutung Christus sachgemäß
zu interpretieren. Für Paulus war die Verkündigung des historischen
Jesus sicher nicht der Maßstab, an dem er seine Theologie orientierte.

Auf evangelischer Seite erschien in Deutschland erst beinahe 20 Jahre
nach Bultmanns fundamentalem Werk wieder eine NT-Theologie. Man
kann insofern also von einer neuen Phase der Arbeit sprechen, die 1967
mit dem Erscheinen von H. Conzelmanns NT-Theologie begann und bis
jetzt von W. G. Kümmel, J. Jeremias, E. Lohse und L. Goppelt fortge-
setzt wurde. Bedeuten diese Werke auch im Zusammenhang mit unserer
Frage einen Neubeginn in der Methode der Darstellung?

In der Tat ist das Problem, bedingt auch durch die sogenannte „neue
Frage" nach dem historischen Jesus, bei Conzelmann und Kümmel (in ge-
wisser Weise auch bei Lohse) ausführlicher entfaltet als in den älteren
Werken. Die Ergebnisse weichen dabei freilich weit voneinander ab. In
Conzelmanns NT-Theologie[65] fehlt ein besonderer Abschnitt über die
Lehre Jesu. Warum? Offenbar nicht, weil Conzelmann der Meinung
wäre, man könne Jesu Lehre überhaupt nicht darstellen[66]. Für ihn geht es

---

[64] *K. H. Schelkle,* NT-Theologie II, 115.

[65] *H. Conzelmann,* NT-Theologie (s. Anm. 10).

[66] *Conzelmann* hat (Leben und) Lehre Jesu monographisch dargestellt; Art. Jesus
Christus, RGG³ III, 1959, 619—653.

vielmehr um die Frage, welchen Stellenwert die Verkündigung Jesu im Rahmen der *Theologie* einnehmen kann. Er geht von der Tatsache aus, daß Jesu Verkündigung weithin das Material für die Theologie der Synoptiker darstellt, d. h.: Wenn man nach den traditionsgeschichtlichen Voraussetzungen der Theologie der Synoptiker fragt, dann wird man auch auf die Lehre Jesu verwiesen. Diese ist kein eigenes Thema der NT-Theologie, sondern lediglich eine der Grundlagen des synoptischen Kerygmas[67]. Conzelmanns Vorgehen vermeidet also den — historisch ja auch falschen — Eindruck, als habe sich aus der Verkündigung Jesu heraus christliche Theologie entwickelt und als müsse deshalb ihre Darstellung notwendig am Anfang einer NT-Theologie stehen — und sei es auch nur wie bei Bultmann als deren Voraussetzung. Andererseits aber erklärt er Jesu Lehre auch nicht für theologisch und historisch irrelevant, sondern er ordnet sie in den gesamten traditionsgeschichtlichen Zusammenhang ein.

Dieses Verfahren ist methodisch und sachlich konsequent, denn die Sammlung und Tradition der Worte Jesu markiert ja in der Tat nicht den Beginn der christlichen Verkündigung, sondern geschieht erst in deren Vollzug. „Natürlich ist das Auftreten und Lehren Jesu die Voraussetzung für die Entstehung der Kirche. Aber Jesus hat keine Kirche gegründet. Als Gemeinde gesammelt wird sie durch die Erscheinungen des Auferstandenen und durch die Predigt der Zeugen dieser Erscheinungen.“[68] Es ist verständlich, daß die Gemeinde von der Auferstehung her — eine historische bzw. psychologische Erklärung der den Erscheinungsberichten zugrundeliegenden tatsächlichen Vorgänge ist sinnlos und unmöglich — zurückgefragt hat nach dem Leben und vor allem auch nach der Verkündigung dessen, der als der Auferstandene geglaubt wurde[69]. Aber

---

[67] *Bultmann* macht im Nachtrag zur 6. Auflage seiner NT-Theologie ausdrücklich auf *Conzelmanns* Verfahren aufmerksam und nennt es „originell“ (*Bultmann*, NT-Theologie, 620, Nachtrag zu 596). Allerdings findet sich ein ähnlicher Vorschlag bereits bei *R. Schnackenburg*, Neutestamentliche Theologie. Der Stand der Forschung, 1963, 22 f. *Schnackenburg* erklärt, zwar sei die Geschichte Jesu Voraussetzung und nicht Teil der neutestamentlichen Theologie, aber da die Synoptiker Jesu Verkündigung in ihre Theologie aufgenommen hätten, müsse sie auch gesondert behandelt werden. Er schlägt folgenden Aufriß vor: ... 3. Kerygma und Theologie der Urkirche, 4. Botschaft und Lehre Jesu nach den synoptischen Evangelien, 5. Theologie der einzelnen Synoptiker.

[68] *H. Conzelmann*, NT-Theologie, 49.

[69] Vgl. *H. Conzelmann*, Zur Methode der Leben-Jesu-Forschung, in: Theologie als Schriftauslegung, 1974, 29: „Das Kerygma selbst zwingt zur historischen Darstellung des Auftretens Jesu und seiner Predigt“ — und zwar deshalb, weil die direkte Christologie der Kirche die „indirekte“ Christologie Jesu festgehalten habe. Vgl. *Bultmanns*

dabei hat die Gemeinde nicht nach der Verkündigung des „historischen" Jesus gefragt, sie hat auf die historische Authentizität des jeweils tradierten Jesuswortes keinen Wert gelegt. Sie hat deshalb auch nicht „echte" Jesusworte als solche zu einer normativen Größe gemacht — auch ein authentisches Wort Jesu hat keineswegs den Charakter eines endgültigen Gotteswortes, sondern es kann im Laufe der Tradition verändert und etwa durch Gemeindebildungen oder auch durch redaktionelle Ergänzungen der Evangelisten erweitert werden[70]. Darüber, ob und welche Jesusworte überhaupt nicht tradiert wurden, läßt sich naturgemäß nichts sagen.

Der äußere Aufriß von Conzelmanns NT-Theologie ist also zunächst einmal konsequent und gerade vom traditionsgeschichtlichen Ansatz her stimmig. Dennoch ist auch hier Kritik anzumelden. Conzelmann behandelt die Lehre Jesu im Abschnitt über das „Synoptische Kerygma". Im größten Teil dieses Abschnitts ist aber gar nicht von den Synoptikern, sondern eben von Jesus die Rede. Jesu Gottesgedanke, Jesu Eschatologie und Ethik werden dargestellt, breiter Raum wird der Frage nach Jesu Selbstbewußtsein gewidmet. Die Darstellung der Theologie der Synoptiker ist im Vergleich damit bei weitem nicht so umfangreich, obwohl wir über sie mehr und Genaueres wissen als über die Lehre des historischen Jesus. Warum also heißt dieser Teil nicht doch „Die Verkündigung Jesu"? Und ein Zweites: Conzelmann fragt am Anfang des betreffenden Abschnitts, in welcher Weise das Kerygma zum historischen Jesus zurückführe[71], aber er sieht darin hier offenbar nur ein historisches Problem, und er zeigt infolgedessen, welche Aussagen in den synoptischen Evangelien möglicherweise oder wahrscheinlich auf Jesus zurückgehen. Das theologische Problem wird von ihm offenbar ignoriert: Hat es eine besondere theologische Bedeutung, daß bestimmte Aussagen des synoptischen Kerygmas ihren Ursprung nicht in der Predigt der Gemeinde, sondern in der Verkündigung Jesu haben? Nur in diesem Falle wäre es ja geboten,

---

berühmtes Votum: „Jesu Entscheidungsruf impliziert eine Christologie" (NT-Theologie, 46).

[70] *Kümmels* Urteil (NT-Theologie, 219), daß „der Mensch Jesus für die Heilsverkündigung des Paulus entscheidend wichtig" sei, läßt sich m. E. nicht begründen, und für die These, „daß die Worte Jesu, wo sie angeführt werden können, die letzte Autorität für Paulus bilden", gibt es letztlich nur einen einzigen Beleg, nämlich 1Kor 7,10. Gerade diese Stelle zeigt aber zusammen mit V. 13, daß Paulus dem Wort Jesu keineswegs eine überragende Bedeutung einräumt, sondern sein eigenes Wort formal völlig gleichberechtigt danebenstellen kann.

[71] *H. Conzelmann*, NT-Theologie, 115.

Jesu Verkündigung in der NT-Theologie (und nicht etwa nur in einer traditionsgeschichtlich aufgebauten urchristlichen Literaturgeschichte) darzustellen. Und was würde dann dagegen sprechen, diese Darstellung an den Anfang zu stellen? Darauf gibt Conzelmann in seiner NT-Theologie keine Antwort[72].

IV.

Die anderen nach Bultmann erschienenen NT-Theologien protestantischer Autoren, die Werke von Kümmel, Jeremias, Lohse und Goppelt, sind bewußt einen ganz anderen Weg gegangen als Bultmann und Conzelmann. Unter Anwendung der Methoden der Formgeschichte, d. h. unter Anwendung der die Rückfrage nach der Verkündigung des historischen Jesus ermöglichenden Methoden, setzen sie die Lehre Jesu wieder an den Beginn der Darstellung — und zwar nicht als „Voraussetzung" der neutestamentlichen Theologie, sondern als deren unmittelbaren Bestandteil. Für Kümmel ist Jesus neben Paulus und Johannes einer der drei „Hauptzeugen" der neutestamentlichen Theologie; bei Jeremias und Goppelt umfaßt die Darstellung der Lehre Jesu jeweils den ganzen ersten Band der auf zwei Bände angelegten NT-Theologien. Jeremias übergeht allerdings — offenbar absichtlich — das methodische Problem, ob die Verkündigung Jesu überhaupt in eine NT-Theologie hineingehört; interessant ist für ihn allein die historische Frage, „ob unsere Quellen ausreichen, um die Grundgedanken der Predigt Jesu mit einiger Wahrscheinlichkeit zu erheben, oder ob diese Hoffnung von vornherein utopisch ist"[73]. Er gibt die — von niemandem ja rundweg bestrittene —

---

[72] Ähnliche Kritik äußert *F. Hahn*, Methodologische Überlegungen (s. o. Anm. 5), 72. Vgl. allerdings *Conzelmanns* in Anm. 4 genannten RGG-Artikel, vor allem 648 bis 651. *Hahn* bringt einen weiteren Einwand: „Wenn man schon die Jesusüberlieferung in ihrer redaktionellen synoptischen Gestalt aufnimmt, dann muß der Rezeptionsprozeß auch auf allen anderen Stufen der urchristlichen Tradition berücksichtigt werden." Aber wie soll das geschehen? Läßt sich denn über die Theologie der die Verkündigung Jesu tradierenden Gemeinde wirklich so viel und so Genaues sagen? Jedenfalls sind Jesus auf der einen Seite und die ersten sicher auszumachenden schriftlichen Einheiten (Markus und Q) auf der anderen Seite sehr viel eher darstellbar als die dazwischenliegenden Traditionsstufen.

[73] *J. Jeremias*, Neutestamentliche Theologie I. Die Verkündigung Jesu, 1971, 13. Eine indirekte Stellungnahme zu diesem methodischen Problem gibt *Jeremias* in der 2. Auflage seiner NT-Theologie (1973), wo er erklärt: „Er allein, der Kyrios, ist An-

Antwort, man könne diese Predigt durchaus darstellen. Die Frage aber, ob sie auch Teil der neutestamentlichen *Theologie* sei, wird von ihm nicht gestellt.

Kümmel widmet dem methodischen Problem dagegen verhältnismäßig viel Raum. Ihm geht es durchaus um die Frage, „ob es sachgemäß und möglich ist, die Darstellung der Theologie des Neuen Testaments mit einer Schilderung der Verkündigung Jesu einzuleiten"[74], und er bejaht das aus zwei Gründen: Einmal habe der Glaube ein Interesse daran, das Verhältnis zwischen dem verkündigten Jesus Christus und dem historischen Jesus aufzuhellen, d. h. die Frage zu beantworten, ob zwischen beiden Übereinstimmung bestehe oder nicht. Zum andern aber verlangt offenbar Kümmels Theologiebegriff von vornherein die Rückfrage nach der Verkündigung Jesu: „Das vielgestaltige Zeugnis der Schriften des Neuen Testaments hat seine normative Bedeutung darin, daß es in einem zeitlich und sachlich mehr oder weniger nahen Verhältnis zur geschichtlichen Christusoffenbarung steht. Dann ist aber zu erwarten, daß wir diesem Zeugnis am reinsten in denjenigen Formen urchristlicher Verkündigung begegnen, die dem geschichtlichen Christusereignis zeitlich am nächsten stehen, d. h. in der Botschaft und Gestalt Jesu, wie sie uns in der ältesten Überlieferung der Synoptischen Evangelien greifbar wird, dann in der Verkündigung der Urgemeinde."[75] Dabei sei es jedoch falsch, stets nach der Echtheit einzelner Worte Jesu zu fragen, die Kontrolle über die Richtigkeit der Echtheitsurteile müsse vielmehr in dem Nachweis liegen, „daß sich aus der Zusammenordnung der so gewonnenen Überlieferungsstücke ein geschichtlich verständliches, einheitliches Bild Jesu und seiner Verkündigung ergibt, das auch die weitere Entwicklung des Urchristentums verständlich macht"[76]. Kümmel fordert also die rekonstruierende Synthese anstelle der kritischen Analyse der Texte.

Kümmels Vorgehen ist m. E. problematisch. Zwar ist es richtig, daß der Glaube ein — freilich nur historisch und nicht theologisch relevantes — Interesse daran hat, das Verhältnis zwischen dem Christuskerygma und der Verkündigung Jesu zu kennen, aber man kann doch kaum davon sprechen, „Botschaft und Gestalt Jesu" gehörten zur urchristlichen Verkündigung, ja, sie stellten das christliche Zeugnis „am reinsten" dar. Kümmel will offenbar vermeiden, daß der christliche Glaube von Jesus

---

fang und Ende, Mitte und Maßstab aller christlichen Theologie" (aaO. 295). Der Kyrios ist dabei der historische Jesus.

[74] *W. G. Kümmel*, NT-Theologie (s. Anm. 11), 15.

[75] *W. G. Kümmel*, NT-Theologie, 287.   [76] *W. G. Kümmel*, NT-Theologie, 24.

getrennt wird, daß die Bedeutung Jesu für den Glauben verlorengeht. Aber er selbst beschwört eine mindestens ebenso große Gefahr herauf: Nicht mehr erst das Osterkerygma soll als Ursprung der christlichen Theologie gelten, sondern schon „Botschaft und Gestalt Jesu". Ostern wird damit letztlich interpretiert als Erinnerung der Jünger an die historisch rekonstruierbare Lehre Jesu, und das bedeutet, daß christlicher Glaube sich auf die Lehre Jesu bezieht und insofern auf historischen Fakten beruht. Daraus resultiert das bei Kümmel deutlich erkennbare Interesse, bestimmte Aussagen der neutestamentlichen Christologie auf Jesus selbst zurückzuführen — offenbar in der (apologetischen?) Absicht, sie hierdurch gleichsam historisch abzusichern[77]. Als ob diese Aussagen einen größeren Wahrheitsgehalt zu beanspruchen hätten, wenn sie sich auf Selbstaussagen Jesu stützen könnten!

E. Lohse stellt im Leitsatz zu § 1 seiner NT-Theologie fest, die neutestamentliche Theologie habe „die Aufgabe, die theologischen Gedanken der nt.lichen Schriften im Zusammenhang darzustellen, indem durch sorgsame Befragung der einzelnen Schriften erhoben wird, in welcher Weise die Verkündigung des gekreuzigten und auferstandenen Christus in der kirchengründenden Predigt, wie sie im NT vorliegt, entfaltet worden ist"[78]. Von diesem Ansatz her wäre zu erwarten, daß Lohse die Verkündigung Jesu nicht in einem gesonderten Abschnitt darstellt. Denn weder geht eine der neutestamentlichen Schriften unmittelbar auf Jesus zurück, noch kann man sagen, Jesu Verkündigung sei in dem von Lohse dargestellten Sinn „christlich" gewesen. Es erscheint mithin als inkonsequent, wenn Lohse die eigentliche NT-Theologie nun doch mit einem Abschnitt über Jesus einleitet. Zur Begründung verweist er auf Mk 1,1 (s. dazu unten S. 52) und erklärt, die christliche Predigt beziehe sich auf den „Anfang des Evangeliums", und daher habe „die nt.liche Theologie die unlösliche Bindung des Kerygmas an die ihm vorgegebene Geschichte Jesu aufzuzeigen"[79]. Es geht Lohse dann aber weniger um das theologi-

---

[77] Beispiele: Es sei wahrscheinlich, „daß Jesus seinen Tod als Durchgang in die Herrlichkeit des ‚Menschen' erwartet und seinen Jüngern gedeutet hat" (*W. G. Kümmel*, NT-Theologie, 85). Ebenso sei es wahrscheinlich, „daß Jesus nicht nur das baldige Kommen des ‚Menschensohns' in Herrlichkeit angekündigt, sondern auch andeutend zu verstehen gegeben hat, daß er selber als Menschensohn erscheinen und dann über das gegenwärtige Verhalten der Menschen ihm gegenüber urteilen werde" (aaO. 289).

[78] *E. Lohse*, Grundriß der neutestamentlichen Theologie, 1974, 9. Was *Lohse* unter „kirchengründender Predigt" versteht, erläutert er in § 2: Sie ist das Evangelium von Kreuz und Auferstehung Jesu Christi (aaO. 14—17).

[79] *E. Lohse*, NT-Theologie, 18 (aus dem Leitsatz zu § 3).

sche, als vielmehr um das historisch-methodische Problem der Frage nach dem historischen Jesus[80]. Er erklärt, das christliche Bekenntnis bleibe nach Ostern an die unwiederholbar geschehene Geschichte Jesu gebunden, und er beruft sich dafür vor allem auf Apg 10,37—43 und eigenartigerweise auch auf Phil 2,6—8[81]. Aber diese Textstellen wie ja auch die Existenz der Evangelien überhaupt beweisen nur das Interesse der urchristlichen Predigt am irdischen Jesus, dogmatisch gesprochen: an Jesu Menschheit, nicht jedoch ihr Interesse am „historischen" Jesus. Lohse müßte zeigen, daß die Evangelisten oder auch die Apg 10,37 ff zugrundeliegende Tradition daran interessiert waren, über das „Daß" des Lebens Jesu in Palästina hinauszukommen und „historisches" Material über Jesu Verkündigung zusammenzutragen. Sie sammelten aber gerade nicht historische Fakten, sondern Illustrationsmaterial für den Glauben (vgl. Lk 1,1—4). Es ist doch bezeichnend, daß im Urchristentum nicht die Gattung „Worte und Taten Jesu", sondern eben die Gattung des Evangeliums entwickelt wurde[82].

L. Goppelt[83] antwortet auf die Frage nach dem Ansatz neutestamentlicher Theologie, ihre „Wurzel" sei die „interpretierende Explikation des Osterkerygmas" gewesen — „ihre Grundlage aber war das Berichten über das Erdenwirken Jesu"[84]. Daher müsse eine Darstellung der neutestamentlichen Theologie, die deren eigener Struktur gerecht werden wolle, notwendig nach dem irdischen Jesus fragen[85]. Goppelt fragt nach einem sicheren Minimalbestand echten Jesusguts, um eine exegetische Basis zu erhalten, wobei er zu dem Ergebnis kommt, diese Basis sei breiter, als die klassische Formgeschichte anzunehmen geneigt gewesen sei. So bestreitet er z. B., daß die Leidensankündigungen als *vaticinia ex*

---

[80] *E. Lohse,* NT-Theologie, 18.   [81] *E. Lohse,* NT-Theologie, 20.

[82] Selbst wenn der oft geäußerte Hinweis richtig sein sollte, daß sich in der Logienquelle Q das Interesse an der Überlieferung der *ipsissima verba* manifestiert habe, so muß man doch beachten, daß Q in der Kirche eben nicht als Einzelschrift überlebt hat. Die beiden einzigen Theologen, von denen wir mit Sicherheit wissen, daß sie Q kannten, haben gerade nicht auf eine sorgfältige Abschrift der hier überlieferten Worte Jesu geachtet, sondern sie haben Q theologisch verarbeitet und in die neue von Markus geschaffene Gattung des Evangeliums eingebaut — eine Gattung, bei der nicht das historische, sondern das kerygmatische Interesse im Vordergrund steht.

[83] *L. Goppelt,* Theologie des Neuen Testaments I. Jesu Wirken in seiner theologischen Bedeutung (hg. *J. Roloff*), 1975.

[84] *L. Goppelt,* NT-Theologie, 58.

[85] *L. Goppelt,* NT-Theologie, 58 unterscheidet ausdrücklich zwischen dem „irdischen" und dem „historischen" Jesus; letzterer entstamme dem 19. Jahrhundert und sei zudem „theologisch belanglos (2Kor 5,16)".

eventu zu beurteilen seien, und er nimmt an, daß selbst das Messias-bekenntnis (Mk 8,29) in den Erdentagen Jesu denkbar sei. Insgesamt müsse man das „historische Wahrscheinlichkeitsurteil" fällen, daß Jesus sich für den Messias gehalten habe — es sei sonst ja auch nicht zu erklä-ren, wie die Jünger nach Jesu Tod auf diesen Gedanken gekommen seien. Da Jesus um seine „einzigartige Verbundenheit" mit Gott gewußt habe, sei nicht von vornherein auszuschließen, daß auch der Titel Sohn Gottes — wenn auch „höchstens in Vorstufen" — während des Erdenwirkens Jesu mit Bezug auf ihn gebraucht wurde[86].

Goppelts methodischer Ansatz ist problematisch. Er nimmt an, die ur-christliche Gemeinde habe stets bewußt zwischen der Situation Jesu und ihrer eigenen Situation unterschieden und deshalb auch ein Wissen „um den Unterschied zwischen dem Wort des Irdischen und dem Wort des Erhöhten durch den Geist der Prophetie" gehabt[87]. Aber die von ihm als Beleg genannten Stellen (1Kor 7,10; 14,37) zeigen doch im Gegenteil, daß gerade auch Worte, die nicht vom irdischen Jesus stammen, als „Ge-bot des Herrn" gelten konnten[88]. Widersprüchlich ist es, wenn Goppelt einerseits erklärt, die Jesusüberlieferung sei „von Anfang an primär im Rückblick formuliert" worden, andererseits aber konstatiert, diese Über-lieferung sei „anscheinend nicht unmittelbar Inhalt der missionarischen oder katechetischen Verkündigung" gewesen[89]. Eine solche Unterschei-dung zwischen einem eher historischen Interesse an Jesus und einem eher kerygmatischen Interesse ist doch angesichts des Befundes der synopti-schen Überlieferung gar nicht möglich.

V.

Versucht man die in den skizzierten NT-Theologien eingenommenen Positionen systematisch zu ordnen, so ergibt sich im wesentlichen der fol-gende Tatbestand: In fast allen NT-Theologien, die die Verkündigung Jesu thematisch selbständig darstellen, wird die Meinung vertreten, daß Jesus sich — unter welchen näheren Modifikationen auch immer — als

---

[86] *L. Goppelt*, NT-Theologie, 250.

[87] *L. Goppelt*, NT-Theologie, 57.

[88] Dieses Argument würde sogar noch verstärkt, wenn man mit *H. Conzelmann*, 1Kor (MeyerK V) 1969, 290 f anzunehmen hätte, die Aussage, „daß alles, was in der Kirche allgemein gilt, Gebot des Herrn" sei, passe eher zur Interpolation 14,33b—36 als zu Paulus.

[89] *L. Goppelt*, NT-Theologie, 57.

Messias gewußt (und sich entsprechend verhalten) habe. Diejenigen Autoren dagegen, die ein messianisches Selbstbewußtsein Jesu verneinen, behandeln seine Verkündigung nicht als unmittelbaren Bestandteil der neutestamentlichen Theologie. Mit andern Worten: Die Entscheidung, ob Jesu Lehre gesondert dargestellt wird oder nicht, beruht ganz offensichtlich auf der Bestimmung des Verhältnisses der Verkündigung Jesu zum nachösterlichen Kerygma, auf dem anhand des Quellenmaterials gefällten historischen Urteil darüber, ob Jesus sich im Sinne der christlichen Predigt als Messias bezeichnet habe oder nicht. Eine Ausnahme von dieser „Regel" stellt allein die NT-Theologie Lohses dar. Er behandelt zwar die Verkündigung Jesu sehr ausführlich, kommt aber zugleich aufgrund des exegetischen Befundes zu der Annahme, der historische Jesus habe „keinen der jüdischen Hoheitstitel auf sich angewandt"[90]. Es erscheint von dieser, m. E. zutreffenden, Aussage ein weiteres Mal als methodisch inkonsequent, daß Lohse die Verkündigung Jesu als eigenes Thema der NT-Theologie dargestellt hat.

Die beiden anderen Positionen dagegen sind in sich vollkommen stimmig: Wenn Jesus sich als Messias wußte, wenn er den Glauben an seine eigene Person forderte, dann ist seine Verkündigung in gewisser Weise als eine bereits „christliche" zu verstehen, und es ist sachgemäß, seine Lehre — insbesondere seine „Christologie" — im Rahmen einer NT-Theologie darzustellen. Wenn aber Jesus sich nicht als Messias verstand, wenn seine Lehre prinzipiell in den Kontext des Judentums gehört, wenn der christliche Glaube sich also nicht an Lehre und Werk des historischen Jesus orientiert, sondern am Bekenntnis zu Jesu Tod und Auferstehung als Heilsereignis — sachlich dargestellt etwa in der paulinischen Rechtfertigungslehre —, dann ist es sachgemäß, Jesu Verkündigung als eine der (historischen) Voraussetzungen neutestamentlicher, d. h. christlicher Theologie, nicht jedoch als deren Bestandteil darzustellen.

Wie verhält sich dazu die bereits erwähnte „Jesus-Theologie" etwa H. Brauns? Wird hier nicht jene Alternative überwunden, indem einerseits Jesu Messiasanspruch bezweifelt wird, andererseits aber doch die These vertreten wird, christlicher Glaube sei im Kern mit der unmessianischen Verkündigung Jesu identisch[91]? Diese u. a. von E. Gräßer kritisch analysierte Auffassung[92] hat noch keinen Niederschlag in einer NT-Theologie

---

[90] *E. Lohse*, NT-Theologie, 49.

[91] *H. Braun*, Jesus. Der Mann aus Nazareth und seine Zeit, 1969, 11.

[92] *E. Gräßer*, Christologie und historischer Jesus. Kritische Anmerkungen zu Herbert Brauns Christologieverständnis, ZThK 70 (1973) 404—419.

gefunden — gleichwohl läßt sich etwa aus Brauns Jesusbuch, insbesondere aus dem Kapitel über die „Autorität Jesu" ablesen, welchen Platz Jesus in einer NT-Theologie Brauns vermutlich einnehmen würde. Jesu Verkündigung besitzt für Braun in bestimmten Bereichen eine besondere Autorität, und zwar deshalb, weil Jesus das, was er lehrte, auch selber lebte[93]. Bei bestimmten Themen, etwa in der Eschatologie, könne Jesu Autorität heute freilich nicht mehr in Geltung stehen, aber im Bereich des Handelns, also der Ethik, müsse Jesu Autorität auch heute zu Wort kommen „im tätigen mitmenschlichen Ja zu den Schwachen und Deklassierten": „Wo das geschieht, da wird der Wille und das Verhalten Jesu vollstreckt."[94] Braun unterscheidet solche „hier und da akzeptierte Autorität des Handelns und Redens Jesu" streng von „einer Total-Anerkennung Jesu . . ., die sich in den neutestamentlich vorgegebenen dogmatischen Formen ausspricht" — etwa in der Aussage, daß Jesus der Messias oder der Gottessohn sei[95]. In Wahrheit aber wird der Begriff „Autorität Jesu" damit zu einer austauschbaren Schablone[96]. Nach welchen Kriterien wird denn diese Autorität „hier und da" anerkannt bzw. da und dort abgelehnt? Kann man überhaupt die Ethik Jesu so von seiner Eschatologie, seiner Reich-Gottes-Verkündigung trennen, daß man erstere anerkennt, letztere aber als zeitbedingt und überholt ablehnt? Und ist nicht auch der von W. Schmithals immer wieder gegen die „Jesus-Theologie" vorgebrachte Einwand, sie predige Gesetz und nicht Evangelium[97], Brauns Position gegenüber berechtigt? Jesu Autorität wird ja offenbar an der gegenwärtigen Verwendbarkeit seiner ethischen Forderungen gemessen, d. h. Jesus wird als einer verstanden, der bestimmte Verhaltensnormen setzt (auch wenn diese Normen sehr „evangelisch" sein können, etwa wie die Forderung, zu lieben)[98]. Bei Paulus und beim größten Teil der urchristlichen Verkündigung liegt gerade die entgegengesetzte Position vor: Sie berufen sich auf die Autorität Jesu, d. h. auf Christus, wo Aussagen des historischen Jesus ihnen gar nicht bekannt waren. Das gilt vor allem auch für den Bereich der Ethik, die durch die hellenistische Popularphilosophie sehr viel stärker beinflußt ist als durch Jesus, und die sich dennoch sehr bewußt als christliche Ethik versteht (vgl. etwa nur Gal 5,6).

---

[93] *H. Braun*, Jesus, 147.

[94] *H. Braun*, Jesus, 148 f.   [95] *H. Braun*, Jesus, 158.

[96] Vgl. dazu *W. Schmithals*, Das Bekenntnis zu Jesus Christus, in: Jesus Christus in der Verkündigung der Kirche, 1972, 63 f.

[97] Vgl. etwa *W. Schmithals*, Jesus und die Weltlichkeit des Reiches Gottes, in: Jesus Christus (s. Anm. 96), 110—114.

[98] *D. Sölle*, EvKomm 4 (1971) 18 (s. Anm. 3) kritisiert den „undialektischen Ge-

VI.

Die Antwort auf die Frage, ob Jesu Verkündigung im Rahmen einer NT-Theologie darzustellen sei oder nicht, hängt unmittelbar ab vom jeweiligen systematisch-theologischen Urteil über Jesus (wobei natürlich auch historische Gesichtspunkte eine Rolle spielen). Es ist aber zu fragen, ob nicht schon das Neue Testament selbst Kriterien dafür gibt, welche Rolle Jesu Verkündigung in der NT-Theologie einnehmen soll. Kann man nicht aus dem Neuen Testament Aussagen über die Bedeutung des historischen Jesus für das christliche theologische Denken gewinnen?

E. Lohse erklärt unter Hinweis auf den Eingang des Markusevangeliums, es sei hier deutlich, daß bereits das öffentliche Auftreten Jesu und nicht erst Karfreitag und Ostern zum „Evangelium" (vgl. Mk 1,1) gehörten. Die Frage nach dem historischen Jesus sei von daher notwendig eines der „wichtigsten Themen der neutestamentlichen Theologie"[99]. Lohse verweist zusätzlich auf Joh 1: „Weil das Wort Fleisch geworden ist, Jesus ein irdischer Mensch war, darum hat seine Geschichte eine unaufgebbare Bedeutung für den christlichen Glauben."[100] Aber beide Argumente treffen nicht. Natürlich ist es richtig, daß der irdische Jesus nach dem Mk-Ev bereits ins „Evangelium" hineingehört. Aber dieser irdische Jesus des Markus ist doch nicht identisch mit dem, den wir den „historischen" Jesus nennen. Die Verfasser der synoptischen Evangelien unterschieden nicht zwischen Worten des Irdischen und Worten des Erhöhten, d. h. sie gingen nicht so vor, als sei die Verkündigung des irdischen Jesus abzuheben von der Verkündigung der Gemeinde, die sich ja durch das Auferstehungskerygma dazu legitimiert glaubte, Jesus bestimmte Worte in den Mund zu legen. Auch im Joh-Ev folgt ja aus dem ὁ λόγος σάρξ

---

brauch der Formeln von Gesetz und Evangelium". „Ob etwa die Aufforderung ‚Gehe hin und tue desgleichen!' als Gesetz oder als Evangelium verstanden wird, hängt davon ab, was sie anrichtet, ob sie Menschen unter zusätzliche Sachzwänge knechtet, ob sie ihnen die eigene Ohnmacht und das selbstgemachte Verderben zuspricht!" Aber das ist gar nicht das entscheidende Problem. Wenn *Schmithals* und andere den historischen Jesus auf die Seite des Gesetzes stellen, dann meint das ja nicht, daß Jesus den Menschen unter Sachzwänge knechte. Es meint vielmehr, daß jede Forderung, einem bestimmten Vorbild zu folgen, Gesetz ist, weil der Mensch damit zur Leistung — und sei sie auch noch so ethisch wertvoll — gerufen wird.

[99] *E. Lohse,* Die Frage nach dem historischen Jesus in der gegenwärtigen neutestamentlichen Forschung, in: Die Einheit des Neuen Testaments, 1973, 35 f (Zitat 36). Vgl. auch *ders.,* NT-Theologie, 20.

[100] *E. Lohse,* Die Frage nach dem historischen Jesus (s. Anm. 99), 36.

ἐγένετο von 1,14 keineswegs, daß Johannes eine historisch getreue Darstellung von Leben und Verkündigung Jesu geben will.

Überhaupt ist dies ein wesentliches Charakteristikum der neutestamentlichen Schriften, daß sie sich nicht auf den „historischen" Jesus beziehen, sondern zwischen authentischen Worten einerseits und Gemeindebildung andererseits nicht unterscheiden. Der Glaube der frühen Kirche hat sich nicht an der Verkündigung des historischen Jesus entzündet, sondern an den Erscheinungen des Auferstandenen, d. h. er entstand in dem Augenblick, als die Jünger das Kreuz Jesu als Gottes eschatologische Offenbarung interpretierten. (Was sie dazu veranlaßte, läßt sich mit Mitteln der historischen Forschung nicht mehr aufhellen.)

Ein deutliches Beispiel dafür ist die in Lk 24,13—32 überlieferte und im Kernbestand sicher ältere Emmaus-Legende. Der die beiden Jünger unerkannt begleitende Jesus erinnert diese nicht etwa an die Worte und Taten des irdischen Jesus, etwa an seine Leidens- und Auferstehungsankündigungen oder an bestimmte beglaubigende Wundertaten, sondern er entwickelt eine Christologie, in der vom Leben des irdischen Jesus gar nicht die Rede ist — mit einer Ausnahme: dem Kreuz! Der Glaube an die Auferstehung realisiert sich also nicht im Rückbezug auf das Handeln des historischen Jesus, sondern im Hören auf den gegenwärtigen Christus (das wird in der Emmaus-Erzählung ja bildlich ausgedrückt) und im Sakrament[101]. Es gibt weder hier noch sonst im Neuen Testament eine systematische Vorordnung des historischen Jesus vor dem gegenwärtigen Christus — im Gegenteil: Die Gemeinde und auch die Evangelisten tradieren nicht Jesu Historie, sondern sie verkündigen Christus. Zu dem dabei verwendeten Material gehörte freilich zweifellos auch authentische Jesusüberlieferung.

N. A. Dahl hat dieser Position gegenüber das Argument vorgebracht, die Betonung der besonderen theologischen Bedeutung des historischen Jesus unterstreiche Jesu Vorrang vor der Kirche[102]. Aber das ist nur scheinbar gut christologisch gedacht, denn in Wahrheit kommt man nicht zu einer Vorordnung Jesu, sondern entweder zum Sieg der Dogmatik,

---

[101] Vgl. *H. D. Betz*, Ursprung und Wesen christlichen Glaubens nach der Emmauslegende (Lk 24,13—32), ZThK 66 (1969) 15 f: „Christliche Theologie ist Interpretation von historischen Texten, mit deren Hilfe das historische Ereignis des Kreuzes Jesu in seiner Bedeutsamkeit erkannt werden soll." *Betz* hat in dem genannten Aufsatz, vor allem 13 ff, die theologische Bedeutung der Emmauslegende in eindringlicher Weise dargestellt.

[102] *N. A. Dahl*, KuD 1 (1955) 130 (s. Anm. 53).

konkret: der Christologie über die historische Forschung oder aber umgekehrt zur Herrschaft der jeweiligen historischen Erkenntnis über das
christologische Bekenntnis. Anders gesagt: Der als theologisch relevant
behauptete historische Jesus führt wieder in den alten Kampf zwischen
Dogma und Geschichte, der durch die „Kerygma-Theologie" gerade überwunden schien. Es ist in diesem Zusammenhang noch einmal auf J. Roloff und H. Braun zu verweisen. Roloff hat die Forderung aufgestellt, die
Theologie müsse ein neues Jesusbild gewinnen als Antwort auf die Jesusbilder, die ihr „von außen her ... entgegengehalten werden". Natürlich
verbiete uns „unser heutiges Wahrheitsbewußtsein ..., das kerygmatische Geschichtsbild der Evangelisten zur Basis zu machen", aber wir seien
durch die „Irrwege" des 19. Jahrhunderts ebenso davor gewarnt, „das
mit ‚rein historischen' Kategorien erstellte Jesusbild der Wissenschaft
theologisch zu thematisieren". Es komme darauf an, „Kriterien zu entwickeln, mit denen beide Bilder sachgemäß zueinander in Beziehung gesetzt und aneinander gemessen werden können"[103]. Was bedeutet das?
Wenn ich Roloff richtig verstehe, dann fordert er offenbar eine Methode,
die zu einem neuen „Jesusbild" führt und dabei über die historisch-kritische Methode hinausgeht, ohne deren Ergebnisse allerdings pauschal
preiszugeben. So nennt er es eine unaufgebbare Erkenntnis, „daß die
Botschaft Jesu mit den verschiedenen uns bekannten nachösterlichen
Theologien nicht identisch war", Jesus also nicht als Stifter des Christentums gelten könne[104], aber er fordert dennoch, es müßten in entscheidenden Punkten Übereinstimmungen zwischen Jesu Lehre und der christlichen Theologie gesucht werden. Das meint doch offenbar, daß das zu
entwickelnde Jesusbild nicht auf dem historisch gesicherten Befund, sondern vor allem auf dem gegenwärtigen Erfordernis basieren soll[105]. Roloff
spricht ihm ausdrücklich die Funktion zu, in Theologie und Verkündigung „die Konkretion dessen" zu vermitteln, „was Inhalt und Ziel christlichen Glaubens ist"[106]. Der Glaube sei auf solche Konkretion angewiesen[107], und solch konkreter Glaube sei eben nur möglich „im ständigen
Rückgang auf die Geschichte des Menschen, in dem [die von Gott ermöglichte Freiheit gegenüber der Welt] ... ein für alle Mal manifest geworden ist"[108]. Aber diese Begründung ist aus zwei Gründen problematisch:

---

[103] *J. Roloff*, ThLZ 98 (1973) 571 (s. Anm. 1).
[104] *J. Roloff*, ThLZ 98 (1973) 565.
[105] *J. Roloff*, ThLZ 98 (1973) 566—570.
[106] *J. Roloff*, ThLZ 98 (1973) 571.
[107] *J. Roloff*, ThLZ 98 (1973) 570.   [108] *J. Roloff*, ThLZ 98 (1973) 571.

Einmal steht ein Glaube, der sich an einer historischen Person orientiert und dort seine Konkretion zu finden meint, in der Gefahr, zur Imitation zu werden; Glaube ist dann die Nachahmung dessen, was Jesus dachte, sagte und vor allem tat — d. h. das Bekenntnis wird zum Gesetz und der Glaube zum Werk[109]. Zum andern ist zu fragen, ob solche in der Historie Jesu verankerte Konkretion überhaupt theologisch vom Neuen Testament her geboten ist. Roloff bezieht sich auf neutestamentliche Texte, die seiner Meinung nach einen „vorösterliche(n) Ansatzpunkt für Christologie und Soteriologie" zeigen[110], und er nennt als Beispiel hierfür Mk 9,23, wo noch — trotz aller sekundären Züge — erkennbar werde, „daß in der personalen Zuwendung Jesu Gottes richtendes und rettendes Handeln erfahren worden ist und daß Jesus durch sein Handeln Gottes Gegenwart gewährt hat"[111]. Kann man dies dem Text tatsächlich entnehmen? Kann man tatsächlich zeigen, daß Jesu Wort hier eine entsprechende Tat zur Seite stand? Roloff meint, Jesu Verhalten, durch das er den Deklassierten seiner Zeit Freiheit ermöglichte, würde das Urteil „Blasphemie" verdient haben, wenn er nicht wirklich „die Verantwortung für die von ihm vertretene Sache Gottes auf seine Kappe genommen hätte, d. h. wenn er sich nicht als der verstanden hätte, dessen Sendung es war, vor Gott für die ihm Fernen einzutreten"[112]. Roloff postuliert ein Jesu Lehre begleitendes und sie rechtfertigendes, offenbar eine Art messianisches Selbstbewußtsein. Es ist kaum überraschend, daß er unter Hinweis auf die Abendmahlsworte erklärt, es gehe sogar der Gedanke des stellvertretenden Leidens auf Jesus selbst zurück[113].

Das bedeutet: Der historischen Forschung wird faktisch vorgeschrieben, welches Ergebnis sie haben soll. Sie muß zeigen, daß Jesus tatsächlich mit messianischem Anspruch auftrat, d. h. sie muß wesentliche Aussagen der Christologie auf Jesus selbst zurückführen.

Der gleiche Versuch, Historie und Christologie mehr oder weniger gewaltsam miteinander zur Deckung zu bringen, ist auch die Grundlage der „Jesus-Theologie"[114]. Auch H. Braun behauptet eine Identität der Verkündigung des historischen Jesus mit dem (recht verstandenen) neutestamentlichen Christuszeugnis — freilich unter der Annahme, daß Jesus sich nicht als Messias gewußt habe. Der Unterschied zwischen beiden

---

[109] Dieser Aspekt der Frage nach dem historischen Jesus ist von *W. Schmithals* in mehreren Aufsätzen seines in Anm. 96 genannten Bandes herausgearbeitet worden.

[110] *J. Roloff*, ThLZ 98 (1973) 568.

[111] Ebenda.

[112] *J. Roloff*, ThLZ 98 (1973) 568 f.

[113] *J. Roloff*, ThLZ 98 (1973) 569.

[114] Vgl. dazu oben S. 27 f. 50 f.

Positionen besteht nur darin, daß bei Roloff das Wissen über den historischen Jesus letztlich so erweitert wird, daß in ihm auch die neutestamentliche Christologie noch Platz findet, während bei Braun umgekehrt die
neutestamentliche Christologie danach bewertet ist, inwieweit sie mit
unserer Kenntnis des historischen Jesus und seiner Verkündigung übereinstimmt. In beiden Fällen kommen weder das Bekenntnis noch die
historische Forschung zu ihrem Recht.

VII.

Der „historische Jesus" ist eine austauschbare Größe. Unter Berufung
auf ihn kann schlechterdings alles behauptet werden — je nachdem, ob
man bestimmte Aussagen in den synoptischen Evangelien für authentisch erklärt oder deren Authentizität anzweifelt. Zugleich aber ist deutlich, daß eine Entscheidung darüber ohne ein Vorverständnis dessen, was
man denn überhaupt als authentisch ansehen könne, gar nicht möglich
ist. Mit andern Worten: Die Berufung auf den historischen Jesus führt in
einen Zirkel. Der historische Jesus wird gerade auf diese Weise zum Mittel, mit dessen Hilfe sich die Theologie (und die Kirche) ihres Herrn ent-
ledigen und — unter Berufung auf höchste Autorität — ihre jeweiligen
eigenen Ansichten als durch Jesus autorisiert ausgeben kann.

Die christliche Theologie aber hat sich in ihrem Ursprung nicht am
historischen Jesus orientiert. Sie hat ihn weder zum Lehrer noch zum
Gründer der Kirche gemacht, sondern sie hat im Gegenteil ihren Ursprung immer und allein in der Auferstehung des Gekreuzigten und in
der auf dieses Bekenntnis sich beziehenden Verkündigung gesehen. Als
Auswirkungen dieses Ansatzes seien nur die markinische Konzeption des
Messiasgeheimnisses und die paulinische Rechtfertigungslehre als Auslegung der Kreuzestheologie genannt.

Christliche Theologie ist Auslegung des Osterbekenntnisses und nicht
Interpretation oder gar Wiederholung der Lehre (und, soweit bekannt:
der Taten) Jesu. Das bedeutet für eine Darstellung der Theologie des
Neuen Testaments: Die authentische Verkündigung des historischen Jesus kann in ihr kein selbständiger Gegenstand sein. Am Anfang der
christlichen Theologie steht das Bekenntnis zu Kreuz und Auferstehung
Jesu. Aufgabe einer NT-Theologie ist es, den Sinn dieses Bekenntnisses
zu interpretieren und die verschiedenen Interpretationen dieses Bekenntnisses in den neutestamentlichen Schriften kritisch darzustellen. In diesem

Zusammenhang ist — analog der historischen Entwicklung in den ersten Jahrzehnten der Kirche — die Frage zu erörtern, in welcher Weise die Gemeinde auf Jesu Leben und Verkündigung Bezug nahm, in welchem Verhältnis die christliche Berufung auf Jesus zu dessen eigener Verkündigung steht[115]. Theologische „Werturteile" sind dabei freilich zu vermeiden: Ob sich die Verkündigung und Theologie des Neuen Testaments in „Anknüpfung" oder im „Widerspruch" zu Jesus entwickelte, ist zwar historisch interessant, aber theologisch letztlich ohne Bedeutung. Kriterium für eine kritische Beurteilung der neutestamentlichen Theologie(n) ist nicht die Verkündigung des historischen Jesus, sondern das Bekenntnis zu Gottes Heilshandeln in Christus. Dieser gekreuzigte und als auferstanden geglaubte Christus ist zwar „identisch" mit dem Menschen Jesus von Nazareth[116], d. h. der Glaube weiß, von wessen Kreuzigung er redet — eben von der Kreuzigung Jesu in Jerusalem. Aber „Identität" meint nicht, daß Jesu authentische Verkündigung, seine *ipsissima verba*, als solche Evangelium sind. Deshalb sind sie kein selbständiges Thema der NT-Theologie.

---

[115] Eine ähnliche Position vertritt *F. Hahn*, Methodologische Überlegungen (s. o. Anm. 5), 72: „Zwar hat eine isolierte Darstellung der Geschichte Jesu, soweit wir zu ihrer Rekonstruktion noch in der Lage sind, keine theologische Relevanz, doch ist zu überlegen, ob nicht gerade jener urchristliche Rezeptionsvorgang innerhalb der neutestamentlichen Theologie darzustellen wäre." AaO. 72 f: „Um den Prozeß der Rezeption nachzuvollziehen und theologisch zu reflektieren, dürfen, ja müssen wir die historische Jesusfrage stellen", und zwar vor allem auch deshalb, „weil wir auf diesem Wege durchaus an die Sachprobleme selbst herankommen können". Es sei zu fragen, wie und vor allem warum Worte Jesu in die urchristliche Verkündigung eingegangen seien. Hier bleibt bei *Hahn* freilich unklar, ob diese Frage aus historischem oder aber aus theologischem Interesse gestellt wird.

[116] Von „Identität" spricht auch *E. Lohse*, Die Frage nach dem historischen Jesus (s. Anm. 99), 47. Er betont aber, daß das Bekenntnis auf gar keinen Fall auf den historischen Jesus bezogen werden kann, „um etwa gar den erhöhten Herrn durch den historischen Jesus zu ersetzen".

JESUS UND DIE APOKALYPTIK

WALTER SCHMITHALS

Die Geschichte unseres Themas, seine Problematik und seine Aporien sind bekannt; denn es handelt sich dabei zu einem guten Teil um die historisch gewachsene Problematik und um die Aporien unserer gegenwärtigen theologischen Situation.

I.

Nachdem man im 19. Jahrhundert die Apokalyptik als selbständiges religiöses Phänomen begriffen[1] und Adolf Hilgenfeld[2] in ihr das ‚missing link‘ zwischen alttestamentlicher Frömmigkeit und Urchristentum entdeckt hatte, ordnete vor allem Johannes Weiß[3] Jesus in die apokalyptische Bewegung ein.

Albert Schweitzer[4] hat der Untersuchung von Johannes Weiß die gleiche Bedeutung zugeschrieben wie dem ersten ‚Leben Jesu‘ von David Friedrich Strauß und mit seiner ‚konsequenten Eschatologie‘ versucht, den Ansatz von Weiß zu vollenden. Weiß, so schreibt Schweitzer[5], „ließ Jesum in einigen Hauptstücken seiner Lehre eschatologisch denken und reden, stellte aber im übrigen sein Leben ... uneschatologisch dar“. Die Lösung der ‚konsequenten Eschatologie‘ versucht mit viel Phantasie, diesen relativen Mangel zu beheben.

---

[1] Vgl. *Johann Michael Schmidt*, Die jüdische Apokalyptik. Die Geschichte ihrer Erforschung von den Anfängen bis zu den Textfunden von Qumran, 1969.

[2] *Adolf Hilgenfeld*, Die jüdische Apokalyptik in ihrer geschichtlichen Entwicklung, 1857 (Nachdruck 1966).

[3] *Johannes Weiß*, Die Predigt Jesu vom Reiche Gottes, 1892 (Neubearbeitung 1900; Nachdruck 1964, hrsg. von F. Hahn).

[4] Geschichte der Leben Jesu Forschung, 1933, 5. Aufl., S. 232.

[5] Ebd., S. 390.

Als Johannes Weiß im Jahre 1900 eine neue Bearbeitung seiner Untersuchung veröffentlichte, war er bereits der Überzeugung, „daß der eigentliche Grundgedanke heute im wesentlichen anerkannt ist"[6], und in der Tat geht gegenwärtig jeder ernst zu nehmende Theologe von einem wie auch immer näher zu bestimmenden positiven Verhältnis Jesu bzw. der Jesusüberlieferung zur Apokalyptik aus.

Theologisch hat Weiß mit seiner historischen Entdeckung von Anfang an nicht viel anfangen können. Er hielt, obschon er Jesus konsequent als einen Apokalyptiker darstellte, an dem liberalen Gedanken vom Reich Gottes fest, wie er von Ritschl im Anschluß an Kant und die Aufklärungstheologie ausgearbeitet worden war, weil er am besten geeignet sei, „unserem Geschlecht die christliche Religion nahezubringen und, recht verstanden und recht ausgemünzt, ein gesundes und kräftiges religiöses Leben zu erwecken und zu pflegen, wie wir es heute brauchen"[7]. Auch Albert Schweitzer war der Überzeugung, wir müßten diesen Weg gehen, der sich seiner Meinung nach bereits bei Paulus abzeichnet, durch den das übernatürliche Reich der Apokalyptik zum ethischen zu werden beginne und „sich damit aus etwas zu Erwartendem in etwas zu Verwirklichendes" verwandle[8]. Dieses liberale Grundmuster beherrscht in Gestalt von Theologien der Hoffnung, der Revolution, der Politik, der Befreiung, der Welt usw. weite Bereiche der gegenwärtigen theologischen und kirchlichen Szene, wenn auch oft in einer inkonsequenten und biblisch nicht begründbaren Synthese der verschiedenen Reich-Gottes-Begriffe; in Erwartung des kommenden Gottesreiches, so wird erklärt, müsse man so viel wie möglich von ihm ethisch vorwegnehmen: als ob für apokalyptisches Denken nicht auch unsere ethischen Anstrengungen und Erfolge zum alten Äon gehören, dem die Gottesherrschaft ein Ende setzt!

Andererseits haben die wissenschaftlichen Einsichten in das Verhältnis Jesu zur Apokalyptik auch zu einer unmittelbaren Erneuerung apokalyptischen Denkens beigetragen. Wie weit die mancherlei sektenhaften Aufbrüche einer Naherwartung des Weltendes mit jenen wissenschaftlichen Erkenntnissen in hintergründiger Verbindung stehen, sei dahingestellt. Aber auch August Strobel z. B. zieht in seinem Buch ‚Kerygma und Apokalyptik' (1967) aus der Einsicht in den apokalyptischen Charakter der Verkündigung Jesu die Konsequenz, daß „Christ und Kirche der Katastrophensituation dieser Welt verantwortlich" nur dann entsprechen, wenn die „ersehnte und erhoffte Nähe der Erfüllung . . ., vielleicht

---

[6] Siehe Anm. 3, 1964, S. XI.   [7] Ebd.

[8] *Albert Schweitzer*, Reich Gottes und Christentum, 1967, S. 204.

bis hin zur Naherwartung", ihre Hoffnung beflügelt[9]. Dabei markiert das „vielleicht" den inneren Widerspruch dieser Position, die es unternimmt, die apokalyptische *Nah*erwartung des Endes der Zeit als solche im Fortgang der Zeit festzuhalten oder zu wiederholen.

Die einflußreichste Folge der Entdeckung des Apokalyptikers Jesus war freilich die Überwindung der ethisierenden liberalen Theologie, in deren Schoß jene Entdeckung wider Willen gemacht wurde, durch die ‚dialektische' Theologie. Gott wurde als der ‚Ganz Andere' und seine Herrschaft, das Reich Gottes, als eine Größe ernst genommen, die sich nicht durch menschliche Anstrengung in der irdischen Geschichte verwirklicht. 1939 urteilt Rudolf Bultmann, daß die Arbeit von Johannes Weiß und seinen Nachfolgern, „indem sie gegenüber einem verbürgerlichten Verständnis des Christentums die Fremdheit der neutestamentlichen Verkündigung erschreckend zum Bewußtsein brachte, ... ein neues und echtes Verständnis der neutestamentlichen Verkündigung heraufführen half, das sich in der Gegenwart auf allen Gebieten der Theologie auswirkt"[10]. Dies neue Verständnis ist allerdings nicht einfach das apokalyptische. Es setzt sich nun in der Theologie die Unterscheidung zwischen Apokalyptik und Eschatologie durch, die es z. B. erlaubt, auch von ‚präsentischer Eschatologie' zu reden[11]. Während die Apokalyptik an der Zuständlichkeit des Reiches Gottes und an der chronologischen Fixierung seines bevorstehenden Kommens interessiert ist, geht es in der Eschatologie um die Krisis der Welt, um das Entweder-Oder geschichtlicher Entscheidung, um die Neuschöpfung durch das Wort Gottes, um die Wende der Äonen durch das Christusgeschehen, um den nur dialektisch faßbaren Anbruch des Neuen im Alten.

Für diese Unterscheidung von Apokalyptik und Eschatologie beruft sich die dialektische Theologie auf das Neue Testament selbst. Bultmann hält die eschatologische Neuinterpretation der Apokalyptik für „die eigentliche Tat des Paulus"[12], und daß auch die johanneische Eschatologie keine Apokalyptik ist, liegt am Tage.

Durch diese exegetisch begründete Entwicklung verband sich mit dem Problem des Verhältnisses der Verkündigung Jesu zur Apokalyptik das andere Problem des Verhältnisses der Verkündigung Jesu zur urchrist-

---

[9] AaO, S. 195.
[10] Johannes Weiss zum Gedächtnis, in: Theol. Blätter 18, 1939, S. 246.
[11] Vgl. *Rudolf Bultmann*, Ist die Apokalyptik die Mutter der christlichen Theologie? in: Apophoreta, Festschrift für Ernst Haenchen, 1964, S. 64—69.
[12] Ebd., S. 68.

lichen Christusbotschaft, und das erste Problem wurde auf diese Weise problematischer, als es zunächst schien. Es trat eine Differenz von apokalyptischem historischen Jesus und eschatologischem biblischen Christus in den Blick, die nicht weit von dem entfernt liegt, was zu Beginn der ganzen Fragestellung nach dem historischen Jesus Reimarus zu erkennen meinte[13], und die — auf Kosten einer wie auch immer zu bestimmenden Diskontinuität von Jesus zu den Anfängen der christlichen Theologie — erlaubte, die apokalyptische Einstellung Jesu zu behaupten und gleichzeitig einen wesentlich apokalyptischen Charakter des christlichen Glaubens zu verneinen. Das Desinteresse der evangelischen Theologie des deutschen Sprachraums am ‚historischen Jesus‘ seit den Anfängen der ‚dialektischen‘ Theologie ist in diesem Zusammenhang zu sehen.

Die Diskontinuität zwischen dem ‚historischen Jesus‘ und dem ‚biblischen Christus‘ bereitete indessen zunehmend Unbehagen. Will man aber an der Konstanz der Botschaft Jesu und der Christusverkündigung festhalten, ohne das christliche Kerygma zu apokalyptisieren, bleibt nur der Versuch, die apokalyptische Bestimmtheit der Verkündigung Jesu wieder zu bestreiten. Das ist im Hinblick auf das Zentrum der Predigt Jesu zumal in der ‚Neuen Frage nach dem historischen Jesus‘ geschehen, und 1967 urteilt August Strobel unter angemessener Einschätzung der Lage folgendermaßen über die Darstellung des Reich-Gottes-Kerygmas Jesu: „... in der modernen theologischen und exegetischen Debatte ist von seiner ursprünglichen streng apokalyptischen Prägung kaum mehr etwas zu verspüren. Nach der Ansicht heutiger Exegeten und Neutestamentler war die Verkündigung Jesu und seiner Nachfolger nicht eigentlich apokalyptisch angelegt. Ihr Schwergewicht habe vielmehr auf dem aktuellen Entscheidungsruf gelegen, wobei sich im Worte Jesu das eigentliche Heilsgeschehen ereignete.“[14]

Bultmann hatte Jesus der Apokalyptik zugeordnet. „Von der Apokalyptik unterscheidet sich Jesus nur insofern, als er keine Schilderung der Heilszukunft gibt.“[15] Allerdings hat Bultmann zugleich schon in seinem Jesusbuch (1926) die apokalyptische Eschatologie existential interpretiert; die apokalyptische Mythologie gleite „schließlich ab von der großen Grundanschauung, die sie verhüllt, von Jesu Auffassung vom Menschen als in die Entscheidung gestellt durch Gottes zukünftiges Handeln“[16].

---

[13] Vgl. *Albert Schweitzer* (Anm. 4), S. 234 f.

[14] Kerygma und Apokalyptik, S. 12.

[15] *Rudolf Bultmann*, Geschichte und Eschatologie, 1958, S. 38.

[16] *Rudolf Bultmann*, Jesus (1926), Siebenstern-Tb. 17, 1964, S. 41.

Und in Verbindung damit[17] hat er die bekannte Feststellung getroffen, daß Jesu (apokalyptisches!) *„Auftreten und seine Verkündigung eine Christologie impliziert,* insofern er die Entscheidung gegenüber seiner Person als dem Träger des Wortes Gottes gefordert hat, die Entscheidung, von der das Heil oder das Verderben abhängt". Diese im Rahmen einer existentialen Interpretation des apokalyptischen Mythos formulierten Sätze sind von vielen seiner Schüler historisch objektiviert worden und dienten dann dazu, die apokalyptische Bestimmtheit der Predigt oder des Auftretens Jesu zu bestreiten. Statt dessen wurde mit Hilfe der ‚impliziten Christologie‘ das (Christus-)Kerygma der Gemeinde schon bei Jesus selbst angesetzt, so daß Jesu „Verkündigung der nahen Basileia die Nähe dieser Basileia selbst ist. So geht er in seine Botschaft gleichsam als leibgewordene Verheißung ein und kann nicht mehr wie der Täufer unter der Kategorie des Vorläufers gefaßt werden, sondern, wenn schon eine Kategorie gebraucht werden muß, nur unter der des Mittlers, der die eschatologische Zeit bringt, indem er sie ansagt"[18].

Ob man in diesem Zusammenhang von „sich realisierender Eschatologie" spricht[19] oder von der „paradoxe(n) Botschaft", „daß die zukünftige Gottesherrschaft schon in der Gegenwart wirksam ist"[20], oder formuliert, Jesus habe „mit seinem Evangelium die Gottesherrschaft" gebracht[21] und rufe Menschen in den täglichen Gottesdienst, „als läge kein Schatten über der Welt"[22], oder „Begnadigung und Umkehr in Jesu Wort eines" sein läßt[23] oder mit C. H. Dodd unmittelbar bei Jesus eine ‚realized eschato-

---

[17] *Rudolf Bultmann* (Anm. 48), S. 16; *ders.* (Anm. 15), S. 36.

[18] *Ernst Käsemann,* Zum Thema der urchristlichen Apokalyptik (1962) in: Exegetische Versuche und Besinnungen II, S. 118. *Ders.,* Die Anfänge christlicher Theologie (1960), in: Exegetische Versuche und Besinnungen II, S. 99: „Die Dinge liegen doch wohl so, daß Jesus zwar von der apokalyptisch bestimmten Täuferbotschaft ausging, seine eigene Predigt aber nicht konstitutiv durch die Apokalyptik geprägt war, sondern die Unmittelbarkeit des nahen Gottes verkündigte. Wer diesen Schritt tat, kann nach meiner Überzeugung nicht auf den kommenden Menschensohn, die Wiederherstellung des Zwölfstämmevolkes im messianischen Reich und den damit verbundenen Anbruch der Parusie gewartet haben, um die Nähe Gottes zu erfahren." Dem widerspricht *Bultmann* verständlicherweise; vgl. (Anm. 11) S. 67.

[19] *Joachim Jeremias,* Das Vater-Unser, Calwer Hefte 50, 1962, S. 29; *ders.,* Neutestamentliche Theologie I, S. 81 ff.

[20] *Werner Georg Kümmel,* Verheißung und Erfüllung, 1956³, S. 146.

[21] *Ernst Käsemann,* Das Problem des historischen Jesus, in: Exegetische Versuche und Besinnungen I, S. 211.

[22] *Ernst Käsemann,* Zum Thema der urchristlichen Apokalyptik (Anm. 18), S. 110.

[23] *Günther Bornkamm,* Jesus von Nazareth, Urban-Bücher 19, 1956, S. 85.

logy' ansetzt[24] oder die Gleichnisse Jesu deutet: „Durch seine Ankündigung des Heils wird dieses jetzt manifest"[25] — stets wird Jesus als Über-
winder der apokalyptischen Frömmigkeit und das urchristliche Kerygma
als kontinuierliche Weiterbildung der so bestimmten Botschaft Jesu angesehen[26]. „Kaum ein Neutestamentler wird wohl noch A. Schweitzers Antwort teilen", urteilt Ernst Käsemann[27].

Aufs Ganze gesehen stehen wir hinsichtlich der Frage nach dem Verhältnis des historischen Jesus zur Apokalyptik heute also etwa wieder
dort, wo Johannes Weiß vor fast 100 Jahren sein aufsehenerregendes
Buch verfaßte. Problematik und Aporien der Frage sind deutlicher geworden; die Frage selbst ist offener als je. Denn gegen die neuerliche
Distanzierung Jesu von der Apokalyptik hat August Strobel — und
nicht nur er — „aus der wissenschaftlichen Sorge heraus" protestiert,
„elementare historische und religionsgeschichtliche Sachverhalte könnten
im augenblicklichen Gespräch verfehlt oder unterschätzt werden"[28]. Ich
halte diese Sorgen für berechtigt und Jesus für einen Apokalyptiker.

II.

Die Tatsache, daß wir die mit unserem Thema gestellte Frage nicht
leicht eindeutig beantworten können, liegt in dem Zustand unserer Überlieferung begründet. Durchweg befragt man vor allem die auf uns gekommenen mehr oder weniger authentischen Fragmente der Predigt Jesu
nach ihrem Verhältnis zur Apokalyptik. Sie *begründen* indessen das vorliegende Dilemma. Wer aufgrund unserer Überlieferung die apokalyptische Ausprägung der Botschaft Jesu bestreitet, muß nämlich dennoch

---

[24] *C. H. Dodd*, The Apostolic Preaching and its Developments (1936), 1956, 8. Auflage.

[25] *Hans Conzelmann*, Das Selbstbewußtsein Jesu (1963), in: Theologie als Schriftauslegung, 1974, S. 37.

[26] Daraus erwächst die theologische Verlegenheit gegenüber den Ereignissen von
Kreuz und Auferstehung Jesu als Heilsgeschehen, der *Käsemann* zu entgehen versucht,
indem er in dem Osterkerygma eine theologisch notwendige, die Predigt Jesu in ge-
wisser Weise ablösende Re-apokalyptisierung der Urgemeinde erkennt, so daß dadurch
die Apokalyptik „die Mutter aller christlichen Theologie" wurde; vgl. *E. Käsemann*,
Die Anfänge der christlichen Theologie (Anm. 18), S. 82 ff. Zu dieser bemerkenswerten
Umkehrung der Dinge, die das Kreuz Jesu allerdings außer Betracht lassen und die
Einheit von Kreuz und Auferstehung vernachlässigen muß, siehe unten.

[27] Zum Thema der urchristlichen Apokalyptik (Anm. 18), S. 107.

[28] AaO, S. 7.

einräumen, daß es „freilich auch in der Überlieferung der Evangelien nicht an Redestücken apokalyptischer Art" fehlt[29]. Wer Jesus dagegen wesentlich als Apokalyptiker darstellt, kann sich doch der Einsicht nicht entziehen, daß die synoptischen Evangelien Jesus nicht nur als endzeitlichen Propheten, sondern auch als Rabbi und Weisheitslehrer schildern, der sittliche Forderungen zur Lebensgestaltung aufstellt und über die Auslegung des Gesetzes disputiert[30].

Bultmann hat in seinem Jesusbuch[31] die Möglichkeiten, aus diesem Dilemma zu entkommen, aufgeführt. Entweder ignoriert man die weisheitliche Verkündigung Jesu[32]. Oder man spricht ihm die apokalyptische Botschaft ab[33]. Oder man versucht eine Synthese beider Überlieferungen: Albert Schweitzer versteht Jesu sittliche Weisungen im Sinne einer Interimsethik als Gebote nur für die Auserwählten, die sich auf die Teilhabe am Reich Gottes vorbereiten[34]; Bultmann selbst führt beide Überlieferungsstränge auf den existentialen Grundsinn der Notwendigkeit einer Entscheidung im Jetzt angesichts der Zukunft Gottes zurück[35]; Kümmel[36], Bornkamm[37] und andere verstehen die nur scheinbar apokalyptische Belehrung als eschatologische Verheißung im Sinne des urchristlichen Kerygmas.

Die Synthesen befriedigen insgesamt schon deshalb nicht, weil Ethik und Eschatologie bzw. Apokalyptik in der auf uns gekommenen Jesusüberlieferung „kaum miteinander verbunden sind"[38].

Sie stoßen aber auch im einzelnen auf Widerspruch. Die Transponierung der apokalyptischen Aussagen in kerygmatische Eschatologie bedeutet faktisch eine Eliminierung der ersteren, keine Synthese mit ihnen. Bultmanns existentiale Analyse löst, so genial sie ist, das religionsgeschichtliche Problem, um das es uns geht, nicht; denn Apokalyptik und ethische Weltgestaltung gehören, religionsgeschichtlich gesehen, verschiedenen Ebenen und verschiedenen Traditionsschichten an[39]. Der Gedanke der Interimsethik scheitert sowohl religionsgeschichtlich wie exegetisch:

---

[29] *Günther Bornkamm* (Anm. 23), S. 85.
[30] Vgl. z. B. *Rudolf Bultmann* (Anm. 16), S. 43 ff.
[31] Anm. 16, S. 84 ff.
[32] So z. B. *Johannes Weiß* (Anm. 3), S. 42 ff.
[33] So z. B. *Ernst Käsemann*, Die Anfänge christlicher Theologie (Anm. 18), S. 99.
[34] Anm. 8, S. 89 ff.   [35] Anm. 16, S. 90 ff.
[36] Anm. 19, S. 81.   [37] Anm. 23, S. 85.
[38] *Hans Conzelmann* (Anm. 25), S. 36.
[39] Sie schließen sich insoweit gegenseitig aus. Vgl. zum Problem *Hans Conzelmann*, Grundriß der Theologie des Neuen Testaments, 1967, S. 144 ff.

weder kennt die Apokalyptik sonst eine Interimsethik noch spielt in den ethischen Forderungen Jesu die apokalyptische Erwartung des Endes irgendeine Rolle[40].

Damit werden wir aber auf die zuerst genannte Alternative zurückgeworfen, ohne daß sich bisher der Auslegung im hermeneutischen Zirkel eindeutige Kriterien gezeigt hätten, den einen oder den anderen Strang der Überlieferung, die schwerlich *insgesamt* die Botschaft Jesu wiedergeben kann, auf ihn zurückzuführen.

Ähnlich umstritten wie die Beurteilung der Jesusüberlieferung insgesamt ist auch die Deutung einzelner Sätze. Was besagt z. B. Lk 11,20: ‚Wenn ich mit dem Finger Gottes die Dämonen austreibe, dann ist die Gottesherrschaft zu euch gekommen?‘ Wird in diesem Wort die apokalyptische Belehrung durch „die Überzeugung Jesu, daß die zukünftige Gottesherschaft in seinem Wirken bereits begonnen habe"[41], *ersetzt,* oder wird im Gegenteil die apokalyptische Belehrung gerade auf jene Spitze der Zeit getrieben, wo auch jede Berechnung des Endes schon sinnlos wurde, weil die Gottesherrschaft zum Greifen nahe gekommen ist, wie Jesus mit „erhabener prophetischer Begeisterung"[42] feststellt? Lk 10, 18: ‚Ich sah den Satan wie einen Blitz vom Himmel fallen‘ unterliegt dem gleichen Streit der Interpreten, und auch andere Stellen wie Lk 17, 20; 10,23 f par; Mk 3,27 par; Mt 11,2—6 par sind in entsprechender Weise kontrovers, so daß auch die eindringendsten exegetischen Analysen nicht erlauben, unsere Frage an Hand solcher Einzelstellen eindeutig zu entscheiden.

Will man weiterkommen, muß man versuchen, außerhalb der synoptischen Überlieferung der Verkündigung Jesu einen Standort zu gewinnen, der ein Kriterium zur näheren Bestimmung des Verhältnisses von Jesus zur Apokalyptik an die Hand gibt. Dieser Standort kann sicherlich nicht „die ganze öffentliche Wirksamkeit"[43] Jesu sein, die Albert Schweitzer konsequent eschatologisch rekonstruierte. Daß „Jesus, von glühender Naherwartung des Endes beseelt, seine Jünger zu hastiger Mission Palästinas ausgesandt und selber eine Interimsethik verkündigt habe, schließlich, als seine Hoffnungen trogen, das göttliche Eingreifen mit dem Zug nach Jerusalem zu erzwingen versucht habe und dabei umgekommen

---

[40] Vgl. *Rudolf Bultmann* (Anm. 16), S. 88 ff.

[41] *Werner Georg Kümmel* (siehe Anm. 20), S. 101. Vgl. zuletzt *Erich Gräßer,* Zum Verständnis der Gottesherrschaft, in: ZNW 65, 1974, S. 7 ff.

[42] *Johannes Weiß* (Anm. 3), S. 21. Vgl. *J. Becker,* Das Heil Gottes, 1964, S. 201.

[43] *Albert Schweitzer* (Anm. 4), S. 390.

sei"[44], ist eine Ansicht Schweitzers, die in dieser Weise mit guten Gründen kein Neutestamentler teilt. Über die öffentliche Wirksamkeit Jesu, den ‚Rahmen‘ des Evangeliums, sind wir noch weniger gut informiert als über seine Botschaft.

Nun gibt es aber einige deutliche, für unsere Frage relevante Einzelbeobachtungen:

1. Jesus ging von der Botschaft des Täufers aus. Diese war apokalyptisch bestimmt[45]. Johannes rief zur Buße angesichts des bevorstehenden Weltgerichts auf. Er sammelte die eschatologische Schar derer, die im Gericht bestehen sollten. Käsemann urteilt zu Recht: „Wir haben Grund, nicht zu vergessen, daß die Taufe Jesu durch Johannes zu den unbezweifelbaren Ereignissen des historischen Lebens Jesu gehört. Denn das heißt doch, daß Jesus mit der glühenden Naherwartung des Täufers begann, sich deshalb vor dem drohenden Zornesgericht ‚versiegeln‘ und dem heiligen Rest des Gottesvolkes eingliedern ließ."[46]

2. Das Wirken Jesu mündet in das Bekenntnis zu seiner Auferweckung. Dies Bekenntnis zur Totenauferweckung ist aber eine zentrale Aussage der Apokalyptik, und zwar um so mehr, als der älteste Osterglaube die Auferstehung Jesu als den Anbruch der allgemeinen Totenauferstehung deutete: Jesus ist der ‚Erstling der Entschlafenen‘ (1 Kor 15,20; vgl. Röm 1,4; Mt 27,52 f). „Man verbaut sich den Zugang zum ältesten Osterkerygma, wenn man diesen apokalyptischen Zusammenhang nicht beachtet."[47]

3. Jesus wurde von den Römern gekreuzigt. Das gibt immer wieder Anlaß, ihn einer Gruppe politischer Aufrührer zuzuordnen. Dem widerspricht die gesamte frühchristliche Überlieferung und die pazifistische Einstellung der ältesten Gemeinde. Allerdings hat Jesus tatsächlich den Tod eines politischen Verbrechers erlitten. Geschah dies auch „aufgrund eines Mißverständnisses seines Wirkens als eines politischen"[48], so muß doch noch dies Mißverständnis in seinem Wirken begründet sein. Was anders aber könnte dies Mißverständnis provoziert haben als die Erwar-

---

[44] *Ernst Käsemann,* Zum Thema der urchristlichen Apokalyptik (Anm. 18), S. 107 f.

[45] Die teilweise gegenteiligen Aussagen von *Jürgen Becker,* Johannes der Täufer und Jesus von Nazareth, Bibl. Stud. 63, 1972, besagen nur scheinbar das Gegenteil, da Becker einen eingeengten Begriff von Apokalyptik verwendet. Richtig *A. Strobel,* aaO, S. 150 f.

[46] Zum Thema der urchristlichen Apokalyptik (Anm. 18), S. 108.

[47] *Ernst Käsemann,* Zum Thema der urchristlichen Apokalyptik (Anm. 18), S. 110.

[48] *Rudolf Bultmann,* Das Verhältnis der urchristlichen Christusbotschaft zum historischen Jesus, SAH 1960, 3, S. 12.

tung des unmittelbaren Anbruchs der Gottesherrschaft, die allen irdischen Herrschaften ein Ende bereitet? Die Römer konnten schlecht zwischen der zelotischen Hoffnung auf den Sohn Davids und der pazifistischen Erwartung des Kommens der Gottesherrschaft durch die Apokalyptiker unterscheiden. Daß Jesus nach Jerusalem zog, „das Volk hier in der heiligen Stadt vor die Botschaft vom Reiche Gottes zu stellen und in letzter Stunde zur Entscheidung zu rufen"[49], mag nicht mehr als eine ansprechende Vermutung und weniger als dies sein. In jedem Fall aber sahen die Römer ihre Macht bzw. den Frieden in der Ökumene bedroht. Das führt, da Jesus sicher nicht zu den Zeloten gehörte, darauf, daß er den Umsturz der irdischen Verhältnisse apokalyptisch ansagte.

4. In *allen* Traditionsschichten des Neuen Testaments spielt der Geist eine wichtige Rolle. Er begegnet auch in der vor-kerygmatischen Logientradition; vgl. Mk 3,28 f par; Mt. 10,19 f. Propheten haben große Bedeutung; vgl. Mt 10,41. Gerade eschatologische bzw. apokalyptische Logien wie Mk 3,28 f par; 9,1; Mt 10,23; 12,28; Lk 10,18 tragen die Züge prophetisch-pneumatischer Einsicht an sich. Nun wird aber die Geistbegabung im Urchristentum durchweg im Zusammenhang mit den Endzeitverheißungen des Alten Testaments verstanden und gedeutet[50]. Der apokalyptische Ursprung dieses einheitlichen, in allen frühen Traditionen verbreiteten und deshalb bis in die *historia Jesu* zurückreichenden Überlieferungskomplexes läßt sich schwerlich bestreiten; denn für einen anderen Ursprung gibt es keinen religionsgeschichtlichen Ansatz.

Das Auftreten Jesu ist also so eng wie nur denkbar von apokalyptischen Motiven umschlossen.

Angesichts dessen ist es ein exegetischer Verzweiflungsakt, Jesus aus diesem Zusammenhang herauszulösen. So erklärte Wilhelm Bousset: „Die Person Jesu und sein Evangelium bleiben ein schöpferisches Wunder."[51] „Es mußte einer kommen, der größer als Apokalyptiker und rabbinische Theologen war."[52] Was im Zeichen des liberalen Persönlichkeitsbegriffs — wie schlecht auch immer — methodisch immerhin durchführ-

---

[49] *Günther Bornkamm* (Anm. 23), S. 142 f, nach dessen Meinung dies Urteil nicht zweifelhaft sein kann. Vgl. auch *Hans Conzelmann*, Art. ‚Jesus Christus‘, RGG 1959³, III, Sp. 647.

[50] Vgl. *Walter Schmithals*, Geisterfahrung als Christuserfahrung, in: Erfahrung und Theologie des Heiligen Geistes, hrsg. von Claus Heitmann und Heribert Mühlen, 1974, S. 101 ff.

[51] *Wilhelm Bousset*, Die jüdische Apokalyptik, 1903, S. 66.

[52] *Wilhelm Bousset*, Die Religion des Judentums im späthellenistischen Zeitalter, 1926³, S. 524.

bar war, erscheint bei Ernst Käsemann trotz bzw. wegen ausdrücklicher Berufung auf den Liberalismus[53] als willkürlich. Käsemann empfindet „Jesu Weg in Tat und Wort" als zu den Anfängen beim Täufer und zur angeblichen Reapokalyptisierung der Urgemeinde im Widerspruch stehend[54]. Nach seiner Überzeugung „muß gerade der Historiker von einem unvergleichlichen Geheimnis Jesu sprechen. Es besteht darin, daß wir ihm mit den sonst üblichen Kategorien nicht recht beizukommen vermögen"[55]. Aber man kann die wissenschaftlichen Kategorien durch ein doktrinär mehr als exegetisch vorgefaßtes Bild der Verkündigung Jesu nicht außer Kraft setzen.

Tatsächlich entspricht es vielmehr auch der synoptischen Überlieferung am besten, wenn man die Botschaft Jesu im Rahmen der apokalyptischen Richtung des Judentums versteht. Der apokalyptische Zeitbegriff und der dazu gehörende Bußruf decken den größeren Teil der jesuanischen Logienüberlieferung ab. Diesen ganzen Komplex auf die Urgemeinde zurückzuführen[56], die sich damit *faktisch* an den Täufer und nur *nominell* an Jesus angeschlossen und sich zugleich deutlich von der Johannes-Jüngerschaft abgesetzt hätte, ist nicht nur historisch unwahrscheinlich, sondern scheitert auch an der Beobachtung, daß die apokalyptischen Logien der Jesustradition noch keine Beziehung zum Kerygma verraten.

Jesus war Apokalyptiker. Diese Erkenntnis bildet die schon von Johannes Weiß richtig gesehene Grundlage sachgemäßen Verstehens der urchristlichen Entwicklung. Keine systematischen Prämissen[57], aus theologischem Unbehagen geboren, dürfen diese Einsicht verdrängen. Daß Jesus nicht den Kreis der Erwählten esoterisch über das Ende belehrte, sondern öffentlich alle zur Umkehr angesichts des Endes aufrief und gerade den Sündern und den für die Gottesherrschaft nicht Privilegierten die Chance zum Heil darbot, ist eine bestimmte Ausprägung des Apokalyptischen, nicht dessen Überwindung. Auch Hans Conzelmanns vermutlich richtiges Urteil: „Gnade und Gericht stehen sich in seiner Verkündigung nicht in formaler Gleichheit gegenüber. Was Jesus verkündigt, ist ausschließlich Evangelium, also Gnade. Und das Gericht ist der Schatten, den dieses Licht wirft"[58] — rückt Jesus noch nicht aus dem Umkreis einer apokalyptischen Existenz hinaus.

---

[53] Zum Thema der urchristlichen Apokalyptik (Anm. 18), S. 109.
[54] Ebd., S. 108.   [55] Ebd., S. 109.
[56] *Ernst Käsemann*, Die Anfänge christlicher Theologie (Anm. 18), S. 99 f.
[57] Vgl. *Hans Conzelmann* (Anm. 39), S. 11 f.
[58] Anm. 25, S. 40.

Jesus war Apokalyptiker. Wir entfalten diese Einsicht im Blick auf ihre theologische Bedeutung, auf ihre historischen Hintergründe und auf die Traditionsgeschichte der Jesusüberlieferung.

III.

Die theologische Bedeutung der Erkenntnis, daß Jesus Apokalyptiker war, muß im Zusammenhang mit der Frage nach der Kontinuität von historischem Jesus und biblischem Christus, von Verkündigung Jesu und Christuskerygma erörtert werden. Wie verhält sich das Christuskerygma zur Apokalyptik?

Diese Frage bedürfte einer in der Weise differenzierten Antwort, wie das urchristliche Kerygma bis hin zu den apostolischen Vätern in sich differiert. Freilich benutzen *alle* differenten theologischen Ausprägungen des Kerygmas die frühchristlichen Glaubensformeln als grundlegende Überlieferung; vgl. 1Kor 15,3—5. Und *diese Glaubensformeln enthalten keine apokalyptischen Vorstellungen.* Diese Beobachtung widerlegt nicht nur endgültig die Behauptung Käsemanns, die Apokalyptik sei „die Mutter aller christlichen Theologie gewesen"[59], sie belegt zugleich eine auffallende Diskontinuität zwischen der Botschaft Jesu und der Christusverkündigung seiner Gemeinde.

Solche Diskontinuität beruht offenbar auf einem sehr grundsätzlich vollzogenen Bruch[60]. Denn es fällt auf, daß im traditionsgeschichtlich aufweisbaren Umfeld der Glaubensformeln auch die apokalyptischen Jesuslogien gänzlich fehlen. Darum läßt sich die Absenz der apokalyptischen Eschatologie in den Glaubensformeln nicht mit der Auskunft erklären, die apokalyptische Eschatologie bilde den selbstverständlichen Kontext und die unumgängliche Voraussetzung der Glaubensformeln. Man beachte auch, daß in der frühen Zeit (Paulus!) der apokalyptische Menschensohntitel weder in den Glaubensformeln selbst noch in ihrem Umkreis begegnet. Und sofern später — z. B. bei Paulus — apokalyptische Aussagen in Verbindung mit dem Christuskerygma begegnen, sind diese nicht der Jesusüberlieferung entnommen; eine Ausnahme wie 1Thess 4,15 bestätigt diese Regel.

Indessen war dieser Bruch kein Bruch mit Jesus. Die Diskontinuität im

---

[59] Die Anfänge christlicher Theologie (siehe Anm. 18), S. 100.

[60] Vgl. *Erich Gräßer*, Motive und Methoden der neueren Jesus-Literatur, Verk. und Forschung 2, 1973, bes. S. 12 f.

Inhalt der Verkündigung wird von der Konstanz der Person Jesu begleitet. Die Gemeinde bekennt sich unapokalyptisch zu dem Jesus, dessen Verkündigung apokalyptisch war. Zumindest spielt das Apokalyptische in der frühen Gemeinde eine untergeordnete Rolle.

Dies eigenartige Verhältnis von Diskontinuität und Konstanz wird durch die Auferweckung Jesu begründet und ermöglicht. *Alle* kerygmatischen Bekenntnisse der Urchristenheit sind — implizit oder explizit — Osterbekenntnisse. Mit Ostern wird nach Ausweis der kerygmatischen Tradition die Verkündigung Jesu durch seine Person ersetzt; genauer: an die Stelle der Erinnerung der Worte Jesu tritt das Bekenntnis zu ihm selbst als dem menschgewordenen und gekreuzigten Christus. Insofern deckt sich die beobachtete Diskontinuität mit der bekannten Differenz von Verkündiger und Verkündigtem.

Ostern aber begründet nicht nur die Diskontinuität, sondern markiert zugleich auch die Kontinuität in dieser Diskontinuität; denn die Auferstehung ist als solche ja ein apokalyptisch erwartetes Geschehen! Der Osterglaube, der die apokalyptische Botschaft Jesu ablöst (Diskontinuität), knüpft als solcher zugleich an diese Botschaft an (Kontinuität). Man mißdeutet das frühe Osterkerygma, wenn man dessen apokalyptischen Kontext, in dem es ursprünglich als Beginn der allgemeinen Totenauferstehung verstanden wurde, ignoriert[61].

Damit aber stellt sich das Verhältnis von Diskontinuität und Kontinuität der Verkündigung Jesu einerseits zu der Christusverkündigung der Gemeinde andererseits als das Verhältnis von Erwartung und Erfüllung dieser Erwartung dar. Jesus sagte Gottes eschatologisches Heilshandeln apokalyptisch an. Er erwartete für jetzt die Krisis des alten Äons und den Anbruch der Gottesherrschaft. Was Jesus „als offenbare Tat Gottes erwartet", wird „von der Urgemeinde als verborgene, aber reale Tat Gottes verkündigt und erfahren"[62]. Von Ostern her erhalten das Kreuz (und die Menschwerdung) den Rang des eschatologischen Heilsgeschehens. Hier ereignet sich die von Jesus angesagte Krisis der Welt; hier bricht die Gottesherrschaft an. Zog Jesus nach Jerusalem in der Erwartung des nahen eschatologischen Umbruchs, so verkündigt die Urgemeinde Jesus selbst bzw. sein Todesgeschick im Lichte von Jes 53 als diesen Umbruch: Kontinuität und Diskontinuität gehören somit in *der* Weise zusammen, in der Erwartung und Erfüllung zusammengehören.

---

[61] Vgl. *Ernst Käsemann*, Zum Thema der urchristlichen Apokalyptik (Anm. 18), S. 110.

[62] *August Strobel*, aaO, S. 191.

Die nachösterliche Jüngergemeinde verstand sich deshalb als Heilsgemeinde. Den in ihr wirkenden Geist begriff sie als den verheißenen
Geist des neuen Äons. „Mit anderen Worten: Verstand Jesus sich als
eschatologische Gestalt, dann bedeutete Ostern auch die Bekräftigung der
Botschaft vom nahen Reich in dem Sinne, daß der Zeitpunkt seiner Verwirklichung für erreicht angesehen werden mußte. Man wird betonen,
daß das Neue der Auferstehungsgewißheit seinen Platz in einem logischen religionsgeschichtlichen Ablauf hat."[63]

Das bedeutet: Ostern ist das Gründungsdatum der Kirche. Eine neutestamentliche Theologie und damit die christliche Theologie überhaupt
sind von Ostern her zu entwerfen[64].

Diese formale Bestimmung hat den theologischen Sinn, die christliche
Theologie und Verkündigung an *den* Jesus zu binden, „der nicht nur, wie
der historische Jesus, das Heil verheißen, sondern der es schon gebracht
hat"[65]. Wo das Ostergeschehen der Ausgangspunkt des christlichen Glaubens bleibt, gibt dieser Glaube Anteil am eschatologischen Heil im Sinne
von 2Kor 5,17: ‚Ist jemand in Christus, so ist er neue Kreatur; das Alte
ist vergangen, sehet, Neues ist geworden.'[66]

Käsemanns Satz, die Apokalyptik sei die Mutter der christlichen Theologie gewesen[67], ist also umzukehren: Die Überwindung der Apokalyptik
in der Erfüllung der apokalyptischen Erwartung des bevorstehenden
Handelns Gottes ist die Mutter aller christlichen Theologie. Jeder Rückfall in die Apokalyptik kommt einem Abfall von den theologischen
Grundlagen des christlichen Bekenntnisses gleich; denn er leugnet das
Ein-für-allemal des Christusgeschehens.

Damit erweist sich zugleich die Offenhaltung der in der Aufklärung
entdeckten Differenz von historischem Jesus und biblischem Christus als
theologisch notwendig, weil sonst überall da, wo die Botschaft Jesu historisch richtig als apokalyptische Erwartung angesehen und zugleich dogmatisch zum Kriterium des Christlichen erhoben wird, die Eliminierung
des eschatologischen, messianischen Charakters der christlichen Verkündigung droht. Wenn der historische Jesus zum Kriterium für die Legitimität des Kerygmas wird[68], wird dies Kerygma notwendigerweise kirchlich

---

[63] Ebd., S. 88.

[64] Vgl. *Peter Stuhlmacher*, Auferweckung Jesu und Biblische Theologie, ZThK 70,
1973, S. 400.

[65] *Rudolf Bultmann* (Anm. 48), S. 25.   [66] Vgl. ebd., S. 26.

[67] Die Anfänge christlicher Theologie (Anm. 18), S. 100.

[68] Vgl. *Ernst Käsemann* (Anm. 21), S. 213: „Die Frage nach dem historischen Jesus
ist legitim die Frage nach der Kontinuität des Evangeliums in der Diskontinuität der

illegitim. Nicht zufällig berührt sich das Desaster der gegenwärtigen Theologie und die entsprechende Verunsicherung der Kirche hinsichtlich ihrer eigenen Sache und Identität zeitlich mit dem Aufkommen der ‚Neuen Frage‘ nach dem historischen Jesus.

Bei dem allen geht es nicht um theologische Randfragen, sondern um die Frage nach der christlichen Theologie selbst. Die wesentlichen theologischen Themen stehen zur Entscheidung.

Es geht um die rechte Unterscheidung von Evangelium und Gesetz. Das Evangelium als Zuspruch des Heils und als gegenwärtige Vermittlung der eschatologischen Freiheit (Gal 5,1) und des eschatologischen Friedens (Gal 5,22) beruht auf der Botschaft von Kreuz und Auferstehung als dem eschatologischen Heilsgeschehen. Die Begründung der christlichen Verkündigung auf den historischen Jesus verwandelt das Evangelium früher oder später in das Gesetz, weil der Christ, auf die Stufe der Erwartung zurückversetzt, das ausgebliebene oder ausstehende Heil unvermeidlich in seine ethischen oder politischen Zielvorstellungen integriert. Starke Tendenzen der gegenwärtigen Theologie sind auf dieser Basis gesetzlich und unevangelisch.

Somit steht auch die Rechtfertigung des Gottlosen auf dem Spiel. Sie ist eschatologisches Geschehen. Der historische Jesus rechtfertigt den Gottlosen nicht, so gewiß er als Apokalyptiker den Menschen in Erwartung der Rechtfertigung Gottes zur Buße ruft und dem Bußfertigen die kommende Gnade verheißt. Die Zusage der Rechtfertigung als gegenwärtiges Ereignis des Heils geschieht von Kreuz und Auferstehung aus oder sie geschieht gar nicht. Wo sie ausbleibt, bemächtigt sich der dann heillosen Gegenwart die apokalyptische Erwartung, sei es in quietistischer Hoffnung auf Gottes kommende Rechtfertigung, sei es in säkularisiertem schwärmerischen Streben nach vollkommener irdischer Gerechtigkeit.

Auch die gegenwärtig virulente Vermischung der beiden Regimente bzw. Reiche Gottes ist in solchem Zusammenhang zu sehen. Diese Vermischung ist die Vermischung von altem und neuem Äon, von Eindämmung der Sünden und Freiheit von Sünde, von Wohl und Heil, von menschlichem und göttlichem Tun. Diese Vermischung läßt sich nicht vermeiden, wenn der historische Jesus, das heißt der unter den Bedingungen des alten Äons apokalyptisch handelnde und hoffende Jesus, zum Garan-

---

Zeiten und in der Variation des Kerygmas.“ Aber die Frage nach dem historischen Jesus ist die Frage nach den *Voraussetzungen* des Evangeliums; nur als solche Frage ist sie theologisch legitim.

ten des Evangeliums gemacht wird. Sie bleibt dagegen ausgeschlossen, wo
das österliche Evangelium als Anbruch des neuen Äons und als Angebot
greifbaren Heils verkündigt wird.

Auch die Ethik, der neue Gehorsam, die Weltverantwortung des Christen, erfährt nur vom Christuskerygma her die rechte Begründung und
die verantwortliche Gestaltung. Es ist heute üblich geworden, das ethische Handeln als Prolepse des kommenden Gottesreiches zu verstehen
und aus dieser apokalyptisch verstandenen Zukunft zu begründen[69]. Dieser ethische Ansatz ist dem Neuen Testament aus guten Gründen fremd;
denn die Gottesherrschaft wird im Neuen Testament nicht als der von
seinen Mängeln befreite alte Äon angesehen, sondern als die neue Schöpfung, die kein Auge gesehen hat, als das ,Ganz Andere‘. Nicht so in vielen ethisch-theologischen Entwürfen der Gegenwart, die den in der Apokalyptik gemeinten *qualitativen* Unterschied der Äone übersehen: „Der
eschatologische Charakter des christlichen Glaubens wird zum Ansatz
einer funktionalen Hoffnungsstrategie, in der sich die Kirche auf die Gegenwart hin operationalisiert.“[70] Das führt fast unvermeidlich zu einer
schwärmerischen Übersteigerung der Wirklichkeit des Menschen und der
menschlichen Möglichkeiten und schließlich, wie der Marxismus zeigt, zu
einer ideologischen Säkularisierung der eschatologischen Hoffnung. Auf
dieser Basis erleben wir in der Kirche gegenwärtig als Abklatsch der Aufklärung eine Ethisierung der Theologie im Zeichen der ausgebliebenen
Gottesherrschaft[71], die freilich ihre verbalen Ansprüche auch nicht annähernd einlösen, ihre utopischen Entwürfe nicht verwirklichen kann,
und die doch dem, der ihrer Stimme folgt, das Scheitern fatalerweise verbietet, so daß ethische Verbrechen, politisch-moralisch motivierte Straftaten zunehmend dem Schoß der Christenheit erwachsen.

Im Neuen Testament wird demgegenüber die Ethik christologisch begründet. Sie erwächst aus dem Ereignis des Heils (Röm 6,1 ff), setzt die
Äonenwende voraus (Röm 12,1 f), geschieht in der Kraft des eschatologischen Gottesgeistes (Gal 5,22 f) und blickt auf die Verwirklichung der
Gottesherrschaft zurück (Röm 14,17). Das ethische Handeln geschieht

---

[69] Die Verlautbarungen des ÖRK in Genf sind alle auf diesen Ton gestimmt.

[70] *Carl Heinz Ratschow:* Drei Weisen von Gott zu reden, in: Ev. Komm. 3, 1974,
S. 141.

[71] Vgl. *Rolf Schäfer,* Politischer oder christlicher Glaube, in: ZThK 71, 1974, Seite
181 ff: „Alle apokalyptischen Hoffnungsbilder mit ihrem bunten Gemenge von irdisch-
utopischen Gemeinschaftsformen und jenseitig-künftigen Seligkeiten verbinden sich mit
dem politischen Ziel und verleihen ihm den religiösen Schimmer“ (S. 192).

darum ohne Furcht vor dem eigenen Unvermögen und verrät nicht, sondern bewährt im Vorletzten das Letzte, im Letzten, in der Liebe, geborgen, sich des Vorletzten, der Vernunft, bedienend.

Schließlich läßt sich die christliche Eschatologie einschließlich ihrer apokalyptischen Elemente nur vom österlichen Kerygma her definieren. Zweifellos hat es so etwas wie eine ‚Reapokalyptisierung‘ der christlichen Traditionen gegeben. Das Johannesevangelium wird sekundär von einer kirchlichen Redaktion mit apokalyptischen Passagen versehen[72]. Das Markus vorliegende Erzählgut einschließlich Apophthegmen und Wundergeschichten ist zwar dezidiert unapokalyptisch — vgl. nur Mk 2,18 —19a! —, wird aber von Markus durch apokalyptische Jesuslogien bereichert, wie Mk 13 zeigt. Auch Paulus kennt und übernimmt wesentliche Elemente der apokalyptischen Mythologie. Daß der Apostel seinen antienthusiastischen Kampf „letztlich und zutiefst im Zeichen der Apokalyptik ausgefochten" hat[73], ist eine Behauptung, welche die Akzente verlagert. Aber richtig bleibt, daß Paulus vor allem gegenüber dem Enthusiasmus auf apokalyptische Motive und Erwartungen zurückgreift, um das österliche Erfüllungsgeschehen als Heilsgeschehen festzuhalten. Denn diese Erfüllung meint gerade nicht die enthusiastische Vergottung des Menschen, die eschatologische Erhöhung des Menschengeistes, sondern die Ankunft des Gottesgeistes, den Sieg der Gnade, die Annahme der Erniedrigten. Sie beruht auf dem ständigen Voraussein Gottes und vollzieht sich demzufolge in der *Dialektik* von ‚Schon jetzt‘ und ‚Noch nicht‘ des Heils, von Kreuz und Auferstehung Jesu, von Verhüllung und Epiphanie. Diese Eschatologie wird durch die Repristinierung der apokalyptischen Erwartungshaltung Jesu ebenso preisgegeben wie durch den enthusiastischen oder gesetzlichen Verzicht auf die für den Apokalyptiker unaufgebbare Unverfügbarkeit Gottes und seines Heils, die dem apokalyptischen Material ein begrenztes Recht in der biblischen Eschatologie beläßt.

IV.

Die historischen Hintergründe und Abläufe jenes Vorgangs, an dessen Ende in Kontinuität mit und in Diskontinuität zu der Botschaft Jesu das Christuskerygma als Grundlage der Kirche steht, lassen sich im einzelnen nur schwer aufhellen.

---

[72] Vgl. *Hans Conzelmann* (Anm. 39), S. 388 f.
[73] *Ernst Käsemann*, Zum Thema der urchristlichen Apokalyptik (Anm. 18), S. 126.

Ob Jesus seinem Wirken oder seiner Person eine besondere Rolle bei der kommenden Äonenwende zugeschrieben hat, bleibt ungewiß. Diese zuzeiten viel verhandelte Frage[74] tritt heute um so mehr zurück, je mehr man die apokalyptische Ausrichtung des Auftretens Jesu bestreitet. Unsere Quellen führen am ehesten zu der Annahme, Jesus habe das Kommen des mit ihm nicht identischen Menschensohnes oder, falls Vielhauer[75] recht behalten sollte, das unmittelbare Kommen Gottes bzw. der Gottesherrschaft erwartet.

Ob Jesus mit seinem Tod gerechnet, ob er ihm eine Bedeutung im Endgeschehen zugemessen, ob er einen Zeitabschnitt zwischen seinem Tod und dem Anbruch der Endereignisse angesetzt[76] hat, wissen wir nicht. Was immer dazu gesagt wird, überschreitet nicht den Rahmen mehr oder weniger wahrscheinlicher psychologischer Rekonstruktion.

Auch über die unmittelbare Einstellung der Jünger zu Jesu Tod und über ihre Reaktion auf Karfreitag gibt es keine historisch zuverlässige Überlieferung. Stichworte wie ‚Jüngerflucht‘, ‚Jüngerversagen‘ oder ‚Verzweiflung‘ sind exegetisch nicht verifizierbar[77]. Unsere Passionsgeschichte setzt das Ergebnis der von uns erfragten Entwicklung voraus, rekapituliert aber nicht diese Entwicklung als solche.

Auf einigermaßen sicherem Boden stehen wir allerdings, wenn die hervorragende Rolle des Petrus bei dem Umschlag von Erwartung zu Erfüllung in den Blick tritt.

Daß Petrus der erste Osterzeuge war, steht über allem Zweifel fest; vgl. 1Kor 15,5; Lk 24,34; Joh 20,1 ff; Mk 16,7. Ebenso ist das erste Messiasbekenntnis fest an die Person des Petrus gebunden; vgl. Mk 8,27 bis 30 par.

Die Problematik des Verhältnisses dieser beiden Ereignisse zueinander wird meist nicht beachtet. Sie bleibt freilich auch vordergründig dadurch verdeckt, daß das Messiasbekenntnis bei Markus in der *vita Jesu* ver-

---

[74] Vgl. schon *Johannes Weiß* (Anm. 3), S. 50 ff: „Das Messiasbewußtsein Jesu ist die Gewißheit, daß ihm bei der von Gott herbeizuführenden Reichserrichtung das Gericht und die Herrschaft übertragen werde, Gott wird ihn zum ‚Menschensohn‘, auf welchen Titel er (Joh. 5,27) Anspruch hat, erhöhen (Joh. 3,14), er wird ihn zum Herrn und Messias *machen* (Act. 2,36)“ (S. 62). Diese Auskunft ist für viele Theologen bis heute im Prinzip überzeugend geblieben; vgl. *A. Strobel*, aaO, S. 64 ff.

[75] Vgl. *Philipp Vielhauer*, Gottesreich und Menschensohn in der Verkündigung Jesu, in: Festschrift für G. Dehn, 1957, S. 51 ff; *Hans Conzelmann* (Anm. 25), S. 46 ff.

[76] *Werner Georg Kümmel* (Anm. 20), S. 58 ff.

[77] Vgl. z. B. *Günter Klein*, Die Verleugnung des Petrus, in: Rekonstruktion und Interpretation, 1969, S. 61 ff, 69 f, 95 f.

ankert ist, und viele Forscher folgen bis heute dieser Datierung[78]. Aber
gegen dieses frühe Datum spricht u. a. entscheidend die Messiasgeheimnistheorie, in die auch Mk 8,27—30 eingeordnet ist und die voraussetzt,
daß Jesu Messianität vor Ostern auch im Kreise seiner Anhänger nicht
erkannt wurde[79]. Überdies urteilt Bultmann[80] zu Recht, daß in Mt 16,17
bis 19 zweifellos der Auferstandene redet. Das Messiasbekenntnis des
Petrus ist nachösterlich, und erst Markus hat es in die vorösterliche Situation versetzt[81]. Aber folgt daraus, „daß das Ostererlebnis des Petrus die
Geburtsstunde des Messiasglaubens der Urgemeinde war"[82]? Dem widerspricht nicht nur die Einsicht, daß Ostern anfangs auf die allgemeine
Totenauferstehung, nicht aber speziell auf Jesus und seine Person bezogen war (s. v.). Es handelt sich auch bei den Überlieferungen vom ersten Osterzeugnis durch Petrus und vom Messiasbekenntnis des Petrus
um deutlich voneinander isolierte Traditionen, die nicht dasselbe Ereignis
beschreiben.

In der sogenannten Verklärungsgeschichte, einem ursprünglichen
Osterbericht[83], sind beide Ereignisse zwar in einen Zusammenhang gebracht, aber sie werden zugleich so charakteristisch voneinander getrennt,
daß diese Erzählung insofern den historischen Sachverhalt noch deutlich
reflektiert. Theologisch sachgemäß werden nicht das subjektive Osterzeugnis des Petrus, sondern die Erscheinung des Auferstandenen, und
nicht sein Messiasbekenntnis, sondern die Proklamation des Gottessohnes
durch die Himmelsstimme erzählt, beides historisch angemessen ausschließlich vor den Augen und Ohren des Petrus[84]. Zwischen beiden Ereignissen ist eine merkwürdige Episode eingeschoben: Petrus will für
Jesus, Mose und Elia Hütten bauen (Mk 9,5); dies Unterfangen wird als
unvernünftig charakterisiert (Mk 9,6).

Was bedeutet das? Die richtige Antwort auf diese Frage gibt Martin
Dibelius: „Das Wort des Petrus Mk 9,5 gibt Auskunft über das, was
nicht gemeint ist. Der Sinn ist nicht der, daß nun ein seliger Zustand

---

[78] Vgl. *Oscar Cullmann*, Petrus, 2. Aufl., 1960, S. 196 ff.

[79] *William Wrede*, Das Messiasgeheimnis in den Evangelien, 1901; *Rudolf Bultmann*,
Die Frage nach dem messianischen Bewußtsein Jesu und das Petrusbekenntnis (1919/
20), in: Exegetica, S. 1—9.

[80] *Rudolf Bultmann*, Die Geschichte der synoptischen Tradition, 1931, 2. Aufl.,
S. 277.

[81] Ebd., S. 277 f.   [82] Ebd., S. 277.

[83] *Walter Schmithals*, Der Markusschluß, die Verklärungsgeschichte und die Aussendung der Zwölf, in: ZThK 69, 1972, S. 379 ff.

[84] Ebd., S. 388 ff.

angebrochen sei, in dem es sich lohne, Zelte für die heiligen Männer auf-
zuschlagen."[85] Simon sieht zunächst in einem apokalyptischen Bezugsrahmen das Ende von Zeit und Geschichte schon eingetroffen; die Zelt-
wohnungen sind die Wohnungen der Endzeit bzw. der Heilszeit[86]. Das
Angebot des Petrus, die Zelte zu errichten, reflektiert die ursprüngliche,
apokalyptische Deutung der Auferstehung Jesu als Anbruch der allgemeinen Totenauferstehung. Diese Deutung des Ostergeschehens wird als
falsch zurückgewiesen: Petrus war in der ersten Bestürzung, vom Geschehen überwältigt, nicht in der Lage, dessen Sinn richtig zu erfassen.

Richtig versteht die Ereignisse dagegen, wer begreift, daß Auferstehung und Verwandlung Jesu Voraussetzung für seine Präsentation als
Messias bzw. als Gottessohn sind. So verstanden wird die Auferstehung
Jesu aus dem apokalyptischen Rahmen der allgemeinen Totenauferstehung herausgenommen und in einem neuen, die Apokalyptik ,aufheben-
den' Sinn zu *dem* eschatologischen Geschehen gemacht.

Wo aber der Auferstandene zum Herrn der Welt eingesetzt wird, verwandelt sich die Gegenwart des alten Äons dialektisch zur eschatologischen Zeit. Das Ende der Geschichte und der Anbruch der Gottesherrschaft ereignen sich je und je inmitten der Geschichte, wo immer der
Glaubende nicht aus den immanenten Möglichkeiten der Geschichte lebt,
sondern sich *in* der Geschichte unter die Herrschaft des Sohnes Gottes
stellt, die nicht von dieser Welt ist. Der von der Apokalyptik erwartete
Abbruch dieses Äons und der Anbruch der Gottesherrschaft, die duali-
stisch gesehene Äonenwende, wird im eigentlichen Sinn vergeschichtlicht:
Zwar trennt das eschatologische Christusgeschehen deutlich das ,Einst' des
alten und das ,Jetzt' des neuen Äons voneinander; aber dies ,Jetzt' ist
keine objektiv gegebene geschichtliche Wirklichkeit, sondern eine geschichtliche Möglichkeit, die von dem Glaubenden ergriffen wird und
fortwährend zu aktualisieren ist.

In den Worten des Simon und in ihrer Kritik spiegelt sich demzufolge
eine fundamentale theologische Entwicklung innerhalb der frühen nachösterlichen Zeit wider, während der, vom Messiasbekenntnis des Petrus
ausgehend, mit wachsender Klarheit[87] die im Osterbekenntnis des Petrus
noch festgehaltene Apokalyptik durch eine dialektisch verstandene Eschatologie abgelöst wurde.

---

[85] *Martin Dibelius*, Die Formgeschichte des Evangeliums, 1959, 3. Aufl., S. 276.

[86] Vgl. Sach 2,14; 14,16 ff; Apk 7,15; 21,3. *Ernst Lohmeyer*, Das Evangelium des
Markus, MeyerK I 2, 12. Aufl., S. 176.

[87] Vgl. *Rudolf Bultmann* (Anm. 48), S. 25.

Wieweit dabei auch der *Christus* Jesus zunächst noch unter apokalyptischem Aspekt vornehmlich als der ‚Wiederkommende‘ angesehen wurde, läßt sich an Hand unserer Quellen kaum noch mit zureichender Sicherheit entscheiden. Das Urteil von Ferdinand Hahn, die Messianität Jesu sei „zunächst gerade nicht im Blick auf seine Auferstehung und Erhöhung ..., sondern in bezug auf sein machtvolles Handeln bei der Parusie bekannt worden"[88], hält kritischer Nachprüfung nicht stand[89]. Das alte Formelgut zeigt, daß der Christustitel „seine ursprüngliche Heimat nicht in der Eschatologie, sondern in der Soteriologie" hat[90]. Dies traditionsgeschichtliche Urteil besagt allerdings für die ersten Anfänge der Christenheit in Palästina nicht allzuviel, erlaubt aber die Feststellung, daß mit dem Messiasbekenntnis des Petrus der Vorrang der Soteriologie vor der Apokalyptik bzw. der Erhöhung vor der Parusie im Prinzip gegeben war.

Jedenfalls bedeutet das erste Messiasbekenntnis die eigentliche Wende von der Apokalyptik zur Soteriologie bzw. Eschatologie. Strenggenommen ist darum nicht Ostern das Gründungsdatum der Kirche, sondern eine bestimmte Interpretation des Ostergeschehens, die dessen apokalyptischen Charakter aufhob, nämlich das Messiasbekenntnis des Petrus.

Die Bezeichnung des Simon als ‚Fels‘ der Kirche (Mk 3,16 par) dürfte demzufolge historisch nur mittelbar auf dem Osterglauben, unmittelbar aber auf dem Messiasbekenntnis des Petrus beruhen, so daß Mt 16,16 ff auch in dieser Hinsicht auf alter Tradition beruht[91].

Der beschriebene Vorgang läßt sich auf Grund von Lk 22,31 f möglicherweise noch weiter aufhellen:

‚Simon, Simon, siehe, der Satan hat sich euch auserbeten, um euch zu sieben wie den Weizen. Ich aber habe für dich erbeten, daß dein Glaube nicht aufhört. Und du stärke deine Brüder, wenn du dich einst bekehrst.‘

Dies zum Sondergut des Lukas gehörende Logion findet sich jetzt innerhalb der Ansage der Verleugnung des Petrus. Es steht an dieser Stelle offensichtlich im Zusammenhang mit dem durchgehend die Schwächen der Jünger, insonderheit des Petrus, bagatellisierenden Jüngerbild des

---

[88] Christologische Hoheitstitel, 1963, S. 180.
[89] *Philipp Vielhauer*, in: Aufsätze zum Neuen Testament, 1965, S. 176 ff.
[90] Ebd., S. 184.
[91] Vgl. im übrigen *Rudolf Bultmann* (Anm. 80), S. 147 ff; *Hans Conzelmann* (Anm. 39), S. 49 f; *Anton Vögtle*, Zum Problem der Herkunft von Mt 16,17—19, in: Orientierung an Jesus, Festschrift für J. Schmid, 1973, S. 372—391; *Paul Hoffmann*, Der Petrus-Primat im Matthäusevangelium, in: Neues Testament und Kirche, Für R. Schnackenburg, 1974, S. 94—114.

Lukas. Die Bewährung des Petrus liegt in der Zukunft, nach seiner Verleugnung, und wird nicht näher bezeichnet; Lukas denkt offensichtlich an
das Osterzeugnis des Petrus (vgl. Lk 24,34). Von dem ‚wenn du dich
einst bekehrst' abgesehen hat das Logion keinen Bezug zur Verleugnungsgeschichte, ja, zur Passionsgeschichte überhaupt. Das ‚wenn du dich
einst bekehrst' steht aber in deutlicher Spannung zu der Feststellung, der
Glaube des Petrus werde nicht aufhören, und der Versuch des Lukas, die
Ansage der Verleugnung durch dies in sich spannungsreiche Logion abzuschwächen, wirkt künstlich und wenig überzeugend.

Daraus folgt, daß ‚wenn du dich einst bekehrst' Zusatz des Lukas ist;
so wird heute allgemein angenommen[92]. Dann haben wir es im übrigen
deutlich mit einer ‚Konkurrenztradition' zur Verleugnungsgeschichte zu
tun, die, da ein Bezug zur Passionsgeschichte nicht angedeutet ist und
auch ein historischer Hintergrund innerhalb der Passion nicht aufgewiesen werden kann, freilich ursprünglich nicht in die Passionssituation gehören dürfte[93]; diese Tradition braucht deshalb auch an ihrem *originalen*
Ort der Verleugnungstradition nicht zu widersprechen. Daß eine ehren-
volle Anrede an Petrus in der Passionsgeschichte später durch eine sekundäre Verleugnungstradition verdrängt, noch später aber von Lukas not-
dürftig wieder aufgegriffen worden sei, ist demgegenüber jedenfalls eine
extrem unwahrscheinliche Annahme[94].

Das Bild vom ‚Sieben' setzt keinen totalen Abfall aller Jünger voraus
— diesen Eindruck suggeriert allein die Passionssituation —, sondern
eine tiefgreifende Krise innerhalb des Jüngerkreises, eine Scheidung zwischen den verläßlichen und den falschen Jüngern, ein Aussieben der un-
brauchbaren Jünger[95]. Eta Linnemann zufolge haben wir es in Lk 24,31 f
mit einem urchristlichen Prophetenwort zu tun, das die Gemeinde auf
eine besondere Anfechtung, vermutlich eine Verfolgung, vorbereiten
soll[96]. Aber die Verfolgungssituation ist nicht angedeutet, die genaue Be-

---

[92] Vgl. schon *Rudolf Bultmann* (Anm. 80), S. 287 f.

[93] Vgl. schon *Martin Dibelius* (Anm. 85), S. 201 und vor allem *Eta Linnemann*,
Studien zur Passionsgeschichte, 1970, S. 72 ff.

[94] Anders *Günter Klein*, Die Verleugnung des Petrus (1961), in: Rekonstruktion und
Interpretation, 1969, S. 49—98. Er sieht (S. 69) in dem Osterglauben des Petrus, der
den Osterglauben überhaupt begründete, den Bezugspunkt für ‚daß dein Glaube nicht
aufhört', obschon diese österliche Situation ein Glaubensversagen der Jünger und eine
Glaubensbewährung des Petrus gar nicht impliziert. Daß der Auferstandene zuerst dem
Simon erscheint, ist doch kein Zeichen des beständigen Glaubens dieses Jüngers.

[95] So mit Recht *Eta Linnemann* (Anm. 93), S. 74 Anm. 15.

[96] Ebd., S. 76.

schreibung des Verhaltens des Simon führt eher auf ein *vaticinium ex eventu* als auf ein altes Prophetenwort, und der Name ‚Simon' statt der Bezeichnung ‚Petrus' wäre, wie Klein[97] mit Recht zeigt, für die von Eta Linnemann vorausgesetzte nachösterliche Situation ein Anachronismus.

Alle diese Beobachtungen führen auf ein bestimmtes, eindeutig datierbares Geschehen. Das rein apokalyptische Osterverständnis des Petrus und des Zwölferkreises (1 Kor 15,5) mußte unmittelbar in eine Krise führen, wenn dem Erstling Jesus die anderen Toten nicht folgten und der Lauf der Welt weiterging. Das in der modernen Forschung viel beschworene Gespenst der ‚Parusieverzögerung' war in dieser sehr frühen Situation der Gemeinde und zugleich nur in dieser frühen Situation entscheidend lebendig[98].

Von dieser Krise berichtet Lk 22,31. Sie führte zum Ende des Zwölferkreises, der in der alten Tradition fest nur mit dem Oster-, nicht mit dem Messiasbekenntnis verknüpft ist (1 Kor 15,5) und der den Ältestenrat der noch apokalyptischen Heilsgemeinde darstellt (vgl. Lk 22,29 f). Der ‚Fall' des Judas Ischarioth, eines der Zwölf, gehört m. E. als Abfall in diese Krisensituation.

Simon, der deshalb und seitdem der ‚Fels' genannt wurde, überstand und bewältigte diese Krise zugunsten der Gemeinde mit dem ‚Messiasbekenntnis', der eschatologischen Neuinterpretation des apokalyptischen Osterverständnisses. Davon sprechen Lk 22,31 und Mt 16,17:

„Gepriesen seist du, Simon Bariona, denn Fleisch und Blut haben (es) dir nicht offenbart, sondern mein Vater im Himmel."

Schon damit ist die Parusieverzögerung im Prinzip überstanden. Vgl. auch Joh 21,15 ff; Mt 14,28—32. Lk 22,31 f gehört also *historisch* mit dem Messiasbekenntnis des Simon, mit dem Ursprung der Kirche und der christlichen Theologie sowie mit der Auszeichnung des Simon mit dem Titel ‚Fels' (Mt 16,18) zusammen. *Literarisch* gehört Lk 22,31 f als *Ansage* dieser Ereignisse in eine frühere Situation, vermutlich in den Bericht von der österlichen Berufung des Petrus und der Zwölf, das heißt zu Mk 3,16 in der ursprünglichen, österlichen Verankerung dieser Berufungserzählung[99].

---

[97] Ebd., S. 94 f.

[98] Vgl. vorläufig meinen Anm. 83 genannten Aufsatz, S. 401.

[99] Vgl. ebd., S. 397 ff. Die oben ausgesprochene Vermutung muß in anderem Zusammenhang erörtert werden. Vgl. aber *Oscar Cullmann*, Petrus, 1960, 2. Aufl., S. 211 ff.

V.

Zum traditionsgeschichtlichen Problem der Jesusüberlieferung müssen einige Bemerkungen, Hinweise und Aufgabenstellungen genügen[100].

Das Problem stellt sich besonders scharf, wenn man sieht, daß mit dem Messiasbekenntnis des Petrus jene christologische Bekenntnisbildung einsetzt, die auf ursprünglich anscheinend getrennten[101], bei Paulus aber bereits zusammenfließenden Wegen den Christus Jesus als den Gekreuzigten (1Kor 15,3 ff) oder als den Menschgewordenen (Gal 4,4; Phil 2,6 bis 11) verkündigt, aber nicht nur auf die apokalyptische Eschatologie weitgehend verzichtet, sondern auch auf den ‚historischen‘ Jesus bzw. auf die Verkündigung Jesu oder auf Jesus als den Verkündiger: Die passionstheologischen Aussagen schließen noch in den altkirchlichen Bekenntnissen unmittelbar an die Sätze von der Menschwerdung bzw. der wahren Menschheit des Gottessohnes an[102]. Dem entspricht das Fehlen der ‚historischen‘ Jesusüberlieferung im theologischen Einflußbereich dieser Bekenntnisse, das heißt praktisch überall im Neuen Testament und bei den Apostolischen Vätern außerhalb der synoptischen Evangelien.

In den synoptischen Evangelien allerdings — und faktisch nur in ihnen — haben sich die mehr oder weniger authentischen Jesusüberlieferungen erhalten, also auch die apokalyptischen Worte und Gleichnisse aus dem österlich überholten Stadium der Erwartung.

Die Auskunft, jenes im wesentlichen apokalyptische Überlieferungsgut sei im Zuge der sogenannten ‚Reapokalyptisierung‘ bei der Evangelienbildung zur Abwehr des Enthusiasmus wieder aufgenommen worden[103], kann in dieser Form nicht zutreffen. Denn die redaktionsgeschichtliche Erforschung der Evangelien widerspricht in ganzer Breite der Behauptung, die Evangelien seien aus antienthusiastischem Interesse geschrieben worden; die antienthusiastischen Schriftsteller — vorab Paulus und Johannes — wehren den Enthusiasmus mit Hilfe des ‚warhaftig geboren‘ und des ‚wahrhaftig gekreuzigt‘ ab. Sie läßt überdies die Frage nach der

---

[100] Vgl. im übrigen meinen Aufsatz ‚Das Bekenntnis zu Jesus Christus‘ in dem Sammelband: ‚Jesus Christus in der Verkündigung der Kirche‘, 1972, S. 60 ff.

[101] Diese Doppelung, im Neuen Testament durch Paulus und durch Johannes bzw. durch die *theologia crucis* und die *theologia incarnationis* repräsentiert, bewegt die Theologie bis in die Gegenwart und bestimmt weite Teile ihrer Geschichte.

[102] Anm. 100, S. 9 ff.

[103] Vgl. *Ernst Käsemann*, Sackgassen im Streit um den historischen Jesus, Exegetische Versuche und Besinnungen II, S. 66.

Überlieferungsgeschichte der apokalyptischen Jesustraditionen *bis hin* zur Evangelienbildung unbeantwortet.

Ausgangspunkt der Überlegungen müßte statt jener falschen Auskunft die Erkenntnis sein, daß die Zwei-Quellen-Theorie nicht nur die Geschichte der Evangelienschreibung erhellt, sondern auch geeignet ist, die ältere Traditionsgeschichte der evangelischen Überlieferungen aufzudekken.

Markus enthält überwiegend erzählende Stoffe und nur wenig Redengut. Die Logienquelle Q umfaßt, wie auch ihr Name sagt, im wesentlichen Spruchgut und nur wenige Stücke aus der Erzählüberlieferung (Täuferberichte, Hauptmann von Kapernaum, einige Apophthegmen).

Verfolgt man den Überlieferungsprozeß weiter rückwärts, läßt sich auch die geringe formgeschichtliche Überlappung von Mk und Q noch aufheben: Die alte Schicht der Spruchüberlieferung (Q¹) kennt noch kein erzählendes Gut, und die Grundschrift des Markusevangeliums enthielt die Logienüberlieferung — oft Dubletten zu Q-Logien — noch nicht.

Das Grundschema der Zwei-Quellen-Theorie ist, wie die folgende Darstellung andeutet, in den bisher weitgehend von der Formgeschichte besetzten Raum hinein literargeschichtlich zu ergänzen.

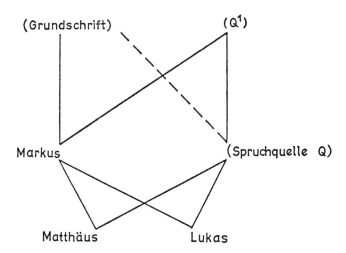

Während die Grundschrift des Markus durchgehend kerygmatisch bestimmt ist und keine apokalyptischen Stoffe aufweist, ist die Überlieferung in Q¹ ganz unkerygmatisch und im wesentlichen apokalyptisch. Q¹ kennt nicht nur keine Passions- und Ostergeschichte, sondern auch keine

Christologie. Q¹ sieht Johannes den Täufer auf einer Stufe mit Jesus (vgl.
Mt 11,11a.12.18), versteht Jesu Tod als Prophetenschicksal (Lk 13,34 ff
par) und nimmt von Ostern keine Notiz. Q¹ überliefert also Jesu gali-
läische Botschaft der Erwartung, bezieht sich aber noch nicht auf die Jerusalemer Ereignisse; Petrus und die Zwölf sind unbekannt.

Es ist zu hoffen, daß die in Angriff genommene Erforschung der
Spruchüberlieferung[104] die literarischen Fragestellungen des vorigen Jahrhunderts[105] wieder aufnimmt und integriert und so zu überzeugenden traditionsgeschichtlichen Ergebnissen kommt. Nur im Rahmen von in solcher Weise umfassenden traditionsgeschichtlichen Untersuchungen lassen
sich die Überlieferungsträger der apokalyptischen Jesuslogien ermitteln.
In solchem Rahmen läßt sich dann auch ggf. die eingangs genannte und
noch offengebliebene Frage nach der Herkunft der charakteristisch un-
apokalyptischen Teile in der Spruchüberlieferung beantworten. Meldet
sich in den ethischen, mit einer Dauer der Welt rechnenden Passagen der
Logientradition die Verzögerungsproblematik der die apokalyptische
Botschaft Jesu tradierenden (galiläischen?) Kreise, die im Laufe der Zeit
Elemente einer in jüdischen Kreisen virulenten radikalen Liebesethik auf-
greift? Oder spiegelt sich in dem Nebeneinander der ethischen und der
apokalyptischen Stücke der jesuanischen Logientradition der historische
Prozeß einer Amalgamierung zweier Gemeinschaften wider, von denen
die eine den apokalyptischen, die andere den ethischen Rigorismus ein-
brachte?

Zur frühen urchristlichen Bekenntnis- und Theologiebildung hat der
Überlieferungskomplex Q¹ jedenfalls nicht beigetragen. Die österliche
Gemeinde des Christus Jesus hat dieses Gut anfänglich nicht tradiert.
Erst Markus und die Spruchquelle Q integrieren diese Jesusüberlieferung
in den kirchlichen Überlieferungsstoff, und zwar so, daß diese Überlieferung, vom Kerygma gleichsam getauft, nun selbst Teil des Kerygmas
wird und kerygmatisch verstanden werden muß.

Dieser Prozeß ermöglichte einerseits der historischen Theologie der
Neuzeit, den ,historischen' Jesus der Logientradition zu entdecken und

---

[104] *A. P. Polag,* Die Christologie der Logienquelle, Diss. Tübingen, 1968; ders., Der
Umfang der Logienquelle, Diss. Lic. Trier, 1966; *D. Lührmann,* Die Redaktion der
Logienquelle, 1969; *P. Hoffmann,* Studien zur Theologie der Logienquelle, 1972 (vgl.
dazu meine Bespr. in ThLZ 98, 1973, S. 348 ff); *S. Schulz,* Q — Die Spruchquelle der
Evangelisten, 1972.

[105] Vgl. z. B. *Julius Wellhausen,* Einleitung in die drei ersten Evangelien, 1905,
S. 73 ff.

ihm dogmatischen Rang zu verleihen. Er bestätigt aber zugleich die Überzeugung von Hans Conzelmann, der in seinem ‚Grundriß der Theologie des Neuen Testaments‘ „nicht aus Eigensinn, sondern aus methodischer Konsequenz und aufgrund der Aufnahme des exegetischen Bestandes" glaubt darauf bestehen zu müssen, „daß der ‚historische Jesus‘ kein Thema der neutestamentlichen Theologie ist"[106].

Damit fällt zugleich die Entscheidung gegen die Apokalyptik als selbständiges Thema der neutestamentlichen Theologie und für das Christuskerygma bzw. für den in diesem Kerygma „präsenten Jesus, der nicht nur, wie der historische Jesus, das Heil verheißen, sondern der es schon gebracht hat"[107].

---

[106] Anm. 39, S. 16.
[107] *Rudolf Bultmann* (Anm. 48), S. 25.

JESUS ALS VERSÖHNER

Überlegungen zum Problem der Darstellung Jesu im Rahmen einer Biblischen Theologie des Neuen Testaments

PETER STUHLMACHER

Es gibt theologische Probleme, die selbst dann nicht liegenbleiben dürfen, wenn die Arbeit von Generationen zu ihrer Bewältigung erforderlich ist. Ein solches Problem ist die Frage, in welcher Weise und in welchem Umfang Jesu Verkündigung und Geschick in die Darstellung einer Theologie des Neuen Testaments einbezogen werden sollen.

I.

Hans Conzelmann hat uns eben diese Frage zur Weiterarbeit anvertraut. Schon in seinem 1959 erschienenen großen Artikel „Jesus Christus" im 3. Band der RGG[3] (Sp. 619—653) hatte er zwar eine eingehende Darstellung von Werk und Verkündigung Jesu gegeben, aber abschließend betont, theologische Relevanz erhalte solche historische Rekonstruktion nur als Illustration und Konkretion der Christuspredigt, d. h. als Erinnerung und Einübung in die Geschichtlichkeit der Offenbarung[1]. In seinem 1967 vorgelegten „Grundriß der Theologie des Neuen Testaments" bestand er dann „nicht aus Eigensinn, sondern aus methodischer Konsequenz und auf Grund der Aufnahme des exegetischen Bestandes" darauf, „daß der ‚historische Jesus' kein Thema der neutestamentlichen Theologie ist"[2], weil die Neutestamentliche Theologie speziell das Kerygma der neutestamentlichen Texte darzustellen und verständlich zu machen hat. Da eben dieses Kerygma aber vor allem in den Synoptikern auf der Identität des erhöhten Christus mit dem irdischen Jesus insistiert, bezog Conzelmann nicht nur das synoptische Kerygma ausdrücklich in seinen Theologie-Entwurf mit ein, sondern bot in dem diesem Kerygma gewidmeten

---

[1] RGG[3] III 648—651.   [2] AaO. 16.

zweiten Hauptteil seines Buches dann auch eine Skizze der Verkündigung
Jesu. Conzelmann trug mit diesem Vorgehen der theologischen und historischen Frage Rechnung, „warum der Glaube nach den Erscheinungen des
Auferstandenen an der Identität des Erhöhten mit Jesus von Nazareth
fest(hielt)"[3]. Über den Ansatz seines Lehrers Rudolf Bultmann hinaus-
gehend, hat Conzelmann also die Verkündigung des irdischen Jesus als
Substanz des synoptischen Kerygmas in die Darstellung der neutestamentlichen Theologie miteinbezogen, und zwar so, daß vom Kerygma,
d. h. der Verkündigung des gekreuzigten und auferstandenen Christus
als des Herrn aus nach Wort und Werk des irdischen Jesus zurückgefragt
wird.

Speziell im Rahmen der Ausarbeitung einer Theologie des Neuen Testaments ist diese Entscheidung Conzelmanns ein Fortschritt und ein unvollendetes Programm gleichzeitig. Ein Fortschritt insofern, als die glau-
benschaffende Christuspredigt des Neuen Testaments vor spiritueller
Verflüchtigung bewahrt und gleichzeitig davor geschützt wird, aufgesogen und aufgehoben zu werden hinein in eine mit dem Wechsel der
Zeiten und Methoden unterschiedlich erscheinende hypothetische Rekonstruktion, welche der sog. historische Jesus seit eh und je dargestellt hat
und noch immer darstellt. Ein Fortschritt aber auch insofern, als dem
Kerygma der synoptischen Evangelien ein theologisches Recht zurück-
gegeben wird, welches es in Bultmanns berühmter Theologie des Neuen
Testaments nicht mehr besaß, obwohl die Christuspredigt der Kirche sich
seit Jahrtausenden gerade auf die Jesuserzählungen der Evangelisten ab-
stützt, und zwar auch dort, wo sie Predigt der Rechtfertigung sola fide
propter Christum ist und sein will.

Ein unvollendetes Programm stellt Conzelmanns Entscheid vor allem
aus zwei Gründen dar. Bei seiner Plazierung der Verkündigung Jesu als
Fundament und Konkretion des synoptischen Kerygmas kommt noch
nicht hinreichend zur Darstellung, daß sich ja nicht erst die drei Synoptiker auf die Identität des gekreuzigten und auferstandenen Christus mit
Jesus berufen und deshalb von ihm kerygmatisch erzählen, sondern daß
diese Berufung schon mit dem Kerygma der Urgemeinde und der ersten
urchristlichen Missionare gesetzt ist. Sie gehen sowohl in ihrem Formelgut als auch in ihrer Christuspredigt davon aus, daß Jesus von Nazareth
der von Gott gesandte messianische Retter war und wurde (vgl. 1Kor 15,
3—5; Apg 10,36 ff; Röm 1,3 f). Will man in einem traditionsgeschichtlich gegliederten Entwurf einer Theologie des Neuen Testaments, welche

---

[3] AaO. 16.

das neutestamentliche Kerygma in Genese und Anspruch offenzulegen versucht, zurückfragen nach Jesus, ist es ratsam, solche Frage gleich an den Anfang zu setzen, um so erweisen zu können, in welcher Weise und weshalb der Glaube sich von Anfang, d. h. von Ostern an auf Jesus berufen, sein Werk rezipiert und sich als Glaube an Jesus Christus verstanden hat. Ferdinand Hahn hat die methodologischen und theologischen Möglichkeiten und Probleme einer solchen Analyse erst kürzlich glänzend erörtert[4], und Eduard Lohse hat ihr in seinem „Grundriß der neutestamentlichen Theologie" (1974) zum Durchbruch verholfen. Nach zwei Eingangsparagraphen über „Aufgabe und Methode der neutestamentlichen Theologie" sowie „Das Evangelium als kirchengründende Predigt" setzt Lohse sogleich mit der Darstellung der Verkündigung Jesu ein und geht dabei von folgendem Leitsatz aus: „Die Evangelien enthalten keine Berichte über den Lebensgang Jesu, sondern bezeugen in Übereinstimmung mit dem urchristlichen Kerygma Jesus als den Christus, zu dem sich die Gemeinde glaubend bekennt. Da die christliche Predigt sich auf den Anfang des Evangeliums bezieht, hat die n(eu)t(estament)liche Theologie die unlösliche Bindung des Kerygmas an die ihm vorgegebene Geschichte Jesu aufzuzeigen"[5].

Unvollendet ist Conzelmanns Ansatz aber auch insofern, als in ihm noch nicht hinreichend reflektiert wird, in welchem Ausmaß das Alte Testament gerade diese Anfangsplazierung der Jesusproblematik erforderlich macht. Nicht nur, daß der biblische Kanon uns die theologische Frage aufdrängt, wie und aus welchen Gründen das mit der Jesuserzählung der Evangelien einsetzende Neue Testament auf das Alte Testament angewiesen bleibt. Sondern auch die Anfangsformulierungen des Kerygmas beziehen sich implizit und explizit auf das Alte Testament zurück, um von ihm aus verständlich und hörbar zu machen, wer Jesus war und für den Glauben wurde. Vom Kerygma aus nach Jesus zurückzufragen heißt deshalb gleichzeitig, vom Kerygma aus zurückzufragen, weshalb Jesus von Anfang an als Vollender und Verkörperung des im Alten Testament verkündigten Heilswillens Gottes verkündigt wurde. Die sich heute immer mehr durchsetzende Einsicht in den noch offenen, unabgeschlossenen Traditionsprozeß, den das Alte Testament zu Beginn der neutestamentlichen Zeit darstellt[6], drängt ebenfalls dazu, die Frage nach

---

[4] Methodologische Überlegungen zur Rückfrage nach Jesus, in: Rückfrage nach Jesus, hrsg. von K. Kertelge, Quaestiones Disputatae 63, 1974, 11—77.

[5] AaO. 18.

[6] *H. Frhr. von Campenhausen* stellt mit Recht fest: „Es gilt, die alttestamentliche

Jesus im Rahmen einer neutestamentlichen Theologie nicht bis zur Behandlung der Synoptiker aufzuschieben, sondern gleich an den Anfang zu stellen, d. h. auf Reflexionen folgen zu lassen, welche dem urchristlichen Kerygma und dem von diesem Kerygma gesetzten Verhältnis von Altem und Neuem Testament gelten. Was diesen zweiten Sachverhalt anbelangt, ist noch einmal auf Lohses Grundriß zu verweisen, der gleich in jenem der Verkündigung Jesu noch vorangehenden Paragraphen über das Evangelium hervorhebt, das Christusgeschehen werde von Anfang an „als Gottes eschatologische Heilstat ausgerufen, in der die Verheißungen der Schrift erfüllt sind"[7], und die christliche Gemeinde gehe von Anfang an davon aus, daß „der Sinn des Leidens und Sterbens Jesu Christi (allein mit Hilfe der Schrift) begriffen und als Gottes Wille verstanden werden (kann)"[8]. Vor allem aber kann man auf Leonhard Goppelts Theologie des Neuen Testaments rekurrieren, deren erster Teil über „Jesu Wirken in seiner theologischen Bedeutung" von dem hermeneutischen Grundsatz ausgeht, es sei für die Botschaft des Neuen Testaments grundlegend, daß sie „ein von dem Gott des AT herkommendes Erfüllungsgeschehen bezeugen will, das von Jesus als seiner Mitte ausgeht"[9], und sich deshalb von dem glauben- und kirchenbegründenden Osterkerygma der Gemeinde auf das Wirken des irdischen Jesus als solchem Erfüllungsgeschehen zurückfragt.

Wenn man sich nicht aus theologischen und historisch-methodologischen Gründen gezwungen sieht, bei Bultmanns Ursprungsposition, nach welcher die Verkündigung Jesu nur zu den Voraussetzungen der Theologie des Neuen Testaments gehört und noch kein Teil dieser selbst ist, zu verharren[10], oder allen theologischen Einsichten der dialektischen Theolo-

---

Geschichte als wirkliche Geschichte zu sehen, die sich fortbewegt und die in eine gewisse innere Reife, Krise und Dialektik hineinführt, an deren Ende Jesus steht, der Gekreuzigte und Auferstandene" (Tod und Auferstehung Jesu als ‚historische Fakten', in: Moderne Exegese und historische Wissenschaft, hrsg. von J. M. Hollenbach und H. Staudinger, 1972, [94—103] 101). Vgl. zum Problem ferner neben der in meinem Aufsatz: Das Bekenntnis zur Auferweckung Jesu von den Toten und die Biblische Theologie, ZThK 40, 1973, (365—403) 374 ff genannten alttestamentlichen Literatur jetzt auch den schönen Aufsatz von *T. Holtz*, Zur Interpretation des Alten Testaments im Neuen Testament, ThLZ 99, 1974, 19—32.

[7] AaO 14.   [8] AaO. 15.

[9] *L. Goppelt*, Theologie des Neuen Testaments I, hrsg. von J. Roloff, 1975, 50.

[10] Theologie des Neuen Testaments, ⁵1965, 1. Auf dieser Position insistieren heute z. B. *W. Schmithals*, Jesus Christus in der Verkündigung der Kirche, 1972, 60 ff 80 ff und mit differenzierter Begründung *G. Strecker*, Die historische und theologische Problematik der Jesusfrage, EvTh 29, 1969, 453—476.

gie zum Trotz den Glauben an eine wie immer geartete, positive oder
kritische Rekonstruktion der Gestalt Jesu binden bzw. ausliefern will[11],
ist es heute theologisch und historisch geboten, die Jesus-Verkündigung in
eine Darstellung der neutestamentlichen Theologie einzubeziehen, hier —
nach einer Besinnung auf Aufgabe und Ziel einer NT-Theologie und die
am Alten Testament orientierte Gestalt und Dimension der urchristlichen
Christuspredigt — an den Anfang zu stellen und dann zu versuchen, ein
Bild von der Selbstfindung und Explikation des neutestamentlichen Kerygmas als der Botschaft von Jesus Christus zu entwerfen. So vorzu-
gehen heißt, in der von Conzelmann gewiesenen Richtung weiterzuarbei-
ten.

II.

Fragt man nach konkreten kerygmatischen Texten, welche der historischen Rückfrage nach Jesus Anhalt und Maßstab geben können, fällt der
Blick auf das von Paulus selbst ausdrücklich als „Evangelium" bezeichnete, vorpaulinische (Jerusalemer) Credo aus 1Kor 15,3b—5 einerseits
und die summarisch von Jesu Sendung, Werk und Geschick berichtende
Christuspredigt aus Apg 10,34 ff andererseits. Während 1Kor 15,3 ff
von der Forschung heute fast einhellig als ältestes Überlieferungsgut
angesprochen wird, beginnt sich die Einsicht in den Traditionschrak-
ter der kerygmatischen Erzählung von Apg 10,34 ff erst wieder durchzusetzen[12]. Beide Texte gehören sicherlich nicht getrennten Überliefe-

---

[11] In recht unterschiedlicher theologischer Ausrichtung geschieht dies m. E. bei *J. Jere-*
mias, Neutestamentliche Theologie. Erster Teil: Die Verkündigung Jesu, [2]1973, 295
(und passim) ebenso wie bei *H. Braun,* Jesus, 1969, 10 ff (und passim) und *S. Schulz,*
Die neue Frage nach dem historischen Jesus, in: Neues Testament und Geschichte, Festschrift für Oscar Cullmann zum 70. Geburtstag, hrsg. von H. Baltensweiler und B.
Reicke, Zürich 1972, 33—42.
[12] Während *U. Wilckens,* Die Missionsreden der Apostelgeschichte, WMANT 5,
[2]1963, 70 u. ö. von einer im wesentlichen lukanischen Komposition sprach, betonte
schon *H. Conzelmann,* Die Apostelgeschichte, HNT 7, [2]1972, 10. 71—73 den Tradi-
tionsbezug der (auch seiner Meinung nach) von Lukas stark ausgestalteten Petrus-Rede.
Ich selbst habe dann in meinem Buch: Das paulinische Evangelium I, FRLANT 95,
1968, 277—279 auf die starken traditionellen Elemente in Apg 10,34 ff aufmerksam
gemacht. *O. H. Steck* hat zur gleichen Zeit im Anschluß an *F. Hahn,* Christologische
Hoheitstitel, 1963, 116 f 385 ff auf den Traditionscharakter des christologischen Vor-
stellungsgutes der Missionsreden verwiesen und die interessante Vermutung ausgesprochen, daß das Schema der lukanischen Umkehrpredigten vor Juden, das in Apg 10,34 ff
modifiziert wiederkehrt, nicht erst von Lukas gebildet worden sei, sondern zurückgeführt werden müsse auf jüdische Bekehrungspredigten in Palästina und der Diaspora,

rungsbereichen zu, sondern geben zusammen einen ungefähren Eindruck davon, wie man anfänglich (in Jerusalem und in der Mission) von Jesus in Katechese, Predigt und Bekenntnis sprach.

Während das summarische, gegenüber zweiteiligen Formulierungen wie Röm 4,25 oder Lk 24,34 bereits auf ausgewogene Ganzheit bedachte Bekenntnis von 1Kor 15,3b—5 den Blick auf das stellvertretende Sterben und die Auferweckung Jesu als des Christus (d. h. als des Messias) konzentriert, beide Ereignisse als in Gottes in der Schrift geoffenbarten Heilswillen gefaßt erklärt und nur andeutungsweise berichtet, Jesus sei begraben worden und nach seiner Auferweckung am dritten Tage Petrus (dem Begründer der Urgemeinde von Jerusalem) erschienen, stellt die „Predigt" von Apg 10,34 ff die Sendung Jesu ins Licht der prophetischen Verheißung von Jes 52,7; Nah 2,1[13], läßt Jesus nach der Taufe durch Johannes von Galiläa als messianischen Retter und Helfer aufbrechen, in Jerusalem gemäß Dt 21,22 den Tod am Kreuz finden, von Gott am dritten Tage auferweckt und anschließend einer bestimmten Schar von auserwählten Zeugen offenbar werden, so daß diese ihn als den von Gott bestellten Weltenrichter und als den von den Propheten angekündigten messianischen Retter verkündigen, der allen Glaubenden die Vergebung ihrer Sünden eröffnet und, so wird man hinzufügen dürfen, damit zugleich die Gottesgemeinschaft der Endzeit. Während im Credo von 1Kor 15,3b—5 Jesu ganzes Sein in seinen Sühntod und seine Auferweckung hinein versammelt wird, stellt die fast wie eine Skizze des Markusevangeliums erscheinende Überlieferung von Apg 10,34 ff das Wirken Jesu insgesamt als ein den von Gott verheißenen endzeitlichen Frieden heraufführendes Heilswerk dar, das mit der Kreuzigung endet, von Gott aber kraft der Auferweckung zum Ermöglichungsgrund des Glaubens erhoben wird, der die Vergebung der Sünden erfährt und damit teilgewinnen kann am eschatologischen Heil als Gottesgemeinschaft.

---

vgl. sein Buch: Israel und das gewaltsame Geschick der Propheten, WMANT 23, 1967, 267 ff. Dann haben auch *H. Schürmann*, Das Lukasevangelium I, HThKNT III 1, 1969, 16.180 und *E. Kränkl*, Jesus der Knecht Gottes, 1972, 78 ff auf die traditionelle Form unseres Textes hingewiesen. Unter diesen Umständen scheint es mir legitim zu sein, unseren Text und in ihm zumindest die Verse 37—43 mit *E. Lohse*, Die Entstehung des Neuen Testaments, 1972, 74 und Grundriß der ntl. Theologie, 20 (wieder) als wohl von Lukas aufgegriffene und bearbeitete, in Aufriß und Grundaussage aber vorlukanische Paradosis zu behandeln, aus welcher man ersehen kann, wie man schon früh Jesus als den Christus (erzählend) verkündigt hat.

[13] Zum Übersetzungsproblem und Traditionscharakter von Apg 10,36 vgl. mein Paulinisches Evangelium I, 148.162 und 279 Anm. 1.

Es ist hier nicht der Ort, Identität und Differenz beider Überlieferungstexte Stück für Stück zu untersuchen. Genug, wenn Übereinstimmung und gemeinsame kerygmatische Tendenz in folgender Hinsicht festgehalten werden kann: Beide Texte sprechen von Jesus als dem verheißenen Messias. Seine Sendung soll nach Apg 10,34 ff das Heil in Gestalt des „Friedens" zwischen Gott und Menschen, d. h. dem Anteil der Menschen an der endzeitlichen Gottesgemeinschaft durchsetzen und heraufführen. Von solchem Heil gilt, daß es die Propheten des Alten Testaments verheißen haben. Zweitens herrscht Übereinstimmung zwischen beiden Texten in der Annahme, daß Jesu Werk in seinem Tode gipfelt. Beide Male wird dieser Tod als schriftgemäß, d. h. als in Gottes Absicht stehend verkündigt. Während Apg 10,39.40 mit dem m. E. in das Arsenal ältester christlicher Apologetik gehörigen Kontrastschema arbeitet: Ihr (Juden) habt Jesus (zwar gemäß Dt 21,22) ans Kreuz gebracht (und angenommen, daß Jesus ein von Gott Verfluchter sei) — Gott aber hat ihn auferweckt (d. h. hat sich mit dem Gekreuzigten identifiziert und so das Unheil zum Grund des Heils gemacht)[14], stellt das Summarium von 1Kor 15,3b—5 die Tatsache der Kreuzigung nicht ausdrücklich heraus, sondern betont sogleich, Jesus sei als Messias „für unsere Sünden gestorben" und bezieht sich zur Begründung dieser Aussage aller Wahrscheinlichkeit nach nicht nur pauschal auf das Alte Testament, sondern auch direkt auf die Buß- und Stellvertretungstradition von Jes 53. Die Zusammenordnung von Sühntod Jesu und seiner Auferweckung in unserem Credo wird man verstehen dürfen wie in Röm 4,25 auch. Die Auf-

---

[14] Dt 21,23 ist wahrscheinlich von jüdischer Seite herangezogen worden, um Jesu Kreuzigung als Fluch über den Gotteslästerer und Pseudomessias zu deuten. Vgl. *G. Jeremias,* Der Lehrer der Gerechtigkeit, StUNT 2, 1963, 133—135, meinen Aufsatz, Das Ende des Gesetzes, ZThK 67, 1970, 14—39, bes. 28 ff, *E. Lohse,* Grundriß d. ntl. Theologie, 82 und mit gutem, neuem Quellenmaterial *H. W. Kuhn,* Jesus als Gekreuzigter in der frühchristlichen Verkündigung bis zur Mitte des 2. Jahrhunderts, ZThK 72, 1975, (1—46) 33 ff. Unter diesen Umständen ist es möglich und historisch sinnvoll, das mit demselben Textzusammenhang arbeitende Kontrastschema, das nicht nur in Apg 10,39 f, sondern auch in 2,36; 5,30 f auftaucht, in den Zusammenhang der frühchristlichen Reaktion auf jene gefährliche jüdische Deutung des Kreuzestodes einzuordnen. Ich tue dies — wie in der obigen Paraphrase angedeutet — so, daß ich die Kontrastantwort: „Ihr habt gekreuzigt — Gott aber hat auferweckt" als ältere Vorstufe jener gesetzeskritischen Replik ansehe, die Paulus selbst entwickelt und dann in Gal 3,13 soteriologisch geäußert hat. Sprach die vorpaulinisch-christliche Apologetik nur erst davon, daß Gott mit der Auferweckung die Kreuzigung selbst zum Heil gewendet habe, interpretiert Paulus gesetzeskritisch und soteriologisch zugleich: Jesus hat den Fluchtod am Kreuz stellvertretend erlitten, um uns von der Sünde zu befreien und die Fluchherrschaft des Gesetzes zu beenden.

erweckung als Werk und Identifikation Gottes mit dem in den Tod gegebenen Christus ratifiziert das Opfer seines Lebens und erhebt Jesu Tod
zum Ermöglichungsgrund der Sündenvergebung, oder, direkt mit Röm
4,25 formuliert, zum Ermöglichungsgrund der (in der Weise der Vergebung der Sünden) Leben schaffenden Rechtfertigung. Zeichnet man den
Gedanken des Credo-Textes damit richtig nach und beachtet man, daß
auch in Apg 10 von einer im Namen Jesu, des Gekreuzigten und Auferstandenen, eröffneten Vergebung der Sünden für „jeden, der glaubt",
gesprochen wird (V 43), sieht man, daß beide Texte auch soteriologisch nicht zu weit voneinander abgerückt werden dürfen[15]. Dies gilt
schließlich auch von den Erscheinungsaussagen. In Apg 10,40 f wird
durch die Epiphanie des Auferweckten vor den erwählten Zeugen und
das mit ihnen gehaltene Erscheinungsmahl das Kerygma von Jesus als
dem messianischen Versöhner inauguriert, und die Kurzaussage von der
Ersterscheinung des für uns in den Tod gegebenen und am dritten Tage
auferweckten Christus in 1Kor 15,5 dürfte über die bloße Zeugenschaft
für Jesu Auferweckung hinaus ähnliche Aussagefunktion haben.

Fassen wir zusammen, so verkündigt und bekennt also schon die vorpaulinische Ur- und Missionsgemeinde Jesus als den Messias, dessen Sendung und Werk, gipfelnd im stellvertretenden Sterben am Kreuz, den
Sinn hatte, den von Gott verheißenen „Frieden" zwischen Gott und den
Menschen, die ewige Gottesgemeinschaft, heraufzuführen; Gott hat sich
in der Auferweckung des Gekreuzigten zu diesem Werk ein für allemal
bekannt, hat Jesu Sühntod zum Ermöglichungsgrund der Sündenvergebung für die Glaubenden erhoben und in der Offenbarung des Auf-

---

[15] Wollte man dies bestreiten, müßte man erst der Paradosis und dann Lukas unterstellen, sie hätten nicht darauf reflektiert, wie Jesu Tod und Auferweckung zum Ermöglichungsgrund der Sündenvergebung geworden sind. Ich halte diese heute weitverbreitete Unterstellung angesichts ältesten Formelgutes wie Röm 4,25; 1Kor 15,3—5 oder
des im Abendmahlszusammenhang fest verankerten „für uns (gestorben)" gegenüber
der Paradosis für ebenso ungerechtfertigt, wie ich die immer wieder, zuletzt von
Kränkl, aaO. (Anm. 12) 119 f.209.213 f und *G. Delling*, Der Kreuzestod Jesu in der
urchristlichen Verkündigung, 1972, 83—97 geäußerte Meinung, die Christusverkündigung der Apostelgeschichte sei soteriologisch defizient, für stark modifikationsbedürftig
halte. Bei solcher Sicht bleibt nicht nur unbeachtet bzw. unterinterpretiert, daß Lukas
nicht nur eine ausführliche Abendmahlsparadosis bringt (Lk 22,14 ff), sondern auch in
den Acta die Eröffnung des Heils durch Sündenvergebung mit besonderer Intensität
hervorhebt, Apg 2,38; 10,43; 13,37 f; 22,16; 26,18 (vgl. *Delling*, aaO. 88 f). Vgl. zum
Problem auch die vorsichtige Stellungnahme von *W. G. Kümmel*, Lukas in der Anklage der heutigen Theologie, ZNW 63, 1972, (149—165) 159.

erstandenen vor einigen erwählten (apostolischen) Zeugen das heilschaffende Kerygma von Jesus als dem Christus Gottes in Kraft gesetzt.

III.

Blickt man von diesem Kerygma und seiner Jesu Werk als messianische Versöhnung definierenden Grundaussage zurück auf Jesus selbst, ergibt sich auch für den historisch-kritisch rekonstruierenden Blick eine erstaunliche Kongruenz. So wenig die vom Kerygma gegebene eschatologische „Definition" der Sinnhaftigkeit der Sendung Jesu von einer historischen Rekonstruktion eingeholt werden kann, so ermutigend ist es zu sehen, daß unsere historische Rekonstruktion auffällig genau auf das Kerygma, von dem wir sprachen, zuführt. Die historische Rückfrage leistet also genau das, was F. Hahn ihr zumuten will, sie erlaubt es uns, den zum biblischen Kerygma führenden Rezeptions- und Ereignisprozeß offenzulegen und nachzuvollziehen: „Wir sind nicht mehr darauf angewiesen, nur das Endergebnis dieser urchristlichen Rezeption der Jesusüberlieferung in seinen verschiedenen Spielarten zu konstatieren, sondern es gelingt uns, auch das Zustandekommen dieser Rezeption im einzelnen aufzuzeigen"[16]. Oder jetzt inhaltlich von uns aus formuliert: Die Rückfrage verhilft uns dazu zu sehen und nachzuvollziehen, daß das urchristliche Kerygma Jesus mit Recht als den messianischen Versöhner proklamiert.

Zum Erweis dieser These sei zunächst — ohne Rücksicht auf Vollständigkeit — auf eine Reihe theologischer Jesusdarstellungen der Gegenwart verwiesen. Hatte schon Günther Bornkamm im 4. Kapitel seines 1956 erstmalig aufgelegten Jesusbuches eindrücklich von Jesu Verkündigung der nahenden Gottesherrschaft als Heil für die Armen und Elenden gesprochen und gleichzeitig gezeigt, daß Jesu Tischgemeinschaften Konkretionen dieses Heilsrufes, Sinnbild der engstmöglichen Gemeinschaft zwischen Gott und den Menschen und Vorausdarstellungen des Gemeinschaftsmahles der messianischen Freudenzeit seien[17], prägte Conzelmann in seinem Artikel Jesus Christus ebenfalls ein, das primäre Element der Verkündigung und des in diese Verkündigung ganz einbezogenen Wirkens Jesu sei „die Absolutheit der Heilszusage. Sie kommt zur Geltung in der Darstellung Gottes als des Vaters, d. h. in der Herstellung der Unmittelbarkeit zu ihm durch die Verkündigung der Vergebung", und er

---

[16] *F. Hahn*, aaO. (Anm. 4) 68.
[17] AaO. 68—74.

fügte hinzu, die Bindung dieser Heilszusage an Jesu Person liege „einfach darin, daß *er* dieses Heil als jetzige, letzte Möglichkeit darbietet, daß er jetzt die Armen tröstet, die Sünder zu sich ruft. Indirekte Christologie und Theo-logie sind zur Deckung gebracht"[18]. Ebenso wie Bornkamm und Conzelmann bezeichnet aber auch Joachim Jeremias die Verkündigung des Heils für die Armen als „das Herzstück der Verkündigung Jesu"[19], nennt den „in der Tischgemeinschaft vollzogenen Einschluß der Sünder in die Heilsgemeinde" den „sinnenfälligsten Ausdruck der Botschaft von der rettenden Liebe Gottes"[20] und betont, daß sich der Widerstand gegen Jesus gerade an dieser bedingungslosen Heilsverkündigung entzündet habe. Ähnlich stellt Norman Perrin die Botschaft von der Sündenvergebung als die Grunderfahrung heraus, in der nach Jesu Botschaft die Herrschaft Gottes begegnet und bezeichnet die Tischgemeinschaften mit Zöllnern und Sündern als „das Moment im Wirken Jesu, das seinen Nachfolgern am wichtigsten und seinen Kritikern am anstößigsten gewesen sein muß"[21]. In den beiden neuesten Theologien des Neuen Testaments schließlich, dem Grundriß von Lohse und Goppelts Darstellung des Wirkens Jesu, sind unabgesprochen die Paragraphen über das von Jesus verkündigte und zeichenhaft dokumentierte Erbarmen Gottes Mittelpunkte der jeweiligen Rekonstruktion. Geht Lohse dabei von dem Grundsatz aus: „Jesus nennt Gott den Vater und bezeugt die Nähe des barmherzigen Gottes, der die Sünder annimmt, sie zu befreiten Kindern macht, die voller Zuversicht zu ihm rufen, und ihnen das neue Leben schenkt, das sie im Vertrauen zu ihm führen sollen"[22], so Goppelt von der These, daß die Annahme der Sünder durch Jesus der zentrale Sinn seines irdischen Wirkens gewesen sei: „In Jesu Person wendet sich Gott selbst, der jetzt seine endzeitliche Herrschaft aufrichtet, dem Menschen zu. Das ist die Basis der n(eu)t(estament)l(ichen) Christologie"[23].

Als Ergebnis dieser gar nicht einmal auf Vollständigkeit bedachten und quer zu den sog. Schulen vollzogenen Durchsicht darf also festgehalten werden, daß ein maßgebender Teil der neutestamentlichen Forschung von heute in Jesu Werk historisch eben die zeichenhafte Verwirklichung des endzeitlichen Heils als Gottesgemeinschaft sieht, von welcher dann das Kerygma spricht. Das eigentlich historisch Neue am Auftreten und Wirken Jesu war sein Bemühen um die Aufrichtung des endzeitlichen Friedens zwischen Gott und den Menschen.

---

[18] AaO. 633 und 634.
[20] AaO. (Anm. 11) 117.
[22] Grundriß d. ntl. Theologie, 35.

[19] AaO. (Anm. 11) 111.
[21] Was lehrte Jesus wirklich?, 1972, 112.
[23] AaO. (Anm. 9) 182.

Was die Übersicht über die Forschermeinungen ergab, läßt sich auch im
direkten Blick gerade auf das exegetische Material erhärten, das für Jesus
selbst dann als charakteristisch gelten kann, wenn man der synoptischen
Tradition historisch äußerst kritisch gegenübersteht (ein forschungsge-
schichtlich bedingter Standpunkt, über dessen Recht oder Unrecht hier
nicht entschieden werden muß). Auch wenn man nämlich nur von Jesu
sich im Vaterunser zusammenfassender Verkündigung Gottes als des Vaters ausgeht, wenn man sieht, wie sich diese Verkündigung Gottes in seinen markanten Gleichnissen vom verlorenen Sohn (Lk 15,11 ff), von den
Arbeitern im Weinberg (Mt 20,1 ff), vom barmherzigen Samaritaner
(Lk 10,30 ff), von Pharisäer und Zöllner (Lk 18,10 ff) oder auch vom
Schalksknecht (Mt 18,23 ff) einen neuen, eigenständigen Ausdruck verschafft, wie dann weiter eben diese neue Verkündigung von dem ungeheuren Wagnis begleitet wird, in eigener Vollmacht Vergebung der Sünden zuzusprechen (Mk 2,5; Lk 18,10 ff), solche Vergebung in der Sym-
bolhandlung von Tischgemeinschaften mit Sündern im Vorausblick auf
die endzeitliche Mahlgemeinschaft des Menschensohnes mit den Seinen
(äthHen 62,14) zu konkretisieren, die Heilung von Kranken und deshalb
als nicht kultfähig Geltenden über das Sabbatgebot zu stellen und überhaupt die kultische Tora zugunsten der unmittelbaren Begegnung mit
den als verloren und gesetzlos Geltenden zu durchbrechen (Mk 1,21 ff;
3,1 ff; 7,14 f), ja sogar den Wortlaut der Tora mitsamt ihrer pharisäischen Interpretation zu hinterfragen und als den ursprünglichen Willen Gottes die Liebe als Feindesliebe zu erklären (Mt 5,43 ff), ergibt sich
das Bild eines Verkündigers der Gottesherrschaft, „der alle Schemen
sprengt" (E. Schweizer). Das Bild eines prophetischen Gotteszeugen ergibt sich, der über dem Tatzeugnis von Gottes Nähe, von Gottes Vergebungsbereitschaft selbst gegenüber den *outcasts* und seiner den Menschen restlos einfordernden Liebe, mit allen maßgeblichen jüdischen
Gruppen seiner Zeit in Konflikt geraten mußte, und zwar nicht aus
bloßem provokativem Elan heraus, sondern um seiner ureigensten Sache
willen, der Verkündigung und Manifestation der durch ihn selbst von
Gott den Menschen eröffneten messianischen Versöhnung.

IV.

Wir stehen damit unmittelbar vor dem Problem der Passion und des
Todes Jesu, von welchen das Kerygma schon der vorpaulinischen Ge-

meinden sagt, Jesu Wirken habe konsequent auf sie zugeführt und in seinem Sterben käme seine messianische Sendung zum Ziel.

Bekanntlich sind die überlieferungsgeschichtliche Schichtung, die historische Glaubwürdigkeit und der theologische Stellenwert der (synoptischen) Passionstradition noch immer sehr umstritten. Erstaunlich aber ist, daß dennoch ein historisches Urteil wie das von Lohse gewagt werden kann: „Jesu Predigt und sein Tun, durch die die Allverbindlichkeit des Gesetzes in Frage gestellt wurde, hatten ihn in scharfen Gegensatz zu den maßgebenden Vertretern des damaligen Judentums gebracht. Die Pharisäer und Schriftgelehrten, aber auch die Sadduzäer und Priester wurden daher einig in ihrer Ablehnung Jesu. Die Vollmacht, die er in Anspruch nahm, wurde entweder anerkannt oder rief entschlossene Gegnerschaft hervor, so daß Jesu Kreuz in unlöslichem Zusammenhang mit seiner Botschaft steht. Jesus wurde zum Tod verurteilt unter der Anklage, er habe βασιλεὺς τῶν Ἰουδαίων (Mk 15,26 Par.) sein wollen. Dabei ist seine Botschaft von der kommenden Gottesherrschaft offensichtlich dahin mißdeutet worden, er habe ein politischer Messiasprätendent sein wollen, um vom römischen Statthalter die Verurteilung zu erreichen"[24]. Wenn sich auch nur dieses Urteil, das z. B. von M. Hengel[25] oder F. Hahn[26] durchaus unterstützt und bestärkt wird, halten läßt, kann man sagen, daß sich auch in bezug auf Jesu Tod eine Konvergenz von Kerygma und historischer Rekonstruktion feststellen läßt.

Mit scheint in der Tat alles für die geäußerte Sicht zu sprechen. Denkt man nämlich an die z. Z. Jesu einflußreichen jüdischen Gruppierungen, konnte keine von ihnen Jesu Wirken auf die Dauer tolerieren. Den Pharisäern mußte Jesu freier Umgang mit der Tora und seine Unbekümmertheit gegenüber dem Ideal der levitischen Reinheit unerträglich sein. Für die Zeloten war das den religiösen Gegner mitumschließende Gebot der Feindesliebe, Jesu Unvoreingenommenheit selbst römischen Militärs gegenüber (Lk 7,1 ff par) und sein Votum zur kaiserlichen Kopfsteuer (Mk 12,13 ff) mehr als eine Provokation. Die Sadduzäer und der hohepriesterliche Adel mußten sich durch Jesu freie, von der kultischen Sühne unabhängige Sündenvergebung, sein (dunkles) Wort von der Zerstörung des Tempels (Mk 14,58 par; Joh 2,18 ff) und dann natürlich durch die — allerdings von vielen für unhistorisch gehaltene — Stellungnahme gegen den Opfertierhandel und den Geldwechsel bei der Tempelreinigung

---

[24] Grundriß, 49.
[25] War Jesus Revolutionär?, CH 110, 1970, 14 und *ders.*, Gewalt und Gewaltlosigkeit, CH 118, 43 f.   [26] AaO. (Anm. 4) 41 ff.

aufs äußerste herausgefordert fühlen. Der Zulauf, den Jesus zeit-
weilig im Volke fand, dürfte schließlich auch die politischen Kräfte im
Lande, die Herodianer, das Synhedrium und dann natürlich die Römer,
mit Verdacht erfüllt haben. Daß es unter diesen Umständen zur Katastrophe kam, als Jesus sich entschloß, nach Jerusalem hinaufzuziehen,
„um sein Volk im Zentrum, am Sitz des Tempels und der obersten Behörde, vor die letzte Entscheidung zu stellen"[27], ist geschichtlich unvermeidlich und wohlverständlich zugleich. Jesu Tod liegt also in der Konsequenz seiner Sendung und seines messianischen Wirkens. Jesus hat diesen Tod offenbar sehenden Auges und ohne den Versuch von Flucht oder
Gegenwehr auf sich genommen.

Laufen bisher historische Rekonstruktion und kerygmatische Aussage
über Jesu Wirken als messianischer Versöhner genau aufeinander zu, erreichen wir mit den beiden Thesen des Kerygmas, Jesus sei in Erfüllung
seiner Sendung als Messias gestorben, und zwar um Sühne für die Sünden
der Menschen zu leisten, den Aussagenbereich, in dem sich die von uns erkennbare geschichtliche Realität mit der österlichen Erkenntnis des Glaubens verwebt zur Ansage neuer, eschatologischer Wirklichkeit. Interessanterweise aber besteht auch hier kein Grund, von einer inhaltlichen
Divergenz des Kerygmas und der historischen Realitäten zu sprechen. Es
ist vielmehr möglich, die Genese der kerygmatischen Proklamation ver-
stehend nachzuvollziehen.

Was zunächst den messianischen Anspruch Jesu anbelangt, ist folgen-
des beachtenswert: Zunächst kann es kaum einen Zweifel leiden, daß
Worte und Handlungen Jesu wie seine souveräne Torainterpretation, die
Rede von der Zerstörung des Tempels, die Wahl des Zwölferkreises, Jesu
Einzug in Jerusalem und vollends der Akt der prophetischen Tempelrei-
nigung messianisch deutbar waren und einen Vollmachtsanspruch sonder-

---

[27] *H. Conzelmann*, RGG³ III 647. C. spricht aaO. über den historischen Grund-
bestand der Passionsgeschichte und beurteilt ihn folgendermaßen: „An einzelnen Stellen
sind vielleicht noch Spuren eines Augenzeugenberichtes vorhanden (Mk 14,51; 15,21.
40?). Nicht festzustellen ist allerdings die Dauer des Aufenthaltes Jesu in der Stadt.
Nach Markus spielt sich alles in einer Woche ab; das ist ein redaktionelles Schema.
Sicher ist jedenfalls, daß J(esus) nach Jerusalem zog ..., um sein Volk im Zentrum, am
Sitz des Tempels und der obersten Behörde, vor die letzte Entscheidung zu stellen.
Natürlich mußte sein Auftreten von der Führung des Volkes als Angriff auf die Grund-
lagen der Religion und des Volkes aufgefaßt werden. So bemächtigte sie sich seiner
Person, wie erzählt wird, mit Hilfe eines der Jünger ... und lieferte ihn dem römi-
schen Prokurator Pontius Pilatus aus, der gerade in der Stadt weilte. Es steht fest, daß
J(esus) durch die Römer (und nicht durch die Juden) hingerichtet wurde, da die Kreuzigung eine römische und keine jüdische Form der Todesstrafe ist."

gleichen zu erkennen geben. Mk 8,27—30, deutlich älter und ursprünglicher als die Parallelperikope Mt 16,13—20, läßt denn auch noch erkennen, daß Jesus selbst aus seinem Jüngerkreis heraus messianische Erwartungen entgegengetragen wurden. Wenn Jesus solche Erwartungen im selben Zusammenhang von sich abzuweisen sucht, muß man beachten, daß die Kategorie „Messias" in neutestamentlicher Zeit mehrschichtig war. Sie reichte vom Ideal des Messias, der kommen soll, um Israel vom Joch der Fremdherrschaft zu befreien, über den Gedanken des Märtyrermessias nach Sach 13,7 ff[28] bis in jene apokalyptische Dimension, welche jetzt die Veröffentlichung des aramäischen Qumranfragmentes 4 Q 243 mit seinen erstaunlichen Formulierungsparallelen zu Lk 1,32.35 aufstößt[29] und uns als Forscher zu dem Eingeständnis zwingt, daß wir die jüdische Eschatologie und Messianologie noch lange nicht genau und differenziert genug sehen. Wir können aus Mk 8,27 ff also nur entnehmen, daß Jesus es abgelehnt hat, sich zum politischen Befreiungskönig erheben zu lassen und den mehrdeutbaren Messias-Titel möglichst vermied. Die neue Forschungssituation, in der wir stehen, läßt es aber nicht mehr geraten erscheinen, den sich durch den Prozeß Jesu bis hin zum römischen titulus am Kreuz „wie ein roter Faden"[30] durchziehenden Vorwurf, Jesus habe sich zum Messias aufgeschwungen, allein der Gemeindedogmatik zuzuweisen. Gerade die Mehrschichtigkeit des Messias-Bildes konnte es den, wie wir gesehen haben, durch Jesu Wirken aufgebrachten Synhedristen möglich machen, Jesus als „Antimessias" zu entlarven, den Römern als messianischen Prätendenten auszuliefern und damit der sicheren Hinrichtung zu überantworten. Die Gemeinde wiederum konnte im Licht der Osterereignisse und durch Sach 13,7 ff bestärkt die Sicht des Märtyrermessias vollends ausgestalten und so zu ihrer soteriologischen Messiasproklamation kommen. Auch wenn diese Linienführung für den historischen Blick derzeit nur eine von mehreren Möglichkeiten darstellt, läßt sich gleichwohl mit einiger Sicherheit erkennen, daß die Frage, in welcher Weise Jesus der Messias sei, den Nazarener bis hin zu seinem Tode begleitet hat. Wie die synoptische Versuchungsgeschichte und Lk 24,21; Apg 1,6 zeigen, hat eben diese Frage die Gemeinde auch noch über

---

[28] Vgl. dazu *H. Gese*, Anfang und Ende der Apokalyptik, dargestellt am Sacharjabuch, in: Vom Sinai zum Zion, Ges. Aufs., BevTh 64, 1974, (202—230) 228 ff.

[29] *J. A. Fitzmyer*, The Contribution of Qumran Aramaic to the Study of the New Testament, NTSt 20, 1973/74, (382—407) 391—394.

[30] *M. Hengel*, War Jesus Revolutionär? (Anm. 25), 14. Zum Folgenden vgl. *Hengel*, Gewalt und Gewaltlosigkeit (Anm. 25), 44.

den Ostertag hinaus umgetrieben. Stellt man darüber hinaus in Rechnung, daß die Frage nach Jesu Messianität keineswegs vom Messias-Titel allein her entschieden werden kann, vielmehr in diese Frage die Problematik der Menschensohn-Titulatur Jesu ebenso einbezogen werden muß[31] wie die forschungsgeschichtliche Einsicht zu berücksichtigen ist, daß über Jesu Vollmachtsanspruch gar nicht nur von den promiscue und funktional gebrauchten Titulaturen (Messias, Menschensohn, Sohn Gottes etc.) her entschieden werden kann, sondern Jesu geschichtliches Wirken als Ganzes in den Blick genommen werden muß[32], wird man zu der Einsicht gedrängt, daß das Kerygma mit seiner Rede von Jesus als dem in Verfolg seiner Sendung in den Tod gehenden Messias auf Jesu tatsächlichem Vollmachtsanspruch aufruht, diesen aber in einer Weise titularisch zusammenfaßt, wie es ohne die Osterereignisse so definitiv kaum denkbar ist. Die Proklamation des Kerygmas ist somit geschichtlich verständlich und eigenständig zugleich.

Dies gilt vollends, wenn im Kerygma von Jesu stellvertretendem Sterben gesprochen wird. Auch hier läßt sich historisch nachzeichnen, wie das Kerygma zu seiner soteriologischen Aussage gekommen ist, und gerade durch solche Analyse tritt die Eigenwertigkeit des Kerygmas deutlich hervor.

Von den zahlreichen synoptischen Worten, in denen Jesu Tod gedeutet wird, läßt sich nach dem derzeitigen Forschungsstand keines mit Sicherheit auf Jesus selbst zurückführen. Überall, in den Leidensweissagungen, der Abendmahlsüberlieferung oder auch in Mk 10,45, dem berühmten Wort vom Lösegeld, scheint der deutende Glaube der Gemeinde mit am

---

[31] Ich kann mich ebensowenig wie *M. Hengel,* Gewalt und Gewaltlosigkeit, 65 f (= Anm. 109) und *C. Colpe,* ThW VIII 440, 17 ff 442—444 oder *J. Jeremias,* aaO. (Anm. 11) 245 ff davon überzeugen, daß sämtliche synoptischen Menschensohnworte nachträgliche Bildungen der Gemeinde sind, wie jetzt auch *Lohse,* Grundriß, 45 ff behauptet, vgl. meinen in Anm. 6 genannten Aufsatz, S. 392 ff, doch kann das Problem hier natürlich nicht ausdiskutiert werden.

[32] Obwohl sie alle sog. Hoheitstitel in der synoptischen Tradition auf die Theologie der Gemeinde zurückführen, bestreiten z. B. weder *G. Bornkamm,* Jesus von Nazareth, 158, noch *E. Käsemann,* Das Problem des historischen Jesus, Exegetische Versuche und Besinnungen I, (187—214) 206, oder *E. Lohse,* Grundriß, 49, daß, wie G. Bornkamm es formuliert: „Jesus tatsächlich durch sein Auftreten und Wirken messianische Erwartungen geweckt und den Glauben, er sei der verheißene Heilbringer, gefunden hat" (158). *Käsemann* meint sogar, „die einzige Kategorie, die seinem Anspruch gerecht wird", sei „völlig unabhängig davon, ob er sie selber benutzt und gefordert hat oder nicht, diejenige, welche seine Jünger ihm denn auch beigemessen haben, nämlich die des Messias" (206).

Werk zu sein[33]. Die Frage ist deshalb bei diesen Worten genau dieselbe wie beim Kerygma auch, mit welchem Recht und aus welchen Gründen Jesu Tod als Sühneereignis bezeichnet wird. Die Antwort muß lauten: Das Recht zu solcher Formulierung ergibt sich aus dem Rückblick auf Jesu Werk und aus der Erfahrung der österlichen Neubegegnung mit dem Gekreuzigten und Auferweckten.

Was Jesu Werk anbelangt, haben wir uns bereits klargemacht, daß Jesus um der von ihm intendierten Aufrichtung des messianischen Friedens willen in Konflikt mit den jüdischen und römischen Autoritäten geriet und zum Kreuzestod verurteilt wurde. Sieht man das, wird man nicht gut leugnen können, daß eben dieser bedrohliche Konflikt, der sich offenbar schon früh in Galiläa anbahnte, von Jesus als solcher gesehen wurde, zumal ihm nicht nur das Schicksal seines Lehrers, Johannes des Täufers, vor Augen stand, sondern ihn nach Lk 13,31—33 offenbar auch der jüdisch weitverbreitete Gedanke an das gewaltsam endende Geschick der Propheten bewegte. Jesus ist dennoch hinaufgezogen nach Jerusalem. In welcher Weise ihm dabei sein Tod vor Augen stand, ist uns nicht bekannt. Man sollte aber auch nicht leugnen, daß Jesus für eine mögliche Sinndeutung seines Sterbens eine ganze Reihe von alttestamentlichen Schemata zu Gebote standen, kraft welchen ihm sein Tod als in Gottes Absicht liegend und zugleich als stellvertretende Lebenshingabe für seine Sache und sein Volk erscheinen konnte. Diese Schemata reichen von Jes 53 über den Gedanken an den Märtyrermessias von Sach 13,7 ff und das stellvertretende Martyrium des Frommen überhaupt bis hin zum Vorstellungskomplex des leidenden Gerechten als des Sohnes Gottes und seinem zeichenhaften Sterben. Unter diesen Umständen ist es nicht einfach von der Hand zu weisen, daß Jesus mit den Seinen bei seinem Abschiedsmahl in Jerusalem über sein drohendes Ende gesprochen und sich willens erklärt hat, für seine Sendung und die Seinen in den Tod zu gehen. Nur ist eben dies historisch nicht gewiß, und wir gelangen erst dann zu einer entwicklungsgeschichtlich akzeptablen Analyse der soteriologischen Pro-

---

[33] Die Tübinger Dissertation von *Werner Grimm,* Weil ich dich lieb habe. Der Einfluß der deuterojesajanischen Prophetie auf die Botschaft Jesu, Diss. Theol. 1973 (Masch.) hat (mit Schlußfolgerungen, die hier nicht zur Debatte stehen) u. a. aufgezeigt, daß hinter Mk 10,45 nicht in erster Linie Jes 53, sondern vor allem Jes 43,3 ff steht (aaO. 261—316). Das berühmte Wort vom Lösegeld fußt also auf einer kombinierten Auslegung von Jes 43,3 ff und 53,11 f und reflektiert überdies die Herrenmahlstradition (vgl. *J. Roloff,* Anfänge der soteriologischen Deutung des Todes Jesu, NTSt 19, 1972/73, [38—64] 50 ff). Überlieferungsgeschichtlich ist es deshalb m. E. leichter aus nachösterlicher als aus vorösterlicher Perspektive heraus zu begreifen.

klamation des Todes Jesu im Kerygma, wenn wir auch die Osterereignisse noch in Rechnung stellen.

Denn wohin immer die Jünger in der Prozeßnacht geflohen waren, die synoptische Überlieferung läßt keinen Zweifel daran, daß alle Vertrauten mit Einschluß des Petrus Jesus schließlich enttäuscht und verängstigt verlassen haben. Unter diesen Umständen mußten die Ostererscheinungen vor Petrus, den Zwölfen und anderen ehemaligen Jesusjüngern für die Betroffenen u. a. auch den Charakter der Wieder- und Neubegegnung mit Jesus haben, und zwar der Wieder- und Neubegegnung über den Abgrund des Kreuzestodes und ihres eigenen schuldhaften Versagens hinweg. Anders ausgedrückt: In den Ostererscheinungen erfuhren die ehemaligen Jesusjünger, daß Jesus sie durch seinen Tod hindurch und trotz ihrer Schuld neu und definitiv in jene endzeitliche Gemeinschaft aufnahm, deren Realität sie schon gemeinsam mit dem irdischen Jesus in den Tischgemeinschaften bedacht und erfahren hatten. Erwies sich aber die österliche Epiphanie Jesu vor Petrus usw. als die Neuaufnahme und Stiftung definitiver Versöhnungsgemeinschaft — ein Tatbestand, der sowohl durch den manchen Erscheinungslegenden inhärenten Friedensgruß (Lk 24,36 v. l.; Joh 20,19.21) als auch die hierher gehörige Erzählung von den sog. Erscheinungsmahlen (Lk 24,28 ff; Apg 1,4; 10,41) bestätigt wird —, dann lag es ausgesprochen nahe, den Sinn des Sterbens Jesu am Kreuz in bezug auf diese neue Versöhnungsrealität zu bedenken und vom alttestamentlichen Sühne- und Stellvertretungsgedanken her kerygmatisch transparent zu machen. Die Rede vom Sühntod Jesu geht also von der österlichen Versöhnungserfahrung aus und deutet im Blick auf die Schrift und im Rückblick auf Jesu Werk seinen Tod als ein die Versöhnung definitiv herauführendes Werk Gottes.

V.

Läßt sich in der von uns skizzierten Weise sowohl die Genese des formelhaften als auch des erzählenden Kerygmas von Jesus als dem messianischen Versöhner nachvollziehen und steht uns vor Augen, daß ohne die lebendige Tradition des Alten Testament weder ein vorösterliches noch nachösterlich-kerygmatisches Verständnis Jesu möglich gewesen wäre, können wir die Summe ziehen.

Es war und ist die Frage, in welcher Weise und in welchem Umfang Jesu Verkündigung und Geschick in die Darstellung einer Theologie des

Neuen Testaments einbezogen werden sollen. Unser Ergebnis lautet: *Jesu Wirken in Wort und Tat sind in eine Theologie des Neuen Testamentes einzubeziehen als Darstellung seiner Sendung als des messianischen Versöhners, der er selbst sein wollte und kraft seines Todes und seiner Auferweckung für den Glauben ein für alle Mal geworden ist.* Eberhard Jüngel hat einmal den schönen hermeneutischen Satz geprägt, „das Besondere der Existenz des irdischen Jesus (liegt darin), daß sein Leben ein Sein in der Tat des Wortes von der Gottesherrschaft war"[34]. Wir können jetzt diesen Satz inhaltlich konkretisieren und sagen: Jesus hat gewirkt und gelitten als das persongewordene Wort Gottes von der Versöhnung und wurde eben deshalb vom Kerygma schon der vorpaulinischen Gemeinde mit gutem Grund als Versöhner verkündigt. Diese Proklamation hat in ihrer Glaubenssicht von Ostern her ihre eigene eschatologische Wertigkeit. Sofern aber eine Biblische Theologie des Neuen Testaments die Aufgabe hat, historisch und theologisch aufzuzeigen, wie die christlichen Missionare zu ihrer Verkündigung von Jesus Christus kamen und wie diese Verkündigung dann entfaltet worden ist, gehört die Darstellung von Sendung, Werk, Tod und Auferweckung Jesu als des messianischen Versöhners in die Entfaltung solcher Theologie mit hinein, und zwar zu Beginn, damit man erkennen und nachvollziehen kann, wie das Kerygma zu dem wurde, was es ist, zum Versöhnungsevangelium.

---

[34] Jesu Wort und Jesus als Wort Gottes. Ein hermeneutischer Beitrag zum christologischen Problem, in: Unterwegs zur Sache (Ges. Aufs.), BevTh 61, (126—142) 129.

DAS GOTTESBILD JESU UND DIE ÄLTESTE AUSLEGUNG VON OSTERN

JÜRGEN BECKER

1. Der gegenwärtige Diskussionsstand der neutestamentlichen Wissenschaft scheint mir von zwei Haupttendenzen geprägt zu sein: Einmal arbeitet man historische Probleme auf, die darum liegen blieben, weil die Begründung älterer Lösungen, die weit verbreitete quasikanonische Geltung hatten, brüchig geworden ist. Dies gilt vornehmlich für das weite religionsgeschichtliche Feld, aber auch beispielsweise für so zentrale Fragen wie für die Entstehung des Osterglaubens oder für die Grundstruktur der paulinischen Theologie. Zum anderen versucht man, neue Konzepte für ein Gesamtverständnis der Geschichte des Urchristentums bzw. einer neutestamentlichen Theologie zu erstellen. Demzufolge diskutiert man z. B. eine Gesamtdeutung des Urchristentums mit Hilfe von Entwicklungslinien bzw. Tendenzen oder stürzt sich in eine neue Debatte um eine biblische Theologie. Nicht von ungefähr kann dabei die unter dem traditionellen Thema firmierende Problematik des Verhältnisses von irdischem Jesus und kerygmatischem Christus eine wesentliche Rolle spielen, weil sich gerade hierbei beide Haupttendenzen — die die Historie aufarbeitende und die systematisch urchristliche Geschichte und Theologie deutende — überschneiden. Daß gerade der Jubilar zu diesem Thema eine dezidierte Meinung vertritt, bedarf für die Leser dieser Festschrift keines Beleges mehr. Der folgende Beitrag möchte nun zu diesem Problem einige Beobachtungen beitragen. Dabei soll im begrenzten Rahmen dieser Festschrift eine einzige historische Detailfrage aus der vielschichtigen Rezeption des irdischen Jesus in den theologischen Konzeptionen des Urchristentums erörtert werden, freilich eine solche Momentaufnahme dieser komplexen Geschichte, die grundlegende theologische Bedeutung für ein Gesamtverständnis derselben beanspruchen darf. Gefragt wird: Läßt sich aufgrund der ältesten Interpretation von Ostern in den be-

kenntnisartigen geprägten Sätzen feststellen, wie sich wahrscheinlich die früheste Aneignung des Jesus von Nazareth im Urchristentum vollzog? Wer das Verhältnis irdischer Jesus — kerygmatischer Christus erörtert, fragt in der Regel so nicht. Man setzt in solchem Fall entweder bei Paulus ein oder bei der synoptischen Tradition oder endlich bei der Frage nach den christologischen Hoheitstiteln. Nun gehören diese Problemfelder zweifelsfrei alle in die Geschichte der Rezeption des irdischen Jesus durch das Urchristentum, aber sie können nicht beanspruchen, der Ausgangspunkt dieser Aneignung zu sein.

Zur Orientierung sei das Ergebnis thetisch vorweggesetzt: Die älteste Auslegung von „Ostern" besagt, daß der Gott, der Jesus auferweckte, sich nach Meinung der Jünger, die sich zu dieser Auslegung von Ostern bekannten, durch sein auferweckendes Handeln mit dem Gottesbild identifizierte, für das Jesus von Nazareth eingetreten war. Die Kontinuität zwischen Jesus und nachösterlicher Gemeinde besteht also in diesem Fall darin, daß die Jünger sich legitimiert wußten, Jesu Gott weiterzuverkündigen, weil dieser Gott selbst durch Jesu Auferweckung anzeigte, wie es um die Legitimität von Jesu Gottesbild bestellt war. „Ostern" bezeugt demnach, die Gotteserfahrung mit dem Gott Jesu ist für die Jünger nach dem Kreuz nicht zu Ende. Sie hat weiter Gültigkeit. „Ostern" gehört also zunächst in den Bereich der Theo-logie und nicht der direkten Christologie.

Bei der Darstellung dieser These beschränken wir uns auf zwei Grundaspekte: den Aufweis, wie Jesu Gottesbild in Grundzügen aussah und inwiefern damit das Zentrum seiner Verkündigung gegeben ist, und die Erörterung der ältesten Deutung von „Ostern". Wir gehen also nicht auf die Frage ein, die jüngst wieder diskutiert wird[1], wie der Glaube an die Auferstehung entstand. Historisch erscheint es uns immer noch am wahrscheinlichsten, mit visionären Erlebnissen zu rechnen, die durch den Glauben, der gekreuzigte Jesus ist von Gott auferweckt worden, interpretiert wurden. Jedoch sollte man diese Visionen auch nicht alsbald zum nicht hinterfragbaren Urdatum mit der Spezialqualität eines unmittelbaren und absolut wunderhaften Eingriffs Gottes in die Geschichte aufwerten, sondern der korrelativen Verflechtung alles Geschehens in der Geschichte auch an dieser Stelle eingedenk bleiben. Es sollte auch nicht der leiseste Zweifel bei solcher Erörterung aufkommen, man wolle sich versteckt doch aus der Geschichtsbetrachtung herausmogeln, wohl aber immer deut-

---

[1] Vgl. dazu nur die Beiträge von *R. Pesch, W. Kasper, K. H. Schelkle, P. Stuhlmacher* und *M. Hengel* in ThQ 153, 1973, Heft 3.

lich bleiben, daß systematisch verantwortetes Christentum durch rück-
haltloses Aufarbeiten der Geschichte nur gewinnen kann. Doch wie dem
auch sei: Unsere Erörterung will weder diese noch eine andere These zu
ihrer Voraussetzung machen. Sie klammert die Problematik als Thema
für eine eigenständige Erörterung absichtlich aus. Leider muß dies ebenso
mit der Besprechung religionsgeschichtlicher Deutekategorien geschehen.
Die neueste dazu angekündigte große Arbeit von K. Berger ist noch nicht
greifbar und die bisher aus ihr bekannten Thesen[2] bedürfen differenzierter kritischer Erörterung. Im übrigen erscheint uns diese Zurückstellung
methodisch auch einen Vorteil zu haben, können doch so die neutestamentlichen Quellen für Jesu Gottesbild und die früheste Deutung von
„Ostern" erst einmal selbst zu Worte kommen[3].

2.1 Nun kann jede Deutung des Wirkens und Geschicks Jesu nur dann
das Angemessenheitsprädikat angesichts der historischen und überliefe-
rungsgeschichtlichen Wirklichkeit beanspruchen, wenn Jesu Todesgeschick
aus der Anstößigkeit seines Wirkens im Rahmen des Judentums eine unmittelbare Erklärung erhält und wenn dabei zugleich die Wortüberliefe-
rung von Jesus im Rahmen des Verhaltens, das ihm die Quellen zuschreiben, interpretiert wird. Dazu hat die historisch-kritische Analyse
als unbestreitbaren Ertrag erbracht, daß die kommende Gottesherrschaft
der zentrale Verkündigungsgehalt Jesu ist und daß sein Verhalten in
sinnvoller Korrespondenz zu ihr steht. Dann muß aber auch — unbeschadet aller möglichen einzelnen ärgerlichen Anlässe, die Jesus eventuell
den Kreuzestod einbrachten — das von ihm angesagte und in bestimmter
Weise vollzogene Herrwerden Gottes, anders gesagt: sein Gottesbild, mit
dem er steht und fällt, als seine eigentliche, allem Einzelnen zutiefst in-

---

[2] Vgl. dazu die Bezugnahme auf *K. Berger* in *R. Peschs* Beitrag (Anm. 1). Vgl.
außerdem *A. Schmitt,* Entrückung — Aufnahme — Himmelfahrt, 1973.

[3] Wir betonen aber ausdrücklich, daß diese Beschränkung nur heuristischen und
arbeitstechnischen Wert hat. Wir selbst können das Thema „Auferstehung Jesu" nicht
so erörtern, daß wir die Vorstellung der Auferweckung der Toten zu „einem Spitzen-
satz des israelitischen Gottesglaubens" erklären, um ihn dann als solchen vor „speku-
lativer religionsgeschichtlicher Anleihe" zu schützen und ihn freizuhalten, „synkreti-
stisch depraviert" zu werden, damit in ihm „ein echter theologischer Denk- und Sprach-
gewinn" gesehen werden kann (so *P. Stuhlmacher,* Das Bekenntnis zur Auferweckung
Jesu von den Toten und die Biblische Theologie, ZThK 70, 1973, S. 365 ff, hier S. 383.
386 f). Der damit axiomatisch gesetzte ontologische Qualitätsunterschied zwischen vorab
guter „biblischer" Tradition und vorab minderwertiger Religionsgeschichte, wie er bei
Stuhlmacher schon in: Gerechtigkeit Gottes bei Paulus, FRLANT 87, 2. Aufl. 1966,
S. 72, anklang, ist gerade einer der Aspekte, die das Programm einer „Biblischen Theologie" verdächtig machen.

härente Todesursache gelten. Tritt Jesus in seinem Wirken für ein bestimmtes Gottesbild ein, steht demzufolge dieses mit seinem ursächlich darauf bezogenen Tod auch auf dem Spiel. Ist Jesus dem Judentum unerträglich wegen seiner anstößigen Gottesauslegung, dann erhofft man von seinem Tod, daß diese unerträgliche Gottesbotschaft zum Schweigen kommt. Der Tod Jesu garantiert dann die Stabilisierung desjenigen Gottesverständnisses, aufgrund dessen man Jesu Gott ablehnte[4].

Welches Gottesbild vertrat Jesus? Jesus knüpfte zunächst an die Gerichtsbotschaft des Täufers an: Ganz Israel steht unter dem kommenden Zorn Gottes und bedarf der Umkehr (Lk 13,1—5). Beim Täufer besagte dies: Israel hat seine Heilsgeschichte verspielt, denn der Rekurs auf den Abrahambund wird als heilsunwirksam deklariert (Mt 3,9 par). Alle Israeliten haben nur noch die bedrohliche Zukunft vor sich, die den Inhalt der Täuferpredigt begründet und die zugleich das Grundthema derselben ist. Daß Jesus seinerseits — auch über die Gerichtsbotschaft hinaus — in schlechterdings konstitutiver Weise vom Futurum her ganz Israel angeredet und entsprechend gehandelt hat, dafür kann die Botschaft von der Gottesherrschaft im ganzen als unbestrittenes Faktum dienen. Schwieriger ist die Frage, inwieweit Jesus den Bruch mit Israels in der Vergangenheit begründeten Heilsprärogativen vollzog. Jedenfalls ist die Gerichtsbotschaft aus Lk 13,1—5 auch hierin mit der Täuferpredigt in voller Übereinstimmung. Gerichtsworte wie z. B. Mk 9,43 ff; Lk 17,21 ff zeigen gerade angesichts einer für einige als möglich in Aussicht genommenen Rettung, wie solcher soteriologische Aspekt nirgends von der Abrahamkindschaft oder einem vergleichbaren israelitischen Heilsfaktum her begründet wird[5].

Doch muß noch grundsätzlicher zur gesamten Verkündigung Jesu gesagt werden: Wenn die hauptsächlichen jüdischen Gruppen zur Zeit Jesu

---

[4] Man kann gegen diese Formulierung einwenden: Auch das Gottesverständnis des Judentums bilde keine Einheit, sondern zerlege sich in viele Differenzierungen. Also gälte es nicht, Jesus von vornherein dem Judentum gegenüberzustellen, sondern seinen Ort zunächst bei einem der jüdischen Typen dieser Gottesbilder zu suchen. Dagegen ist jedoch einzuwenden: So sicher Jesus Jude war, so sicher ist ebenfalls, daß das offizielle damalige Judentum ihn mundtot machte und alsbald auch das frühe Christentum erhebliche Probleme mit seiner Stellung im Verband des Judentums bekam. Dies spricht dafür, nach einem Gegensatz zwischen Jesus und dem damaligen Judentum insgesamt Ausschau zu halten.

[5] Zu diesem angedeuteten Verhältnis zwischen Jesus und Johannes dem Täufer vgl. ausführlicher meine Studie: Johannes der Täufer und Jesus von Nazareth, Biblische Studien 63, 1972, S. 86 ff. Hier finden sich auch in der Regel die Erörterungen zur Echtheitsproblematik der verwendeten Belege aus der Jesustradition.

die Erwählung Israels, also: Abrahamkindschaft, Bundesschluß und Gesetz zum theologischen Ansatz erheben und dies in dem gemeinsamen Bewußtsein, damit die Israel einende Grundthematik benannt zu haben, so
machte Jesus hier eine auffällige Ausnahme. Das Erzväterthema und der
Bundesgedanke waren allenfalls — vorsichtig formuliert — bei ihm
Randphänomene, in gar keinem Fall gehörten sie zu seinem theologischen
Ansatz. So hat er ja auch — wie noch genauer zu zeigen sein wird —
nicht nur geltende Auslegungen des Gesetzes im Judentum angegriffen,
jedoch dabei das Gesetz geschont, sondern am Gesetz selbst in freier
Form offen Kritik geübt. Dies bedeutet: Bund und Gesetz waren für ihn
damit keine Größen mehr, mit deren Hilfe er sich und seine Botschaft
begründen konnte. Weil diese dem Judentum vertrauten Bezugsgrößen in
ihrer Funktion als mit absoluter Autorität befrachtete heilsgeschichtliche
Fakten gerade von Jesus hinterfragt wurden, geriet er selbst im Rahmen
des Judentums in eine tiefgreifende Legitimationsproblematik. Dies gilt
aber dann in demselben Maße natürlich auch vom zentralen Inhalt seiner
Botschaft, der Gottesherrschaft, d. h.: Jesus manövrierte sich mit seiner
Gottesauslegung ins Abseits prophetischer Isolation angesichts des herrschenden jüdischen Bewußtseins.

Kaum zufällig fehlt allen echten Worten über die Gottesherrschaft
und den entsprechenden Gleichnissen eine heilsgeschichtliche Ausrichtung.
Kaum zufällig ist die dominante futurische Dimension mit einer kosmischen Weite versehen, diese Zukunft exemplifiziert am Erfahrungsbereich
Jedermanns, und die Stoffe der Natur und gegenwärtigen Gesellschafts-
situation entnommen. Die Heilszuwendung Gottes interpretiert sich nicht
als Einlösung einer alten Verheißung Gottes, sondern versteht sich als
neue Zuwendung. Sie kann Israel androhen, Heiden aus der ganzen Welt
werden mit den Erzvätern am Endheil teilnehmen, es selbst aber wird
ausgeschlossen bleiben (Lk 13,28 f par). So hat ja schon Gott an Israel
vorbei der Witwe aus dem heidnischen Sarepta und dem Syrer Naeman
durch Elia geholfen (Lk 4,25—27). Hier stoßen nicht am Ende der Tage
auch ein paar Heiden zum Heilsvolk hinzu, sondern die Abrahamnach-
kommen sind gegen die Heiden ausgetauscht. Ist es wirklich Zufall, daß
Jesus nach Lk 12,8 f sich selbst und nicht das Gesetz zum Gerichtsmaßstab einsetzte? Ist es nicht vielmehr typisch für Jesus, daß der Pharisäer,
der das Bundesgesetz so selbstlos und streng einhält, nicht „gerechtfertigt" wird, wohl aber der Zöllner, der als Quasiheide nur noch den Ruf
nach der Gnade kennt und diesen nicht mehr heilsgeschichtlich zu begründen wagt (Lk 18,9 ff)? Muß nicht dieser Zöllner als Paradigma generali-

siert werden auf den Menschen überhaupt, wenn z. B. Lk 9,62 die Brauchbarkeit für die Gottesherrschaft ausdrücklich daran bindet, ob man nur noch exklusiv in die Zukunft sieht und die Vergangenheit ganz ausblendet? In der Tat kann es keine andere Wahl geben, wenn man etwa auf das Herrengebet blickt (Lk 11,2 ff par): Die ersten Bitten sind am kommenden Gott ausgerichtet, die restlichen erbitten für den Menschen das Nötige angesichts der endzeitlichen Situation. Weil vom Futurum her gedacht ist, fehlt jeder Bezug zur Geschichte Israels. Der kommende Gott wird nicht heilsgeschichtlich prädiziert, sondern unheilig-alltäglich angeredet mit der vertrauten Kindersprache. So sammelte der Jesus, der seine Jünger beten lehrte, unter Mißachtung geltender Grenzen zwischen Gerechten und Sündern gerade diejenigen, die das offizielle, von der Heilsgeschichte her denkende Judentum ausstieß. Jesu Ziel war es dabei mitnichten, sie in die Heilsgeschichte zu reintegrieren und in das offizielle Judentum zu resozialisieren, sondern er ließ sie sich bewähren in der etwa im Herrengebet oder der ältesten Schicht der Bergpredigt erkennbaren neuen Jüngerschaft. Für sie ist auch der Samaritaner — dieses bestgehaßte illegitime Unglückskind der Heilsgeschichte — vorbildlich im bewußt angelegten Kontrast zum Priester und Leviten, nicht weil er Mose besser kennt, sondern weil er menschliches Mitleid hat mit dem unter die Räuber Gefallenen angesichts dessen desaströser Situation (Lk 10,30 ff). So kann und soll jeder handeln! Dazu braucht man weder Kenntnis der Heilsgeschichte oder des Gesetzes, noch muß man überhaupt dazu Nachkomme Abrahams sein!

Da Vollständigkeit der Belege hier kein erstrebenswertes Ziel zu sein braucht, kann als Ergebnis festgehalten werden: Hatte schon ausnahmsweise Amos den in Israel allgemein verbreiteten Glauben an einen das Gottesvolk privilegierenden und sein religiöses Bewußtsein begründenden heilsgeschichtlichen Sonderstatus aufgehoben und ihn in die Weltgeschichte hinein nivelliert (Amos 9,7 f), so geschah bei Jesus von seinem Ansatz der kommenden Herrschaft Gottes her etwas Analoges: Jesu Gottesbild lag quer zum Judentum und kollidierte mit der Verwurzelung des Judentums in Israels Heilsgeschichte, weil die konstitutive Funktion des Futurums in der Verkündigung Jesu die jüdische Heilsgeschichte außer Kurs setzt. So wird das heilsgeschichtliche Gottesbild des jüdischen Bundes und Gesetzes kritisiert und in der Praxis aufgehoben mit Hilfe eines Gottesbildes, das von der Dimension der Zukunft lebt und auf Kollisionskurs mit dem Alten hin angelegt ist.

2.2 Des kommenden Gottes Herrschaft wurde in Jesu Gegenwart so konkrete Wirklichkeit, daß das gesamte Israel, das sein Leben im Sinne einer heilvollen Relation zu seinem Gott nach Jesus verspielt hatte, zum letzten Mal vor den Neuanfang aus der Vorgabe der göttlichen Güte gestellt wurde. So gewährte der von Jesus vertretene Gott denen, die angesichts des unmittelbar drohenden totalen Gerichts über ganz Israel jetzt schon ihr Leben verwirkt hatten, eine letzte Lebenschance und eröffnete ihnen damit eine neue Zukunft. Gottes Herrwerden ist also inhaltlich bestimmbar als Rettung des Verlorenen, als Vergebung für die Sünder und als Heil für Arme und Bedrückte. Seine Herrschaft ist die Zuwendung freier Liebe, die denen gilt, die alles vertan haben und nichts mehr erwarten können. So stellte Jesus seinen Gott dar als den Gott, dessen Güte allein vor dem drohenden Gerichtstod noch Leben gewähren konnte, so daß außerhalb dieser Güte nur noch der Tod des sündigen Israels statt hatte. In diesem Sinne ist Jesu Gott ein Gott, der „Tote" lebendig macht. Schärfer: Nur Jesu Gott macht „Tote" lebendig. Und: Vor Jesu Gott sind alle „tot" außerhalb seiner Güte. Eben dies war Grundüberzeugung im Jüngerkreis.

Dieses Gottesbild zeichnet vor allem ein Teil der Gleichnisse mit einer gewissen Breite in der Variation einzelner Aspekte. In der Parabel vom gütigen Arbeitsherrn (Mt 20,1 ff) wird die Relation zwischen Gott und Mensch, insofern sie als eine auf Leistung aufgebaute und nach dem Billigkeitsprinzip belohnte verstanden ist, ersetzt durch die freie schenkende Güte. Die in dankbarer Selbstdarstellung vor Gott präsentierte achtbare Leistung des Pharisäers ist kein Mittel, ein gutes Gottesverhältnis zu konstituieren, wohl aber die vor Gott vorgebrachte Selbstanklage des Zöllners (Lk 18,9—14), weil er ganz und ausschließlich von Gottes Gnade lebt. Hinter Mt 22,1 ff = Lk 14,16 ff mag eine Urfassung stehen, in der die Pointe so zugeschnitten war, daß das Bettler- und Lumpenpack, jedoch nicht die vornehme Gesellschaft am Festmahl teilnahm. In den Lk 15,1—10 zusammengestellten Parabeln vom verlorenen Drachmen und Schaf (vgl. Mt 18,12 ff) wird die Freude am Wiedergefundenen als das eigentliche Wesensmerkmal Gottes herausgestellt. Die Parabel vom sog. verlorenen Sohn (Lk 15,11 ff) zeichnet nach, wie die vergebende Barmherzigkeit des Vaters sich gerade an dem heimkehrenden Taugenichts, dessen Existenz vom reputablen Erbe bis zum Vegetieren am Schweinetrog herabgesunken ist, mit Freudenstimmung bewährt. Endlich ist an die Parabel vom Schalksknecht zu erinnern (Mt 18,23 ff): Die Voraussetzung für die Szenerie ist die Situation des Knechtes, der vom großen unverdienten Erbarmen seines Herrn lebt.

Im Namen dieses Gottes praktizierte Jesus Güte und Erbarmen. So wurde er „Freund der Zöllner und Sünder" (Mt 11,19). Mögen die Szenen und Worte, mit deren Hilfe die synoptischen Evangelien dieses Bild ausmalen, in weitgehendem Maße traditionsgeschichtlich nicht das höchste Alter beanspruchen können, ein Zweifel daran, daß dieses Bild in seinem Wesensgehalt Jesu Person angemessen charakterisiert, sollte nicht aufkommen. Diese eindeutige Korrespondenz von Wort und Verhalten bei Jesu Heilsangebot war sicher für das Judentum noch unzumutbarer und anstößiger als seine Gerichtsbotschaft.

2.3 Zu Jesu Gottesbild gehörten nicht nur die individuelle Entlastung des Einzelnen, wie die des isoliert betenden Zöllners, nicht nur die Berufung zum Jünger und die neue Gemeinschaft aus allen sozialen und religiösen Gruppen unter Einschluß der Frauen, also all derer, die den von Jesus angesagten Gott als die ihr Leben in der Gemeinschaft mit anderen neu bestimmende Güte erfahren hatten, sondern endlich auch die leibliche Gebrechen heilenden Exorzismen an den Kranken: „Wenn ich mit dem Finger Gottes die Dämonen austreibe, dann ist die Gottesherrschaft zu euch gekommen" (Lk 11,20). Auch die entdämonisierte Schöpfung war also Teilaspekt der sich ereignenden Zukunft, die darum schon jetzt die Gegenwart bestimmt, weil es heißen kann: „Ich sah Satan wie einen Blitz vom Himmel herabfallen" (Lk 10,18), d. h. ihm ist schon die Macht kosmischer Herrschaft genommen. So kennt die Gottesherrschaft als angekündigtes Endheil außer Krankheit und Gebrechen auch z. B. keinen Hunger mehr (Lk 6,21 par). Die Brotbitte im Herrengebet hat dann ihren Anlaß verloren und ist überflüssig geworden. Also kann festgehalten werden: Mag es auch besser sein, wenn es darum geht, ob man überhaupt in die Gottesherrschaft eingehen kann, dann gegebenenfalls dies als Krüppel zu tun (Mk 9,43 ff par), so ist doch das eigentliche Ziel das Heil des Menschen unter vollem Einschluß seiner Kreatürlichkeit. Jesu Gott holt also die Schöpfung in das neue Leben mit hinein. Das Heil hat eine konstitutive leibliche Seite. Nun ist dies für das Judentum an sich überhaupt nicht besonders auffällig. Natürlich malte auch das Judentum die kosmische Weite des Endheils in bunter Fülle aus. Selbstverständlich spielten hier schöpfungstheologische Aussagen eine grundlegende Rolle und demzufolge fällt es nicht schwer, die meisten Schöpfungsmotive aus der Verkündigung Jesu aus seiner jüdischen Tradition herzuleiten.

Jedoch wenn dieser leiblich-geschöpfliche Zug im Gottesbild Jesu eine quellenmäßig sichere historische Basis besitzt, kann vielleicht dann —

von ihr herkommend und weiter suchend — erörtert werden, ob es einen der Verkündigung Jesu inhärenten speziellen Funktionszusammenhang gibt, der das Besondere in kritischer Gegenposition zum Judentum bei den Schöpfungsaussagen Jesu freilegt? Hier ist nun der Ort, das in der Überlieferung gegebene Zusammenstehen der beiden jesuanischen Kennzeichnungen „Freund der Zöllner und Sünder" und „Fresser und Weinsäufer" (Mt 11,19 par) als Signal für eine typische unmittelbare Zusammengehörigkeit von göttlicher Güte dem Sünder gegenüber und der geschöpflichen Freude an den Früchten der Erde zu erkennen. Wir fragen: Warum war gerade diese Kombination so anstößig? Die Antwort lautet: Wenn anders für das Judentum das Wohlleben des Sünders Menetekel seines Unheils war und das Freudenmahl der Heilszeit denen vorbehalten war, die Lust zum Gesetz des Herrn hatten, dann war diese Ordnung in den Augen eines frommen Juden bei Jesus auf den Kopf gestellt.

Ist es wirklich so abwegig, diese Beobachtung damit in Verbindung zu bringen, daß Jesus z. B. die Feindesliebe „schöpfungstheologisch" begründete (Lk 6,35; Mt 5,44 f) und dabei vom alttestamentlichen Gesetz schwieg, weil es die intendierte generelle Feindesliebe nicht kennt? Oder liegt es wirklich von diesem Tatbestand so fern, daß Jesus etwa Mk 7,15 die nach dem Gesetz geltende Trennung von heilig und profan in der gesamten Schöpfung für das Gottesverhältnis des Menschen für irrelevant erklärte und demzufolge im Umgang mit seinen Zeitgenossen so lebte, als existierte überhaupt kein Gesetz zur Einhaltung solcher Qualifizierung[6]? In der Tat, es ist von der Sache her dieselbe Provokation, die diese Worte enthalten und die in der Verbindung der oben genannten beiden Schimpfworte steckt: Wenn für das Judentum Schöpfung, Heilsgeschichte und Gesetz eine grundsätzlich nicht aufgebbare Harmonie bildeten und also nicht gegeneinander ausgespielt werden durften und konnten, dann muß die Möglichkeit, die Jesus ergriff, wenn er gerade die Schöpfung antigesetzlich „mißbrauchte", auf jüdischer Seite als unerträglich abgewertet worden sein. Wer die Schöpfung benutzte, um daraus zu ersehen, wie man das Gesetz und seine Praxis tiefgreifend zerstören mußte, der trieb seine Schuld vor dem Gesetz auf die Spitze. Wer die prästabile Übereinstimmung von Gesetz und Schöpfung bezweifelte, der vertrat einen anderen Gott, sind doch beide Größen im Judentum Äußerungen ein und desselben Gottes, der als Schöpfer Abraham und damit

---

[6] Zur Echtheit von Mk 7,15 sei verwiesen auf die ausgewogene und umsichtige Erörterung von *W. G. Kümmel*, Äußere und innere Reinheit des Menschen bei Jesus, in: Das Wort und die Wörter, Festschrift G. Friedrich, 1973, S. 35 ff.

Israel berief und ihm durch Mose das Gesetz gab. In diesem Umstand lag ja gerade die Begründung für die Einheit von Schöpfung, Heilsgeschichte und Gesetz. Hier zeigt es sich, wie schwer, ja unmöglich es dem offiziellen Judentum gewesen sein mußte, in Jesu Gottesaussagen noch den Gott der Väter wiederzuentdecken[7]. Aus gutem Grund wußten die Juden in der Auseinandersetzung mit Jesus das Gesetz auf ihrer Seite. Denn der mit seiner Güte dem Sünder zuvorkommende Gott Jesu zeigte gerade an den Konsequenzen, wie sie u. a. in der neuen Gemeinschaft in anstößiger Weise gratis mitgeliefert wurden (Mt 11,19!), daß zwischen ihm und dem im Gesetz redenden Gott eine unübersehbare Spannung bestand. Ein Prophet, der so ins Zwielicht geriet, konnte keine offizielle Anerkennung finden. Er mußte sich in der Kunst üben, für sich alleine zu stehen — und gegebenenfalls zu sterben.

2.4 Mit diesen letzten Ausführungen wurde schon der Themenkreis angesprochen, der nunmehr bedacht sein muß: Jesus setzt die Autorität seines Gottes auch gegen das Gesetz ein, in dem nach jüdischer Auffassung gerade der ein für allemal festgelegte Wille des Gottes Israels ohne Revisionsmöglichkeit auf menschlicher Seite anzutreffen war. Da jüngst gerade bestritten worden ist, Jesu Gegensatz zum Judentum lasse sich in der Gesetzesproblematik finden[8], soll die generelle Begründbarkeit für die Annahme einer grundsätzlich gesetzeskritischen Haltung Jesu ausdrücklich vorgetragen werden: 1. Der konstitutive Aufbau der jesuanischen Verkündigung von der Zukunft her (z. B. Mt 8,22 par; Mk 2,21 f

---

[7] Zu diesem Aspekt der Schöpfungsaussagen in der Verkündigung Jesu vgl. vor allem *E. Käsemann*, Der Ruf der Freiheit, 4. Aufl., 1968, S. 31 ff.

[8] Vgl. *K. Berger*, Die Gesetzesauslegung Jesu, WMANT 40, 1972. Berger problematisiert für Jesus, „wie aus einer der Umkehr und der Gesetzesverkündigung dienenden Gesetzespredigt ein Angriff gegen die Satzungen der Gegner selbst wird" (S. 15), läßt Jesus dann gegen „Nicht-Beachtung des Gesetzes" (S. 15) kämpfen, also auf der Seite der Autorität des Gesetzes stehen, nur daß er anstelle des „rabbinischen" den „hellenistischen und im sog. apokalyptischen ... Judentum" beheimateten Typ des Gesetzesverständnisses vertritt (S. 2). Diese Deutung ist mir in mehrfacher Hinsicht zu bizarr: Einmal sind die religionsgeschichtlichen Erörterungen (vgl. S. 11—31) in erheblichem Maße konstruiert. Zum anderen wird ein Bild von Jesus vorausgesetzt, das schwerlich haltbar ist: Wer die Heilspräponderanz in der Verkündigung Jesu schon im Ansatz einfach ausblendet (dazu vgl. meine Schrift aus Anm. 5) und damit ihren Affront gegen das Gesetz gar nicht mehr wahrnehmen kann, muß zwangsläufig Jesus auf die Seite der Gesetzesautorität stellen. Dann muß man für die Gesetzeskritik in der synoptischen Tradition „einen frühnachösterlich-hellenistischen Ursprung" annehmen (Seite 577, wie S. 576 ff im ganzen) und gerät dabei in große Schwierigkeiten, die Entstehung der Gesetzesproblematik im frühen Christentum plausibel zu machen.

par; Lk 9,62 usw.) stellte alles Überkommene unter den Gesichtspunkt des Wertzerfalls und damit nur noch zur Disposition möglicher kritischer Aufnahme. 2. Die echten Traditionsstücke von der Gottesherrschaft binden die mögliche Zugehörigkeit zu ihr nie an das Halten des Gesetzes, sondern an die von dem Wesen der Gottesherrschaft her neu festgelegten Bedingungen. 3. Die Gerichtsbotschaft Jesu begründete die Unheilssituation der Angeredeten nicht vom Gesetz, sondern wie der Täufer vom kommenden Zorn Gottes her. So ist es ein antigesetzlicher Affront, wenn der Pharisäer mit seiner kompletten Gesetzeserfüllung keine göttliche Anerkennung findet (Lk 18,10 ff). Auch Lk 12,8 f wird das Gesetz als möglicher Gerichtsmaßstab übergangen und an seine Stelle das Verhalten zu Jesus eingesetzt. 4. Das Heilsangebot als Zentrum der Verkündigung Jesu an „Zöllner und Sünder" geschah gerade unter Absehung und in Überwindung der vom Gesetz her sanktionierten religiösen und soziologischen Unterscheidungen. 5. Der Tod Jesu ist schwerlich anders motivierbar als durch Jesu Kollisionskurs mit dem Gesetz, wenn anders zwei sonst noch diskutierte Möglichkeiten ausscheiden: Prophetischer Anspruch als solcher (auch nicht messianischer) hätte das offizielle Judentum nicht veranlaßt, Jesus an Rom auszuliefern. Zelotisch-aufständische Tendenzen hätten zwar eventuell dazu führen können — obwohl historische Analogien für solche Annahme nicht gerade auf der Straße liegen —, jedoch sind die Differenzen zwischen Jesus und dieser Bewegung zu groß.

Von diesen Erwägungen her kann nun Jesu Gesetzeskritik wenigstens an einem Musterfall, nämlich der Sabbatproblematik[9], nachgezeichnet werden. Den beiden Kernsprüchen Mk 2,27; 3,4 parr ist dies gemeinsam: Der Sabbat wird funktional anderen Bezugsgrößen untergeordnet und damit als menschlichem Handeln vorgegebene Institution, wie sie durch das Gesetz verankert ist, aufgehoben: Die Alternative „Gutes tun" oder „Böses tun" ist schon in dieser Allgemeinheit, ohne daß vom Gesetz eine definitorische Bestimmung hinzutritt, für den Juden höchst verräterisch. Erst recht aber ist der Jude dadurch herausgefordert, daß diese Alternative an die Sabbatinstitution als ein deutlich ihr übergeordnetes Maß herangetragen wird. Denn dadurch wird die göttliche Einrichtung des Sabbats grundsätzlich allen anderen Wochentagen gleichgestellt, also sein heiliger Sonderstatus aufgelöst, weil man natürlich jederzeit und immer nur Gutes tun soll. Man erinnere sich: Der Samaritaner Lk 10,30 ff tat das

---

[9] Zum Material und seiner Auslegung vgl. *E. Lohse*, Jesu Worte über den Sabbat, in: Die Einheit des Neuen Testaments 1973, S. 62 ff; *E. Neuhäusler*, Jesu Stellung zum Sabbat, in: Bibel und Leben 12, 1971, S. 1 ff; und *K. Bergers* Arbeit (Anm. 8).

Gute genau im Sinne Jesu — und zwar ohne Gesetz nur aufgrund der Not. Nun wird dieses allgemeine „humane" gute Handeln Mk 3,4 — ohne daß es eines Gebotes bedarf, wohl aber der offenen vorurteilslosen Augen für die Not des Nächsten — angewendet auf den Sabbat. Damit wird der heilige Tag entsakralisiert, weil seine Spezialgesetze entfallen zugunsten der einen Forderung, die immer und überall — etwa formuliert als Liebesgebot — von allen erwartet wird.

Dieser Gedankenkontext hilft auch Mk 2,27 zu verstehen. Es gibt bisher keine wirkliche Analogie aus der jüdischen Geschichte vor 70 n. Chr., nach der der Sabbat am Menschen sein Maß erhält und menschlichen Bedürfnissen dienstbar gemacht wird. Die bekannte Aussage des Rabbi Simon ben Menasja (um 180 n. Chr.): „Euch (d. h. den Israeliten) ist der Sabbat übergeben, und nicht seid ihr dem Sabbat übergeben", ist nicht vorchristlich und auch nur formal analog. In diesem Ausspruch bleibt die Institution des Sabbat unangetastet — er wird als vorgegebene Ordnung dem Menschen zum Einhalten übergeben! —, doch gibt es kasuistische Ausnahmefälle, deren grundsätzliches Recht dadurch gegeben ist, daß der Mensch nicht dem Sabbat ausgeliefert wurde. Anders Jesus: Der Sabbat ist von vornherein von Gott als Mittel geschaffen, für den Menschen und sein Wohl da zu sein, nicht aber wurde der Mensch geschaffen, um die Erhaltung einer vorgegebenen Ordnung zu gewährleisten. Damit wird zweierlei klar: Es ist der Mensch allgemein angesprochen, nicht speziell Israel als ausgewähltes Volk. Wiederum zeigt sich die Negation der Heilsgeschichte. Zum anderen: Es wird „schöpfungstheologisch" gegen die übliche jüdische Auffassung argumentiert. Für das Judentum war der Sabbat gerade Vorrecht Israels und eine ihm vorgegebene Institution, damit Israel sie halte. Mögen das Sabbatverständnis und die einzelnen Sabbatgebote vom Makkabäeraufstand bis 70 n. Chr. geschichtlichem Wandel unterlegen haben[10], in diesen beiden Grundsätzen war sich das Judentum einig. Man vermutet auch falsch, würde man für die hellenistische Diaspora des Judentums eine wesentlich laxere Sabbateinhaltung erwarten als für Judäa[11], und darum wird man auch für das Galiläa der Zeit Jesu nur mit leichten Nuancen bei Einzelbestimmungen rechnen können. Jedoch geht es bei Jesu Worten nicht um ein Mehr oder Weniger an Rigorismus oder gesetzlicher Laxheit. Vielmehr wird der Sabbat seiner apriorischen göttlichen Qualität beraubt. Er wird degradiert zum

---

[10] Zu den Belegen vgl. *E. Lohse*, ThWB VII, S. 2—20.

[11] Vgl. den Nachweis bei *W. Bousset—H. Greßmann*, Die Religion des Judentums, HNT 21, 4. Aufl. 1966, S. 127 f.

Schöpfungsmittel, das man funktional zum Wohl aller Menschen verwenden kann und als gegebenenfalls untaugliches Mittel für diesen Zweck ungenutzt lassen kann. Man übertritt damit kein göttliches Gesetz oder setzt gar sein Gottesverhältnis aufs Spiel, sondern erfüllt so gerade den Willen Gottes.

Damit ist klar: Es geht hier nicht einfach nur um die Bedeutung eines Gesetzes und die Modalitäten seiner Befolgung. Vielmehr tut sich erneut eine Differenz zwischen Jesus und Judentum im Gottesverständnis auf. Das Gottesverhältnis ist nun nicht mehr konstituiert durch das Halten von Gesetzen und Beobachten von Institutionen, sondern durch einen Gott, der als Schöpfer schon immer das Wohl aller Menschen wollte und dafür mögliche nützliche Mittel bereitstellte, und der nun mit dem Gott, der seine nahende Herrschaft der Güte antritt, identisch ist. Das fröhliche Mahl als Zeichen des Gebrauchs der guten Schöpfung Gottes und die neue Gemeinschaft mit Zöllnern und Sündern als Zeichen des durch Güte erneuernden Gottes (Mt 11,19 par) kommen abermals als Einheit ins Blickfeld.

2.5 Wir können vorläufige Umschau halten. Skizzenhaft ist das jesuanische Gottesbild als seine Grundüberzeugung sichtbar geworden: Angesichts des vom Täufer übernommenen negativen Urteils über die totale Unheilssituation ganz Israels mit dem drohenden Vernichtungsgericht tritt Jesus für einen diesem Unheil zuvorkommenden nahen gütigen Gott ein, der ohne Vorbedingung freimacht zu neuer Jüngerschaft in einer auch neu dem Menschen zugeordneten Schöpfung. Solche Jüngerschaft steht nicht mehr unter institutionellen und gesetzlichen Forderungen, wie sie von der Heilsgeschichte Israels überkommen sind, sondern lebt aus Dankbarkeit über erfahrene Güte zum Wohle des Nächsten.

Der Affront in dieser Botschaft samt ihren praktizierten Folgen war offenbar die eigentliche Todesursache Jesu. Dies ist darum sinnvoll anzunehmen, weil es keinen Grund gibt, der noch allgemeiner und provozierender auf das Judentum gewirkt haben könnte. Der Tod Jesu sollte diese Botschaft mundtot machen. Wir machen nunmehr einen Sprung und fragen in einem zweiten Arbeitsgang nach der ältesten Auslegung von „Ostern".

3.1 Im Rahmen der Suche nach der ältesten Auslegung von „Ostern" besitzt die Annahme, 1Kor 15,3b—5 liege das älteste und gewichtigste vorpaulinische Zeugnis über die Osterereignisse vor, eine immer noch weit verbreitete Allgemeingültigkeit. Dieser These muß frontal widersprochen werden: Die Deutung des Todes Jesu als Heilstod „für uns" gehört kaum in die Anfänge christologischer Interpretation. Auch der

Verweis auf „die Schriften" entstammt wohl nicht der Ursprungssituation österlichen Glaubens. Ferner ist die zweigliedrige Doppelformel über Kreuz und Auferstehung eine Kontamination je selbständiger formelhafter Sätze über das Kreuz bzw. die Auferstehung Christi. Endlich ist die Enumeration der Osterzeugen eine auffällige Besonderheit nur dieser Formel, die darum nicht ohne weiteres im frühesten nachösterlichen Jüngerkreis verankert werden kann. Denn erst Christen, die sich von den Osterzeugen unterschieden wußten, werden das Bedürfnis gehabt haben, durch nicht mit ihnen identische Primärzeugen, die verbreitete allgemeine Autorität besaßen, ihren Glauben und ihre Verkündigung zu begründen. Paulus selbst ist ein guter Testfall: Als Primärzeuge verweist er auf sein eigenes „Erleben" (z. B. Gal 1,15 f usw.)[12] und — abgesehen von 1Kor 15 — nicht auf das anderer Apostel.

Wer die früheste, den Anfang des Osterglaubens am unmittelbarsten wiedergebende Aussage suchen will, muß bei den traditionellen, je vom Kontext isolierbaren Auferstehungsaussagen einsetzen. Diese liegen in zwei nahe verwandten Wendungen vor, die direkt von der Auferstehung sprechen, und außerdem in dem Gebetsruf Maranatha, in dem indirekt die Auferstehung vorausgesetzt ist. Das Material für die beiden typischen Wendungen ist von W. Kramer[13] unter den eingliedrigen „Pistisformeln", von R. Deichgräber[14] unter den „Verkündigungsformeln" und von K. Wengst[15] unter der Bezeichnung „Auferweckungsformel" gesammelt. Doch ist die Analyse im einzelnen noch nicht zu überzeugender Klarheit

---

[12] Der jüngste Versuch, 1Kor 15,3b—5 in die Zeit unmittelbar nach Ostern zu lokalisieren, stammt m. E. von *P. Stuhlmacher* (vgl. Anm. 3), S. 377 (f), Anm. 1. Die von Stuhlmacher vorgeführte historische Wahrscheinlichkeitsrechnung ist so brüchig, daß sich eine Einzelbesprechung erübrigt. Methodisch ganz unverständlich ist mir, wie man a) mit Hilfe der reinen Vermutung, Paulus könnte die Formel bei seiner Berufung in Damaskus (ca. 32 n. Chr.) oder 3 Jahre später (Gal 1,18) anläßlich seines Besuchs bei Petrus kennengelernt haben, und b) weiter mit Hilfe des Axioms, dann habe er sie „wortgetreu weitertradiert", jede differenzierende traditionsgeschichtliche Analyse der Formel abblocken kann. Wie reimt sich das mit Stuhlmachers Forderung, ebd., S. 379, „man (muß) sich den historischen Befunden in aller Gewissenhaftigkeit stellen"? Droht uns nun vielleicht doch wieder ein pseudohistorisch zurechtgelegter Kanon heiliger Geschichtstatsachen als Zwilling des Programms einer „Biblischen Theologie" (vgl. oben Anm. 2)?

[13] *W. Kramer*, Christos Kyrios Gottessohn, AThANT 44, 1963, S. 15—44.

[14] *R. Deichgräber*, Gotteshymnus und Christushymnus in der frühen Christenheit, Studien zur Umwelt des Neuen Testaments 5, 1967, S. 112.

[15] *K. Wengst*, Christologische Formeln und Lieder des Urchristentums, Studien zum Neuen Testament 7, 1972, S. 27 ff.

gelangt, so sicher an viele gute Beobachtungen der genannten Autoren angeknüpft werden kann. Vor allem bedarf es kaum noch der Kontextanalyse, um die Formelhaftigkeit des Materials zu erweisen.

3.2 Wir setzen ein bei der partizipialen Wendung „(Gott,) der Jesus/ ihn (usw.) von den Toten auferweckte". Sie begegnet mit geringer, meist kontextgebundener Variationsbreite achtmal im Neuen Testament, nämlich in: Röm 4,24b; 8,11a.b; 2Kor 4,14; Gal 1,1; Eph 1,20; Kol 2,12; 1Petr 1,21. Für sie sind folgende drei Elemente sicher: Das als Satzsubjekt verwendete Partizip im Aorist von „auferwecken" mit bestimmtem Artikel, das Gott umschreibt und am Eingang des Satzes steht; das Akkusativobjekt, das dem Partizip folgt und mit verschiedenen Varianten Jesus als Auferstandenen angibt; die präpositionale Bestimmung, die erklärt, aus welchem Zustand Jesus auferweckt wurde, nämlich von den Toten.

Zu allen drei Konstituentia sind Ausführungen notwendig: „Von den Toten" steht im griechischen Text ohne Artikel. Die textkritische Variante in Kol 2,12 wird den Artikel unter Einfluß des Hymnus in 1,19 sekundär erhalten haben. Inhaltlich wird man das „von den Toten" nicht gleich in einen apokalyptischen Zusammenhang allgemeiner Totenauferweckung einordnen dürfen, so daß damit ausgedrückt würde: Christus ist der „Erstling der Entschlafenen", also der erste aus der Gesamtheit aller Auferstehenden (vgl. 1Kor 15,20). Solche Deutung vollzieht eine vorschnelle Zuweisung an ein bestimmtes christologisches Konzept. Dieses setzt einmal schon das Interesse an der Auferstehung von toten Gemeindegliedern voraus, das jedenfalls kaum viel früher als 1Thess 4,13 ff, d. h. kaum weit vor 49 n. Chr., belegbar ist. Zum anderen gehört der Ausdruck „von den Toten" gar nicht nur der apokalyptischen Vorstellung allgemeiner Auferstehung am Ende der Tage an, sondern ist auch dort gebräuchlich, wo überhaupt Tote auferstehen oder vom Zustand des Gestorbenseins gesprochen wird (vgl. nur Mk 6,14 parr; Lk 16,30 usw.). Vielleicht spricht auch die Artikellosigkeit gegen solche Auslegung. Es ist ebenfalls eine fremde Belastung des Textes, aus ihm zu lesen, Christus sei in ihm als Erster der neuen Schöpfung verstanden. Einmal ist dieses christologische Konzept in den Text eingetragen. Zum anderen wird sich noch zeigen, daß die Wendung eine ganz andere Zielrichtung hat, als gerade solche oder eine ähnliche christologische Direktaussage zu treffen.

Das Akkusativobjekt zeigt terminologischen Reichtum (Jesus; ihn; Jesus, unseren Herrn; Christus Jesus; den Herrn Jesus). Doch läßt sich der

Entscheid zugunsten des nicht christologisch explizit ausgestalteten „Jesus" und „ihn" als älteste Formulierung relativ leicht führen: Daß die christologische Explikation im Verlauf der Traditionsgeschichte erfolgte, ist das auch sonst üblicherweise zu beobachtende Verfahren. Eine theoretisch denkbare Reduktion von einer vollen Titelchristologie zu einfacherer Objektsangabe ist schwerer erklärbar. Ein weiteres Argument wird alsbald die Funktion der Formel bereitstellen: Sie betreibt primär Theologie (im engeren Sinn) und nicht Christologie. Außerdem läßt sich mit keinem Argument begründen, daß „Ostern" die prompte Initialzündung zu einer direkten Christologie auslöste. Wollte man zwischen „ihn" und „Jesus" noch einen Stichentscheid wagen, geriete man in Haarspalterei. Die Wendung existierte wohl von Anfang an mit dieser sachlich identischen Variante.

ad a)   Das Partizip trifft eine Gottesaussage mit exklusivem Sinn: Gott ist der, der Jesus auferweckte, und nur dieser Gott ist Verkündigungsinhalt. Auch bedarf es keiner zusätzlichen Kennzeichnung dieses Gottes. Die eine Aussage benennt ihn so konkret, speziell und vollkommen, daß damit alles Nötige gesagt ist. Dies liegt offenbar daran, weil der auferweckende Gott nicht an irgendwem, sondern gerade an Jesus, von dem her die Gemeinde sich versteht, sein auferweckendes Handeln vollzog.

Welche Gattung repräsentiert die Wendung? Keine, denn der partizipiale Satz kann keine Selbständigkeit beanspruchen. Also ist für ihn nach möglichen Funktionszuweisungen in anderen Gattungen zu suchen. Welche Möglichkeiten gegeben sind, hat G. Delling[16] untersucht, wenn er das weite Feld der mit dem Artikel versehenen partizipialen Gottesaussagen in der Gestalt geprägter Wendungen bearbeitet. Danach begegnen solche Wendungen vornehmlich in Eulogien[17] als Begründung derselben und zugleich als Inhalt des Lobpreises. Eulogien sind als Einleitung von Psalmen, als Abschluß derselben und als Gebetseinleitungen gebräuchlich gewesen. D. h. sie treten in Lobpreis und Gebet als gottesdienstlicher Preis auf. Schematisiert wird man also mit folgender Form zu rechnen haben: „Gepriesen sei der Gott, der Jesus von den Toten auferweckte." Die partizipiale Gottesprädikation überhaupt hat dann selbstverständlich auch ohne eulogischen Anfang im Lobpreis und Gebet Anwendung gefunden.

---

[16] *G. Delling,* Partizipiale Gottesprädikationen in den Briefen des Neuen Testaments, StTh 17, 1963, S. 1 ff.

[17] Die anderen typischen Verwendungsmöglichkeiten, die Delling (vgl. Anm. 16) S. 52 ff zusammenstellt, fallen für die früheste Gemeinde aus verschiedenen Gründen wohl aus.

Überall dort, wo man die Nennung Gottes näher charakterisieren wollte, war diese Wendung unterzubringen. Solche Verwendung der Gottesprädikation hat in der ersten nachösterlichen Gemeinde guten Sinn: Psalmen und Gebete, die im jüdischen Gottesdienst gebräuchlich waren, konnten so einer ersten, aber entscheidenden Christianisierung unterzogen werden. Auch bei der Herrenmahlsfeier und als Antwort der Gemeinde auf mögliche ekstatische Phänomene ist der Gebrauch sinnvoll. Jedenfalls hat schon die Eulogie selbst viele Verwendungsmöglichkeiten, die nicht begrenzt werden sollten. Allerdings wird man die literarischen Kontexte, in denen jetzt das Neue Testament die Gottesprädikation aufweist, nicht einfach mit der ursprünglichen gottesdienstlichen Funktion identifizieren dürfen. Die theologische Verarbeitung an den literarischen Belegstellen zeigt durchweg, daß man sie nicht für die Ursprungssituation des nachösterlichen Christentums reklamieren darf.

3.3 Statistisch durchaus signifikant ist die Beobachtung, daß alle anderen geprägten Auferstehungsaussagen schon rein zahlenmäßig zurücktreten: Wenn Röm 10,9b der Glaubensinhalt in traditioneller vorpaulinischer Form angegeben wird als: „Gott hat ihn von den Toten auferweckt", so gibt es für diese Form nur noch 1Kor 6,14a; 15,15 relativ verwandte Bildungen. Im Unterschied von der partizipialen Prädikation ist dieser bekenntnisartige formelhafte Aussagesatz — wie gerade auch an der in Röm 10,9 zuvor genannten Homologie ersichtlich[18] — nicht an Gott adressiert, sondern lehrhafte Aussage über Gott, die den Inhalt des Glaubens definiert. Ob dieses Bekenntnis gleich ursprünglich ist wie das partizipiale Gotteslob, mag man angesichts der wenigen Belege in Zweifel ziehen. Da man von einer Identität der Sachaussage ausgehen kann, ist der Entscheid Nebensache. Jedenfalls wird diese bekenntnisartige Formel dazu beigetragen haben, daß die partizipiale Wendung noch vielfältigerem Gebrauch zugeführt wurde. Selten und zugleich deutlich späteren Datums ist allerdings die Veränderung der Aussage von einer Gottesauslegung zu einer direkten christologischen Aussage, also der Weg von einer Wendung, die sozusagen in den ersten Artikel des Glaubensbekenntnisses gehört, zu einer solchen, die im zweiten Artikel beheimatet ist. So heißt es Röm 7,4: Christus ist der „von den Toten auferweckte" oder 1Kor 15,4, daß Christus „auferstanden ist am dritten Tag nach den Schriften". Unter dem Einfluß dieser Wendung stehen sechs Erwähnun-

---

[18] Vgl. *H. Conzelmann*, Was glaubte die frühe Christenheit, Schweizer Theologische Umschau 25, 1955, S. 61 ff, speziell S. 64 f. Nachdruck in: Theologie als Schriftauslegung, 1974, S. 106 ff.

gen in 15,12—20. Stellt man diese abhängigen Belege zurück, erklärt sich 15,4 als unter dem Einfluß der Sterbeaussage V. 3b stehend. Röm 7,4 ist wohl ad hoc von Paulus gebildet. Dieses Ergebnis ist mit der oben festgehaltenen Beobachtung analogisierbar, daß nämlich auch die Auffüllung mit christologischen Titulaturen — also direkter Christologie — traditionsgeschichtlich dem ursprünglichen „Jesus" oder „ihm" nachzuordnen ist.

3.4 Endlich ist eine Stelle noch gesondert zu besprechen: 1Thess 1,10b. Es darf dabei als bekannt und längst begründet[19] vorausgesetzt werden, daß Paulus sich hier auf ein Schema einer judenchristlichen hellenistischen Heidenmissionspredigt bezieht. In ihrem zweiten christologischen Teil ist an primärer Stelle die Erwartung des Sohnes Gottes gestellt, des Sohnes, „den" — und nun wird in einem begründenden Relativsatz die Satzperiode fortgeführt — „er (d. h. Gott) von den[20] Toten auferweckte". Nun ist die hier Jesus zugewiesene futurische Funktion wohl sehr wahrscheinlich Menschensohnchristologie[21], die (u. a.) durch den Sohnestitel hellenisiert wurde. Im Rahmen dieser Erwartung taucht unbeschadet ihres perfektischen Charakters die Auferstehung Jesu als Ereignis schon geschehener Zukunft auf, die der noch ausstehenden Zukunft Begründung, Inhalt und wohl auch die selbstverständliche Nähe gibt. „Ostern" ist damit die Einsetzung Jesu zum Menschensohn (bzw. Gottessohn) im Himmel (Inthronisation), von woher dieser zur Rettung der Gemeinde kommen wird. Die traditionelle Gottesprädikation, daß Gott Jesus von den Toten auferweckte, ist Ermöglichungsgrund geworden, um unter Benutzung der Menschensohnvorstellung eine futurisch und christologisch orientierte Soteriologie für die Gemeinde zu gestalten.

Dieselbe Christologie, jedoch noch ohne die hellenistische Weiterbildung, liegt offenbar auch im Gebetsruf Maranatha vor (1Kor 16,22; vgl. Apk Joh 22,20; Did 10,6). „Unser Herr, komm!" ist Anrede an den zur Ankunft bereiten Menschensohn, dessen Auferstehung durch Gott als

---

[19] Vgl. dazu *U. Wilckens,* Die Missionsreden der Apostelgeschichte, 2. Aufl. 1963, S. 81 f; *W. Kramer* (Anm. 13), S. 120 ff; *G. Friedrich,* Ein Tauflied hellenistischer Judenchristen, ThZ 21, 1965, S. 502 ff; *L. Mattern:* Das Verständnis des Gerichts bei Paulus, AThANT 47, 1966, S. 82 ff; *J. Becker,* Erwägungen zur apokalyptischen Tradition in der paulinischen Theologie, EvTh 30, 1970, S. 593 ff, hier S. 599.

[20] Der auffällige Artikel ist dem „aus den Himmeln" V. 10a nachgebildet, so daß wohl ein kosmisch-apokalyptisches Drei-Stockwerk-Weltbild vorausgesetzt ist: Himmel (Ort Gottes und des Sohnes), Erde (Ort der Gemeinde), Totenreich (Ort der Verstorbenen), vgl. analog Phil 2,10 im Zusammenhang des Hymnus 2,6—11.

[21] Dazu vgl. *G. Friedrich* (Anm. 7), S. 514.

Inthronisation zum Menschensohn interpretiert wurde. Dieser Gebetsruf und 1 Thess 1,10 repräsentieren also ein theologiegeschichtliches Stadium, in dem die Auferstehung Jesu Anlaß wird, direkte Christologie zu betreiben, und zwar eine futurisch-soteriologische. Zweifelsfrei ist dies eine alte, der aramäisch sprechenden Urgemeinde in sehr früher Zeit zuzuweisende Christologie, aber hier ist die Auferstehung Christi schon Grund für selbständige Christologie, nicht aber — wie in dem ältesten Stadium der partizipialen Prädikation Gottes als des Jesus auferweckenden — exklusiv Inhalt des Gotteslobes. Dabei kann gerade an 1 Thess 1,10 noch gesehen werden, wie die Aussagen über das Handeln Gottes an Jesus in Gestalt des Relativsatzes, der, vom Kontext gelöst, noch bis auf die syntaktische Umstrukturierung zum Relativsatz dem prädikativen Gotteslob entspricht und durch die ihn umrahmenden christologischen Sätze auch selbst die Funktion direkt christologischer Aussage zugewiesen erhielt. Mag unbestritten bleiben, daß die Menschensohnchristologie die älteste direkte Christologie im Zusammenhang der Theologiegeschichte des Urchristentums ist, so ist sie damit doch noch nicht die älteste Deutung der Auferstehung. Diese wird durch die prädikative Gottesverherrlichung repräsentiert.

4.1 Mit diesem Ergebnis aufgrund der Suche nach der ältesten Deutung von „Ostern" kann nun das Gottesbild Jesu als Zentralgehalt seiner Verkündigung verbunden werden. Wenn die primäre Gottesaussage der nachösterlichen frühesten Gemeinde die war, daß sie Gott als den pries, der Jesus von den Toten auferweckte, dann identifizierte sie damit den von Jesus her ihr bekannten Gott nunmehr mit dem Gott, der den wegen seines Gottesbildes gekreuzigten Jesus auferweckt hatte. Auferweckung Jesu hieß in diesem Zusammenhang also: Der in Jesu Auferweckung erfahrene Gott sagt zu Jesu Gottesbild ja und läßt die Jünger sich verstehen als solche, die diesen Gott weitertragen sollen.

Bedurfte es aber nach Ausweis des ältesten Bekenntnisses eines solchen neuen Aktes der Gotteserfahrung für die frühe Urgemeinde zur Restitution der Gültigkeit von Jesu Gottesbild, dann galt doch wohl die Kreuzigung Jesu als Zeichen katastrophalen Endes und damit der Nichtigkeit der mit Jesus gemachten Gotteserfahrung der Jünger. In der Tat: Propheten, die sich und ihre Anhänger ins Unglück stürzten, galten ganz allgemein als gescheiterte Pseudopropheten, wie man bei Josephus mit wünschenswerter Ausführlichkeit nachlesen kann[22]. Doch vielleicht läßt sich diese allgemein verbreitete Meinung der Zeit, die für die Schlüssig-

---

[22] Zum Material vgl. *Becker* (Anm. 5), S. 41 ff.

keit unserer These vollkommen hinreicht, noch dadurch in spezieller Weise zuspitzen, daß man damals insbesondere den Verbrechertod der Kreuzigung als Fluch Gottes verstand[23]. Jedoch läßt sich die in jedem Fall vorpaulinische Deutung des Todes Jesu als Fluchtod im Rahmen der frühesten Christentumsgeschichte nicht sicher belegen. Doch mag das auf sich beruhen.

Wichtiger erscheint mir eine Beobachtung in noch anderer Richtung. Wenn es stimmt, daß das älteste Osterzeugnis noch keine direkte Christologie betrieb, dann fällt damit ein gewichtiges zusätzliches Argument an zugunsten der Annahme, Jesus habe selbst keine messianischen Ansprüche erhoben. Sonst müßte das Bekenntnis ja etwa gelautet haben: Gott hat den Messias auferweckt. Ich selbst habe, um religionsphänomenologisch im Rahmen der historischen Gegebenheiten eine möglichst zutreffende Kennzeichnung der Person Jesu zu geben, den Begriff des „heilsmittlerischen Propheten" eingeführt[24]. Dann läßt sich von hier aus präzisieren: Die älteste Osterdeutung versteht sich als Gottes Ja zu dem am Kreuz hingerichteten heilsmittlerischen Propheten Jesus. Ostern ist Aktualisierung seiner prophetischen Heilsansage. Die Gottesbotschaft des Propheten Jesus und das in der ältesten Osterdeutung anklingende Gottesverständnis koinzidieren in der Sache: Beide Gottesaussagen sind zutiefst Heilsaussagen. Die früheste nachösterliche Gemeinde verstand den Irdischen also nicht als nachahmenswertes Vorbild von bestimmten Verhaltensweisen oder seiner Gerichtspredigt usw., sondern unter dem Aspekt der Kontinuität auf der Ebene der Identität von Gotteserfahrung. Jesus verstand sich als Prophet, der das Verlorene und dem Gerichtstod Verfallene durch Gottes gütige neue Herrschaft zu neuem Leben berief. Die Jünger interpretierten „Ostern" als Akt des den tödlich gescheiterten Jesus zu neuem Leben erweckenden Gottes. So verdichtet sich diese Doppelerfahrung unter Einschluß der geschichtlichen Unvertauschbarkeit Jesu zu der Aussage: Nur der Gott Jesu, d. h. der Gott, den Jesus verkündigte, und der Gott, der Jesus auferweckte, kann Verlorenes retten.

4.2 Aufgrund dieser vorgetragenen Gesamtthese vermag ich mir manche Probleme der Geschichte des Urchristentums besser zu erklären. Ja, viele Aspekte der urchristlichen Geschichte werden so überhaupt erst angemessen deutbar. Damit zeigt sich, wie die aufgestellte Hypothese sich

---

[23] Dazu vgl. *P. Stuhlmacher*, Das Ende des Gesetzes, ZThK 67, 1970, S. 14 ff, hier S. 29.

[24] Vgl. *Becker* (Anm. 5), S. 56—62; S. 105 f.

bei dem Verständnis des Urchristentums bewährt. Die Bewährungsprobe im einzelnen darzustellen, überschreitet allerdings die Möglichkeiten dieses Aufsatzes. Es ginge dabei nämlich um nichts Geringeres, als vornehmlich um eine Durchleuchtung der frühesten Geschichte des Urchristentums von den ersten Anfängen bis ungefähr zu dem Zeitpunkt, von dem ab sich Paulus von Antiochia löst und seine Theologie in den Grundzügen fertig ist. Nur andeutungsweise kann einiges Wenige hier in aller Kürze genannt werden.

Wenn z. B. die Theologie im engeren Sinn im soteriologischen Rahmen gezeichnet wird und dieser vom Gottesbild Jesu her eine deutliche Frontstellung gegenüber dem Gesetz erhält, dann wird verständlich, warum das Christentum offenbar von seinen ersten Anfängen an einen antigesetzlichen Affekt als einen seiner Grundzüge an sich trug. Gerade etwa die geschichtliche Interpretation des sog. „Stephanuskreises" (Apg 6,11!) kann so sinnvoll erfolgen. Wenn ferner die Abstinenz Jesu gegenüber einer Bundestheologie und einer heilsgeschichtlichen Begründung seiner Theologie durch die Gotteserfahrung der Urgemeinde in Geltung blieb, dann wird erklärlich, warum schon in den ersten Anfängen die Mission über das Judentum hinausstrebte und sehr bald die religiöse und soziologische Verselbständigung der Gemeinden gegenüber dem Synagogenverband einsetzte, ohne daß dies für die christliche Gemeinde eine Entwicklung auf Leben und Tod gewesen wäre. Ebenso kann die mögliche Existenz eines „Wanderradikalismus"[25] mit seiner relativ ungebrochenen Kontinuität zu Jesus eingeordnet werden. Natürlich brechen nun auch der irdische Jesus und der sog. kerygmatische Christus nicht auseinander: Die nicht wegretuschierbare Diskontinuität ist nur noch diskutierbar auf der primären Basis der beschriebenen Kontinuität. Auch versuche ich mir auf diesem Hintergrund klarzumachen, warum etwa Paulus und doch wohl die frühe antiochenische Theologie überhaupt die Tradition vom irdischen Jesus, wie sie die Synoptiker aufbewahrten, ungenutzt liegen lassen konnten, ohne daß das Urchristentum daran zerbrach. In dem Augenblick, als man verstand, daß die an Kreuz und Auferstehung exemplifizierte Gotteserfahrung bei Paulus ihrem inneren Wesensgehalt nach keine andere war als die, die man an Jesu Gottesbild ersehen konnte, gab es ein fundamentales Gemeinsames. Es wird kaum verwundern, wenn ich weiter etwa die Logienquelle Q (von den einzelnen Interpretationsproblemen, die sie immer noch stellt, einmal abgesehen) nicht

---

[25] Vgl. dazu *G. Theißen*, Wanderradikalismus, ZThK 70, 1973, S. 245 ff.

außerhalb der nachösterlichen Gemeinden anzusiedeln vermag[26], sondern sie als eine spezielle späte Konsequenz der ältesten Osterdeutung verstehe. Diese hat aber offenbar doch wohl auch Relevanz für die Entstehung des Markusevangeliums, ergibt sich doch nun ein (weiteres) sinnvolles Argument für die These, mit Mk 16,1—8 habe Mk ursprünglich geschlossen. Denn in dieser Legende vom leeren Grab ist das Aussagezentrum mit dem Wort des *angelus interpres* gegeben. Dieser verkündigt den am Kreuz Gescheiterten als Auferstandenen und greift damit auf die alte Auferstehungsformel zurück. War sie Mittel, die Legitimation des Irdischen zu begründen, so ist Mk 16,6 nunmehr analog Mittel, das Markusevangelium zu autorisieren. Und endlich: Ich hoffe, daß sich überhaupt eine Theologiegeschichte des Urchristentums darstellen läßt, die diese als Explikation und Variation des in 4.1 angedeuteten Grundthemas begreift.

---

[26] So äußert sich mit pointierter Problemanzeige W. *Schmithals,* Kein Streit um des Kaisers Bart, Evangelische Kommentare 3, 1970, S. 76 ff, speziell S. 80.

DER IRDISCHE JESUS UND DIE KIRCHE

HARTWIG THYEN

„Ich glaube — nicht aus Eigensinn, sondern aus methodischer Konsequenz und auf Grund der Aufnahme des exegetischen Bestandes — dennoch darauf bestehen zu müssen, daß der ‚historische Jesus' kein Thema
der neutestamentlichen Theologie ist", stellt Hans Conzelmann bereits
in „Vorwort und Einführung" seines weit verbreiteten „Grundriß der
Theologie des Neuen Testaments" fest[1]. Auch wenn W. Schmithals den
Autor für diese besonnene Rückkehr „hinter die Startlöcher" nach seinem angeblichen Fehlstart und anfänglichen zögernden Mitlaufen im
Feld derer, die Ernst Käsemann „auf das Glatteis der ‚Neuen Frage'
nach dem historischen Jesus geführt hatte", sehr lobt[2], so erwartet doch
Conzelmann selbst gerade an dieser Stelle besonderen Widerspruch (vgl.
ebd. 15). Implizit ist ihm etwa durch die beiden inzwischen erschienenen
„Neutestamentlichen Theologien" von W. G. Kümmel[3] und Joachim Jeremias[4] durch die faktische Rolle des historischen Jesus in diesen Büchern schon widersprochen worden. Ich möchte diese Herausforderung
hier nun ausdrücklich annehmen und meinen Widerspruch unter der begrenzten Fragestellung „Der irdische Jesus und die Kirche" explizieren.

Conzelmann ist darin zuzustimmen, daß Jesu kirchengründendes Wort
an Petrus, das ihn als „Fels der Kirche" und Inhaber der „Schlüsselgewalt" proklamiert (Mt 16,17—19), eine nachösterliche Gemeindebildung ist[5]. Von aktuellem kirchenpolitischen Interesse geleitet, reflektiert
hier eine christliche Gruppe die *faktische* Rolle des Petrus nach dessen

---

[1] Einführung in die ev. Theol. 2, 1967, 16.
[2] EvKomm. 5, 1970, 78.
[3] Grundrisse zum NT, NTD-Ergänzungsreihe 3, 1969.
[4] Neutestamentliche Theologie. Erster Teil: Die Verkündigung Jesu, 1971.
[5] Vgl. Grundriß, 49 f.

Protophanie-Erlebnis bei der historischen Entstehung und in der frühen
Geschichte der Kirche. Wenn das „Binden" und „Lösen" des Wortes —
rabbinischem Sprachgebrauch entsprechend — als „Verbieten" und „Erlauben" zu begreifen ist, würde hier Petrus als der bevollmächtigte Ausleger des *Gesetzes* ausgezeichnet, der darin Jesu eigene Sendung fort-
setzte[6]. Und wenn hier weiter ἐκκλησία im Gegensatz zu συναγωγή, deren notae das Gesetz und die Kathedra des Mose sind, die Gruppe derer
bezeichnete, die Christus als das „Ende des Gesetzes" begriffen haben,
dann würde in dem Petruswort — wohl nach dem Märtyrertod des Petrus — eine sich auf den Urapostel berufende nomistische Reaktion innerhalb einer gesetzesfreien heidenchristlichen Gemeinde ihre Ansprüche
anmelden[7].

Aber sei dem im einzelnen, wie ihm wolle. Für unseren Zusammenhang genügt die bloße Feststellung, daß über den nichtauthentischen
Charakter von Mt 16,17—19 ein breiter Consensus besteht. Will man
jedoch nicht in den Fehler verfallen, Herkunft und Begründung zu verwechseln, so ist mit der Aufklärung der faktischen Genese des kirchengründenden Wortes Jesu in der frühen Kirche über seine normative Genese noch lange nicht entschieden. In diesem Sinn erklärt Conzelmann
selbst dazu: „Mit der Erkenntnis, daß es sich um kein authentisches
Wort Jesu handelt, ist das Wort freilich ‚theologisch' nicht erledigt."[8]

Was aber besagt wohl in dem zuletzt zitierten Satz das in Anführungs-
zeichen gesetzte Wort „theologisch"? Soll das etwa heißen, auch wenn
das Wort von der Kirchengründung Jesus *historisch* völlig zu Unrecht in
den Mund gelegt wurde, so geschah das aber *theologisch* dennoch ganz
zu Recht? Ist jedoch ein historisches Unrecht in dieser Sache als ein theologisches Recht denkbar? Doch wohl schwerlich! So sagt denn auch Conzelmann: „Die theologische Sachfrage ist, ob und inwieweit nach Jesu
Tod durch die Entstehung der Kirche er selber und sein Werk richtig
verstanden und fortgeführt wird" (ebd.). Danach ist die theologische von
der historischen Frage tatsächlich nicht zu trennen.

Zugleich meldet sich hier das Grundproblem, von dem wir ausgingen.
Denn wie soll diese „theologische Sachfrage" beantwortet werden können, wenn der historische Jesus kein Thema der neutestamentlichen

---

[6] Vgl. *H. Thyen*, Studien zur Sündenvergebung im NT und seinen alttestamentlichen und jüdischen Voraussetzungen, FRLANT 96, 1970, 224 ff.

[7] Vgl. meinen ebd. im Anschluß an Beobachtungen von *W. Schrage* (‚Ekklesia' und
‚Synagoge', ZThK 60, 1963, 178—202) vorgelegten Interpretationsvorschlag.

[8] Grundriß, 50.

Theologie ist? Wie anders soll denn entschieden werden, ob „nach Jesu Tod ... er selber und sein Werk richtig verstanden und fortgeführt" wurden, wenn nicht so, daß nach ihm selber und seinem Werk *vor* seinem Tod, und das heißt: nach dem historischen Jesus gefragt wird? Wäre der von Conzelmann als die „boshafte" Formulierung eines Liberalen zitierte berühmte Satz A. Loisys: „Jesus erwartete das Reich Gottes — gekommen ist die Kirche" einfach nur „historisch richtig" (ebd.), so wäre über die „theologische Sachfrage" entschieden, und zwar im Sinne Overbecks negativ entschieden, sofern sich die Kirche an die Stelle des von Jesus erwarteten Gottesreiches gesetzt hätte, statt Jesu Werk dadurch fortzuführen, daß sie sich als vorläufige Platzhalterin dieses Reiches begriffe[9].

Die „theologische Sachfrage" zu Mt 16,17—19 muß daher lauten: Hat Matthäus ein historisches und sachliches Recht dazu, die Kirchengründung auf den irdischen Jesus zurückzuführen? Oder noch allgemeiner gefragt: Zur Debatte steht das Recht der Evangelien von Markus bis Johannes, ihre aktuellen ekklesiologischen Probleme in dem Verhältnis des irdischen Jesus zu seinen ihm nachfolgenden Jüngern zu reflektieren, die Jüngerschaft um Jesus also als das Urbild und den Anfang der Kirche anzusehen[10]. Dann müßte man in der Nachfolge der Jünger auf dem irdischen Weg Jesu zumindest ebenso eine *Ekklesiologie* impliziert sehen, wie Conzelmann im Anschluß an eine glückliche Formulierung Bultmanns im Blick auf Verkündigung und Verhalten Jesu von einer „impliziten *Christologie*" spricht.

Wem diese Überlegungen nicht völlig abwegig erscheinen, sondern zumindest erwägenswert, der darf dann gegen den Gedanken einer (impliziten) Kirchengründung durch Wort und Verhalten des irdischen Jesus freilich nicht so argumentieren: „Der Kreis der Nachfolgenden war nicht organisiert. Er besaß keine Verfassung, keine feste Lebensordnung. Auch falls der Kreis der ‚Zwölf' schon zu Lebzeiten Jesu konstituiert gewesen sein sollte, so enthielt gerade die Erwählung der ‚Zwölf' den Anspruch auf ganz Israel und den Hinweis auf die kommende Gottesherrschaft, nicht auf eine Kirchenstiftung. Das eschatologische Selbstbewußtsein Jesu schließt den Gedanken an eine gegenwärtige Kirche aus"

---

[9] Die Problematik von *Loisys* Satz im Kontext seines Werkes „L'Évangile et l'Église" reflektiert D. *Hoffmann-Axthelm* (Loisys ‚L'Évangile et l'Église'. Besichtigung eines zeitgenössischen Schlachtfeldes, ZThK 65, 1968, 291—328).
[10] Vgl. dazu E. *Stegemann*, Das Markusevangelium als Ruf in die Nachfolge, Diss. Heidelberg 1974 (Masch.).

9 Festschrift Conzelmann

(Grundriß, 50). An was für einem Begriff von „Kirche" wird denn hier Jesu Verhalten gemessen? Muß nicht umgekehrt jede bestehende Kirche sich von Jesus fragen lassen, ob ihre Verfassung und Lebensordnung ihrem Anspruch auf die ganze Menschheit und ihrem Hinweisen auf die kommende Gottesherrschaft dienen oder ob sie dem im Wege sind? Begreift Kirche sich als Selbstzweck, und vergißt sie die eschatologische Funktion ihres Erwähltseins, so ist solche „gegenwärtige Kirche" gerade vom „eschatologischen Bewußtsein Jesu" her radikal in Frage zu stellen.

Gegenüber der m. E. notwendigen Frage nach der Relation Jesu zu seinen irdischen Nachfolgern und der darin implizierten Ekklesiologie genügt zur Bestätigung des theologischen Rechts des Wortes von Mt 16, 17—19 nicht die allgemeine Erwägung, die Offenbarung bedürfe nach dem Tode Jesu der Kirche, da sie sich nicht auf die bloße Mitteilung von Lehrsätzen reduzieren lasse, sondern wirksame Zuwendung von Gottes Heil sei. Zu solcher Heilsmitteilung aber gehöre „ihre ständige Aktualisierung in der Predigt hinzu, damit aber auch der Ort, an dem gepredigt wird, also die sichtbare, zum Hören versammelte Kirche" (ebd.). Obgleich die konstitutive Bedeutung der Wortverkündigung für die Kirche hier nicht entfernt geschmälert oder gar bestritten werden soll, ist solche funktionalistische Begründung doch eine verhängnisvolle Reduktion.

Im Hintergrund eines derartigen Kirchenverständnisses steht ganz offensichtlich der Kirchenartikel der Confessio Augustana mit seiner Nennung der ‚notae ecclesiae'. Aber gerade diese notae sind nie als eine abschließende Definition dessen, was Kirche ist, gemeint gewesen. Sie formulieren lediglich einen Minimalkonsensus darüber, was *rechte* Kirche gegenüber *falscher* konstituiert. Wegen ihrer situationsbedingten Beschränkung auf die Innensicht reichen sie aber nicht aus zu sagen, was Kirche ist in ihrer Relation zu Gesellschaft und Gottesreich. Wird dieser pragmatische Kontext vernachlässigt, so gerät das Heil in seinem universalen Bezug auf das Natur und Mensch umfassende Gottesreich aus dem Blick. Kirche ist dann nicht mehr Hinweis auf diese versöhnte Welt und darin Licht für die Völker, sondern auf dem Wege, zur bloßen Heilsanstalt zu degenerieren. In diesem Fall müßte man tatsächlich mit sarkastischem Unterton und abschließend sagen: Jesus kündigte das Reich Gottes an — aber gekommen ist die Kirche[11].

---

[11] Vgl. dazu *H. Thyen*, Zur Problematik einer neutestamentlichen Ekklesiologie (in: G. Liedke, Hg., Frieden — Bibel — Kirche. Studien zur Friedensforschung 9, 1972, 96—173), 126 ff.

Gerade weil solche naturwüchsig „gekommene Kirche" der Kritik und
Selbstkritik bedarf, hält ihr etwa das Markusevangelium den Spiegel des
Weges Jesu mit seinen Jüngern von Galiläa nach Jerusalem vor, damit
sie in Unverständnis, Blindheit, falschem Enthusiasmus, Leidensscheu
und schließlichem kopflosen Davonlaufen der Jünger ihr eigenes Versagen begreife und sich von Jesus selbst angesichts des nahe gekommenen Reiches erneut auf den Weg der Metanoia stellen lasse[12]. Paulus
übt solche Kirchenkritik durch nichts anderes als die ausschließliche Konzentration auf den Gekreuzigten (vgl. 1Kor 2,2)[13]. Bei Markus wie bei
Paulus geht es also in der Tat nicht um die Frage, wie „aus dem Verkündiger Jesus von Nazareth der verkündigte Messias, Gottessohn, Herr"
wurde, sondern darum, daß um der wahren Identität der Kirche willen
„nach den Erscheinungen des Auferstandenen an der Identität des Erhöhten mit Jesus von Nazareth" festgehalten werden muß (vgl. Grundriß, 16).

Nun läßt sich aber diese Identität des im Kerygma bezeugten erhöhten Herrn mit dem irdischen Jesus nicht auf ein „bloßes Daß" reduzieren. Nicht nur für das *Jesusbild* der Evangelien, sondern noch für die
äußerste Konzentration auf die Kreuzigung Jesu bei Paulus ist vielmehr
das konkrete Wie Jesu und seines Weges schlechthin konstitutiv[14]. In
diesem Sinn ist die narrative Wiederholung der Geschichte Jesu in den
Evangelien keine zufällige Spielart urchristlicher Verkündigung, sondern
eine historische und theologische *Notwendigkeit*[15]. Erst wo *diese* thematisiert und begriffen ist, sind die Evangelien *als* Kerygma verstanden.

---

[12] Siehe dazu die oben Anm. 10 zitierte Arbeit von *E. Stegemann*.

[13] In dem Anm. 11 zitierten Beitrag, S. 133 ff, habe ich versucht, das am ersten
Korintherbrief zu exemplifizieren.

[14] Aus 2Kor 5,16 ist keinesfalls zu entnehmen, daß der historische Jesus den Glauben nichts angeht, wie *Bultmann* behauptet und aufgrund seiner existential-ontologi-
schen Prämissen wohl auch behaupten muß. Es geht vom Kontext her in dem Satz um
die Frage, wie und nach welchem Maßstab ich jemanden *beurteile*: Nach Maßgabe des
„Fleisches" oder nach der des „Geistes". Man kann aber sowohl den irdischen Jesus
wie den Christus des Kerygma „fleischlich", das heißt nach den Maßstäben der vergangenen alten Welt (2Kor 5,17!) beurteilen und damit verfehlen. Vgl. dazu ausführlich
H. Thyen, Ekklesiologie (s. o. Anm. 11), 135 ff.

[15] Die denkbar extremste Gegenposition vertritt *W. Schmithals* (Kein Streit um Kaisers Bart. Zur Diskussion über das Bekenntnis zu Jesus Christus. „Problemartikel" in:
EvKomm 3, 1970, 76—82). Hier ist *das* (!) Kerygma den Evangelien gegenüber nicht
nur äußerlich, sondern es steht sogar dem Gefälle ihrer Tradition entgegen. Das Markusevangelium wird als eine Missionsschrift für ein vom Osterglauben *der* (!) Kirche
unberührt gebliebenes galiläisches Jesus-People begriffen, dessen häretische Überliefe-

Denn obgleich Conzelmann in seinem „Grundriß" noch hinter dieser
Aufgabe zurückbleibt, ist doch der Ertrag der von ihm selbst durch seine
bahnbrechenden Lukasstudien geförderten *redaktionsgeschichtlichen* Fragestellung dieser, daß es gilt, die Evangelien selbst in ihrer überlieferten
Werkgestalt als „Kerygma einer bestimmten Lage und Aufgabe" zu begreifen[16]. Demgegenüber ist Conzelmanns Rede vom „Rückbezug auf
das Kerygma", durch welchen „in der Vielfältigkeit der theologischen
Entwürfe eine sachliche Einheit sichtbar" werde (Grundriß, 24), insofern
zumindest mißverständlich, als sie den Verdacht nährt, das „Kerygma"
sei etwas der narrativen Struktur der Evangelien *Äußerliches*, das in ihr
bloß „ausgelegt" werde.

   Daß es „Kerygma" prinzipiell nur *als* Auslegung und niemals *vor*
dieser gibt, wird durch Conzelmanns Verständnis von Theologie „als
Auslegung der ursprünglichen *Texte* des Glaubens, also der ältesten Formulierungen des Credo" (Grundriß, 13) mehr verdeckt als erhellt. Denn
die vermeintlich „ursprünglichen Texte des Glaubens", die da ausgelegt
werden, sind auch ihrerseits nichts als Auslegung. Nicht im Rückgang
auf sie kann die Einheit der neutestamentlichen Theologie gefunden werden, sondern einzig im Blick auf den von ihnen bezeugten Herrn in seiner Identität mit dem irdischen Jesus. Weder in einem von den neutestamentlichen Texten implizierten, der Variabilität ihrer Form gegenüber konstanten „Selbstverständnis des Glaubens" noch in den Satz-
wahrheiten seiner „ursprünglichen Texte" ist diese Einheit aufweisbar.
„Es gibt" sie vielmehr nur als eine solche, die durch das Einverständnis
des Glaubens in je neuer Auslegung immer erst hergestellt werden muß.
Die „ältesten Formulierungen des Credo" und seine Traditionsgeschichte
sind ein um nichts weniger hochhypothetisches *historisches* Konstrukt als
der „historische Jesus" und die Geschichte der Leben-Jesu-Forschung[17].

---

rung Markus aufnimmt und mittels des Messiasgeheimnisses kerygmatisch überformt.
„Die historische Jesusüberlieferung hat also überhaupt nur mehr oder weniger zufällig
in der zweiten oder dritten Generation Einlaß in die kirchlichen Traditionen gefunden ..." (ebd. 81). Bezüglich der Frage nach dem historischen Jesus heißt es ebd.
bündig: Mag sie „auch historisch möglich und erlaubt sein, so ist sie theologisch doch
verboten".

   [16] So schon *J. Schniewind* in seinem nach wie vor bedeutsamen Forschungsbericht
„Zur Synoptiker Exegese" (ThR NF 2, 1930, 129—189), 153, wo er für die Interpretation fordert: „Es gilt herauszuarbeiten, aus welcher Situation ihr charismatisches Kerygma zu verstehen ist." Siehe dazu *Stegemann* (o. Anm. 10), 11 ff.

   [17] Vgl. dazu *E. Güttgemanns*, Literatur zur Neutestamentlichen Theologie (VF 15,
2/1970, 41—75), 47 ff; *ders.*, Offene Fragen zur Formgeschichte des Evangeliums
(BEvTh 54, 1970), 189 ff. Freilich bedürfen die sprachontologischen Prämissen von

Weder die Geschichte der Leben-Jesu-Forschung noch eine Rekonstruktion der Traditionsgeschichte des Credo können dem Glauben vorschreiben, was er sagen muß. Wohl aber muß er sich von dieser wie von jener um der Identität des verkündigten mit dem irdischen Jesus willen vorschreiben lassen, was er jedenfalls *nicht* sagen darf[18].

Da aber zwischen der vorösterlichen *Jüngerschaft* und der nachösterlichen *Kirche* der Tod Jesu steht, an dem sich Jüngerschaft so bewähren mußte, daß der Auferstandene ihr als Kirche vorangehen konnte, bedarf das Verhältnis von Jüngerschaft und Kirche unter dem Gesichtspunkt von Tod und Auferstehung Jesu noch genauerer Klärung. Denn Conzelmann hat darin völlig recht, daß die Kirche nicht schlankweg als „die direkte Fortsetzung des Zusammenseins der ‚Jünger‘ mit Jesus“ begriffen werden kann, sondern vielmehr erst entstand, „als der Gestorbene ihnen als der Lebendige erschien“ (Grundriß, 50). Wie bei der christologischen Frage ist mit Bultmann darauf zu dringen, daß *sachliche* Übereinstimmung und *historische* Kontinuität sorgfältig unterschieden werden[19]. Aber daß beide Fragen wegen der durch den Tod Jesu eingetretenen neuen Situation *unterschieden* werden müssen, darf keinesfalls dazu führen, sie voneinander zu *trennen*. Um der vom Kerygma selbst behaupteten Identität des Erhöhten mit dem Irdischen willen kann unter den Bedingungen des historischen Bewußtseins der Gegenwart auf die Frage nach der historischen Kontinuität von Jüngerschaft und Kirche sowenig verzichtet werden wie auf die Frage, wie aus dem einstigen Verkünder der nahen Gottesherrschaft nach seinem Tode der verkündigte Christus werden konnte[20]. Das gilt besonders unter dem von Conzelmann herausgestellten Gesichtspunkt, daß Festhalten oder Preisgabe der Identität von Erhöhtem und Irdischem Kriterium von Rechtgläubigkeit oder Häresie sind (vgl. Grundriß, 16), und wird verschärft durch den dem modernen Bewußtsein von Freud und Marx unauslöschlich eingebrannten Illusions- und Ideologieverdacht.

Güttgemanns der Kritik. Dazu: *H. Thyen,* Positivismus in der Theologie und ein Weg zu seiner Überwindung? (EvTh 31, 1971, 472—495).

[18] Vgl. dazu *R. Koselleck,* Ereignis und Struktur, 567 (in: R. Koselleck u. W. D. Stempel, Hg., Geschichte — Ereignis und Erzählung = Poetik und Hermeneutik 5, 1973).

[19] Vgl. *R. Bultmann,* Das Verhältnis der urchristlichen Christusbotschaft zum historischen Jesus, SAH 1960, 7 ff. Wiederabgedruckt in *ders.,* Exegetica (Hg. E. Dinkler), 1967, 445—469.

[20] Im Gegensatz zu *Conzelmann* (Grundriß, 16) bezeichnete *Bultmann* 1926 im Blick auf die Absicht seines Jesusbuches die Frage, wie aus dem Verkündiger der Ver-

Gerade das Markusevangelium mit seinem Messiasgeheimnis, von
dem unten noch gesprochen werden muß, scheint mir zu demonstrieren,
daß die nachösterliche Verkündigung den vorösterlichen Jesus ebenso
erschließt, wie umgekehrt dieser die notwendige Bedingung der Möglichkeit ist, jene zu verstehen. Die Geschichte Jesu mit seinen Jüngern
wiederholt sich in der Geschichte Christi mit seiner Kirche, und zwar so,
daß diese nun ohne seine leibliche Gegenwart erneut auf den Weg Jesu
gestellt wird. Der Osterglaube *deutet* nicht nachträglich Verkündigung
und Verhalten des Irdischen vom Kerygma her, sondern von seiner
Blindheit geheilt *sieht* er, daß Jesus in Person Kerygma war (Joh 1,14).
In diesem Sinn fragt E. Jüngel: „Bedarf das Kerygma nicht ebenso des
historischen Jesus wie der historische Jesus des Kerygmas, weil beide für
sich, eins ohne das andere, noch nicht sind, was sie *wesentlich* sind?"[21]
Obgleich es gewiß kein Zurück gibt hinter die Einsicht der Formgeschichte, daß nicht erst die Evangelien, sondern schon das gesamte
ihnen vorausliegende „Material" vom Osterglauben her gestaltet ist[22],
setzt doch gerade das „Evangelium" voraus, daß die Geschichte der Kirche nicht erst mit der Hinrichtung Jesu und den Erscheinungen des Auferstandenen begann, sondern viel tiefer eröffnet ist darin, daß Gott, als
die Zeit erfüllt war, seinen Sohn sandte. Die Kirche ist der Jüngerschaft
gegenüber in derselben Weise „neu", wie es restituierte Schöpfung ihrem
Anfang gegenüber ist oder wie Vergebung das Leben des Schuldigen erneuert. Neu ist sie, weil der Auferstandene denen, die ihn im Stich ließen und wie hirtenlose Schafe in die Irre gingen, eine neue Chance des

---

kündigte werden konnte, als „ein eigentlich theologisches, ja (als) *das* Problem der neutestamentlichen Theologie"! (Brief an Karl Barth vom 10. 12. 1926 in: Karl Barth,
Gesamtausgabe V/1, 1971. Karl Barth — Rudolf Bultmann. Briefwechsel 1922—1966,
Hg. B. Jaspert, S. 63). Der gesamte Brief (ebd. 63—65) ist wichtig für die hier erör-
terte Problematik. Vgl. dazu auch *K. E. Løgstrup*, Auseinandersetzung mit Kierkegaard, 42 ff (= *ders.* u. *G. Harbsmeier,* Hg., Kontroverse um Kierkegaard und Grundt-
vig II, 1968). Siehe ferner — insbesondere auch zum Charakter der historischen Frage
als eines zwingenden moralischen Postulats: *V. A. Harvey,* The Historian and the
Believer. The Morality of Historical Knowledge and Christian Belief, London 1967.

[21] *E. Jüngel,* Paulus und Jesus, ³1967, 274; vgl. überhaupt ebd. 273 ff.

[22] Anders *Schmithals* (siehe oben Anm. 15). „Vom Osterglauben her" heißt freilich
nicht, von *dem* Kerygma im Sinne eines Urcredo her. Ein solches von *Schmithals* wie
von *Conzelmann* vorausgesetztes normatives Bekenntnis *der* Kirche ist mir trotz 1Kor
15,1 ff für das gesamte erste Jahrhundert höchst zweifelhaft. Vgl. dazu *H. Köster* und
J. M. Robinson, Entwicklungslinien durch die Welt des frühen Christentums, 1971,
pass.

Anfangs gewährt, auf dessen Weg sie ihr eigenes Versagen einholen dürfen[23].

An dieser Stelle scheint mir eine terminologische Verständigung von Nutzen, die vielleicht hilft, einige Probleme zu klären. Bultmann schärft ein, daß natürlich nur von einer Kontinuität zwischen dem „historischen Jesus" und der „urchristlichen Verkündigung" die Rede sein könne. Der „erhöhte Christus" sei keine „historische Gestalt", darum mit dem „historischen Jesus" nicht kommensurabel, so daß von einer Kontinuität nicht gesprochen werden dürfe. Vergleichbar und damit auf mögliche Kontinuität befragbar ist der „historische Jesus" nur mit dem „erhöhten Christus" *als* Verkündigtem[24]. Weil ich das für völlig zutreffend halte, versuche ich weiter zu differenzieren. Ich habe hier in der Regel vom *„irdischen Jesus"* gesprochen. Von ihm unterscheide ich als seine *methodisch* hergestellte Objektivation den *„historischen Jesus"*. Die vom Kerygma selbst behauptete Identität von „irdischem Jesus" und „erhöhtem Christus" läßt sich allein auf der Ebene ihrer jeweiligen Objektivationen erkennen und nachprüfen. Die Objektivationsebene des „erhöhten Christus" ist als seine *begriffliche Erfassung* die *Christologie* (M. Kählers „Biblischer Christus"), nicht schon das „Kerygma". Zwar ist auch dieses als Auslegung immer schon eine verfremdende Objektivierung. Aber auf einer anderen Ebene. Denn das Kerygma verdankt sich nicht der Anstrengung begrifflicher Arbeit, sondern unmittelbarer der religiösen Kompetenz seiner Träger, die nach ihrem Selbstverständnis diese Kompetenz dem unter und in ihnen wirksamen „heiligen Geist" zuschreiben. Der Objektivationsebene des Kerygma entspricht weder der „irdische Jesus", der vielmehr aller Objektivierung voraus ist, noch der „historische Jesus", der ihr gegenüber auf einer Metaebene liegt, sondern das *„Jesusbild"* der Evangelien. Die Einführung dieser von V. A. Harvey getroffenen Distinktion — von ihm als „perspectival image or memory-impression of Jesus" bezeichnet — scheint mir sehr nützlich und dazu geeignet, viel Verwirrung zu beseitigen[25].

Wie alle Eindrücke, die wir von Personen haben, ist das „Jesusbild"

---

[23] „Nicht von ungefähr, so scheint mir, läßt der Evangelist darum als Abschluß der Ostergeschichte das Schweigen und die Furcht der Frauen stehen, so anzeigend, daß das Angebot des Auferstandenen, wie es durch den Engel verkündigt wird, immer noch uneingelöst ist, jedenfalls mit dem Evangelium erneuert wird ... Ja, mit 16,7 ergeht das Angebot an die ‚Jünger', die Blindheit, die sie auf dem Wege des Irdischen nach Jerusalem gezeigt haben, jetzt heilen zu lassen" (*E. Stegemann*, 332 f).

[24] Vgl. *R. Bultmann*, Exegetica, 448 ff.

[25] Vgl. — auch zum folgenden Referat — *V. A. Harvey* 268 ff.

der Evangelien hochselektiv, perspektivisch und partiell. Stets hat der
dabei wirksame Selektionsmechanismus eine Fülle von Ursachen: Die
Rolle, die die betreffende Person spielt, ihre besonderen Beziehungen zu
den Tradenten des Bildes, deren leitende Grundinteressen usw. Im Fall
des Jesusbildes ist der Eindruck auf die Zeit der letzten wenigen Monate
eines fast dreißigjährigen Lebens beschränkt. Das Bild ist gezeichnet in
der Sprache der fundamentalen religiösen Interessen seiner Träger und
deshalb nur in ihr verständlich. Ja, wir haben allen Anlaß anzunehmen,
daß Jesus selbst dieses Grundinteresse weckte, prägte und stärkte. Seine
Rolle bestand darin, daß seine Jünger aus der unlösbaren Interrelation
seines *Verhaltens* und seiner Verkündigung, die sich wechselseitig interpretieren und eindeutig machen, gelernt hatten, an die unbegrenzte
Macht der Güte des nahen Gottes zu glauben. Eben dieser ihnen von
Jesus eingeprägte Glaube ist auch der Grund dafür, daß nach Holz-
schnittmanier alle Details seines Bildes beseitigt wurden, die dies eine,
allein Wesentliche stören könnten: Kindheit und psychologische Beziehungen zu Familie und Freunden, persönliche Wünsche, Ängste und
Träume, Charakterzüge, physische Erscheinung, Selbstbewußtsein, Ansichten und Vorstellungen. Aber trotz aller fehlenden Chronologie und
der mangelnden Details, trotz späterer Ergänzungen und Übermalungen
besteht guter Grund, das Bild im ganzen für vertrauenswürdig zu halten.

Seine drei Grundmotive: Jesu Verkündigung, sein Verhalten und seine
Kreuzigung bedingen und verstärken einander wechselseitig. Die Verkündigung stellt den Kontext zur Verfügung, in dem Jesu Verhalten begriffen sein will. Das Verhalten wiederum ist symbolische Exemplifika-
tion seiner Verkündigung. Beide aber erhalten ihr unverwechselbares
Profil durch Jesu Kreuzigung. „Das ist so sehr der Fall, daß die Kreuzigung ihrerseits zum Symbol werden konnte, das seine gesamte Sendung
repräsentiert" (Harvey 270). Das Kreuz wiederholt in äußerste Schärfe
die Frage nach der Wahrheit von Jesu Zeugnis von der Güte des nahen
Gottes. „Was ist das für eine Welt, wo dies Bild eines Gehenkten als das
Entscheidende gedacht werden kann? Kann die unergründliche Macht,
die solches zuläßt, ‚gerecht' heißen? So bewirkt das Kreuz nicht mehr
aber auch nicht weniger als die Rekapitulation des gesamten Inhalts von
Jesu Botschaft und Verhalten" (ebd. 273). Wie demgegenüber der Osterglaube kein zusätzliches Credendum ist, sondern Ausdruck des rechten
Verstehens des irdischen Jesus, Rückverweis auf seinen Weg und seine
Geschichte und nichts anderes[26], so ist auch die Kirche nichts anderes

---

[26] Vgl. *Harvey* 274 und siehe *G. Ebeling,* Die Frage nach dem historischen Jesus

als die Wiederholung der Jüngerschaft unter den Bedingungen der Abwesenheit Jesu.

Der Glaube verdankt sich dem *ganzen* Wirken und Geschick Jesu im Kontext der alttestamentlich-jüdischen Geschichte, nicht isolierten „Heilsereignissen", wie„ Kreuz und Auferstehung". Und der Glaube findet sich immer schon vor in einer Gruppe von Glaubenden, die sich von Jesus auf seinen Weg gestellt wissen. Es ist sein Ruf, dem sich Kirche verdankt. Sie ist kein „contrat social" der Osterzeugen und Wahrnehmung bestimmter Zwecke und Funktionen, sondern eine merkwürdige Etappe auf dem Weg des Gottesvolkes, der mit Abrahams Berufung begann[27]. Aber gerade weil sich der Glaube dem Wirken Jesu verdankt, kann er nicht aufhören, nach Jesus zu fragen. Unter den Bedingungen der Gegenwart kann er diese Frage aber nicht anders stellen als historisch-kritisch, das heißt: als die Frage nach dem historischen Jesus.

Diese Frage aber *muß* gestellt werden, weil sie helfen kann, den Glauben von seinem Ursprung her über sich selbst aufzuklären. Sie ist ein unverzichtbares Instrument, das „Jesusbild" der Evangelien, die Christologie der Apostel und deren interessegeleitete Auslegungs- und Wirkungsgeschichte wie unseren eigenen Glauben als deren Folge kritisch zu verstehen und zu präzisieren; natürlich nicht: zu legitimieren. Denn der Glaube *verdankt* sich dieser vergangenen Geschichte und wird durch ihre „Erinnerung" erweckt und unterhalten (vgl. Joh 14,26). Aber er ist nicht Glaube *an* diese Geschichte, so daß eine historische Frage ihn zu legitimieren vermöchte, sondern Vertrauen in den rechtfertigenden Gott und seine gnädige Nähe mitten in der Gottferne des Kreuzes.

Ob Paulus und Johannes ohne ein „Jesusbild" auskommen konnten, wie es die Synoptiker repräsentieren, kann hier nicht ausführlich erörtert werden. Wir können das aber ruhig unterstellen. Denn in ihrer Welt konnte wohl auch ein Mythos suffizienter Träger der Botschaft vom allein rechtfertigenden und weltüberwindenden Glauben sein. Wir Kinder des zwanzigsten Jahrhunderts sind da in einer anderen Lage[28]. Auf jeden Fall aber kann gegen den Versuch, das Neue Testament nach dem „hi-

---

und das Problem der Christologie, 315 (in: *ders.*, Wort und Glaube, 1960, 300—318).

[27] Deswegen sind die Erwägungen von Röm 9—11 und die Frage nach dem Geschick des empirischen Israel kein bloß subjektives Ressentiment des Apostaten Paulus, sondern eine eminent *theologische* Frage von bleibender Relevanz. Von hier aus ist zu fragen, ob eine Kirche, die sich „wahres Israel" nennt, nicht bereits aufgehört hat, „wahre Kirche" zu sein.

[28] Vgl. dazu ausführlich *K. E. Løgstrup* (o. Anm. 20), 42 ff sowie das Buch von *V. A. Harvey*, The Historian.

storischen Jesus" zu befragen, nicht eingewandt werden, das Unternehmen sei *deshalb* unmöglich, weil alle seine Texte schon im Licht des Osterglaubens interpretierte Texte seien. Denn es gibt überhaupt keine anderen Texte als interpretierte und die historische Aufgabe besteht prinzipiell darin, vergangene Interpretationen zu interpretieren und zu kritisieren[29].

Die Frage nach dem „historischen Jesus" muß sich aber streng auf die Rekonstruktion von Verkündigung, Verhalten und Geschick Jesu in ihrem wechselseitigen Bedingungsverhältnis beschränken. Denn darin hat sich die glaubenstiftende Nähe Gottes ereignet, die nach Tod und Erscheinungen Jesu christologisch expliziert werden *mußte.* Die Frage nach Jesu eigenem Glauben, nach seinem „Selbstbewußtsein" — sei das nun messianisch gewesen oder nicht —, nach seinem „Vollmachtsanspruch" und dergleichen geht aber den Glauben in der Tat „nichts an". Das hat Bultmann immer richtig gesehen. *Diese* Art der Fragestellung will Paulus tatsächlich mit 2Kor 5,16 als anachronistisch und „theologisch verboten" ausschließen. Es ist ein psychologistischer Irrweg, die christologische Explikation Jesu mit seinem „Vollmachtsbewußtsein" legitimieren zu wollen. Die Nötigung zu ihr liegt allein in der Nähe Gottes, die im Verhalten Jesu als rettende Macht erfahren wurde. Nur weil darin die Gottesherrschaft denen, die ihr fern waren, nahegekommen war, mußte Jesus nach seinem Tod christologisch expliziert werden[30]. Und eben wegen dieser Notwendigkeit seiner *christologischen* Explikation ist Jesus auch nicht *existential* interpretierbar. Das hat K. E. Løgstrup einleuchtend begründet[31]. Wo das versucht wurde und versucht wird, ist die sogenannte „neue Frage" nach dem historischen Jesus, wie Bultmann von Anfang an argwöhnte und wie Schubert M. Ogden und V. A. Harvey gezeigt haben, tatsächlich nur ein Neuaufguß der verfehlten „alten" Frage[32].

---

[29] Vgl. auch dazu das bei uns leider noch allzu unbekannt gebliebene Buch *Harveys.*

[30] Dazu E. *Jüngel*, Paulus und Jesus, bes. 174 ff u. 273 ff.

[31] Auseinandersetzung mit Kierkegaard, 46 ff: „... Das heißt aber: wenn sein (sc. Jesu) Dasein auf die gleiche Weise eschatologisch ausgerichtet war, wie auch andere Menschen eschatologisch existieren könnten, wenn also sein Dasein existential interpretierbar gewesen wäre, dann wäre seine eschatologische Botschaft Unwahrheit gewesen. Nur wenn sein Dasein in einem völlig anderen Sinne eschatologisch war, als andere Menschen eschatologisch zu leben berufen sein können, dann ist seine eschatologische Botschaft die Wahrheit für unser Leben. Wenn seine Verkündigung wahr ist, dann ist sie einer philosophischen Auslegung unzugänglich ..." (ebd. 49).

[32] Wie neu ist die „Neue Frage nach dem historischen Jesus"? (ZThK 59, 1962, 46—87); vgl. *Harvey*, The Historian, 164 ff.

Wenn *Theologie* die begriffliche Explikation des durch Jesus „gekommenen" Glaubens ist (vgl. Gal 3,23), wie ihn das Kerygma auslegt, dann kann Jesus in einer Neutestamentlichen Theologie nicht als „Hauptzeuge" *neben* Paulus und Johannes behandelt werden. Zwar ist er nicht nur ein, sondern *das* Thema der Theologie des Neuen Testaments. Aber er ist dies nicht als einer ihrer Zeugen vor oder neben anderen, sondern als die *Voraussetzung* und das implizite oder explizite Thema des Zeugnisses aller ihrer Zeugen. *Insofern* besteht Bultmanns Disposition zu Recht. Aber Jesus ist nicht darum *Voraussetzung* der neutestamentlichen Theologie, weil er Jude war und nicht Christ[33], sondern weil er der *Christus* ist und nicht *ein* Christ.

Daß — wie oben gesagt wurde — der Osterglaube kein zusätzliches Credendum ist, sondern einzig Ausdruck des rechten Verstehens des irdischen Jesus und Rückverweis der Kirche auf den Weg der Jünger mit dem Nazarener, zeigt sich sehr schön in Aufbau und Struktur des Markusevangeliums und insbesondere in seinem seit Wrede vielerörterten „Messiasgeheimnis". Mit seiner genialen Entdeckung der Zusammengehörigkeit und markinischen Urheberschaft des von ihm als „Messiasgeheimnis" bezeichneten Motivkomplexes (Das Wissen der Dämonen, die in Jesus ihren eschatologischen Feind erkennen und sich zur Wehr setzen, indem sie offenbaren, was doch verborgen bleiben muß; die Schweigegebote Jesu an Geheilte und Jünger; die merkwürdige ‚Parabeltheorie' von Mk 4,10—12; das penetrante Unverständnis der Jünger) hat Wrede die redaktionsgeschichtliche Fragestellung um rund ein halbes Jahrhundert vorweggenommen. Seine Einsicht ist in der Folgezeit freilich durch die formgeschichtliche Konzentration auf die Einzelüberlieferung stark in den Hintergrund gedrängt und zudem vielfach mißverstanden worden[34].

Das Messiasgeheimnis ist nicht eine historistische Hilfskonstruktion des Markus, dazu geschaffen, apologetisch das Mißverhältnis zwischen dem faktisch unmessianischen Leben Jesu, der auch kein messianisches Bewußtsein besaß, und dem messianischen Glauben und Anspruch der nachösterlichen Gemeinde zu kaschieren, wie vor allem W. Schmithals

---

[33] Vgl. *R. Bultmann*, Exegetica, 448 f.

[34] Vgl. vor allem *A. Jülicher*, Neue Linien in der Kritik der evangelischen Überlieferung (Vorträge der Hessischen und Nassauischen theologischen Ferienkurse 3, 1906); *ders.*, Art. Wrede, W. (RE 21, 506—510); dazu *E. Stegemann*, Markusevangelium 1 ff. Ferner *G. Strecker*, William Wrede. Zur hundertsten Wiederkehr seines Geburtstags (ZThK 57, 1960, 67—91).

die Wredesche Interpretation mißversteht[35]. Es ist aber auch nicht einfach ein der Apokalyptik entlehntes bloß literarisches Stilmittel, das Offenbarerwirken Jesu dem Leser gegenüber nachdrücklich zu unterstreichen, wie H. J. Ebeling meinte, einen ebenfalls mißverstandenen Wrede korrigieren und weiterführen zu müssen[36]. Ebeling, dem Conzelmann weithin folgt, glaubte gegen Wrede einwenden zu können, wenn dessen Theorie schlüssig sein solle, hätte Markus doch eine Notiz wie 7,36, wo es in unmittelbarem Anschluß an das Schweigegebot heißt: „Je mehr Jesus es ihnen aber verbot, desto mehr machten sie es gerade kund!", unterdrücken müssen. Aber er begreift nicht, daß das im Sinn des Markus nicht vorbildliche volksmissionarische Arbeit ist, sondern Unverständnis, Ungehorsam, Komplizenschaft mit den Dämonen. Conzelmann hat ganz recht, des Markus Theorie „ist nicht eine mühsame, apologetische Hilfskonstruktion" — was Wrede freilich auch gar nicht behauptet[37] —, „sondern die positive Darstellung eines Offenbarungsverständnisses" (Grundriß, 159). Ja, aber *was* für eines Offenbarungsverständnisses? Gilt einfach: „Betont ist gerade, wie unwiderstehlich sich der Ruf Jesu — trotz der wiederholten Schweigegebote — ausbreitet" (ebd.)? Nein! Das „Offenbarungsverständnis", das hier gegen das Eigengewicht messianischer Titel und alles, was sie assoziieren, gegen das Mißverständnis und den Mißbrauch Jesu als des eschatologischen Thaumaturgen, gegen anachronistischen Heilsenthusiasmus, Blindheit für die Zeichen der Zeit, Privatisierung des Heils und Leidensscheu geltend gemacht wird, besteht darin, daß begriffen werden muß: Einzig als der Leidende ist Jesus unter den Bedingungen des noch ausstehenden Eschaton der Messias und nur als Teilhaberin an seinem Kreuzweg ist die

---

[35] Vgl. EvKomm (o. Anm. 15), 80: „Die Messiasgeheimnistheorie stellt, wie Wrede richtig sah, eine Hilfskonstruktion zur Zusammenfügung einer unmessianischen Tradition vom ‚Leben' Jesu und der christologischen Bekenntnisüberlieferung der Kirche dar...". Ähnlich wird *Wrede* von *Conzelmann* interpretiert, der aber erkennt, daß Markus auch und gerade christologisch geprägte Tradition (8,27 ff; 9,2 ff) mit dem Messiasgeheimnis überformt. Nur kann daraus kein Einwand gegen *Wrede* abgeleitet werden (vgl. Grundriß, 159).

[36] H. J. *Ebeling*, Das Messiasgeheimnis und die Botschaft des Marcus-Evangelisten, 1939. — Der Fortschritt dieser Arbeit, das Messiasgeheimnis stärker als literarisches Motiv des Evangeliums in Relation zu seinen potentiellen Lesern zu reflektieren, ist freilich mit dem Mißverstehen *Wredes* und dem Rückfall hinter dessen Einsicht in den hier gespiegelten dogmenhistorischen Prozeß allzu teuer erkauft. Hier wird nur noch eine zeitlose Wahrheit durch ihre Auszeichnung als seliges Geheimnis um so wirksamer kundgemacht.

[37] Vgl. G. *Strecker*, ZThK 57, S. 76.

Gemeinde als rechte Jüngerschaft wahre Kirche. Mit dem Messiasgeheimnis wird also nicht eine profane Jesustradition nachträglich mit
der Patina einer Messiasdogmatik überzogen, sondern umgekehrt einem
illusorischen und gefährlichen christlich-unchristlichen Messianismus entgegengetreten.

Alles, was den allein befreienden Blick auf den Kreuzweg Jesu nach
Jerusalem irgend trüben könnte, muß mit der Autorität Jesu unterdrückt·
und zum Schweigen gebracht werden, „bis der Menschensohn von den
Toten auferstanden ist" (Mk 9,9). Weil aber gerade durch die Auferstehung der Todesweg Jesu nicht aufgehoben, vielmehr als der einzige Le-
bensweg der Kirche bestätigt wird, fliehen am Schluß auch noch die
Treuesten in dumpfem Entsetzen vom Grabe, die Frauen, die Jesus von
Galiläa her begleitet hatten. Man könnte also sagen, daß mit der Aufhebung des Messiasgeheimnisses ein analoges Ekklesia-Geheimnis in
Kraft gesetzt wird (vgl. die Gleichnisrede in Mk 4). Das Messiasgeheimnis muß verhindern, daß Jesus selbst von der messianischen Titulatur
und ihrem synsemantischen und sympragmatischen Feld verstellt und
verschlungen wird. Es hat ideologiekritische Funktion und stellt klar,
daß Ostern und die spezifisch christliche Messianität vom Weg des irdischen Jesus her begriffen werden müssen. Darum kann das Bekenntnis
erst laut werden, wo Jesus ausgeliefert ist in die Hände seiner Feinde,
von allen Freunden verlassen und verleugnet: bei seinem Verhör vor
dem Hohenrat (Mk 14,61 f) und aus dem Munde des heidnischen Hauptmanns unter dem Kreuz (Mk 15,39). Wie Markus mit dem „Jesusbild"
seiner Überlieferung, das er mit Hilfe des Messiasgeheimnisses kritisch
interpretiert, falscher Christologie, Ekklesiologie und Lebenspraxis entgegentritt, so ist unter den Bedingungen der Gegenwart die recht verstandene Frage nach dem historischen Jesus theologisches Gebot.

DER MITLEIDENDE HOHEPRIESTER

Zur Frage nach der Bedeutung des irdischen Jesus für die Christologie
des Hebräerbriefes

JÜRGEN ROLOFF

I.

Es hat sich im Verlauf der neueren Debatte um den historischen Jesus
immer deutlicher abgezeichnet, daß es in ihr letztlich nicht um ein historisches, sondern um ein fundamentales theologisches Problem geht.
Schon die längst nicht ausdiskutierten historischen Probleme sind erre-
gend genug: ob die Quellen die Rekonstruktion eines auch nur annähernd klaren Bildes Jesu ermöglichen, in wieweit sie die Geschichte Jesu
als einen in sich geschlossenen vergangenen Sinnzusammenhang darstellen, der der gegenwärtigen Glaubenserfahrung gegenüber eigenes Gewicht hat, und welchen Stellenwert die Jesusüberlieferung der Evangelien überhaupt im Rahmen frühchristlicher Verkündigung hat. Doch die
Auseinandersetzung darüber steht nur im Vorfeld der eigentlichen Frage:
in welchem Sinne ist der Rückgriff auf den vorösterlichen, irdischen Jesus überhaupt dem Kerygma von Kreuz und Auferstehung gemäß? H.
Conzelmann formulierte in einem relativ frühen Stadium der Debatte
den richtungweisenden Satz: „das Kerygma selbst zwingt zur historischen Darstellung des Auftretens Jesu und seiner Predigt"[1]. Aber welches Gewicht solche historische Darstellung haben konnte, ohne daß sie
den Rahmen des Kerygmas sprengte, bleibt eine auch weiterhin strittige
Frage. Bestehen Recht und zugleich Grenze solcher historischen Darstellung lediglich in der Verankerung des Kerygmas im Daß des Ge-
kommenseins Jesu und damit in der Abwehr einer doketischen Geschichtslosigkeit? Oder hat das Kerygma grundsätzlich auch Raum für
die Darstellung des lehrenden und handelnden Jesus, ohne dadurch un-

---

[1] Zur Methode der Leben-Jesu-Forschung, ZThK 56, 1959, Bh. 1,13 (*H. Conzel-*
mann, Theologie als Schriftauslegung, 1974, 29).

ter der Hand in ein gesetzliches Lehrsystem verwandelt zu werden bzw.
sich willkürlich-unkontrolliert an historisch austauschbare Phänomene
zu binden[2]?

Im folgenden soll versucht werden, zu der theologischen und historischen Debatte um dieses Problem einige exegetische Beobachtungen
anhand des Hebräerbriefes beizutragen, der sich dafür in besonderem
Maße anbietet. Nicht umsonst hat das scheinbar unvermittelte Nebeneinander von stark durch mythologische Motive und Denkschemata bestimmtem christologischem Kerygma einerseits und Bezugnahmen auf
den irdischen Jesus und seine Geschichte andererseits die Ausleger dieser neutestamentlichen Schrift immer wieder beschäftigt. So konstatiert
H. J. Holtzmann ein „unvermitteltes Nebeneinander von Metaphysik
und Historie", einen Hiatus „zwischen der spekulativen Konstruktion
von oben, die auf den präexistenten, weltschaffenden Sohn, und der geschichtlichen von unten, welche auf das Leben Jesu führt"[3]. Es hat seither nicht an Versuchen gefehlt, diesem Nebeneinander durch die Setzung
von Schwerpunkten auf der einen oder anderen Seite die Spannung zu
nehmen. Als Exponenten seien hier einerseits H. Windisch genannt, der
den Christusglauben des Hebr von einer „kultisch-dogmatischen Spekulation getragen" sah, „die eine geschichtliche Überlieferung völlig in sich
aufgesogen hat"[4], während andererseits O. Cullmann in der Darstellung
des irdischen Jesus geradezu das zentrale Interesse des Briefes zu sehen
meinte, etwa indem er das Hohepriester-Prädikat als einen auf das irdische Werk Jesu sich beziehenden christologischen Titel deutete[5]. Aber

---

[2] Diese Möglichkeit wurde radikal verneint von *W. Schmithals,* Kein Streit um des
Kaisers Bart, Evangelische Kommentare 3, 1970, 76—85; *ders.,* Jesus Christus in der
Verkündigung der Kirche, 1972, bes. 60—79. Zum Gesamtproblem zuletzt *F. Hahn,*
Methodologische Überlegungen zur Rückfrage nach Jesus, in: Rückfrage nach Jesus, hg.
v. K. Kertelge, 1974, 11—77; *R. Pesch,* Christus dem Fleische nach kennen (2Kor
5,16)? Zur theologischen Bedeutung der Frage nach dem historischen Jesus, in: *R. Pesch*
und *H. A. Zwergel,* Kontinuität in Jesus, 1974, 9—34.

[3] Lehrbuch der Neutestamentlichen Theologie II, hg. v. A. Jülicher u. W. Bauer,
1911[2], 337.

[4] Der Hebräerbrief, HNT 14, 1931[2], 27.

[5] *O. Cullmann,* Die Christologie des Neuen Testaments, 1958[2], 82—107, versucht
das Prädikat in gerader Linie auf eine Selbstdeutung Jesu von Ps 110 her (Mk 12,
35 ff) zurückzuführen. *G. Friedrich,* Messianische Hohepriestererwartung in den Synoptikern, ZThK 53, 1956, 265—311, geht noch weiter, indem er aus Mk 11,15 parr
und 14,58 parr folgert, Jesus sei aufgrund des Anspruchs, der endzeitliche Hohepriester
zu sein, vom Synedrium verurteilt worden: „Hier steht einer vor den Hohenpriestern,

diese Extrempositionen haben mit Recht in der Forschung wenig Anklang gefunden. Eher hat sich in den zahlreichen Untersuchungen zum Hebräerbrief aus den letzten Jahren ein Konsensus herausgebildet, der das von Holtzmann konstatierte „Nebeneinander" auf einer neuen, durch traditionsgeschichtliche Analysen abgestützten Ebene zu bestätigen scheint. So kann es einerseits als erwiesen gelten, daß die kerygmatische Konzeption des Hebr aus der hellenistisch-judenchristlichen Drei-Stufen-Christologie entwickelt ist, deren Grundschema sich vor allem in Christushymnen wie Phil 2,6—11; 1 Tim 3,16; Kol 1,15—20 klar erkennen läßt[6]. Jesus ist demnach der präexistente, bei der Weltschöpfung beteiligte Gottessohn (Hebr 1,2), der sich in einem Akt des Gehorsams erniedrigt hat, um menschliche Gestalt und menschliches Schicksal anzunehmen, — bis hin zum Tod als der tiefsten Stufe solcher Erniedrigung (Phil 2,8). Durch Gottes Handeln jedoch, das gleichsam Antwort auf diesen Gehorsam gibt, wird der Erniedrigte zur Rechten Gottes erhöht und in einem Akt feierlicher Präsentation allen Mächten und Gewalten gegenüber als Kosmokrator ausgerufen (Phil 2,11; Kol 1,20). Dieses Schema, das dem Hebr in dem Hymnenstück 1,3 f programmatisch vorangestellt ist, bildete gewiß auch das Gerüst des christologischen Bekenntnisses, als dessen Explikation der Brief verstanden sein will (3,1; 4,14), und demgemäß treten seine zentralen Elemente immer wieder in den Blick: so das Sein des präexistenten Sohnes in 1,5 f; 5,5; seine Erniedrigung beim Eintritt in die Welt in 2,9; 10,5—7; sein gehorsames Leiden in 2,14—17; 5,7 f; 10,7, und schließlich — den breitesten Raum einnehmend — seine Erhöhung über die Engel in 1,7—14; 2,5—8; 5,9 f.

Was nun andererseits die relativ zahlreichen Bezugnahmen des Briefes auf Einzelheiten des irdischen Lebens Jesu betrifft, so besteht ebenfalls weitgehende Übereinstimmung darüber, daß sie nicht direkt aus diesem christologischen Schema abgeleitet sind. Über diese negative Aussage hinaus ist jedoch eine eindeutige Klärung ihrer Traditionsbasis bislang nicht gelungen, und es ist sehr die Frage, ob sie überhaupt auf eine einheitliche Basis zurückführbar sind. Nur so viel dürfte — vor allem

---

der ihre ganze menschliche, politische und religiöse Existenz in Frage stellt" (291). Doch dagegen *F. Hahn,* Christologische Hoheitstitel, FRLANT 83, 1964², 135—241.

[6] So u. a. *E. Käsemann,* Das wandernde Gottesvolk, 1959², 61 ff; *G. Friedrich,* Das Lied vom Hohenpriester, ThZ 18, 1962, 102; *U. Luck,* Himmlisches und irdisches Geschehen im Hebräerbrief, NovTest 6, 1963, 194 f; *E. Schweizer,* Erniedrigung und Erhöhung bei Jesus und seinen Nachfolgern, 1962, 115 ff; *G. Bornkamm,* Das Bekenntnis im Hebräerbrief, in: *ders.,* Studien zu Antike und Urchristentum, 1959, 196 ff.

aufgrund der Untersuchungen von J. Jeremias[7], A. Strobel[8] und E. Gräßer[9] zu Hebr 5,7—10 — deutlich geworden sein, daß es sich hier nicht um
direkte Anleihen bei der synoptischen Tradition handelt, ja daß eine
weitergehende Kenntnis von Einzelheiten des irdischen Lebens Jesu seitens des Verfassers an keiner Stelle des Briefes zwingend nachgewiesen
werden kann. So kann die Notiz über Jesu Leiden „außerhalb des Tores"
(13,12) theologische Spekulation sein, die nichts weiter als den allgemeinen antiken Modus bei Hinrichtungen voraussetzt[10], und die Bemerkung
über Jesu Herkunft aus Juda (7,14) scheint kaum mehr zu sein als ein
Rekurs auf das allgemein geläufige Faktum der Davidsohnschaft (z. B.
Mk 12,35 ff; Röm 1,3)[11]. Und Stellen wie 2,14—18; 5,7—10 und 12,
1—3, die Jesu Schicksal mit dem der Seinen in Verbindung bringen,
sind — allerdings mit unterschiedlicher Überzeugungskraft der Argumente — auf ein paränetisch akzentuiertes Nachfolgeschema zurückgeführt worden[12].

Die traditionsgeschichtliche Klärung des Nebeneinanders von kerygmatischem Rahmen — geprägt durch die Dreistufenchristologie — und
Bezugnahmen auf den irdischen Jesus steht nun freilich im Vorfeld der
unausweichlichen theologischen Frage: in welchem Sinne hat der Vf. des
Hebr beides verbunden? So viel ist deutlich: er denkt vom christologischen Rahmenschema aus und ordnet ihm die Bezugnahmen auf den
irdischen Jesus ein. Damit erhält das, was nach dem Rahmenschema
kaum mehr als eine Episode auf dem Weg des Gottessohnes von der
Präexistenz zur Erhöhung[13] zu sein brauchte, ein neues Gewicht, und es
ist von vornherein anzunehmen, daß diese Gewichtsverschiebung auf den
irdischen Jesus hin nicht ganz unbewußt durchgeführt wurde.

---

[7] *J. Jeremias*, Hebräer 5,7—10, ZNW 44, 1952/53, 107—111 (*ders.*, Abba. Studien zur neutestamentlichen Theologie und Zeitgeschichte, 1966, 319—322).

[8] *A. Strobel*, Die Psalmengrundlage der Gethsemaneparallele Hebr. V 7 ff, ZNW 45,
1954, 252—266.

[9] *E. Gräßer*, Der historische Jesus im Hebräerbrief, ZNW 56, 1965, 63—91.

[10] *Gräßer*, 82; anders *Michel*, 507, A 3; *J. Jeremias*, ThW VI, 921 (unter Hinweis
auf Mk 12,8).   [11] *Gräßer*, 74.

[12] *A. Schulz*, Nachfolgen und Nachahmen, 1962, 294 f für 12,1—3); *E. Gräßer*,
Der Glaube im Hebräerbrief, 1965, 208—211 (für 2,14—18); *H.-Th. Wrege*, Jesus-
geschichte und Jüngergeschick nach Joh 12,20—33 und Hebr 5,7—10, in: Der Ruf Jesu
und die Antwort der Gemeinde, Festschrift für J. Jeremias, hg. v. E. Lohse, 1970,
259—288 (für 5,7—10).

[13] So *Windisch*, 25 ff, der die Reminiszenzen an den irdischen Jesus zwar auch
konstatiert, aber für vom „Mythos" nahezu verdrängt hält: „So scheint's als ginge die
ganze Theologie des Hebr in der ‚Christusmythe' auf" (26).

Dies konzediert auch Gräßer in seiner überaus gründlichen und materialreichen Studie „Der historische Jesus im Hebräerbrief". Ja, er betont, daß der Hebr trotz aller Uninteressiertheit am historischen Detail „als Theologe ein außerordentlich leidenschaftliches" Interesse am historischen Jesus habe. Allerdings will er dieses Interesse streng eingeengt sehen auf die antidoketische Verankerung des Heilsgeschehens in der Geschichte. M. a. W., dem Hebr gehe es um die Abwehr der vom christologischen Rahmenschema her als Mißverständnis drohenden Geschichtslosigkeit der Offenbarung[14]. Lehre und Tun Jesu eignet demnach kein erkennbares Gewicht; nichts weiter als dies, daß Jesus als geschichtlicher Mensch gekommen ist, ist für das Kerygma von Bedeutung! Gräßer erkennt freilich, daß einzelne Bezugnahmen auf Jesus, wie 2,18; 4,15; 5,8; 13,12 sich dieser Sicht nicht einordnen lassen[15]. Er nimmt sie darum für die Paränese in Anspruch, d. h. er beurteilt sie als Elemente einer christlichen Vorbildethik, die das Verhalten des irdischen Jesus zur Norm für die Glaubenden erkläre und weist ihnen damit einen Platz zu, der strenggenommen außerhalb der generellen kerygmatischen Konzeption des Briefes liege[16].

Hier stellt sich freilich alsbald die Frage, ob mit dieser Auskunft nicht eine gegenwärtige theologische Position in das frühe Christentum zurückprojiziert wird. Darf man bereits daraus, daß der Hebr nicht mit den Augen des modernen Historikers auf die Geschichte Jesu blickt, sondern sie vom christologischen Kerygma aus interpretiert, schließen, daß sein Interesse lediglich auf die Absicherung der Geschichtlichkeit der Offenbarung gehe? Die Möglichkeit muß durchaus offengehalten werden, daß der Vf. des Briefes, obwohl am „historischen Jesus" im modernen Sinn durchaus uninteressiert, von seinem kerygmatischen Rahmen her dem „irdischen Jesus" eine über den historischen Faktizitätsnachweis hinausgehende Bedeutung zuschreiben wollte, das heißt, das die irdische Geschichte Jesu bzw. einige ihrer Züge für ihn tatsächlich als Heilsgeschehen qualifiziert waren.

---

[14] *Gräßer*, ZNW 56, 1965, im Anschluß an *G. Bornkamm* (Anm. 6), 202 f.

[15] *Gräßer*, ebd., 88 f.

[16] Ebd., 89, A 120, unter deutlicher Artikulierung der Aporie, die aus der Einschätzung dieser Stücke als Fremdkörper im christologischen Kerygma für die heutige Verkündigung erwachsen muß. Aber bieten sie wirklich nur „viel Stoff für einen Moralismus, nicht aber für die Predigt der iustificatio impii"?

II.

Die beiden gewichtigsten Bezugnahmen auf den irdischen Jesus finden sich in den Abschnitten 2,5—18 und 4,14—5,10. Wir wollen uns zunächst mit 4,14—5,10 beschäftigen, denn dieser in letzter Zeit ungewöhnlich oft untersuchte[17] Abschnitt markiert den entscheidenden theologischen Angelpunkt des Briefes. Einerseits knüpft er, über die paränetische Einschaltung 3,1—4,13 hinweg, an die Aussagen über die Erniedrigung Jesu in 2,5—18 an[18], andererseits bereitet er die Ausführungen über die Funktion Jesu als Hoherpriester im himmlischen Heiligtum (7—10) vor. Sein unmittelbarer Zweck scheint die Begründung der Bezeichnung Jesu als Hoherpriester zu sein[19].

Gleich in 4,14—16 werden zwei Aspekte des hohenpriesterlichen Dienstes Jesu genannt, die die Grundlage für die ihm von der Gemeinde

---

[17] Neben den schon erwähnten Arbeiten von Jeremias, Strobel, Luck und Wrege sind hier noch zu nennen: *G. Braumann,* Hebr 5,7—10, ZNW 51, 1960, 278—280; *O. Linton,* Hebréerbrevet och den ,historiske Jesus'. En studie till Hebr V 7, SvTK 26, 1950, 338 ff; *M. Rissi,* Die Menschlichkeit Jesu nach Hebr 5,7—8; ThZ 11, 1955, 28—45; *R. E. Omark,* The Saving of the Saviour. Exegesis and Christology in Hebrews 5,7—10, Interpretation 12, 1958, 39—51; *G. Friedrich,* Das Lied vom Hohenpriester im Zusammenhang von Hebr. 4,15—5,10, ThZ 18, 1962, 95—115; *Th. Boman,* Der Gebetskampf Jesu, NTSt 10, 1963/64, 261—273; *Th. Lescow,* Jesus in Gethsemane bei Lukas und im Hebräerbrief, ZNW 58, 1967, 215—239; *E. Brandenburger,* Text und Vorlagen von Hebr V 7—10. Ein Beitrag zur Christologie des Hebräerbriefs, NovTest 11, 1969, 190—224; *Chr. Maurer,* „Erhört wegen der Gottesfurcht", Hebr 5,7, in: Neues Testament und Geschichte, Festschr. f. O. Cullmann, 1972, 275—284.

[18] *W. Nauck,* Zum Aufbau des Hebräerbriefes, in: Judentum Urchristentum Kirche. Festschr. f. J. Jeremias, Hg. v. *W. Eltester,* 1960, 199—206, hat einleuchtend gezeigt, daß die Verschränkung von Lehre und Paränese das leitende Kompositionsprinzip des Briefes ist, wobei die letztere das eigentliche Gerüst liefert. Der erste Hauptteil (1,1—4,13), der von den beiden hymnischen Stücken 1,3 f und 4,12 f gerahmt ist, schärft die Mahnung, auf das Wort zu hören (2,1 ff), ein, indem er auf Stellung und Weg des Sohnes verweist, durch den dieses Wort ergangen ist. Der zweite Hauptteil (4,14—10,31) wird eingerahmt durch die Mahnung, am Bekenntnis zum Hohenpriester festzuhalten (4,11; 10,19—31), die er in den thematischen Darlegungen zum Hohenpriestertum Christi begründet. Innerhalb dieses Teils hat wiederum 4,14—5,10 eine vorbereitende Funktion; denn der eigentliche τέλειος λόγος (5,14) vom himmlischen Hohenpriester (7,1—10,18) wird erst nach der paränetischen Einschaltung 5,11—6,20 entfaltet. Vgl. auch *F. J. Schierse,* Verheißung und Heilsvollendung, 1955, 196 f; *Michel,* 26 ff.

[19] Der Abschnitt liefert nämlich die Begründung „des 2,17—3,1 aufgestellten Themas: das Gleichwerden (ὁμοιωθῆναι) Jesu mit den Brüdern war nötig (ὤφειλεν), damit er ein treuer und barmherziger Hoherpriester würde" (*Gräßer,* ZNW 56, 1965, 77).

entgegengebrachte Zuversicht und Heilsgewißheit bedeuten: der Hohepriester ist „durch die Himmel hindurchgeschritten" und er ist fähig, die
Schwachheit der Versuchten mit zu erleiden (συμπαθῆσαι), „in jeder Hinsicht, wenn auch ohne Sünde". Der erste Aspekt weist voraus auf die
Kap. 7—10. Der zweite hingegen wird unmittelbar in 5,1—10 aufgegriffen und expliziert.

Daß 5,1 ff an 4,15 anknüpft, wird zwar von Auslegern wie E. Riggenbach und O. Michel unter Hinweis darauf bestritten, daß in 5,1 ff „nicht
von Jesus, sondern von jedem Hohenpriester" die Rede sei[20]. Beide finden hier eine allgemeine Erörterung der „notwendigen Kennzeichen des
Hohenpriestertums", wie sie *auch* auf Jesus zutreffen[21]. Aber abgesehen
von der auffallenden terminologischen Entsprechung zwischen 4,15 (δυ-
νάμενον συμπαθῆσαι ταῖς ἀσθενείαις ἡμῶν) und 5,2 (μετριοπαθεῖν δυ-
νάμενος ... ἐπεὶ καὶ αὐτὸς περίκειται ἀσθένειαν) spricht schon die Auswahl der in 5,1—4 angeführten Merkmale des Hohenpriestertums eindeutig gegen diese Auffassung. Der hier vorliegende typologische Vergleich ist nicht apologetisch, sondern christologisch konzipiert! So ist die
Mitleidsfähigkeit mit den Gliedern des Volkes, für die er stellvertretend
die Opfer darbringt, ja keinesfalls ein primäres Kennzeichen des aaronidischen Hohenpriesters, das jemand einführen würde, dem es um den
Nachweis zu tun wäre, daß Jesus tatsächlich den allgemeinen Anforderungen, die an den irdischen Hohenpriester hinsichtlich seiner Befähi-
gung gestellt werden, entspricht[22]. Die Auswahl des in 5,2 genannten

---

[20] *E. Riggenbach,* Der Brief an die Hebräer, KNT 14, 1913, 122; *Michel* 214, sieht
in 5,1—10 ein „eigentümliches, abgeschlossenes Glied im Ganzen". Und zwar würden
hier „Einzelne Züge des hohenpriesterlichen Dienstes ... aufgegriffen und mit dem,
was in der Geschichte Jesu Christi geschah, verglichen". Erkannt wurde der unmittelbare Zusammenhang zwischen 5,1—10 und 4,14—16 hingegen von *J. Chr. K. v. Hof-
mann,* Die heilige Schrift Neuen Testaments V, 1873, z. St. und *Fr. Delitzsch,* Com-
mentar zum Brief an die Hebräer, 1857, 169 ff.
[21] Nach *M. Dibelius,* Der himmlische Kultus nach dem Hebräerbrief, in: *ders.,* Botschaft und Geschichte II, 1956, 169 ff, sind sogar sieben Merkmale des hohepriesterlichen Tuns mit dem Heilshandeln Christi verglichen; Dibelius hat insofern recht, als
tatsächlich so viele Merkmale *genannt* werden; er übersieht jedoch ihre hypotaktische
Einordnung in die zwei eigentlichen Vergleichspunkte.
[22] *F. Schröger,* Der Verfasser des Hebräerbriefes als Schriftausleger, 1968, 228 f
spricht mit Recht von einer „Eintragung" in das atl. Bild des Hohenpriesters, „wenn
von ihm Mitgefühl mit den Unwissenden und Irrenden verlangt wird", und folgert:
„Es wird hier ein am irdischen Leben Jesu abgeschauter Zug in das Bild des Hohenpriesters hineingetragen." — Anders *G. Friedrich,* ThZ 10, 113, der für 5,1—3 jede
Vergleichsabsicht bestreitet, damit aber eine unbegründete Kluft zwischen v. 3 und v. 4
aufreißt.

Merkmals ist nur von 4,15 her zu verstehen; d. h. der Vergleichsmaß-
stab wird dem entnommen, was bereits vorweg thetisch als für das Hohepriestertum Jesu entscheidend aufgewiesen worden war. Dem Vf. ist
es um den Beweis zu tun, *daß Jesus aufgrund seines Mitleidens Hoherpriester ist;* er erbringt ihn, indem er zeigt, daß dieser Zug wenigstens
ansatzweise beim aaronidischen Hohenpriester vorhanden sein muß!

Geführt wird dieser Beweis durch ein geschicktes schriftgelehrtes De-
duktionsverfahren: aus der Verbindung zweier Merkmale, die den aaronidischen Hohenpriester betreffen, gewinnt er das Merkmal, auf das es
ihm im Blick auf Jesus ankommt. Das erste Merkmal besteht ganz allgemein darin, daß der Hohepriester seine kultische Funktion stellvertretend für andere ausübt. Dazu ist er eingesetzt, ἵνα προσφέρῃ δῶρά τε καὶ
θυσίας ὑπὲρ ἁμαρτιῶν (5,1). In v. 3 wird das zweite Merkmal genannt:
der Aaronide ist durch das Gesetz (Lev 9,7; 16,6.17) gehalten, am Versöhnungstag auch für sich und sein Haus ein Sühnopfer darzubringen.
Damit aber ist nach Meinung des Vf.s auch das dritte und entscheidende
Merkmal aufgewiesen, das v. 2 nennt: der Hohepriester kann sich selbst
nicht unbeteiligt aus seinem Opferdienst heraushalten; er wird durch die
Notwendigkeit, auch für sich selbst und seine Sünde zu opfern, immer
wieder auf die grundsätzliche Gleichheit seiner Situation vor Gott mit
der des von ihm vertretenen Volkes verwiesen. Freilich ist es eine wohlüberlegte theologische Nuancierung, die dem Abstand zwischen dem
Aaroniden und Christus Rechnung trägt, wenn in 5,2 nicht, wie in 4,15,
συμπαθεῖν, sondern das weit schwächere μετριοπαθεῖν steht[23]. Denn während sich Christus in seinem Dienst ganz auf die Seite der schuldigen
Brüder stellt, um ihr Leiden zum seinen zu machen, hält der Aaronide
nur „die rechte Mitte" in seinen Gefühlen gegenüber den „Unwissenden
und Irrenden"; er hat zwar nicht mehr die Möglichkeit, aus der Distanz
heraus zu verurteilen, weil er seine eigene Situation kennt, aber aus der
Aufhebung der Distanz zu den Sündern folgt bei ihm noch nicht die Be-
jahung der Gemeinschaft mit ihnen.

Die direkte Explikation dieses Vergleiches wird nun freilich bis v. 7
aufgeschoben, weil sich in v. 4—6 ein zweiter Vergleich zwischen Christus und dem Aaroniden chiastisch einschiebt, der, nicht anders als der
erste, christologisch und nicht apologetisch konzipiert ist. Auch hier soll

---

[23] „Die Verpflichtung, für sich selbst Opfer darzubringen, erinnert den Hohenpriester stets von neuem an die Tatsache seiner Schwachheit und wird so für ihn zum
Motiv, seinen Unwillen die Sünder in Schranken zu halten" (*Riggenbach,* 125; dort
auch Material zur Begriffsgeschichte von μετριοπαθεῖν).

ein für das Bekenntnis der Gemeinde entscheidender Punkt als den Voraussetzungen des aaronidischen Hohenpriestertums entsprechend und sie
zugleich überbietend herausgestellt werden, nämlich die Einsetzung in
seinen Dienst. Christus hat sich nicht nur sein Amt selbst genommen, —
er ist durch Gott selbst eingesetzt worden, und zwar dadurch, daß er der
„Sohn" ist, der — wie das Zitat Ps 110,4 besagt — zum Dienst des Hohenpriesters vorgesehen worden ist. Zwar ist die Zuordnung beider Prädikate — Sohn und Hoherpriester — hier wie auch sonst im Hebr nicht
ganz eindeutig, doch kann kaum zweifelhaft sein, daß der „Sohn" für
den Vf. durchweg der Präexistente ist (1,2.5; 4,14)[24], während das Hohepriesterprädikat, das schon aufgrund seiner Tradition dem Erhöhten
zugehörte[25], von ihm zwar nicht auf den Präexistenten, aber doch weitgehend proleptisch auf den Irdischen angewandt wird[26]. In der Zitaten-
kombination trägt demgemäß das Sohnesprädikat das Hauptgewicht. Der
Vf. will sagen: als der präexistente Sohn ist Jesus bereits für den von
ihm später zu erfüllenden Hohenpriesterdienst bestimmt worden[27].

Indem dieser zweite Vergleich in den ersten eingeschoben wurde, erhielt der Gedankengang eine klar disponierte theologische Spannung.
Das in 5,1—3 über das Mitleiden des Hohenpriesters Gesagte wird näm-

---

[24] Das folgt u. a. aus der Aussage über die Weltmittlerschaft des Sohnes in 1,3
(*Michel*, 94), sowie aus καίπερ ὢν υἱός in 5,8, wo damit auf jeden Fall „das ewige,
präexistente Wesen des Sohnes zum Ausdruck gebracht ist" (*Brandenburger*, 201).

[25] *Hahn*, 233.

[26] Solcher proleptischer Gebrauch liegt 2,17 vor: Jesus mußte den Brüdern gleich
werden, „um ein erbarmender und zuverlässiger Hoherpriester (scil. im himmlischen
Heiligtum) zu werden". 3,1 f; 4,15; 7,26 sprechen eindeutig vom himmlischen Hohenpriester (geg. *Brandenburger*, 208).

[27] Die Schwierigkeiten der meisten Ausleger resultieren aus dem vermeintlichen
Zwang, die Anrede Gottes an den Sohn in v. 5 mit der von v. 10 identifizieren und
darum beides gleichermaßen als himmlischen Proklamationsakt verstehen zu müssen (so z. B. *Käsemann*, 59; *Brandenburger*, 197). Aber v. 5 spricht ja nur von einer
Anrede als „Sohn". Die direkte Anrede als „Hoherpriester" ist, obwohl sie in der
Linie des Kontextes (v. 4) läge, anscheinend bewußt vermieden, d. h. sie ist für den
feierlichen Akt der Präsentation des Erhöhten (v. 10) reserviert. Der Vf. will nur
durch das unbestimmt nachklappende Zitat aus Ps 110 in v. 6 sagen: Das, was die
Schrift „an anderer Stelle" (scil. Ps 110,4) über den Hohenpriester sagt, lag in der
Linie der Anrede Gottes an den präexistenten „Sohn"; d. h. indem Gott Christus als
den „Sohn" anredete, hat er ihn proleptisch zum Hohenpriester vorbestimmt und da-
mit zugleich in sein irdisches Werk eingesetzt. Im übrigen hat bereits *E. Lohmeyer*,
Kyrios Christos, SHA Phil.-hist. Kl. 4, 1927/28, 78 f, richtig erkannt, daß für den
Hebr das Hohepriesterprädikat (und nicht der Sohnestitel!) an der Stelle steht, die in
Phil 2,11 der Kyriostitel einnimmt.

lich, indem in 5,4—6 der Ausblick auf die Präexistenz hinzukommt, in das vorgegebene Erniedrigungs- und Erhöhungsschema eingezeichnet. Daß der präexistente Sohn der ist, der die Situation der Menschen mitleidend auf sich nimmt, dürfte nämlich das eigentliche Ziel der in 5,7 bis 10 kulminierenden Argumentation sein.

So greift v. 7 f einerseits zurück auf 4,15 und 5,2, insofern Jesus hier als der mit den Sündern solidarische Hohepriester gezeichnet wird, andererseits schließt er aber bruchlos an v. 5 f an, insofern hier die Erniedrigung dessen ausgesagt ist, der vorher als der Präexistente ausgewiesen worden war. Die Verse 5,5—10 sind also folgerichtig nach dem Schema *Präexistenz* (v. 5—6), *Erniedrigung* (v. 7—8) und *Erhöhung* (v. 9—10) aufgebaut. Ob damit der Interpretationsschlüssel für die so viel umrätselten Verse 7—10 gefunden ist, entscheidet sich freilich erst daran, ob es gelingt, den Ort ihrer scheinbar so disparaten Einzelaussagen in diesem Gedankenduktus aufzuweisen.

Die Diskussion um v. 7—10 hatte in der jüngsten Zeit zwei Aspekte. Einerseits wurden verschiedene Versuche unternommen, hier vorgegebene *Traditionsstücke* ausfindig zu machen. So hat Th. Boman in v. 7 Fragmente eines Berichte über einen (mit Gethsemane nicht identischen) Gebetskampf Jesu finden wollen[28], während G. Schille und G. Friedrich u. a. in dem relativischen Anschluß von v. 7 und in der Häufung von Partizipialkonstruktionen Indizien für einen von Christus, dem Hohepriester handelnden Hymnus zu finden glaubten[29]. Schließlich hat E. Brandenburger ein Nebeneinander zweier verschiedenartiger Traditionsstücke wahrscheinlich machen wollen: v. 7 sei das Fragment einer „gänzlich unsoteriologischen" Überlieferung, die die Rettung Jesu aus dem Tode in der Sprache der Psalmen reflektiere, während v. 8—10 ein im Gottesdienst verankertes hymnisches Stück sei, das auf dem Hintergrund der Dreistufenchristologie die Einsetzung Jesu zum Hohenpriester darstelle[30]. Den anderen Aspekt bildete die Frage nach der *gram-*

---

[28] AaO. (Anm. 17).

[29] *G. Schille*, Erwägungen zur Hohepriesterlehre des Hebräerbriefes, ZNW 46, 1955, 252—266 rekonstruiert in v. 5—10 unter Ausscheidung verschiedener Elemente einen Hymnus in vier dreizeiligen Strophen, während *G. Friedrich* (ThZ 18, 1962, 95—115, in v. 7—10 (unter Ausscheidung von v. 8) einen aus zwei dreizeiligen Strophen bestehenden Hymnus finden will. Doch dagegen mit Recht *Brandenburger*, 197: „Daß wir es mit geprägter Sprache zu tun haben, wird anerkannt werden müssen. Aber spricht das schon für einen Hymnus"?

[30] 205 ff. Zwingende formale Indizien für das Vorliegen eines Hymnus vermag Brandenburger allerdings nicht aufzuweisen. Vorsichtig spricht er darum nur von einem

matikalischen Struktur von v. 7—10, wobei vor allem die Zuordnung der Wendung καίπερ ὢν υἱός Schwierigkeiten machte. Während sie A. Harnack seinerzeit mit gewichtigen philologischen Argumenten im Verein mit einer problematischen Konjektur auf die Partizipialform εἰσακουσθείς und damit auf den Relativsatz v. 7 zurückbeziehen wollte[31], entschied sich die Mehrzahl der neueren Autoren im Gefolge von J. Jeremias für den Bezug nach vorwärts, d. h. auf das verbum finitum ἔμαθεν in v. 8, womit sie sich allerdings einen ziemlich tiefgehenden Bruch nach dem Relativsatz einhandelten[32].

Der Hinweis auf den kausalen Zusammenhang beider Diskussionsaspekte mag nicht überflüssig sein: Wenn nämlich wirklich zwischen v. 7 und v. 8 ein Bruch im sprachlich-logischen Gefüge konstatiert werden muß, so wäre die einfachste Erklärung dafür in der Tat, daß hier (und möglicherweise auch zwischen v. 6 und v. 7) offene Nähte zwischen Traditionsstücken klaffen[33]. Hingegen wäre das Traditionsproblem zwar nicht ganz aus der Welt geschafft, hätte aber doch viel von seinem Gewicht verloren, wenn sich die sprachlich-logische Einheitlichkeit des Satzgebildes v. 7—10 aufzeigen ließe, d. h. wenn es gelänge, die Wendung παίπερ ὢν υἱός als sinnvolle partizipiale Umstandsbestimmung von προσενέγκας und εἰσακουσθείς zu erklären. Denn dann wäre die ganze Periode als Relativsatz mit Schwerpunkt auf den zwei finiten Verbformen ἔμαθεν und ἔπαθεν erklärbar, wobei die gesamte Partizipialkonstruk-

---

„in Analogie zu urchristlichen Hymnen bewußt, aber locker" geformten Stück. Die Indizien dafür, daß hier nicht der Vf. selbst formuliert, beschränken sich für B. letztlich nur auf die angeblichen Spannungen zum Kontext, d. h. auf den Bruch zwischen v. 7 und v. 8 und auf den v. 5 unterschiedenen Gebrauch des Sohnesprädikats in v. 8.

[31] Zwei alte dogmatische Korrekturen im Hebräerbrief, SAB Phil-hist. Kl. 1929, 5, 62—73. Harnack stellt durch Rückschluß von Mk 14,32—42 parr her fest, daß Jesu Gebet um Errettung vom Tode nicht erhört worden sei, weshalb in Hebr 5,7 vor εἰσακουσθείς ein οὐκ zu konjizieren sei, und bezieht zum Vorangehenden, weil καίπερ keinen Vordersatz einleiten könne.

[32] *Jeremias* (107 f) begründete diese Entscheidung, indem er den Nachweis erbrachte, daß καίπερ, besonders in der LXX, sehr wohl einen Vordersatz einleiten könne. Zugleich suchte er den durch einen Neueinsatz mit καίπερ entstehenden Bruch dadurch zu mildern, daß er καίπερ ὢν υἱός ἔμαθεν ἀφ' ὧν ἔπαθεν τὴν ὑπακοήν als Parenthese erklärte, die das Wort εὐλαβεία erläutert. Doch das hat bei neueren Auslegern mit Recht wenig Anklang gefunden; vgl. *Brandenburger* 194 f.

[33] Auf Versuche, den angeblichen Bruch in dieser Weise zu erklären, laufen bei aller Verschiedenheit im einzelnen die Analysen von Friedrich, Lescow und Brandenburger hinaus. Eine Sonderstellung nimmt, soweit ich sehe, nur die Studie von *Maurer* (278) ein, die καίπερ ὢν υἱός zum folgenden zieht, ohne damit die Annahme eines sachlichen Bruchs zu verbinden.

tion in v. 7 von ἔμαθεν direkt abhängig wäre, während die Wendung καίπερ ὢν υἱός nicht direkt auf ἔμαθεν, sondern als nähere Umstandsbestimmung auf die Partizipien von v. 7 zurückzubeziehen wäre. Dies würde auch dem sonstigen Sprachgebrauch des Vf.s entsprechen, denn sowohl in 7,15 als auch in 12,17 stehen mit καίπερ eingeleitete Partizipialwendungen, die auf Vorhergegangenes rückverweisen.

Freilich scheint auf den ersten Blick dieser Rückbezug aus sachlichen Gründen ausgeschlossen, es sei denn, man entschlösse sich zur Übernahme der Konjektur Harnacks. Denn welchen Sinn sollte das konzessive καίπερ ὢν υἱός haben, wenn im Vorhergehenden von einer *Gebetserhörung* Jesu die Rede war? Daß Jesus der Sohn ist, dürfte doch — so die allgemeine Meinung — seinem Erhörtwerden nicht im Wege stehen, sondern müßte es umgekehrt zu einer nicht näher zu betonenden Selbstverständlichkeit machen[34]! Allein, diese Betrachtungsweise ist kurzschlüssig, weil sie einerseits noch zu stark im Banne der traditionellen Auslegung unseres Abschnitts von der Gethsemaneerzählung her steht, während sie andererseits seine Bestimmtheit durch das christologische Dreistufenschema zu wenig berücksichtigt. Was nämlich in v. 7 zur Debatte steht, ist weder die Begründung der Gebetserhörung Jesu, noch deren Inhalt, sondern der Umstand als solcher, daß Jesus *als Menschgewordener* „Bitten und Geschrei" vor Gott bringt und auf das Erhörtwerden „infolge seiner Gottesfurcht"[35] angewiesen ist, obwohl er doch der präexistente Sohn ist! Dies ist das Besondere, das der Vf. hier herausheben möchte, um seine These vom συμπαθῆσαι Jesu mit „unseren Schwachheiten" zu erhärten. V. 7 steht nämlich als Aussage über den Erniedrigten in beabsichtigtem Kontrast zur Präexistenzaussage in v. 5 f. Die Wendung καίπερ ὢν υἱός, die auf v. 5b zurückverweist, soll zweifellos die Kontrastwirkung noch verschärfen: als Menschgewordener tut Jesus das, was an sich nicht Sache des Sohnes wäre, ja was dessen Status schroff widerspricht. Er, der aus der völligen Wesensgemeinschaft mit Gott kommt (1,3), muß diesem Gott in der Weise eines schwachen Menschen begegnen, muß um seine Zuwendung kämpfen und bitten!

Daß diese Aussage für eine mit ihrem Bekenntnis an der Dreistufenchristologie orientierte Gemeinde befremdlich klingen mußte, erweist ein

---

[34] So meint *Jeremias*, 108: „der Satz: ,Er wurde erhört ... obwohl er Sohn war' gibt keinen Sinn". Ebenso *Lescow*, 225 f; *Brandenburger*, 193; *Michel* 221 f.

[35] Mit der Mehrzahl der neueren Ausleger (*Riggenbach*, *Michel*, z. St.; *Jeremias*, 110; *Rissi*, 38; *Friedrich*, aaO. 106; *Luck*, 195) übersetzen wir εὐλαβεία mit Gottesfurcht. Zur Diskussion vgl. auch *Maurer*, 277 f.

Blick auf das grundsätzlich dem gleichen christologischen Typus zugehörige Johannesevangelium. In ihm wird mehrfach betont: der menschgewordene Sohn bedarf des Gebetes eigentlich nicht, da er in unaufhebbarer Wesensgemeinschaft mit dem Vater steht. Wenn er betet, ist dies nur demonstrativer Nachvollzug dieser Wesensgemeinschaft. Der Sohn ist so sehr eins mit dem Vater, daß nicht nur sein Weg, sondern auch sein Handeln von vornherein mit dem Willen des Vaters konform sind (Joh 11,41). So ist sein Gebet „stets der Erhörung gewiß". Vor allem ist es nie „ein Bittgebet aus menschlichem Bedürfnis"[36]. So ist das Abschiedsgebet Joh 17, was Jesu eigenen Weg betrifft, im Grunde kein Bittgebet, sondern ein Rechenschaftsbericht[37]. Es ist vielleicht kein bloßer Zufall, wenn diese Eigentümlichkeit in Joh 12,20—26 besonders deutlich zutage tritt, einem Abschnitt, dessen motivliche Verwandtschaft mit Hebr 5,7 immer wieder aufgefallen ist (wenn auch eine gemeinsame Traditionsbasis nicht hinreichend sicher nachgewiesen werden konnte[38]). Hier wird die Möglichkeit eines Bittgebetes des in den Tod gehenden Jesus ausdrücklich abgewiesen: Jesus bittet nicht um Rettung (Joh 12, 27), sondern um Verherrlichung des Namens Gottes, und die antwortende Himmelsstimme, die die Verherrlichung als bereits geschehene ansagt, ergeht nicht an Jesus, sondern an das Volk (12,28 ff). Sollte unser Vf. hier gegen eine solche christologische Position in seiner Gemeinde indirekt polemisiert haben?

Aber wie dem auch sei, — das καίπερ ὢν υἱός soll auf alle Fälle hervorheben: Christus schritt nicht als ein von menschlicher Anfechtung und Gottesferne unberührtes Gottwesen über die Erde, sondern war — nicht anders als alle anderen Menschen — darauf angewiesen, sich in der Not je und je der Hilfe und Nähe Gottes zu versichern. Das konkrete Material der hier verwendeten Aussagen stammt wohl, wie A. Strobel wahrscheinlich gemacht hat[39], aus einer Tradition, die das Leiden Jesu von Ps 114 (LXX) her interpretierte und die wiederum in naher Verwandtschaft zu jener Schicht des synoptischen Passionsberichtes stand, in der Jesu Schicksal als das des leidenden Gerechten der Psalmen interpretiert

---

[36] R. *Schnackenburg*, Das Johannesevangelium II, HerderK IV, 2, 1971, 425 f.

[37] Zu dieser Wendung vgl. *J. Becker*, Aufbau, Schichtung und theologiegeschichtliche Stellung des Gebetes in Johannes 17, ZNW 60, 1969, 61 ff.

[38] Dabei ist es neben dem Anklang von 5,7 an Joh 12,27 der Anklage der δόξα-Aussage von 5,5 an Joh 12,28, der diese Verbindung nahelegt; vgl. *Dibelius*, 171 f; *Jeremias*, 322; *Wrege*, 282 ff.

[39] Vgl. bes. die Aufstellung 256, die Ps-Parallelen für fast alle Motive von v. 7 nachweist, sowie die ergänzenden Erwägungen bei *Brandenburger*, 210 ff.

wurde, der gerade in der äußersten Bedrohung durch Tod und Gottesferne an seinem Gott festhielt und dabei dessen rettende Nähe erfuhr[40].
Einen Schlüssel für die Interpretation dieser Tradition durch den Vf.
wird man überdies auch in der Partizipialform προσενέγκας sehen können, denn sie hat keine Verankerung in der „Psalmengrundlage". Hingegen verknüpft sie als priesterlicher terminus technicus mit der Hohe-
priestervorstellung (vgl. 5,1b): Dieses Flehen und Beten ist der Dienst
des wahren Hohenpriesters für die Seinen[41]!

Aber in welchem Sinne? Schwerlich wird man mit M. Rissi v. 7 als
Fürbittgebet interpretieren können[42]. Jesus bringt hier *seine* Not vor den
Gott, der „ihn aus dem Tode zu retten vermag", — aber er tut dies als
einer, der mitleidend ganz in der Situation der Menschen steht. Wie der
Aaronide auch für sich selbst Opfer darbringen muß (v. 3), so muß der
„Sohn" wegen seiner Teilhabe an der menschlichen ἀσθένεια (4,15) auch
für sich selbst Gebet und Flehen „darbringen". Aber er tut damit das,
woran die anderen Menschen sonst scheitern! In der äußersten Krisensituation menschlicher Existenz gibt er sich nicht dem Tod und damit
der Sünde anheim, sondern er bewährt die Gemeinschaft mit Gott als
dem, der „vom Tode zu erretten vermag". Damit wird nicht nur seine
eigene Situation, sondern auch die der ihm zugehörenden Menschen
grundlegend verändert. Mit einem Ausdruck dogmatischer Schulsprache
ließe sich das Beten Jesu in v. 7 *ein Akt inklusiver Stellvertretung* nennen.

V. 8 faßt die Erniedrigung des Sohnes abschließend in der formelhaften Parechese zusammen ἔμαθεν ἀφ' ὧν ἔπαθεν τὴν ὑπακοήν. Nicht
von ungefähr klingt hier Phil 2,8 an; die ὑπακοή des Menschgewordenen
ist ein Grunddatum des traditionellen christologischen Schemas[43]. Freilich ist der Begriff hier ungleich stärker ethisch akzentuiert als in Phil
2,8; er meint nicht das schicksalsmäßige Eingebundensein in die unver-
rückbaren Bedingungen menschlicher Existenz als solches[44], sondern das

---

[40] So auch *Schweizer*, 115.

[41] Wenn Riggenbach, Michel, Brandenburger, z. St. als einzigen Beleg für eine über-
tragene Bedeutung von προσφέρειν für das Gebet im hellenistischen Judentum Jos.
Bel. III, 353 beizubringen vermögen, so spricht dies schwerlich dafür, daß in unserem
Text, dessen Leitgedanke die Gegenüberstellung Jesu mit dem aaronidischen Hohenpriester ist, die kultische Bedeutung völlig ausgeblendet ist; vgl. *Maurer*, 280 ff.

[42] *Rissi*, 40 f, kommt zu dieser These, indem er die Wendung ὑπὲρ ἀνθρώπων aus
5,1 sinngemäß auf Christus überträgt. Doch das ist unzulässig, da wie gezeigt, 5,1 kein
eigenständiger Vergleichspunkt ist, sondern auf v. 2 hinführt.

[43] *Lohmeyer*, 79; *Schweizer*, 119; *Luck*, 195; *Maurer*, 282.

[44] *D. Georgi*, Der vorpaulinische Hymnus Phil 2,6—11, in: Zeit und Geschichte.

bewußte und willentliche Einstimmen in den Willen Gottes inmitten dieser Existenzbedingungen (vgl. 5,9; 11,8). Er ließ sich von diesen Existenzbedingungen nicht, wie die Menschen sonst, zu verzweifeltem Widerspruch gegen Gott und damit zur Sünde verleiten, sondern „lernte, indem er litt", d. h. er bewährte in dieser Lage den Gehorsam[45], indem er sich Gott zuwandte und seine Gemeinschaft suchte.

Von der damit für alle Menschen geschaffenen neuen Situation sprechen abschließend v. 9 f, die zugleich im Sinn des christologischen Schemas die Peripetie bringen. Gott, ganz im Sinne von Phil 2,9—11 das logische Subjekt dieser Aussagen, „vollendet" den Gehorsamen, d. h. bei Zugrundelegung des hier wohl vorliegenden kultischen Sinnes von τελειοῦν, er macht ihn fähig, in priesterlicher Funktion vor sein Angesicht zu treten[46]. Darin, und nicht in der Verleihung eines grundsätzlich neuen Status, scheint für den Hebr der Sinn dieses himmlischen Geschehens zu bestehen. Denn Jesus war bereits als der Präexistente der Sohn und wurde durch seine Erniedrigung zum „barmherzigen und zuverlässigen Hohenpriester" (2,17). Nun aber wird er von Gott dazu bevollmächtigt, als Hoherpriester für immer vor ihm für die Seinen einzutreten. Denn auch diese Komponente schwingt ja in dem mehrdeutigen Verbum τελειοῦν mit[47]: Jesus wird jetzt durch Gottes Spruch endgültig als der ausgewiesen, der er immer schon war; sein Eintreten für die Seinen wird als bleibende Realität in Geltung gesetzt. Was er durch seinen Gehorsam als der Erniedrigte bewirkt hat, nämlich den Ausbruch aus dem Kraftfeld der Sünde und des Todesverhängnisses, bleibt nicht auf

---

Dankesgabe an R. Bultmann, hg. v. E. Dinkler, 284; ähnlich auch schon *E. Käsemann*, Kritische Analyse von Phil. 2,5—11, in: ders., Exegetische Versuche und Besinnungen I, 1960², 76 ff.

[45] „Das Leiden in der durch Gottferne bestimmten Welt ist nicht nur die Folge seines Gehorsams, sondern in ihm kommt der Sohn zum Gehorsam" (*Luck*, 195). Man wird zwar schwerlich mit Windisch, z. St. und *Cullmann*, 92. 97 f die Stelle im Sinne eines stufenweisen sittlichen Lern- und Entwicklungsprozesses deuten können, denn dagegen spricht schon die Vorstellung der Sündlosigkeit Jesu (4,5; vgl. 10,5—7); wohl aber hat μανθάνειν hier die Bedeutung des bewußten und willentlichen Sich-Aneigens des Willens Gottes (*Rengstorf*, ThW IV, 413; *Rissi*, 43 f), das sich gerade im Leiden vollzieht. Damit steht außer Frage, daß das geschichtliche Verhalten Jesu hier ethisch positiv qualifiziert ist. Trotzdem kann daraus noch nicht auf ein *imitatio*-Schema geschlossen werden; vgl. Anm. 48.

[46] *Delling*, ThW VIII, 84.

[47] Ebd., 82 f; *Brandenburger*, 204. An die Priesterweihe (*Dibelius*, 170) ist hier nicht zu denken, denn damit wäre der Unterschied zu v. 10 nivelliert, vgl. *Friedrich*, 107.

ihn im Sinne einer einmaligen Episode beschränkt, sondern wird jetzt
„allen, die ihm gehorchen", zur „Ursache des Heils". Wenn Gott Jesus
nunmehr als „Hohenpriester nach der Ordnung Melchisedeks" (v. 10)
anredet, so ist dies in diesem Sinne als öffentliche Inkraftsetzung dessen,
was der Erniedrigte bewirkt hat, als Heilsgeschehen zu verstehen[48]. Damit schließt sich der Kreis der Argumentation von Hebr 4,14—5,10.
Denn „ihm gehorchen" heißt nichts anderes als am Bekenntnis zu ihm
als dem Hohenpriester festhalten. Nun hat der Vf. deutlich gemacht, warum diese Mühe lohnt. Wer sich an Jesus als den Hohenpriester hält,
wird freigemacht von den alten, unheilvollen Bindungen und in eine
grundsätzlich neue Lage versetzt.

III.

Wie nun zu zeigen sein wird, erschließt sich der Sinn des anderen dem
Heilswerk des irdischen Jesus gewidmeten großen Abschnitts 2,5—18
nur von 4,14—5,10 her. Auf den ersten Blick treten in ihm die mythologischen Elemente noch ungleich stärker in den Vordergrund als dort.
Aber auch hier ist der Mythos gleichsam aufgebrochen worden durch
die Geschichte des Menschen Jesus und die unmittelbare Bedeutung, die
sie für die Gemeinde hat. Und zwar gilt dies für die beiden hier aufgenommenen mythologischen Motivkreise.

Das Gerüst liefert auch hier wieder, wie in 5,5—10, das christologische Dreistufenschema. Ausgehend von dem christologisch gedeuteten
Ps 8 (2,6 f), der das Thema Erniedrigung und Erhöhung leitmotivisch
einführt[49], wird der Blick des Lesers alsbald auf den „kurze Zeit unter
die Engel erniedrigten" Jesus gelenkt. Ihn gilt es zu sehen, und zwar als

---

[48] Die Aussage des Textes steht also jenseits der Alternative, die seine Auslegung
vielfach beherrscht: *entweder* wurde Jesus αἴτιος ewigen Heils, weil er den Seinen
eine Bresche durch die Materie brach, wobei Erniedrigung und Versuchung ausschließlich soteriologische Bedeutung hätten als Stationen auf dem Weg der Inkarnation (so
Käsemann, Das wandernde Gottesvolk, 142 f); *oder* er wurde es, indem er den Seinen
ein zur Nachahmung reizendes Vorbild des Gehorsams gab, wobei Erniedrigung und
Versuchung ausschließlich ethisch-paränetisch zu deuten wären (so *Gräßer*, 78 f). Vielmehr liegen Ethisches und Soteriologisches hier untrennbar ineinander: als Hoherpriester in die Situation der Menchsen eintretend, praktizierte er stellvertretend für sie ein
Verhalten, das einerseits diese Situation verändert, andererseits aber nun — im Zeichen dieser veränderten Situation — von allen nachvollzogen werden kann.

[49] *Michel*, 135 ff; *Schröger*, 79 ff. Entscheidend ist dabei die temporale Interpretation des an sich doppeldeutigen βραχύ τι im Sinne von „eine kurze Zeit", vgl. 2,9.

den, der „wegen seines Todesleidens mit Herrlichkeit und Ehre gekrönt
ist" (v. 9). Die Erniedrigung ist nicht, wie die Wendung βραχύ τι zunächst nahelegen könnte, eine Episode von geringem Gewicht auf dem
Weg des Heilbringers, sondern sie markiert die entscheidende Phase, in
der das Heilswerk seinen Platz hat. Denn der Jesus, an dem sich der
Glaube der Gemeinde orientiert, ist — wie v. 8b betont — nicht der
Erhöhte, dem alles unterworfen ist, sondern eben der Erniedrigte, der
„um seines Todesleidens willen mit Herrlichkeit und Ehre gekrönt ist"[50].
Die Erhöhung kann jetzt nur als Erhöhung des Erniedrigten und Leidenden begriffen und bekannt werden! Zugleich läßt v. 10 keinen Zweifel daran, daß die Erniedrigung der Raum des Heilswerkes Jesu ist:
„Es ziemte sich nämlich für ihn (= Gott), um dessentwillen und durch
den das All ist, dadurch viele Söhne zur Herrlichkeit zu führen, daß er
den Urheber ihres Heils durch Leiden vollendete". Nicht anders als in
5,7—10, wenn auch noch ohne das ausgeführte Bild des hohenpriesterlichen Opferdienstes, wird hier Jesu Leiden, als ein Für-andere-Sein, das
sich im Mit-ihnen-Sein konkretisiert, verstanden.

Im folgenden wird dann das Werk des erniedrigten Jesus in mehreren
Gedankengängen entfaltet:

(a.) Jesus bekennt sich zu den Menschen als seinen Brüdern, und zwar,
wie mit Worten des zum christologischen Grundrepertoire gehörenden
Ps 22 gesagt wird, indem er inmitten der Gemeinde Gottes Namen verkündigt und den Lobpreis Gottes annimmt[51]. Man wird, ohne diese
Stelle überzuinterpretieren, zumindest die Möglichkeit erwägen können,
daß hier an die Verkündigung des irdischen Jesus als der Grundlegung
gegenwärtigen Verkündigens und Betens gedacht sein könnte. Nicht nur
die Abänderung der LXX-Vorlage von Ps 22 (21), 23 macht dies zumindest wahrscheinlich[52], sondern auch die Aussage Hebr 2,3 f, in der
die Verkündigung Jesu, die von Zeugen der Gemeinde gewiß gemacht
worden ist, ἀρχή des Heils genannt wird[53].

---

[50] *Luck*, 197.213.

[51] *Michel*, 158. Möglich ist überdies, daß — wie hier nur angedeutet werden kann
— ein Traditionszusammenhang mit der Mose-Christus-Typologie der Stephanusrede
besteht; Apg 7,38 sieht Christus als Gegenbild des Mose, der in der ἐκκλησία auftrat,
um ihr „Worte des Lebens" zu geben.

[52] In v. 12 wird διηγήσομαι aus der LXX-Version von Ps 22 (21), 23 durch ἀπαγ-
γελῶ ersetzt, wohl um damit die Funktion Jesu als Bote des Evangeliums herauszuheben.

[53] Hebr 2,3 spricht nicht vom Erhöhten, sondern, wie schon die Reflexion auf die
folgende irdische Zeugenkette erkennen läßt, vom Irdischen, der durch seine Mensch-

(b.) Jesus nimmt „Blut und Fleisch" an, er geht ein in menschliche Existenz, deren Bedingungen Todesfurcht und Knechtschaft unter die Macht des Teufels sind. Dies entspricht zwar weitgehend dem christologischen Schema, das die Erniedrigung als Annahme der μορφὴ δούλου versteht (Phil 2,7), geht aber insofern darüber hinaus, als die Annahme der Knechtsgestalt *nicht nur als Vorbedingung* des göttlichen Heilshandelns in der Erhöhung gilt, sondern *in sich selbst den Rang des Heilsgeschehens hat.* Durch Jesu Tod wird nämlich die Macht des Teufels zunichte gemacht und die Erlösung der Versklavten bewirkt (v. 14b.15)[54]!

(c.) Der dritte Gedankengang, auf den es uns hier hauptsächlich ankommt, wechselt vollends aus mythologischen in personale Kategorien über: Jesus „nimmt sich des Samens Abrahams an", er wird zum Helfer der Brüder; und zwar muß er ihnen κατὰ πάντα gleich werden, um „ein barmherziger und treuer Hoherpriester vor Gott" werden zu können (v. 17). Nicht nur das Hohepriesterprädikat, sondern auch die sonstigen Motive, die hier in seiner Umgebung stehen, lassen keinen Zweifel daran, daß 2,16—18 eine verkürzte Vorwegnahme des Argumentationsganges von 4,14—5,10 ist. So deutet die Bestimmung des Hohenpriesters als ἐλεήμων[55] schon auf sein συμπαθῆσαι (2,17; vgl. 5,2 f), und auch der Hinweis auf die hohepriesterliche Funktion der Sühnopferdarbringung für das Volk findet seine Erläuterung in 5,1 ff, wo die Wendung τὰ πρὸς τὸν θεόν aus 2,17 im übrigen ebenfalls wiederkehrt. Vor allem aber läßt sich der abschließende Satz: „Denn worin er selbst versucht ist und gelitten hat, kann er denen helfen, die in Versuchung stehen" (v. 18) nur auf dem Hintergrund von 5,7—10 verstehen: Darin vollzieht sich nämlich die helfende Zuwendung Jesu zu den Menschen, daß er als Mensch und unter menschlichen Bedingungen die Situation der Anfechtung und Gottverlassenheit durchsteht, indem er die Gottesgemeinschaft bewährt, um so die heillose Situation der Menschen grundlegend zu verwandeln. Angst und Todesfurcht, die diese Menschen bislang in ihrem Bann hielten, indem sie ihnen den rettenden Zugang zu Gott verwehrten, haben dadurch das letzte Wort verloren.

---

werdung die Botschaft brachte, die ἀρχή des Heils wurde, weil sie da, wo sie gehört wird, eben den grundlegenden Wandel der menschlichen Situation bewirkt, von dem 2,12 spricht. Vgl. *E. Gräßer*, Das Heil als Wort. Exegetische Erwägungen zu Hebr 2,1—4, in: Neues Testament und Geschichte. Festschr. O. Cullmann, 1972, 261—274.

[54] *E. Lohse*, Märtyrer und Gottesknecht, ²1963, 170 f.

[55] *Riggenbach*, 58 f; *Michel*, 163 f. Das an sich schon seltene Adjektiv (im NT nur noch Mt 5,7!) ist als Beschreibung des hohepriesterlichen Dienstes ebenso ungewöhnlich wie dessen in 5,2 genanntes Merkmal.

Der andere mythologische Motivkreis, der in 2,5—18 anklingt, ist der vom himmlischen Urmensch-Erlöser[56], der kraft seiner physischen Verwandtschaft mit den zu Erlösenden die Bande der Materie, in der diese gefangen sind, zerbricht, um sie in die gemeinsame ewige Heimat zurückzuholen. E. Käsemann, der diesen Motivkreis zum primären Interpretationsschlüssel für die Christologie des Hebr deklarierte, hat in unserem Abschnitt eine Reihe ihm zugehöriger Elemente identifizieren wollen: So sei v. 11 (ὅ τε γὰρ ἁγιάζων καὶ οἱ ἁγιαζόμενοι ἐξ ἑνὸς πάντες) Reflex der gnostischen συγγένεια-Lehre, die die himmlische Präexistenz der zu Erlösenden mit dem Erlöser aussagt, und ebenso sei die massive Inkarnationsaussage von v. 14, die vom παραπλησίως μετέχειν des Erlösers an „Blut und Fleisch" der zu Erlösenden spricht, physisch-substanzhaft zu verstehen als Eingang des Erlösers in den Bannkreis der Materie, in dem auch die zu Erlösenden gefangen sind[57]. Nach Käsemann hat der Hebr den Tod des Inkarnierten als Durchbruch durch die dämonische Macht der Materie verstanden, und zwar in der Weise, daß der Erlöser durch die Preisgabe der „bei der Inkarnation angenommenen Materie seines eigenen Leibes" eine Bresche zur himmlischen Welt schlägt, durch die ihm die zu Erlösenden folgen können[58].

So gewiß an unserer Stelle solche gnostisierenden Motive vorliegen, so wenig wird man in ihnen freilich die eigentlich konstitutiven Elemente für den Vorstellungsrahmen der Christologie des Hebr sehen dürfen. Bezeichnend für das Denken des Vf.s ist vielmehr, daß er sie, wo er sie einführt, stets durch geschichtlich-personhafte Kategorien durchbricht und relativiert. So hat Käsemann selbst hinsichtlich des συγγένεια-Mythologems festgestellt, daß durch v. 13 „der Naturalismus des Mythos nicht aufgenommen worden" ist[59]. Der Hebr kennt nämlich keine Präexistenz der zu Erlösenden in der himmlischen Lichtwelt und läßt die Verwandtschaft von Erlöser und Erlösten gerade nicht naturhaft-physisch, sondern, wie wir sahen, worthaft konstituiert sein (v. 12 f). Und was die Inkarnation betrifft, so mag es zwar zunächst nach v. 14 den Anschein haben, als sei sie ganz als Eingang in eine von dämonischen Mächten beherrschte Sphäre konzipiert; jedoch wird dieser Eindruck als-

---

[56] Die hier vorgenommene Trennung erweist sich als methodisch notwendig, nachdem es sich gezeigt hat, daß das christologische Dreistufenschema von Phil 2 aus weisheitlichen Traditionen des hellenistischen Judentums stammt und — trotz möglicher Berührungen im Einzelfall — nicht als Exponat eines gnostischen Erlösungsmythos gedeutet werden darf; vgl. *Georgi*, 291 ff; *Schweizer*, passim; anders *Gräßer*, ZNW 56, 1965, 70. [57] 91 ff.

[58] 101. [59] 94; vgl. dazu *Michel*, 161.

bald in v. 15 durch die Schilderung der Situation, in die der Menschgewordene eingeht, korrigiert: Er kommt nicht zu denen, die, in der Materie gefangengehalten, der Erlösung durch den himmlischen Gesandten
harren, sondern er wendet sich denen zu, die durch die geschichtliche
Erfahrung des φόβος θανάτου unfrei und geknechtet sind. Dieser φόβος
ist nichts anderes als die Schwäche und das Versuchtsein, durch die die
Menschen immer wieder in Sünde geraten und unfähig werden zur Gemeinschaft mit Gott (4,14—16). Die Erlösung besteht darum auch nicht
in der Befreiung von der knechtenden Materie, sondern im Eingehen
Jesu in die geschichtlichen Existenzbedingungen dieser Menschen und in
ihrer Überwindung[60]: Der Menschgewordene läßt sich nicht durch den
φόβος θανάτου wie alle anderen in Tod und Gottesferne treiben, sondern er durchbricht, wie an 5,7 deutlich wurde, gerade in seinem Leiden
und Sterben, das scheinbar unabänderliche Verhängnis, indem er sich
Gott zuwendet und bei ihm Hilfe und Rettung findet. Nicht in der Befreiung von der Materie besteht die von ihm geschaffene Erlösung, sondern darin, daß er die scheinbar ausweglose Situation der Menschen
durch sein Verhalten auf Gott hin öffnet.

So viel ist gewiß richtig: für den Hebr ist Jesu Tod nicht, wie bei Paulus, „selbständiges Zentrum der Soteriologie", sondern „Verlängerung
und Abschluß der Inkarnation, welche dieses Ende gleichsam mit logi-
scher Konsequenz erwarten läßt"[61]. Aber die „logische Konsequenz",
die Menschwerdung und Tod zusammenbindet, ist für den Hebr letztlich
nicht durch die Kategorie des Mythos bestimmt, sondern durch die der
Geschichte. Er sieht den Tod Jesu nicht als die Abstreifung der von
einem Himmelswesen vorübergehend angenommenen φύσις[62], sondern
als das Ende und die Konsequenz eines durch Gott gewirkten und von
ihm bestimmten menschlichen Lebens, durch das die neue, unverlier-
bare Möglichkeit menschlichen Seins mit Gott begründet wurde, in deren
Erfahrung die christliche Gemeinde steht.

---

[60] *Lohse*, 166: „Aber von den gnostischen Gedanken ist Hebr 2,14 f wiederum dadurch bezeichnend unterschieden, daß nach dem Hebr nicht die Seelen der Menschen
vom Leibe getrennt, von der Materie gelöst werden, sondern daß der Todesfurcht
Grund und Ursache entzogen sind, weil Christus Fleisch und Blut annahm . . ."

[61] *Käsemann*, 98.

[62] Daß auch 10,19 f nicht für diese Auffassung herangezogen werden kann, hat
O. *Hofius*, Inkarnation und Opfertod Jesu nach Hebr 10,19 f, in: Der Ruf Jesu und
die Antwort der Gemeinde, Festschrift für J. Jeremias, hg. v. *E. Lohse*, 132—141, gezeigt: Demnach ist die σάρξ Jesu keineswegs die Materie, die er bei seinem Tode ab-
streift, sondern Hinweis auf den durch die Inkarnation geschaffenen Zugang zu Gott.

Die Inkarnation ist für den Hebr, gerade weil sie konsequent auf den
Tod hinführt, Heilsgeschehen. Der irdische Jesus ist als der „um seines
Todesleidens willen" Erhöhte (2,9) Urheber des Heils (2,10) und Helfer
(2,18; 3,16). Er ist dies nicht als Garant einer Trennung von der Materie, einer „Entweltlichung", sondern als von Gott in Kraft gesetztes Urbild einer ganz unter den Bedingungen dieser Welt gelebten aber nicht
von ihnen widerlegten menschlichen Existenz.

IV.

So viel ist von den untersuchten Texten her deutlich: Die Bezugnahmen auf den irdischen Jesus sind innerhalb des Hebr keine Fremdkörper, die, etwa als Reste einer frühen Lehrer- und Nachfolgechristologie,
unvermittelt neben der eigentlichen christologischen Konzeption des Vf.s
stünden. Sie sind vielmehr dieser vom Dreistufenschema „Präexistenz —
Erniedrigung — Erhöhung" her entwickelten Konzeption planvoll integriert. Der Vf. hat dabei einerseits eine Möglichkeit weiterentwickelt, die
in dem christologischen Schema bereits angelegt war, insofern als es ja
die Erniedrigungsphase als Teil des Heilsweges thematisierte (Phil 2,7 f;
Kol 1,20; Joh 1,14,18). Andererseits aber hat er das ihm wohl ebenfalls
von der Tradition vorgegebene Hohepriester-Prädikat als Ansatzpunkt
für seine Darstellung des irdischen Jesus herangezogen.

Dieses Prädikat gehörte in der Tradition sicherlich nicht dem Irdischen,
sondern dem Erhöhten zu, wie u. a. aus Röm 8,34; 1 Joh 2,1; 1 Clem
36,1; 61,1; 64,1 deutlich hervorgeht, und hatte einen gottesdienstlichen
Sitz im Leben[63]. Es zeichnete den Erhöhten als den Fürbitter für die
Seinen vor Gott[64]. Ganz in diesem Sinn verwendet es auch unser Vf. im
zweiten Teil seines Briefes (7,1—10,39). Darüber hinaus benutzt er die
in diesem Prädikat angelegten typologischen und geschichtlichen Bezugs-
möglichkeiten, um es auf den irdischen Jesus und sein Werk auszuweiten: er schildert in 2,5—18 und 4,14—5,10 den Inkarnierten als den,

---

[63] *Hahn*, 233, spricht von einem „Ausbau der Erhöhungsvorstellung". Die These
von G. *Theißen*, Untersuchungen zum Hebräerbrief, 1969, bes. 42 ff, wonach der Hebr
bereits eine mysterienhafte, eucharistisch-kultische Hohepriestertradition voraussetze,
gegen die er polemisiere, ist auf zu vielen unbegründeten Vermutungen aufgebaut, um
diskutabel zu sein.

[64] Röm 8,34; 1 Joh 2,1; möglicherweise gehören hierher auch Röm 5,2; Eph 2,18;
1 Petr 3,18 (anders *Hahn*, 234).

der, die Funktionen des aaronidischen Priesters überbietend, in die Situation der Menschen eintritt, um sie durch Überwindung von Furcht und Tod auf Gott hin zu öffnen.

Hier muß nun auch die Frage nach dem Stellenwert dieser Bezugnahmen auf den irdischen Jesus eingebracht werden. Ihrem äußeren Umfang nach scheinen sie gegenüber der breiten Darstellung des Werkes des erhöhten Hohenpriesters am himmlischen Heiligtum nur untergeordnete Bedeutung zu haben. Dieser Eindruck ändert sich jedoch, wenn man ihre Funktion im Rahmen der Gesamtkonzeption bedenkt. Dies ist nämlich für den Vf. entscheidend, daß das Eintreten des himmlischen Hohenpriesters für die Menschen im oberen, „nicht von Händen gemachten" Heiligtum (9,11.24) auf dem Werk des irdischen Jesus beruht. Das Scharnier zwischen beiden Bereichen wird in 5,10; 9,12 sichtbar: durch die einmalige geschichtliche Vollendung seines irdischen Weges hat Jesus eine „ewige Erlösung geschaffen"; er tritt durch sein Sterben ἐφ' ἅπαξ ins himmlische Heiligtum ein, um dort für alle Zeit den Seinen freien Zugang zum Angesicht Gottes zu schaffen (10,19 f). Das himmlische Sein ist für ihn nicht, wie in der philonischen Metaphysik, das eigentliche Sein, von dem das Irdische nur eine unvollkommene Abschattung wäre, sondern Ausdruck einer durch Gottes Handeln unverbrüchlich in Geltung gesetzten geschichtlichen Wirklichkeit. Es ist Bild dafür, daß die durch das Werk Jesu bewirkte Veränderung der menschlichen Situation für alle Zeit gültige, bleibende Möglichkeit ist.

Wenn unser Vf., abweichend von der ihm vorgegebenen Tradition und unter Inkaufnahme einiger Inkonsequenzen, den Irdischen zwar nicht explizit als Hohenpriester bezeichnet, aber doch sein Werk als hohepriesterliches darstellt, so hat dies den Grund, daß er ein einmaliges geschichtliches Geschehen als Heilsgeschehen deuten will. Aber in welchem Sinne? Selbstverständlich ist für ihn der Tod Jesu der Kulminationspunkt dieses geschichtlichen Geschehens. Aber es muß doch auffallen, daß der Vf. des Hebr gerade da, wo er auf den Irdischen zu sprechen kommt, die im Hohenpriesterprädikat gegebenen Möglichkeiten für eine kultische Deutung des Sterbens Jesu nur sehr zurückhaltend nutzt; er spricht hier zwar von der Sühnung der Sünden (1,3b; 2,17b), nicht jedoch direkt von einem Opfertod, — vom Opfer ist dann erst im Rahmen des Dienstes am himmlischen Heiligtum die Rede (9,12—14.18—22.26 ff; 10, 1—22). Statt dessen wird an der zentralen Stelle 5,1 ff das hohepriesterliche Handeln des irdischen Jesus einerseits als ein die Solidarität des aaronidischen Priesters mit den Sündern überbietendes Anteilnehmen an

der menschlichen Situation, andererseits — unter spiritualisierender Anwendung kultischer Begriffe (5,1.7) — als stellvertretendes Durchhalten
der Gottesgemeinschaft in dieser Situation beschrieben. Dem entspricht,
daß auch in 2,7.14 f.18 besonderes Gewicht darauf gelegt wird, daß der
Menschgewordene gleichsam die Innenseite des menschlichen Todes-
schicksals erfährt und überwindet: er „schmeckt den Tod", ist bei denen,
die „in der Knechtschaft der Todesfurcht stehen", und kann so „den
Angefochtenen helfen".

Indem er in seinem Leiden und Sterben die menschliche Situation
nicht nur solidarisch durchsteht, sondern ihr eine Wendung auf Gott hin
gibt, wird Jesus zum exemplarischen Repräsentanten einer neuen Le-
bensmöglichkeit. Dies freilich nicht im Sinne einer gesetzlichen imitatio;
denn zunächst gilt, daß nur er als der von Gott Gekommene diesen Weg
gehen konnte. Aber sein Weg ist nach Meinung des Hebr jetzt für alle
zur Möglichkeit geworden; Gott, der Jesus als ewigen Hohenpriester anerkennt, hält damit den von ihm erschlossenen Zugang zu seinem Angesicht für alle offen (4,16; 10,19)[65].

Gewiß kann von einem biographischen oder gar psychologischen Interesse am „historischen Jesus" beim Vf. des Hebr keine Rede sein.
Auch ist zuzugeben, daß die konkreten Daten über das Erdenwirken
Jesu, die er aufnimmt, in keiner Weise eine detailliertere Kenntnis der
Jesusüberlieferung verraten; sie bleiben im Rahmen allgemeiner und sehr
schematischer Vorstellungen, wie man sie wohl für das gesamte Urchristentum voraussetzen darf. Trotzdem wird man ihm ein dezidiertes theologisches Interesse am irdischen Jesus nicht absprechen können. Und
zwar geht es ihm keineswegs nur um die Verankerung des Kerygmas in
einem historischen Grunddatum, nicht nur um das geschichtliche Daß
der Erscheinung Jesu, sondern sehr dezidiert um das Wie! Er weiß, daß
der Glaube, um konkreter Lebensvollzug in der Welt im Namen Jesu
werden zu können, des Rückbezugs auf die im Wirken und Verhalten

---

[65] In diesem Gedanken scheint das Zwischenglied zu liegen, das die von *Käsemann*,
143 f, im Anschluß an *R. Gyllenberg*, Die Christologie des Hebräerbriefes, ZsystTh 11,
1934, 662—690, konstatierten zwei Linien im Verständnis des Todes Jesu — einerseits
die Sühnung der Sünden durch den himmlichen Hohenpriester, andererseits die Überwindung des Todes durch die Inkarnation — zur Einheit zusammenschließt. Denn das
Sühnopfer, das der himmlische Hohepriester am himmlischen Heiligtum vollbringt, ist
nichts anderes als das Ergebnis der stellvertretenden Bewährung des Menschgewordenen. Vgl. auch *Schweizer*, 123, A 472: „Nach vollbrachtem Opfer steht der Hohepriester fürbittend vor Gott ..., so daß er höchstens als Mittler der Loboper der Gemeinde dient."

des irdischen Jesus zur konkreten geschichtlichen Möglichkeit gewordenen Weise des Menschseins vor Gott bedarf. Dieser Rückbezug geht nicht am Kerygma vorbei, sondern nimmt es beim Wort. Denn das Kerygma meint, wenn es den Namen Jesu nennt, den, der in seiner gesamten Existenz und in seinem Geschick die Verantwortung für die Zusage des Kommens Gottes zur Welt übernommen hat.

JESUS UND DAS HEIL GOTTES

Bemerkungen zur sog. „Individualisierung des Heils"

ERICH GRÄSSER

I.

„Der deutschen Theologie ist ihre — vermeintliche — Neuorientierung an der Zeit und am Zeitbedarf nicht gut bekommen. Das Bedürfnis nach ‚politischer' Theologie ist außerhalb der Zunft nicht groß; und die Verkündigung des Todes Gottes interessiert außer den Verkündern selbst kaum jemanden."

Diese Sätze, die der Jubilar seiner Aufsatzsammlung voranstellt[1], sind eine schneidende Absage an „heute noch" gängige Parolen, ohne daß die zu ihnen führenden „Impulse" verkannt würden, z. B. der Protest gegen ein Christentum, das seine Weltverantwortung vernachlässigt. „Aber der Protest versandet in ‚Weltanschauung': Theologie wird wieder, bewußt oder unbewußt, als Vertretung eines weltanschaulichen Standortes betrieben."[2]

Daß dieses Urteil zutrifft, zeigt u. a. eine Diskussion, die im Zusammenhang mit der Auseinandersetzung um die politische Theologie en vogue ist: Das Stichwort *„Individualisierung des Heils"* signalisiert nicht nur in der heutigen Paulusdebatte einen „von tiefen Mißverständnissen verzerrten Problemkomplex"[3], sondern ebenso im „Streit um Jesus"[4]. Dieses Stichwort dient heute nicht wenigen als Kriterium dafür, „relevante" von „irrelevanter" Theologie zu scheiden. Wo man den Vorwurf

---

[1] H. *Conzelmann*, Theologie als Schriftauslegung. Aufsätze zum Neuen Testament (BEvTh 65), München 1974, 5.

[2] H. *Conzelmann*, aaO. 5.

[3] G. *Klein*, Christusglaube und Weltverantwortung als Interpretationsproblem neutestamentlicher Theologie, in: VF 18 (H. 2/1973), 45—76, hier 58.

[4] Vgl. W. *Schmithals*, Jesus Christus in der Verkündigung der Kirche. Aktuelle Beiträge zum notwendigen Streit um Jesus, Neukirchen-Vluyn 1972, 92.

der Individualisierung speziell gegenüber der neutestamentlichen Exegese erhebt, herrscht seltene Einmütigkeit hinsichtlich des Hauptschuldigen. Er heißt Rudolf Bultmann. Seiner existentialen Interpretation der neutestamentlichen Botschaft vor allem wird es zugeschrieben, daß sich ein seiner Weltverantwortung entziehendes Christentum auch noch theologisch gerechtfertigt sehen könne. Wie berechtigt ist diese Kritik?

Der Vorwurf, Bultmanns Interpretation trage einen „individualistischen Charakter", ist im Zusammenhang mit der Entmythologisierungsdebatte schon sehr früh erhoben worden[5]. Bultmann hat diesen kritischen Punkt sofort aufgegriffen — mit Verständnis und dem sichtlichen Bemühen, selbstverschuldete Mißverständnisse auszuräumen[6]. Im selben Jahre, in dem Ernst Käsemann seine kritische Frage anmeldete, „ob die Gleichsetzung von Theologie und Anthropologie nicht notwendig auf einen modifizierten Individualismus zutreibt", der nicht mehr angemessen von jenem „Recht" sprechen kann, „das Gott sich an der von ihm geschaffenen Welt holen will"[7], hatte Bultmann „in eigener Sache" zugegeben, daß die Realität der Geschichte nicht auf *je eigene* Geschichte reduziert, die Bedeutung der geschichtlichen Gemeinschaft nicht durch ihre Beschränkung auf die individuelle Begegnung mit dem Nächsten verkürzt werden dürfe, und daß die Bedeutung des Wortes der Verkündigung nicht nur darin liegt, daß es ein an mich persönlich adressiertes Wort, „sondern eine geschichtliche Macht ist"[8].

Dennoch setzten sich die Mißverständnisse fort. Sie betrafen und betreffen vor allem die von Bultmann ausgearbeitete Entweltlichung des Glaubenden und die Bestimmung der Kirche als eschatologische Gemeinschaft, die „wirkliche Kirche nur als Ereignis" ist[9]. Mit ersterem scheint der Erlösungsvorgang tatsächlich in gefährliche Nähe zu einem rein subjektiven Geschehen gerückt, mit letzterem der soziale, politische und korporative Bezug der Kirche geleugnet. Nichts aber lag Bultmann ferner, als die Weltbezüge bzw. die Weltverantwortung des Glaubenden wie der glaubenden Gemeinschaft (Kirche) zu bestreiten. Im Gegenteil! Daß Got-

---

[5] A. *Wilder*, Eschatology and Ethics in the Teaching of Jesus, 2. Aufl. New York 1950, 65.

[6] Vgl. R. *Bultmann*, Zum Problem der Entmythologisierung, in: KuM II, Hamburg-Volksdorf 1952, 179—208, bes. 198, Anm. 2, 206 mit Anm. 2; *ders.*, In eigener Sache, in: ThLZ 82 (1957), 241—250 (= GV III, Tübingen 1960, 178—189, hier bes. 183 f).

[7] E. *Käsemann*, Neutestamentliche Fragen von heute (1957), in: EVB II, Göttingen 1968, 11—31, hier 24.

[8] R. *Bultmann*, GV III, 184.			[9] R. *Bultmann*, KuM II, 206.

tes Handeln stets auch einen sozialen und korporativen Bezug hat, wie
Amos Wilder betonte[10], hat Bultmann ausdrücklich bejaht[11]. Ihm geht
es nur darum, die *einfache* Identität zugunsten einer *paradoxen* zurück-
zuweisen, um so die theologisch notwendige Unterscheidung von In-der-
Welt-sein, aber nicht Von-der-Welt-sein festzuhalten. Nicht, *daß* der
Glaubende einen Weltbezug hat, sondern die Frage, *in welchem Sinne*
dieser Weltbezug des eschatologisch Existierenden ausgesagt werden
könne, ist das Problem. „Die Entgeschichtlichung oder Entweltlichung
Gottes wie des Menschen ist also dialektisch zu verstehen: gerade der
jenseits der Weltgeschichte stehende Gott begegnet dem Menschen in seiner je eigenen Geschichte, im Alltag, in dessen Gabe und Forderung;
der entgeschichtlichte d. h. entsicherte Mensch ist auf die konkrete Begegnung mit dem Nächsten gewiesen, in der er echt geschichtlich wird."[12]

Dasselbe gilt nach Bultmann für die Kirche als eschatologische Gemeinschaft. Als *solche* kann sie „nur *paradox* [von mir hervorgehoben]
identisch mit einer soziologischen Größe oder einem institutionellen Gebilde der Weltgeschichte" sein[13].

Angesichts dieser differenzierten Beurteilung und der doch offensichtlich vorhandenen Gesprächsbereitschaft Bultmanns ist es verwunderlich,
daß die so sympathische Diskussion, die Heinrich Ott und René Marlé
in dieser Angelegenheit mit Rudolf Bultmann geführt haben, eine Seltenheit geblieben ist[14]. Ott hat angesichts des Befundes jedenfalls festgestellt, daß der „Individualismus" Bultmanns sozusagen nur ein „‚at-
mosphärischer' Wesenszug seines ganzen Denkens" sei und fügte dem
die Warnung hinzu, es sei „für alles Reden von einem Bultmannschen
‚Individualismus' größte Vorsicht und Zurückhaltung geboten"[15].

Die Warnung hat wenig genutzt. Aus der „Atmosphäre" wurden bald
erwiesene Denkstrukturen, aus „Tendenzen" Determinanten des Bultmannschen Denkens. Die differenziert vorgetragene Kritik von Ernst Käsemann[16] verkam bald zu einem zwar vielstimmigen, aber zuletzt doch

---

[10] *A. Wilder*, aaO. 60.   [11] KuM II, 206, Anm. 2.
[12] *R. Bultmann*, Theologie des Neuen Testaments, 6. Aufl. Tübingen 1968, 26.
[13] *R. Bultmann*, KuM II, 206.
[14] *H. Ott*, Geschichte und Heilsgeschichte in der Theologie Rudolf Bultmanns (BHTh
19), Tübingen 1955, 181 ff; vgl. dazu *H. Conzelmanns* Rezension in: ThLZ 82 (1957),
679—681; *R. Marlé*, Bultmann und die Interpretation des Neuen Testaments, 2. Aufl.
Paderborn 1967 (französische Erstausgabe 1956).   [15] *H. Ott*, aaO. 192. 193.
[16] *E. Käsemann*, Paulinische Perspektiven, 2. Aufl. Tübingen 1972, 48 f. *Käsemann*
hat z. B. immer betont, daß der Glaube nie eine kollektive, sondern immer nur eine
individuelle Entscheidung sein kann. „Den Stand im Angesichte Gottes gewinnt man

eintönigen Verwerfungsurteil mit geradezu formelhaften Klischees, wovon Günter Klein jüngst in einem Aufsatz zu Bultmanns 90. Geburtstag eine Auswahl geboten hat[17]. Gleichzeitig jedoch und ebenfalls in einem Artikel zu seinem 90. Geburtstag muß sich Bultmann vorwerfen lassen, von seinem Ansatz aus gebe es „keinerlei ausreichende Möglichkeit, den heute in Gang befindlichen, tiefgreifenden Prozeß gesellschaftlicher Bewußtseinsbildung, in welchem der Zeitgeist die Epoche des Bürgertums zu überwinden sich anschickt, theologisch-verantwortlich mitzubestimmen. Bultmann steht, darin ein Repräsentant seiner Generation, philosophisch Kierkegaard und Heidegger nahe; die Hegelschen Voraussetzungen zur Bewältigung der Probleme gegenwärtiger Sozialphilosophie sind ihm fremd"[18].

Dies jüngste Beispiel zeigt, daß Bultmanns schon früher gegebene Präzisierungen nichts gefruchtet haben. Sein Eingeständnis, daß die Geschichte nicht nur „Möglichkeiten" für meine Existenz freilegt, sondern gleichzeitig auch meine Entscheidung lenken kann[19], wird nicht zur Kenntnis genommen. Sein Hinweis, daß der Mensch nicht als ein isoliertes Individuum gesehen werden könne, daß er „von vornherein und immer in einem geschichtlichen Zusammenhang" stehe[20], daß der Mensch für die Zukunft verantwortlich sei[21], daß sein geschichtliches Verständnis zutiefst „durch Begegnung qualifiziert" sei[22], durch Begegnung mit

---

nicht durch die Kolonne, Partei, Konfession. Hier kann man sich auch nicht vertreten lassen... Das Zeugnis des heiligen Geistes *im eigenen Gewissen* [von mir hervorgehoben] ist unentbehrlich und ... letztlich ausschlaggebend" (*E. Käsemann,* Der Ruf der Freiheit, 3. veränderte Aufl. Tübingen 1968, 137).

[17] *G. Klein,* Rudolf Bultmann — Ein Lehrer der Kirche, in: DtPfrBl 74 (H. 9/ 1974), 1—4, hier 2 f.

[18] *U. Wilckens,* Bultmanns Ja und Nein, in: Deutsches Allgemeines Sonntagsblatt 27. Jg. (Nr. 33 vom 18. 8. 1974), 9—10, hier 10. Klarsichtiger ist in dieser Hinsicht *D. Sölle,* die mit Recht darauf hinweist, daß man von *Bultmanns Ansatz* bei der Geschichtlichkeit der Existenz und der Zukünftigkeit des Heils nicht *zwingend* auf individualistische Verkürzungen und ontologische Verallgemeinerungen kommen müsse (*D. Sölle,* Politische Theologie. Auseinandersetzung mit Rudolf Bultmann, Stuttgart/ Berlin 1971, 58). Das war übrigens die schon 1957 von *Bultmann* selbst ausgesprochene Meinung (GV III, 184).

[19] Vgl. *R. Bultmann,* GV III, 184. Die Frage von *D. Sölle:* „Kann ... die Offenheit, zu der uns das Evangelium befreit, politisch unter Aussparung entscheidender Lebensmöglichkeiten und Schicksale gedacht werden?" (aaO. 56), würde *Bultmann* also glatt mit nein beantworten.

[20] *R. Bultmann,* GV I, 168 f.   [21] *R. Bultmann,* GV III, 184.

[22] *R. Bultmann,* KuM II, 199.

dem „Nächsten"[23] und der „Welt"[24] — dies alles bleibt ungehört. Der Individualismusverdacht steht! Die Frage, ob man eventuell mit ihm in Beweisnot geraten könnte, stellt sich für viele gar nicht mehr. Günter Klein hat das Verdienst, an die Stelle von bloßen Verdächtigungen wieder Argumente gesetzt zu haben und kommt nach Abwägung von These und Gegenthese zu dem mit provozierender Schärfe vorgetragenen Urteil: „Daß an Bultmann die Spitzmarke eines weltvergessenen Individualismus nicht haften bleibt, ihm im Gegenteil die präzise Ausarbeitung der überindividuellen Determinanten des Menschseins zu verdanken ist, kann nur leugnen, wer ihn nie gelesen hat."[25]

Wir kommen in der Sache nur weiter, wenn in den Methodenstreit sogleich auch der Gegenstand, das neutestamentliche Heilsverständnis, miteinbezogen wird. Anders setzt man voraus, was erst zu zeigen wäre, nämlich daß das von Jesus angesagte und im Neuen Testament explizierte Heil Gottes kollektivistisch strukturiert sei und lediglich durch eine falsche Hermeneutik (Existentialismus) individualistisch verkürzt werde. Der letztgenannten Annahme ist schon die Tatsache der unbestrittenen hermeneutischen Ergiebigkeit der existentialen Interpretation nicht günstig. Wirft sie doch die nicht erst bei Paulus, sondern schon bei Jesus lohnende Frage auf, ob das vielleicht damit zusammenhängt, daß bei beiden das Heilsverständnis *anthropologisch* orientiert ist[26]. Und entlarvt diese Einsicht vielleicht die ganze Konfrontation von Individuum und Kollektiv als einen theologisch fruchtlosen Streit?

---

[23] Z. B. GV I, 243 f.

[24] KuM II, 201. Vgl. auch GV I, 231, ferner 235. 81. 109. — Läßt sich angesichts dieses Befundes der Vorwurf, *Bultmann* betreibe eine „punktuelle Existentialisierung" (*D. Sölle*, aaO. 59) noch aufrechterhalten? Hinsichtlich des Geschichtsverständnisses gibt *D. Sölle* zu, daß *Bultmann* Ansätze „zu einem politischen und gesellschaftlichen Verständnis des menschlichen Lebens biete" (62). Ich stimme ihr freilich zu: „Die Frage ist, wie weit Bultmann selber diesen progressiven Ansatz durchgehalten hat . . ." (63). Weiterführend und ergänzend in dieser Sache bes. *W. Kasper*, Glaube im Wandel der Geschichte (Topos-Taschenbücher 21), Mainz 1970, 62 ff. 91 ff.

[25] *G. Klein*, aaO. 3.

[26] „Weil der Kampf des Christus um die Welt heute und hier in jedem einzelnen Menschen entschieden wird . . ., widmet sich Paulus mit einem im *Neuen Testament nur von Jesus vorgezeichneten Ernst* dem Thema der Anthropologie und der Menschwerdung des Menschen." (*P. Stuhlmacher*, „Das Ende des Gesetzes". Über Ursprung und Ansatz der paulinischen Theologie, in: ZThK 67 [1970], 14—39, hier 37; Hervorhebung von mir).

II.

1. Die von Jesus angesagte Königsherrschaft Gottes hat eine eminent individuierende Tendenz

Das grundlegende Geschehen der Gottesherrschaft ist Jesu vollmächtiges Handeln in seinem Wort (Mk 1,22 par; 1,27 par; 2,10 par) und in seinem Verhalten (Mk 2,16 f par; Lk 7,41—43; Lk 11,20—22 par; 15, 4—10.11—32; Mt 18,23—35 usw.). D. h., das unterscheidend Jesuanische der Basileia-Predigt ist die Verknüpfung von Gegenwart und Zukunft in der Person Jesu selbst. Als Ansager des Reiches ist er zugleich dessen exklusives Zeichen (Lk 12,56).

In der sachlich zutreffenden Zusammenfassung der Botschaft Jesu bei Markus (1,15) ist diesem besonderen Geschichtsbewußtsein Rechnung getragen mit dem synthetischen Parallelismus:

ὅτι πεπλήρωται ὁ καιρὸς
καὶ ἤγγικεν ἡ βασιλεία τοῦ θεοῦ.

Die Satzglieder interpretieren sich gegenseitig[27]. Und zwar so, daß die Beurteilung als erfüllter Kairos, d. h., als die von Gott heraufgeführte entscheidende Stunde[28], als „die dem Menschen gegebene Augenblicks- und Entscheidungszeit"[29], sich nicht aus der apokalyptischen Weltbetrachtung und -entwicklung zum Ende hin ergibt, sondern umgekehrt wird der Kairos aus der Perspektive des nahen Reiches bestimmt:

ἤγγικεν ἡ βασιλεία τοῦ θεοῦ.

Dieses weltbildlich unausgeglichene Nebeneinander von Gegenwart und Zukunft des Reiches wird als sachliche Einheit verstehbar im Verhalten Jesu[30], welches als Ganzes das Herrwerden Gottes als Heil manifestiert:

Heil Euch Armen, denn Euch gehört die Gottesherrschaft!
Heil (Euch), die Ihr jetzt hungert, denn Gott wird Euch sättigen!
Heil (Euch), die Ihr jetzt weint, denn Ihr werdet Euch freuen (Lk 6,20b—21).

---

[27] Vgl. *R. Pesch*, Anfang des Evangeliums Jesu Christi. Eine Studie zum Prolog des Markus-Evangeliums (Mk 1,1—15), in: Die Zeit Jesu. Festschrift für Heinrich Schlier, Freiburg 1970, 108—144, hier 135.

[28] *G. Delling*, Art. καιρός, ThW III, 456—463; *K. H. Schelkle*, Theologie des Neuen Testaments IV/1. Vollendung von Schöpfung und Erlösung, Düsseldorf 1974, 15 f.

[29] *W. Kasper*, Glaube, 76.

Gerade dadurch, daß die Gottesherrschaft bei Jesus kosmisch-duali-
stisch strukturiert ist[31], (Gottesherrschaft bricht Satansherrschaft, Lk 11,
20 f par), wird das Jetzt zur Entscheidungszeit für den einzelnen qualifiziert: μετανοεῖτε! Und zwar wird nicht *etwas* vom Menschen verlangt,
sondern er selbst und als Ganzer, wie der um der Gottesherrschaft willen
erfolgende Ruf zur *Nachfolge* beweist (Lk 9,61 f; Mk 10,17.21; Lk 14,
27; Mk 1,17.20; 2,14; 8,34; 10,28; 15,41; Mt 10,38)[32]. In jedem Falle
geht es um eine radikale Entscheidung: Entweder ist der Mensch dem
Willen Gottes gehorsam und dadurch Teilhaber am Reich Gottes, oder
er ist ungehorsam und damit Beförderer der satanischen Herrschaft[33].
Jesu Kritik am Gesetz, am Kult und an den religiösen Observanzen hat
den einen Sinn, jedem einzelnen Menschen zu zeigen, was Gott ganz
persönlich von ihm will. „Ganz konkret zugreifend, fern aller Kasuistik
und Gesetzlichkeit, unkonventionell und treffsicher ruft Jesus den einzelnen zum *Gehorsam gegen Gott* auf, der das ganze Leben umfassen
soll.“[34]
Indem Jesus auf den „beanspruchten Hörer“ und nicht auf den „di-
stanzierten Betrachter“ zielt und diese Beanspruchung durch das ἤγγικεν unterstreicht und unaufschiebbar macht, akzentuiert er nicht in apokalyptischer Manier die Zeitansage als solche, sondern deren Existenz-
sinn[35]. „Überall liegt die Pointe darin, daß der Angeredete dem Reich
Gottes unmittelbar konfrontiert wird und darin schon heute sein ewiges
Heil erfährt (vgl. den Stil und die Tempora der Seligpreisungen).“[36] Damit ist die apokalyptische Wann-Frage grundsätzlich überholt. Aufglie-
derung der Welt- und Völkergeschichte in Zeitperioden, geschichtliche
Durchblicke, Staffelung der Eschata bis zum Telos entfallen. Die Umkehr jedes einzelnen ist unaufschiebbar. Kriterium des *zukünftigen* Ge-

---

[30] *H. Conzelmann,* Art. Reich Gottes. I. Im Judentum und NT, RGG[3] V, 915.

[31] Den Nachweis bei *J. Becker,* Das Heil Gottes. Heils- und Sündenbegriffe in den
Qumrantexten und im Neuen Testament (StUNT 3), Göttingen 1964, 199 ff, bes.
209 ff.

[32] Vgl. *M. Hengel,* Nachfolge und Charisma. Eine exegetisch-religionsgeschichtliche
Studie zu Mt 8,21 f. und Jesu Ruf in die Nachfolge (BZNW 34), Berlin 1968; *E. Grä-
ßer,* Nachfolge und Anfechtung bei den Synoptikern, in: Angefochtene Nachfolge.
Beitr. zur Theol. Woche 1972, Bethel H. 11 (1973), 44—57.

[33] Vgl. *J. Becker,* aaO. 210 f.

[34] *H. Küng,* Christ sein, München 1974, 235.

[35] *H. Conzelmann,* aaO. 915.

[36] Vgl. *H. Conzelmann,* Gegenwart und Zukunft in der synoptischen Tradition, in:
ZThK 54 (1957), 277—296, hier 287 (= Aufsätze zum NT, 42—61, hier 52).

richtes ist das *gegenwärtige* Verhalten gegenüber Jesus (Lk 12,8 f par;
vgl. Mt 25,31 ff)[37]. Und zwar ist der einzelne aufgerufen, für sich zu
entscheiden[38], nicht eine prädestinierte oder determinierte Gruppe oder
völkische Gemeinschaft.

2. Für Jesus offenbart sich Gott nicht mehr in der Volksgeschichte[39]

In diese von allen völkisch-nationalen Elementen freie Eschatologie
Jesu paßt die Stiftung einer organisierten eschatologischen Gemeinschaft
nicht hinein. „Jesus sammelt das Gottesvolk ausschließlich durch seinen
Ruf und erwartet die sichtbare Sammlung beim Anbruch des Reiches.
Er verweigert das, was in der Sekte von Qumran das konstituierende
Element ist, die Erwählten als Gruppe auszusondern und sichtbar darzustellen."[40]
Der Abstand zum alttestamentlichen Heilsverständnis ist evident. Für
dieses ist Zusammengehörigkeit von Jahwe, Volk und Land eine Selbstverständlichkeit[41]. Daß sie noch in neutestamentlicher Zeit lebendig war,
zeigt sich daran, daß Israel sich einen Übertritt zum Glauben an Jahwe
nicht vorstellen konnte ohne Eintritt in seine Gemeinde und Aufnahme
in den Volksverband[42]. Die Qumrangemeinschaft nennt sich „neuer

---

[37] Vgl. *W. G. Kümmel,* Verheißung und Erfüllung. Untersuchungen zur eschatologischen Verkündigung Jesu (AThANT 6), 3. Aufl. Zürich 1956, 134.

[38] Vgl. *H. Braun,* Jesus. Der Mann aus Nazareth und seine Zeit (ThTh 1), Stutt-
gart/Berlin 1969, 65.

[39] *R. Bultmann,* Das Urchristentum im Rahmen der antiken Religionen, Zürich
1949, 87; *ders.,* Die Bedeutung des Alten Testaments für den christlichen Glauben, in:
GV I (1933), 313—336, bes. 332 ff.

[40] *H. Conzelmann,* Art. Eschatologie IV. Im Urchristentum, RGG³ II, 668. Den
grundlegenden Nachweis führte *W. G. Kümmel,* Kirchenbegriff und Geschichtsbewußtsein in der Urgemeinde und bei Jesus (SyBU I), Uppsala 1943, 2. Aufl. Göttingen
1968, 1 ff. Auch der Zwölferkreis repräsentiert nicht das wahre Gottesvolk, sondern
die Zwölf repräsentieren den Ruf Jesu an das *ganze Volk* (Mt 19,28 par) und
helfen bei der Predigt der Gottesherrschaft (Mk 6,7 ff; Mt 10,5—7). Vgl. *W. G. Kümmel,* aaO. 31 f.

[41] Vgl. *H. Gese,* Geschichtliches Denken im alten Orient und im Alten Testament,
in: Vom Sinai zum Zion. Alttestamentliche Beiträge zur biblischen Theologie (BEvTh
64), München 1974, 81—98, hier 94 f.

[42] Hier mag der Hinweis auf die Bedeutung des קהל , „Israels" und der „Beschnei-
dung" genügen. Zur Sache vgl. *J. Schattenmann,* Art. Gemeinschaft, TBLNT I, 496;
N. A. Dahl, Das Volk Gottes. Eine Untersuchung zum Kirchenbewußtsein des Urchristentums, Oslo 1941 (= Neudruck Darmstadt 1962), 51 ff. 142.

Bund im Lande Damaskus" (Dam VI, 19) und beansprucht damit, die Erfüllung von Jer 31,31 ff zu sein, freilich in reduzierter Form: Aus dem ganzen Volk am Sinai ist der heilige Rest geworden. Nun ist freilich dort, wo man Jesus den Überlieferungen des AT *entgegensetzt*, größte Vorsicht geboten. Vor allem die pauschalierende Antithetik: dort ist das Volk gemeint, hier der einzelne!, trifft kaum den wahren Sachverhalt. Denn das AT ist in dieser Hinsicht gar keine Einheit, sondern ein durch zahlreiche Traditionsbrüche zerklüftetes Feld[43]. Und manche der Traditionen, die eine bereits deutlich individuierende Tendenz erkennen lassen — z. B. die Prophetie des 8. Jahrhunderts, in der an die Stelle des Volkes die Gemeinschaft derer tritt, die sich für Jahwe entscheiden (die *ᶜᵃnijjîm*); oder in der deuteronomistischen Bewegung, deren Objektivierung der gesamten heilsgeschichtlichen Tradition in der Tora-Konzeption nicht denkbar wäre „ohne einen entsprechenden Subjektivismus im Volksbegriff"[44]; oder schließlich die „*sola-gratia*-Konzeption" des neuen Bundes bei Jeremia (31,31 ff) — diese Traditionen finden hinsichtlich ihrer ontologischen Struktur (Individuation) ihr Telos im Neuen Testament[45].

Aber trotz aller Traditionsbrüche, die z. T. unmittelbar ins Neue Testament führen, ist Israels Glaube nie von seiner „*Mitte*", die die Mitte des AT ist, abgewichen: „Jahwe der Gott Israels, Israel das Volk Jahwes". Und zwar durchaus in der einst von Julius Wellhausen vorgenommenen Zuspitzung: „Die Gottheit hat es nicht mit dem einzelnen Men-

---

[43] Zum Folgenden vgl. *H. Gese*, Vom Sinai zum Zion, 11 ff, bes. 23 ff.

[44] *H. Gese*, aaO. 26. „Dieser ᶜ*ām* ist kein Volk im vorfindlichen Sinne mehr, es ist ein künstliches Gebilde, eine Summe von Einzelpersonen, die je für sich verantwortlich existieren und handeln" (ebd.).

[45] Die religionsgeschichtliche Schule hat die fortschreitende Individualisierung der jüdischen Religion als ein Stück „Geistesgeschichte" zu beschreiben versucht. Als treibende Faktoren nahm sie dafür an: a) Übergang von der nationalen Form in die des synagogalen Gottesdienstes (vgl. *W. Bousset/H. Gressmann*, Die Religion des Judentums im späthellenistischen Zeitalter [HNT 21], 4. Auflage Tübingen 1966, 291); b) die Apokalyptik mit ihrer individuellen Eschatologie (*W. Baldensperger*, Die messianisch-apokalyptischen Hoffnungen des Judentums, 3. völlig umgearb. Aufl. Straßburg 1903, 227); c) das Lohndenken der synagogalen Gesetzesreligion (*H. J. Holtzmann*, Lehrbuch der neutestamentlichen Theologie I, Tübingen 1911, 76 f). — Gegen die mit dieser Sicht verbundene „frömmigkeitsgeschichtliche" Wertung von mehr oder weniger hohen Stufen wendet sich *H. Gese*, aaO. 24 ff, dem die „ontologischen Strukturen" solcher Vorstöße von alttestamentlichen Traditionen „in neue Wirklichkeitsformen" wichtiger sind.

schen und nicht mit der Welt zu tun, sondern mit einem bestimmten durch das Blut zusammengehaltenen Kreise, mit dem Volk Israel."[46]

Eben diesen Satz sehen wir durch Jesus auf den Kopf gestellt! Er hat nicht mehr JHWH gesagt, sondern Abba! Insofern treffen die Verwerfungsurteile Franz Hesses über das Alte Testament, welches zu *Israel* und nicht zu uns redet, durchaus zu. „Das Neue Testament, das mich anredet, bezeugt demgegenüber die volle Selbstschließung Gottes, setzt also ein neues Gottesverhältnis, das an das alttestamentliche nicht nur anschließt, sondern auch in Gegensatz zu ihm steht."[47]

Zwar hat Jesus Israels Erwählung nicht bestritten. Ein Wort wie Mt 19,28 par und die Missionsanweisung an die Zwölf, sich auf das jüdische Volk zu beschränken (Mt 10,5 f; vgl. auch Mt 15,24) zeigen, daß er den Tatbestand als solchen nicht antastete[48]. Aber schon die in Mt 19,28 vorgenommene Umkehrung — nicht die Heiden, sondern die ungläubigen Juden sollen gerichtet werden — zeigt die Richtung des neuen Denkens: Der einzelne ist durch die Zugehörigkeit zum auserwählten Volk nicht gesichert, sondern gefordert[49]. Das zeigt neben der oben aufgewiesenen Struktur der Basileia Jesu Haltung dem Gesetz gegenüber. Die

---

[46] *J. Wellhausen,* Die israelitisch-jüdische Religion, in: Die Kultur der Gegenwart I/IV, hg. v. *P. Hinneberg,* Berlin/Leipzig 1906, 9 = *ders.,* Grundrisse zum AT (ThB 27), hg. v. *R. Smend,* München 1965, 74; vgl. dazu *R. Smend,* Die Mitte des Alten Testaments (ThSt(B) 101), Zürich 1970, 56.

[47] *F. Hesse,* Kerygma oder geschichtliche Wirklichkeit? Kritische Fragen zu Gerhard von Rads „Theologie des Alten Testaments, I. Teil", in: ZThK 57 (1960), 17—26, hier 23; vgl. auch *H. Conzelmann,* Fragen an Gerhard von Rad, in: EvTh 24 (1964), 113—125; *R. Smend,* Die Mitte des Alten Testaments, 58 f. — Bei der heute wieder anvisierten „Einheit der biblischen Theologie" (vgl. *H. Gese,* Vom Sinai zum Zion, 11 ff) ist es darum durchaus eine entscheidende *Frage,* „ob und in welchem Maße die Schwerpunktverkündigung des Neuen Testamentes selbst den Entwurf einer zum Alten Testament hin offenen Theologie des Neuen Testaments nahelegt". (*P. Stuhlmacher,* Das Bekenntnis zur Auferweckung Jesu von den Toten und die Biblische Theologie, in: ZThK 70 [1973], 365—403, hier 376).

[48] Vgl. *W. G. Kümmel,* Kirchenbegriff, 30 ff; *N. A. Dahl,* Das Volk Gottes, 144 ff, der alle Faktoren, die „Jesus als Jude(n)" ausweisen (seine Stellung zum Volk Israel, zu den Heiden, dem Tempel und der Synagoge, dem Gesetz und der Geschichte Israels) samt den synoptischen Belegstellen zusammengestellt hat. Dabei zeigt sich, daß diese Faktoren gegebene Voraussetzungen des Auftretens Jesu waren, nicht aber Determinanten seines Heilsverständnisses. Gravierend in unserem Zusammenhang: gelegentlich wird auf die Geschichte Israels zurückgegriffen (Mk 12,26 par; Mt 8,11 Q; vgl. Lk 16,22 ff; 13,16; 19,9), ohne deren Bedeutung als *Heils*geschichte zu betonen (vgl. etwa Mk 2,25 f; Lk 4,25.27 und dazu *N. A. Dahl,* aaO. 146).

[49] *H. Conzelmann,* Grundriß der Theologie des Neuen Testaments (EETh 2), 2. Aufl. München 1968, 132.

Sicherheit, daß der *Besitz* der Tora die Erwählten von der *massa perditionis* ausgrenzt („Lieblinge Gottes sind die Israeliten, denn es ist ihnen ein kostbares Werkzeug [das Gesetz] gegeben, durch das die Welt erschaffen ist", Pirke Aboth III, 15)[49a], hat Jesus grundsätzlich in Frage gestellt. Wer den Willen Gottes *tut,* der ist ihm Bruder und Schwester und Mutter (Mk 3,35). Damit sind *alle* zu Kindern Gottes gerufen[50]. Die Zugehörigkeit zum jüdischen Volk begründet keinen Anspruch. Wer zu den εὐλογημένοι τοῦ πατρός gehört, denen die Basileia ἀπὸ καταβολῆς κόσμου bereitet ist, zeigt erst der Gerichtstag (Mt 25,31 ff). Und einziges Kriterium wird sein, wie sie sich zu Jesu geringsten Brüdern (Mt 25,40) und zu Jesu Wort (Mk 8,38) verhalten haben.

Dieser Grundsachverhalt wird nachhaltig dadurch unterstrichen, daß der religiöse Gebrauch von λαός (λαὸς θεοῦ = Israel) überhaupt nur gelegentlich vorkommt (Mt 1,21; 2,6 [aus 2Sam 5,2][51]; Lk 1,68.77[52]; 2,32; 7,16; 24,19) und — wie eine traditions- und redaktionsgeschichtliche Analyse der genannten Stellen zeigen könnte — für die Predigt Jesu keine Rolle spielt. Bei Markus gibt es für λαός überhaupt nur drei Belegstellen: 7,6 (Zitat aus Jes 29,13 LXX)[53], 11,32 (𝔎) und 14,2 (im profanen Sinne von Volksmenge). Dagegen überwiegt für die Masse der Belege in den Evangelien die vulgäre Bedeutung Volksmenge, Bevölkerung, Leute[54]. Ihnen, den Menschen, nicht dem religiösen Volksverband, weiß Jesus sich zugewiesen, was durch die heilsgeschichtliche Eingrenzung seines Auftrages in Mt 15,24 (vgl. Mt 10,6) grundsätzlich nicht aufgehoben wird: Denn einmal ist Jesu Stellung in dieser Hinsicht mehr ein Diskus-

---

[49a] Heilssicherheit durch Torabesitz darf freilich nicht verallgemeinert werden. Vgl. dazu *A. Nissen,* Gott und der Nächste im antiken Judentum (WUNT 15), Tübingen 1974, 123 f; siehe auch „Israel und Tora", „Israel und die Völker", Register s. v.

[50] *R. Schäfer,* Jesus und der Gottesglaube, 2. Aufl. Tübingen 1972, 67.

[51] Der Titel „König der Juden" (Mt 2,2; 27,37) scheidet als Gegeninstanz aus. Er ist an Jesus herangetragen und unterstreicht z. B. bei Mt (2,2) seine weltweite Bedeutung (vgl. *E. Schweizer,* Das Evangelium nach Matthäus [NTD 2], Göttingen 1973, 18), nicht aber, daß Jesus den Davidbund restituieren wollte.

[52] Für das Benedictus des Zacharias sind in der Tat Bundesgedanke, Exodus-Typologie und Nathanweissagung, also die wesentlichsten Vorstellungskreise der nationalen jüdischen Eschatologie, konstitutive Elemente. Sein Ursprung dürfte jedoch in der Täufer-Sekte zu suchen sein. Vgl. dazu *Ph. Vielhauer,* Das Benedictus des Zacharias (Lk 1,68—79), in: Aufsätze zum Neuen Testament (ThB 31), München 1965, 28—46.

[53] Markus charakterisiert mit dem Jesaja-Zitat gegenwärtige Gegner der Gemeinde. Vgl. dazu *A. Suhl,* Die Funktion der alttestamentlichen Zitate und Anspielungen im Markus-Evangelium, Gütersloh 1965, 81. 150.

[54] *H. Strathmann,* Art. λαός, ThW IV, 50.

sionspunkt der urgemeindlichen Heidenmission, so daß wir damit zu rechnen haben, daß Gemeindeinteressen stark auf die Formung der Überlieferung gewirkt haben[55]. Zum andern ist das Verhalten *innerhalb* der Beschränkung auf Israel jener Sprengstoff, der die Privilegien Israels und seiner Väter erschüttert[56]: Er wendet sich an die *verlorenen* Schafe des Hauses Israel (Mt 15,24; 10,5 f; vgl. auch 11,19), die keinen Hirten haben (Mt 9,35 ff) und läßt nicht mehr Gesetzestreue, sondern die Glaubenshaltung entscheidend sein (Mk 7,24—30 par; vgl. auch Lk 14,16 bis 24). So werden die Letzten zu Ersten und die Ersten zu Letzten (Mt 20,16; vgl. 8,11 f)[57].

3. Jesus entfaltet das Heil Gottes ohne Rückgriff auf den alttestamentlichen Bundesgedanken

Auch hier wird man dem wirklichen Sachverhalt nicht durch einfache Antithetik gerecht. Es ist ja nicht zu übersehen, daß schon im AT der Bundesgedanke ganz zurücktreten kann gegenüber dem Ruf zum Gehorsam. Das gilt für die Prophetie des 8. Jahrhunderts, besonders aber für „das neue Heilsgeschehen" des Deuterojesaja[58], für welches die verschwindend geringe Rolle, die der Bundesgedanke in seiner Botschaft spielt, das bemerkenswerte Charakteristikum ist[59]. Besonders aufschlußreich ist Jer 31,31—34, eine Passage, die (vielleicht) nicht ein Stück jeremianischer, sondern deuteronomisch-deuteronomistischer Denkweise darstellt[60]. Das *novum* des hier verheißenen neuen Bundes ist dies, daß sein Inhalt über jede Form bloß rechtlicher Vermittlung hinausführt. Das ins

---

[55] Vgl. *J. Jeremias*, Jesu Verheißung für die Völker, 2. Aufl. Göttingen 1959; *G. Bornkamm*, Christus und die Welt in der urchristlichen Botschaft, in: Das Ende des Gesetzes. Paulusstudien. Gesammelte Aufsätze I (BEvTh 16), München 1961, 157—172.

[56] *G. Bornkamm*, Jesus von Nazareth (Urban-Taschenbücher 19), 9. Aufl. Stuttgart 1971, 71.

[57] Vgl. *E. Schweizer*, Das Evangelium nach Markus (NTD 1), Göttingen 1967, 85; vgl. auch *ders.*, Das Evangelium nach Matthäus (NTD 2), 214 f.

[58] Vgl. *G. v. Rad*, Theologie des Alten Testaments II. Die Theologie der prophetischen Überlieferungen Israels, München 1960, 252 ff. 258 ff.

[59] Vgl. dazu *S. Herrmann*, Die prophetischen Heilserwartungen im Alten Testament. Ursprung und Gestaltwandel (BWANT 85), Stuttgart 1965; *L. Perlitt*, Bundestheologie im AT (WMANT 36), Neukirchen-Vluyn 1970.

[60] *S. Herrmann*, aaO. 179 ff, bes. 183. Anders *G. v. Rad*, aaO. 226 f. Dazu wieder *S. Herrmann*, Die konstruktive Restauration. Das Deuteronomium als Mitte biblischer Theologie, in: Probleme biblischer Theologie. Gerhard von Rad zum 70. Geburtstag, München 1971, 155—170, hier 168, Anm. 27.

Herz geschriebene Gesetz begründet jetzt die Erkenntnis Gottes und Sündenvergebung die Lebensgemeinschaft mit Jahwe[61]. Damit ist — obwohl alle Elemente der Bundestheologie des Deuteronomisten (Bund, Herausführung aus Ägypten, Jahwe Israels Gott, Israel Jahwes Volk usw.) beieinander sind — die deuteronomistische Bundestheologie „von innen her gesprengt"[62]. Der neue Bund hat eine *sola-gratia*-Struktur (Hartmut Gese). Jeder trägt Jahwes Tora im *Herzen*! Eine individuierende Tendenz wird sichtbar. Gottes Geist muß in das Herz jedes einzelnen der Volksgemeinschaft eingreifen, um bündnisfähige Partner zu schaffen, die die „Generalformel" jedes Bundes, des alten wie des neuen, akzeptieren: „Ich werde ihr Gott sein und sie werden mein Volk sein" (Jer 31,33; vgl. 7,23; 11,4; 13,11; 24,7 u. ö.; Lev 26,12).

Siegfried Herrmann weist darauf hin, daß Jer 31,31 ff nicht einfach mit Ez 11,19 (neues Herz, neuer Geist, Herz von Fleisch, vgl. auch Ez 18,31; 36,26; 39,29) parallelisiert werden dürfe, weil hier ausdrücklich das Herz und seine Verfassung, also „eine wirklich individuelle Umschaffung des einzelnen" ausgesagt sei, dort (bei Jeremia) aber nur von den *Voraussetzungen* zur rechten Erfüllung der Bundessatzungen die Rede sei (Eintragung der Tora in die Herzen), nicht aber von der Verfassung des menschlichen Herzens selbst[63]. Die Beobachtung ist zutreffend. Dennoch kann die Tendenz — bei Ezechiel stärker als bei Jeremia bzw. bei der deuteronomistischen Überarbeitung des Jeremia —, das Heilswerk Jahwes nach der Seite des Anthropologischen hin zu bestimmen, kaum bestritten werden: „Was kann sich, was muß sich beim Menschen im Bereich seines Menschseins ereignen, wenn Gott ihn in eine neue Gemeinschaft hinübernehmen will?"[64]

Diese Frage bricht auf, seit Jeremia, Ezechiel und Deuterojesaja ihre theologische Einsicht von revolutionierender Tragweite gewonnen haben: Daß nämlich Israel total unfähig ist zum Gehorsam.

Ihr könnt ja Jahwe gar nicht verehren,
Denn er ist ein heiliger und ein eifriger Gott (Jos 24,19)

Kann denn ein Mohr seine Haut ändern
Oder ein Panther seine Flecken?
Dann vermögt auch Ihr gut zu handeln,
Die Ihr gewohnt seid, Böses zu tun! (Jer 13,23)[65].

---

[61] Vgl. *M. Weinfeld*, Art. ברית , ThWAT I (1973), 782—807.

[62] Vgl. *S. Herrmann*, aaO. 183.   [63] *S. Herrmann*, aaO. 246.

[64] *G. v. Rad*, aaO. 229. Dazu das ganze Kapitel „Das Neue in der Prophetie der babylonischen und frühpersischen Zeit", 275 ff.

„Erst vor dem Hintergrund dieser so vernichtend negativen Urteile über die Möglichkeiten Israels, von sich aus sein Verhältnis zu Gott wieder in Ordnung zu bringen, wird das Wort von dem neuen Bund, aber auch der beschwörende Ruf zur Umkehr verständlich."[66] Diese Propheten sahen also das schwerste Problem des Bundes auf dem Gebiet des Anthropologischen[67]. Die *Sünde* als Widerstand gegen den Bund kann nur die Sündenvergebung überwinden (Jer 31,31 ff). Nur eine *neue* Heilstat Jahwes, welche die Heilskraft der alten Ordnungen erlöschen läßt, kann grundlegend für die Gemeinschaft mit Jahwe sein. Daß das Neue sich im Bereich des Anthropologischen ereignet, „nämlich in einer Wandlung des menschlichen Herzens"[68], so daß theologische Lehre und Paränese und das „Gedenket" entfallen können (Jer 31,31 ff; Jes 43,18; Jer 23,7), ist eine eschatologische Möglichkeit, die Jesus verwirklicht hat[68a]. Aber schon durch das prophetische Interesse an dem „eschatologischen Menschen, der vor Gott recht ist"[69], ist das Heil Gottes *grundsätzlich* individualistisch strukturiert.

Um so auffälliger ist, daß Jesus den Gedanken des neuen Bundes nicht aufgegriffen hat[70]. Διαθήκη kommt insgesamt nur spärlich im Neuen Testament vor[71], im Munde Jesu nur einmal: Mk 14,24 par. Diese einzige Stelle, das Kelchwort der Abendmahlsparadosis also, ist jedoch umstritten, der ursprüngliche Wortlaut nicht mehr herzustellen[72]. Auf

---

[65] *G. v. Rad*, aaO. 229; vgl. auch schon *R. Bultmann*, Weissagung und Erfüllung (1949), GV II, 162—186, hier 179 ff.   [66] *G. v. Rad*, ebd.

[67] *G. v. Rad*, aaO. 281.   [68] *G. v. Rad*, aaO. 283.

[68a] Vgl. *R. Bultmann*, GV I, 332 f; GV II, 171 ff. — *N. A. Dahl* macht darauf aufmerksam, die Nichterwähnung der alten Heilsgeschichte, der Erlösung aus Ägypten usw. bei Jesus hänge „mit den allgemeinen Tendenzen des Spätjudentums" zusammen (Volk Gottes, 146), die er in seinem Buch S. 56 ff aufzeigt. Aber er präzisiert selber: „Wie schon für die Apokalyptiker, so ist auch für Jesus die Existenz Israels wesentlich durch die Zukunft bestimmt" (146). Allerdings stellt der Universalismus der Apokalyptik nicht mehr die „Existenz Israels" primär zur Disposition, sondern die jedes einzelnen Menschen! Vgl. *W. Schmithals*, Die Apokalyptik. Einführung und Deutung, Göttingen 1973, 65 f.   [69] *G. v. Rad*, aaO. 229, Anm. 35.

[70] Das ist um so auffälliger, wenn man die Bedeutung von Jer 31,31—34 in Palästina zur Zeit Jesu bedenkt. Die Belege bei *J. Jeremias*, Die Abendmahlsworte Jesu, 4. Aufl. Göttingen 1967, 177, Anm. 2. Häufig spricht auch die Qumranliteratur vom „neuen Bund". Vgl. dazu *H. S. Kapelrud*, Der Bund in den Qumranschriften, in: Bibel und Qumran. Hans Bardtke zum 22. 9. 1966, Berlin 1968, 137—149.

[71] 9mal Paulus, 17mal Hebräer, 4mal synoptische Evangelien, 2mal Apostelgeschichte. Von diesen insgesamt 33 Stellen sind 7 alttestamentliche Zitate. Vgl. *J. Behm*, Art. διαθήκη, ThW II, 132, 2 f.

[72] Vgl. *H. Conzelmann*, Der erste Brief an die Korinther (MeyerK V), 11. Aufl.

keinen Fall läßt sich von dieser einzelnen Stelle her die Annahme rechtfertigen, für Jesus habe die Bundestheologie eine zentrale Bedeutung gehabt. Man kann den negativen Befund auch nicht dadurch abschwächen,
daß man auf βασιλεία τοῦ θεοῦ als *Korrelatbegriff* zu διαθήκη verweist[73].
Jesus hat einen *anderen* Begriff mit der Basileia gewählt! Den Begriff
des Bundes zur Umschreibung des Heiles hat er gemieden. Beruhte schon
bei den Propheten die Gültigkeit des Bundes auf der sittlichen Haltung
des einzelnen, womit der Gedanke des Bundes Gottes mit seinem Volk
im Grunde aufgelöst war, so hat Jesus diese Konsequenz zu Ende gedacht, wie Mt 8,11 f beweist. Er sprach nicht vom Bund, auch nicht vom
neuen, sondern von der Basileia. Der „Bund" bleibt immer unter dem
Obergedanken „Gesetz", das auf ständige Interpretation angelegt ist.
Dagegen Basileia fällt für Jesus unter den Oberbegriff „Evangelium":
Das Gesetz ist durch Jesus „erfüllt" insofern er es als an sich selbst klar
herausstellt und es so der interpretatio continua entnimmt. „Damit ist
freilich eine Individualisierung und Punktualisierung im Verhältnis des
Menschen zum Gesetz eingeführt, die mit der nur auf Kollektive passen-
den heilsgeschichtlichen Terminologie nicht zu greifen ist."[74]

Göttingen 1969, Exkurs: Die Abendmahlsüberlieferung, 235—237; *B. Klappert,* Art.
Herrenmahl, TBLNT II, 667—678.

[73] So *J. Behm,* aaO. 137, 4 f. 12. Die Korrelation von Basileia und Gottesvolk wird
in Worten Jesu hie und da deutlich (Mt 22,1 ff; vgl. Lk 14,15 ff; Mt 25,10.21.23; Mt
8,11 par; 13,16 f par). „Es ist aber bezeichnend, daß alles Gewicht nicht auf dem Glück
der Heilsgemeinde, sondern auf dem König-Sein Gottes liegt" (*N. A. Dahl,* Volk
Gottes, 147).

[74] *H. Conzelmann,* Fragen an Gerhard von Rad, 122; vgl. auch *R. Bultmann,*
GV II, 172 ff. Seine dort (183 ff) vorgetragene These, die alttestamentlich-jüdische Geschichte sei Weissagung in ihrem Scheitern, behält in dieser Perspektive ihre Berechti-
gung. — Die Behauptung, daß „in der jesuanischen Tradition der Gedanke des Neuen
Bundes naheliegt" (so *R. Schreiber,* Der Neue Bund im Spätjudentum und Urchristentum, Diss. Tübingen 1955 [vgl. ThLZ 81 (1956), 696]), läßt sich in den Texten nicht
belegen. Wenn doch, um so erstaunlicher, daß er nicht formuliert wurde, nicht von
Markus, nicht von Matthäus und nicht von Lukas. — *S. Herrmann* will gar in der
synoptischen Tradition eine Bestätigung dafür sehen, daß das Deuteronomium, „Kon-
zentrat alttestamentlichen Denkens", sozusagen die „Mitte biblischer Theologie" sei:
„Die Nähe zum Reiche Gottes kann dort [gemeint ist Mk 12,27—34, bes. V. 34]
als die rechte Erfüllung der Forderungen von Dtn 6,4 ff definiert werden" (Die konstruktive Restauration, in: Festschr. Gerhard von Rad, 167). Aber Mk 12,34 ist die
Gottesherrschaft nicht mehr eine eschatologische, sondern eine ideale Größe. Der Text
entstammt als ganzer hellenistisch-jüdischer und christlicher Apologetik und Missionspredigt. Vgl. *G. Bornkamm,* Das Doppelgebot der Liebe, in: Geschichte und Glaube.
Ges. Aufs. III (BEvTh 48), München 1968, 37—45, hier 43.

Auffällig ist, daß die Urgemeinde nicht nachträglich den Versuch gemacht hat, Jesu Werk als die Erfüllung des neuen Bundes auszugeben. Sie hat aber — vielsagend genug! — den Sinn der Sendung und Botschaft Jesu mit der messianischen Verkündigung des Tritojesaja (61, 1—3) zum Ausdruck gebracht (Lk 4,18 ff; und in Q: Mt 11,2 ff = Lk 7,18 ff). Die Grundmotive dieser messianischen Verkündigung finden wir in den Makarismen der Bergpredigt wieder[75]. Damit ist das bei den Propheten anklingende „Versprechen der Utopie vom neuen Herzen"[76], das Wiedergeborenwerden des Menschen, eingelöst. Die Partnerschaft mit Gott überfordert ihn jetzt nicht mehr, wo er bereit ist, sich als begnadeter Sünder zu verstehen und anzunehmen. Dieses Heil ist nicht kollektiv strukturiert, sondern eminent individualistisch!

Der Grund, warum die Urgemeinde auf Jes 61 und nicht auf Jer 31 zurückgreift, um den sachlichen Sinn der Sendung Jesu auszusagen, ist einfach: Καινὴ διαθήκη hätte in ein sachliches Spannungsverhältnis zu βασιλεία τοῦ θεοῦ treten müssen, weil damit, mit der Verkündigung vom Nah- und vom Da-Sein der Gottesherrschaft Jesus den heilsgeschichtlichen Traditionen in ihrem Abstand zum Heil *entgegengetreten* ist[77]. Erst der Urgemeinde selber, die als eschatologische Gemeinschaft in der Zeit existierte und damit die von den Propheten erkannte unlösbare Spannung zwischen theologischem Anspruch und konkreter geschichtlicher Wirklichkeit wiederholte, wird der Begriff des neuen Bundes zu einer brauchbaren hermeneutischen Kategorie, um das eigene Sein zu umschreiben (Paulus, Hebr).

III.

Mit Jesu Heilsbotschaft findet eine völlige Umgewichtung vom Kollektiv auf den einzelnen statt. Die individuierende Tendenz ist überall mit Händen zu greifen. Die Präfiguration des alttestamentlich-jüdischen Gottesverhältnisses, konstituiert durch die Relation Jahwe/Volk, Bund, Kult, Tora verliert ihre normierende Kraft. Jesus greift kritisch durch sie

---

[75] Vgl. *M. Hengel,* „Was ist der Mensch?". Erwägungen zur biblischen Anthropologie heute, in: Probleme biblischer Theologie. Gerhard von Rad zum 70. Geb., München 1971, 116—135, hier 127.   [76] *M. Hengel,* aaO. 131.

[77] Vgl. *H. Gese,* Vom Sinai zum Zion, 28 f. Vgl. auch *A. Schlatter,* Die Geschichte des Christus, Stuttgart 1921: Mit dem „Obergedanken" (145) „Gott wird herrschen" hat Jesus „das Ziel des Einzelnen und das der Gemeinde, ja noch weiter das der Welt völlig vereint und beiden Fragen, wohin die Lebensgeschichte des einzelnen Menschen führen und wohin der Weltlauf ziele, dieselbe Antwort gegeben" (144).

hindurch und hinter sie zurück bis zu der allein ausschlaggebenden Grundsituation und -relation „Gott — einzelner", „Vater — Menschensohn (= Mensch)". „Wie das Reich Gottes durch die Menschwerdung des Gottessohnes erst möglich wurde, so kann die Menschwerdung des Menschen erst durch die Realisierung der Gottesherrschaft erfolgen."[78]

Daß die mit dem Evangelium Jesu gegebene „Autonomie einer einzigartigen personalen *Beziehung*" eine „gesellschaftliche Dimension" hat, „die einer politischen Hermeneutik bedarf", sollte unstrittig sein[79]. Programmatisch und mit deutlicher Angabe der „Prioritätenfolge" (Günter Klein) ist dieser Sachverhalt in Lk 12,31 festgehalten: „Trachtet nach seiner (Gottes) Herrschaft, so wird Euch solches alles (worum sich nämlich die Menschen durchschnittlicherweise zu sorgen pflegen) dreingegeben werden."[80] Oder alttestamentlich gesprochen: Die Frage: „Soll ich meines Bruders Hüter sein?" bekommt erst durch den vorgängigen Ruf: „Wo bist Du, Adam?" (Gen 3,9; 4,9) und also durch die theologisch unauflösbare Zuordnung beider Fragen zueinander ihren wirklichen Ernst[81]. Die „Vereinzelung" im Glauben schränkt den welt- und geschichtsweiten Horizont des Heils Gottes nicht ein. Im Gegenteil! Sie ermöglicht und begründet allererst die Universalität des Heils[82].

---

[78] *G. Friedrich*, Utopie und Reich Gottes. Zur Motivation politischen Verhaltens (KVR 1403), Göttingen 1974, 50. *Friedrich* weist mit Recht darauf hin, daß auch die Sakramente Taufe und Herrenmahl den personalen Charakter der Heilsübereignung unterstreichen (52).

[79] *R. Weth*, Die gegenwärtige „politische Theologie". Orientierung und Versuch einer Gegenüberstellung zur II. Barmer These, in: Zum politischen Auftrag der christlichen Gemeinde. Barmen II. Votum des theol. Ausschusses der Ev. Kirche der Union, hg. von *A. Burgsmüller*, Gütersloh 1974, 94—126, hier 120 f; vgl. auch *M. Hengel*, aaO. 129 f.

[80] *G. Klein*, „Reich Gottes" als biblischer Zentralbegriff, in: EvTh 30 (1970), 642 bis 670, hier 658 (auch veröffentlicht in: *A. Hertz/E. Iserloh/G. Klein/J. B. Metz/ W. Pannenberg*, Gottesreich und Menschenreich. Ihr Spannungsverhältnis in Geschichte und Gegenwart, Regensburg 1970, 7—50, hier 31).

[81] *D. Sölle* ist zuzustimmen, daß die Vergebung, die wir in der Welt vollziehen, nicht unterschieden werden kann von der Vergebung, die Gott uns gibt (Politische Theologie, 126). Überhaupt ist ihr Versuch, Sünde politisch zu interpretieren, zu bejahen (105 ff). Nur: Wie widerspricht man gesellschaftlichen „Zwängen" und wie hebt man sie auf, „punktuell für sich selber, tendenziell für alle" (133), wenn nicht so, daß die Menschen, die die Zwänge ausüben oder aufrechterhalten, zum Guten hin überwunden werden? — Im übrigen sei als Ergänzung zu Frau *Sölles* politischer Interpretation der Sünde empfohlen *H. M. Kepplinger*, Rechte Leute von links — Gewaltkult und Innerlichkeit, Olten/Freiburg, 1970.

[82] Vgl. *G. Bornkamm*, Paulus (Urban-Taschenbücher 119), Stuttgart 1969, 155 f; vgl. auch *H. Conzelmann*, Fragen an Gerhard von Rad, 125.

Insofern ist die Frage „Individualisierung oder Kollektivierung des Heils?" ein Scheinproblem[83]. Sie wird aber in dem Augenblick ein Fundamentalproblem, wo die *sola-gratia*-Struktur der von Jesus angesagten Gottesherrschaft aufgegeben und politische Hermeneutik die Theologie zu einer neuen Spielart von natürlicher Theologie verkommen läßt.

„Es ist nicht von ungefähr, daß die Geister des 19. Jahrhunderts wieder beschworen werden", schreibt Hans Conzelmann. Was er in dieser Situation als „möglichen Beitrag der Exegese" sieht, verdient vorbehaltlose Zustimmung: „Im Bewußtsein zu halten, daß die theologischen Grundbegriffe Beziehungen zu Gott bezeichnen: Glaube, Liebe, Hoffnung, Gnade, Gerechtigkeit. Werden sie nicht streng als Beschreibung dieser Beziehung verstanden, entarten sie zu teils moralischen Postulaten, teils schwärmerischen Utopien. Aber Hoffnung, die nicht Hoffnung auf Gott ist, ist trostlos. Die Verdrängung des Reiches Gottes durch Träume von einem idealen Weltreich wird beide ‚Welten' entschwinden lassen, auch die politische."[84]

---

[83] Mit der Unterscheidung von „wesentlich in Du-Ich-Beziehung gedachter Individualität" und „konkreter Individualität, die in der Fülle gesellschaftlicher Bezüge lebt" (*D. Sölle*, aaO. 114), und erst recht mit der stupenden Definition: Individuum = der *isolierte* einzelne Mensch (so *H.-W. Bartsch*, Die Ideologiekritik des Evangeliums dargestellt an der Leidensgeschichte, in: EvTh 34 [1974], 176—195, hier 193) wird dieses Scheinproblem nur befördert. Ist nicht auch eine Ich-Du-Beziehung jeweils gesellschaftlich eingebettet? Wem muß gesagt werden, daß es den isolierten Menschen nicht gibt? — Nur als Kuriosität sei vermerkt, daß *H.-W. Bartsch* schon die Tatsache, daß Mk 1,15 „sich an eine Mehrzahl richtet", für ausreichend hält, um jede „individualisierende Interpretation" der Gottesherrschaft zu diskriminieren (aaO. 181, Anm. 14). Gegen das bei *Bartsch* einseitig gezeichnete alttestamentliche Menschenbild vgl. jetzt *H. W. Wolff*, Anthropologie des Alten Testaments, München 1973, 309 ff, bes. 319 f. Im übrigen muß ich mich energisch dagegen verwahren, als habe ich den für Jesus zentralen Begriff des Reiches Gottes *überhaupt* als einen für die heutige Relevanz des Evangeliums „einfach untauglichen Begriff" ausgegeben (so *Bartsch*, aaO. 180). Sondern ich habe das ausdrücklich nur für den Fall getan, in dem „Relevanz" primär „als ein politisch-gesellschaftlicher Eindruck verstanden wird" (*E. Gräßer*, „Der politisch gekreuzigte Christus", in: Text und Situation. Ges. Aufs. z. NT, Gütersloh 1973, 302 bis 330, hier 303).

[84] *H. Conzelmann*, Theologie als Schriftauslegung. Aufsätze zum NT, 5.

DER VERWEIS AUF DIE ERFAHRUNG UND DIE FRAGE
NACH DER GERECHTIGKEIT*

DIETER LÜHRMANN

Jesus gab — hält man sich an die synoptischen Evangelien — seinen
Hörern nicht neue Definitionen des Reiches Gottes, sondern sprach sie
auf sehr elementare Erfahrungen an. Will man diese Verkündigung re-
konstruierend nachzeichnen, wird man kaum umhinkönnen, sie in definierenden Behauptungssätzen wiederzugeben. Man muß sich dann aber
im klaren darüber sein, was man tut, und darf nicht solche Rekonstruktion für die Verkündigung Jesu selber halten.

Die folgenden Überlegungen zielen auf etwas anderes, nämlich auf die
Frage, welche Rolle der Verweis auf die Erfahrung in Jesu Verkündigung spielt und wie dieser Verweis auf die Erfahrung und die Verkündigung der Nähe des Reiches Gottes bei Jesus zusammengehören. Dem soll
in einem ersten Teil unter stärker formalen Gesichtspunkten nachgegan-
gen werden, im dritten unter der Frage nach dem theologischen Sinn solcher Art von Verkündigung. Dazwischen stehen ein paar Überlegungen
zur hermeneutischen Bedeutung dieser Beobachtungen.

I.

Zunächst ist zu reden von den *Gleichnissen,* wobei hier „Gleichnis"
ganz allgemein verstanden und auf die üblichen Differenzierungen nach
Bildwort, Gleichnis, Parabel und Beispielerzählung verzichtet werden
kann. Man verstellt sich das Verständnis der Gleichnisse, wenn man sie

---

* Für den Druck überarbeitete Fassung meiner Antrittsvorlesung an der Kirchlichen
Hochschule Bethel am 27. 6. 1974. In den beigegebenen Anmerkungen habe ich mich
auf einige Hinweise beschränkt und keine ausführliche Absicherung meiner Thesen in
Auseinandersetzung mit der vielfältigen Sekundärliteratur angestrebt.

im Gefolge der antiken Rhetorik[1] nur als „uneigentliche Rede" nimmt, die übersetzt werden muß in „eigentliche Rede", etwa einen bestimmten aus dem einzelnen Gleichnis herauszuschälenden Skopus oder allgemeinen Satz. Ein solcher Skopus „Gott ist gut" oder wie immer ist ja doch merkwürdig blaß und abstrakt gegenüber den eindringlichen Bildern der Gleichnisse.

Die Kehrseite eines solchen Mißverständnisses ist, daß man die Gleichnisse nur als Mittel der „Veranschaulichung" sieht — bis hinein in Stoffpläne für biblischen Unterricht. Jesus gibt aber eben nicht zuerst klare Begriffsbestimmungen, die er dann aus pädagogischen Gründen mit Bildern aus dem täglichen Leben veranschaulicht. Vom Reich Gottes redet er vielmehr in Gleichnissen, und die programmatische Zusammenfassung seiner Verkündigung Mk 1,15: „Erfüllt ist die Zeit und nahe das Reich Gottes. Kehrt um und glaubt an das Evangelium!" geht erst auf den Evangelisten zurück, der hier eine Überschrift über die folgenden Kapitel voranstellt.

Bei aller Anschaulichkeit der Gleichnisse darf man jedoch nicht vergessen, daß bestimmte Motive schon durch die jüdische Tradition hindurch einen bestimmten Wert hatten: daß der König des Gleichnisses Gott ist, daß die Ernte auf das Gericht verweist, daß der Weinberg Israel sei — das hörten seine ersten Zuhörer, die mit einem solchen Sinngefüge aufgewachsen waren[2]. Jülichers inzwischen Allgemeingut gewordene Kritik der allegorischen Gleichnisauslegung richtete sich ja dagegen, daß für die Auslegung die Deutungsebene vorgegeben war in der christlichen Dogmatik und daß diese Lehre nun in den Gleichnissen wiedergefunden wurde. Etwas anderes jedoch ist es, wenn man die Traditionsgeschichte der einzelnen Motive mit einbezieht in die Auslegung der Gleichnisse.

Warum nun solches Reden in Gleichnissen? Die Gleichnisse überrumpeln den Hörer, sie locken ihn auf einen Weg, den er von sich aus nicht gehen würde, sie nötigen ihn zu Eingeständnissen, auf die er sich von sich aus schwerlich einlassen würde[3]. Deutlich wird das z. B. in jener Gruppe von Gleichnissen, die mit der Frage „wer unter euch?" beginnen[4]. Die

---

[1] Vgl. Aristoteles Rhet 2,20 (1393a 23 ff). Zum Folgenden vgl. vor allem *W. Harnisch*, Die Sprachkraft der Analogie. Zur These vom ‚argumentativen Charakter' der Gleichnisse Jesu, StTh 28 (1974), S. 1—20.

[2] Vgl. *N. A. Dahl*, The Parables of the Growth, StTh 5 (1951), S. 132—165, hier S. 136 f.

[3] Vgl. *Harnisch* aaO. S. 8.

[4] Vgl. *H. Greeven*, „Wer unter euch . . .?" WuD NF 3 (1952), S. 86—101.

Frageform fordert eine Stellungnahme heraus, die Antwort ist klar: „jeder" bzw. „niemand". Wer wird denn schon seinem Sohn einen Stein statt eines Brotes vorsetzen, wer wird denn schon seinem Freund eine Bitte abschlagen, wer wird nicht hinter seinem verirrten Schaf herlaufen, um es zu suchen?

Aber wer diese Antwort gibt, hat eine Stellungnahme abgegeben, die ihn selbst angeht, er hat sich selbst durch diese Stellungnahme überführt. Wie gefährlich solches Stellungnehmen sein kann, zeigt schon die alte Geschichte von David und dem Propheten Nathan 2Sam 12,1—14. Hier hat sich der König mit seiner spontanen Stellungnahme zum Gleichnis Nathans selbst das Todesurteil gesprochen, als der ihn darauf hinweist, daß die ganze Zeit nicht von irgendeinem reichen Mann die Rede war, sondern von David selber: „*Du* bist der Mann!"

Ein solches Überführen liegt nun auch in den eigentlichen Reich-Gottes-Gleichnissen. Auch hier ist die Reaktion des Hörers: „ja, so ist es" mit dem Bauern, der sät, mit der selbstwachsenden Saat, mit dem Senfkorn, mit dem Sauerteig usw. Und mit diesem seinem „ja" ist der Hörer zugleich verführt, dazu „ja" zu sagen, daß es sich mit dem Reich Gottes ebenso verhält, was zu bestreiten er allen Grund hätte. „Jeder Vergleich hinkt" — dieser Satz ist jenen ersten Hörern wohl kaum in den Sinn gekommen, für die Wahrheit noch nicht abstrakt, sondern höchst konkret war, für die legitimes Reden von Wahrheit noch nicht ausschließlich die Gestalt von definitorischen Behauptungssätzen hatte, sondern noch vieles vom ursprünglichen Sinn einer Bildersprache besaß.

Aus diesen ersten Überlegungen zu den Gleichnissen ergibt sich: Der Hörer wird hier auf seine eigenen Erfahrungen angesprochen und dadurch zu einem Eingeständnis gezwungen, das er ursprünglich nicht im Sinn hatte.

Etwas ähnliches läßt sich beobachten auch bei jener großen Gruppe von Material, in der die „*formulierte Erfahrung*" aufgegriffen wird. Es handelt sich hierbei zumeist um Sätze, die so auch in irgendeiner jüdischen Weisheitsschrift stehen könnten: daß nichts verborgen bleiben kann, sondern alles offenbar werden muß, daß man nicht zwei Herren dienen kann usw. — Sätze, die versuchen, Ordnung in die verwirrende Vielfalt der Erfahrung zu bringen. Und dies ist ja gerade bezeichnend für die Weisheit: Erfahrungen zu verarbeiten, in sprachliche Form zu bringen, solche Sätze wieder an der Erfahrung zu überprüfen und daraufhin wieder neu zu formulieren. Nicht zufällig ist gerade aus diesem Bereich vieles auch in unseren Sprichwortschatz eingegangen.

Fragt man nach der Verkündigung Jesu, so wird dieser Teil der Überlieferung, die sprichwortartigen Sentenzen, zumeist wenig beachtet. Hier liege nichts Charakteristisches, was Jesus hervorhebe gegenüber der jüdischen Tradition[5]. Und doch ist hier ähnliches zu beobachten wie bei den Gleichnissen: der Hörer wird angesprochen auf das, was er selbst im Munde führt; gerade die Erfahrung, die er durch die Formulierung meint bewältigt zu haben, eröffnet ihm überraschende neue Zusammenhänge.

Handelt es sich hierbei schon sehr viel stärker als bei den Gleichnissen um *vermittelte* Erfahrung, so gilt das erst recht für die dritte Gruppe, die noch zu nennen ist: jene für die Logienquelle typischen *Hinweise auf ganze alttestamentliche Geschichten:* Sintflut, Sodom und Gomorrha, Königin von Saba, Jona. Auch solche Geschichten stellen schon für sich ein Stück verarbeitete Erfahrung dar, in die Weitertradierung und Auslegung dieser Geschichten ist dann immer neue Erfahrung eingegangen. Jeder weiß und fühlt, wovon die Rede ist, wenn die Stichworte „Sintflut" oder „Sodom und Gomorrha" fallen — nicht anders, als wenn wir „Hiroshima" oder „Auschwitz" hören[6]. Und auch hier wird wieder appelliert an solche vermittelte Erfahrung, an alte Geschichten, die jeder kennt, ohne aus ihnen *die* Konsequenzen zu ziehen, die Jesus ihm zumutet.

Als Zusammenfassung dieses ersten Teils ergibt sich: Der Verweis auf die Erfahrung zwingt den Hörer zu Eingeständnissen, zu denen er nicht von sich aus bereit ist; er wird — ohne es recht zu merken — überredet. Stimmen diese Überlegungen, so hätten wir eine typische Sprachstruktur der Verkündigung Jesu vor uns. Diese Struktur selber ist nicht originell, sondern steht in der langen Tradition der Weisheit, historisch gesehen der *jüdischen* Weisheit. Im Grunde handelt es sich wohl um eine Sprachstruktur, die sich in vielen Kulturkreisen nachweisen ließe.

II.

Freilich ist der in Jesu Verkündigung vorausgesetzte Erfahrungshorizont nicht mehr der unsrige. Es gibt wohl kaum noch jemanden, den man

---

[5] Vgl. etwa *R. Bultmann,* Die Geschichte der synoptischen Tradition, FRLANT 29, ³1957, S. 108.

[6] Vgl. etwa die Verbindung der beiden exemplarischen Strafgerichte Sintflut und Zerstörung von Sodom und Gomorrha von Ez 26,19 an durch die jüdische und christliche Tradition, die dann Or. Sib. 4,128—136 neu gedeutet wird auf zeitgenössische Flutkatastrophen und den Ausbruch des Vesuv.

auf seine Erfahrungen mit einer Schafherde ansprechen könnte, wohl kaum noch jemanden, der für einen verlorenen Groschen das ganze Haus auf den Kopf stellen würde, und selbst das Bild des Säemanns ist inzwischen ja auch aus den Lesebüchern verschwunden.

Der Erfahrungshorizont der Verkündigung Jesu ist der eines galiläischen Provinzdorfes seiner Zeit — eine Erkenntnis, die etwa Friedrich Naumann anläßlich seiner Palästinareise erschütterte und ihn zweifeln ließ, ob die Verkündigung Jesu noch Normen liefern könne für die Industriegesellschaft des 20. Jahrhunderts[7]. Man kann sich aus dem Material der Gleichnisse Jesu ziemlich realistisch ein solches Dorf vorstellen[8]. Um so auffälliger ist, daß all das fehlt, was für die hellenistischen Städte der Zeit kennzeichnend ist: Handwerker, die Anfänge von Technik.

Abgebrochen ist für uns aber auch die Tradition der in Sprichwörtern formulierten Erfahrung[9]. Wer heute mit Sprichwörtern argumentiert, tut es allenfalls noch, wenn er sicher ist, ein Schmunzeln des Einverständnisses erwecken zu können. Wollte er sie ernsthaft als Argument *gegen* seine Zuhörer einsetzen, würde er den gemeinsamen Boden des Einverständnisses verloren haben. Die in Sprichwörtern gesammelten Erfahrungen sind offenbar nicht mehr tragfähig für heute anstehende Probleme.

Abgebrochen ist schließlich auch jene Tradition, in der die Heilige Schrift einziger Deutungsrahmen der Welt war: Fibel, Geschichtsbuch, Geographiebuch, Naturkundebuch usw. in einem. Das „Buch der Bücher" ist zu einem Buch unter vielen Büchern geworden, das man nicht mehr als erstes aufschlägt, will man sich über den Zusammenhang der Welt informieren.

So verführerisch also eine einfache Wiederholung der aufgezeigten Sprachstruktur sein könnte, so wenig würde sie heute noch unmittelbar ansprechen können, und als vermittelte, der Erklärung bedürftig, hätte sie ja ihren Witz verloren. Um so erstaunlicher ist aber, daß das Urchristentum gleich in der ersten Generation seine Verkündigung in andere Erfahrungshorizonte übersetzen konnte. Das zeigt z. B. die Gleichnisauslegung Mk 4,13—20, die man nicht nur unter dem Gesichtspunkt allegorischen Mißverstehens interpretieren sollte, sondern als Auslegung,

---

[7] Vgl. *H. Timm*, Friedrich Naumanns theologischer Widerruf, ThEx 141, 1967, bes. S. 32—34.

[8] Das hat *C. H. Dodd* in verschiedenen Veröffentlichungen unternommen, z. B. The Authority of the Bible, Nachdruck 1952, S. 148—152.

[9] Auch diese gehören zu den Argumenten, deren sich der antike Rhetor bedient: Aristoteles Rhet 2,21 (1394a 19 ff).

die die Nähe des Reiches Gottes, von der das Gleichnis spricht, in die Nähe des Wortes legt[10].

Das Urchristentum faßt Fuß gerade in jenen — auch nach heutigen Maßstäben — Großstädten, die im Grunde traditionslos sind. Neu angelegte Städte wie Philippi oder Korinth, Städte, in denen die Bevölkerung aus allen Ecken des Römischen Reichs zusammengewürfelt ist, wie Ephesus, Antiochien, Rom selber nicht zuletzt. Was hier fehlt, ist die Sicherung durch ungebrochene gemeinsame Erfahrung, und die neue Erfahrung ist noch nicht so weit, gültig formuliert zu werden.

So erklärt sich zu einem Teil jedenfalls die völlig andere Sprachstruktur bei unserem Hauptzeugen für dieses Christentum der Städte, bei Paulus. Was er an Vergleichen bringt aus dem Recht oder dem Sport, ist — wie oft bemerkt — zumeist schwach und blaß; der einzige Anklang an die Gleichnisse Jesu, das Bild von Saat und Ernte, ist wie die meisten seiner Vergleiche längst literarisch geworden. Die Erfahrung aber, an die er appelliert, ist die Erfahrung neuer Gemeinschaft in Christus: „Habt ihr soviel umsonst erlebt?" (Gal 3,4), die Erfahrung der Wirkungen des Geistes in der Gemeinde oder jene Erfahrung, an die Paulus in solchen Sätzen erinnert, die mit „wißt ihr nicht?" beginnen.

In der Folgezeit gelingt es dann dem Christentum, durch Integration verschiedener Traditionen der Antike neue Tradition zu stiften und neue Erfahrungen zu formulieren, die sinngebend wirken. Das ist ein langer Prozeß, bis das Christentum in das Mittelalter hinein zum Tradenten der gesamten antiken Kultur wird und für mehr als tausend Jahre eine schlüssige Deutung der Erfahrungen vermitteln kann.

Von Anfang an aber war es offenbar möglich, das, was Jesus verkündigt hatte, auch zu übersetzen in den neuen Erfahrungshorizont der hellenistischen Städte, ja hier das wichtigste Missionsfeld zu finden, wie stark auch immer das Judentum bereits Vorarbeit geleistet hatte. Man kann auch daran erinnern, daß die Offenbarung Johannis das Paradies nicht in ländlich-bäuerlichen Bildern beschreibt, sondern als humane moderne Stadt von riesigen Ausmaßen. Das ist nicht nur Aufnahme der

---

[10] Ich kann hier mein Verständnis von Mk 4 nur andeuten und verweise für das Gleichnis 4,3—9 auf die Interpretation von *U. Luck*, Das Gleichnis vom Sämann und die Verkündigung Jesu, WuD NF 11 (1971), S. 73—92, der die Pointe des Gleichnisses darin sieht, daß nun der Acker da ist, der Frucht bringen kann. Ist diese Auslegung richtig, dann sind die Auslegung 4,13—20 und die Aufrufe zum „Hören" legitime Übertragung des Gleichnisses in die neue Erfahrung der nachösterlichen Gemeinde, ebenso wie 4,10—12, wenn man die Auslegungsgeschichte von Jes 6 ernst nimmt und den Schluß von Jes 6,13 mit einbezieht.

alten Erwartung eines neuen Jerusalem, sondern diese Stadt ist ohne Tempel und hat die Größe des ganzen Römischen Reichs.

Das Christentum war also nicht gebunden an jenen Erfahrungshorizont, den die Verkündigung Jesu voraussetzt, sondern es war von Anfang an übersetzbar auch in andere soziale, wirtschaftliche und kulturelle Zusammenhänge, sei es auch um den Preis für unser Verständnis gewagter Interpretationen dessen, was Jesus gesagt und getan hatte[11].

III.

Doch kehren wir zurück zu der Frage nach dem Ort der Erfahrung in der Verkündigung Jesu. Am Schluß des ersten Teils drängte sich ja die Frage auf, *wozu* denn nun der Hörer überredet werden soll, und um diese Frage soll es im folgenden gehen.

Bemerkenswerte Einmütigkeit herrscht darüber, daß der zentrale Inhalt der Verkündigung Jesu das Reich Gottes sei bzw. die Gottesherrschaft nach dem heute üblicheren Sprachgebrauch, der Assoziationen an Reich als Territorium vermeiden und das dynamische Element unterstreichen will. Doch besagt diese Einmütigkeit noch nicht viel. *Wie* nämlich Jesus vom Reich Gottes gesprochen habe, darin unterscheiden sich die verschiedenen Darstellungen nicht unerheblich voneinander, und auch darin, welchem Kontext sie diese Verkündigung zuordnen.

Seit man gelernt hat, Reich Gottes auf dem Hintergrund der Apokalyptik zu sehen und es als eschatologische Größe zu interpretieren, nicht als innerweltlich zu verwirklichende, hält sich zudem mit seltsamer Konstanz der Hinweis durch, die Differenz zur Apokalyptik liege u. a. darin, daß Jesus auf alle Ausschmückung verzichte und vor allem auf alle Berechnungen über das „wann". Das mag zwar richtig sein, auch wenn es wohl doch nur relativ gelten kann. Wichtiger jedoch ist das Sachproblem, das mit dem Stichwort Reich Gottes hier wie dort angezeigt ist.

---

[11] Vielleicht ist es nicht zu verwegen, einmal darüber nachzudenken, inwieweit in unserer neueren Theologiegeschichte die Abkehr vom historischen Jesus als Grund und Ursache des Christentums auch zusammenhängt mit den Veränderungen zu Beginn des 20. Jahrhunderts, die ihren Ausdruck finden in den Erfahrungen im Zusammenhang des 1. Weltkriegs. Auch hier ja diese Traditionsbrüche, auch hier das Fehlen neuer Maßstäbe, was dann einen unmittelbareren Zugang zur Theologie des Paulus als zur Verkündigung Jesu ermöglichte. Belegen ließen sich solche Vermutungen mit Friedrich Naumann auf der einen Seite, mit der Kulturverachtung der frühen Dialektischen Theologie auf der anderen.

War einst in den Psalmen Israels die Rede vom Herrschaftsantritt Jahwes und feierte man vielleicht im Kult seine Unterwerfung der Chaosmächte und aller Feinde, so war das Reich Gottes etwas durchaus nicht nur Abstraktes, sondern die geglaubte und erfahrene Ordnung der Welt, in der man sich gesichert und geborgen fühlen konnte. Und auch wenn dies von Anfang an nur als Hoffnung auf eine Wende von Israels Schicksal gemeint gewesen ist wie bei Deuterojesaja (Jes 52,7)[12], so konnte doch solche Erwartung anknüpfen an die Erfahrung, daß es einmal anders gestanden hatte um Israel und die Welt. Je radikaler jedoch diese Welt als Gottes Ordnung widersprechend erfahren wurde, desto weniger war dann noch von *dieser* Welt die Rede, wenn man vom Reich Gottes sprach; desto mehr war dann das Reich Gottes etwas, was man in dieser Welt eben *nicht* erfahren konnte, das die Alternative zu dieser Welt war, die man erst für das Ende der Tage erwartete.

Es ist eine lange schmerzvolle Geschichte gewesen, die Israel festhalten ließ am Bekenntnis zu Gott als dem Schöpfer und Ordner dieser Welt — trotz aller scheinbar dagegen sprechenden konkreten Erfahrung. Es ist dies die Geschichte der Versuche, von Gottes Gerechtigkeit immer neu zu reden, um die Erfahrung in Übereinstimmung zu bringen mit der Zusage Gottes an den Gerechten. In diesem Stichwort der „Gerechtigkeit" scheint mir nun in der Tat ein Grundproblem, wenn nicht gar *das* Grundproblem einer biblischen Theologie angezeigt zu sein[13], die heute als neue Aufgabe der neutestamentlichen wie der alttestamentlichen Exegese wieder gestellt ist.

Es mag mißverständlich erscheinen, einem Begriff wie „Gerechtigkeit" diese Rolle zuzuweisen, doch wird sich — wie gleich an der Jesusüberlieferung zu zeigen ist — die Arbeit eben nicht in einer begriffsgeschichtlichen Untersuchung alter Schule leisten lassen. Vielmehr könnte sich unter diesem Stichwort eine *Fragestellung* verbergen, die sich durch die biblischen Schriften wie die nichtkanonische Literatur hindurchzieht, und die verschiedenen Theologien könnten sich als Antworten auf diese Frage herausstellen in je neuen Situationen und als je neue Aneignungen des alten Bekenntnisses zu Gott als dem Schöpfer dieser Welt, der seine Gerechtigkeit in die Welt gesetzt hat. Mißverständlich freilich könnte auch

---

[12] Vgl. *C. Westermann*, Das Loben Gottes in den Psalmen, ⁴1968, S. 110—115.

[13] Gerne verweise ich hier auf die Arbeiten meiner neuen Kollegen *U. Luck*, Gerechtigkeit in der Welt — Gerechtigkeit Gottes, WuD 12 (1973), S. 71—89, und *H. H. Schmid*, Gerechtigkeit als Weltordnung, BHTh 40, 1968; *ders.*, Altorientalische Welt in der alttestamentlichen Theologie, 1974.

nach den Erfahrungen der neueren Theologiegeschichte der Verweis gerade auf dieses Bekenntnis zu Gott als dem Schöpfer sein, das freilich eine Grundfrage biblischer Theologie anzeigt, die nicht mit emphatischer Absage an *alle* „Schöpfungstheologie" erledigt werden kann.

In der synoptischen Tradition ist „Gerechtigkeit" eine begriffliche Fassung, die erst Matthäus dem ihm vorliegenden Stoff gegeben hat[14]. Doch bringt er damit auf den Begriff, was Thema der Jesusüberlieferung von Anfang an ist[15]. Die Frage nach der Gerechtigkeit dabei nicht nur als Frage nach dem Verhältnis zwischen Gott und Mensch, sondern als Frage, die ebenso die Gerechtigkeit der Welt mit einschließt, ja an dieser Frage ihren dauernden Anstoß hat. Weder geht es in der Verkündigung Jesu nur um Gottes Güte, noch nur um eine neue Möglichkeit für den Menschen, sich angesichts der Nähe des Reiches Gottes neu zu verstehen. Ihre eigentliche Schärfe erhält die Verkündigung Jesu erst in diesem Horizont der Frage nach der Gerechtigkeit — Gottes, des Menschen und der Welt.

Dazu gehören die Seligpreisungen zu Beginn der Bergpredigt und lukanischer Feldrede zugrunde liegenden Rede, die die Gerechtigkeit der Welt scheinbar auf den Kopf stellen und in die Mt sachgemäß das Stichwort der Gerechtigkeit einbringt. Dazu gehören, auch wenn die Gemeinde sie erst so formuliert haben wird, die Antithesen der Bergpredigt — wieder von Mt unter das Thema der Gerechtigkeit gebracht —, die mir das Recht nehmen, auf mein Recht zu pochen, und mich auf das Recht des anderen verweisen; die mir nicht erlauben, meinen Schutz gegen die anderen im Gesetz zu suchen, sondern mir zeigen, daß das Gesetz die anderen vor mir schützt. Um diese Gerechtigkeit geht es schließlich auch in jenen Gleichnissen, in denen es so ungerecht zugeht gemessen an den Maßstäben dieser Welt. Die Erfahrung sagt freilich dem Hörer, daß es — leider — in der Welt so zugeht; das Neue, das er erfährt: so ist es mit dem Reich *Gottes*.

Die Erfahrung, daß Gott seine Sonne aufgehen läßt über Böse und Gute und es regnen läßt auf Gerechte und Ungerechte, hatte die jüdische Tradition formuliert mit einem Unterton des Vorwurfs gegen Gott, der seine Gerechtigkeit durchzusetzen versäumt[16] — Jesus nimmt sie positiv

---

[14] Vgl. dazu *G. Strecker,* Der Weg der Gerechtigkeit, FRLANT 82, ³1971, S. 149—158; *J. Dupont,* Les Béatitudes, Bd. 3, ²1973, S. 213—305, die aber beide zu sehr „Gerechtigkeit" für die matthäische Redaktion reklamieren.

[15] Ich habe das an einem Beispiel zu zeigen versucht: Liebet eure Feinde (Lk 6, 27—36/Mt 5,39—48), ZThK 69 (1972), S. 412—438, bes. S. 432 f.

[16] Vgl. die bei *Billerbeck* I, S. 374—377 angeführten Belege.

auf: als Begründung für das Gebot der Feindesliebe. Die leichte Skepsis, der Zweifel an Gottes Gerechtigkeit, wird aufgegriffen; wer seine Erfahrung in dieser Sentenz wiederfindet, wird in überraschender Weise beim Wort genommen und dabei behaftet, was er gesagt hat: ja, *so* ist Gott, genau wie du ihn erfährst, nur ist es dein Fehler, diese deine Erfahrung *gegen* Gott sprechen zu lassen.

Die Lilien auf dem Felde, die Vögel unter dem Himmel, daß Gott sie ernährt ebenso wie Könige, Tyrannen und Heidenvölker — diese Erfahrung hatte man und konnte sie als Hinweis auf Gottes grenzenlose, wenn auch unverständliche Güte und Langmut deuten (Ps Sal 5). Aber Gottes Reich und seine Gerechtigkeit waren etwas ganz anderes, was nur der Fromme erfuhr und erfahren konnte: daß Überfluß sowieso zur Sünde führt und daß Mittelmaß ohnehin besser ist. Jenes alte Problem der Gerechtigkeit Gottes, warum es ausgerechnet dem Gottlosen so viel besser geht als dem Frommen, wird hier gelöst durch den Hinweis auf Gottes wohlüberlegte Pädagogik. Bei Jesus dagegen: der Hinweis auf die Lilien und die Vögel als Hinweis darauf, wie Gott wirklich ist, und als Begründung dafür nach dem Reich Gottes zu trachten und nach Gottes Gerechtigkeit, wie Mt hinzufügt.

Versuchen wir, aus dieser Reihe von Beispielen Ergebnisse zu sammeln. Angesprochen wird der Hörer ganz im Stil der alten Weisheit auf seine alltäglichen Erfahrungen und auf die Formulierungen, in denen er seine Erfahrung zu ordnen sucht. Ganz im Stil der alten Weisheit wird auch von Gott wieder im Horizont dieser allen zugänglichen Erfahrung gesprochen. Und hier liegt der entscheidende Punkt: gerade dies war ja der jüdischen Tradition je länger je weniger noch gelungen, von Gott im Horizont der konkreten Welterfahrung zu sprechen. Und dies war ja genau ihr Problem, daß Gott sich nicht mehr so ohne weiteres in der Erfahrung des Menschen aufzeigen ließ. Jesus holt nun Gott in die Erfahrung zurück.

Freilich, und das muß nun noch bedacht werden: wie sah das denn aus, dieses neue Reden von Gott im Horizont der Erfahrung? Selbstverständlich war es jedenfalls nicht mehr. Sonst hätte es für die Weisheit nicht zu dem großen Realitätsverlust kommen können, der dann besonders in der Apokalyptik zu einer doppelten Realität führt. Sonst wäre auch jenes Strukturelement des Überredens nicht nötig gewesen, das wir im ersten Teil festgestellt haben — eines Überredens hätte es dann gar nicht bedurft. Aufgegriffen wird ja gerade auch *die* Erfahrung, die als Gottes Gerechtigkeit widersprechend gedeutet wurde bis hin zur Skepsis, die

Gott seine Unterlassungen vorhält; gerade die Klage über Gottes Ungerechtigkeit wird beim Wort genommen als Hinweis auf Gottes Gerechtigkeit. Das aber bedeutet, daß die Maßstäbe für Gottes Gerechtigkeit neu gesetzt werden. Gott ist nun in sehr überraschender Weise wirklich der „ganz andere" gegenüber dem, was die bisherige Reflexion auf Erfahrung sich unter ihm vorgestellt hatte. Die Frage nach Gottes Gerechtigkeit wird so umgekehrt, daß der Hörer sie nicht mehr distanziert stellen und Gott auf seine Pflicht hinweisen kann, doch sein Recht auch durchzusetzen; sie wird gegen den gekehrt, der diese Frage so stellt.

Das Problem des Verhältnisses von eschatologischer und weisheitlicher Verkündigung bei Jesus[17] ist also nicht dadurch gelöst, daß man die eschatologischen Stücke für typisch erklärt und die weisheitlichen für wenig charakteristisch, daß man Jesus als den versteht, der auf die andere Welt verweist, und seinen Verweis auf diese Welt nur als dem untergeordnetes rhetorisches oder pädagogisches Mittel interpretiert. Es geht vielmehr darum, wie in der Verkündigung Jesu der Verweis auf die Erfahrung neue Möglichkeiten des Redens von Gott, seinem Reich und seiner Gerechtigkeit erschließt.

Wenn dem so ist, dann ist schließlich auch verständlich, daß Jesus vom Reich Gottes nicht nur geredet hat, sondern es selbst gebracht hat: „Wenn ich mit dem Finger Gottes die Dämonen austreibe, dann ist das Reich Gottes zu euch gekommen" (Lk 11,20). Das Reich Gottes wird im Tun wie im Reden Jesu wieder konkret erfahrbar auch in *dieser* Welt[18].

Es entspricht dem, daß für Paulus Christologie und Eschatologie auseinanderfallen. Für die jüdische Tradition liegen sie ineinander, da der Messias die letzten Dinge herbeiführt. Für Paulus ist Christologie die Anwesenheit Gottes gerade in *dieser* Welt unter dem Zeichen des Kreuzes und der Schwachheit, des Fluches und des Todes. Das ist die Ostererfahrung, eine Radikalisierung der Erfahrung, die die ursprünglichen Hörer der Verkündigung Jesu machten: diese Welt ist und bleibt Gottes Schöpfung, Gott hat sich nicht aus ihr zurückgezogen; Gottes Gerechtigkeit ist in dieser Welt und stellt diese Welt zugleich in Frage.

Bei Jesus verweist also die Erfahrung in neuer Weise auf Gottes Reich und Gottes Gerechtigkeit, und zwar die konkrete, vielfach irritierende Erfahrung, nicht eine speziell religiöse. „So ist es eben in der Welt" —

---

[17] Vgl. ähnliche Überlegungen bei *R. Bultmann*, Die Erforschung der synoptischen Evangelien, ⁴1961, S. 50 f, der nach dem Verhältnis zwischen eschatologischer und sittlicher Verkündigung bei Jesus fragt.
[18] Vgl. oben Anm. 10 zu Mk 4.

diese vielleicht resignierende Erfahrung deutet darauf, wie es sich mit dem Reich Gottes verhält. Konkrete Welterfahrung ist wieder zusammengebracht mit dem Bekenntnis zu Gott als dem Schöpfer und Erhalter dieser Welt — und dies ist der Glaube, der Berge versetzen kann[19].

Das alles ist nicht „uneigentliche Rede" von Gott, sondern eigentliche, die ernst zu nehmen ist, wie sie gesagt wird, nicht abzuschwächen ist in allgemeine Sätze. Das alles steht am Ende eines langen Rätselns um das Verhältnis Gottes zu seiner von ihm geschaffenen Welt und am Anfang einer neuen Geschichte des Rätselns darüber, inwiefern Gott gerade in dieser Welt, dieser so konkret erfahrbaren Welt seine Gerechtigkeit unter dem Zeichen des *Kreuzes* manifestiert hat.

---

[19] Daß der Konflikt zwischen dem Bekenntnis zu Gott als dem Schöpfer und der diesem Bekenntnis scheinbar widersprechenden Erfahrung das Grundthema des Glaubens ist, läßt sich m. E. durch die Geschichte des Redens vom Glauben im Alten Testament, im Judentum, im Neuen Testament und in der Alten Kirche hindurch zeigen. Glaube hat sich hier noch nicht auf das Verhältnis zwischen Gott und Mensch unter Preisgabe der Welt zurückgezogen.

GEWALTVERZICHT UND FEINDESLIEBE IN DER URCHRISTLICHEN JESUSTRADITION
Mt 5,38—48; Lk 6,27—36

LUISE SCHOTTROFF

I. Inhaltsbestimmungen von Feindesliebe

Häufig bewegen sich Inhaltsbestimmungen von Feindesliebe im Vorstellungsbereich von allgemeiner Menschenliebe „immer und gegen jedermann"[1]. Man versteht dabei das Feindesliebegebot als uneingeschränkte Erweiterung des Nächstenliebegebotes. Die Frage, ob der persönliche Feind oder der Feind um des Glaubens willen zu lieben sei, ist dabei zweitrangig. Es läßt sich allerdings beobachten, daß Feindesliebe im Rahmen dieser Vorstellung an einer Modellsituation orientiert ist, die sich primär auf den persönlichen Feind bezieht: die Begegnung des Einzelnen mit seinem konkreten Feind. Die Übertragbarkeit dieser Modellsituation auf andere denkbare Situationen wird vorausgesetzt. Der Schwerpunkt des Interesses liegt auf dem Geschehen beim Liebenden. Um die Struktur dieser verbreiteten Inhaltsbestimmung zu erfassen, ist eine Betrachtung der Bedeutung von Feindesliebe bei R. Bultmann und H. Braun sinnvoll, gerade weil — trotz der für diese Autoren spezifischen theologischen Vorstellungen — die Grundgedanken über Feindesliebe im Rahmen der eben skizzierten Deutung bleiben.

Für R. Bultmann ist Feindesliebe „die Selbstüberwindung des Willens in der konkreten Lebenssituation, in der der Mensch dem andern Men-

---

[1] So H. *Schürmann*, Das Lukasevangelium, Erster Teil, Freiburg 1969, S. 342; A. *Nissen*, Gott und der Nächste im antiken Judentum, Tübingen 1974, S. 303 f.; D. *Lührmann*, Liebet eure Feinde, ZThK 69, 1972, S. 426; der Gedanke ist so häufig, daß auf weitere Belege verzichtet werden kann. Deutungen der Feindesliebe im Sinne einer kosmopolitischen Philanthropie führen oft zu einer umdeutenden Paraphrase des Gebotes (man solle „auch" oder „sogar" die Feinde lieben), z. B. W. *Trilling*, Das Evangelium nach Matthäus, Düsseldorf 1962, S. 135.

schen gegenübersteht"[2]. Der Schwerpunkt des Interesses liegt auf dem Liebenden, auf seiner Selbstüberwindung, nicht auf dem Gegenüber. Daß es sich um einen Feind handelt, hat nur insofern Bedeutung, als Feindesliebe „der Höhepunkt der Selbstüberwindung"[3] ist. Allgemeine Menschenliebe im Sinne von „Humanitätsgedanken", die sich auf die persönliche Würde des Liebenden oder den „Wert des andern als Menschen" richten[4], sei dies nicht; jedoch ist mit dieser Abgrenzung gegen allgemeine Menschenliebe eine Abgrenzung gegen bestimmte Begründungen von Menschenliebe gemeint, nicht eine Veränderung der Vorstellung, daß grundsätzlich jeder Mensch der andere sein kann, den es zu lieben gilt. Die Praxis der Liebe („*Was* man tun muß") braucht nicht gelehrt zu werden. „Es wird vorausgesetzt, daß jedermann das wissen kann."[5] Auch die Forderung, die andere Backe hinzuhalten, wird ganz konsequent auf die Grundvorstellung bezogen: auf den Gehorsam des Glaubenden vor Gott[6], „als Gott Gehorsamer, der seinen selbstischen Willen überwindet, auf die Ansprüche seines Selbst verzichtet, stehe ich dem Nächsten gegenüber, zum Opfer bereit wie für Gott so für den Nächsten"[7]. Hier wird das theologische Interesse in einer Weise auf den Glaubenden verlagert, wie es der Paränese Mt 5,38 ff par geradezu widerspricht. In ihr werden sehr wohl Handlungsanweisungen gegeben[8], und die Objekte der Liebe, die Feinde, werden recht ausführlich benannt. Vor allem aber ist einzuwenden, daß die Selbstliebe und die Haltung des natürlichen Menschen für den Text gar kein Thema sind. Die „Sünder", die nur die lieben, die sie auch lieben (Lk 6,32—34 par), sind nicht sündige Menschen im Sinne des natürlichen, selbstischen Menschen, von dem Bultmann spricht, sondern Menschen, die die Nächstenliebe üben, die Feindesliebe aber nicht. Auch die Abgrenzung gegenüber Humanitätsgedanken, die Bultmann vornimmt, trifft kein Interesse der Texte, die so ungezwungen Gedanken antiker Ethik aufnehmen[9]. Bult-

---

[2] R. *Bultmann*, Jesus, Tübingen 1951, S. 97.

[3] R. *Bultmann*, Anm. 2, S. 97.

[4] R. *Bultmann*, Anm. 2, S. 96 f.   [5] R. *Bultmann*, Anm. 2, S. 97.

[6] R. *Bultmann*, Anm. 2, S. 81.   [7] R. *Bultmann*, Anm. 2, S. 99.

[8] Die vorliegenden Handlungsanweisungen (Racheverzicht und Fürbittegebet) werden von R. *Bultmann*, Anm. 2, S. 100 f zugunsten von Vergebung als Ausdruck des Verzichts auf eigene Ansprüche relativiert.

[9] Der Zusammenhang der urchristlichen Feindesliebeforderung mit Vorstellungen nichtchristlicher antiker Ethik wird von Bultmann selbst stärker betont, als dies im allgemeinen in neuerer exegetischer Literatur geschieht. (Eine Ausnahme in neuerer Zeit: G. *Strecker*, Handlungsorientierter Glaube, Stuttgart 1972, S. 46. 67.) Bultmann sieht,

manns inhaltliche Bestimmung der Feindesliebe benutzt ein theologisches Deutungssystem, das mit Mt 5,38 ff par nicht zur Deckung zu bringen ist.

Auch bei H. Braun, dessen Inhaltsbestimmung wohl mehr als die Bultmanns repräsentativ sein kann für die verbreitete Deutung der Feindesliebe im Horizont allgemeiner Menschenliebe, liegt der Schwerpunkt des Interesses auf dem Geschehen beim Liebenden. Für Braun gebietet Jesus „die Feindesliebe und erweitert damit den Begriff des Nächsten in einer unerhörten Weise"[10]. Diese Erweiterung ist nicht als theoretische oder als Begriffsdefinition vorgenommen[11], sondern in „konkreter Andringlichkeit"[12]. Damit verstößt Jesus gegen die „religiöse jüdische Tradition" und das Alte Testament[13], und zwar nicht grundsätzlich, sondern durch die Konkretion und „Andringlichkeit". Der Feind ist sowohl der persönliche als auch der religiöse Feind[14]. Damit ist eine „relative, nicht grundsätzliche Offenheit für den nichtjüdischen Nächsten" gewonnen[15]. Wenn hier auch ein Unterschied gesehen wird zwischen Mt 5,38 ff par und einem expliziten Gebot allgemeiner Menschenliebe, so nicht ein Unterschied in der Vorstellung, welcher Personenkreis zu lieben sei, sondern ein Unterschied in der Formulierung des Gebotes — eben seiner Andringlichkeit —, der aber theologische Bedeutung hat. Die Andringlichkeit vereitelt ein Ausweichen in eine nur formale Gebotserfüllung. Es geht nicht darum, daß man ein bestimmtes Maß von Liebe erbringt („die linke Wange, die zweite Meile, den Mantel"[16]), danach dann aber

---

daß die Feindesliebeforderung durchaus nicht „neu" im geistesgeschichtlichen Sinne ist, *R. Bultmann*, Anm. 2, S. 96 und *R. Bultmann*, Das christliche Gebot der Nächstenliebe, in: Glauben und Verstehen Bd. 1, Tübingen 1954, S. 236 f. 243. Die Kontrastierung der Feindesliebe in der Bergpredigt und z. B. bei Seneca hat jedoch für *Bultmann* nicht didaktische Funktion (als Hilfsmittel zur Klärung des Gemeinten), sondern theologische Funktion. Die biblische Forderung ist keine ethische Forderung, denn das hieße, daß „Leistung" verlangt sei, so z. B. Anm. 2, S. 81.

[10] *H. Braun*, Spätjüdisch-häretischer und frühchristlicher Radikalismus, Bd. 2, Tübingen 1957, S. 91.

[11] *H. Braun*, Anm. 10, S. 91 Anm. 2 und *H. Braun*, Jesus, Stuttgart 1969, S. 130.

[12] *H. Braun*, Anm. 11, S. 130 bzw. Anm. 10, S. 91 Anm. 2.

[13] *H. Braun*, Anm. 11, S. 131 bzw. Anm. 10, S. 91 f.

[14] *H. Braun*, Anm. 10, S. 57 Anm. 1 Abs. 2; S. 91 Anm. 2; bzw. Anm. 11, S. 125. 130.

[15] *H. Braun*, Anm. 11, S. 130.

[16] *H. Braun*, Anm. 11, S. 124. *H. Conzelmann*, Grundriß der Theologie des Neuen Testaments, München 1967, S. 140 betont diesen Gedanken als den der „Absolutheit des Gebotes": „Ich kann gar nicht mehr fragen, ob man den Backen hinhalten ‚müsse'. Denn dabei hätte ich im Hintergrund schon die weitere Frage, wann ich es nicht zu tun brauche."

die „Selbstwehr beginnen darf", es geht vielmehr um ein „Ja ohne Grenze und Maß"[17]. Die Andringlichkeit, Konkretheit, Radikalität des Gebotes, auf der hier der Ton liegt, hat ihre Bedeutung als kritisches Instrument gegen „Kasuistik" und „haarspalterische Einzeldefinitionen"[18]. Historisch ist damit für Braun eine bestimmte Version jüdischer Frömmigkeit gemeint, entscheidend ist jedoch für ihn dabei das implizite theologische Interesse an der Haarspalterei des Frommen heute, der der Radikalität des Gebotenen ausweicht. Die Betonung der Radikalität, das „Ja ohne Grenze und Maß", richtet sich auf mögliche Fehlhaltungen des Liebenden. Gegen diese Deutung sind im Prinzip ähnliche Einwände zu machen wie gegen die Bultmanns. Eine kritische Front gegen kasuistische, nur formale Gebotserfüllung ist dem Text (Mt 5,38 ff par) nicht zu entnehmen. Eine Kritik am Alten Testament und Judentum wird erst nachträglich in diesen Zusammenhang eingebracht (in den Antithesen bei Matthäus). Das Gebot, die andere Wange hinzuhalten, wird bei Braun zur Aussage über den Unterschied zwischen dem Glaubenden und dem Sünder (darin liegt eine Vergleichbarkeit mit Bultmann), auch wenn vom „Sünder" nicht explizit gesprochen wird. Der Mensch, der darauf aus ist, sich gegen den Feind zu wehren und Gebotenes durch formale Erfüllung zu unterlaufen, steht dem Glaubenden gegenüber, der wirkliches Gehorchen übt. Die Praxis der Liebe und ihr Objekt, die Feinde, sind (anders als in Mt 5,38 ff par) kein Gegenstand des Nachdenkens. Gegenstand des Nachdenkens ist der Einzelne mit seiner Unfähigkeit zu lieben. So wichtig für einen heutigen Umgang mit Jesusgeboten die Betonung der „Andringlichkeit" ist, die die formale Wahrung des Gebotenen als Ausweichen vor seinem Inhalt verhindern hilft, das Interesse von Mt 5,38 ff par wird mit dieser Deutung nicht getroffen (eher das anderer synoptischer Texte, z. B. das von Lk 10,29).

Eine Alternative zu solchen Inhaltsbestimmungen von Feindesliebe, die sich im Horizont allgemeiner Menschenliebe bewegen, ist ein Verständnis der Feindesliebe, das sie als ein konkretes soziales Geschehen begreift: als den (gewaltlosen) Kampf von Christen gegen die Übermacht der Feinde des Christentums. An dem Geschehen im Herzen des Liebenden haftet hier kein Interesse, eher an dem im Herzen des Feindes.

Die Deutung des Gebotes der Feindesliebe als Bestandteil der eschatologischen Predigt Jesu durch J. Weiß geht in diese Richtung. Nicht „unsere erbärmlichen Alltagsstreitigkeiten", in denen wir mehr oder we-

---

[17] *H. Braun,* Anm. 11, S. 124.
[18] *H. Braun,* Anm. 11, S. 125.

niger gelassen bestehen, seien das Feld der Bewährung für die Feindesliebe. „Erst wenn wir in den Kampf um die höchsten Güter des Lebens, um Glauben und Überzeugung, hineingestoßen werden, und wirkliche Todfeindschaft an uns herantreten wird, dann werden wir Gelegenheit bekommen, zu zeigen, ob wir zu der Seelenfreiheit fähig sind, die hier von dem Jünger Jesu erwartet wird"[19]. Auch in H. Schürmanns Lukaskommentar finden sich anschauliche Formulierungen für solche Praxis der Feindesliebe im Umgang mit Feinden um des Glaubens willen: „Hier ist letzte schöpferische Gutheit verlangt, an der alle Bosheit verpufft"; „Solche Liebe nimmt das Böse an das Herz und zerdrückt es"[20]. Die wichtigste Auslegung der Feindesliebe in diesem Sinne stammt von M. L. King. Feindesliebe sei nicht Gefühlsregung, sie sei Kampf, in dem die Gegner ohne militärische Waffen besiegt werden, so daß die erkämpfte Freiheit auch ihnen zugute kommt[21]. Feindesliebe ist hier die unverzichtbare Haltung der Kämpfenden in einem „gewaltfreien Aufstand"[22]. Zur Praxis der Feindesliebe gehört hier auch der direkte Appell an die „erbittertsten Gegner": „Wir werden eure Fähigkeit, uns Leid zuzufügen, durch unsere Fähigkeit, Leid zu ertragen, wettmachen ... Tut uns an, was ihr wollt, wir wollen euch trotzdem lieben."[23] Versteht man Feindesliebe in diesem Sinne als Haltung eines kämpferischen Widerstandes, so ergibt sich die Notwendigkeit, die Rolle der Feinde und der Kämpfenden innerhalb des sozialen Machtgefüges genauer zu definieren, da Feindesliebe hier eine Haltung von Gruppen ist, die keine der in der Gesellschaft vorhandenen legalen Machtmittel zur Verfügung haben. Die Feindesliebeforderung wird hier nicht als jederzeit und von jedem anwendbare ethische Regel verstanden[24], sondern als von Christen in Widerstandssituation geforderte Haltung. Sie ist durchaus zu un-

---

[19] *J. Weiß—W. Bousset,* Die drei älteren Evangelien, in: Die Schriften des Neuen Testaments neu übersetzt und für die Gegenwart erklärt von *O. Baumgarten* u. a., 3. Aufl. Bd. 1, Göttingen 1917, S. 271; cf. *J. Weiß,* Die Predigt Jesu vom Reiche Gottes, Göttingen 3. Aufl. 1964, S. 148—150.

[20] *H. Schürmann,* Anm. 1, S. 344. 349. Schürmann definiert die Feinde für die älteren Traditionsstufen und für Mt als religiöse Feinde. Eine Spannung zur Deutung der Feindesliebe als Liebe „immer und gegen jedermann" sieht er nicht. Zu Schürmanns Inhaltsbestimmungen s. auch u. S. 202 f. mit Anm. 29.

[21] *M. L. King,* Aufruf zum zivilen Ungehorsam, Düsseldorf 1969, S. 114—116. und *M. L. King,* Kraft zum Lieben, Konstanz 1964, S. 70 f.

[22] Dazu besonders *Th. Ebert,* Gewaltfreier Aufstand. Alternative zum Bürgerkrieg, Frankfurt 1972 (Fischer Taschenbuch).

[23] *M. L. King,* Anm. 21, Aufruf S. 155; Kraft, S. 70 f.

[24] S. das Zitat von *J. Weiß* o. S. 200 f.; *Schürmann,* Anm. 1, S. 349.

terscheiden von allgemeiner Menschenliebe oder von Barmherzigkeit, die unabhängig von gesellschaftlichen Machtverhältnissen lehrbar und praktizierbar sind. Der Starke kann dem Schwachen Liebe und Barmherzigkeit zuwenden (und umgekehrt). Feindesliebe jedoch praktiziert der Schwache dem Starken gegenüber. Lehren und fordern kann sie dann nur der am Widerstand Beteiligte; als Empfehlung von außen verändert sie ihren Inhalt zur Empfehlung, den Widerstand aufzugeben[25].

Diese Inhaltsbestimmung von Feindesliebe läßt sich ohne Schwierigkeiten als Deutung von Mt 5,44 ff par verifizieren, da hier ja in der Tat von der Feindschaft zwischen Christen und ihren Verfolgern die Rede ist und für die frühe Zeit des Christentums die soziale Unterlegenheit der Christen in diesem Kampf vorauszusetzen ist. Ob Fürbittegebet, Segen und Liebe wirklich als Bestandteile einer kämpferischen Auseinandersetzung mit Gegnern des Christentums angesehen werden können, wird zu überprüfen sein. Methodisch ergibt sich aus dieser Inhaltsbestimmung von Feindesliebe die Notwendigkeit einer sozialgeschichtlichen Fragestellung. Die Liebenden und die Feinde in Mt 5,44 ff par können nicht abgelöst von ihrer sozialen Realität gesehen werden.

Die Deutung der Feindesliebe als einer kämpferischen Überwindung der Feinde durch Liebe gerät allerdings angesichts der Texte der Jesustradition in eine Schwierigkeit: wie soll das Verbot des Widerstandes Mt 5,39—41 par verstanden werden? In Deutungen wie der Bultmanns und Brauns steht der Liebende dem Feind ohne Anspruch gegenüber, er sagt bedingungslos Ja zum Feind, er vergibt ihm. Die Forderung, die andere Backe hinzuhalten, ist Exempel bzw. „andringliche Form" für den Anspruchsverzicht. Feindesliebe als Überwindung des Bösen durch das Gute jedoch akzeptiert ja gerade nicht den Feind, so wie er ist; sie will alles von ihm, sie will seine Feindschaft ändern. M. L. King formuliert ganz konsequent einen Satz im Widerspruch zu Mt 5,39: „Nichtzusammenarbeit mit dem Bösen ist genauso eine moralische Pflicht wie Zusammenarbeit mit dem Guten, also werft uns ins Gefängnis, und wir wollen euch trotzdem lieben."[26] J. Weiß empfand diesen Widerspruch zwischen einer aktiven Feindesliebe und dem Verbot des Widerstandes, eine Lösung des Problems ist ihm nicht gelungen[27]. Auch H. Schürmann

---

[25] S. dazu *Th. Ebert,* Anm. 22, S. 33; *H. J. Benedict,* Licht und Finsternis. Der Mord an Martin Luther King und seine Folgen im Spiegel der deutschen Publizistik, in: Th. Ebert und H. J. Benedict (Hrsg.), Macht von unten, Hamburg 1968, S. 60—73.

[26] *M. L. King,* Anm. 21, Aufruf S. 115.

[27] *J. Weiß,* Anm. 19, Die drei älteren Evangelien S. 268 f. Nicht immer wird es

bietet keine Lösung. Die aktive Feindesliebe[28] ist nicht mit der Vorstellung einer „reaktionslosen Liebe" zusammenzubringen, wie er es tut[29]. Es bleibt das offene Problem bei dieser Deutung: warum wird hier der Widerstand verboten und daneben die aktive Feindesliebe geboten? Was soll die Tat der Liebe sein, wenn man dem Feind die andere Backe hinhält? — Sein Unrecht wird dadurch noch größer.

M. Hengel und P. Hoffmann haben eine Deutung des Feindesliebegebotes vorgetragen, die hier einen Schritt weiterhilft. Sie verstehen Mt 5,38—48 par als antizelotische Stellungnahme. Jesus bzw. die Q-Gruppe fordere den „Weg der Friedfertigkeit"[30], den „Verzicht auf Gewalt"[31] und lehne den Weg des antirömischen Aufstandes ab. Bei dieser Deutung könnte man das Verbot des Widerstandes mit dem Gebot der Feindesliebe zusammenbringen. Das Verbot des Widerstandes wäre dann ein Verbot militärischer Gewalt, das eine aktive Feindesliebe nicht ausschließt. So ist es ganz konsequent, daß M. Hengel M. L. King als Manifestation der „Kraft der Gewaltlosigkeit", die von Jesus ausging, ansieht[32]. Als antizelotische Stellungnahme kann Mt 5,38 ff par jedoch auf

---

richtig sein zu kämpfen. Für solche Fälle ist das Widerstandsverbot „Erziehungsmittel" für „Selbstbeherrschung" und „Entsagung".

[28] S. o. Anm. 20.

[29] *H. Schürmann*, Anm. 1, S. 342. 347 f. „Wer in solchen Fällen immer so handelt, hat offenkundig kein Interesse mehr am eigenen Ich; er hat sich selbst liebend ganz aufgegeben" (S. 348) — und diese Haltung sei die „innere Voraussetzung" für schöpferische Feindesliebe (S. 347).

[30] *P. Hoffmann*, Studien zur Theologie der Logienquelle, Münster 1972, S. 76. S. auch *D. Lührmann*, Anm. 1, S. 437; *G. Baumbach*, Das Verständnis des Bösen in den synoptischen Evangelien, Berlin 1963, S. 70.

[31] *M. Hengel*, War Jesus Revolutionär? Stuttgart 1970, S. 22.

[32] *M. Hengel*, Anm. 31, S. 22. M. Hengels Aktualisierung Jesu (und M. L. Kings) als gewaltlose Friedensstifter zwischen den Fronten, zwischen „links und rechts" (s. besonders S. 21 f) und seine Alternative C. Torres *oder* M. L. King (s. S. 43 f — in Auseinandersetzung mit H. Gollwitzer) kann ich allerdings nicht einsehen. Gewaltfreier Aufstand ist schließlich Aufstand, ist Widerstand. M. L. King benutzte die Unterscheidung von Gewalt gegen Sachen und gegen Personen (z. B. aaO. — s. Anm. 21 — Aufruf S. 90—93). Er verstand seinen Weg nicht als doktrinär pazifistischen Weg, er spricht vom „realistischen Pazifismus", „der unter den obwaltenden Umständen als das kleinere Übel anzusehen ist". „Ich behaupte nicht, von dem Widerspruch frei zu sein, dem sich jeder christliche Nichtpazifist ausgesetzt sieht" (Anm. 21 — Kraft, S. 231). Hengel realisiert nicht, was es bedeutet, daß auch er in diesem Widerspruch steht (Notwehr sei berechtigt aaO. S. 43) und daß H. Gollwitzer gerade diesen Widerspruch ernst nimmt. Dieser Widerspruch kann nicht aufgehoben werden durch dogmatische Empfehlungen der Gewaltlosigkeit an Menschen, an deren Leiden wir nicht teilhaben, und auch nicht durch Verschweigen der Gewaltverstrickung, in der wir leben, auch

keiner Traditionsstufe angesehen werden. Hier ist von den Feinden der *Christen* und nicht von den Römern als Feinden von Juden die Rede. So richtig es sein wird, daß das frühe Christentum sich aus den zelotischen Aufstandsbewegungen herausgehalten hat, Feindesliebe im Umgang mit Rom als Gegner von Juden wird hier nicht empfohlen. Die Feinde des Christentums sind zu dieser Zeit andere als die der Zeloten, keinesfalls römische Staatsorgane[33]. Unter den Feinden der Christen wird man sich jüdische und nichtjüdische Bevölkerungsgruppen vorzustellen haben. Eine bei der Lösung Hengels und Hoffmanns vorauszusetzende Identifizierung der Verfolger von Christen mit denen von Juden ist spätestens seit der Christenverfolgung durch Paulus nicht vorstellbar. Will man Mt 5,38 ff par als antizelotische Stellungnahme ansehen, muß man eine Zeit konstruieren, in der Feinde von Christen oder Jüngern Jesu noch kein Problem waren. Aber selbst der historische Jesus hätte wohl kaum von „Feinden" und „euren Verfolgern" sprechen können, ohne dabei an seine eigenen Konflikte und die seiner Jünger zu denken. Eine unmittelbar antizelotische Stellungnahme wird hier nicht vorliegen, jedoch wird die Fragerichtung Hengels und Hoffmanns zutreffend sein: Widerstandsverbot und Feindesliebeforderung enthalten auch eine politische Stellungnahme und finden auf dieser Ebene ihre sachliche Zusammengehörigkeit. Es wird zu klären sein, in welchem Sinne hier politisch Stellung genommen wird.

II. Racheverzicht und Feindesliebe in der ethischen Diskussion der nichtchristlichen Antike

Die in Mt 5,38 ff par angesprochenen Themen sind in der Antike seit alter Zeit in nahezu allen Bereichen verhandelt worden, in altorientalischer Paränese, im Alten Testament, im nachbiblischen Judentum, in griechischer und römischer Literatur[34]. Die Kenntnis ethischer Mahnun-

---

wenn wir keine Waffen berühren. Zu diesen Fragen s. besonders *H. Gollwitzer*, Zum Problem der Gewalt in der christlichen Ethik, in: Freispruch und Freiheit, Theologische Aufsätze für W. Kreck, hrsg. v. H. G. Geyer, München 1973, S. 148—167.

[33] Z. B. *A. Wlosok*, Rom und die Christen, Stuttgart 1970.

[34] „Counsels of Wisdom" Z. 31—48, *W. G. Lambert*, Babylonian Wisdom Literature, Oxford 1960, S. 101; Lehre des Amenemope IV 10—V 6, ANET S. 422; für das Alte Testament s. z. B. 1Sam 24,18; Ex 23,4 f; Prov 24,17.29; 25,21 f. Materialzusammenstellung für das nachbiblische Judentum bei *A. Nissen*, Anm. 1, S. 304—329; für griechische und römische Literatur bei *M. Waldmann*, Die Feindesliebe in der antiken

gen zu einem positiven Umgang mit Feinden und zur Aufhebung des Vergeltungsdenkens, zum Verzicht auf Rache und Zorn, kann bei den Trägern und Addressaten der urchristlichen Paränese vorausgesetzt werden. Das Thema wird nicht nur auf der Ebene ethischer Theorie in der philosophischen Literatur behandelt, sondern auch unmittelbar lebenspraktisch gewandt in Spruchparänesen und Anekdoten. Es war also nicht nur ein Thema für Gebildete.

Das Verhältnis der urchristlichen Feindesliebemahnung zu ethischen Gedanken der nichtchristlichen Antike ist oft unter dem Bemühen abgehandelt worden, die Neuheit und Besonderheit des Gebotes Jesu zu erweisen[35]. Gegen dieses Verfahren ist zweierlei einzuwenden: 1. wird man damit der Intention des Urchristentums selbst nicht gerecht. Zwar wird das Feindesliebegebot als Ausdruck des eigenen Andersseins empfunden, auch als „neu"[36], aber damit will man sich absetzen gegen eine konkrete Praxis des ἀνταγαπᾶν in der Gesellschaft, nicht aber gegen *vergleichbare* ethische Forderungen. Auf vergleichbare alttestamentliche Forderungen hat man sich sogar berufen[37]; und wenn in apologetischem Interesse die Feindesliebe als φιλανθρωπία charakterisiert wird[38], so ist der damit beabsichtigte Hinweis auf den Zusammenhang der Feindesliebe mit ethischen Traditionen der Antike berechtigt, wenn auch die Eigenart der urchristlichen Forderung dabei verwischt wird. 2. Das Herausheben von Unterschieden durch Vergleich von ethischen Formulierungen und Gedanken und daraus dann abgeleiteter inhaltlicher Unterschiede (z. B. mit Hilfe der Fragen: ist von *Liebe* zu Feinden die Rede[39]?

Welt und im Christentum, Wien 1902, S. 19—88; *A. Dihle,* Die goldene Regel, Göttingen 1962, S. 41—79 (zur Aufhebung von Vergeltungsdenken); *W. C. van Unnik,* Die Feindesliebe in Lukas VI 32—35, in: Novum Testamentum vol. VIII, 1966, S. 284 bis 300. Zu der ἡμερότης ὑπὲρ πολεμίων (bzw. ἐχθρῶν) im AT s. auch Philo, de virtutibus 109—120. Der Zusammenhang zwischen der Bergpredigt und Plato beschäftigte bereits Celsus und Origenes, Origenes c. Cels. VII, 58.

[35] S. z. B. die in Anm. 34 genannte Literatur.

[36] Justin, ap. I, 15 ändert die rhetorischen Fragen Mt 5,46 f in: τί καινὸν ποιεῖτε;

[37] Röm 12,19 f; Justin, dial. 85,7; Theophilus, ad Autol. III, 14.

[38] Athenagoras, leg. 12; Justin, ap. I, 15,1 στέργειν ἅπαντας; cf. Diognetbrief V, 11.

[39] „ἀγαπᾶν" gegenüber Feinden ist m. W. in der Tat nicht in der Umwelt belegt. In die Nähe kommen allerdings einige Formulierungen bei Seneca (zu Seneca s. u. S. 209 ff; zur Nähe der Formulierungen Senecas siehe *R. Bultmann* an den in Anm. 9 genannten Stellen; *Waldmann,* Anm. 34, S. 67—75; *Dihle,* Anm. 34, S. 71) aber auch Epiktet, diss. III, 22,54 δέρεσθαι αὐτὸν δεῖ ὡς ὄνον καὶ δερόμενον φιλεῖν αὐτοὺς τοὺς δέροντας ὡς πατέρα πάντων, ὡς ἀδελφόν. „Er muß sich treten lassen wie ein Hund und unter den Tritten eben die, welche ihn treten, auch noch

— wie wird die ethische Haltung *begründet*[40]?) bleibt unbefriedigend. Wenn man z. B. wie A. Nissen konstatiert, von Feindesliebe sei im Alten Testament und Judentum keine Rede und könne auch aus theologischen Gründen keine Rede sein[41], so wird damit implizit die Behauptung aufgestellt (oder zum mindesten die Folgerung ermöglicht), das Christentum sei eine dem Judentum überlegene Religion (oder wie immer man sich die Höherwertigkeit vorstellen mag). Ein solcher Vergleich impliziert eine Wertskala von Ethiken oder Religionen, solange man die Unterschiede nicht für *beide* Seiten als historische, als sozial bedingte beschreibt[42].

Die historische Bedingtheit kann m. E. sachgerecht nur in sozialgeschichtlichen Kategorien erfaßt werden. D. h. die Unterschiede müssen auf ihre Ursachen befragt werden. Racheverzicht von Sklaven gegenüber ihren Herren oder Racheverzicht von Königen gegenüber den besiegten Feinden (um zwei extreme Beispiele zu nennen) sind kaum vergleichbar, auch wenn die ethische Formulierung wortgleich lautet. Bei einer sozialgeschichtlichen Fragestellung ergibt sich, daß die nichtchristliche ethische Diskussion auch in sich schon große Unterschiede enthält, nicht vergleichbare Haltungen meint. Im folgenden soll eine solche Differenzierung versucht werden. Sie kann helfen, die konkrete Eigenart der urchristlichen Forderung und Praxis zu beleuchten. Sie kann vielleicht auch helfen, die Identitätsfindung christlicher Praxis heute zu erleichtern. Ethische Forderungen müssen unter dem Aspekt erläutert werden, wo das Subjekt des Handelns und sein Objekt in der gesellschaftlichen Realität anzutreffen sind. Antike ethische Reflexionen haben zu dieser Frage sehr viel deutlicher Stellung genommen, als wir es gewohnt sind. Seneca z. B. sieht das Problem deutlich: „Mit dem Ebenbürtigen zu kämpfen ist zwei-

---

liebhaben, wie ein Vater von allen, wie ein Bruder" — deutsche Übersetzung aus: Epiktet, Teles und Musonius, Wege zu glückseligem Leben, übertragen und eingeleitet von *W. Capelle*, Zürich 1948, S. 135 f.

[40] S. z. B. *A. Dihle*, Anm. 34, S. 72.

[41] *A. Nissen*, Anm. 1, S. 315 f.

[42] Wenn A. Nissen Gegenüberstellungen formuliert (z. B. S. 314 „Selbstüberwindung zugunsten des andern heißt jedoch nicht Selbstpreisgabe zuungunsten seiner selbst, Vergebungsbereitschaft ... nicht Rechtsverzicht ..."), so entsteht zum mindesten der Eindruck, der Unterschied sei auch ein Wertunterschied. Die Frage, *warum* das frühe Christentum hier anders votiert, müßte gestellt werden. Damit allein kann der Vergleich dem Verdacht entgehen, daß implizit die Überlegenheit des Christentums gemeint sei. Diese Problematik hat eine lange Tradition im religionsgeschichtlichen Vergleich durch christliche Exegeten, auch bei Exegeten, die, wie Nissen, der fremden Religion gerade gerecht werden wollen.

schneidig, mit dem Höheren wahnsinnig, mit dem Niederen schmutzig."[43] Ich wähle drei unterschiedliche Haltungen des Racheverzichtes aus, um solchen Differenzierungen nachzugehen:

a) Der Unterlegene — ein Mann ohne Galle (ἄχολος)

Daß ein Abhängiger, vor allem ein Sklave, Unrecht, Beschimpfungen und Schläge erdulden muß, ohne sich wehren zu können, wird in verschiedenen Zusammenhängen bedacht. Einerseits so, daß die sittliche Haltung des „Mannes" von der des Sklaven abgehoben wird. Ein Mann läßt sich Unrecht und Schimpf nicht gefallen, der Dulder wird als sklavisch getadelt[44]. Andererseits so, daß dem Unterlegenen empfohlen wird, aus der Not eine Tugend zu machen, denn „oft ist es (so) wenig dienlich, Unrecht zu rächen ..."[45]. Seneca erzählt erschütternde exempla für diese Haltung, z. B. von einem römischen Ritter, dem der Kaiser aus nichtigem Anlaß den Sohn hinrichtet und ihn dann zu Tische lädt: „es hielt der Arme durch, nicht anders, als wenn er seines Sohnes Blut tränke" ... „Du fragst, warum? Er hatte noch einen zweiten (Sohn)."[46] Auch die Mahnung, sich von fremden und eigenen Prozessen fernzuhalten, vielleicht auch die anschließende Mahnung, Böses mit Gutem zu vergelten und dem Feind Gerechtigkeit widerfahren zu lassen, in den babylonischen „Counsels of Wisdom" gehören in diesen Zusammenhang. Sie sind Klugheitsregel für den kleinen Mann[47].

So unterschiedlich jeweils der Kontext ist, in allen diesen Fällen ist die Hinnahme von Unrecht durch Abhängige mit ihrer Abhängigkeit begründet. Im Urchristentum wird Sklaven empfohlen, auch Unrecht seitens der Herren ohne Gegenwehr hinzunehmen (1Petr 2,18 ff; vielleicht auch Kol 3,25), und Athenagoras berichtet voller Stolz, bei den Christen könne man ungebildete Leute, Handwerker und alte Mütterchen finden, die die gebotene Feindesliebe in guten Taten aufzeigen: geschlagen nicht wieder zu schlagen und ausgeraubt nicht zu prozessieren[48].

---

[43] Seneca, de ira II, 34,1; deutsche Übersetzung aus Seneca, Philosophische Schriften, lateinisch und deutsch, Bd. 1, Darmstadt 1969, S. 213.

[44] Kallikles in Plato, Gorgias 483 B; Aristoteles, eth. nic. IV, 11; Theophrast, char. 1; siehe auch die Theophrastzitate bei Seneca, de ira (z. B. I, 14,1). Weiteres Material *Nissen*, Anm. 1, S. 306 f; *Dihle*, Anm. 34, S. 33.

[45] Seneca, de ira II, 33,2 (Deutsche Übersetzung siehe Anm. 43, S. 211).

[46] Seneca, de ira II, 33,3 f (Deutsche Übersetzung siehe Anm. 43, S. 211); siehe auch de ira III, 14 f.

[47] Für den Fundort s. Anm. 34; zur Interpretation *W. G. Lambert*, Morals in Ancient Mesopotamia, JEOL 5, 1955—58, S. 188. [48] Athenagoras, leg. 11.

Diese Haltung wird hier als sittliche Leistung verstanden. Daß sie eine zwangsläufige Folge der abhängigen Situation sei, ein Gebot der Not, wird überhaupt nicht ins Spiel gebracht. Implizite Voraussetzung ist, daß diese Menschen auch anders handeln könnten. Man wird dem Sachverhalt nicht gerecht, wenn man folgert, hier würde die Tugend, die aus der Not geboren ist, auch noch religiös und ethisch verbrämt, oder wenn man folgert, die christliche Ethik mache sich hier zum Anwalt der gesellschaftlichen Ordnung (so wenig dies für manche anderen urchristlichen Texte bestritten werden soll). Denn hier wird ja nicht der Gehorsame, sondern der Unrecht Leidende heroisiert. Warum diese Haltung heroisiert wird, ist aus den bisherigen Beobachtungen nicht zu erkennen, allerdings kann ein negatives Ergebnis festgehalten werden: Da auf die Abhängigkeitssituation als Ursache der gebotenen Haltung weder in 1Petr 2,18 ff noch bei Athenagoras und auch nicht in Mt 5,38 ff par hingewiesen wird (anders als in den oben genannten antiken Texten zur Dulderhaltung des Abhängigen), kann im Bewußtsein dieser christlichen Texte die eigene Ohnmacht keine bestimmende Rolle gespielt haben. Eine Haltung, die der Verachtung des aristokratischen „Mannes" unterliegt oder der Trauer des mitfühlenden Seneca, wird hier mit einem erstaunlichen Selbstbewußtsein zum Ideal erhoben, aber nicht, um der Abhängigkeit Rechnung zu tragen.

Diese Beobachtung anhand der Äußerungen zur Haltung des Abhängigen, dem Unrecht widerfährt, kann zu der kritischen Frage führen, ob es wirklich sinnvoll ist, für die Erfassung der urchristlichen Paränese soziale Differenzierungen zu benutzen. An 1Petr 2,18 ff und Athenagoras leg. 11 zeigte sich schließlich, wie die ethische Haltung von Abhängigen gerade ohne Bezug bleibt zu ihrer spezifischen Abhängigkeitssituation. Sollte man also doch solche sozialen Differenzierungen vermeiden und eine universale Ethik für Mt 5,38 ff par annehmen, die für jeden Menschen gegenüber jedem Menschen unter allen Umständen gemeint ist? Dann müßte auch

b) Der Racheverzicht des Überlegenen,

ein gängiges Thema antiker Ethik, unter Mt 5,38 ff par zu subsumieren sein. „Nicht nämlich, wie es bei Wohltaten ehrenwert ist, Güte mit Güte aufzuwiegen, so auch, Unrecht mit Unrecht. Dort ist sich besiegen zu lassen schimpflich, hier, zu siegen. Ein unmenschliches Wort gibt es, freilich als gerecht aufgefaßt — Rache. Und Vergeltung unterscheidet sich nicht viel von Unrecht außer durch die Reihenfolge."[49] Wenn man ethische Reflexionen von der jeweiligen gesellschaftlichen Situation abstrahiert, bieten diese Sätze Senecas nahe Parallelen zu den urchristlichen Forderungen des Racheverzichtes und der Feindesliebe[50]. Die Feinde sollen Verzeihung und Hilfe empfangen[51]. Der Racheverzicht wird nicht nur als Unterlassen der Schädigung des Feindes, sondern auch als positive Zuwendung verstanden. In seiner Schrift „de ira" entwirft Seneca eine Ethik für den Weisen, der öffentliche Verantwortung übernimmt. Er soll sein Handeln als *aequus iudex*, als gerechter Richter, gestalten[52]. Er zürnt nicht, sondern straft und heilt. Das Wohl der *societas* ist sein Ziel (II, 31,7). Nicht allzugroße Selbstliebe (II 31,3) bestimmt sein Handeln, sondern die Überlegenheit des Herzens: „jener ist groß und edel, der nach Art eines großen Tieres das Gekläffe winziger Hunde unbekümmert überhört."[53] „Die Fähigkeit, Schmähungen zu ertragen, (ist) ein gewaltiges Hilfsmittel zum Schutze der Herrschaft"[54]; das gilt für die Herren des Staates wie für die Herren des Hauses. „Was gibt es, weswegen ich meines Sklaven allzu deutliche Antwort ... mit Geißelhieben und Fußeisen sühne? Es haben verziehen viele ihren Feinden: *ich* sollte nicht verzeihen Faulen, Nachlässigen, Geschwätzigen?"[55] Die innenpolitischen und außenpolitischen Erfahrungen Roms mit niedergeworfenen Feinden zeigen, daß Rache- und Zornverzicht die *societas*, das *imperium*, erhält (II 34,4)[56]. Die Schrift „de ira" gestaltet die Rolle des verantwortungsbewußten *pater familias*, des Bürgers in gehobener Stellung, als *aequus iudex* im rechtsfreien Raum des römischen Hauses[57]. Die Gestaltung der Rolle des Kaisers durch die *clementia* sieht analog aus[58]. Die *clementia principis* bedeutet inhaltlich, was die Zornlosigkeit in „de

---

[49] Seneca, de ira II, 32,1; deutsche Übersetzung siehe Anm. 43, S. 209.

[50] Als solche werden sie auch z. B. von Bultmann, Waldmann und Dihle notiert, s. o. Anm. 39 und 9.

[51] S. dazu auch Seneca, de otio 1,4 und de ira III, 24,2.

[52] Zu diesem Leitwort s. z. B. de ira II, 26,6; 28,1; III, 26,3.

[53] II, 32,3; deutsche Übersetzung siehe Anm. 43, S. 209.

[54] III, 23,2; deutsche Übersetzung siehe Anm. 43, S. 273.

[55] III, 24,3; deutsche Übersetzung siehe Anm. 43, S. 277.

[56] Zu diesem politischen Hintergrund der *clementia principis* bzw. ihrer Varianten *J. Kabiersch*, Untersuchungen zum Begriff der Philanthropia bei dem Kaiser Julian, Wiesbaden 1960, S. 15 ff; *T. Adam*, Clementia Principis, Stuttgart 1970, S. 82 ff; *M. Fuhrmann*, Die Alleinherrschaft und das Problem der Gerechtigkeit, Gymnasium 70, 1963, besonders S. 508.   [57] Dazu besonders *Fuhrmann*, Anm. 56.

[58] Man vergleiche z. B. de clem. I, 5,1 mit de ira II, 31,7 f in der Verwendung des Leib-Glieder-Gleichnisses für den Racheverzicht gegenüber Menschen, die gefehlt haben.

ira" bedeutet: Verzicht auf Rache und Vergeltung. *Clementia* „ist Mäßi-
gung der Leidenschaft in der Macht, sich zu rächen, oder die Sanftheit
des Überlegenen gegen den Niederen in der Bestimmung der Buße"[59],
oder anders: sie ist „Surrogat für den Verlust der Bürgerfreiheit"[60] bzw.
im Bereich des Hauses Ersatz für den nicht vorhandenen Rechtsschutz
gegenüber der *patria potestas*.

Seneca nimmt in diesen Schriften Themen gemeinantiker ethischer
Fragestellungen auf, Fragestellungen der Herrscherideologie und Herr-
scherparänese ebenso wie das traditionelle Thema des Zornverzichtes[61].
Rache- und Vergeltungsverzicht des Herrschers fordern Isocrates, Plutarch wie Themistios und Julian[62]. Auch in der hellenistisch-jüdischen
Ethik findet sich der Gedanke[63]. So nahe dem Wortlaut nach manche
dieser ethischen Forderungen an den Herrscher im Staat oder im Hause
an die Forderungen Mt 5,38 ff par kommen, es kann kein Zweifel sein,
daß in Mt 5,38 ff par ein grundsätzlich anderer Sachverhalt vorliegt; und
zwar nicht, weil in der Jesustradition allein *Liebe* zu Feinden gefordert
ist[64], sondern weil die Zuwendung des Überlegenen zum Abhängigen
weder sozial die Situation des Urchristentums trifft (wenn man sich die
Machtverhältnisse zwischen den Christen und ihren Verfolgern vorzustellen versucht) noch im Text Mt 5,38 ff par einen Anhaltspunkt hat.
Von einer Verfehlung Abhängiger ist keine Rede. Zwar ist der Hinweis
auf die *imitatio dei* in Mt 5,45 par und die Forderung der Großzügigkeit
im Geben Mt 5,42 ein gängiger und typischer Gedanke der Herrscherideologie[65], aber niemand wird Zweifel daran haben, daß Mt 5,38 ff par

---

[59] Seneca, de clem. II, 3,1; deutsche Übersetzung aus: Seneca, de clementia, Stuttgart 1970, S. 77.

[60] *Fuhrmann*, Anm. 56, S. 510.

[61] Zur Tradition des Themas „de ira" A. *Bourgery*, Introduction, in: Sénèque,
Dialogues T. 1, De ira, Paris 1951, S. V—XXIV.

[62] Isocrates, ad Nicocl. § 23; Plutarch, de coh. ira passim; Materialsammlung bei
Kabiersch, Anm. 56, S. 15 ff; F. *Taeger*, Charisma, Bd. 2, Stuttgart 1960, S. 78 f;
K. *Winkler*, Artikel Clementia, RAC 3, 206 ff.

[63] Ep. Ar. 227. Auch in Joseph und Aseneth ist der Vergeltungsverzicht des Gottes-
fürchtigen Gnade gegen niedergeworfene Feinde (23,9; 28,7; 29,3—5 — Zählung nach
Rießler —. Zu 23,12 *Nissen*, Anm. 1, S. 310 Anm. 967).

[64] Diese oft hervorgehobene Gegenüberstellung (s. z. B. *Waldmann*, Anm. 34, S. 66)
klammert sich an Worte, denn der Racheverzicht des Überlegenen meint ja erbarmen,
helfen und bessern. Siehe zu dieser Frage auch o. Anm. 39.

[65] Nahe Parallele zu Mt 5,45 ist Seneca, de ben. IV, 26,1; Marc Aurel IX, 9.27. Zu
diesem gängigen Topos H. D. *Betz*, Nachfolge und Nachahmung Jesu Christi im Neuen
Testament, Tübingen 1967, S. 121 ff; H. A. *Fischel*, Rabbinic Literature and Greco-

nicht von der Gnade zum unterlegenen Feind redet, weil diese herrscherliche Gnade ihren Sinn in der Erhaltung der Herrschaft über Menschen hat. Wenn man von der Universalität der Feindesliebeforderung redet und dabei voraussetzen muß, daß „jedermann das wissen kann", was zu tun ist[66], dann meint man ja gerade nicht den Zynismus der Macht (auch des humanen Herrschers). D. h. aber, daß in solchen Inhaltsbestimmungen soziale Differenzierungen vorausgesetzt werden, auch wenn sie nicht benannt und zur Nebensache erklärt werden. Ohne die Definition der sozialen Verhältnisse zwischen dem Liebenden und dem zu liebenden Feind wird Mt 5,38 ff par zu einer mißverständlichen, ja sogar mißbrauchbaren Zweideutigkeit.

c) Gewaltverzicht als Protest des ohnmächtigen Philosophen

Weder Feindesliebe als Wahrnehmung der eigenen Macht noch Feindesliebe als Schickung in die eigene Ohnmacht kann den Sinn von Mt 5,38 ff par treffen. Da von der Machtlosigkeit der Angeredeten ausgegangen werden kann, ist es für Mt 5,38 ff par von Interesse, einen Strang ethischer Vorstellungen der Antike zu betrachten, der ebenfalls Gewaltverzicht (oder Vergeltungsverzicht) des Machtlosen beschreibt, ihn aber als Protesthaltung versteht.

Plato deutet Sokrates' Hinnahme von Verurteilung und Tod als Vergeltungsverzicht, als Weigerung, Unrecht mit Unrecht zu beantworten — z. B. das Unrecht der Verurteilung durch das Unrecht der Flucht vor der Hinrichtung[67]. Das Unrecht der Flucht bestünde in einer Auflehnung gegen die Gesetze, da „Gewalt nicht ohne Frevel gebraucht werden kann gegen Vater oder Mutter und noch viel weniger als gegen sie gegen das Vaterland"[68]. Die Alternative heißt: gehorchen oder das Vaterland überzeugen, wo das wahre Recht liegt. Die Gesetze gelten, auch wenn sie von schlechten Menschen gehandhabt werden. Sokrates, der in Wahrheit allein für das Staatswohl tätig ist, steht wehrlos vor seinen Anklägern. „Ich werde nämlich verurteilt werden, wie ein Arzt unter Kindern

Roman Philosophy, Leiden 1973, S. 92 f; *Kabiersch*, Anm. 56, S. 30. 39. 53—61; *Nissen*, Anm. 1, S. 69 ff; *R. Mach*, Der Zaddik in Talmud und Midrasch, Leiden 1957, S. 20 ff; zur Freigebigkeit z. B. *Kabiersch*, S. 34 ff.

[66] *Bultmann*, Anm. 2, S. 97. S. auch *H. Conzelmann*, Anm. 16, S. 140 „Den Backen hinzuhalten, ist keine ‚Haltung'; das kann nur in actu sinnvoll sein."

[67] Plato, Kriton 49 A ff; zur Interpretation *R. Guardini*, Der Tod des Sokrates, Hamburg 1956, S. 85 ff; *P. Friedländer*, Platon, Bd. 2, S. 162 ff.

[68] Plato, Kriton 51 C; Übersetzung von *F. Schleiermacher*, in: Platon, Berlin o. J. (Lambert Schneider-Verlag) Bd. 1, S. 50.

verurteilt würde, wenn ihn ein Koch anklagte."[69] Sokrates ist „der einzige Gerechte, der sich gegen die Korruption eines völlig ungerecht gewordenen Staates nicht zu wehren vermag"[70].

Sokrates ist in vielen Legenden der Antike Symbol für den Philosophen, dem die Gesellschaft brutal entgegentritt, und der er nur mit seiner Ohnmacht protestierend begegnen kann[71]. Die Umwelt nimmt sich dem Philosophen wie eine Welt von Tieren aus: „Sokrates aber, als ihn Aristokrates getreten hatte, vergalt ihm oder tadelte ihn mit nichts Anderem, als daß er zu den Vorübergehenden sagte: dieser Mann ist krank an der Krankheit der Maulthiere."[72] Diese und ähnliche Legenden vom Gewaltverzicht des Philosophen sind in der Antike sehr verbreitet[73]. Es ist zweifellos schwierig, sie einer spezifischen sozialen Rolle zuzuordnen, da sie z. B. auch als Exempla für den Racheverzicht des Herrschers verwendet werden. Daß sie hierher aber nur schlecht passen, hat Plutarch zu Recht empfunden. Die Zornlosigkeit sei ein Sieg der Starken, „daher auch mein Bemühen, alles was in dieser Richtung nicht bloß von Philosophen, denen ja die Vernunft nachsagt, sie hätten keine Galle, sondern lieber noch, was von Königen und Fürsten berichtet wird, für die Lektüre zu sammeln"[74]. Man wird diesen Wanderlegenden, die vor allem von Sokrates, Antisthenes, Diogenes v. Sinope und Krates erzählt werden, nicht gerecht, wenn man sie im Horizont der jeweiligen Rahmentexte interpretiert. Man kann aber ein stereotypes Muster festhalten: Der Philosoph wird geschlagen oder beschimpft, weil er ein unbequemer Lehrer ist. Souverän verzichtet er darauf zurückzuschlagen und veröffentlicht durch ein Logion (oder einen Zettel), daß ein Unrecht an ihm getan wurde. Besonders die kynische Protesthaltung wird durch diese Legenden sachgerecht erfaßt. „Sie ist auch in ihren edelsten Vertretern nie etwas Anderes gewesen, als ein praktischer Protest Einzelner gegen die Leiden, Thorheiten und Sünden einer in entseelten Formen erstarr-

---

[69] Plato, Gorgias 521 E; Übersetzung von *J. Deuschle*, Anm. 68, S. 402.

[70] O. *Gigon*, Sokrates, Bern 1947, S. 79.

[71] O. *Gigon*, Anm. 70 vermutet vorplatonische Herkunft für das Motiv der Wehrlosigkeit des Sokrates.

[72] Themistios, Περὶ ἀρετῆς, bearb. v. *J. Gildemeister* und *F. Bücheler*, Rheinisches Museum 27, 1872, S. 461.

[73] Sammlungen dieser Legenden als Exempla z. B. bei Themistios aaO. (s. Anm. 72) S. 459—462; Seneca, de ira III, 11,2; 38,1; Plutarch, de coh. ira 14; Diogenes Laertius VI, 33.89.90; II, 21.

[74] Plutarch, de coh. ira 9. Übersetzung von O. *Apelt*, in: Plutarch, Moralische Schriften II (Philosophische Bibliothek Bd. 205), Leipzig 1926, S. 15.

ten, dem Untergang geweihten Civilisation und ein Versuch, aus dem allgemeinen Schiffbruch die Freiheit des Individuums zu retten."[75] Die Darstellung des Kynismus durch Epiktet bedient sich ebenfalls dieses Motivs, wenn auch nicht in Legendenform[76]. Für die Legenden vom Gewaltverzicht des Philosophen ist ein Grundgedanke entscheidend: Der Einzelne steht einer Gesellschaft von Irrenden, von Tieren oder verführten Kindern gegenüber. Ihre Schläge nimmt er ohne Gegenwehr hin, um damit nicht nur in Worten, sondern auch mit seinem Leibe die Verderbtheit der Gesellschaft zu verkünden. Vergleicht man diese Legenden mit Mt 5,38 ff par, so wird aus dem Unterschied deutlich, wie wichtig es für das Verständnis der synoptischen Paränese ist, daß das ethische Subjekt nicht als einsames Individuum angeredet wird, sondern als Angehöriger der Gemeinschaft der Christen.

III. Die Liebe der Christen zu ihren Verfolgern — Umrisse eines gewaltfreien Widerstandes

Die Mahnung zum Gewaltverzicht (bzw. Vergeltungsverzicht) und zur Feindesliebe ist uns in mehreren Fassungen überliefert. Die Fassungen bei Lk und Mt erlauben Rückschlüsse auf die von ihnen gemeinsam benutzte Tradition. Wenn auch für die zu rekonstruierende(n) Traditionsstufe(n) manches hypothetisch oder unentschieden bleiben muß (z. B. die Reihenfolge der Mahnungen), so zeichnet sich doch ab, daß alle uns erkennbaren Traditionsstufen inhaltlich im wesentlichen übereinstimmen.

a) Die Feindesliebemahnung

Bereits in der von Mt und Lk gemeinsam benutzten Tradition sind die ἐχθροὶ ὑμῶν als διώκοντες ὑμᾶς erläutert worden[77]. Der Christ soll die Verfolger der Christen lieben. Wegen Röm 12,14 ist εὐλογεῖτε τοὺς καταρωμένους ὑμᾶς Lk 6,28 der Sache nach bereits vorlukanisch. Ob diese Wendung allerdings in Q stand, muß offenbleiben. Sie ist jedoch sachlich identisch mit dem Gebet für die Verfolger, das bereits in Q stand. Unter der Verfolgung hat man sich wohl auch für Q üble Nachrede und Verweigerung der Gemeinschaft vorzustellen, darauf deutet je-

---

[75] *J. Bernays*, Lucian und die Kyniker, Berlin 1879, S. 25.

[76] S. o. Anm. 39.

[77] Zwar läßt sich der Wortlaut nicht erschließen, aber die Differenz zwischen διωκόντων und ἐπηρεαζόντων (Mt 5,44 par) ist unerheblich.

denfalls καταρᾶσθαι[78] und das Parallelmaterial in Lk 6,22 par; Röm 12, 14; 1Kor 4,12 f; 1Petr 2,12.23; 3,9.16; 4,4.14. Relevante Veränderungen in der Vorstellung von den Feinden bietet weder Mt noch Lk[79]. Auch die vom Christen geforderte Haltung der Liebe zu diesen Feinden bleibt in den verschiedenen Traditionsstufen inhaltlich gleichartig. Für καλῶς ποιεῖν und ἀγαθοποιεῖν (Lk 6,27.35) ist anzunehmen, daß Lukas mit diesen Wendungen die Feindesliebemahnung auch terminologisch deutlicher in den Sachzusammenhang hellenistischer Ethik stellen will[80], ohne daß allerdings die Vorstellung von der Zuwendung zu den Feinden dadurch verändert wird; der „konkrete, aktive Charakter dieser Liebe", die „im sozialen Verkehr in Erscheinung tritt"[81], ist auch für ἀγαπᾶν, προσεύχεσθαι, (εὐλογεῖν) anzunehmen[82]. Es wird gefordert, den Ver-

---

[78] Zu Fluch als Verweigerung der Gemeinschaft s. Plutarch, Alcibiades 22, s. auch W. Schottroff, Der altisraelitische Fluchspruch, Neukirchen 1969, S. 206—210. Für Feindesliebe als Vollzug von Gemeinschaft, wo Gemeinschaft verweigert wird, bzw. wegen gesellschaftlicher Grenzen nicht möglich ist, wäre Joh. 4,7—9 ein adäquates Exempel. Auch Justin, ap. I, 14,3 stellt das Gebet für die Feinde neben den Vollzug von Gemeinschaft entgegen bestehenden gesellschaftlichen Schranken. Auch für Acta Scil. 2 kann man fragen, ob die Beteuerung des Märtyrers „numquam malediximus", die als Begründung für die politische Loyalität gegenüber dem Kaiser dient, nicht auch diese Vorstellung impliziert; die Gemeinschaft und Zusammengehörigkeit mit der nichtchristlichen Gesellschaft wird trotz schlechter Behandlung voll bejaht. Für Text und Interpretation der Acta Scil. A. Wlosok, Anm. 33, S. 40 ff.

[79] Für Lk wird gelegentlich behauptet, daß er anders als Q und Mt an persönliche Feinde denke. Nach Schürmann, Anm. 1, S. 345, weil Lk 6,29 f den Bezug zum privaten Bereich herstellt (aber diese Verse sind Exempel und können für eine Definition der Feinde nicht herangezogen werden), weil weiterhin die lukanische Redaktion in 6,34. 35a in diese Richtung deute (aber δανείζειν und ἀγαθοποιεῖν sind in dieser Frage nicht aussagekräftig). Nach J. Weiß, Anm. 19, S. 270 f (cf. auch W. Bauer, Das Gebot der Feindesliebe und die alten Christen ZThK 27, 1917, S. 38 = W. Bauer, Aufsätze und kleine Schriften, Tübingen 1967, S. 236), weil die lukanischen Formulierungen für die Feindschaft allgemeiner seien (aber auch die lukanische Besonderheit μισοῦντες bleibt im Rahmen der Verfolgungsterminologie, dazu H. Braun, Anm. 10, Bd. 1, S. 107 Anm. 4; H. Schürmann, Anm. 1, S. 345 Anm. 15, und kann Lukas nicht sicher zugeschrieben werden, dazu O. H. Steck, Israel und das gewaltsame Geschick der Propheten, Neukirchen 1967, S. 22 f Anm. 4).

Für Q kann man vermuten, daß vor allem Konflikte mit Juden zur Debatte stehen (S. Schulz, Q, Die Spruchquelle der Evangelisten, Zürich 1972, S. 455), für Mt und Lk wird man eher an Konflikte mit der nichtjüdischen Umgebung zu denken haben. Für Mt besonders G. Strecker, Der Weg der Gerechtigkeit, Göttingen 3. Aufl. 1971, S. 30; für Lk H. Conzelmann, Die Mitte der Zeit, Tübingen 5. Aufl. 1964, S. 219.

[80] Dies hat v. Unnik, Anm. 34, besonders S. 295. 297 f überzeugend nachgewiesen.

[81] v. Unnik, s. Anm. 34, S. 298.

[82] Eine Beschränkung auf den Bereich der Gefühle wäre nicht sachgerecht. ἀγαπᾶν

folger einzubeziehen in die eigene Gemeinschaft, die Gemeinschaft des
Miteinander-Lebens und die Gemeinschaft des erwarteten Heils. Da die
Feinde aber gerade Menschen sind, die dieses alles bekämpfen und ablehnen und die Gemeinschaft ihrerseits aufkündigen, enthält die Feindesliebeforderung einen durchaus aggressiven (nicht im zerstörerischen
Sinne) Gedanken: die Feinde sollen ihre Feindschaft aufgeben, sie sollen
also verändert werden. Die Feindesliebeforderung ist Appell zu einer
missionarischen Haltung gegenüber den Verfolgern. Der Hintergrund
eines universalen und totalen christlichen Heilsanspruches wird sichtbar.
Es wird der Anspruch erhoben, daß die Feinde der Gemeinde einen Platz
haben sollen in der Lebensgemeinschaft der Gemeinde und in der Königsherrschaft Gottes. Dieser Anspruch dürfte den Feinden durchaus
nicht gefallen haben. Man trifft nur einen Teilaspekt, wenn man Feindesliebe als zentralen *Gegenstand* christlicher Verkündigung ansieht;
Feindesliebe ist Inhalt christlicher Verkündigung, aber auch missionarisches *Mittel*. Will man den Inhalt christlicher Verkündigung bestimmen,
muß man die hier implizierte Heilserwartung für alle und die hier implizierte Andersartigkeit christlicher Lebenspraxis hinzunehmen. „Besie-
ge das Böse durch das Gute" (Röm 12,21) trifft die Feindesliebeforderung voll. Es geht um einen Sieg über die Feinde, nicht um „Selbstaus-
lieferung ans Böse"[83]. Da hier aber kein Herrschaftsanspruch über Menschen erhoben wird, kann man nur mit Hilfe der sozialen Differenzierung die Zweideutigkeit des Gedankens der Feindesliebe aufheben. Der
Heilswille Machtloser gegenüber ihren Feinden ist durchaus das Gegenteil des Integrationswillens von Herrschern gegenüber besiegten Feinden
oder aufsässigen Untergebenen.

Spätere christliche Verarbeitungen der in der Jesustradition geforderten Feindesliebe bestätigen trotz mancher Verschiebungen die hier vorgetragene Deutung: der Feind soll gewonnen werden[84], er soll überzeugt

---

stellt für einen Christen oder Juden den Zusammenhang mit Taten her, die er durch
Lev 19,18 gefordert sieht. Zuwendungen materieller Art, die Mt 5,42 par und Lk
6,34 f ins Spiel bringen (διδόναι, δανείζειν) sind hier als Exempel gemeint, verdeutlichen aber den aktiven Charakter der Liebe.

[83] A. *Nissen*, Anm. 1, S. 314 charakterisiert so christliche Feindesliebe im Gegensatz zu jüdischen Aussagen über das Verhältnis zu Feinden. Im übrigen wird man fragen müssen, ob nicht einige jüdische Texte (vor allem XII Test und Slav. Henoch) sich
den Umgang mit Feinden ähnlich vorstellen wie die urchristliche Jesustradition.

[84] 1Petr 2,12 ist Leitmotiv auch für 2,18 ff; κερδαίνειν 3,1 ist zwar auf die Haltung christlicher Frauen gegenüber nichtchristlichen Ehemännern bezogen, der Sachzusammenhang mit 2,18 ff ist jedoch eindeutig.

werden[85], ein anderes Leben zu führen und an der christlichen Hoffnung Anteil zu haben.

Eine Rückführung dieser Paränese auf den historischen Jesus ist angesichts des Charakters unserer Quellen mehr als hypothetisch[86]. Aber auch wenn man die historische Problematik einer Rückführung auf Jesus einmal beiseite läßt, ergibt solche Rekonstruktion inhaltlich für die Feindesliebeforderung keine wesentlichen Verschiebungen gegenüber den uns deutlicher erkennbaren Traditionsstufen, solange man die Explikation der Feinde als „eure Verfolger" auch für den historischen Jesus annimmt[87]. Hält man diese Explikation jedoch für sekundär[88], ergibt sich als Jesuswort der vieldeutige Satz „liebet eure Feinde" mit der anschließenden Verheißung der Gottessohnschaft. Vieldeutig bleibt diese Forderung, solange die Feinde nicht näher definiert sind. Lührmann füllt diesen vieldeutigen Satz inhaltlich mit Hilfe der Tradition über Jesu Verhalten zu den Sündern[89]. Durch Mt 5,45 werde die Feindschaft des Feindes in Frage gestellt und damit die eigene Gerechtigkeit; „der Verzicht auf das eigene Rechthaben (werde) als Gottes Wille gefordert"[90]. Diese Füllung des Satzes Mt 5,44a.45 widerstrebt aber m. E. selbst diesen wenigen Worten in ihrer Vieldeutigkeit. Zweifel an der Feindschaft des Feindes und Zweifel an der Ungerechtigkeit des Ungerechten, dem Gott auch Sonne und Regen zukommen läßt, weckt dieser Satz gerade nicht. Nicht Verzicht auf die eigene Gerechtigkeit ist gefordert, sondern Liebe zu Feinden, obwohl sie wirklich Feinde sind.

b) Die Abgrenzung gegenüber den „Sündern"

ist in allen uns erkennbaren Traditionsstufen bereits vorhanden. Schon in Q, wie die Übereinstimmungen in Mt 5,46 f und Lk 6,32—35 zeigen, wurde mit Hilfe rhetorischer Fragen gefordert, die Christen müßten sich

---

[85] Justin, ap. I, 14,3; 57,1 πείθειν; cf. Aristides, ap. 15,5; 17,3.

[86] Vgl. *L. Schottroff*, Der Mensch Jesus im Spannungsfeld von Politischer Theologie und Aufklärung, ThP 8, 1973, besonders S. 244.

[87] So z. B. *R. Bultmann*, Die Geschichte der synoptischen Tradition, Göttingen 4. Aufl. 1958, S. 83; *H. Braun*, Anm. 10, Bd. 2, S. 91 Anm. 2.

[88] So *Lührmann*, Anm. 1, S. 426. Seine Argumente sind im Rahmen einer traditionsgeschichtlichen Überlegung möglich, aber nicht zwingend: 1. Die Fragen Mt 5,46 f par nähmen keinen Bezug auf Mt 5,44b und seien sekundäre Zufügung zu einer älteren eingliedrigen Fassung des Gebotes. 2. Mt 5,44a verhalte sich zu Mt 5,44b wie Lk 6,20b. 21 zu Lk 6,22f, die Verfolgungssituation sei also auch hier sekundär eingebracht.

[89] Anm. 1, S. 437.

[90] Anm. 1, S. 432.

von den Nichtchristen[91] darin unterscheiden, daß sie die Liebe nicht nur
wechselseitig üben. Feindesliebe ist hier als christliche Haltung von einer
nichtchristlichen Haltung des ἀνταγαπᾶν und ἀντευεργετεῖν abgehoben.
Die Variationen dieses Gedankens bei Mt und Lk verändern den Sinn
nicht, auch nicht die etwas ungeschickte zusätzliche Exemplifizierung der
geforderten Beziehung am Beispiel des δανείζειν bei Lk, denn auch mit
diesem Beispiel soll die Aufhebung der Wechselseitigkeit klargemacht
werden[92]. In dieser Abgrenzung wird behauptet, daß alle Menschen, die
nicht Jesu Wort verpflichtet sind, Liebe, ja überhaupt soziale Beziehungen, nur als wechselseitige praktizieren. Mit dieser Behauptung wird auf
die in der Antike verbreitete Vorstellung von der Tugend des loyalen
Staatsbürgers Bezug genommen: ... ἀνδρὸς ἀρετή, ἱκανὸν εἶναι τὰ τῆς
πόλεως πράττειν, καὶ πράττοντα τοὺς μὲν φίλους εὖ ποιεῖν, τοὺς δ'ἐχ-
θροὺς κακῶς[93]. Mt hat in seiner Antithesenformulierung diesen Gedanken noch einmal zusätzlich aufgenommen (Mt 5,43 Nächstenliebe und
Feindeshaß). Er berücksichtigt bei dieser Antithese zum Alten Testament und Judentum nicht, daß solch ein Satz der Sache nach (nicht in
den Formulierungen)[94] gemeinantike Gültigkeit als Ausdruck der Clan-

---

[91] Die „Zöllner" und „Heiden" bzw. „Sünder" haben hier den Sinn „Nichtchristen", was sich aus dem Zusammenhang ergibt. Es sind nämlich alle, die nicht Feindesliebe üben, gemeint. Welches der Substantive auf Q zurückgeht, ist offen. Lk 6,32—34
ποία ὑμῖν χάρις ἐστίν; muß wegen des bei Anm. 93 genannten Sachverhaltes als
Hoffnung auf *göttliches* Wohlgefallen gedeutet werden, s. die zutreffenden Argumente
bei *v. Unnik*, Anm. 34, S. 295—297; *H. Conzelmann*, ThW IX, 382, 18—20.

[92] Borgen μηδὲν ἀπελπίζοντες ist ja eigentlich Schenken. Das Problem der Zinsen
ist gar nicht im Blick. Die ungeschickte Formulierung ἵνα ἀπολάβωσιν τὰ ἴσα hat
schon in der alten Überlieferung eine Korrektur verursacht. Gemeint ist bei Lukas die
Wechselseitigkeit der Beziehungen, ob nun an Rückgabe des Geborgten oder an die
erwartete Bereitschaft der Partner, ebenfalls zum Borgen bereit zu sein, gedacht ist.

[93] Plato, Menon 71 E. Die Belege sind zahlreich, siehe nur Plato, Rep. besonders
336 A; Xenophon, Mem. II, 1,19.21 u. ö. (auch *O. Gigon*, Kommentar zum Zweiten
Buch von Xenophons Memorabilien, Basel 1956, S. 54); 2.Sam 19,7; Joseph und Aseneth 24,7 *(Rießler)*; für weiteres Material *H. Bolkestein*, Wohltätigkeit und Armen-
pflege im vorchristlichen Altertum(1939), Nachdruck Groningen 1967; *v. Unnik*, Anm.
34, S. 291—300; *Dihle*, Anm. 34, S. 32 f; *W. Schottroff*, Anm. 78, S. 210; *Kabiersch*,
Anm. 56, S. 30 f.

[94] Man kann für Mt 5,43 annehmen, daß ἀγαπᾶν aus Lev 19,18 die Formulierung
μισεῖν verursacht hat. Historisch und theologisch ist es unsachgerecht, das Problem der
Clansolidarität wie Mt 5,43 als ein spezifisch alttestamentlich-jüdisches zu verhandeln.
Der Haß gegen die Außenstehenden in Qumran (1QS 1,10 cf. 9,21) mit seiner spezifisch dualistischen Verschärfung kann in diesem Zusammenhang nur die Bedeutung
haben, ein Beispiel neben vielen anderen (auch nichtjüdischen) für die Gruppensolidarität zu sein, die hier kritisch überboten werden soll. Ein spezifischer Bezug ist nicht her-

solidarität hat. Der Gedanke von Mt 5,46 f; Lk 6,32—35 ist folgender: die christliche Identität in der Verpflichtung zur Feindesliebe steht der gesellschaftlichen Identität aller übrigen Menschen gegenüber. Christen sollen die Grenze der Gruppensolidarität überschreiten und gerade darin ihre Gruppenidentität haben. Der Gedanke enthält eine Paradoxie, die erst dann zum Sachwiderspruch[95] wird, wenn man eine Abgrenzung, die die eigene Identität sucht, zu einer Lieblosigkeit gegenüber den Nichtchristen macht. Dies ist hier aber gar nicht gemeint. Die öffentliche und implizit politische Dimension der Feindesliebebehauptung liegt hier auf der Hand, da der Bezug zur gesellschaftlichen Identität explizit hergestellt wird.

c) Gewaltverzicht

In Mt 5,39—42 par wird in Beispielen eine bestimmte Haltung gelehrt: die der Hinnahme von Unrecht ohne Gegenwehr[96]. Es geht also auch um eine Haltung dem Feind gegenüber. Da das Unrechtsgeschehen an Exempeln verdeutlicht wird, ist ein Schluß darauf, an welche Feinde hier gedacht ist, nur aus dem Kontext möglich (also aus Mt 5,44 f par). Auch wenn sich nicht mehr feststellen läßt, in welcher Reihenfolge Q die Sprüche vom Gewaltverzicht mit denen über die Feindesliebe zusammenbrachte[97], soviel ist deutlich, daß auf allen Traditionsstufen beide Kom-

---

stellbar, obwohl dies oft angenommen wird (*H. Braun,* Qumran und das Neue Testament, Bd. 1, Tübingen 1966, S. 17 f).

[95] So *Lührmann,* Anm. 1, S. 426. Traditionsgeschichtlich kann man fragen, ob Mt 5,46 f par eine nachträgliche „Erweiterung" (*R. Bultmann,* Anm. 87, S. 92) der Feindesliebeforderung ist. Inhaltliche Argumente für eine solche Frage gibt es allerdings nicht.

[96] Mt 5,42 fordert, wenn man den Spruch isoliert, die Großzügigkeit im Schenken und Borgen. Durch den Zusammenhang mit dem Vorangehenden ist aber wohl auch hier an eine Unrechtssituation zu denken, also nicht mehr die Gebefreudigkeit gegenüber dem Bedürftigen, sondern die gegenüber dem Unverschämten gemeint. Bei Lukas ist der Vers so umgestaltet, daß die Unrechtssituation deutlich wird.

Die paradoxe Reaktion in den Modellsituationen für das Erleiden von Unrecht (die Verschiebungen zwischen Mt und Lk sind inhaltlich ohne Belang) ist doppeldeutig. Die andere Backe hinhalten usw. — das kann rhetorische Verdeutlichung sein (verzichte total auf Widerstand), es kann auch eine Beschämung des Gegners gemeint sein wie Röm 12,20.

[97] Da die Reihenfolge bei Mt und Lk Ergebnis einer jeweils spezifischen Durchgestaltung ist, läßt sich für Q mit Sicherheit nur sagen, daß beide Komplexe vorhanden waren. Mt 5,39—41 par wegen der singularischen Fassung im Unterschied zur pluralischen Fassung von Mt 5,44 f par als ursprünglich selbständige Einheit anzusehen (so z. B. *Schürmann,* Anm. 1, S. 348; *Lührmann,* Anm. 1, S. 417), ist zwar möglich, aber

plexe nebeneinander standen und als sachlich zusammengehörig betrachtet wurden. Bei Lukas werden die Gewaltverzichtsbeispiele durch die Anordnung sogar zu Feindesliebebeispielen. Aber auch bei Matthäus, bei dem aus dem Stoff zwei selbständige Antithesen geworden sind, ist der Sachzusammenhang nicht zu bestreiten. In beiden Komplexen geht es um ein Verhalten Feinden gegenüber. Allerdings lassen sich die beiden geforderten Haltungen nicht recht miteinander verbinden. Nimmt man den Verzicht auf Widerstand gegen das Unrecht zum Ausgangspunkt der Inhaltsbestimmung von Feindesliebe, dann wird der Anspruchsverzicht des Liebenden zum Schwerpunkt. Mt 5,44 f par, die Feindesliebeforderung, kann dabei nicht befriedigend aufgenommen werden[98]. Geht man von Mt 5,44 f par und einer Deutung der Feindesliebe als einer aktiven Liebe aus, dann wird die Forderung, das Unrecht hinzunehmen, zum Rätsel. Der Verzicht auf Widerstand, die totale Hingabe an die ungerechten Forderungen des Feindes, kann ja nicht Liebe genannt werden. Auf der Ebene einer zeitlos gültigen Ethik ist das Rätsel unlösbar. Und doch wird man die Feindesliebeforderung und die Gewaltverzichtsforderung zusammenbringen müssen, da der Kontext dies verlangt.

Eine Lösung wird nur möglich sein, wenn man sich den konkreten Bezug solcher Forderungen im Zusammenhang der Geschichte des frühen Christentums vorzustellen versucht, darin der These von M. Hengel und P. Hoffmann folgend[99]. Man wird die Konkretion des Widerstandsverzichts auf politischem Gebiet suchen müssen. Mt 5,39—41 par wäre dann — nach innen gewendet — die Forderung, keine Pläne für einen Aufstand oder einen gewaltsamen Widerstand zu machen und — nach außen gewendet — die Beteuerung der friedlichen Absicht, eine politische Apologie: wir sind keine Aufrührer. Mt 5,39—41 par würde dann eine ähnliche Funktion erfüllen wie Röm 13,1—7 und Mk 12,17 parr. Die Forderung μὴ ἀντιστῆναι τῷ πονηρῷ, mit der Mt die Gewaltverzichtsexempel zusammenfaßt, wäre dann die Ablehnung einer bestimmten Art von Widerstand[100]. Oder anders: die „Nichtzusammenarbeit mit dem Bö-

---

für eine solche selbständige Einheit läßt sich kaum noch etwas über den Inhalt ausmachen, weil offenbleiben muß, von welchen Gegnern die Rede ist. Ohne den auch schon in Q vorhandenen Kontext mit der Feindesliebe zu den Verfolgern wird Mt 5, 39—41 par zum vieldeutigen Versatzstück.

[98] S. o. S. 197–200 zu den Inhaltsbestimmungen von R. Bultmann und H. Braun.

[99] S. o. S. 203 f.

[100] Für diesen Sinn von ἀντιστῆναι s. 1Makk 11,38; 14,29.32. E. Schweizer, Das Evangelium nach Matthäus, NTD 2, Göttingen 1973, S. 79 erwägt für ἀντιστῆναι eine

sen", die M. L. King meint, steht nicht im Widerspruch zu Mt 5,39[101], da auch Mt 5,39 nicht einen grundsätzlichen Verzicht auf *jede* Art von Widerstand meint.

Eine Unterstützung findet diese Hypothese in der späteren urchristlichen Tradition. Die Feindesliebeforderung taucht oft im Zusammenhang mit einer politischen Apologie der genannten Art auf[102]. Auch 1Petr 2,13 ff stellt den politischen Zusammenhang für die Haltung des Unrecht-Erleidens her. Daß in Röm 12,14.17.19—21 Feindesliebe der Sache nach gefordert wird und in Röm 13,1—7 das Verhältnis zur staatlichen Macht geregelt wird, erscheint nicht als zufälliger Zusammenhang[103]. Die politische Apologie, die hier vorliegt, ist nicht zu verwechseln mit einer Untertanenmoral. M. E. trifft Tertullian in seiner Erläuterung des Feindesliebegebotes in apologetischer Absicht den Sinn: er beteuert einerseits, daß die Christen das Unrecht, das ihnen angetan wird, nicht rächen — weder in nächtlichen Rachezügen noch in offenem Aufruhr, noch mit passivem Widerstand. Und doch sind sie ein Faktor des Widerstandes in der Gesellschaft. Sie sind zwar nicht Feinde des Menschengeschlechtes, aber Feinde des menschlichen Irrtums[104].

Überlegungen zur theologischen Bedeutung

der Haltung der Feindesliebe und des Gewaltverzichts müssen ebenfalls soziale Differenzierungen berücksichtigen. Ein Verständnis der urchristlichen Jesustradition zur Feindesliebe ohne solche Differenzierun-

---

andere Konkretion: das Widerstehen vor Gericht (vor allem wegen Mt 5,40). Das Verbot zu prozessieren (bzw. eine Einschränkung der juristischen Gegenwehr) hat zwar ethische Tradition (Musonius 10; weiteres Material bei *A. Bonhöffer*, Die Ethik Epictets, Stuttgart 1894, S. 101. 119; auch Athenagoras aaO. — s. Anm. 48), aber im Kontext mit der Liebe zu den *Verfolgern* ist ein Verzicht auf juristische Gegenwehr keine plausible Forderung.

[101] S. o. S. 201.

[102] S. das Material bei *W. Bauer*, Anm. 79, S. 42 ff bzw. S. 241 ff.

[103] Locker aneinandergereihte Einzelspruchparänese, die traditionelle ethische Themen zusammenstellt, die nicht für die konkreten Bedürfnisse einer bestimmten Gemeinde, sondern „für die allgemeinen Bedürfnisse der ältesten Christenheit" formuliert werden (*M. Dibelius*, Die Formgeschichte des Evangeliums, Tübingen 3. Aufl. 1959, S. 239), heißt nicht, daß bei dieser literarischen Form nicht auch eine inhaltliche Sachaussage durch den gesamten Kontext angesteuert wird; „das Ganze ist ein logisch aufgebauter Entwurf" *E. Käsemann*, An die Römer, HNT 8a, Tübingen 1973, S. 310.

[104] Tertullian, ap. 37.

gen hat sich als undurchführbar erwiesen. Man kommt nicht ohne die
Überlegung aus, wie der Liebende und sein Feind in der gesellschaftlichen Realität, im Spannungsfeld seiner Machtverhältnisse, einander zuzuordnen sind. Man kommt ohne soziale Analyse nicht aus, wenn man
die urchristliche Jesustradition verstehen will und wenn man nach der
eigenen christlichen Identität sucht. Eine grundsätzliche Erörterung der
Gewaltfrage, die für jeden unter allen Umständen eine Haltung als christlich beschreiben will, bleibt zweideutig, auch wenn sie dies nicht will.
Weder absolute Forderungen an andere noch die Forderung der Gewaltlosigkeit durch Christen, die in Gewalt verstrickt sind, die in der Situation der Herrscher sind, an solche, die nicht über Machtmittel verfügen,
können als sachgerechte Vergegenwärtigung des urchristlichen Feindesliebegebotes verstanden werden. Die Grenzen des gewaltfreien Widerstandes (vor allem in Diktaturen) sind bekannt. Es kann keinen Zweifel geben, daß zur Nachfolge Christi der Weg des gewaltfreien Widerstandes gehört. Aber das Ja zur Gewaltlosigkeit ist nur glaubwürdig, wo
es im Zusammenhang einer Widerstandspraxis steht und wo es ein
kämpferisches und missionarisches Mittel ist auf dem Wege zu einem
Heil für alle. Die Forderung einer notwendigen Gewalt und demgegenüber die Forderung einer absoluten Gewaltlosigkeit (letztere vor allem
in der Antirassismusdebatte) sind in den letzten Jahren sehr oft miß-
braucht worden, da eben solche sozialen Differenzierungen nicht genügend bedacht wurden[105].

---

[105] Zu diesen Fragen s. o. Anm. 32 und besonders den dort genannten Aufsatz von
H. Gollwitzer.

DER HISTORISCHE JESUS IN DER SOZIALETHISCHEN DISKUSSION

Mk 12,13—17 par

GERD PETZKE

Nach R. Bultmann ist über das Ende Jesu nur sicher, „daß er von den Römern gekreuzigt worden ist, also den Tod eines politischen Verbrechers erlitten hat. Schwerlich kann diese Hinrichtung als die innerlich notwendige Konsequenz seines Wirkens verstanden werden; sie geschah vielmehr auf Grund eines Mißverständnisses seines Wirkens als eines politischen"[1]. Mit diesem Satz ist das Dilemma der sozialethischen Beurteilung des sogenannten historischen Jesus erfaßt. Zwischen dem Wirken Jesu, d. h. seinen Taten und Worten, und dem Ende Jesu scheint ein Widerspruch zu bestehen, wenn, wie von Bultmann und nach ihm von der Mehrheit der Exegeten vermutet[2], ein unpolitisches Leben ein politisches Ende gefunden haben sollte. Natürlich ist ein Mißverständnis nie grundsätzlich auszuschließen; aber kann die Annahme eines Mißverständnisses wirklich eine befriedigende Hypothese genannt werden?

In der sozialethischen Diskussion der letzten Jahre wurde von Vertretern einer Politischen Theologie oder einer Theologie der Revolution aus diesem Widerspruch genau die entgegengesetzte Folgerung gezogen:

---

[1] R. *Bultmann*, Das Verhältnis der urchristlichen Christusbotschaft zum historischen Jesus, in: Exegetica. Aufsätze zur Erforschung des Neuen Testaments, hg. v. E. Dinkler, Tübingen 1967, 445—469, Zitat 453.

[2] Einige Beispiele aus jüngerer Zeit: E. *Gräßer*, „Der politisch gekreuzigte Christus". Kritische Anmerkungen zu einer politischen Hermeneutik des Evangeliums, in: Text und Situation. Gesammelte Aufsätze zum Neuen Testament, Gütersloh 1973, 302—330, bes. 312; O. *Cullmann*, Jesus und die Revolutionären seiner Zeit. Gottesdienst, Gesellschaft, Politik, 2. Aufl. Tübingen 1970, bes. 51; M. *Hengel*, War Jesus Revolutionär?, Stuttgart 1970; *ders.*, Gewalt und Gewaltlosigkeit. Zur „politischen Theologie" in neutestamentlicher Zeit, Stuttgart 1971, bes. 39 f. Zum Problem vgl. jetzt auch H. W. *Kuhn*, Jesus als Gekreuzigter in der frühchristlichen Verkündigung bis zur Mitte des 2. Jahrhunderts, in: ZThK 72, 1975, 1—46, bes. 3 ff.

aus der kaum anfechtbaren Tatsache, daß Jesus nach Art eines politischen Revolutionärs hingerichtet worden war, schließen sie, daß dieser Tod keineswegs ein Mißverständnis, sondern vielmehr die Konsequenz eines von Anfang an als politisch zu verstehenden Wirkens Jesu war. Da das von Jesus verkündigte Heil kein privates Heil war, mußte diese Verkündigung zum Konflikt mit den öffentlichen Mächten führen[3]. Der Verkündigung Jesu werden damit Züge beigelegt, die man mit einer gewissen Bandbreite als mehr oder weniger revolutionär bezeichnen kann — nicht in dem Sinne, daß Jesus selbst in direkter Weise einen Umsturz der gesellschaftlichen Verhältnisse intendiert habe, wohl aber, daß Jesu Verhalten und vor allem seine Reich-Gottes-Predigt zumindest eine Kritik der damaligen gesellschaftlichen Strukturen einschloß[4].

Das hinter einer solchen Hypothese liegende Interesse ist nur allzu deutlich: die Berufung auf einen solcherart zu verstehenden Jesus soll eine moderne Theologie der Revolution rechtfertigen. Nun ist es kaum möglich, die These zu erhärten, daß Jesus ein Revolutionär gewesen sei[5]. O. Cullmann und M. Hengel haben in jüngster Zeit diese These einer kritischen Prüfung unterzogen und energisch zurückgewiesen[6]. Hengel macht mit einem viel strapazierten Zitat von A. Schweitzer darauf aufmerksam, daß sich im revolutionären Jesus natürlich „nur" die Gedanken einer Epoche widerspiegeln[7]. Er stellt dem revolutionären Jesus einen Jesus gegenüber, der sich vor allem durch Gruppenunabhängigkeit auszeichnet: „Er läßt sich für keine der damaligen Gruppen vereinnahmen, genauso wie er auch heute noch zwischen den Fronten steht."[8] Hinter diesem unpolitischen Jesus steht selbstverständlich ebenfalls ein

---

[3] So *J. B. Metz*, Das Problem einer „politischen Theologie" und die Bestimmung der Kirche als Institution gesellschaftskritischer Freiheit, in: Concilium 4, 1968, 403—411, bes. 405 f. Vgl. auch *J. Moltmann*, Theologische Kritik der politischen Religion, in: *J. B. Metz/J. Moltmann/W. Oelmüller*, Kirche im Prozeß der Aufklärung, München/Mainz 1970, 11—51, bes. 36 f.

[4] Zum politischen Aspekt der angeblich unpolitischen Predigt Jesu vgl. *H. Braun*, Jesus. Der Mann aus Nazareth und seine Zeit, 2. Aufl. Stuttgart/Berlin 1969, 50 f. 55: die Erwartung des nahen Endes stellt als solche ein Politikum dar! Ähnlich urteilt *H. W. Bartsch*, Jesus. Prophet und Messias aus Galiläa, Frankfurt 1970: „Das angekündigte Gottesreich ... bedeutet das Ende sowohl der Herrschaft Roms, wie der im ganzen Reich herrschenden Sozialstruktur" (53).

[5] Einen Abriß der verschiedenen Versuche bietet *M. Hengel*, War Jesus Revolutionär? (vgl. Anm. 2), 6 ff.

[6] Vgl. die Literatur in Anm. 2.   [7] War Jesus Revolutionär?, 6.

[8] AaO. 21. Dem entspricht es, daß *Hengel* die Frage im Titel dieses Schriftchens

ganz offenkundiges Interesse: von diesem Jesusbild wird das Verständnis
einer unpolitischen Kirche in der Gegenwart abgeleitet[9]. Wie Jesus über
den Parteien oder zwischen den Fronten stand, so muß die gegenwärtige
Kirche, das ist die These, sich in gleicher Weise aus dem politischen Mei-
nungsstreit heraushalten, im Idealfall neutral sein. A. Schweitzers Ver-
dikt ist auch sicherlich auf dieses Jesusbild voll anwendbar.

Nun ist es wahrscheinlich kaum je möglich zu klären, ob die Hinrichtung Jesu als eines politischen Verbrechers ein Mißverständnis oder
die notwendige Konsequenz seines Wirkens war. Aber ein Streitgespräch
der synoptischen Evangelien bietet sich geradezu dafür an zu prüfen,
wie Jesus zu den politischen Gewalten seiner Zeit stand: das Gespräch
über den Zinsgroschen in Mk 12,13—17 par. Dieser Text gilt im allgemeinen als der Beweis dafür, daß Jesus sich aus den politischen Streitigkeiten seiner Zeit herausgehalten hat. „Wo das politische Thema auftaucht, da wird es sofort als Problem abgewiesen . . .; von Machthabern
ist nur am Rande die Rede, bis sie in der Passion als Akteure in Jesu
eigenes Leben eingreifen", urteilt H. Conzelmann u. a. im Blick auf
Mk 12,13 ff[10]. Nach Hengel wird in diesem Text deutlich, daß Jesus sich
von den ausgesprochenen Revolutionären seiner Zeit, den Zeloten, distanziert[11].

Kein Text hat so sehr die Diskussion über das Verhältnis der Christen
zu den politischen Gewalten bestimmt, wie das „Gebet dem Kaiser, was
des Kaisers ist, und Gott, was Gottes ist" (Mk 12,17). Schien doch Jesus
selbst in diesem Vers das Verhältnis von Staat und Kirche grundsätzlich
und für alle Zeiten festgelegt zu haben, interpretiert und konkretisiert
von Paulus in Röm 13,1—7[12]! Der Ausspruch Jesu, der die Pharisäer-

---

mit Ja und Nein beantwortet. Zu Mk 12,13 ff schreibt er: „Die Weltmacht wird weder
gerechtfertigt noch verdammt" (24). Sind das befriedigende Auskünfte? Merkwürdig,
daß man gerade so viel über Jesus weiß, um die These abzulehnen, er sei ein Revolutionär gewesen, andererseits sich aber gar nicht festlegen möchte, was das Verhältnis
zu den politischen Gewalten anbelangt. Das Ideal scheint ein Jesus zu sein, der ein
bißchen revolutionär und ein bißchen konservativ war.

[9] Dies wird deutlich bei *E. Gräßer*, aaO. 322, oder bei Hengel, wenn er schreibt,
daß auch *heute noch* Jesus zwischen den Fronten steht.

[10] *H. Conzelmann*, Art. Jesus Christus, in: RGG[3] III, 619—653, Zitat 623.

[11] Obwohl die Zeloten in diesem Text überhaupt nicht auftreten, *Hengel* muß des-
wegen die Pharisäer als Anhänger des linken Flügels bezeichnen (vgl. Gewalt und
Gewaltlosigkeit, 43), wird dieser Text als die grundsätzliche Auseinandersetzung
Jesu mit den Revolutionären seiner Zeit verstanden.

[12] Es gibt eigentlich kein Argument dafür außer dem, daß man erwartet, Paulus
habe diesen angeblichen Ausspruch Jesu kennen müssen. Ἀποδιδόναι und φόρος ge-

---

frage über den Zinsgroschen abschließt, gilt nach einem vielzitierten Rankewort als einer der wichtigsten und folgenreichsten[13].

Was ist nicht alles aus diesem zweiteiligen, parallel gebauten Spruch herausgelesen worden: die saubere Trennung von Politik und Religion oder, auf die Institutionen bezogen: von Staat und Kirche[14], die Anerkennung der politischen Realitäten, bis hin zur ausdrücklichen Bestätigung und theologischen Begründung des römischen Imperiums oder, in der Nachfolgezeit, aller staatlichen Gewalt im allgemeinen[15]; die kritische Eingrenzung oder ironische Abwertung der staatlichen Sphäre angesichts der Gottesforderung im zweiten Teil des Ausspruches[16]; am beliebtesten sind jedoch offensichtlich mit „einerseits-andererseits" oder mit „weder-noch" formulierte Urteile, d. h. Positionen, die, wie angeblich der Spruch Jesu, zwischen den Extremen liegen, die den goldenen

---

nügen als sprachliche Anklänge nicht, wenn man beachtet, daß es sich sowohl in Röm 13,7 als auch in Lk 20,22 ff (Mk und Mt gebrauchen übrigens statt φόρος κῆνσος!) um *termini technici* handelt. Überdies wird vergessen, daß der Markustext in seiner jetzigen Form erst für ca. 70 n. Chr. belegt ist, also nach Röm 13 angesetzt werden muß. Damit soll jedoch nicht umgekehrt behauptet werden, daß der synoptische Text von Röm 13,7 abhängig sei! Selbst *A. Drews,* Das Markusevangelium als Zeugnis gegen die Geschichtlichkeit Jesu, 2. Aufl. Jena 1928, beruft sich als Beweis der Abhängigkeit des Markus von Paulus für Mk 12,13 ff nicht auf Röm 13,1 ff, sondern auf sprachliche Anklänge in Gal 2,6 und 1Kor 4,17 (275).

[13] Vgl. *G. Kittel,* Das Urteil des Neuen Testamentes über den Staat, in: ZSTh 14, 1937, 651—680, Zitat 651: „Von allen herrlichen Worten, die von Jesus Christus vernommen worden sind, ist keines wichtiger, folgenreicher, als die Weisung, dem Kaiser zu geben, was des Kaisers, und Gott, was Gottes ist" (*L. v. Ranke,* Weltgeschichte III, 1, 1883, 160 f).

[14] Beispiel *E. Renan,* Das Leben Jesu, Berlin o. J., 173: „Ein tiefes Wort, das über die Zukunft des Christentums entschieden hat, ein Wort voll vom reinsten Geiste der Gerechtigkeit, das die Trennung der geistlichen und der weltlichen Gewalt gestiftet und den Grundstein der wahren Freiheit und der Civilisation gelegt hat." Vgl. auch *C. G. Montefiore,* The Synoptic Gospels, Vol. I, 2. Aufl. London 1927, 277.

[15] Beispiel *E. Stauffer,* Die Geschichte vom Zinsgroschen, in: Christus und die Caesaren, 3. Aufl. Hamburg 1952, 121—149, bes. 143: „Das ist das weltpolitische Ja zum Imperium Romanum, zum Imperium des fremden Herrschervolkes."

[16] Beispiel *M. Dibelius,* Rom und die Christen im ersten Jahrhundert, in: Botschaft und Geschichte II, Tübingen 1956, 177—228, bes. 177 f. Vgl. *ders.,* Das soziale Motiv im Neuen Testament, in: Botschaft und Geschichte I, Tübingen 1953, 178—203, bes. 191: „Es ist Jesus nicht eingefallen, ernsthaft die Rechte des Kaisers mit den Rechten Gottes auf eine Stufe zu stellen. Das Recht des Kaisers stammt aus diesem Weltlauf, und darüber urteilt Jesus nicht."

Mittelweg wählen[17]. Alle diese Interpretationen sollen sich aus diesem Spruch gewinnen lassen.

Die Frage erhebt sich, ob es gar nicht möglich ist, diesen Text genauer zu bestimmen, um die Varianzbreite der Auslegungen wenigstens etwas einzuschränken. Da W. Schrage den Stand der Diskussion ausführlich dargestellt hat, erübrigt sich hier diese Aufgabe. In Auseinandersetzung mit Schrage sollen hingegen einige Momente hervorgehoben werden, die in der bisherigen Auslegungsgeschichte nicht genügend berücksichtigt wurden.

Die historische Frage wird für diesen wirkungsgeschichtlich so bedeutenden Text überraschenderweise kaum ernsthaft gestellt. Man begnügt sich im allgemeinen mit der Feststellung, daß, wenn schon nicht die ganze Szene, dann doch zumindest der Spruch in Mk 12,17 sicher auf Jesus selbst zurückzuführen sei. Hier scheint sich das beinahe zum Gesetz erhobene Schema Bultmanns zu bewähren, das davon ausgeht, daß in einem Streitgespräch das entscheidende und meist abschließende Wort in der Regel echt sei[18]. Wenn man jedoch behauptet, daß eine ideale Szene zu dem bereits existierenden Spruch V. 17 gebildet wurde, dann muß man das Verhältnis zwischen den Versen 13—16 und 17 einmal genauer untersuchen.

---

[17] Beispiel O. *Cullmann,* Der Staat im Neuen Testament, 2. Aufl. Tübingen 1961, 26: „Einerseits: der Staat ist nichts Letztes. Andererseits: er hat das Recht zu verlangen, was zu seiner Existenz nötig ist, aber nicht mehr." Beispiel W. *Schrage,* Die Christen und der Staat nach dem Neuen Testament, Gütersloh 1971, 37: „Beide Bereiche sind weder völlig getrennt gedacht, als ob der Kaiser in seinem Bereich eine absolute und autonome Instanz wäre, noch miteinander zu identifizieren ... oder auch nur gleichrangig auf eine Ebene zu stellen"; vgl. auch 39: „Das Wort Jesu hält ... die Mitte zwischen den extremen Positionen der Rebellion und Revolution auf der einen Seite, der Mythisierung, Apotheose und Glorifizierung von Kaiser und Reich auf der anderen Seite."

[18] Vgl. *Schrage,* aaO. 30 ff. Schrage bezieht sich ausdrücklich auf R. *Bultmann,* Die Geschichte der synoptischen Tradition, 4. Aufl. Göttingen 1958, 40 f. 48 ff; vgl. auch 25. Anders begründet E. *Barnikol,* Das Leben Jesu der Heilsgeschichte, Halle 1958, die Historizität dieser Szene: „Dieses Streitgespräch, das als Versuchung der Gegner naheliegend war, ist in seiner Farbigkeit, in seiner dargelegten Inhaltlichkeit und vor allem in der überraschenden, überlegenen, individuellen und zugleich sachlichen und darum unerfindbaren Stellung Jesu derart geschichtlich und geschichtlich überzeugend, daß schon allein diese Geschichtswirklichkeit sowohl die Geschichtlichkeit begründet wie die Eigenart Jesu dokumentiert" (456). E. *Käsemann,* An die Römer, Tübingen 1973, 336, ist einer der wenigen, die eine gewisse Skepsis hinsichtlich der Historizität auch des Spruches 12,17 andeuten.

Über die Interpretation des Verlaufs dieses Streitgespräches und über das Verständnis des sozialgeschichtlichen Hintergrundes dieser Szene besteht im wesentlichen Einverständnis. Pharisäer und Herodianer werden zu Jesus gesandt (Mk 12,13); nach Mt 22,15 sind es die Pharisäer, die die Initiative ergreifen, bei Lk 20,20 ff fehlen die Herodianer. Sie sollen Jesus eine Falle stellen; denn man sucht einen Anklagepunkt. Auf die captatio benevolentiae (Mt 12,14) ist in diesem Zusammenhang nicht einzugehen, da sie nur die hinterlistigen Absichten der Gegner Jesu unterstreicht. Nach einer langen Einleitung wird schließlich die entscheidende Frage formuliert: ist es erlaubt, dem Kaiser Steuern zu zahlen?

Gewöhnlich wird an diesem Punkt in den Erklärungen eine lange Behandlung der Handhabung des Steuernzahlens und der Funktion der Steuern eingeschoben. Als gesichert können folgende Ergebnisse angesehen werden: die Steuereinziehung war die konkrete Form der Ausübung der Römerherrschaft. Sie wurde in allen Provinzen des Reiches gehandhabt und stieß auch außerhalb des jüdischen Volkes gelegentlich auf Widerstand. Die Gruppe der Zeloten lehnte die Zahlung der Steuer energisch ab, da sie diese Zahlung als einen Widerspruch zu ihrem theokratischen Verständnis des jüdischen Staates auffaßten[19]. Eindeutig ist auch die Haltung der nur hier und in Mk 3,6 genannten Herodianer zu bestimmen; als Anhänger des Romfreundes Herodes haben sie natürlich die Zahlung der Steuer befürwortet. Umstritten scheint die Einstellung der Pharisäer zu sein. Man hat vermutet, daß die Pharisäer in dieser Perikope als Gegner der Steuerzahlung auftreten. Doch ist diese Vermutung sicherlich von der Interpretation des V. 17 her bestimmt, da Jesus scheinbar den Mittelweg zwischen zwei Extremen wählt[20]. Belege für diese Haltung der Pharisäer sind allerdings nicht beigebracht worden. Man wird anzunehmen haben, daß die Pharisäer die Steuerzahlung im allgemeinen bejahten, wenn auch nicht so bereitwillig wie die Herodianer. Daß sich in dieser Perikope die sonst zerstrittene extreme Linke

---

[19] Zu dieser Frage vgl. *M. Hengel*, Die Zeloten. Untersuchungen zur jüdischen Freiheitsbewegung in der Zeit von Herodes I bis 70 n. Chr., Leiden/Köln 1961, bes. 93 ff; *Hengel*, aaO. 133, nennt andere Beispiele des Widerstandes gegen den Census.

[20] Die Pharisäer werden von *Hengel* als politisch indifferent eingeschätzt: vgl. aaO. 199; anders jedoch *ders.*, Gewalt und Gewaltlosigkeit, 43: „Die Zinsgroschen-perikope ... demonstriert, wie sich die extremste Rechte, die Herodianer, mit Pharisäern des linken Flügels gegen Jesus verbündeten." Woher Hengel weiß, daß es sich um linke Pharisäer handelt, wird nicht deutlich. Sollen sie die in dieser Geschichte leider nicht auftretenden Zeloten „ersetzen"?

und Rechte gegen Jesus vereinen, ist jedenfalls dem Wortlaut des Textes nicht zu entnehmen.

Die viel verhandelten Zeloten spielen in diesem Text keine Rolle. Sie sind überhaupt nicht präsent. Sicher, die Frage der Steuerzahlung war eine Prinzipienfrage der Zeloten und die Verweigerung der Steuerzahlung konnte den Verdacht, ja sogar die Anklage auf „Zelotismus", d. h. auf Widerstand gegen die Römerherrschaft, herbeiführen. Nach dem Bericht des Lukas wurde gegen Jesus vorgebracht, daß er die Steuerzahlung behindere (23,2). Aber deshalb muß man nicht die Interpretation des ganzen Textes auf dem Hintergrund des Zelotismus durchführen.

Vielmehr sollte man den Kontext dieses Streitgespräches genau beachten. Wie in Mk 12,13 f par werden auch in Mk 11,27 f par; 12,18 f par Fangfragen an Jesus gestellt, mit dem Ziel, ihn zu einer Aussage zu verleiten, die man gegen ihn verwenden könnte. Etwas anders liegt der Sachverhalt in Mk 12,28 f par: in der Markusversion fragt einer der Schriftgelehrten in guter Absicht, in den Varianten des Matthäus (22, 24 f) und des Lukas (10,25) wird ebenfalls die versucherische Absicht des Fragers betont.

Sieht man sich die Antworten dieser Texte genauer an, so fällt auf, daß Jesus auf die Vollmachtfrage gar nicht antwortet (Mk 11,33 par), sondern die Gegner durch eine seinerseits gestellte Frage in Verlegenheit und zum Schweigen bringt. Weiterhin fällt auf, daß Jesus in der Sadduzäerfrage den Gegnern mangelnde Bibelkenntnis vorwirft und damit die Frage letztlich ebenfalls abbiegt, bzw. als falsch gestellt bezeichnet (Mk 12,24 ff par). Nur in der bei Markus positiv gestellten Frage nach dem höchsten Gebot wird ein paränetisches Interesse deutlich: Jesus geht auf diese Frage wirklich ein und gibt eine definitive und positive Antwort (Mk 12,19 f).

Interpretiert man die Frage nach der Steuerzahlung in diesem Kontext, so scheint jedenfalls nahezuliegen, daß in Parallele zu der Vollmachtfrage und zu der Sadduzäerfrage Jesus nach der Absicht des Erzählers auch hier gar nicht an einer positiven Antwort interessiert ist, sondern nur daran, die Gegner bei ihrer Frage behaften und beschämen zu können. Diese Beobachtung läßt sich erhärten, wenn man den Verlauf des Gespräches verfolgt: die Frage wird nicht theoretisch verhandelt, sondern die Gegner werden aufgefordert, einen Denar zu bringen. Der Erzähler macht deutlich, daß Jesus die Versuchung und Hinterlist in der Frage erkannt hat (Mk 12,15) und entsprechend reagiert, d. h. das Ziel

ist, die Gegner wieder bei ihrer unaufrichtig gestellten Frage zu behaften
und zu überführen. Sie sind es, die die Münze herbeischaffen, sehr wahrscheinlich sogar bei sich tragen. Sie sind es auch, die die Frage Jesu nach
der Aufschrift auf der Münze beantworten. In V. 16 ist eigentlich das
Ziel der Perikope fast erreicht: mit der Antwort der Gegner, daß — wie
sie ja genau wußten — auf der Münze das Bild und die Schrift des
Kaisers stehen, ist die Entscheidung bereits gefallen. V. 17a formuliert
nur noch das Ergebnis: dann gebt dem Kaiser, was des Kaisers ist.

Der Begriff ἀποδιδόναι in V. 17 hat zu der Überlegung geführt, daß
man dem Kaiser „zurückgeben" müsse, was ihm sowieso gehöre, nämlich
die von ihm geprägten und mit seinem Namen versehenen Münzen[21],
doch erscheint der Begriff ἀποδιδόναι hier im technischen Sinn gebraucht
zu sein: Abgaben „entrichten".

Was ist nun das Thema, das Ziel des Erzählers in diesem Streitgespräch? Zunächst einmal ist es einfacher zu sagen, was sicherlich nicht das
Thema dieses Textes ist: nämlich die Frage nach dem Staat im allgemeinen oder die Frage nach der Stellung zum Kaiser. Natürlich ist die
Steuererhebung ein Zeichen für das Hoheitsrecht des römischen Kaisers.
Das Interesse der Gegner Jesu ist aber nach Darstellung des Erzählers
gar nicht dieses Problem: sie haben es, jeder auf seine Weise, längst
entschieden. Sie wollen Jesus zu einer Aussage verführen, die eine Anklage ermöglicht. Jesus zwingt nach dem Verlauf der Erzählung die
Frager dazu, zu erkennen zu geben, daß sie die Antwort auf ihre Frage
längst wußten und auch entsprechend handeln, indem sie nämlich Geld
bei sich tragen. Für sie ist das Steuerzahlen gar kein Problem. Jesus zieht
sich damit aus der Schlinge, daß er, mit modernen Begriffen umschrieben,
sagt: wenn ihr euch schon auf die Ebene des Geldes, der Wirtschaft, und
das heißt natürlich auch der Politik einlaßt, dann müßt ihr auch die
Konsequenz tragen und dem, der dieses System verantwortet, nämlich
dem Kaiser, die Gebühr entrichten[22].

---

[21] Zur Schuldtheorie vgl. *Stauffer,* aaO. 140 ff; *Schrage,* aaO. 39: „So wie die
Münze dem Kaiser gehört, so gehört und schuldet sich der Mensch Gott, und zwar als
ganzer." Davon steht überhaupt nichts im Text!

[22] Ähnlich *M. Maurenbrecher,* Von Nazareth nach Golgatha. Untersuchungen über
die weltgeschichtlichen Zusammenhänge des Urchristentums, Berlin 1909, 243: Jesus
„entzog sich der Antwort, indem er sagte: wer sich überhaupt einmal mit Geld und
Münze einlasse, der könne auch die Oberhoheit des Kaisers, des Herrn dieser Welt,
nicht bestreiten: der müsse dem Kaiser geben, was des Kaisers ist!" Vgl. auch
E. Bloch, Atheismus im Christentum. Zur Religion des Exodus und des Reichs, Frankfurt 1968, 184 f: „Entscheidend für Jesus ist der echt chiliastische Rat, sein Hab und

Nach dieser Interpretation bedeutet Mk 12,17a natürlich keineswegs eine allgemeine Aufforderung zum Steuerzahlen, obwohl dieser Text schon bald so verstanden wurde, wie Justin (Apologie I,17) zeigt. Thema des Streitgespräches ist nicht die allgemeine Frage der Steuerzahlung, sondern die Zurückweisung des Überlistungsversuches der Gegner[23].

Das Problem dieses Textes liegt selbstverständlich im Verhältnis des V. 17 zum vorangehenden Kontext. Interessanterweise hat ja vor allem dieser Vers, isoliert vom Kontext der hinterlistigen Frage, die folgenreiche Wirkungsgeschichte ausgelöst. Die Schwierigkeit der Interpretation hängt vor allem am Verständnis des Parallelismus, insbesondere am Verständnis des zweiten Teiles. Zunächst einmal ist auffällig, daß dieser zweite Teil — „Gebt Gott, was Gottes ist" — durch den Kontext des Verses in keiner Weise abgedeckt ist. Das ist besonders dann überraschend, wenn man mit Bultmann u. a. annimmt, daß die vorangehende Szene zu diesem Spruch nachträglich gebildet wurde. Deshalb hat E. Hirsch recht, wenn er feststellt, daß dieser Satzteil wie ein nachschleppender Anhang wirkt[24]. Danach, was Gott zu geben sei, haben die Pharisäer und Herodianer gar nicht gefragt; dieses Problem wird auch im Fortgang der ganzen Szene nicht berührt. Ohne den zweiten Teil des Verses 17 wäre die Szene Mk 12,13—17 abgeschlossen und abgerundet. Allerdings gibt es keine literarkritischen Argumente, die eine spätere Hinzufügung dieses Versteiles stützen würden[25]; man kann nur soviel sagen, daß von der inneren Logik der Szene her dieser Versteil eher stört. Indirekt wird das bestätigt durch die mannigfachen Interpreta-

---

Gut den Armen zu geben, sich auf diese Art subjektiv wie als Objekt dem Interessenkreis Caesars zu entziehen, diesem nichtigen Kreis und seiner kurzen Frist."

[23] Der Lobpreis am Schluß der Perikope würde sich dann darauf beziehen, daß Jesus sich den Fragern als überlegen erwiesen hat. Ähnlich E. Klostermann, Das Markusevangelium, 5. Aufl. Tübingen 1971, 125.

[24] E. Hirsch, Frühgeschichte des Evangeliums. Erstes Buch: Das Werden des Markusevangeliums, 2. Aufl. Tübingen 1951, 131. Wenn Schrage, aaO. 36, das als eine „fatale Fehlinterpretation" bezeichnet, vermengt er stilkritische Argumentation mit politischer Auseinandersetzung.

[25] Daß weitere Glieder später angefügt werden können, zeigt die Variante dieses Verses im Thomasevangelium, die dreigliedrig ist: „Gebt dem Kaiser, was des Kaisers, gebt Gott, was Gottes ist, und das, was mein ist, gebt es mir", spricht Jesus in Logion 100. Vgl. dazu W. Schrage, Das Verhältnis des Thomas-Evangeliums zur synoptischen Tradition und zu den koptischen Evangelienübersetzungen, Berlin 1964, 189—192. Die Variante von Mk 12,13 ff in Pap. Egerton 2 trägt für das traditionsgeschichtliche Problem dieses Textes nichts aus; gegen M. Rist, Caesar or God (Mark 12:13—17)? A Study in Formgeschichte, in: JR 16, 1936, 317—331.

tionsversuche dieses Parallelismus in V. 17. Denn nur deshalb, weil dieser Versteil nicht durch den Kontext abgedeckt ist, ist seine Interpretation so unsicher.

Am schlechtesten scheinen die Theorien begründet zu sein, die in Mk 12,17 eine grundsätzliche Aussage Jesu über den Staat im allgemeinen oder über das römische Imperium sehen, sei es in einer sauberen Trennung von Kirche und Staat, sei es in einer theologischen Fundierung der staatlichen Macht. Diese grundsätzlichen Fragen kommen in dem ganzen Streitgespräch überhaupt nicht in den Blick. Dies sind Probleme, die zu Zeiten der Erwartung der Gottesherrschaft, d. h. des Endes dieser Welt mit ihrer römischen Gewaltherrschaft, überhaupt keine Rolle spielten. Außerdem ist auffällig, daß sich in den Evangelien kaum ein Text findet, in dem eine solche Zweiteilung — hier soziale Sphäre, dort religiöse Sphäre mit ihren jeweiligen Pflichten — auftritt. Im Gegenteil, es gibt einen Text, in dem ein ähnliches Problem verhandelt wird, der aber zu einer ganz anderen Lösung führt: Mt 6,24/Lk 16,13 heißt es, daß niemand zwei Herren dienen kann, Gott oder dem Mammon. Hier wird ebenfalls ein Bereich der sozialen Sphäre, in diesem Fall ist es die Frage des Reichtums, zu dem Bereich Gottes in Beziehung gesetzt, allerdings mit der Aufforderung, daß man sich zu entscheiden habe[26]. Diese Haltung ist für die erste Generation der Christen verständlich; sie kann, muß aber nicht, auf Jesus selbst zurückgehen. Wenn man dies akzeptiert, dann fällt es schwer, den Text Mk 12,17 in die gleiche Situation, in die gleiche Zeit einzuordnen. Für das vorangehende Gespräch (Mk 12,13 bis 16.17a) ist diese Einordnung *möglich* — ohne daß damit die Historizität dieser Szene behauptet werden soll — da in dieser Szene nicht zum Ausdruck gebracht werden soll, daß Jesus selbst sich überhaupt auf das Steuerzahlen einläßt; die Antwort gilt nur für diejenigen, die sich sozusagen für diese Welt entschieden haben. Wenn die Differenz zwischen dem Gespräch und dem allgemeinen Abschluß in V. 17a und b so gesehen wird, dann macht die Einordnung dieser Teile in den allgemeinen Kontext der Verkündigung Jesu deutlich, daß eine Historizität für das

---

[26] Die Beziehung und mögliche Widersprüchlichkeit des Wortes über den Mammon zu Mk 12,17 wird im allgemeinen empfunden, ohne daß daraus weitere Schlußfolgerungen gezogen werden. *Schrage,* Die Christen und der Staat, 38, meint: „daß die Aussage Jesu, daß niemand zwei Herren dienen kann (Mt 6,24), im Konfliktsfall auch zur Absage an den Caesar werden kann." Dieser schöne Versuch einer Harmonisierung hat leider keinen Anhaltspunkt in den Texten. Der synoptische Jesus unterscheidet eben gerade nicht zwischen „normalen" Fällen und Konfliktsfällen.

Gespräch wahrscheinlicher ist als für den *gesamten* V. 17. Natürlich ist das nicht zu beweisen; aber so viel wird man sagen können, daß traditionsgeschichtlich das Gespräch früher anzusetzen ist als der gesamte V. 17. Die Verse 13—16 sind kaum nachträglich auf den gesamten V. 17 hin komponiert worden.

Das haben im Grunde diejenigen Ausleger erkannt, die in Mk 12,17 einen ironischen Parallelismus bzw. ein καί-adversativum oder eine Antithese sehen wollen. Nur ist ihre Argumentation schlecht begründet. Welchen stilistischen Anlaß oder Grund gibt es, diese Parallele als eine ironische oder antithetische auszulegen? Der Formulierung von V. 17 ist das in keiner Weise zu entnehmen. Diese Hypothesen erweisen sich als überflüssig, wenn man V. 17 im Kontext des Streitgesprächs und das Streitgespräch wiederum im Zusammenhang mit den anderen Streitigkeiten interpretiert. Daraus wird deutlich, daß der Jesus dieser Erzählungen nicht daran interessiert war, eine paränetische Aussage über das allgemeine Verhältnis zur Staatsmacht zu geben.

Allerdings wird zu fragen sein, ob nicht der V. 17 in der vorliegenden Fassung bereits auf der Ebene des Evangelisten die gleiche Tendenz zeigt wie die Passionsgeschichte im allgemeinen: nämlich apologetisch darzustellen, daß Jesus und seine Gemeinde loyale Staatsbürger sind, die ihre Steuern zahlen und darin keinen Widerspruch zu ihrem „Gottesdienst" sehen. Ohne literarische Abhängigkeiten zu behaupten, kann man sagen, daß Mk 12,13—17 im Verständnis des Evangelisten traditionsgeschichtlich dem Denken von Röm 13,1—7 eng verwandt ist.

Letztlich führt Mk 12,13—17 par auch nicht weiter als die Berichte der Passion, wenn man nach der politischen Haltung Jesu fragt. Wenn die Evangelisten — wie übrigens auch Paulus — das Interesse hatten, Jesus und seine ihm nachfolgenden Jünger als politisch ungefährlich zu charakterisieren, dann hat sich dieses Interesse nicht nur in der Passionsgeschichte, sondern in gleicher Weise auch in Mk 12,17 niedergeschlagen. Man kennt also die politische Haltung Jesu nur in einer möglichen apologetischen Verzeichnung, die durch keine methodische Überlegung grundsätzlich auszuschließen ist[27]. Nicht nur der revolutionäre Jesus,

---

[27] Das ist das stärkste Argument von *S. G. F. Brandon*, Jesus and the Zealots. A Study of the Political Factor in Primitive Christianity, Manchester 1967; auch wenn man seine Rekonstruktion des Endes Jesu nicht akzeptieren kann, seiner Beurteilung der Intention des Evangelisten Markus muß man zustimmen (vgl. 20 ff. 221 ff). Diesen Punkt übersieht *H. W. Kuhn*, aaO. 3 ff, wenn er darauf verweist, daß die ersten Christen den Tod Jesu nicht politisch verstanden haben, und er des-

sondern gerade auch der unpolitische Jesus lassen sich nicht verifizieren. Eine restlose Klärung der politischen Haltung Jesu erscheint als unmöglich[28]. Auf jeden Fall ist jedoch Hengel und den anderen Exegeten zu widersprechen, die meinen, daß man gerade soviel über Jesus weiß, um zwar eine revolutionäre Haltung ablehnen zu können, andererseits aber eine unpolitische Haltung positiv erweisen zu können[29].

Es gilt in der exegetischen Wissenschaft als sicher, daß Jesus und die ersten Christen in der Erwartung des nahe bevorstehenden Endes dieser Welt mit ihren gesellschaftlichen Strukturen und Herrschaftsverhältnissen lebte. Diese an Politik nicht direkt interessierte Haltung ist ohne Zweifel ein Politikum höchsten Ausmaßes. Einer auf Bestand angelegten Gewaltherrschaft Roms, die den unterdrückten Völkern als ewiger Frieden angesagt war und verkündigt wurde, mußte die Ankündigung des nahen Endes dieser Welt als massive Kritik im politischen Raum erscheinen. In diesem Zusammenhang hat es gar keinen Sinn zu fragen, ob Jesus die Strukturen dieser Welt verändern wollte oder ob er sie faktisch anerkannte. Im Kontext der Reich-Gottes-Predigt konnte eine Veränderung der Strukturen gar nicht intendiert werden; eine Anerkennung der faktischen Herrschaftsverhältnisse ergab sich aus der Verkündigung Jesu erst dann, als die nachfolgenden Generationen sich in dieser Gesellschaft einzurichten begannen und die Verkündigung Jesu ohne den Rahmen des in Kürze erwarteten Endes dieser Welt einfach wiederholten.

Wer heute den Jesus von Mk 12,13—17 als einen im wesentlichen unpolitischen Jesus nachzuahmen meint, hat sicher eine andere Intention als der Verkündiger des nahen Endes. An die Stelle einer grundsätzlichen

---

halb diesen als Mißverständnis interpretiert. Zum apologetischen Faktor bei Lukas vgl. *H. Conzelmann*, Die Mitte der Zeit. Studien zur Theologie des Lukas, 5. Aufl. Tübingen 1964, 128—135.

[28] Daß Jesus nicht so unpolitisch gewesen sein kann, wie in der exegetischen Wissenschaft immer wieder behauptet wird, meint *E. Käsemann*, War Jesus liberal? in: Der Ruf der Freiheit, 4. Aufl. Tübingen 1968, 19—53, bes. 36 f.

[29] Hinter diesen Versuchen, den unpolitischen Jesus als den „unverfälschten" zu erweisen, steht die Intention, daß auch heute die Kirche neutral und unpolitisch zu sein habe. Daß es eine solche Kirche nicht gibt und nie gegeben hat, dies herausgestellt zu haben, ist das Verdienst der sogenannten Politischen Theologie. Ihre Berufung auf den historischen Jesus ist zwar nicht haltbar; wenn dem aber nur ein unpolitischer Jesus gegenübergestellt wird, dann wird eine sozialethische und kirchenpolitische Auseinandersetzung der Gegenwart auf das Gebiet der verschiedenen Jesusbilder verlagert. Die Berufung auf den revolutionären/unpolitischen Jesus ersetzt die nötige politische Argumentation. Die *inhaltliche* Auseinandersetzung über die hinter diesen Jesusbildern stehenden Interessen gehört in den Bereich der Sozialethik.

Kritik dieser Welt tritt dann das Bestreben, sich aus dem politischen Geschäft herauszuhalten und im Namen Jesu „neutral" über den Parteien zu schweben oder zwischen den Fronten zu stehen. Diente das apologetische Interesse eines Markus und eines Paulus unter anderem dazu, eine Minderheit vor der Verfolgung zu bewahren und eine ungehinderte Verkündigung des Evangeliums zu ermöglichen, so wurde im Laufe der Geschichte des Christentums daraus der Versuch der Kirche, durch eine saubere Trennung von Politik und Religion im Einvernehmen mit den staatlichen Mächten den eigenen Besitzstand, den eigenen Herrschaftsbereich zu erhalten. Der sozialgeschichtliche Kontext dieses Textes hat sich völlig gewandelt: aus Unterdrückten, die sich zu schützen suchten, wurden herrschende Schichten, die unter Verwendung des gleichen, unveränderten Textes Mk 12,17 sich mit den staatlichen Gewalten arrangieren und ihrerseits Herrschaft ausüben. Dies war aber nur möglich, weil Mk 12,17 isoliert vom näheren Kontext und abgelöst von der Reich-Gottes-Predigt sehr bald als ein Lehrspruch Jesu über die staatliche Gewalt verstanden wurde. Justin (Apol. I, 17) ist der erste bekannte Zeuge für dieses Verständnis.

ZEITANSAGE UND ZEITVORSTELLUNG IN DER VERKÜNDIGUNG JESU

ETA LINNEMANN

A) Der exegetische Befund

Es wird allgemein anerkannt, daß die eschatologische Verkündigung das Zentrum der Botschaft Jesu ist. Deshalb sollte man hier mit besonderer Sorgfalt ermitteln, was denn wirklich der „historische Jesus" gesagt hat, und die strengsten Maßstäbe in der Echtheitsfrage anlegen. Wenngleich nicht von vornherein auszuschließen ist, daß Jesus manches gesagt haben könnte, worin er sich nicht von dem Judentum seiner Zeit, einschließlich des Täufers, unterscheidet, kommen hier zunächst als Grundlage und Maßstab nur solche Texte in Betracht, welche sich nicht ebensogut dem zeitgenössischen Judentum oder der Urgemeinde zuschreiben lassen.

Es sollte zwischen Präsenz, Nähe und unterminierter Zukünftigkeit der Gottesherrschaft unterschieden werden. Das erfordert die Struktur der Zeitbestimmung. Denn Präsenz und Nähe oder Nähe und Zukünftigkeit können zusammenfallen, müssen es aber nicht[1]. Was jeweils vorliegt, ist deshalb am einzelnen Text zu klären. Überdies ist diese Unterscheidung notwendig, um eine religionsgeschichtliche Ortsbestimmung der Verkündigung Jesu zwischen dem Pharisäismus und der Apokalyptik, zwischen dem Täufer, Qumran und dem hellenisierten Judentum zu ermöglichen. Wir haben demnach zu unterscheiden zwischen

— Texten, welche die Präsenz der Gottesherrschaft ansagen (i. F. Gegenwartsworte),

---

[1] Vgl. dazu *E. Linnemann:* Hat Jesus Naherwartung gehabt? in: De Jésus aux Origines de la Christologie (hrg. J. Dupont), Bibliotheca Ephemeridum Theologicarum Lovaniensium XXXV, 1974 S. 103—109 (im folgenden abgekürzt als „Naherwartung"), S. 103 Anm. 2.

— Texten, welche die Gottesherrschaft, das Kommen des Menschensohnes bzw. das Gericht oder eschatologische Heilsgüter als zukünftig voraussetzen (i. F. Zukunftsworte),

— und Texten, welche mit ihrer Nähe rechnen (i. F. Naherwartungsworte).

Die in Anspruch genommenen Texte müssen ausdrücklich in den eschatologischen Kontext gehören und einen eindeutigen Zeitbezug haben, der es erlaubt, sie einer der drei Gruppen zuzuordnen.

I. Belege für Naherwartung in der Verkündigung Jesu

In der 1961 erschienenen ersten Auflage meines Buches „Gleichnisse Jesu" habe ich bereits festgestellt: „Eine Überprüfung der Belegstellen, die für die Naherwartung angeführt werden, scheint mir ... zu ergeben, daß diese Annahme keinen ausreichenden Anhalt an den Texten hat. *M. E. gibt es kein einziges Jesuswort, das ausdrücklich von der Nähe der Gottesherrschaft redet, dessen Echtheit nicht zum mindesten umstritten ist.*"[2] D. h. die These von der Naherwartung Jesu wird zum einen Teil belegt durch Texte, die keineswegs ausdrücklich von der *Nähe* der Gottesherrschaft reden, zum andern Teile stützt sie sich auf Belege, die vielfach von denselben Forschern, welche die Naherwartung Jesu zu den gesicherten Ergebnisesn der Bibelforschung rechnen, seit eh und je für sekundär gehalten wurden. Anders gesagt, sie beruht auf einem Mangel an exegetischer Konsequenz.

Man sollte meinen, einen solchen Sachverhalt aufzudecken würde genügen, damit in der Forschung die nötigen Konsequenzen gezogen werden. Aber das Gegenteil ist der Fall: die Ergebnisse meiner Untersuchung wurden bisher weitgehend ignoriert.

J. Jeremias, der in seiner neutestamentlichen Theologie einen Abschnitt der Frage widmet: „Wann kommt die Katastrophe?"[3] hat meine Ausführungen zur Frage der Naherwartung Jesu nicht einmal erwähnt und nimmt ohne Zögern die inkriminierten Texte weiterhin als Beweis in Anspruch. Darüber hinaus führt er aber noch weitere Texte als Belege für Jesu Naherwartung an.

---

[2] AaO. S. 138.
[3] Teil I. Die Verkündigung Jesu 1971, S. 132—141.

1. Berufungsworte:

Lk 9,60—63 par sollen Indizien für die Naherwartung sein. Aber die Logien betonen nur die Vordringlichkeit der Nachfolge vor jeder anderen Pflicht. An der Bereitschaft, alles andere zurückzustellen, entscheidet es sich, ob der Jünger brauchbar ist für die Gottesherrschaft. Von einer Dringlichkeit, die durch die Nähe der Gottesherrschaft bedingt ist, sagen die Logien nichts.

Unter Berufung auf Jer 16,16 will Jeremias aus *Mk 1,17 par* entnehmen, „daß sie [sc. die Jünger] eine eschatologische Aufgabe haben, die Heimholung des Gottesvolkes, und diese Aufgabe duldet nicht den geringsten Aufschub“[4]. Aber Jer 16,16 gehört nicht zu der Einheit 16,14 f sondern ist im Zusammenhang mit 16,17 f zu verstehen[5]. Dann geht es in dem Vers aber nicht um die Heimholung des Gottesvolkes, sondern um die Bestrafung derjenigen, die Jahwes Land entweiht haben. Da dieses Motiv in Mk 1,17 fehlt, ist Jer. 16,16 nicht als Sachparallele heranzuziehen.

2. Sendungsworte:

Um *Lk 10,4* als Indiz für Naherwartung in Anspruch zu nehmen, unterstellt Jeremias, der Befehl solle verhindern, Anschluß an eine in gleicher Richtung reisende Karawane zu suchen, was die Reise verlangsamen würde. Das ist nicht Auslegung, sondern Einlegung!

3. Der Bußruf:

Lk 13,1—5. Daß die Gefahr die vor Jesus stehenden Menschen „unmittelbar bedroht“, d. h. in Bälde eintritt, ist dem Text nicht zu entnehmen. Überdies vollzieht sich das Gericht nach dem Text innergeschichtlich und nicht endzeitlich, und somit besagt derselbe nicht, daß die Hörer demnächst das Endgericht treffen wird.

Mt 24,37—39 par vgl. 7,24—27 besagen keineswegs „die Sintflut steht vor der Tür“[6]. Das Gleichnis Mt 7,24—27 erläutert lediglich, daß es klug ist, auf Jesu Worte zu hören und sagt nichts über die Nähe des Gerichts. Mt 24,37—39 mahnt, sich anders als Lots und Noahs Zeitgenossen auf den Tag des Menschensohnes einzustellen. Der Sinn entspricht Mt 24,42. Eine Naherwartung läßt sich den Versen nicht entnehmen.

Lk 13,6—9. Der Skopus des Gleichnisses ist nicht, daß „die Axt an der Wurzel des unfruchtbaren Feigenbaumes“ liegt[7], sondern daß ihm noch eine Gnadenfrist gegeben wird. Man darf hier nicht Lk 3,9 par eintragen.

Mt 25,1—12 besagt keineswegs, daß es bald zu spät ist[8]. Den Sinn der Parabel vom großen Abendmahl *(Lk 14,15—24 par)* könnte man zwar so umschreiben, aber das Zu-Spät ergibt sich hier gerade aus der Präsenz und nicht aus der Nähe der Basileia.

---

[4] AaO. S. 133.

[5] V. 16 ist durch das הנני deutlich vom Vorangehenden abgesetzt und kann nicht von dem durch כי eingeleiteten Begründungssatz getrennt werden. Zwischen V. 17 und V. 18 besteht aber ein eindeutiger Sachzusammenhang.

[6] AaO. S. 135.   [7] Ebd.

[8] Ebd.

Lk 12,58 f par ist kein Beleg für eine Naherwartung. Es ist darin keine Rede vom Nahen der Gottesherrschaft oder des Gerichts.

Lk 16,1—8 steht zwar für den Verwalter die Abrechnung bevor, und er muß sich deshalb auf sie einstellen. Aber die Nähe des Termins wird nicht ausdrücklich erwähnt, sondern ergibt sich allenfalls aus dem Zusammenhang. Wollte Jesus seine Hörer davon überzeugen, daß das Gericht für sie unmittelbar bevorsteht, hätte er anders formulieren müssen.

4. Die ἡ γενεὰ αὕτη-Worte sind zwar in der Tat „Worte schärfsten Tadels" und γενεά bezeichnet stets Gegner Jesu, die er konkret vor sich hat und anredet, seine ‚Zeitgenossen'."[9] Dennoch läßt sich aber den Logien keine Naherwartung des Gerichtes entnehmen. Mt 11,16 f; 12,39; 16,4; Mk 8,12 und 9,19 haben keinerlei Bezug zum Gericht. Die Verse Mt 23,29—36 enthalten zwar die Aussage, daß über die Angeredeten das Gericht kommt, aber ohne jede Terminierung. Die Verse 12,41 f sprechen vom zukünftigen Gericht, sagen aber nicht, daß es nahe sei. In Lk 22,69 steht, daß der Menschensohn von jetzt an zur Rechten Gottes sitzen wird, aber man sucht dort vergebens, daß *„in Bälde* ... die, die jetzt über Jesus zu Gericht sitzen, vor seinem Richterstuhl stehen"[10].

5. Leidens- und Trostworte:

Jeremias könnte zwar Recht haben, wenn er in *Mt 10,23* nicht „ein Trostwort für die verfolgten Jünger im allgemeinen, sondern für die verfolgten Boten" sieht[11]. Damit wird der Vers aber noch nicht zu einem Beleg für die Naherwartung des historischen Jesus. Denn abgesehen von der Frage, ob Jesus Missionare ausgesandt hat, ist eine Verfolgung solcher Boten für die Zeit des irdischen Jesus nicht nachzuweisen.

Auf die übrigen in diesem Abschnitt herangezogenen Texte bin ich bereits in meinem Gleichnisbuch zur Genüge eingegangen.

6. Verzichterklärung und Gethsemanebitte:

Zu *Mk 14,25* habe ich in meinem Gleichnisbuch das Nötige gesagt.

Mit Bezug auf *Mk 14,36* schreibt Jeremias: die Bitte „rechnet mit der Möglichkeit, daß Gott die Königsherrschaft auch ohne das vorausgehende Leiden herbeiführen könne". Läßt sich für die Bitte um das Vorübergehen der Stunde der eschatologische Bezug nicht halten[12], so schon gar nicht für die Kelchbitte. Der Kelch ist keine Metapher für die Königsherrschaft Gottes und der Bezug des Leidens Jesu zum „Herbeiführen der Königsherrschaft Gottes" wird nicht vom Text hergestellt, sondern von Jeremias eingetragen.

Zur Auslegung von *Mk 14,38* vgl. meine Studien zur Passionsgeschichte[13]. Eine Naherwartung könnte man dem Vers selbst dann nicht entnehmen, wenn man unterstellen dürfte, daß mit der Versuchung die eschatologische Drangsal gemeint sei. Denn dann würde der Text voraussetzen, daß diese Drangsal durch Wachen und Beten abgewendet werden könne und unter dieser Voraussetzung gerade nicht nahe sei.

---

[9] AaO. S. 135 f.   [10] AaO. S. 135.
[11] AaO. S. 137.   [12] AaO. S. 138.
[13] FrLANT 102, 1970, S. 27 f.

Mt 24,45—51, von Jeremias in diesem Zusammenhang erwähnt, gibt selbst dann, wenn man als Urheber den historischen Jesus und als Adressaten die religiösen Führer Israels ansieht, nichts für eine Naherwartung Jesu her. Der Herr im Gleichnis kommt plötzlich zu einer Stunde, die der Knecht nicht weiß. Daraus konnten die Hörer des Gleichnisses nicht entnehmen, daß für sie die Stunde des Gerichtes nahe ist.

Die gleiche Ungewißheit und damit Plötzlichkeit des Kommens setzen *Mk 13,35* und *Mt 24,43* voraus. Aber Plötzlichkeit ist nicht gleichbedeutend mit Nähe, einerlei wer die Adressaten dieser Texte sind. Ebensowenig läßt sich das Motiv der Verzögerung aus *Mt 25,5* und *25,19* durch einen postulierten Wechsel der Hörerschaft weginterpretieren. Es ist ein Verzweiflungsakt, den Evangelisten zu unterstellen, daß sie die vier Gleichnisse mißverstanden haben, um für diesen Preis die eigene These von der Naherwartung Jesu zu retten.

„Wir haben kein Wort Jesu, das das Ende in weite Ferne hinausschöbe"[14], stellt Jeremias abschließend fest. Das ist richtig, denn erstens hat Jesus nicht über Termine spekuliert, zweitens wird der Begriff des Endes von ihm gar nicht verwendet. Eine „älteste Schicht, in der die eschatologische Notzeit und die ihr folgende Offenbarung der Basileia *in naher Zeit* erwartet werden"[15], hat Jeremias in dem Sinne, daß es sich um Worte des historischen Jesus handelt, vergeblich nachzuweisen versucht. Der angebliche Anstoß, den Logien wie Mk 9,1 der Urkirche bereiteten, ist auch kein Argument. Denn man kann doch nicht unterstellen, daß ein urchristlicher Verfasser trotz seiner akuten Naherwartung darüber reflektiert hätte, welchen Anstoß sein Wort kommenden Generationen bereiten würde, während man Jesus eine derartige Reflektion nicht zutrauen darf.

Der krampfhafte Versuch von Jeremias, um jeden Preis an der Naherwartung Jesu festzuhalten, kann nicht überzeugen.

Jürgen Becker[16] unterstellt mir irrigerweise die Ansicht, die temporale Dimension sei bei Jesus zugunsten der Vertikalen aufgehoben bzw. die Nähe sei nicht zeitlich, sondern ‚wesenhaft' zu verstehen. Er nimmt meine Untersuchung in der Beurteilung der darin behandelten Texte auf, meint aber, die Naherwartung, für die es in bezug auf die Verkündigung der Gottesherrschaft Jesu keine Belege gibt, sei im Zusammenhang mit der Gerichtspredigt nachzuweisen. Er muß allerdings von vornherein zugeben: „Eine verbal geäußerte Naherwartung ist den echten Jesusworten über das Endgericht nicht zu entnehmen. In ihnen ist vielmehr der Zeitaspekt in den Hintergrund gedrängt und nicht ausdrücklich

---

[14] *Jeremias*, aaO. S. 139.   [15] Ebd.

[16] Johannes der Täufer und Jesus von Nazareth (Biblische Studien 63), 1972, S. 78 mit Anmerkung 180.

thematisiert."[17] Becker meint jedoch, ein Indiz für die Naherwartung Jesu zu finden: „Die Bedrohlichkeit und Plötzlichkeit involviert für Jesus zweifelsfrei auch eine zeitliche Nähe des Gerichtstages."[18] Aber ein Ereignis, das plötzlich eintritt, weil man den Termin nicht vorher kennt, ist deswegen noch nicht nahe, und eine Bedrohung kann nicht nur die nahe, sondern auch die ferne Zukunft bergen.

An anderer Stelle sagt Becker zu der gleichen Frage: „Die aufs höchste gespannte Naherwartung des Täufers wird [sc. in der Verkündigung Jesu] nicht verbal artikuliert, allerdings auch nicht polemisch abgefangen oder direkt attackiert. Sie verschwindet aber auch nicht zur Gänze. Schon allein der beobachtete Bruch, den Jesus zwischen sich und dem Täufer (sowie aller Vergangenheit) setzt, ist nur verständlich, wenn er von einem konsequent eschatologischen Situationsbewußtsein herkommt."[19] Wenn Jesus gegen die Naherwartung des Täufers nicht polemisiert, dann braucht das aber noch lange nicht zu bedeuten, daß er sie teilt. Man kann die Beziehung zwischen Jesus und dem Täufer in dieser Beziehung nicht isoliert an den Gerichtsworten abhandeln. Der „Bruch" aber, den Jesus zwischen sich und dem Täufer ansetzt, hat gerade einen qualitativen Unterschied zur Voraussetzung und nicht eine Fortsetzung des Täufers durch Jesus[20].

Im Anschluß an Jeremias meint Becker in folgenden Texten Indizien für eine Naherwartung Jesu zu finden: Lk 13,1—5; 16,1—7; 17,26—29. Über Jeremias hinaus zieht er noch Lk 12,16b—20; 17,24.37b.34 f; 10,13 f par und 11,31 f par heran.

Aus *Lk 13,16b—20* kann man nur dann eine Warnung vor dem unmittelbar bevorstehenden Gericht entnehmen, wenn man nicht Auslegung, sondern Einlegung betreibt. Denn dieser Text redet nur vom unmittelbar bevorstehenden Tod des Bauern, nach dem ihn der gesammelte Vorrat, auf den er sich verläßt, nichts mehr nützen wird. Er spricht nicht von einem allgemeinem Gericht, bei dem er mit allen anderen nach seinen Taten beurteilt wird, das „plötzlich unerwartet nahe"[21] ist. Der Gerichtsgedanke wird von Becker im Anschluß an Jeremias[22] in den Text eingetragen.

Die Einheitlichkeit von *Lk 17,23 f* wird von Becker mit dem Argument bestritten, „daß V 24 unpassende Antwort auf V 23 ist"[23]. Er verkennt dabei, daß V 24 doch wohl mehr will, als allgemeine Vorstellungen über den Tag des Menschensohnes zu

---

[17] AaO. S. 77.   [18] AaO. S. 78.

[19] AaO. S. 80.

[20] Vgl. dazu *E. Linnemann*, Jesus und der Täufer, in: Festschrift für Ernst Fuchs (Hrg. G. Ebeling, E. Jüngel, G. Schunack), 1973, S. 219—236.

[21] AaO. S. 89.   [22] Die Gleichnisse Jesu [8]1970, S. 165.

[23] AaO. S. 91.

verbreiten. Fragt man aber, was zu der Aussage V 24 nötigte, dann wird man schwerlich einen anderen Bezugsrahmen als V 23 finden.

Selbst wenn man bereit wäre, die Echtheit von *Lk 17,24.37b.34 f* zu unterstellen, erlauben die Verse nicht, wie Becker zu folgern: „Nur diese eine Relation: baldiges drohendes Gericht — jetzt erforderliches menschliches Verhalten ist leitender Gesichtspunkt."[24] Die Verse sagen lediglich aus, wie es am Tage des Menschensohnes sein wird. Es wird vorausgesetzt, daß der Tag des Menschensohnes in der Zukunft liegt, aber es wird in keinem der Verse gesagt, daß er nahe sei.

In bezug auf die Traditionen *Lk 10,13 f par* und *11,31 f par* gibt Becker selber zu, daß „sich für die Zuweisung an Jesus ... nichts wirklich durchschlagendes anführen" läßt[25]. Er möchte aber geltend machen, daß „der Sachgehalt der beiden Überlieferungen gut im Kontext der Verkündigung Jesu eingeordnet" werden kann[26]. Doch selbst wenn eine derartige Argumentation akzeptabel wäre, sagen diese Verse nichts darüber aus, wann der Tag des Gerichtes sein wird. Für die Behauptung Beckers, daß die zeitliche Nähe des Gerichtstages „sachlich im Hintergrund steht"[27], fehlt jeder Anhaltspunkt.

Die vier synoptischen Traditionsstücke, welche den Zeitfaktor direkt mit aussprechen: Mk 13,28 par; 13,30 par; Mt 10,23 und Lk 18,6—8 hält Becker selber nicht für echte Jesusworte[28].

Zusammenfassend ist zu sagen, daß es auch J. Becker nicht gelungen ist, im Zusammenhang mit der Gerichtspredigt eine Naherwartung Jesu nachzuweisen.

Zwei Exegeten haben versucht, die These von der Naherwartung in ausdrücklicher Auseinandersetzung mit meiner Untersuchung zu erhärten: Werner Georg Kümmel[29] und Erich Gräßer[30].

Kümmel legt in Echtheitsfragen nicht den gleichen strengen Maßstab an und kommt deshalb zu anderen Ergebnissen. Er meint überdies, in einer Frage, bei der die eschatologische Verkündigung Jesu als Ganze zur Debatte steht, mit einer feststehenden Größe der „Anschauungen Jesu" operieren zu können, ohne nachzuweisen, daß die von ihm unterstellten Anschauungen Jesu wirklich durch mit großer Wahrscheinlichkeit echte Jesusworte abgesichert sind. Die Auseinandersetzung mit seinem Aufsatz im einzelnen ist bereits an anderer Stelle geführt worden[31].

Gräßer nimmt zwar in Echtheitsfragen weitgehend einen kritischen Standpunkt ein. Es gelingt ihm aber, an der Naherwartung Jesu festzu-

---

[24] AaO. S. 93.
[25] AaO. S. 99.
[26] Ebd.
[27] Ebd.
[28] AaO. S. 102 f.
[29] Die Naherwartung in der Verkündigung Jesu, in: Zeit und Geschichte, Dankesgabe an R. Bultmann zum 80. Geburtstag, 1964, S. 31—46.
[30] Die Naherwartung Jesu, Stuttgarter Bibelstudien 61, 1973.
[31] Gleichnisse Jesu, (ab 5. Aufl.) S. 138—142.

halten, weil er sich einer Beschäftigung mit den exegetischen Argumenten, die von Kümmel und mir pro und contra Naherwartung Jesu herbeigebracht wurden, von vornherein entzieht[32], um dann ein Sammelsurium von unterschiedlichen Behauptungen und Begründungen für die Naherwartung Jesu ins Feld zu führen:

1. „Die Tatsache, daß Jesu Wort und Verhalten insgesamt das des letzten Propheten der Endzeit vor dem apokalyptischen Kommen der Königsherrschaft Gottes war."
2. „Daß die von S. Schulz mit Recht so genannte ‚erschreckende Situationsbedingtheit der Botschaft Jesu' sich allein aus eben der Naherwartung des apokalyptischen Kommens der Gottesherrschaft erklärt."
3. „Das Phänomen, daß die Israelmission sowohl nach ihrem gesteckten Rahmen (Mk 7,27 par; Mt 10,6; 15,24) als auch nach ihrer Methode (Mk 6,8; Lk 10,4; Mk 6,10 f) durch Dringlichkeit motiviert ist."
4. „Was Jesu Auftreten und Wirken anbetrifft, so dürfte die apokalyptische Erwartung seiner Zeitgenossen dadurch eher angeregt als sublimiert worden sein (vgl. Mt 11,2 f; Lk 7,18 ff)."[33]
5. Es sei historisch wahrscheinlicher, daß Jesus seine Naherwartung der Urgemeinde vererbt habe[34].

Dazu ist zu sagen:

ad 1) Von einer „Tatsache" kann man in diesem Zusammenhang nicht sprechen. Ob Jesus als letzter Prophet der Endzeit auftrat, könnte höchstens durch eine Untersuchung der einschlägigen Texte nachgewiesen werden, auf die Gräßer sich nicht einläßt.

ad 2) Für diese Behauptung liefert Gräßer nicht einmal den Schein einer Begründung, und von Schulz konnte er für diesen Sachverhalt nicht mehr als die zitierte Formulierung übernehmen, welche dort in einem anderen Zusammenhang steht.

ad 3) Die Beschränkung der Mission auf Israel wird an keiner der genannten Stellen mit Dringlichkeit begründet. Diesen Gedanken in Mk 7,27 par Mt 15,24 einzutragen, ist geradezu abstrus. Was aber die Aussendungsrede anbelangt, müßte doch wohl erst einmal das umstrittene Problem der Echtheit diskutiert werden, ehe man sie für die Naherwartung des historischen Jesus in Anspruch nimmt[35].

ad 4) Abgesehen von der Frage, ob man den sekundären Rahmen von Mt 11,5 f par überhaupt heranziehen kann, um etwas über die Wirkung Jesu zu erfahren, ist zu bedenken, daß eine Steigerung der Naherwartung durch das Wirken Jesu keineswegs eine Naherwartung Jesu selber voraussetzt.

ad 5) Was die „Vererbung" der Naherwartung anbelangt, ist zu beachten, daß dieselbe bei Jesus und im Urchristentum nicht den gleichen Inhalt hat. Eine Naherwartung Jesu würde sich auf die Gottesherrschaft beziehen. Aber die Urgemeinde bittet „maranatha" und das Urchristentum erwartet die Parusie Jesu als Messias oder Menschensohn. In der von den Synoptikern aufgenommenen Tradition findet sich die

---

[32] Siehe aaO. S. 78 f.   [33] AaO. S. 78.
[34] AaO. S. 79; vgl. dazu *Linnemann*, Naherwartung S. 109.
[35] Vgl. dazu *Linnemann*, Naherwartung S. 109 Anm. 11.

Verbindung des Basileia-Begriffs mit der Naherwartung lediglich Mk 1,15 par; 9,1 par; Mt 10,7 par, obwohl Basileia im eschatologischen Bezug im Neuen Testament nicht weniger als 132mal vorkommt.

Am Ende ist es Gräßer dann doch noch wichtig, Belegstellen für eine Naherwartung Jesu nachzuweisen, und er findet bei Bultmann[36] Lk 6,20 f; 10,23 f; Mk 2,18 f; 3,17; Mt 11,5 und bei Schulz Mt 5,3 f par; 6,9 ff par und 6,25 ff par[37]. Von diesen Stellen sind jedoch Lk 10,23 f; Mk 2,18 f; 3,27 und Mt 11,5 eindeutige Gegenwartsworte[38]. Mt 5,3 par und 6,25 ff liefern keinen Anhaltspunkt, der es erlaubt, sie Zukunft, Nähe oder Gegenwart des Eschaton zuzuordnen. Mt 5,4; Lk 6,21 und Mt 6,10 par sind unterminierte Zukunftsworte.

Der unmittelbarste religionsgeschichtliche Hintergrund, die Reichsbitte im Qadisch, soll es zwar nahelegen, die Bitte um das Kommen der Gottesherrschaft in Mt 6,10 par als eine Bitte um das baldige Kommen zu verstehen[39]. Aber man darf zweierlei nicht außer acht lassen:

1. Die Bitte um das baldige Kommen des Reiches ist nicht gleichbedeutend mit der Erwartung des baldigen Kommens; insofern ist Mt 6,10 kein Beleg für Naherwartung, sondern nur ein unterminiertes Zukunftswort.

2. Neben dem religionsgeschichtlichen Kontext muß man auch den Kontext der mit großer Wahrscheinlichkeit echten Worte der eschatologischen Verkündigung Jesu mit heranziehen. Darf man dann aber von vornherein unterstellen, daß die Bitte um das Kommen der Gottesherrschaft in dieser Verkündigung, die u. a. die Präsenz der Gottesherrschaft ansagt, ohne weiteres dasselbe bedeutet wie im Qadisch?

Ich meine, daß in diesem Zusammenhang die Variante des Codex Bezae zu Lk 11,2c größere Beachtung verdient. Es besteht nämlich kein zureichender Grund, in den Worten ἐφ' ἡμᾶς ἐλθάτω σου ἡ βασιλεία eine Spur der durch die Minuskeln 162 und 700, durch Marcion, Gregor von Nyssa und Maximus Confessor bezeugten Geistbitte zu sehen. Bei einer Änderung der Geistbitte in die Reichsbitte im Zuge der Angleichung bestand kein zureichender Grund, auch die Stellung des ἐφ' ἡμᾶς zu verändern. Ansonsten aber ist die Änderung der Reichsbitte in die Geistbitte wahrscheinlicher als das Umgekehrte. Nimmt man die Variante in D als die ursprüngliche Fassung an, dann läßt sich von daher sowohl die Entstehung der objektivierenden Fassung ohne das ἐφ' ἡμᾶς als auch die Umwandlung der subjektivierenden Fassung in die damit sachlich gleichbedeutende Geistbitte erklären. In diesem Zusammenhang sei daran erinnert, daß das Wortfeld des Begriffes βασιλεία τοῦ θεοῦ in den Zukunftsworten denselben überwiegend mit Verben verbindet, welche eine Teilhabe an der Gottesherrschaft zum Ausdruck bringen[39a]. Die Worte vom Kommen der Got-

---

[36] Exegetica. Aufsätze zur Erforschung des Neuen Testaments, 1967, S. 477.

[37] S. *Schulz*, Die neue Frage nach dem historischen Jesus, in: Neues Testament und Geschichte (O. Cullmann z. 70. Geb.), 1972, S. 33—42, S. 38.

[38] Vgl. dazu unten S. 247—249.

[39] Vgl. *Jeremias*, Theologie I, S. 192.

[39a] Vorangehen in die Gottesherrschaft Mt 21,31.

tesherrschaft sind zahlenmäßig gering und abgesehen von Mt 6,10 par mit großer Wahrscheinlichkeit sekundär[40]. Ebenso können die Worte vom Nahen oder Nahesein der Gottesherrschaft nicht als ursprünglich angesehen werden. Das spricht m. E. gegen die Ursprünglichkeit der objektivierenden Fassung der Reichsbitte.

Demnach bleibt unter den zehn von Gräßer angeführten Stellen kein einziger Beleg für eine Naherwartung Jesu übrig.

Nach Prüfung aller direkt oder indirekt gegen die Ergebnisse meiner Untersuchung vorgebrachten Argumente dürfte nunmehr erhärtet sein: *Es gibt kein einziges Jesuswort, das ausdrücklich von der Nähe der Gottesherrschaft oder des Gerichtes redet, dessen Echtheit hinreichend gesichert wäre.*

II. Jesusworte, welche die Gottesherrschaft o. ä. als zukünftig voraussetzen

Im Rahmen dieses Aufsatzes ist es mir nicht möglich zu untersuchen, welche der Texte, die die Gottesherrschaft, eschatologische Heilsgüter oder das Gericht als zukünftig voraussetzen, dem historischen Jesus zuzuschreiben sind. Daß es dafür echte Jesusworte gibt, wird nicht bezweifelt. Allerdings scheint ihre Zahl nicht so groß zu sein, wie zumeist unterstellt wird. An dieser Stelle seien nur wenige Belege genannt, welche mit einiger Wahrscheinlichkeit für echt gehalten werden können: Mk 10,15 par; 14,25 par; Mt 5,4—6 par; 6,10 par. Jesu Verkündigung von der Gottesherrschaft geht demnach nicht auf in der Ansage ihrer Präsenz.

Hineinkommen in die Gottesherrschaft Mk 9,47; Mk 10,15 par; 10,23 par; 10,24; 10,25 par; (Mt 5,20); 7,21.

(Zu Tische) sitzen bzw. essen und/oder trinken in der Gottesherrschaft Mt 8,11 par; Mk 10,37 par; Mk 14,25 par.

Die Gottesherrschaft geben, nehmen oder erben: Mt 21,43; Mt 25,34; Lk 12,32. Trachten nach der Gottesherrschaft (Mt 6,33) (Lk 12,31). Kommen der Gottesherrschaft Mk 9,1 par; Mt 6,10 par; Lk 17,20; Lk 22,18. Nahen der Gottesherrschaft: Mk 1,15 par; Mt 3,2; 10,7; Lk 10,9; 10,11; 21.31. Zu euch gelangt sein: Mt 12,28 par.

[40] Mk 9,1 wird von vielen Auslegern für „eine Gemeindebildung als Trostwort wegen des Ausbleibens der Parusie" (Bultmann) gehalten.

Lk 17,20 ist nach Bultmann sekundärer Rahmen des Logions 17,21.

Lk 22,18 ist nach Kümmel und Jeremias sekundär gegenüber Mk 14,25, wo das Verbum „Kommen" fehlt.

III. Jesusworte, welche die Präsenz der Gottesherrschaft ansagen

Wir setzen bei den Texten ein, in denen der Begriff der βασιλεία τοῦ θεοῦ ausdrücklich erwähnt ist.

Lk 11,20 par Mt 12,28. Die Ursprünglichkeit des Wortes wird m. W. von niemandem angefochten; einzig der Sinn des ἔφθασεν in der zweiten Vershälfte wird diskutiert. Kümmels gründliche Untersuchung des Sprachgebrauchs und seine schwer widerlegbare Argumentation im Blick auf entgegenstehende Thesen rechtfertigt jedoch das Urteil: „Man kann mit Sicherheit sagen, daß Mt 12,28 = Lk 11,20 zu übersetzen ist: ‚die Gottesherrschaft ist zu euch gekommen‘."[41]

Man kann dem nicht entgegenhalten, daß „das Auspressen von Einzelheiten (Wortwahl, Tempus) eines nur in Übersetzung überlieferten Logions methodisch bedenklich ist"[42]. Eine solche Überlegung mag uns an die Problematik der neutestamentlichen Wissenschaft erinnern; wollte man sie jedoch zum methodischen Grundsatz erheben, würde man damit die Möglichkeit neutestamentlicher Wissenschaft in Frage stellen. Diese Wissenschaft hat sich nun einmal an den vorgegebenen Text zu halten, auch an seine „Einzelheiten", sofern nicht der exegetischen Willkür Tür und Tor geöffnet werden soll.

Der Versuch, die Wahl des ἔφθασεν in Lk 11,20 par auf das Konto des Übersetzers zu buchen, verbietet sich aber auch noch aus einem anderen Grunde: Wo das Urchristentum die eschatologische Verkündigung Jesu formuliert, wird die Vokabel ἤγγικεν gebraucht, d. h. die Ansage der Gottesherrschaft wird als Ansage ihrer Nähe verstanden. Warum sollte es dann aber an dieser Stelle zur Übersetzung irrtümlich ein Wort benutzen, dessen Aorist — abgesehen von 1Thess 4,15, wo φθάνειν ‚zuvorkommen‘ bedeutet — „ausnahmslos den Sinn hat ‚ist hingekommen, hat erreicht‘ (Röm 9,31; 2Kor 10,14; 1Thess 2,16; auch Phil 3,16 liegt dieser Sinn am nächsten)"?[43]

Der Wortlaut des Logions Lk 11,20 par läßt demnach nur den Sinn zu, daß Jesus die Austreibung der Dämonen als Zeichen für die Präsenz der Gottesherrschaft verstanden wissen will.

Der zweite Text, in dem der Begriff der Basileia ausdrücklich genannt wird, ist *Lk 17,20 f.* Der apophthegmatische Rahmen ist nach Bultmann sekundär[44]; die Echtheit des Logions wird dagegen — soweit ich sehe — nirgends angezweifelt. Der Sinn des Textes entscheidet sich an dem viel umstrittenen ἐντὸς ὑμῶν. Die Ergebnisse der jahrzehntelangen Diskussion um „das berühmt gewordene ἐντὸς" sind von Gräßer auf die kurze Formel gebracht: „Der Sprachgebrauch — und zwar der außerbiblische — läßt sowohl die Übersetzung ‚innen‘, ‚inwendig‘ wie auch ‚innerhalb‘ ‚zwischen‘ zu. Es entscheidet also der Zusammenhang über das ἐντός von Lk 17,21. Von ihm gesehen verdient die zweite Möglichkeit den Vorzug: schwerlich tragen die angeredeten Pharisäer das Gottesreich in sich, wie denn die βασιλεία überhaupt nicht als ‚innerer

---

[41] *W. G. Kümmel*, Verheißung und Erfüllung ³1956, S. 100.

[42] *H. Conzelmann*, Gegenwart und Zukunft in der synoptischen Tradition, ZThK 54 (1957) S. 287 Anm. 1.

[43] *Kümmel*, Verheißung S. 99.

[44] Geschichte der synoptischen Tradition ³1957, S. 24.

Besitz' in Frage kommt. Aber auch die Übersetzung ‚innerhalb', ‚zwischen' wird doppelt gedeutet: a) futurisch, d. h. die Gottesherrschaft wird plötzlich, mit einem Schlage ‚unter euch' (ἐντὸς ὑμῶν) da sein. b) präsentisch: d. h. ‚die Gottesherrschaft ist in eurer Mitte da', und zwar in Jesus und seinem Wirken."[45]

Für die futurische Deutung führt Bultmann ins Feld: „Negiert wird nicht das ἔρχεσθαι, sondern das μετὰ παρατηρήσεως, also ist der Sinn: wenn das Reich kommt, wird man nicht mehr fragen und suchen, sondern mit einem Schlage ist es inmitten der Toren da, die noch sein Kommen berechnen wollten."[46]

Dagegen erheben sich drei Einwände: 1. Die stärkste Negation einer nach *Vorzeichen* Ausschau haltenden Beobachtung ist die Behauptung, daß das Reich schon anwest[47]. 2. Die Kondition „wenn das Reich kommt" ist von Bultmann eingetragen. Die Frage nach den Vorzeichen wird ja nicht beim Kommen des Reiches, sondern *jetzt* gestellt. 3. Steht das Kommen noch aus, dann ist die Möglichkeit der Vorberechnung nur dann negiert, wenn das Kommen *plötzlich erfolgt. Die Plötzlichkeit* müßte demnach als die Pointe des Textes gelten. Sie ist aber im Text mit keinem Worte erwähnt. „Christus hätte dann die eigentliche Pointe seiner Rede auszusprechen vergessen."[48] „So bleibt nur die präsentische Deutung übrig."[49] Für eine Reduktion der Präsenz auf Jesus und sein Wirken, wie sie Gräßer vornimmt, fehlt jeder Anhaltspunkt.

Die direkten Zeugnisse dafür, daß Jesus die Präsenz der Gottesherrschaft verkündigt hat, werden ergänzt durch jene Worte, die vom Anbruch der Heilszeit reden, ohne den Begriff βασιλεία τοῦ θεοῦ zu gebrauchen.

Das Bildwort *Mk 2,19*, daß Hochzeitsgäste nicht fasten können, läßt sich nur auf die Präsenz der Basileia beziehen, denn es soll ja das Nicht-Fasten der Jünger Jesu in der Gegenwart begründen. Selbst wenn Mk 2,19 ursprünglich ein profanes Sprichwort gewesen sein sollte, müßte es von Jesus in die Debatte geworfen sein. Der Vergleich mit V. 20, der die Haltung der Urgemeinde charakterisiert, läßt eine andere Möglichkeit schwerlich zu.

Lk 10,23 f werden die Angeredeten selig gepriesen, weil sie *jetzt* sehen und hören, was viele Propheten und Könige sich vergeblich zu sehen und zu hören wünschten.

Auch die „Schilderung der Heilszeit" *Mt 11,5 f* par *Lk 7,22 f* — „aller Wahrscheinlichkeit nach primäre Überlieferung"[50] — ist „auf die Gegenwart bezogen"[51]. Die Seligpreisung Mt 11,6 par bestätigt, daß das Sehen der Blinden, Gehen der Lahmen usw.

---

[45] Das Problem der Parusieverzögerung in den synoptischen Evangelien und der Apostelgeschichte (BZNW 22), ²1960, S. 193 f.

[46] *Bultmann,* aaO. S. 128.

[47] Indirekt besagt sie zugleich, daß die Anwesenheit des Reiches sich der Feststellung entzieht, daß die Gottesherrschaft nicht die Seinsart des Vorhandenen hat. Insofern hat *Ernst Fuchs* (Zur Frage nach dem historischen Jesus, 1960, S. 68) gegen *Kümmel* (Verheißung S. 27) sachlich recht. Man muß jedoch unterscheiden zwischen der direkten Aussage des Textes und dem, was durch diese Aussage mitentschieden ist.

[48] R. *Otto,* Reich Gottes und Menschensohn ²1940, S. 102.

[49] *Kümmel,* Verheißung S. 28.   [50] *Bultmann,* aaO. S. 163.

[51] *Bultmann,* aaO. S. 115.

als Gegenwart behauptet wird, denn nur unter dieser Bedingung ist das Anstoßnehmen möglich.

Lk 10,18 könnte zwar im Rahmen einer Apokalypse eine Zukunftsvision sein. Isoliert überliefert, weist das Logion jedoch das Geschehen, von dem es spricht, als vergangenes aus.

Mk 3,27 ist als Argument nur schlüssig, wenn im Bilde aus dem Berauben des Starken gefolgert werden soll, daß derselbe bereits gebunden ist, was besagt, die Dämonen können ausgetrieben werden, weil Satan seine Macht verloren hat. „Da es aber eine bestimmte jüdische Erwartung ist, daß der Satan in der Endzeit gebunden wird, so bedeutet auch diese Aussage, daß die Gottesherrschaft zu wirken begonnen hat."[52]

Außer den genannten Texten ließen sich auch noch die Gleichnisse Lk 15,1—32; 14,15—24; Mt 13,44 f in diesem Zusammenhang heranziehen. Da das aber nur in einer umfassenden Auslegung erwiesen werden kann, verweise ich dafür auf mein Buch Gleichnisse Jesu.

Der Textbefund ist eindeutig: Die Texte setzen eine eschatologische Präsenz der Basileia voraus. Man muß dem Urteil Dodds recht geben: „Whatever we make of them, the sayings which declare the Kingdom of God to have come are explicit and unequivocal. They are moreover the most characteristic and distinctive of the Gospel sayings on the subject. They have no parallel in Jewish teaching or prayers of the Period. If therefore we are seeking the *differentia* of the teaching of Jesus upon the Kingdom of God, it is here that it must be found."[53]

Demnach entscheidet sich beim Verständnis der Gegenwartsworte das Verständnis der gesamten eschatologischen Verkündigung Jesu. Wenngleich aber die Echtheit der Gegenwartsworte nicht umstritten ist, besteht keine Einigkeit in der Frage, ob in ihnen im strengen Sinne von einer eschatologischen Präsenz der Gottesherrschaft die Rede ist. Sie wird selbst von Forschern, die in ihrer Darstellung der eschatologischen Verkündigung Jesu den Gegenwartsworten den Vorrang erteilen, direkt oder indirekt verneint. Conzelmann redet von einer Gegenwart der *Zeichen*, Fuchs von der Gegenwart der *Berufung*. Bornkamm spricht von einem *verborgenen Anbruch* der Gottesherrschaft; für Kümmel ist die βασιλεία τοῦ θεοῦ lediglich *in Jesus und seinem Wirken* Gegenwart. Ein solches Herunterspielen der Präsenz der Gottesherrschaft in der Verkündigung Jesu widerspricht aber nicht nur der eindeutigen Aussage der Gegenwartsworte. Es verbietet sich auch im Blick auf den Begriff der βασιλεία τοῦ θεοῦ und sein Wortfeld im Spätjudentum:

Gott wird ein unzerstörbares Reich erstehen lassen (Dan 2,44), er wird ein Königreich errichten für alle Zeiten, das die Herrschaft des großen Gottes ist (Sibyll. Or. 3,

---

[52] *Kümmel*, Verheißung S. 102.
[53] The Parables of the Kingdom [14]1956, S. 49.

767 und 784). Gottes Regiment wird über all seiner Kreatur erscheinen (Himmelfahrt Moses 10,1). Das größte Königtum des unsterblichen Königs wird sich den
Menschen zeigen (Sibyll. Or. 3,47 f). Dem Gott Israels wird die Königsherrschaft gehören (1QM 6,6). Gott wird gebeten, als König zu herrschen (Neujahrs-Musaph-
Gebet), und es wird gebetet, daß Gott seine Königsherrschaft in Eile und Bälde herrschen lasse (Qadisch).

Dieses Wortfeld ist in Rechnung zu stellen, denn es bedingt die Ver-
stehensmöglichkeiten von Jesu Hörern und damit die Sprachmöglichkeiten Jesu. Das bedeutet natürlich nicht, daß Jesus nur sagen konnte,
was durch dieses Wortfeld vorgegeben war. Aber der Bezug zu dem
Wortfeld ist selbst da konstitutiv, wo Jesus es transzendiert.

H. Conzelmann macht gegen die Annahme einer Präsenz der Basileia
geltend: „Man darf die jetzigen Zeichen nicht einfach mit dem Reich
Gottes gleichsetzen. Wenn dieses einmal eingetroffen ist, dann wird der
Kampf, das Rauben, überhaupt zu Ende sein. Präsent ist also nicht das
Reich, sondern dessen Ankündigung in den Taten Jesu.“[54] Unter der
Hand werden die Zeichen für den Anbruch der Basileia bei Conzelmann
zu apokalyptischen Vorzeichen, zu „Zeichen, in welchen sich das Reich
ankündigt“[55]. Das widerspricht nicht nur der eindeutigen Aussage von
Texten wie Mk 3,27 und Lk 11,20. Es widerspricht auch dem eschatolo-
gischen Begriff der βασιλεία τοῦ θεοῦ. Nirgends verbindet sich mit dem
Begriff die Vorstellung von Vorzeichen oder Vorankündigung. Ja solche Vorstellungen scheinen sich vom Begriff her gerade zu verbieten.
Das Errichten der Gottesherrschaft ist ein Akt göttlicher Souveränität,
der keiner Voranzeige und keines Vorzeichens bedarf. Zeichen, in denen
sich das Reich ankündigt, stehen in weitaus größerem Widerspruch zum
religionsgeschichtlichen Befund als die Aussage, daß die eschatologische
Entmachtung Satans die Austreibung der Dämonen ermöglicht.

„Es ist die neue Zeit“ — das kann H. Conzelmann zugeben. Aber „sie
ist noch nicht das Gottesreich“ — das muß er einwenden[56]. Jedoch, eine
Zwischen-Zeit zwischen der verborgenen Herrschaft Gottes und ihrem
eschatologischen Offenbarwerden konnten die Hörer Jesu aufgrund ihrer mitgebrachten eschatologischen Vorstellungen und Sprache nicht erwarten. Eine solche Zwischenzeit wird aber auch von Jesus weder angesagt noch vorgestellt. Denn eine solche Vorstellung hätte ausdrücklich
zur Sprache gebracht werden müssen, da Jesus sie bei seinen Hörern
nicht voraussetzen konnte.

---

[54] ZThK 54 (1957) S. 286.   [55] RGG 3. Aufl. Bd. II, Sp. 667.
[56] RGG 3. Aufl. Bd. III, Sp. 644.

W. G. Kümmel reduziert die Präsenz der Gottesherrschaft auf Jesus und sein Wirken. Der „innere Sinn" der eschatologischen Verkündigung Jesu liege „eben darin, daß in Jesus die Gottesherrschaft begonnen hat und sich in Jesus vollenden wird. Die Verheißung Jesu bekommt ihre Besonderheit und ihre Sicherheit durch die Erfüllung in ihm selber … Verheißung und Erfüllung sind bei Jesus untrennbar verbunden und bedingen sich gegenseitig, weil die Verheißung ihre Gewißheit erhält durch die in Jesus schon geschehene Erfüllung, und weil die Erfüllung als vorläufige und verborgene ihren Charakter als σκάνδαλον nur verliert im Wissen um die noch ausstehende Verheißung"[57].

Gründlicher als andere Exegeten, denen Kümmel diesen Vorwurf macht[58], hat er selber hier bei der Frage nach dem „inneren Sinn" die Zeitvorstellung in der eschatologischen Verkündigung Jesu überspielt. Er tut das mit Hilfe einer dialektischen Anwendung des Schemas Verheißung und Erfüllung, bei der nicht nur dieses Schema selber um seinen Sinn gebracht wird[59], sondern auch die Zeitansage der Gegenwartsworte eine erhebliche Einschränkung erfährt. „Die in Jesus schon geschehene Erfüllung" wird zur „vorläufigen und verborgenen" erklärt, obwohl Kümmel weiß, daß „Jesus entgegen aller jüdischen Vorstellung die paradoxe Botschaft verkündigen konnte, daß die zukünftige Gottesherrschaft schon in der Gegenwart wirksam ist". Kann man aber sagen, daß Jesus einen „vorläufigen" oder einen „verborgenen" Anbruch der Gottesherrschaft verkündigt hat? Verbietet das nicht schon der Begriff der βασιλεία τοῦ θεοῦ, welcher da, wo er eschatologisch gebraucht wird, gerade das endzeitliche Offenbarwerden der Gottesherrschaft zum Inhalt hat? Und wie läßt sich der Wortlaut der Jesusüberlieferung mit einem solchen „inneren Sinn" der eschatologischen Verkündigung Jesu auf einen Nenner bringen?

---

[57] *Verheißung* S. 147.　　　　[58] *Verheißung* S. 139.

[59] Notabene müßte es doch wohl heißen, „daß die Erfüllung als vorläufige und verborgene ihren Charakter als skandalon nur verliert im Wissen um die noch ausstehende" *Erfüllung;* denn auf die *Verheißung* der Gottesherrschaft brauchte der fromme Jude nicht mehr zu warten! Macht die sprachliche Korrektur die Formulierung unmöglich, dann ist das ein Hinweis auf die Aporie, die sich hinter der glänzenden Formel verbirgt. Sie verlangt, daß eine vorläufige Erfüllung der Verheißung vom Anbruch der Gottesherrschaft zu einer endgültigen Erfüllung in Beziehung gesetzt wird. Eine derartige Reflexion auf den Unterschied der Zeiten können wir zwar beim Evangelisten Lukas finden, wie *Conzelmann* in seinem Buch „die Mitte der Zeit" überzeugend nachgewiesen hat; beim historischen Jesus werden wir sie vergebens suchen.

Obwohl G. Bornkamm die Verkündigung Jesu von der Präsenz der
Gottesherrschaft rückhaltlos herausstellt und keineswegs einem verborgenen Kommen als zweiten Akt ein offenbares Kommen gegenüberstel-
len will, wirken sich seine Formulierungen unter der Hand doch als Einschränkung der Präsenz der Gottesherrschaft aus: „Die Herrschaft Gottes ist verborgen und will in ihrer Verborgenheit geglaubt und verstanden werden. Nicht so, wie die Apokalyptiker meinten, im Jenseits des
Himmels und im Schoß einer geheimnisvollen Zukunft, sondern hier
schon verborgen in einer höchst alltäglichen Gegenwart, der niemand
ansieht, was schon vorgeht."[60]

Diese Interpretation mag zwar für Bornkamms Leser verdeutlichen,
was Jesu Verkündigung vom Anbruch der Gottesherrschaft bedeutet.
Aber sie ist nicht geeignet zu erschließen, was der historische Jesus gesagt, gedacht und sich vorgestellt hat. Jesus redet nicht von einem verborgenen Anbruch der Gottesherrschaft. Er verkündigt, daß die Gottesherrschaft jetzt eschatologisch *offenbar* wird. Aber diese Verkündigung
geschieht „in einer Welt, die für Menschenaugen nichts davon erkennen
läßt"[61]. Nur insofern kann man mit einem gewissen Recht von einem
„verborgenen Anbruch der Gottesherrschaft" reden. *Jesus* stellt nicht
einer Verborgenheit der Gottesherrschaft im Jenseits und „im Schoß
einer geheimnisvollen Zukunft" eine Verborgenheit „in einer höchst alltäglichen Gegenwart" gegenüber. Er kann das schon deshalb nicht, weil
er den Begriff βασιλεία τοῦ θεοῦ im eschatologischen Sinne verwendet und
dieser dann die Offenbarung der Herrschaft Gottes in der Endzeit
meint.

In einer ähnlichen Verlegenheit wie bei Bornkamm finden wir uns
E. Fuchs gegenüber. Dieser versteht Jesu Verkündigung „genau wie sein
Verhalten, sein ganzes Auftreten, ganz einfach [als] Ansage ... der
neuen Zeit des Reiches Gottes"[62]. Im „Unterschied zu dem Täufer sagt
Jesus die neue Zeit an, nicht weil sie kommt, sondern weil sie da ist, und
dafür fordert er Glauben, also Entscheidung"[63]. Dennoch meint Fuchs,
daß nicht „die Basileia selbst" den „Inhalt der Verkündigung Jesu" aus-
macht, „sondern vielmehr das Wunder, welches als Wunder der Berufung in der Gegenwart dem Wunder des Kommens Gottes in der Zukunft entspricht"[64]. „Wir haben also *zwei* Wunder voneinander zu unterscheiden, das Wunder der Berufung und das Wunder des Kommens

---

[60] Jesus von Nazareth ⁶1963, S. 62.   [61] AaO. S. 64 f.
[62] ZThK 58 (1961) S. 212.   [63] Ebd. S. 213.
[64] Zur Frage nach dem historischen Jesus S. 350.

Gottes selbst. Eins bedingt das andere. *Das ist Jesu Zeitverständnis.*
Denn Gegenwart und Zukunft sind nun aufeinander bezogen wie das
Wunder der Berufung auf das Wunder des Kommens Gottes selbst."[65]
Diese Unterscheidung soll bereits Jesus selber vorgenommen haben, so
will es Fuchs verstanden wissen[66].

Man braucht nicht einzuwenden, daß Jesus keine Kirche gegründet
hat. Das weiß auch Fuchs und hat sich gegen diesen Einwand abgesichert. Es ist auch sachlich richtig, daß sich Berufung für das Gottesreich ereignet hat, wo immer Jesu „Ansage der Zeit des Reiches Gottes"
Glauben fand. Hat aber Jesus über solche Berufung reflektiert, war sie
das Ziel seines Wirkens und hat er gar eine Zeit der Berufung von der
Zeit der βασιλεία τοῦ θεοῦ unterschieden? Ich meine, daß wir diese Frage
verneinen müssen. Das Senfkorngleichnis reicht als Beleg nicht aus.
Denn der Gedanke einer Berufung, welche der endzeitlichen Aufrichtung oder Offenbarung zeitlich vorausgeht, war religionsgeschichtlich
nicht vorgeprägt. Jesus hätte deshalb deutlicher werden müssen, um
verstanden zu werden.

Gewiß muß der Unterschied von Gegenwart und Zukunft in der
eschatologischen Verkündigung Jesu wahrgenommen werden. Es dürfte
auch richtig sein, daß die Zukunft „von der Gegenwart unterschieden
werden muß, weil sich Gott die Zukunft vorbehalten hat" und „Mensch
und Gegenwart" zusammengehören wie „Gott und Zukunft"[67]. Aber
der Textbefund erlaubt es nicht, zwischen Gegenwart und Zukunft in
der Weise zu unterscheiden, daß das „Kommen Gottes", der Anbruch
der Gottesherrschaft, allein der Zukunft zugeordnet wird und der Gegenwart allein die Berufung.

Die Gegenwartsworte lassen eine derartige Einschränkung nicht zu;
außerdem fehlt der Begriff der Berufung in Jesu Vokabular. Will die
existentiale Interpretation dazu beitragen, daß wir den „historischen
Jesus" besser erkennen, dann darf sie Jesu Worte und die Gedanken
und Vorstellungen, die er mit ihnen verbinden konnte, nicht vorschnell
überspringen. Sie muß unterscheiden zwischen der von ihr auf legitimem
Wege gewonnenen Erkenntnis, daß durch die Verkündigung Jesu und
in seiner Tischgemeinschaft Berufung geschah, und der Feststellung, daß
der historische Jesus nicht von Berufung redet und nicht über sie reflek-

---

[65] Ebd. S. 347.

[66] Vgl. ebd. S. 372, wo von „den beiden von *Jesus* unterschiedenen Wundern" die
Rede ist. (Hervorhebung von mir.)

[67] Ebd. S. 318.

tiert. Mit anderen Worten: sie darf den Situationsunterschied nicht aus den Augen verlieren, der zwischen Jesus und seinen Zuhörern auf der einen Seite und uns auf der anderen besteht.

B. Die Aporie

Wir stehen jetzt vor folgendem Ergebnis: Eine Gruppe echter Jesusworte sagt die Gegenwart der Gottesherrschaft an, während eine andere Gruppe nicht minder echter Texte die βασιλεία τοῦ θεοῦ als etwas Zukünftiges voraussetzt. Die Vorstellung der Nähe der Gottesherrschaft, welche zwischen Gegenwart und Zukunft vermitteln würde, ist für Jesus exegetisch nicht belegt, und sämtliche Versuche, den Sinn der Gegenwartsworte einzuschränken und abzuschwächen, werden den Texten nicht gerecht und erweisen sich im Blick auf ihren religionsgeschichtlichen Hintergrund als fragwürdig.

Wir stehen vor der Frage, wie wir das unvermittelte Nebeneinander von Gegenwart und Zukunft der Gottesherrschaft in der Verkündigung Jesu zu verstehen haben. Ist es überhaupt denk-bar?

Der erste Versuch, ein unvermitteltes Nebeneinander von Gegenwart und Zukunft der Gottesherrschaft in der Verkündigung Jesu zu denken, liegt bei Rudolf Otto vor. Danach wird Jesus zwar die Naherwartung nicht abgesprochen, aber während J. Weiß die Gegenwartsworte als gelegentlichen Überschwang der Naherwartung einordnete, interpretiert Otto umgekehrt die Naherwartung von der Präsenz der Basileia her[68].

R. Otto hat das Paradox, das dieses Nebeneinander bedeutet, deutlich in den Blick bekommen: „Jesus weiß wie seine Gegner von dem *künftigen* Reich, und daß es kommen *wird* und sich Gott seine Stunde vorbehält und daß man in ständiger Wachsamkeit sich dafür bereitzuhalten hat und daß man sorgfältig acht haben soll, sobald die Anzeichen seines Kommens eintreten, und daß man dann wissen soll, daß es nahe ist, und alles das bezieht sich auf das *künftige* Reich. Das war der eine Pol seiner Reichs-idee. Der andere aber war der, daß im vorwirkenden Geheimnis das Reich schon sich regt und so schon da ist. Zwischen beiden Polen gleicht Jesus nicht aus, und er vermittelt das Entgegengesetzte nicht, sowenig wie er sonst die starken inneren Spannungen seiner Lehre ausgleicht und vermittelt."[69] „So finden wir eine eigentümliche Doppel-

---

[68] Vgl. aaO. S. 42 ff.   [69] AaO. S. 103.

haltung vor, die uns ‚paradox' erscheinen muß: einerseits das lebendig-
ste Gefühl für unmittelbaren Hereinbruch des Überweltlich-künftigen,
andererseits eine dadurch in ihrer Zeit-, Welt- und Lebens-beziehung
durchaus ungestörte Verkündigung, die mit Dauer, Fortgang in der Zeit
und Zeit- und Welt-gegebenheiten rechnet und darauf sich bezieht."[70]
Die paradoxe Doppelhaltung, die er durch mehrere religionsgeschichtliche Parallelen belegt, interpretiert Otto als „Irrationalität". „Sie ist für
die natürliche ratio selbstverständlich eine ‚Inkonsequenz'. Für das religiöse Gefühl aber hat sie grade eine innere Logik *notwendigen* Bei-einan-
ders."[71] Die Möglichkeit einer solchen ‚inneren Logik' wird man Otto
zugestehen können, auch dann, wenn man weder Irrationalität noch
religiöses Gefühl für zureichende Kategorien hält. Man wird aber sehen
müssen, daß Otto mit einer derartigen Annahme in die unmittelbare
Nachbarschaft einer Auffassung des historischen Jesus gerät, die er bekämpfen will, nämlich derjenigen, daß das Eschaton für Jesus „nichts
Chronologisches" sei[72]. Wir haben zu fragen, ob und wie das Eschaton
für Jesus chronologisch denkbar und sagbar ist, ohne daß zwischen der
Chrono-logik und der ‚inneren Logik' der ‚eschatologischen Haltung' ein
kontradiktorischer Gegensatz aufbricht.

Otto sieht die Bedingung der Möglichkeit für das unvermittelte Zugleich von Gegenwart und Zukunft des Reiches in dem religionsgeschichtlichen Charakter der βασιλεία τοῦ θεοῦ. „Ob künftig oder gegenwärtig, ob transzendent oder immanent — die Hauptsache ist, daß das
Himmelreich das reine Mirum ist, das reine Wunder-ding … Gewöhnliche Dinge können nicht zukünftig und schon jetzt sein, rein künftige
Dinge können aus ihrer Zukunft heraus nicht ‚schon jetzt' wirksam
sein. Wunder-dinge können beides."[73]

Diese Auskunft Ottos erweist sich jedoch als unzureichend. Jesus verkündigt ja nicht, daß die βασιλεία τοῦ θεοῦ in Wahrheit immer schon ge-
gegenwärtig ist, sondern daß sie jetzt hereinbricht. „Something has happened, which has not happened before, and which means that the sover-

---

[70] AaO. S. 45. Es ist Otto allerdings entgangen, daß er mit diesem durch religionsgeschichtliche Parallelen fundierten Urteil die Annahme einer Naherwartung für Jesus
problematisch macht. Verträgt sich diese Doppel-haltung mit der Zeit-vor-stellung,
daß die Gottesherrschaft *nahe* ist? Muß nicht die Zeitvorstellung der Nähe das Paradoxe der doppelt gebundenen Haltung aufheben? Besteht nicht zwischen dem Phänomen dieser „typisch eschatologischen Haltung" und einer ‚Naherwartung' ein Entweder—Oder?   [71] AaO. S. 46.
[72] AaO. S. 34 f.   [73] AaO. S. 51.

eign Power of God has come into effective operation."[74] Dieses Zeitmoment darf nicht unterschlagen werden.

C. H. Dodd schließt in seinem Buch „the Parables of the Kingdom"
konsequenter als Otto eine Naherwartung Jesu aus[75]. Zur Frage, wie
das Nebeneinander von Gegenwart und Zukunft der Gottesherrschaft in
der Verkündigung Jesu zu denken sei, bietet er einen eigenen Lösungs-
versuch.

„Jesus declares that this ultimate, the Kingdom of God, has come into
history ... The historical order however cannot contain the whole
meaning of the absolute. The imagery therefore retains its significance
as symbolizing the eternal realities, which though they enter into
history are never exhausted in it ... The Kingdom of God in its full
reality is not something which will happen after other things have happened. It is that to which men awake when this order of time and space
no longer limits their vision, when they ‚sit at meat in the Kingdom of
God' with all the blessed dead, and drink with Christ the ‚new wine'
of eternal felicity. ‚the Day of the Son of Man' stands for the timeless
fact."[76]

Kann man Dodd recht geben, wenn er sagt: „It is to some such view
that we seem to be led in the attempt to find in the teaching of Jesus the
unity and consistency which it must have possessed"?[77] Daß Dodd nach
dem existentialen Sinn der apokalyptischen Vorstellungen fragt, ist legitim. Er begeht aber den Fehler, daß er die moderne Unterscheidung
zwischen den apokalyptischen Vorstellungen und ihrem existentialen
Sinn bereits Jesus zuschiebt, indem er nicht über den notwendigen Unterschied zwischen seiner Interpretation und den Vorstellungen Jesu reflektiert[78]. Daß der ‚Tag des Menschensohnes' für ein ‚zeitloses Faktum' steht, ist ein Gedanke, der weder für Jesus noch für seine jüdischen Zeitgenossen vollziehbar sein konnte. Eine Interpretation der Verkündigung Jesu kommt nicht an der Frage vorbei, wie *Jesus* das, was er
verkündigte, gedacht hat; es genügt nicht, herauszubringen, wie diese
Verkündigung für uns denkbar wird. Wie bei Otto, so läuft auch bei

---

[74] *Dodd,* aaO. S. 44.   [75] Vgl. aaO. S. 49.
[76] AaO. S. 107 f.   [77] AaO. S. 109.
[78] Darin spiegelt sich die eigentümliche Verlegenheit der historischen Forschung
gegenüber dem mythischen Denken: Nur auf dem Wege über eine existentiale Interpretation vermag sie den Sinn mythischer Aussagen zu erhellen, aber indem sie existential interpretiert, muß sie von der Sprache des Mythos abstrahieren, verliert sie
seine eigentümlichen Sprachmöglichkeiten aus dem Blick.

Dodd die Interpretation der Verkündigung Jesu darauf hinaus, daß das Zeitmoment, welches in dieser Verkündigung steckt, verlorengeht.

C) Das Zeitverständnis Jesu

Weder Otto noch Dodd wollen die Zeitvorstellung aus der Verkündigung Jesu eliminieren. Otto verwahrt sich sogar ausdrücklich gegen den Gedanken, daß das Eschaton „nichts Chronologisches" sei. Wenn beide trotzdem außerstande sind, das Zeitmoment in der Verkündigung Jesu festzuhalten, dann scheint dahinter eine grundsätzliche Schwierigkeit zu stecken: Kann überhaupt von etwas Zukünftigem die Gegenwart ausgesagt werden, ohne daß die Nähe mitgedacht ist? Ist eine Verkündigung, in der die Gottesherrschaft gleichzeitig gegenwärtig und zukünftig ist, überhaupt *denk*-bar?

Für ein Denken, das dem traditionellen Zeitbegriff verhaftet ist, sicher nicht. Dieser Zeitbegriff kennt nur eine fort-laufende Zeit. Man kann das ablesen an seiner klassischen Definition, die Aristoteles geprägt hat: „Das nämlich ist die Zeit, das Gezählte an der im Horizont des Früher und Später begegnenden Bewegung."[79] Das Stichwort für diesen Zeitbegriff ist: Kontinuität.

Kontinuierlich fortlaufende Zeit und paradoxe „Parallelität" von Gegenwärtigkeit und Zukünftigkeit schließen sich gegenseitig aus, denn kontinuierlich fortlaufende Zeit besagt, daß Gegenwärtigkeit und Zukünftigkeit ver-mittelt sind. Das un-vermittelte Nebeneinander von Gegenwärtigkeit und Zukünftigkeit verbietet also die Anwendung des traditionellen Zeitbegriffs auf die Verkündigung Jesu. Hält man sich an den traditionellen Zeitbegriff, dann muß man nämlich entweder den exegetischen Befund überspielen oder aber die Verkündigung Jesu für unlogisch und wirkungslos erklären.

Es kann jedoch keine Rede davon sein, daß für Jesus das Eschaton „nichts Chronologisches" gewesen sei. Das temporale Vokabular war für ihn alles andere als bloßes Vehikel, um etwas „Überzeitliches" auszusagen. Sämtliche Worte Jesu, die temporalen Sinn haben, sind „eigentlich" gemeint. Mag sich die Anwendung des traditionellen Zeitbegriffs verbieten, so erübrigt sich keineswegs die Anwendung des Zeitbegriffs überhaupt.

---

[79] Übersetzung von *Martin Heidegger,* Sein und Zeit ⁷1953, S. 421.

Der traditionelle Zeitbegriff ist nicht die einzige Möglichkeit, Zeit im eigentlichen Sinne zur Sprache zu bringen. Martin Heidegger verdanken wir die Erkenntnis, daß es der traditionelle Zeitbegriff nur mit einem abkünftigen Modus des Zeitphänomens zu tun hat. „Man konnte einst aus M. Heideggers ‚Sein und Zeit' lernen, daß Zeit und Raum ursprünglich so aufeinander bezogen sind, daß bei der Zeit das Sein des zeitlich Seienden mitbedacht werden muß."[80] Was heißt das aber: bei der Zeit das Sein des zeitlich Seienden zu bedenken? Es bedeutet: die Zeit muß erfaßt werden in ihrem ursprünglichen Charakter als Zeit *zu*. „Das Wort καιρός kann ohne den Genitiv, der es konkret bestimmt, nicht verstanden werden, auch wenn dieser Genitiv oft nicht angegeben wird. Zeit ist Essenszeit, Erntezeit u. dgl."[81] „Die *Zeit* ist ihrem Wesen nach ... keine Messungskonstante, keine Einheit ohne Grenzen, sondern sie ist pluralisch, immer nur jeweils Zeit für etwas oder für etwas anderes, so daß gleichzeitig verschiedene Zeiten da sind. Für das eine Kind ist es Zeit zum Schlafengehen, für das andere zum Theaterbesuch, für das dritte zu einer besonderen Arbeit, und alles vielleicht gleichzeitig abends um 6 Uhr. Dieser Zeitgebrauch ist kein übertragener Zeitgebrauch, sondern der ursprüngliche echte. Natürlich erlaubt die Gleichzeitigkeit eine gemeinsame Datierung. Aber die Datierung, in dem angegebenen Beispiel: abends 6 Uhr, sagt gerade nicht, welche Zeit im einzelnen Fall begonnen oder geendet hat. Vermutlich müßte man sagen, daß Zeit immer Gegenwart ist, war oder sein wird, aber in verschieden weit gesteckten Grenzen und auf verschiedene Räume bezogen. Jedoch, für unsern Zweck genügt der Hinweis, daß der Inhalt einer so bestimmten Zeit allemal mehr oder weniger vorausgesetzt ist, weil man weiß, was kommt oder vergangen ist, so daß man erst recht weiß, was gerade jetzt ‚an der Zeit' ist: jetzt sitzen wir beim Essen — du bleibst hier! usw."[82]

Verbietet das unvermittelte Nebeneinander von Gegenwärtigkeit und Zukünftigkeit der Gottesherrschaft die Anwendung des traditionellen Zeitbegriffs auf die Verkündigung Jesu, so läßt das vermuten, daß das Phänomen Zeit bei Jesus ursprünglicher erfaßt ist, als es der traditionelle Zeitbegriff in den Blick kommen läßt. Erschließt uns die ursprünglichere Erfassung des Zeitphänomens eine Möglichkeit, die „Parallelität" von Gegenwärtigkeit und Zukünftigkeit der Gottesherrschaft in der Verkündigung Jesu zu verstehen, ohne daß dabei unter der Hand ent-

---

[80] *Ernst Fuchs*, Zur Frage nach dem historischen Jesus, S. 84 Anm. 10.

[81] *Ernst Fuchs*, Hermeneutik ²1958, S. 156.

[82] *Ernst Fuchs*, Das Neue Testament und das hermeneutische Problem, ZThK 58 (1961), S. 198—226, S. 210.

weder der Zeitcharakter des Eschaton oder seine Zukünftigkeit oder seine Gegenwärtigkeit verlorengeht?

Der eschatologische Begriff der βασιλεία τοῦ θεοῦ ist geprägt von der Voraussetzung des traditionellen Zeitbegriffs. Kann er von Jesus als *eschatologischer Begriff* gebraucht worden sein unter Hintansetzung des traditionellen Zeitbegriffs? Das Problem spitzt sich zu: Kann Jesus von der Gottesherrschaft *reden* unter solcher Hintansetzung des traditionellen Zeitbegriffs, zu Menschen, die die βασιλεία τοῦ θεοῦ vom traditionellen Zeitbegriff her verstehen, ohne an ihnen *vorbeizureden?*

Wir fragen nach der Bedingung der Möglichkeit dafür, daß Jesus im Gespräch mit Menschen, die dem traditionellen Zeitbegriff verhaftet sind, eine ursprünglichere Sicht des Zeitphänomens geltend machen kann. Daß wir diese Bedingung der Möglichkeit nicht einer philosophischen Einsicht Jesu in den abkünftigen Charakter des traditionellen Zeitbegriffs zuschreiben, braucht doch wohl nicht eigens gesagt zu werden. Jesus debattiert nicht über den Zeit*begriff;* er hält sich an das Zeit*phänomen,* das seinen Hörern in gleicher Weise wie ihm unmittelbar zugänglich ist.

Zum Zeitphänomen in seinem ursprünglichen Modus gehört die Zeit*ansage.* Uns ist der Begriff der Zeitansage durch den Rundfunk geläufig. Diese Zeitansage ist nötig, weil nicht jedermann in der Lage ist, an dem anerkannt genauen Zeitmesser selber die Zeit abzulesen. Ließe sich der anerkannt genaue Zeitmesser vervielfältigen und auf diese Weise jedermann zugänglich machen, wäre diese Zeitansage überflüssig. Die Zeitansage im Rundfunk ist ein ebenso abkünftiger Modus von Zeitansage wie die Zeit, die auf solche Weise „angesagt" wird, ein abkünftiger Modus des Zeitphänomens ist.

Zeitansage im eigentlichen Sinne ist es zum Beispiel, wenn die Mutter zum Essen ruft. Essenszeit muß angesagt werden, denn zur Essenszeit gehört, daß „alles bereit ist". Allerdings, dazu gehört nicht nur, daß die Suppe auf dem Tisch steht. Der Mann, der zum Essen nach Hause kommt und seine Frau noch am Herd beim Kochen findet, kann gleichfalls ansagen: „Es ist Essenszeit!" Für ihn ist jetzt Essenszeit, weil seine Arbeit ihm jetzt die Zeit dafür freigibt. Da kann es Streit geben. Es kann aber auch so aussehen, daß für die Hausfrau, die das Essen fertig hat und es nicht verkochen lassen möchte, Essenszeit ist, während es für den Mann, der bei einer Arbeit ist, welche ihm die Anweisung gibt, daß sie keine Unterbrechung duldet, „keine Zeit zum Essen" ist. Mit der Uhr in der Hand kann man weder dem Mann noch der Frau kommen, weil das, *wobei* sie sind, ihnen die Zeit vorschreibt. Der Streit, der um die Zeitansage entstehen kann, verweist darauf, daß es bei der Zeit um *Einverständnis* geht.

Zeit ist ein soziales Phänomen. Nur scheinbar lassen wir uns von unseren Uhren sagen, was an der Zeit ist. Die Uhr verweist uns nur auf die durch Herkommen festgelegte jeweilige Zeit-zu. Das durch Herkommen Festgelegte hat den Charakter des Selbstverständlichen. Diejenige Zeitansage, die sich auf solch ein Selbstverständliches beziehen kann, hat die sicherste Aussicht darauf, daß man sie gelten läßt. („Du weißt doch, daß wir um 12 Uhr essen!")

Bei der Zeit geht es um Einverständnis. *Die Zeitansage im ursprünglichen Sinne hat die Funktion, das Einverständnis herzustellen*[83]. Hat die Zeitansage die Funktion, das Einverständnis herzustellen, so folgt daraus, daß sich das Einverständnis nicht von selbst versteht. Die Zeitansage setzt den (möglichen) Gegensatz in der Zeitbestimmung voraus. Diese Voraussetzung gehört zum Phänomen.

Unsere Orientierung an der zum Zeitphänomen gehörigen Zeitansage hilft uns zu einer sicheren Antwort auf die Frage, ob es möglich ist, daß Jesus das eschatologische Offenbarwerden der Gottesherrschaft ansagen wollte. Wir können diese Frage bejahen. Denn Jesu Zeitansage stellt nicht fest, daß die eschatologische Gottesherrschaft vorhanden ist. Sie besagt vielmehr, daß dieselbe zuhanden ist und von ihr Gebrauch gemacht werden kann und soll. Sie fordert nicht dazu auf, das Offenbargewordensein der Gottesherrschaft festzustellen, sondern sich darauf einzustellen. Der Gegensatz, der unter dieser Voraussetzung zwischen dem Gebrauch des eschatologischen Begriffs der βασιλεία τοῦ θεοῦ in der Verkündigung Jesu und in den Vorstellungen seiner Zeitgenossen bestehen würde, schließt eine solche Verkündigung nicht aus, sondern gehört gerade zu den charakteristischen Voraussetzungen einer um das Einverständnis bemühten Zeitansage.

Wir müssen jetzt fragen, ob sich das unvermittelte Nebeneinander von Gegenwarts- und Zukunftsworten in der Verkündigung Jesu denken läßt von einem Zeitverständnis aus, das Zeit erfaßt als Zeit-zu, als καιρός.

Fassen wir Zeit ursprünglich als Zeit-zu, als Sein bei, als Gegen-wart, dann hat die Zeit den Charakter von Gewährung. Die Zeit selber stiftet

---

[83] Den Zusammenhang von Zeit und Sprache hat *Ernst Fuchs* aufgezeigt. Vgl. u. a. seinen Aufsatz: Das Neue Testament und das hermeneutische Problem, ZThK 58, 1961, besonders S. 209 f.

Bezug. Solchem Bezug korrespondiert aber ein Entzug, dem Gewähren der Vorenthalt. Gegenwart und Zukunft korrespondieren dann miteinander als Bezug und Entzug, als Gewährung und Vorenthalt. Gewährung und Vorenthalt kann man nicht auseinanderreißen. Der Vor-enthalt ist die Bedingung der Möglichkeit von Gewährung. Das Verfügbare braucht nicht gewährt zu werden.

Es kommt an auf das Zugleich von Zukunft und Gegenwart in bezug auf die Gottesherrschaft. Bezogen auf die Zeitvorstellung des Zeitkontinuums ist es ein Nonsens. Da gilt das Entweder — Oder, der Satz vom Widerspruch: es kann nicht etwas gleichzeitig gegenwärtig und zukünftig sein. Denn wie Zeit unter dieser Voraussetzung das Vorhandene ist und als solches in Rechnung gestellt wird, ist das Gegenwärtige vorhanden und somit verfügbar, während das Zukünftige noch nicht vorhanden und somit noch nicht verfügbar ist, wie ein Wechsel, dessen Fälligkeitstermin zwar feststeht, aber noch nicht gekommen ist.

Bezug und Entzug korrespondieren, Vorhandensein und Nichtvorhandensein schließen sich dagegen aus. Das landläufige Zeitverständnis schließt das Zugleich von Gegenwart und Zukünftigkeit der Gottesherrschaft aus. Sollte das zusammenhängen mit einem unangemessenen Umgang mit der Zeit selber? Ernst Fuchs sagt: „Das Unwesen der Sünde ist ein Verfügen über die Zeit, das ontologisch im Horizont einer illegitim gewordenen Zeitkontinuität geschieht."[84]

D) *Die Zeitvorstellung Jesu oder der Begriff der* βασιλεία τοῦ θεοῦ

Der Begriff bedeutet inhaltlich, Gottes Herrsein bzw. sein als Herr in Erscheinung treten. Der Vorstellungshorizont des Begriffes würde es jedoch auch erlauben, das Offenbarwerden der Gottesherrschaft als Heils*zeit* anzusprechen. Nicht in dem Sinne, daß Gottesherrschaft lediglich als metaphorische Wendung für Heilszeit verstanden wird, sondern so, daß die offenbar gewordene Gottesherrschaft eine Ära des Heils ist.

Die unmittelbare Bindung an den Gottesbegriff und seine Implikationen qualifiziert den Begriff der βασιλεία τοῦ θεοῦ vor anderen eschatologischen Begriffen. Das Kommen des Menschensohnes blickt auf den Akt des eschatologischen Gerichtes am Ende der Zeit. Dem Kommen des Messias kann zwar eine sich erstreckende Messiaszeit korrespondieren,

---

[84] Über die Aufgabe einer christlichen Theologie, ZThK 58 (1961), S. 245—267, S. 266.

aber dieser Messias ist nur König. In Gottes Herrschaft fallen Schöpfermacht und Königsein zusammen. Der Herrscher ist nicht nur der, welcher für eine gerechte Ordnung des Lebens sorgt, er ist auch der, welcher das Leben selber gewährt. Ist die Gottesherrschaft offenbar, dann sind Sein und Heil kongruent.

Der Begriff der βασιλεία τοῦ θεοῦ ist der sprachlich potenteste der eschatologischen Begriffe. Er faßt nicht nur Herrschaft und Schöpfermacht zusammen, nicht nur das Heilsereignis des Offenbarwerdens mit der Heilszeit des Offenbarseins. Er verbindet auch Gewährung und Vorenthalt, insofern Gottes Herrschaft immer auch Gottes Herr*sein* bleibt und als solches dem Menschen wesentlich entzogen ist.

Der eschatologische Begriff der βασιλεία τοῦ θεοῦ wurde von Jesus vorgefunden. Aber er gab diesem durch besondere sprachliche Potenz ausgezeichneten Begriff eine zentrale Stellung, die er im Judentum nicht gehabt hatte. Er fand den Begriff vor in einem Vorstellungsrahmen, der den vulgären uneigentlichen Zeitbegriff impliziert und bezog ihn auf ein Zeitverständnis, das Zeit ursprünglicher erfaßt als Zeit zu. Auf diese Weise ermöglichte der Begriff eine Verschränkung zwischen Jesu Zeitverständnis und dem seiner Hörer. Der Begriff der Gottesherrschaft erweist sich als Drehweiche, welche das Gleis der traditionellen jüdischen Eschatologie mit der Bahn der Zeitansage Jesu verbindet.

E) Der Kairos der eschatologischen Verkündigung Jesu

Die Situation, welche Jesus vorfand, war konstituiert durch eine allgemeine und intensive apokalyptische Erwartung. Damit war die Möglichkeit gegeben, das, was Jesus zu sagen hatte, als Erfüllung zur Sprache zu bringen, als das, was jene Erwartung immer schon intendierte. Die Situation war konstituiert durch eine starke eschatologische Spannung. Diese Spannung, die sich zum Teil als Naherwartung artikulierte, schuf Verständnisbedingungen für die Verkündigung Jesu, welche das mit Spannung Erwartete als das *jetzt* Eingetretene verkündigte. Erwartung und Spannung sicherten, daß Jesu Rede vom Anbruch der Gottesherrschaft auf ihr eschatologisches Offenbarwerden bezogen blieb.

Die am traditionellen Zeitbegriff orientierte eschatologische Erwartung war also selber die Bedingung der Möglichkeit dafür, daß Jesus die Gottesherrschaft ansagen konnte. In dieser eschatologischen Erwartung waren Jesu Hörer immer schon beim Zeitphänomen, so daß Jesus dieses

Zeitphänomen selbst wirksam für sich geltend machen konnte, indem er es ursprünglicher erfaßte als sie.

Zwischen Jesus und seinen Hörern bestand zwar in der Zeitbestimmung ein tiefgreifender Gegensatz, insofern Jesus die Heilszeit ansagte, während seine Hörer wenig oder nichts von dem zu sehen bekamen, was nach ihren Vorstellungen zum Anbruch der Gottesherrschaft gehörte[85]. Aber dieser Gegensatz bedeutete nicht, daß Jesus mit seiner Zeitansage an seinen Hörern vorbeiredete, sondern er bot geradezu die Gewähr dafür, daß seine Zeitansage verstanden wurde, ja mehr noch, daß sie nicht überhört werden konnte. Die Wirksamkeit der Zeitansage Jesu beginnt nicht erst da, wo sie Glauben findet; sie erweist sich bereits daran, daß eine Stellungnahme unausweichlich wird. Der Hörer *muß* sich entscheiden, wobei es an ihm liegt, *wie* er sich entscheidet.

Stehen wir vor dem Ergebnis, daß die Annahme einer Naherwartung Jesu nicht gerechtfertigt ist, dann haben wir damit keineswegs das Zeitgebundene seiner Verkündigung abgestreift. Wir sind nicht bei einer zeitlosen, unmittelbar und direkt zugänglichen „ipsissima vox" angelangt. Im Gegenteil! Erst jetzt können wir recht ermessen, in welchem Ausmaß die Verkündigung Jesu zeitgebunden ist. Die eigentliche Zeitgebundenheit der Verkündigung Jesu besteht nicht darin, daß sie sich in *Vorstellungen* bewegte, die wir nicht mehr teilen können, sondern daß die *Sprachmöglichkeit*, die ihr zu Gebote stand, situationsgebunden war. Als Sprachgeschehen ist die Verkündigung Jesu nicht tradierbar[86]; es erwies sich aber, daß dieses Sprachgeschehen wiederholbar war. Es kam zu einer „Sprachgeschichte" des Glaubens.

---

[85] Vgl. dazu *Linnemann*, Gleichnisse Jesu S. 47 f.

[86] Nur das, was bei dieser Gelegenheit an Aussagen über Gott, Mensch und Welt mit zur Sprache kam, ist mitteilbar; mitteilbar aber eben nur in dem defizienten *modus* der Aussage.

II. CHRISTUSVERSTÄNDNIS UND CHRISTUSVERKÜNDIGUNG

DER SEMITISCHE HINTERGRUND
DES NEUTESTAMENTLICHEN KYRIOSTITELS

JOSEPH A. FITZMYER

Eine der letzten Zusammenfassungen der Argumente für den hellenistischen Ursprung des christologischen Kyriostitels stammt aus der
Feder von Hans Conzelmann. Er schreibt in seinem Grundriß der Theologie des Neuen Testaments: „Die religionsgeschichtliche Herleitung des
Titels stellt ein ungelöstes Problem."[1] Er selber neigt zu der Erklärung,
daß die frühen Christen den Titel „aus der heidnischen Umwelt" übernommen haben, in der sich „Kyrios als Gottesbezeichnung findet"[2]. In
einer Hans Conzelmann gewidmeten Festschrift ist es wohl angebracht,
diesen Problemkreis — mit dem er selber sich auseinandergesetzt hat —
einer erneuten Prüfung zu unterziehen.

Auch aus einem weiteren persönlichen Grund freue ich mich, diesen
bescheidenen Beitrag zu einer Festschrift für Hans Conzelmann liefern
zu können. Es ist die Erinnerung an vier Jahre der Zusammenarbeit mit
ihm, und zwar im Rahmen eines internationalen Studienausschusses, der
vom lutherischen Weltbund und vom vatikanischen Sekretariat für die
Einheit der Christen im Jahre 1967 ins Leben gerufen wurde. Thema
des ökumenischen Dialogs zwischen evangelisch-lutherischen und römisch-
katholischen Theologen in diesem Ausschuß war: „Das Evangelium und
die Kirche." Der Gesamtbericht über die Arbeit dieses Gremiums ist
noch nicht veröffentlicht worden — wohl deshalb, weil der gemeinsame
Abschlußbericht (der sogenannte Maltabericht) auf andere Weise als ge-
plant veröffentlicht wurde (im November 1971 in der deutschen Presse)[3].

---

[1] 2. Aufl. München 1968, S. 102.

[2] Ebd.

[3] Das Evangelium und die Kirche: Bericht der evangelisch-lutherisch/römisch-katho-
lischen Studienkommission, Herderkorrespondenz 25 (November 1971) S. 536—44;
in verkürzter Form in: Evangelische Kommentare 4/11, November 1971, S. 659—64.

Bis heute kann man nur auf den Text dieses Abschlußberichts verweisen, der mit einer kurzen Einleitung, aber ohne eine wirkliche Erläuterung seines Hintergrundes, schließlich veröffentlicht wurde[4]. Bisher zugänglich ist also lediglich ein knapper, schwer verständlicher Überblick über die fünfjährige Arbeit des Studienausschusses und über die Breite der Übereinstimmung zwischen seinen lutherischen und katholischen Mitgliedern, die sich an der Erörterung der heiklen kirchentrennenden Fragen beteiligt haben. Als Mitglied dieses Studienausschusses ließ es sich Hans Conzelmann nicht nehmen, aus persönlicher, kritischer Überzeugung ein Sondervotum zu dem von ihm unterzeichneten Abschlußbericht hinzuzufügen[5]. In Nachahmung solch kritischer Freiheit lege ich ihm die folgenden Überlegungen zu einem Thema vor, das ihn selber beschäftigt hat —*ad perpetuam rei memoriam.*

Viele neutestamentliche Schriftsteller geben Jesus den Titel (ὁ) κύριος. Im einzelnen gibt es Unterschiede der Verwendung. Einige Exegeten nehmen an, der Titel stamme aus dem Kerygma der Urkirche, das den Verfassern des Neuen Testaments schon vorgegeben war. Andere rechnen ihn nicht zum ursprünglichen Kerygma, sondern sehen in ihm eine Frucht der Missionstätigkeit im hellenistischen Mittelmeerraum. Die Unterschiede in der Verwendung des Titels sind oft untersucht worden, und zur Erklärung seines Ursprungs und seiner weiteren Geschichte sind verschiedenartigste Hypothesen aufgestellt worden. Die Diskussion kreist teilweise um den Hintergrund des Titels — palästinischer, hellenistisch-jüdischer oder hellenistisch-heidnischer Ursprung? —, teilweise um seine Funktion — Kerygma oder nur späte Frucht der Missionstätigkeit in

---

[4] Die offizielle Veröffentlichung stellen dar der Bericht der evangelisch-lutherisch/römisch-katholischen Studienkommission ‚Das Evangelium und die Kirche‘, Lutherische Rundschau 22 (1972) S. 344—62; Schlußbericht der lutherisch/katholischen Studienkommission ‚Das Evangelium und die Kirche‘, Malta 1971, Una sancta 27 (1972) S. 11—25; Report of the Lutheran-Roman Catholic Study Commission on ‚The Gospel and the Church‘, Worship 46 (1972) S. 326—51; Report of the Joint Lutheran/Roman Catholic Study Commission on ‚The Gospel and the Church‘, Lutheran World 19 (1972) S. 259—73. Vgl. Das Evangelium und die Kirche, Materialdienst des konfessionskundlichen Instituts Bensheim 22 (1971) S. 104—11. — Eine Erklärung des Berichts ist von *G. Strecker* verfaßt worden: Evangelium und Kirche nach katholischem und evangelischem Verständnis, Sammlung gemeinverständlicher Vorträge und Schriften aus dem Gebiet der Theologie und Religionsgeschichte 257/258; Tübingen 1972.

[5] Lutherische Rundschau 22 (1972) S. 361—62; Una sancta 27 (1972) S. 24—25; Worship 46 (1972) S. 351; Lutheran World 19 (1972) S. 272—73. Vgl. Lieber keine gemeinsame Formel: Eine Warnung vor Euphorie in den Gesprächen mit Rom, Lutherische Monatshefte 9 (1970) S. 371—72; und *W. Kasper*, Realismus — aber auch Hoffnung: Zu *H. Conzelmanns* Warnung vor ökumenischer Euphorie, ebd., S. 545—46.

der heidnischen Welt? —, teilweise schließlich um seinen christologischen Gehalt — welche Aussage macht er über Jesus, und zwar über den irdischen, den auferstandenen, den erhöhten, den in der Kirche gegenwärtigen oder den wiederkommenden Jesus? Wollte ich alle diese Aspekte aufgreifen, müßte ich eine dicke Monographie schreiben. Ich möchte im folgenden eigentlich nur auf einige neue Fakten hinweisen, die direkt zur Klärung der Frage nach dem Hintergrund des Titels beitragen können, indirekt dann auch zur Frage nach seiner Funktion. Bevor ich im Hauptteil meiner Ausführungen die neuen Fakten einführe, ist es allerdings vielleicht angebracht, die vier Auffassungen über den Hintergrund des Kyriostitels, die heute in der Forschung im wesentlichen vertreten werden, kurz zu kennzeichnen. Das sei einleitend getan.

1. Da ist zunächst die *Theorie der palästinisch-semitischen, und zwar profanen Herkunft* des Titels. Nach ihr entstand der Titel ὁ κύριος für Jesus aus dem Vokativ oder den suffigierten Formen des hebräischen Worts אדון oder des aramäischen Worts מרא, also etwa aus אדני „mein Herr" oder aus מראי „mein Herr". So nimmt zum Beispiel F. Hahn an, der attributlose Titel (ὁ) κύριος sei noch zu Lebzeiten Jesu „aus der profanen Anrede erwachsen" und im griechischen κύριε „Herr" immer noch erhalten (Mk 7,28; Mt 15,27; in Q: Mt 8,8; Lk 7,6); diese profane Anrede spiegele wahrscheinlich die aramäische Form מראי[6].

2. Hiervon zu unterscheiden ist die *Theorie einer palästinisch-semitischen, aber religiösen Herkunft* des Kyriostitels. Nach ihr handelt es sich um eine Entwicklung in der nachösterlichen judenchristlichen Gemeinde in Palästina. Jesus wurde als der אדון oder der מרא angerufen. Dies aber war ein Titel, den die palästinischen Juden vorgängig auch schon Jahwe zu geben pflegten. Diese Auffassung ist, natürlich mit unterschiedlichen Einzelthesen und Begründungen, vertreten worden von G. Dalman[7], W. Foerster[8], O. Cullmann[9], E. Schweizer[10], R. H. Fuller[11]

---

[6] Christologische Hoheitstitel: Ihre Geschichte im frühen Christentum, FRLANT 83; 3. Aufl.; Göttingen 1966, S. 74—95.

[7] Die Worte Jesu: Mit Berücksichtigung des nachkanonischen jüdischen Schrifttums und der aramäischen Sprache, Leipzig 1898, S. 266—72.

[8] Herr ist Jesus, Neutestamentliche Forschungen II/1; Gütersloh 1924, S. 201—8.

[9] Die Christologie des Neuen Testaments, Tübingen 1957, S. 200—44.

[10] „Der Glaube an Jesus den ‚Herrn' in seiner Entwicklung von den ersten Nachfolgern bis zur hellenistischen Gemeinde", EvTheol 17 (1957) S. 7—71; Discipleship and Belief in Jesus as Lord from Jesus to the Hellenistic Church, NTS 2 (1955—56) S. 87—99. Vgl. *ders.*, Erniedrigung und Erhöhung bei Jesus und seinen Nachfolgern, AThANT 28; Zürich 1962, S. 77—86.

[11] The Foundations of New Testament Christology, New York 1965, S. 50.

und anderen. Gewöhnlich beruft man sich vor allem auf palästinisch-jüdische Belege für suffigierte Formen von מרא, wie מראן „unser Herr" und מראי „mein Herr", oder auf מרא im *status constructus* innerhalb eines komplexeren Jahwetitels wie etwa מרא שמיא „Herr des Himmels" (Dan 5,23).

3. Dieser zweiten Theorie entspricht in mancher Hinsicht die dritte, die *Theorie einer hellenistisch-jüdischen Herkunft* des Kyriostitels. Der Titel wurde nach dieser Auffassung durch griechisch-sprechende Judenchristen entwickelt, und zwar aus den griechischen Entsprechungen semitischer Jahwetitel, in denen מרא oder אדון mit Suffixen oder im *status constructus* stand. Manchmal hat man sich dabei auf die Übersetzung des Jahwenamens durch das griechische κύριος in der sogenannten Septuaginta berufen. In der Tat benutzt man das κύριος der Septuaginta oft schon im Zusammenhang der obengenannten zweiten Theorie, um den Übergang zur absoluten Form des Kyriostitels im Neuen Testament erklären zu können. Man sieht hier das Zeugnis des Übergangs von einem palästinisch-jüdischen zu einem jüdisch-hellenistischen Christentum. Darunter versteht man nichtpalästinische Gemeinden in der jüdischen Diaspora. Hier sind wieder, und zwar wieder mit verschiedenen Abwandlungen, W. Foerster[12], O. Cullmann[13], E. Schweizer[14] und andere zu nennen.

4. Schließlich die *Theorie der hellenistisch-heidnischen Herkunft* des Kyriostitels für Jesus. Nach ihr wurde Jesus κύριος genannt, weil man im hellenistischen Kulturraum des östlichen Mittelmeers Götter und menschliche Herrscher als κύριος zu bezeichnen pflegte. Das vertraten, wieder mit Abwandlungen im einzelnen, W. Bousset[15], R. Bultmann[16],

---

[12] Κύριος ... κατακυριεύω, ThWNT 3 (1938) S. 1038—98, bes. S. 1093—94.

[13] Die Christologie des Neuen Testaments, S. 206—21. „Freilich hat nun auf dem Boden des Hellenismus der heidnische Gebrauch des Kyriosnamens, seine Beziehung zum Herrscherkult und vor allem auch seine Verwendung als Gottesname in den LXX dazu beigetragen, daß die Bezeichnung ‚Kyrios' geradezu zum *Titel* für Christus wurde. Aber diese Entwicklung wäre nicht möglich gewesen, wenn nicht die Urgemeinde schon Christus als den *Herrn* angerufen hätte" (S. 221).

[14] Discipleship, NTS 2 (1955—56) S. 93.

[15] Kyrios Christos: Geschichte des Christusglaubens von den Anfängen des Christentums bis Irenaeus, 3. Aufl.; Göttingen 1926, S. 75—104.

[16] Theologie des Neuen Testaments, 5. Aufl.; Tübingen 1965, S. 126—27. „Der Kyrioskult ist erst auf hellenistischem Boden entstanden", S. 54.

P. Vielhauer[17], H. Conzelmann[18] und andere. Diese Theorie nimmt einen
engen Zusammenhang zwischen der Entstehung des Kyriostitels und
einer Veränderung der gesamten Christologie an. Es sei mehr im Spiel
als eine geographische Verschiebung. Aus dem palästinischen Urkerygma
sei die missionarische Predigt für die hellenistische Welt geworden, als
das Kerygma auf den Titel stieß, der in dieser Welt für Götter und
menschliche Herrscher benutzt wurde.

Dies wären die vier wichtigsten Auffassungen, die heute zur Entstehung des Kyriostitels für Jesus vertreten werden. Meine Überlegungen
und die Fakten, die ich in die Debatte einführen will, sprechen für die
zweite dieser Auffassungen. Doch bevor ich mich ihr positiv zuwende,
möchte ich im Licht neuerer wissenschaftlicher Entwicklungen auch noch
zu zwei der anderen Theorien Stellung nehmen, und zwar zuerst zur
Theorie vom hellenistisch-heidnischen, dann zur Theorie vom hellenistisch-jüdischen Hintergrund des Titels[19]. Meine Ausführungen werden also folgendermaßen gegliedert sein:

I. Hellenistisch-heidnische Herkunft?
II. Hellenistisch-jüdische Herkunft?
III. Palästinisch-jüdische, religiöse Herkunft!

Als Überleitung zum ersten Hauptteil mögen zwei kurze methodologische Vorbemerkungen dienen.

a) Wie oben schon angedeutet, ist mehrfach versucht worden, den
absoluten, also attributlosen griechischen Titel κύριος mit der aramäischen Form מראן/מראנא (vgl. μαράνα θά von 1Kor 16,22) oder mit der
Anredeform מרי (jetzt belegt im Genesis-Apokryphon von Qumran:
1QapGen 2,9.13.24) oder mit Gottestiteln wie מרא שמיא (Dan 5,23)
und מרא עלמיא (1QapGen 21,2) zu verbinden. Gegen derartige Versuche wird gewöhnlich eingewendet, daß zwischen diesen Wörtern mit
Pronominalsuffixen oder im *status constructus* und dem „absolut" gebrauchten griechischen Titel (ὁ) κύριος keine wirkliche Entsprechung besteht. Dieser Einwand geschieht mit vollem Recht. Andererseits muß aber
darauf hingewiesen werden, daß man „absoluten", d. h. attributlosen

---

[17] Ein Weg zur neutestamentlichen Christologie? Prüfung der Thesen *Ferdinand Hahns*, Aufsätze zum Neuen Testament, Theologische Bücherei, 31; München 1965, S. 141—98 [leicht verändert gegenüber dem Original in EvTheol 25 (1965) S. 24—72].
[18] Grundriß der Theologie des Neuen Testaments, S. 101—3.
[19] Den Versuch *F. Hahns*, Christologische Hoheitstitel, S. 74—95, den Titel als Weiterentwicklung einer palästinisch-profanen Anrede zu deuten, muß ich ablehnen. Die Unzulänglichkeit dieser Erklärung hat schon *P. Vielhauer*, Ein Weg, S. 150—57 aufgezeigt. Sie ist höchstens eine Behauptung, die sich nicht beweisen läßt.

Gebrauch des griechischen κύριος nicht einfach rückbeziehen darf auf den aramäischen *status absolutus* (oder *indeterminatus*) des Nomens[20]. Damit ein aramäischer Beleg in einer Diskussion über die Herkunft des „absoluten" κύριος des Neuen Testaments herangezogen werden darf, müssen folgende drei Forderungen erfüllt sein: 1. der aramäische Beleg darf weder Suffixe aufweisen noch zu einer *status-constructus*-Kette (oder einem Äquivalent[21]) gehören; 2. der aramäische Beleg kann entweder im *status absolutus* oder im *status emphaticus* stehen, wobei gilt: מרה/מרא (*mārê'* oder *mārêh*) = κύριος, מריא/מראה (*mār'āh* oder *mār°yā'*) = ὁ κύριος[22]; 3. der aramäische Beleg muß attributlos sein[23].

---

[20] Siehe G. *Vermes,* Jesus the Jew: A Historian's Reading of the Gospels, London 1973, S. 112.

[21] Mit „einem Äquivalent" meine ich die Umschreibung des *status constructus,* wie z. B. den Gebrauch des aramäischen ד/די mit nachfolgendem Nomen (im *status absolutus* oder *emphaticus*), eine Art Genitivverbindung.

[22] Die verschiedenen aramäischen Formen des Wortes „Herr" verlangen eine Erläuterung, weil sie keine geringe Verwirrung verursachen. Durch die vielen Jahrhunderte hindurch, in denen das Nomen bezeugt ist, zeigen seine verschiedenen Formen, daß es ursprünglich **māray* oder **māri'* war, d. h. ein Nomen oder ein Adjektiv des Typs *qātal* oder *qātil* von einem *Tertiae-Jod-* oder *Tertiae-Aleph*-Stamm. Die ältesten aramäischen Formen kommen mit dem *Aleph* vor, und auch die wurzelverwandten Wörter im Kanaanäischen, Ugaritischen, und Akkadischen haben das *Aleph* (siehe W. F. *Albright,* The Early Alphabet Inscriptions from Sinai and Their Decipherment, BASOR 110 [1948] S. 6—22, bes. S. 21, Anm. 78; The Vocalization of the Egyptian Syllabic Orthography, American Oriental Series, 5; New Haven 1934, S. 43, Nr. VIII, A. 2; C. H. *Gordon,* Ugaritic Textbook, Analecta orientalia, 38; Rome 1965, S. 437, Nr. 1543; W. *von Soden,* Akkadisches Handwörterbuch, Wiesbaden 1966, S. 615. Es ist noch nicht klar, wann die Vermengung der Formen von *Tertiae Jod* und *Tertiae Aleph* begann; aber daß sie vermengt worden sind, ist unbestritten (siehe F. R. *Blake,* Studies in Semitic Grammar V, JAOS 73 [1953] S. 7—16, bes. S. 12—14: „The Mixing of Forms of Verbs tert. į and tert. ' in Verbs tertiae infirmae in Aramaic"). Die intervokalische Stellung des *Alephs* und des *Jods* war dabei ohne Zweifel die Ursache der Vermengung dieser Formen. Der *status absolutus* oder *constructus* des Wortes מרא im Biblisch-Aramäischen wird am besten erklärt als eine Verkürzung von *māray* > *mārê,* wobei das auslautende *Aleph* (oder *He,* s. 1QapGen 20,13 מרה) als *mater lectionis* zu verstehen ist. Vgl. (Ezra 4,12); F. R. *Blake,* ebenda, S. 13; P. *Joüon,* Grammaire de l'hébreu *bānayin* biblique, Rom 1947, S. 159 Anm. 2 (als eine Alternativerklärung angegeben). Ältere Erklärungen haben das Nomen als einen *qātil*-Typ verstanden; siehe G. *Dalman,* Grammatik des jüdisch-palästinischen Aramäisch — Aramäische Dialektproben, Darmstadt 1960, S. 152; H. *Bauer* und P. *Leander,* Grammatik des Biblisch-Aramäischen (Halle/S. 1972), § 51 γ". Vgl. L. F. *Hartman,* CBQ 28 (1966) S. 497. Die Reihenfolge von *Šwa/Aleph/Vokal* führte im Laufe der Zeit zur Quieszierung

b) Bisweilen zieht man eine Parallele zwischen κύριε/ὁ κύριος „oh Herr/der Herr" einerseits und διδάσκαλε/ὁ διδάσκαλος „oh Lehrer/der Lehrer" andererseits. Man nimmt an, hinter dem Vokativ διδάσκαλε „oh Lehrer" stehe das aramäische רבי „mein Lehrer". רבי wurde aber im Laufe der Zeit auch als Titel gebraucht, „der Rabbi". Ein Übergang von der Anredeform zu absolutem Gebrauch sei also möglich, und daher könne man ihn auch im Fall von κύριος annehmen[24]. Man weist dann noch auf die späteren parallelen Formen מר und רב hin, beides Bezeichnungen für einen menschlichen Herrn oder einen Schriftgelehrten, beide ohne Suffixe. Was ist hierzu zu sagen? Ohne mich in die Frage zu verwickeln, wie alt der Titel „Rabbi" ist[25], oder in die andere, ob er für

---

des *Aleph* und schließlich auch zu seinem Verschwinden in der Orthographie. So wurde מראי (= *māreʾi*, Aššur Ostracon 8; *AP* 16,8) zu מרי (*mārī*). Beide Formen finden sich in den aramäischen Texten von Qumran (1QapGen 2,9.13.24; 4Q'Amram^b 2,3 [siehe *J. T. Milik*, RB 79 (1972) S. 79]).

War die Form מרי einmal entwickelt, so war der Übergang zum *status absolutus* oder *constructus* מר (= *mār*) durch eine Rückbildung ein leichtes. Doch läßt sich diese Form bisher im Palästinisch-Aramäischen des ersten christlichen Jahrhunderts nicht nachweisen (gegen *O. Cullmann*, Die Christologie, S. 205). Sie findet sich jedoch mehrfach im Syrischen und in späteren palästinisch-jüdisch-aramäischen Texten, und zwar mit der Weiterentwicklung des *status emphaticus* zu מרא (= *mārā'*) — einer Vokalisation, die den Konsonanten des ersten Jahrhunderts n. Chr. nicht aufgezwungen werden sollte (gegen *G. Vermes*, Jesus the Jew, S. 111; *K. G. Kuhn*, ThWNT 4 [1942] S. 471).

Der *status emphaticus* מראה (= *māreʾāh*, eine andere Schreibweise für מרא) ist im Palästinisch-Aramäischen des ersten christlichen Jahrhunderts noch nicht bezeugt. Die Form מריא entstammt späterer Zeit. — Vgl. *G. Widengren*, Aramaica et syriaca, Hommages à André Dupont-Sommer, Paris 1971, S. 221—31, bes. S. 228—31.

[23] Dasselbe gilt eigentlich *mutatis mutandis* für jeden hebräischen Beleg, der für den semitischen Hintergrund des Kyriostitels angeführt wird; siehe unten, S. 294.

[24] Siehe z. B. *F. Hahn*, Christologische Hoheitstitel, S. 74—82.

[25] Siehe *H. Shanks*, Is the Title ‚Rabbi' Anachronistic in the Gospels? JQR 53 (1962—63) S. 337—45; *S. Zeitlin*, A Reply, ebd., S. 345—49. Cf. *E. Schürer*, Geschichte des jüdischen Volkes im Zeitalter Jesu Christi, 4. Aufl.; Nachdruck der Leipziger Ausgabe von 1901; Hildesheim 1964, Bd. 2, S. 376. Auf einem am Ölberg entdeckten Ossuar aus der Zeit vor der Zerstörung Jerusalems findet man auf der einen Seite den Namen תדמיון und auf der anderen den Titel ΔΙΔΑΣΚΑΛΟΥ (im Genitiv); der Text wurde von *E. L. Sukenik* veröffentlicht מערת קברים יהודית במזרח הר הזיתים , Tarbiz 1 (1930) S. 137—43 (+ Abb. ב) ה—א), bes. S. 139—41; siehe auch *ders.*, Jüdische Gräber Jerusalems um Christi Geburt, Jerusalem 1931, S. 17—18; vgl. *J.-B. Frey*, CIJ 2. 1266; SEG 9. 179. Aus diesen Inschriften hat man bisweilen den Schluß gezogen, daß *rabbī* schon in dieser Zeit ein Titel war (so *W. F. Albright*, Recent Discoveries in Palestine and the Gospel of St John, The Background of the New Testament and Its Eschato-

---

den historischen Jesus gebraucht wurde[26], möchte ich nur einfach betonen,
daß im Falle von רבי der titularische, absolute Gebrauch im Sinne von
„der Meister", „der Lehrer" positiv belegt ist, während die suffigierte
Form מרי in allen ihren Belegen mit „mein Herr" zu übersetzen ist. Für
suffigiertes מרי im Sinne von „der Herr" fehlt jeglicher Beleg[27]. Mir ist
auch keine griechische Transliteration bekannt, die für das Wort מרא
mit der belegten griechischen Transliteration ῥαββί verglichen werden
könnte. Will man wirklich eine Parallele zwischen κύριος und διδάσκαλος
ziehen, dann muß man also positiv nachweisen, daß, ähnlich wie aus רבי
„mein Meister" schließlich רבי „der Meister, der Rabbi" wurde, ebenso
מרי „mein Herr" sich zur Bedeutung מרי „der Herr" weiterentwickelte.
Es ist richtig, daß die absolute Form רב als Titel neben der Form רבי
in Gebrauch kam. Aber diese suffigierte Form רבי ist als absoluter Titel
belegt, und gerade das ist für מרי nicht der Fall[28].

---

logy: Studies in Honour of Charles Harold Dodd, ed. *E. D. Davies* and *D. Daube;*
Cambridge 1956, S. 153—71, bes. S. 157—58; *E. Lohse,* Ῥαββί, ῥαββουνί, ThWNT 6
[1959] S. 963, Anm. 26). Obwohl der griechische Titel hier bezeugt ist, fehlt auf-
fälligerweise der sogenannte außerbiblische Beweis für die Gleichwertigkeit von
διδάσκαλος und ῥαββί zur vermeintlichen Unterstützung von Joh 1,38. Dieses Ossuar
liefert keine Stütze für ein hohes Alter des aramäischen Titels *rabbī.*

[26] Siehe *J. Donaldson,* The Title Rabbi in the Gospels — Some Reflections on the
Evidence of the Synoptics, JQR 62 (1973) S. 278—91.

[27] Siehe *E. Lohse,* ThWNT 6 (1959) S. 963.

[28] Dieser schwierige Punkt hat auch einen entfernten Einfluß auf ein analoges
Problem, das in der wissenschaftlichen Diskussion aufzutauchen beginnt, nämlich auf
die Beziehung zwischen אבי und אבא. Ersteres findet sich als Anrede mit einer vorangehenden Interjektion in 1QapGen 2,24 יא אבי ויא מרי „Oh mein Vater und mein
Herr!" (Methusalah zu seinem Vater Henoch). An drei neutestamentlichen Stellen
aber stoßen wir auf den aramäischen Vokativ ἀββά, wörtlich als ὁ πατήρ übersetzt
(Gal 4,6; Rom 8,15; Mk 14,36). An den synoptischen Parallelstellen hat Matthäus
πάτερ μου (26,39), Lukas dagegen einfach πάτερ (22,42). Dieser Sachverhalt ist oft
erörtert worden (siehe *G. Kittel,* ἀββά, ThWNT 1 [1933] S. 4—6; *G. Schrenk,*
πατήρ..., ThWNT 5 [1954] S. 977, 989—90; *J. Jeremias,* Abba, Abba, Studien zur
neutestamentlichen Theologie und Zeitgeschichte, Göttingen 1966, S. 15—67).
   Vor kurzem hat *M. McNamara* in einer Besprechung der zweiten Auflage meines
Kommentars über das Genesis-Apokryphon (ITQ 40 [1973] S. 286) die Frage erneut
angeschnitten. Er zieht den Schluß, daß אבי der „frühere und literarische aramäische"
Vokativ ist, während er אבא für die „gesprochene" Form, d. h. für „den gewöhnlichen
Vokativ im palästinensischen Targum-Aramäischen" aus derselben Epoche, hält. Das
ist zwar möglich, aber wie kann er das beweisen? Gewiß gibt es für den Gebrauch des
status emphaticus als Vokativ im Aramäischen Belege aus literarischen Texten, zwar
nicht für אבא, aber doch für das behauptete Phänomen, etwa im Danielbuch: מלכא

Nach diesen methodologischen Vorbemerkungen wenden wir uns nun den verschiedenen Theorien über die Herkunft des Kyriostitels für Jesus zu, und damit dem Hauptteil unserer Ausführungen.

„oh König" (2,4.29.37; 3,4 usw.). Ist es ferner sicher, daß das matthäische πάτερ μου einfachhin das markinische ἀββά widerspiegelt, das Markus (oder seine Quelle) wörtlich als ὁ πατήρ übersetzt hat? Πάτερ μου ist ja eigentlich die genaue Übersetzung von אבי, und sie könnte eine bewußte Änderung des Matthäus im Sinne dieser anderen Anredeform wiedergeben, die ihm vielleicht aus einer unabhängigen Überlieferung bekannt war, während das lukanische πάτερ eine richtigere griechische Übersetzung des markinischen ἀββά darstellt. Ich persönlich bin nicht sicher, welche Form, אבי oder אבא, in diesem Falle die frühere ist. Außerdem könnte אבא genau so „literarisch" sein wie אבי, was ja gerade das Vorkommen jener Form im Targum-Aramäischen beweist. Der Beweis dafür, daß das Targum-Aramäische eigentlich eine „gesprochene" und nicht literarische Form der Sprache ist, steht noch aus. Meiner Ansicht nach ist es eine literarische Sprachform so gut wie das Aramäische der Qumrantexte.

Ich erwähne dies hier deshalb, weil wir in diesen Formen einen ähnlichen Gebrauch einer Suffixform und eines *status emphaticus* (der als Anredeform etwa dem „absoluten Gebrauch" entspricht) haben. In diesem Fall sind beide Formen bezeugt, אבי (im Aramäischen) und ἀββά (im Griechischen, mit אבא-Parallelen in späteren aramäischen Texten). Obwohl die Veränderung von אבי zu אבא nicht dieselbe ist wie in רבי, worin sie sich in verschiedenen Bedeutungen derselben Form ausdrückt, so zeigt sie doch die Unzulänglichkeit des Schlusses aus den Parallelen κύριε/ὁ κύριος und διδάσκαλε/ὁ διδάσκαλος.

G. S. Glanzmann hat mich darauf aufmerksam gemacht, wie kompliziert diese Frage der suffigierten und absoluten Formen sein kann, wenn man insbesondere den hebräischen und den griechischen Gebrauch (in der sogenannten Septuaginta) miteinander vergleicht; vgl. 2Kön 13,14 im MT (אבי אבי) und in der LXX (πάτερ, πάτερ); Gen 22,7 (אב und πάτερ); Gen 27,18 (אב und πάτερ μου im Codex A); und Ps 22,2 (אלי אלי und ὁ θεός, ὁ θεός μου). Noch weitere Beispiele könnten angeführt werden.

Außerdem gibt es ein verwandtes Problem bei der Form אדני, die zwar nur entfernt etwas mit unserer Frage zu tun hat, aber trotzdem nicht völlig ohne Beziehung dazu ist. Gewöhnlich sagt man, daß dieses Wort ursprünglich „mein Herr" bedeutete und daß es die Pluralvokalisation als „Affektbetonung" erhielt. H. *Bauer* und P. *Leander*, Historische Grammatik der hebräischen Sprache des Alten Testaments, Olms Paperbacks, 19; Hildesheim 1965, § 2h, 29t, 68i, haben diese Form jedoch als ein nichtsemitisches Lehnwort mit dem Auslaut *-āy* erklärt, von dem man erst später annahm, es handle sich um das Suffix der ersten Person. Wäre diese Erklärung richtig — und ich bin nicht davon überzeugt — so würde 'adōnāy ursprünglich nur „Herr" bedeutet haben. Man vergleiche O. *Eißfeldt*, אדון, ThWAT 1 (1970) S. 62—78, bes. S. 67—68 (worauf N. Lohfink mich aufmerksam gemacht hat). Weiter noch L. *Cerfaux*, Le nom divin ,Kyrios' dans la Bible grecque, RSPT 20 (1931) S. 27—51; ,Adonai' et ,Kyrios', RSPT 20 (1931) S. 417—52; *J. Lust*, ,Mon Seigneur Jahweh' dans le texte hébreu d'Ezéchiel, ETL 44 (1968) S. 482—88.

I. Hat der Kyriostitel einen hellenistisch-heidnischen Ursprung?

Hier fasse ich mich relativ kurz. Zu dieser Theorie ist man offensichtlich gelangt, weil alle andern Ableitungen sich bisher so schlecht begründen ließen. Damit erschienen die anderen Ableitungen den Exegeten als unsachgemäß, obwohl sie näher gelegen hätten. Daß κύριος im östlichen Mittelmeerraum in absoluter Form für Götter und menschliche Herrscher gebraucht wurde, ist eine bekannte Tatsache. Belege für den griechischen Titel finden sich mindestens vom Beginn des 1. Jahrhunderts v. Chr. an in Texten aus Ägypten, Syrien und Kleinasien[29]. Niemand, der sich mit dem neutestamentlichen Titel befaßt, darf diesen Sachverhalt übergehen. Ich möchte jedoch auf drei Dinge hinweisen.

Erstens, ich teile das Unbehagen einiger Exegeten, die nicht ganz daran glauben können, daß der griechische Titel κύριος, anders als der Titel θεός, mit dem zusammen er oft für die gleiche Person benutzt wurde, ausschließlich politische Klangfarbe hatte[30]. Selbst O. Cullmann, den die Frage nach einem möglichen hellenistisch-heidnischen Ursprung des Kyriostitels für Jesus wenig kümmert, hat klar erkannt, daß es sich kaum empfiehlt, im hellenistisch-heidnischen Gebrauch κύριος als einen politischen von θεός als einem religiösen Titel abzuheben[31]. Wenn man eine solche Unterscheidung aber annimmt, käme man sicher in Schwierigkeiten mit einer Stelle wie 1Kor 8,5—6. Εἷς κύριος Ἰησοῦς Χριστός hat hier zweifellos einen religiösen Klang, der nicht für θεός allein reserviert wäre. Der religiöse Kling des Wortes κύριος, wenn es im Neuen Testament für Jesus gebraucht wird, muß gerade durch einen entsprechenden

---

[29] Siehe z. B. *F. Cumont,* Les religions orientales dans le paganisme romain: Conférences faites au Collège de France en 1905, 4. Aufl.; Paris 1929, S. 109, 257 Anm. 56; *E. Williger,* Κύριος, RE (Pauly-Wissowa) 23 (1924) Sp. 176—83; *A. Deißmann,* Licht vom Osten, 1. Aufl.; Tübingen 1908, S. 253—58; *P. Wendland,* Die hellenistisch-römische Kultur in ihren Beziehungen zu Judentum und Christentum, HNT 1/2—3; 3. Aufl.; Tübingen 1912, S. 220—21; *H. Lietzmann,* An die Römer, HNT 8; 4. Aufl.; Tübingen 1933, S. 97—101; *W. Bousset,* Kyrios Christos, S. 91—98; *L. Cerfaux* und *J. Tondriau,* Le culte des souverains dans la civilisation gréco-romaine: Un concurrent du christianisme, Tournai, Desclée, 1957, mit einer ausführlichen Bibliographie, S. 9—73; *W. Fauth,* Kyrios, Der kleine Pauly, hrsg. K. Ziegler und W. Sontheimer; Stuttgart: Druckenmüller, Bd. III (1969) Sp. 413—17; *W. Foerster,* Κύριος, ThWNT 3 (1938) S. 1045—56; *W. W. Baudissin,* Kyrios als Gottesname im Judentum und seine Stelle in der Religionsgeschichte, 4 Bände; Gießen, Bd. III (1929) S. 70—73.

[30] So *W. Foerster,* ThWNT 3 (1938) S. 1052—54.

[31] Die Christologie des Neuen Testaments, S. 204. Ähnlich *H. Conzelmann,* Grundriß der Theologie des Neuen Testaments, S. 103.

Gebrauch des Worts in der griechisch-heidnischen Umwelt mindestens mitbeeinflußt gewesen sein.

Zweitens sollte man auf jeden Fall zugeben, daß die hellenistisch-heidnische Verwendung des Worts seine Verwendung im Neuen Testament *beeinflußt* hat. Nur läßt das noch völlig die Frage offen, ob der hellenistisch-heidnische Gebrauch den einzigen Ursprung oder Hintergrund darstellt. Ebenfalls ist damit noch nicht entschieden, ob der Titel gerade aufgrund der Missionstätigkeit früher Christen in hellenistisch-heidnischem Kulturraum eingeführt wurde und ob gerade dadurch die urchristliche Christologie neue Dimensionen erhalten hat. Wer den Ursprung des Titels aus dem hellenistisch-heidnischen Gebrauch allein herleiten will, muß zu viele Fragen unbeantwortet lassen — Fragen, auf die ich später zurückkommen will. Hier sei nur eine einzige derartige Frage erwähnt. Der Hintergrund des Christushymnus in Phil 2,6—11 ist zwar umstritten[32]. Aber niemand kann leugnen, daß der Hymnus darin gipfelt, daß an Jesus der Titel κύριος verliehen wird, und zwar „zur Ehre Gottes, des Vaters", und mindestens seit E. Lohmeyers Zeit existieren gute Argumente dafür, daß der Hymnus nicht nur vorpaulinisch ist, sondern zwar „wohl ursprünglich griechisch geschrieben ist, aber von einem Dichter, dessen Muttersprache semitisch war". Vor kurzem hat P. Grelot darüber hinaus eine überzeugende Rückübersetzung des Hymnus in das damalige palästinische Aramäisch vorgelegt. Sie muß in Zukunft bei jeder ernsthaften Diskussion des Texts mitberücksichtigt werden[33]. Wenn Grelots

---

[32] Siehe z. B. *E. Lohmeyer*, Kyrios Jesus, Eine Untersuchung zu Phil. 2,5—11 (Sitzungsberichte der Heidelberger Akademie der Wissenschaften, Phil.-hist. Kl., 1927—28/4; Heidelberg 1928; 2. Aufl., 1961); *E. Käsemann*, Kritische Analyse von Phil. 2,5—11, Exegetische Versuche und Besinnungen, Göttingen, 1 (1960) S. 51—95; *F. W. Beare*, A Commentary on the Epistle to the Philippians, BNTC; London 1956, S. 76; *P. Bonnard*, L'épître de saint Paul aux Philippiens, CNT 10; Neuchâtel 1950, S. 47—48; *R. P. Martin*, Carmen Christi Philippians ii. 5—11 in Recent Interpretation and in the Setting of Early Christian Worship, SNTS/MS 4; Cambridge 1967, S. 38—41; *D. Georgi*, Der vorpaulinische Hymnus Phil 2,6—11, Zeit und Geschichte, Dankesgabe an Rudolph Bultmann zum 80. Geburtstag, hrsg. von E. Dinkler, Tübingen 1964, S. 263—93; *J. Jeremias*, Zu Phil 2,7, NovT 4 (1963) 182—88; *G. Strecker*, Redaktion und Tradition im Christushymnus Phil 2,6—11, ZNW 55 (1964) S. 63—78.

[33] Die These eines semitischen oder aramäischen Hintergrunds für diesen Hymnus geht hauptsächlich auf *E. Lohmeyer*, Kyrios Jesus, S. 9 zurück. Obwohl er selber keine Rückübersetzung des Hymnus versucht hat, wurde ein solcher Versuch später von *P. P. Levertoff* in W. K. L. Clarke, New Testament Problems, London 1929, S. 148 gemacht. Die Übersetzung von Levertoff bringt auch *R. P. Martin*, Carmen Christi, S. 40—41. Leider ist diese Rückübersetzung ein Mischmasch von vielen, aus verschiedenen Zeiten

These auch nur einiges für sich hat, dann ist damit schon grundsätzlich in Frage gestellt, daß der absolute Gebrauch des Kyriostitels im Neuen Testament allein vom zeitgenössischen hellenistisch-paganen Gebrauch des Kyriostitels abzuleiten sei. (Auf Einzelheiten der These Grelots werde ich später zu sprechen kommen.)

Drittens sollte man zur Kenntnis nehmen, daß der heidnische Gebrauch des Kyriostitels für Götter in der Periode, um die es hier geht, nicht nur in griechischen, sondern auch in semitisch-heidnischen Texten und Inschriften belegt ist. So findet sich der Titel ʾAdūn häufig in punischen Inschriften. Das ist semitische, nicht hellenistische Bezeugung. Wir haben zum Beispiel eine ganze Reihe von Belegen aus Weiheinschriften des punischen Heiligtums in El-Hofra in Constantine (im heutigen Algerien)[34]. Gewöhnlich beginnt die Inschrift so: לאדן לבעל חמן אש נדר ... שמע קלא ברכא
„Dem Herrn, Baal Hammon: (Das ist) was A, Sohn des B, gewidmet hat. Er hörte seine Stimme. Er segnete ihn". Es besteht kein Zweifel, daß אדן in diesen Inschriften absolut gebraucht ist[35]. Damit jeder Zweifel, es handle sich hier um eine defektive Schreibung einer suffigierten Form des Worts אדן, ausgeschlossen ist, kann man eine punische Inschrift vom gleichen Ort zitieren, die in griechischer Schrift, und zwar mit den Vokalen geschrieben ist:

---

und Dialekten abgeleiteten Formen, und P. Grelot hat sie mit Recht kritisiert („Deux notes critiques sur Philippiens 2,6—11", Biblica 54 [1973] S. 169—86, bes. S. 176—79). Grelot selbst hat eine sorgfältige Rückübersetzung des Hymnus gemacht (S. 180—86), mit der ich im großen ganzen übereinstimme. (Ich würde in vv. 7—8 lieber נפשה statt גרמה übersetzen. Außerdem befriedigt mich שמוע [šāmōᵃ⁽] als Übersetzung von ὑπήκοος nicht — ohne daß ich im Augenblick einen besseren Vorschlag machen könnte.)

Für die frühe, vorpaulinische Datierung dieses Hymnus siehe *I. H. Marshall*, Palestinian and Hellenistic Christianity, Some Critical Comments, NTS 19 (1972—73) S. 271—87, bes. S. 284, Anm. 1.

[34] Siehe *A. Berthier* und *R. Charlier*, Le sanctuaire punique d'El-Hofra à Constantine, Paris 1955. Der älteste datierte Text ist El-Hofra 58, der das 46. Jahr des Fürsten Masinisan (= 163—62 v. Chr.) erwähnt. Aber die meisten Inschriften sind ohne Datum.

[35] In phönizischen und punischen Texten ist das gewöhnliche Suffix der ersten Person -y, siehe *J. Friedrich* und *W. Röllig*, Phönizisch-punische Grammatik, Anal Or 46; 2. Aufl.; Rom 1970, § 112.1; *Z. Harris*, A Grammar of the Phoenician Language, AOS 8; New Haven 1936, § 15.2. Jedoch wurde -y bisweilen auch für die 3. Person masc. sg. verwendet, und in punischen Texten findet man auch -ʾ (als ō ausgesprochen) für die dritte Person, wie in den hier zitierten Beispielen.

ΛΑΔΟΥΝ ΛΥ ΒΑΛ ΑΜΟΥΝ ΟΥ Dem Herrn, Baal Hammon, und
ΛΥ ΡΥΒΑΟΩΝ ΘΙΝΙΘ ΦΑΝΕ der Herrin, Tinit Phane Baal:
ΒΑΛ (lies: ῥυβαϑών)
ΥΣ ΝΑΔΩΡ ΣΩΣΙΠΑΤΙΟΣ ΒΥΝ Das, was Sosipatros, Sohn des
(lies: Σωσίπατρος)
ΖΩΠΥΡΟΣ ΣΑΜΩ ΚΟΥΛΩ ΒΑ Zopyros, gewidmet hat. Er hörte
5 ΡΑΧΩ seine Stimme. Er segnete ihn[36].

Diese punischen Belege sind zweifellos nicht der direkte heidnische Hintergrund des neutestamentlichen Kyriostitels, und sie schließen einen direkteren Einfluß des entsprechenden griechischen Gebrauchs des Titels keineswegs aus. Aber sie zeigen wenigstens, daß der absolute Gebrauch des Kyriostitels auch in der semitisch-sprechenden heidnischen Welt des Mittelmeerraums bekannt war. Und vielleicht hat das hier sichtbar werdende Ineinander des semitischen und des griechischen Raums in der heidnischen Welt auch etwas über die jüdische Welt zu sagen, die nun als eigentlicher Hintergrund des Titels behandelt werden soll.

II. Hat der Kyriostitel einen hellenistisch-jüdischen Ursprung?

Es ist nicht einfach, diese Frage isoliert zu erörtern. Normalerweise ist sie eng mit der Vorstellung von einem palästinisch-semitischen Hintergrund des Kyriostitels verbunden. Daher kann es von vornherein nicht um eine hellenistisch-jüdische Herkunft des Titels gehen, sondern höchstens um einen Einfluß hellenistisch-jüdischer Redeweise in dem Augenblick, in dem der Titel als griechischer auf Jesus angewendet wurde. Um der Klarheit willen beschränke ich die Erörterung in der Hauptsache auf Palästina. Es geht also im folgenden um die griechisch-sprechenden Judenchristen nicht in der Diaspora, sondern nur in Palästina. (Es ist mir bewußt, daß die Frage nach den Juden in der Diaspora eng dazugehört und nie ganz aus der Diskussion herausgehalten werden kann, aber zunächst sollte doch versucht werden, den Blick auf Palästina zu konzentrieren.) Wir müssen uns fragen, ob die Einführung des absoluten Kyriostitels etwas zu tun hatte mit der Unterscheidung zwischen den „Hebräern" und den „Hellenisten", die es nach der Apostelgeschichte

---

[36] Siehe Le sanctuaire punique d'El-Hofra, Inscriptions grecques, 1 (S. 167—68). Der punische Text würde folgendermaßen lauten: לאדן לבעל חמן ו/לרבתן תנת תנת פן בעל / אש נדר ססֿפטרס בן / זפרס שמע קלא ב/רכא.

(6,1—6) innerhalb der judenchristlichen Urgemeinde in Palästina gab. Mit anderen Worten: War es die Tat der Ἑλληνισταί, daß ein suffigiertes oder in einer *status-constructus*-Kette stehendes מרא durch ein absolutes κύριος wiedergegeben wurde? E. Schweizer hat einmal geschrieben: „Daß ein Original ‚unser Herr‘ auf griechisch unter dem Einfluß des hellenistischen Gebrauchs das absolute ‚Herr‘ wurde, ist leicht zu erklären."[37] Aber gibt es wirklich einen besonderen Grund, warum der Übergang zum absoluten Gebrauch des Titels gerade mit dem Übergang zur griechischen Sprache zusammenhängen mußte, oder warum er nicht innerhalb eines semitischen Sprachmilieus selbst geschehen konnte? Außerdem müßte zuerst einmal genauer geklärt werden, worin in der Urgemeinde die Unterscheidung zwischen den „Hebräern" und den „Hellenisten" bestand. Dazu dann später.

Zuerst müssen wir eines der Argumente behandeln, die für die hellenistisch-jüdische Herkunft des Kyriostitels vorgebracht werden, nämlich den Hinweis auf die Übersetzung des Jahwe-Namens durch das griechische κύριος in der sogenannten Septuaginta. Häufig rechnet man damit, daß die Septuaginta im Palästina des 1. Jahrhunderts benutzt wurde, und man sieht in ihr einen Beleg für einen vorchristlichen absoluten Gebrauch des Kyriostitels für Jahwe. Ja man hält diesen Gebrauch von κύριος sogar für älter als den entsprechenden heidnischen Gebrauch in bezug auf Götter und menschliche Herrscher[38]. Es gibt allerdings gewichtige Argumente gegen diesen angeblich vorchristlichen Belegzusammenhang. Um den Kyriostitel des Neuen Testaments auf den hellenistisch-heidnischen Gebrauch zurückführen zu können, hat H. Conzelmann die Gegengründe recht brauchbar und knapp zusammengestellt. Nehmen wir die wichtigsten zur Kenntnis:

„3. Kyrios ist außerhalb der Septuaginta bei den Juden als Gottesbezeichnung nicht üblich.

4. Es wird neuerdings bestritten, daß die Septuaginta überhaupt יהוה mit Kyrios wiedergibt. Kyrios steht nämlich nur in christlichen LXX-Handschriften, nicht dagegen in jüdischen. Belege:

a) Papyrus Fouad 266 (2. Jh. v. Chr.): Er hat im Zitat aus Dtn 31 f יהוה; s. O. Paret, Die Bibel. Ihre Überlieferung in Druck und Schrift, 1949, 75 und Tafel 2.

---

[37] Discipleship, NTS 2 (1955—56) S. 93.
[38] Z. B. O. *Cullmann,* Die Christologie, S. 206; F. *Hahn,* Christologische Hoheitstitel, S. 72—74.

b) 4Q, Kleine Propheten: ebenfalls Tetragramm.

c) 4Q, Fragmente von Lev 2—5 LXX: IAΩ.

d) Aquila-Fragmente aus Kairo: Tetragramm.

e) Fragmente der 2. Kolumne der Hexapla: Tetragramm (vgl. Origenes und Hieronymus).

f) Belege für ΠΙΠΙ bei Hatch-Redpath, A Concordance to the Septuagint, vgl. Suppl. 1906, 126.

g) Symmachus: vgl. ThW III 1082, 12 f.

Zu vergleichen ist auch der Gebrauch der althebräischen Schrift beim Tetragramm in den Zitaten der Q-Pesarim: 1QpH; 4QpPs 37; אל: 1QH I 26. II 34. XV 25; 1Q35 I 5.

Aus der Septuaginta ist also die christliche Verwendung von κύριος nicht abzuleiten. Es verhält sich gerade umgekehrt: Nachdem der Titel einmal im Gebrauch war, fand man ihn in der Bibel wieder."[39]

Eine derartige Argumentation hat in der Tat den Effekt, daß man nicht mehr einfach die These vertreten kann, die griechisch-sprechenden Urchristen hätten sich vom Gebrauch des Wortes κύριος für Jahwe in der sogenannten Septuaginta beeinflussen lassen. Doch scheint mir damit noch keineswegs die Frage geklärt zu sein, ob griechisch-sprechende Juden in Palästina Jahwe als den κύριος bezeichnet haben oder bezeichnen konnten. P. Vielhauer, auf den H. Conzelmann sich hauptsächlich stützt, hat F. Hahn auf die Finger geklopft, weil er „über LXX-Probleme schreiben kann, ohne sich bei P. Kahle zu informieren"[40]. Man müßte jedoch zusehen, ob denn Kahle in dieser Sache das letzte Wort gesprochen hat. Weiter: Obwohl meine Erörterung des Kyriostitels nicht entscheidend daran hängt, ob unter den griechisch-sprechenden Juden κύριος

---

[39] Grundriß der Theologie des Neuen Testaments, S. 102—3. — Weniger zutreffend sind die zwei ersten Argumente Conzelmanns: „1. Bei Paulus dient der Kyriostitel gerade dazu, Jesus und seine Stellung von Gott zu unterscheiden (1Kor 8,6)." [Diese Stelle des ersten Korintherbriefs trägt nur gegen die Exegeten etwas aus, die aus der Übersetzung von יהוה mit κύριος in der Septuaginta schließen, daß „die Urchristen Jesus mit Jahwe identifizierten". Wie viele Exegeten würden aber auf eine solche *Identifizierung* schließen? Und gesetzt, man würde daraus nur schließen, dieser Titel deute an, daß Jesus auf dieselbe transzendente Ebene wie Jahwe gehöre? Das Ende des Hymnus in Phil 2,6—11 impliziert ganz klar diese Art der Gleichheit, die nicht völlige Identifizierung bedeutet.] — „2. Ungeklärt bleibt die Tatsache, daß dieser Titel primär in der Akklamation gebraucht wird." [Das ist wahr, aber was liegt schon daran? Diese Argumente treffen den Gebrauch oder die Funktion des Titels im Neuen Testament, nicht aber seinen Hintergrund.]

[40] „Ein Weg", S. 149. — Über *Kahles* Kompetenz siehe *J. C. Greenfield*, JNES 31 (1972) S. 58.

Joseph A. Fitzmyer

als Titel für Jahwe benutzt wurde, scheint es mir doch, daß es sich um
einen Faktor unter mehreren in der palästinischen Entwicklung handelt,
und deshalb muß die Frage überprüft werden. Ich möchte daher auf verschiedene Dinge aufmerksam machen.

1. Es steht fest, daß in mehreren griechischen Übersetzungen des Alten
Testaments aus vor- und frühchristlicher Zeit, insbesondere bei denen,
die die Juden benutzten, das hebräische Tetragramm einfach hebräisch
beibehalten[41] oder als IAΩ transkribiert[42] oder mit griechischen Buch-

---

[41] Obwohl der Name in der ältesten griechischen (protolukianischen!) Handschrift,
Pap. Ryl. 458, in keiner Form erhalten ist, stammt der wichtigste Beleg aus einer
palästinischen, prototheodotionischen Übersetzung der Kleinen Propheten, die *D. Barthélemy* veröffentlicht hat, Les devanciers d'Aquila: Première publication intégrale
du texte des fragments du Dodécaprohhéton trouvés dans le Désert de Juda, précédée
d'une étude sur les traductions et recensions grecques de la Bible réalisées au premier
siècle de notre ère sous l'influence du rabbinat palestinien, Leiden 1963, S. 163—78.
Barthélemy hat die in zwei verschiedenen Schriften geschriebenen Fragmente in das
„milieu du premier siècle de notre ère" (S. 168) datiert. Zu dieser Datierung vgl. die
Meinungen von *C. H. Roberts* und *W. Schubart* in *F. Dunand*, Papyrus grecs bibliques
(Papyrus F. Inv. 266): Volumina de la Genèse et du Deutéronome, Recherches d'archéo-
logie, de philologie et d'histoire, 27; Kairo 1966, S. 31: zwischen 50 v. Chr. und 50 n.
Chr.; vgl. *P. Kahle*, Problems of the Septuagint, Studia patristica I, TU 63; Berlin
1957, S. 332. Diese Datierung bedeutet eine Änderung gegenüber dem von Barthélemy
früher selbst vorgeschlagenen Datum, RB 60 [1953] S. 19—20. Das Tetragramm, das
hier in der archaisierenden, paleohebräischen Schrift geschrieben ist, findet sich im griechischen Text von Jon 4,2; Mich 1,1.3; 4,4; 5,3; Hab 2,14.16.20; 3,9; Zeph 1,3.14;
Sach 1,3; 3,5.6.7; 8,20; 9,1.4. Über diesen Text siehe weiterhin *F. M. Cross, Jr.,* The
Contribution of the Qumran Discoveries to the Study of the Biblical text, IEJ 16
(1966) S. 81—95, bes. S. 84—85; The History of the Biblical Text in the Light of
*the Discoveries in the Judean Desert, HTR 57 (1964) S. 282—99, bes. S. 282—83;
S. Jellicoe, JAOS 84 (1964) S. 178—82.*
  Das Tetragramm findet sich auch in einer noch älteren griechischen Übersetzung von
Dtn 32,3.6 erhalten, die in dem aus der ägyptischen Diaspora des 2. oder 1. Jh. v.
Chr. stammenden Papyrus Fuad 266 erhalten ist. Siehe *W. G. Waddell,* The Tetra-
grammaton in the LXX, JTS 45 (1944) S. 158—61; *O. Paret,* Die Bibel, Ihre Über-
lieferung in Druck und Schrift, 2. Aufl.; Stuttgart 1950, S. 76 und Abb. 2. Weitere
Fragmente dieses Papyrus wurden erstmals veröffentlicht in: New World Translation
of the Christian Greek Scriptures, Brooklyn, N. Y. 1950, S. 11—16, bes. 13—14.
Vgl. *A. Vaccari,* Papiro Fuad, Inv. 266: Analisi critica dei frammenti pubblicati,
New World Translation of the Christian Greek Scriptures, Brooklyn (N. Y.)
1950, S. 13—14; Appendix zu *P. Kahle,* Problems of the Septuagint (siehe oben),
S. 328—42 [יהוה ist auch in Dtn 18,5; 31,27 erhalten]. Außerdem *P. Kahle,* Die he-
bräischen Handschriften aus der Höhle, Franz Delitzsch-Vorlesungen, Stuttgart 1951,
S. 7—8, 63—64, und Abb. 11; The Cairo Geniza, 2. Aufl.; Oxford 1959, S. 218—28;
H. H. Rowley, The Old Testament and Modern Study, Oxford 1951, S. 249, Anm. 1;

staben ΠΙΠΙ geschrieben wurde[43]. Darüber hinaus scheint es richtig zu
sein, daß der weitverbreitete Gebrauch von κύριος in Handschriften der
sogenannten Septuaginta aus christlicher Zeit auf die Praxis christlicher

---

B. J. Roberts, The Old Testament Texts and Versions, Cardiff 1951, S. 173; *M. Noth*,
Die Welt des Alten Testaments, 2. Aufl.; Berlin 1953, S. 254, Anm. 1; *E. Würthwein*,
The Text of the Old Testament: An Introduction to Kittel-Kahle's Biblia hebraica,
P. R. Ackroyd; New York 1957, S. 132—33 (Abb. 25). Weitere Fragmente dieses
Papyrus liegen jetzt vor in: *F. Dunand*, Papyrus grecs bibliques Papyrus F. Inv. 266,
(siehe oben), S. 26, 39—50. Vgl. auch Etudes de papyrologie 9 (1971) S. 81—150
(+ Abb. I—XV); *G. D. Kilpatrick*, The Cairo Papyrus of Genesis and Deuteronomy
(P. F. Inv. 266), ebd., S. 221—26; *Z. Aly*, Addenda, ebd., S. 227—28 (+ Taf. I).
S. Schulz (Maranatha und Kyrios Jesus, ZNW 53 [1962] S. 125—44, bes. S. 129)
konnte den Papyrus noch einmal einsehen und zählte 31 Beispiele von יהוה in den
mehr als 100 Fragmenten, die vom Papyrus Fuad 266 erhalten sind. Es scheint erforderlich, daß noch andere Fragmente dieses Papyrus veröffentlicht werden.

Das Tetragramm ist auch regelmäßig in Fragmenten der Aquilaübersetzung des Buches der Könige erhalten, die in der Kairoer Geniza gefunden wurde (siehe unten
S. 287—288).

Es wird auch behauptet, daß das Tetragramm in den aus dem 3.—4. Jahrhundert
stammenden Fragmenten der Symmachusübersetzung von Ps 69,13.31.32 stehe; siehe
C. Wessely, Un nouveau fragment de la version grecque du Vieux Testament par
Aquila, Mélanges offerts à *M. Emile Chatelain*, Paris 1910, S. 224—29. Vgl. aber
G. Mercati, Frammenti di Aquila o di Simmaco? RB 8 (1911) S. 266—72; *P. Capelle*,
„Fragments du psautier d'Aquila?" Revue bénédictine 28 (1911) S. 64—68.

Außerdem war diese Praxis der hebräischen Schreibung des Namens יהוה in griechischen Handschriften sowohl Origenes als auch Hieronymus bekannt (siehe Hieronymus, Prologus galeatus [MPL 28. 594—95]: „*Nomen Domini tetragrammaton in qui-
busdam graecis voluminibus usque hodie antiquis expressum litteris invenimus.*" Und
„*(Dei nomen est) tetragrammum, quod* ἀνεκφώνητον, *id est ineffabile, putaverunt et
his litteris scribitur: iod, he, uau, he. Quod quidam non intelligentes propter elemen-
torum similitudinem, cum in graecis libris reppererint,* ΠΙΠΙ *legere consueuerunt*",
Ep. 25, Ad Marcellam; CSEL 54. 219.

[42] Diese Form ist auch in 4QLev^b als eine Lesart von Lev 4,27 (τῶν ἐντολῶν Ἰαώ)
und wahrscheinlich auch in 3,12 erhalten; siehe *P. W. Skehan*, The Qumran Manuscripts
and Textual Criticism, Congress Volume, Strasbourg 1956, VTSup 4; Leiden 1957,
S. 148—60, bes. 157. Siehe auch Ezech 1,2 und 11,1, nach dem Rand des Codex
Marchalianus (Vat. gr. 2125), aus dem 6. Jh.: ἸΑΩ. Vgl. Diodorus Siculus, 1.94: παρὰ
δὲ τοῖς Ἰουδαίοις Μωυσῆν τὸν Ἰαὼ ἐπικαλούμενον θεόν; Origenes, In Ps. 2,4 [MPG
12.1104: Ἰαή]; Comm. in Ioan. 2,1 [GCS Origines, 4. 53].

[43] Siehe das Ende von Anm. 41 oben. Vgl. *E. Hatch* und *R. A. Redpath*, A Con-
cordance to the Septuagint and the Other Greek Versions of the Old Testament
(Including the Apocryphal Books), 2 Bde. mit Supplement; Graz 1954, Suppl. S. 126.
Siehe auch *C. Taylor*, Hebrew-Greek Cairo Genizah Palimpsests from the Taylor-
Schechter Collection: Including a Fragment of the Twenty-Second Psalm according to
Origen's Hexapla, Cambridge 1900), folio B recto, Abb. II (über Ps 22,20).

Kopisten zurückgeführt werden muß[44]. Die weite Verbreitung dieser Sitte mag sogar beeinflußt sein von der Tatsache, daß Jahwe im Neuen Testament als der κύριος bezeichnet wird[45]. Aber dann ergibt sich die Frage: Woher haben die Verfasser des Neuen Testaments den Kyriostitel für Gott (= Jahwe) bekommen? Ich bin niemals der Theorie begegnet, daß christliche Abschreiber das Wort κύριος für Gott auch im Neuen Testament selbst sekundär eingeführt hätten, während die Verfasser selbst ein anderes Wort für Gott gebraucht hätten. Wenn κύριος = יהוה nur in christlichen Abschriften des Alten Testaments gefunden werden darf, woher hatte Lukas es dann, wenn er Dtn 6,5 in Lk 10,27 folgendermaßen zitierte: ἀγαπήσεις κύριον τὸν θεόν σου („Du sollst den Herrn, deinen Gott, lieben")[46]. Wenn man darauf antwortet, er habe ja christliche Abschriften des Alten Testaments benutzen können, macht man sich die Antwort zu leicht. Denn der hier zur Illustration ausgewählte Vers aus dem Lukasevangelium findet sich in der ältesten lukanischen Handschrift, im Papyrus Bodmer XIV (P[75]), der ungefähr aus dem Jahr 200 n. Chr. stammt. Soweit mir bekannt ist, gibt es aber kaum ein früher datierbares Manuskript der Septuaginta, das κύριος für Jahwe hätte[47]. Es bleibt dabei, daß die weite Verbreitung der Sitte, in christli-

---

[44] Das ist mehr oder weniger *P. Kahles* Meinung, The Cairo Geniza, S. 222; Problems of the Septuagint, S. 329; *S. Schulz*, Maranatha und Kyrios Jesus, S. 128 bis 29; *P. Vielhauer*, Ein Weg, S. 149 und andere.

[45] Κύριος als Name für Jahwe findet sich im Neuen Testament z. B. in Mk 5,19; 13,20; Mt 5,33; Lk 1,6.9.28.46; Röm 4,8; 9,28.29; 11,34; 2Thess 3,3; Eph 6,7. Siehe *L. Cerfaux*, ‚Kyrios‘ dans les citations pauliniennes de l'Ancien Testament, Recueil Lucien Cerfaux, Bibliotheca ephemeridum theologicarum lovaniensium, 6; Gembloux 1954, 1. S. 173—88, bes. S. 174—77.

[46] Dieses Problem wird freilich durch die Überlieferung des neutestamentlichen Textes selbst noch komplizierter. Im zitierten Vers liest Codex Bezae θεός statt κύριος, aber die Mehrzahl der besten Handschriften zeugt gegen diese Lesart, und sie könnte sich aus anderen Gründen ergeben haben.

[47] Soweit ich sehe, ist der Chester Beatty Papyrus VI aus dem zweiten Jahrhundert die älteste derartige Handschrift; siehe *F. G. Kenyon*, Chester Beatty Biblical Papyri... Fasciculus V: Numbers and Deuteronomy, London Text (1935), Plates (1958), S. ix: κς/κυ in Num 5,17.18.21; Dtn 1,25.27.30 usw. Vgl. Pap Oxy. 656 (carefully written in round upright uncials..., having in some respects more affinity with types of the second century than of the third), The Oxyrhynchus Papyri, Part IV (hrsg. von B. P. Grenfell und A. S. Hunt; London 1904), S. 29. Die Herausgeber erwähnen „the absence of the usual contractions for θεός κύριος,, &c." In Zeile 17 „a blank space, sufficient for four letters, was left by the original scribe between τα and κατά, and in this κύριε was inserted by the second hand" (S. 33). Vgl. Zeilen 122, 166.

chen Kopien der Septuaginta κύριος für Jahwe zu schreiben, davon beeinflußt ist, daß das Neue Testament selbst dieser Sitte huldigt. Aber es bleibt auch die Frage: Woher stammt diese Sitte des Neuen Testaments?

2. Obwohl Josephus gewöhnlich δεσπότης als Äquivalent des Tetragramms benutzt, gebraucht er doch zweimal auch eine Form von κύριος, wobei es sich einmal um ein Zitat aus dem Alten Testament handelt, was in unserem Zusammenhang wichtig ist: Ant. 20.4,2 § 90: εἰ μὴ μάτην, ὦ δέσποτα κύριε, τῆς σῆς ἐγευόμην χρηστότητος „oh Herrscher, Herr, wenn ich nicht vergebens auf deine Güte vertraut habe...", in einem Gebet des Königs Izates, der sich zum Judentum bekehrte; dann Ant. 13.3,1 § 68: καὶ γὰρ Ἡσαΐας ὁ προφήτης τοῦτο προεῖπεν· ἔσται θυσιαστήριον ἐν Αἰγύπτῳ κυρίῳ τῷ θεῷ „denn der Prophet Jesaja hat geweissagt, ‚es werde in Ägypten ein Altar erstehen, der Gott dem Herrn geweiht sei'", ein Zitat aus Jes 19,19 in einem Brief des Hohenpriesters Onias. Hier zitiert Josephus einen griechischen Text des Alten Testaments, der nicht mit der Septuaginta übereinstimmt, und es wären einige Akrobatenstückchen nötig, um ihn doch noch auf die Septuaginta zurückzuführen. Außerdem war sich Josephus dessen bewußt, daß der Name, den Gott Mose geoffenbart hatte, Fremden nicht mitgeteilt werden durfte[48], und das ist sicher der Grund für seinen so häufigen Gebrauch von δεσπότης[49]. Dies vorausgesetzt ist es bedeutsam, daß er κύριος nicht häufiger als Gottesbezeichnung benutzte. Das läuft parallel zur Seltenheit von Κύριος in vorchristlichen griechischen Übersetzungen des Alten Testaments. Aber nach alledem bleibt doch die Tatsache bestehen, daß κύριος an den beiden zitierten Stellen steht[50]. Natürlich könnte man

---

Überdies gesteht selbst *P. Kahle,* Problems of the Septuagint, S. 333, daß „die frühen Christen Texte der griechischen Bibel benutzten, die schon in vorchristlicher Zeit von den Juden an den hebräischen Originaltext angepaßt worden waren".

Noch eine weitere Frage könnte zum Gebrauch von κύριος in griechischen Schriften wie Judith, Sapientia Salomonis und Makkabäerbücher gestellt werden.

[48] Ant. 2.12,4 § 276.

[49] Ant. 1.3,1 § 72; 1.18,6 § 272; 2.12,2 § 270; 4.3,2 § 40, 46; 5.1,13 § 41; 5.1,25 § 93; 11.3,9 § 64; 8.4,3 § 111; 11.6,8 § 230; Bell Jud 8.8,6 § 323.

Κύριος als griechisches Äquivalent des hebräischen יהוה ist auch Josephus bekannt; siehe Ant. 5.2,2 § 121.

[50] Für eine Deutung dieses Phänomens vgl. *A. Schlatter,* Die Theologie des Judentums nach dem Berichte des Josefus, Beiträge zur Förderung christlicher Theologie, 2/26; Gütersloh 1932, S. 25—26; wie sprach Josephus von Gott? Beiträge zur Förderung christlicher Theologie, 14/1; Gütersloh 1910, S. 8—11. Vgl. *E. Nestle,* Josephus über das Tetragrammaton, ZAW 25 (1905) S. 206; *J. B. Fischer,* The Term ΔΕΣΠΟΤΗΣ in Josephus, JQR 49 (1958—59) S. 132—38; *H. St. J. Thackeray,* Note on the Evi-

auch hier wieder sagen, κύριος sei an diesen beiden Stellen in Abhängigkeit von christlichem Sprachgebrauch oder von christlichen Septuagintahandschriften in Josephusmanuskripte sekundär eingeführt worden. Aber
ist das wahrscheinlich[51]? Wenn man den Gebrauch von κύριος bei Josephus behandelt, vergleicht man seinen Text meist mit der Septuaginta[52].
Aber die neueren Studien über das griechische Alte Testament betonen
die Vielheit der Übersetzungen schon im Palästina des 1. Jahrhunderts
n. Chr. Man neigt dazu, den von Josephus benutzten griechischen Bibel-
text mit einer protolukianischen Revision der alten griechischen Übersetzung zu identifizieren. Diese war in Palästina selbst hergestellt worden, um die alte griechische Übersetzung an den hebräischen Text anzu-
gleichen, der damals in Palästina gebraucht wurde[53]. Könnte es sein,
daß diese seltenen Belege für κύριος bei Josephus mit einer solchen
Revision des griechischen Alten Testaments zusammenhängen? Das
klingt sehr spekulativ — aber die Gestalt des griechischen Texts des
Alten Testaments im Palästina des ersten Jahrhunderts ist ein wichtiger
Aspekt des Problems, das uns beschäftigt. Man bekommt die Belege von
κύριος bei Josephus nicht einfach dadurch los, daß man mit christlichen
Abschriften der sogenannten Septuaginta rechnet. Die Septuagintafor-
schung der letzten Jahre zeigt, daß die Dinge komplizierter liegen.

Zugegeben, daß die Belege für κύριος aus Josephus nicht gerade sehr
zahlreich sind und daß er in der Tat außerhalb Palästinas griechisch geschrieben hat — die Frage bleibt: Wie gerieten diese isolierten Fälle von
κύριος in seinen griechischen Text hinein? Und sollten sie den Anfang
einer Praxis unter griechisch-sprechenden Juden Palästinas bezeugen,
Jahwe κύριος zu nennen, dann ist das relevant[54].

---

dence of Josephus, The Old Testament in Greek, II/1: I and II Samuel, hrsg. von
A. E. Brooke, N. McLean und H. St. J. Thackeray; Cambridge 1927, S. ix; *A. Mez,*
Die Bibel des Josephus untersucht für Buch V—VII, Basel 1895; *P. Kahle,* Die Kairoer
Genisa, Berlin 1962, S. 243—248. G. *Howard,* Kaige Readings in Josephus, Textus:
Annual of the Hebrew University Bible Project 8, ed. S. Talmon; Jerusalem 1973,
S. 45—54.

[51] Selbst die *varia lectio* am Rand der Handschrift A des Josephustextes enthält
κύριον; siehe LCL 9. 434.

[52] Z. B. *J. B. Fischer,* JQR 49 (1958—59) S. 132—38.

[53] Siehe *F. M. Cross, Jr.,* The Contribution of the Qumran Discoveries, S. 84—85;
„The History of the Biblical Text", S. 281—99; *P. W. Skehan,* The Biblical Scrolls
from Qumran and the Text of the Old Testament, BA 28 (1965) S. 87—100, bes.
S. 90—95. — Vgl. die Bemerkung *Kahles* oben in Anm. 47.

[54] Man könnte auch die Frage aufwerfen, ob es sich nicht aus der Diasporasituation
ergibt, wenn Philo sich auf Jahwe als κύριος bezieht. Mit Bezug auf Ex 3,14 schreibt

3. Es gibt einen Beleg für κύριος im Aristeasbrief, und zwar handelt es sich um eine klare Anspielung auf Deuteronomium, wenn auch nicht um ein genaues Zitat: „Widerkäuen ist ja nichts anderes als Erinnerung an Leben und Bestehen; denn das Leben besteht gewöhnlich durch die Nahrung weiter. Darum mahnt er durch die Schrift also: ‚Gedenke des Herrn, deines Gottes, der an dir das Große und Wunderbare tat.‘ Denn bei näherer Betrachtung erscheint groß und wunderbar fürs erste die Gestaltung des Leibes, die Aufnahme der Nahrung und die Bestimmung eines jeden Gliedes" (§ 154—55). Die Anspielung auf Dtn 7,18—19 lautet: μνείᾳ μνησθήσῃ κυρίου τοῦ ποιήσαντος ἔν σοι τὰ μεγάλα καὶ θαυμαστά[55]. Sollen wir uns hier nun abermals auf Gewohnheiten christlicher Abschreiber zurückziehen? (Und man könnte noch andere pseudepigraphische Schriften jener Periode in ähnlicher Weise zitieren.)

4. Obwohl in den Materialien aus der Kairoer Genisa, in den Fragmenten der Aquila-Übersetzung von 1Kön 20,13—14; 2Kön 23,21.23 (Palimpsest-Fragmente)[56] und in anderen Texten wie Ps 91,2.9; 92,2.5. 6.9.10; 96,7.8.9.10.13; 97,1.9.12; 102,16.17.20; 103,2.6.8 (ebenfalls Pa-

---

Philo in De mutatione nominum (2 § 12): δίδωσι καταχρῆσθαι ὡς ἂν ὀνόματι κυρίῳ τῷ „κύριος ὁ θεος" τῶν τριῶν φύσεων, διδασκαλίας, τελεότητος, ἀσκήσεως, ὧν σύμβολα Ἀβραάμ, Ἰσαάκ, Ἰακὼβ ἀναγράφεται. Vgl. Quis rerum divinarum heres 6 § 22—29. Philo gebraucht aber auch die absolute Form κύριος für Gott: ὤφθη κύριος τῷ Ἀβραάμ, und zwar gerade in einem Bibelzitat (Gen 17,1). Woher hat er die Form κύριος? Aus christlichen Handschriften der sogenannten Septuaginta? Oder haben christliche Schreiber auch in der Überlieferung des philonischen Textes ihre Spuren hinterlassen? Auf jeden Fall wußte Philo, daß seine griechische Bibel Jahwe nicht nur den Titel θεός, sondern auch den Titel κύριος verlieh, und er erklärte letzteren als einen die Souveränität und die Königswürde Gottes betonenden Titel (ἡ γὰρ κύριος πρόσρησις ἀρχῆς καὶ βασιλείας ἐστι) De somniis, 1. 63. Vgl. De vita Mosis 1.14 § 75. Siehe *H. Wolfson*, Philo: Foundation of Religious Philosophy in Judaism, Christianity, and Islam, 2. Aufl.; Cambridge 1948, 2. 120; *P. Katz*, Philo's Bible: The Aberrant Text of Bible Quotations in Some Philonic Writings and Its Place in the Textual History of the Greek Bible, Cambridge 1950, S. 47, 59—60. Vgl. *G. E. Howard*, The ‚Aberrant' Text of Philo's Quotations Reconsidered, HUCA 44 (1973) S. 197—209.

[55] Siehe *M. Hadas*, Aristeas to Philocrates (Letter of Aristeas) Edited and Translated, New York 1951, S. 161; vgl. *H. St. J. Thackeray*, The Letter of Aristeas, in *H. B. Swete*, An Introduction to the Old Testament in Greek, überarbeitet von R. R. Ottley; New York 1968, S. 578 (der *apparatus criticus* erwähnt eine *varia lectio* von Eusebius, die noch τοῦ θεοῦ zu κυρίου hinzufügt).

[56] Siehe *F. C. Burkitt*, Fragments of the Books of Kings According to the Translation of Aquila from a MS. Formerly in the Geniza at Cairo, Cambridge 1897, S. 8, 15—16.

limpsest-Fragmente)[57] das Tetragramm auf hebräisch normal bewahrt ist, gibt es dort wenigstens einen Fall (2Kön 23,24), wo wegen Raummangels am Ende einer Zeile nicht das Tetragramm steht, sondern die griechische Abkürzung $\overline{KY}$[58]. Ist das eine verzweifelte Lösung eines Platzmangelproblems, wobei ein Jude auf die Praxis christlicher Abschreiber zurückgriff[59]? Die Abkürzung findet sich nur dieses eine Mal, aber es handelt sich ja um Fragmente, und man muß die Frage stellen, ob sie nicht vielleicht häufiger vorgekommen war. Sollte nicht also doch eine jüdische Sitte vorliegen, Jahwe gelegentlich mindestens durch κύριος zu übersetzen — natürlich noch nicht in dem Ausmaß, das wir dann bei den christlichen Abschreibern der Septuaginta finden?

5. Es gibt Manuskripte der griechischen Übersetzung des Alten Testaments, in denen ΠΙΠΙ statt יהוה zu lesen ist. Wir können ohne weiteres annehmen, daß griechisch-sprechende christliche Abschreiber den Sachverhalt nicht mehr ganz durchschauten, wenn sie statt יהוה ΠΙΠΙ schrieben. Aber wie sprachen sie ihren Text aus, wenn sie ihn lasen? Jedenfalls zweifle ich, ob Juden an solchen Stellen gewöhnlich „Pipi" sagten[60]. Man muß hier klar Transkription, Übersetzung und Aussprache unterscheiden. Was sagte also ein griechisch-sprechender Jude, wenn er die Bibel vorlas und in seinem griechischen Text das Tetragramm oder die Buchstabengruppe ΠΙΠΙ fand?

6. Die angeführten Belege für den Gebrauch von κύριος unter Juden in vorchristlicher Zeit oder jüdischen Zeitgenossen von palästinischen Christen mögen vielleicht doch nicht aufkommen gegen die Belege für die Bewahrung des Tetragramms in den meisten jüdischen Handschriften des griechischen Alten Testaments. Aber selbst dann stellen sie eine Größe dar, die berücksichtigt werden muß, wenn man dann noch die Belege aus dem semitischen Bereich heranzieht, die im folgenden gebracht werden sollen. Doch bevor das geschieht, sei ein letzter Hinweis erlaubt.

---

[57] Siehe *C. Taylor*, Hebrew-Greek Cairo Geniza Palimpsests, S. 53—65 (+ Abb. III—VIII).

[58] *F. C. Burkitt*, Fragments of the Books of Kings, S. 16. Vgl. *H. B. Swete*, An Introduction, S. 39; *F. Dunand*, Papyrus grecs bibliques, S. 51.

[59] Aquilas Bemühen um eine wortgetreue griechische Übersetzung und sein Wiederstand gegen den christlichen Gebrauch der Septuaginta sind bekannt; siehe *B. J. Roberts*, The Old Testament Texts and Versions, S. 123. War der Schreiber, der die Aquilaübersetzung abgeschrieben hat, etwa auch ein Christ? Wenn ja, warum hat er dann die Abkürzung nicht durchgängig oder wenigstens häufig durch κύριος ersetzt?

[60] Man fragt sich, was die syrischen Schreiber daraus gemacht haben, wenn sie das griechische ΠΙΠΙ bisweilen als *pypy* wiedergaben.

Er bezieht sich auf die Unterscheidung zwischen „Hebräern" und „Hellenisten" in der Urgemeinde, die ich schon erwähnt habe. Wir erfahren von den beiden Gruppen innerhalb der *judenchristlichen* Urgemeinde in Apg 6,1—6. Die Unterscheidung ist auf verschiedenste Weise erklärt worden. Die einzige Erklärung, die mich überzeugt, wurde 1958 von C. F. D. Moule vorgelegt. Nach ihm waren die „Hellenisten" „Juden, die nur griechisch sprachen", die „Hebräer" dagegen „Juden, die zwar griechisch sprechen konnten, aber darüber hinaus *auch* eine semitische Sprache sprachen"[61]. Dieser Unterschied zwischen „Hebräern" und „Hellenisten" existierte jedoch nicht nur innerhalb der christlichen Gemeinde, sondern auch schon unter den Juden in Palästina selbst, wie die Apostelgeschichte andeutet (9,29)[62]. Er ist deshalb wichtig für die ganze Frage nach der Entstehung des palästinisch-urchristlichen Kerygmas. Wurde es nur in einer semitischen Sprache formuliert, wie so viele der heute gängigen Auffassungen voraussetzen? Es ist zum Beispiel gesagt worden, im absolut gebrauchten Titel χύριος für Jesus „spiegele sich deutlich die Wandlung von der Urgemeinde zum hellenistischen Christentum"[63]. Dabei sind unter „hellenistischem Christentum" Gemeinden verstanden, die unter einem heidnischen Kulturdruck standen, wie etwa die Gemeinden in Ägypten, Syrien und Kleinasien. Aber kann man ausschließen,

---

[61] Once More, Who Were the Hellenists? ExpTim 70 (1958—59) S. 100—2. Siehe auch meinen Aufsatz, Jewish Christianity in Acts in Light of the Qumran Scrolls, Essays on the Semitic Background of the New Testament (London 1971), S. 271—303, bes. 277—79.

[62] Ich bin mit Moule nicht einig, wenn er schreibt, daß die „Hellenisten" in Apg 9,29 Christen waren. Vgl. *E. Haenchen,* Die Apostelgeschichte, Meyers Kommentar 3; 15. Aufl.; Göttingen 1968, S. 280; *M. Simon,* St Stephen and the Hellenists in the Primitive Church, London 1958, S. 14—15.

[63] *H. Conzelmann,* Grundriß der Theologie des Neuen Testaments, S. 82. — Er scheint „die Hellenisten" und „die Hebräer" in Apg 6,1—7 etwa so wie ich zu verstehen, wenn er schreibt, es sei wesentlich, zwischen den beiden Typen (Urgemeinde und hellenistische Gemeinde) zu unterscheiden (S. 48). Denn obwohl er hier mit letzterer „die hellenistische Kirche im weiteren Sinn" meint, die entstand, als die Hellenisten, die „sich als Juden" betrachteten, aus Jerusalem vertrieben wurden und „die Heidenmission (Apg 11,19 ff)" begannen (S. 48), so unterscheidet er doch zwischen „Hebräern", „Hellenisten", und „der hellenistischen Gemeinde" (im weiteren Sinn). Ich möchte nur betonen, daß die Jerusalemer „Hellenisten" genau so Teil der frühchristlichen „Urgemeinde" waren, wie die „Hebräer". Und diese Betonung zieht eine begriffliche Vorstellung und eine Formulierung des urchristlichen Kerygmas in dieser Urgemeinde in Betracht, die in ihrer Art sowohl semitisch als auch hellenistisch sind, und die sich auch — besonders in bezug auf den Kyriostitel — gegenseitig beeinflussen.

daß die christlichen „Hellenisten" in Palästina schon bei der Formung des allerersten Kerygmas mitbeteiligt waren? Müssen wir nicht gerade unter diesen judenchristlichen Ἑλληνισταί die Entstehung des griechischen Kyriostitels für Jesus vermuten, und das vor allem dann, wenn es Beweise für ein semitisches Gegenstück in Form eines Gottestitels gibt, der unter den semitisch-sprechenden Juden Palästinas gebraucht wurde?

Alle diese Überlegungen über den Gebrauch von κύριος bei den griechisch-sprechenden Juden Palästinas — so mager die Belege sich ausnehmen — sind nur angestellt worden, um einen Hintergrund für das eigentliche Material zu liefern, das ich nun ausbreiten möchte. Die neuen aramäischen Belege, und selbst die hebräischen, sehen anders aus, wenn sie vor einem solchem Hintergrund betrachtet werden.

III. Der Kyriostitel hat einen palästinisch-semitischen, religiösen Ursprung

Für diese Theorie hat man oft den aramäischen Satz μαράνα θά angeführt, der aus 1Kor 16,22 stammt[64]. Der Erste Korintherbrief ist der hellenistischste aller Briefe im paulinischen Briefkorpus. Der Satz ist uns überliefert durch den Mann, der sich selbst als einen „Hebräer" identifiziert hat (2 Kor 11,22; Phil 3,5). Die Schwierigkeit mit μαράν(α)[65] ist,

---

[64] Zu diesem Ausdruck vgl. *K. G. Kuhn*, Μαραναθά, ThWNT 4 (1942) S. 470—75; *S. Schulz*, Maranatha und Kyrios Jesus (Anm. 41 oben); *C. F. D. Moule*, A Reconsideration of the Context of Maranatha, NTS 6 (1959—60) S. 307—10; *J. Betz*, Die Eucharistie in der Didache, Archiv für Liturgiewissenschaft 11 (1969) S. 10—39; *W. Dunphy*, Maranatha, Development in Early Christianity, ITQ 37 (1970) S. 294—308; *M. Black*, The Maranatha Invocation and Jude 14, 15 (I Enoch 1:9), Christ and Spirit in the New Testament: In Honour of Charles Francis Digby Moule, hrsg. von B. Lindars and S. S. Smalley; Cambridge 1973, S. 189—96. Es ist nicht meine Absicht zu behaupten, daß מרא gar keine Rolle in der Entwicklung des absoluten Gebrauchs von κύριος gespielt hat. Gleichzeitig hat es gewiß eine große Bedeutung als Akklamationsform in einem kultischen Sitz; und das spiegelt sich noch immer in der griechischen Form (des Vokativs) in Apk 22,20 (ἔρχου κύριε Ἰησοῦ) wider.

[65] Die suffigierte Form מראן wurde vor kurzem als theophores Element eines Eigennamens in einer Inschrift neu entdeckt: *J. Naveh*, פחלץ' באוסטרקון ארמי חדש, Lešonénu 37 (1972—73) S. 270—74. Zeile 2 des fragmentarischen Ostrakons aus Gaza heißt: קר בר עבדמרא[ן] [„]qar bar ʿAbedmarʾan". *Naveh* glaubt, daß das theophore Element *Marna(s)*, d. h. eine in Gaza seit der Perserzeit verehrte Gottheit, bezeichnet. Ob das richtig ist, muß erst noch bewiesen werden. Würde sich der Ausdruck dagegen auf Jahwe beziehen, so hätten wir damit einen interessanten Gebrauch der suffigierten Form von מרא. — Kann man den ersten Namen zu [ʾAḥi]qar ergänzen?

daß es sich um eine Suffixform handelt. Es ist schwer zu verstehen, wie das absolute κύριος daraus entstehen konnte. Und mindestens seit der Zeit Dalmans hat man es immer wiederholt, daß palästinische Juden Jahwe niemals absolut oder „attributlos" als „den Herrn" bezeichneten[66]. R. Bultmann hat z. B. geschrieben: „Im jüdischen Sprachgebrauch ist überhaupt das absolute ‚der Herr' nicht denkbar."[67] Genau hierzu liegen nun neue Fakten vor.

Im kürzlich veröffentlichten Ijob-Targum aus Höhle 11 von Qumran wird das aramäische מרא „der Herr" absolut als Titel für Gott, und zwar in Parallelismus zu אלהא „Gott" gebraucht. Der Text ist fragmentarisch, und unmittelbar nach מרא beginnt eine Lücke. Aber mir scheint, er ist dennoch eindeutig. Ich argumentiere im folgenden nur von der Textform aus, die die Herausgeber angenommen haben[68]. Sie waren noch nicht auf die Bedeutung dieser Textstelle aufmerksam geworden. Im erhaltenen Teil des Targums gibt es eine aramäische Wiedergabe einer der Elihureden. Im hebräischen Urtext sagt Elihu zu Ijob:

(34,12) אף אמנם אל לא ירשיע ושדי לא יעות משפט

„Gewiß wird Gott nichts Böses tun, und der Allmächtige wird nicht das Gericht verdrehen."
Die aramäische Übersetzung davon lautet:

(24,6—7) הכען צדא אלהא ישקר ומרא / [יעות דינא]

„Wird nun Gott wirklich treulos handeln, [wird] der Herr [das Gericht verdrehen]?"
Gott wird hier eindeutig מרא genannt. Der Titel ist nicht nur im *status absolutus,* sondern auch attributlos[69]. Er steht in Parallelismus mit dem

---

[66] Die Worte Jesu, S. 147: „Denn eine ὁ κύριος unmittelbar entsprechende aramäische Gottesbezeichnung war bei den Juden gar nicht vorhanden."

[67] Theologie des Neuen Testaments, S. 54. Ähnlich W. *Bousset,* Kyrios Christos, S. 90—91; H. *Lietzmann,* An die Römer, S. 99: „מרא ‚der Herr' ist nie so verwendet worden."

[68] J. P. M. *van der Ploeg* und A. S. *van der Woude* (avec la collaboration de B. *Jongeling*), Le targum de Job de la grotte XI de Qumrân (Koninklijke nederlandse Akademie van Wetenschappen; Leiden 1971), S. 58.

[69] Der fragmentarische Zustand des Textes erfordert eine Bemerkung. Die Spitze des *Aleph* von מרא ist auf der Photographie gerade noch sichtbar, und die Herausgeber haben es als eine wahrscheinliche Lesung bezeichnet. Obwohl die Lücke sofort nach diesem beschädigten Buchstaben anfängt, ist es unwahrscheinlich, daß das Wort ein Pronominalsuffix, entweder -ī oder -an, hatte. Man kann freilich den *status emphaticus*

gewöhnlichen Wort für Gott אלהא. Man vergleiche auch 11QtgIjob 24,[5]; 26,[8].

Sollte dieser Beleg wegen seines fragmentarischen Charakters Bedenken erregen, so lassen sich andere Belege hinzufügen. Im Genesis-Apokryphon wird attributloses מרה ebenfalls zweimal für Gott gebraucht. Nachdem Sarai von Abram zum Pharao Zoan weggeführt wurde, betete Abram zu Gott:

בריך אנתה אל עליון מרי לכול עלמים די אנתה מרה ושליט על כולא

„Gesegnet (seist) du, allerhöchster Gott, mein Herr, für alle Ewigkeit! Denn du bist *der Herr* und der Herrscher über das All" (1QapGen 20,12—13)[70].

Weniger klar ist der Fall in 1QapGen 20,15:

אנתה מרה לכול מלכי ארעא

„Du bist Herr über alle Könige der Erde."[71] Das Nomen steht hier zwar im *status absolutus*. Aber ihm folgt ein präpositionaler Ausdruck, der als Entsprechung zu einem Genitiv interpretiert werden könnte, vielleicht sogar als eine Art Genitivverbindung[72].

Im ganzen ist darauf zu achten, daß nicht nur der *status absolutus* von מרא, sondern auch absoluter Gebrauch bezeugt ist. Allerdings ist מרא im Ijobtargum keine Übersetzung von Jahwe. Denn in den Dialogen des Buches Ijob wird das Tetragramm so gut wie nicht verwendet[73]. Es findet sich praktisch nur im Prolog, in den Jahwereden am Ende des

---

nicht ausschließen (vielleicht מראה; siehe Anm. 22 oben). Das ergäbe eine gute Parallele zum emphatischen אלהא. Es würde immer noch „der Herr" bedeuten. Ich zögere jedoch damit, das Wort so zu ergänzen, weil — soviel ich weiß — der *status emphaticus* von מרא im palästinischen Aramäisch des ersten Jahrhunderts immer noch unbezeugt ist.

[70] Man darf den Ausdruck על כולא nur mit שליט verbinden. Denn der Ausdruck מרא על ... ist anderswo unbezeugt. Vgl. jedoch Dan 2,48 (... השלטה על).

[71] Wörtlich, „Herr aller Könige", denn das ל ist eine Art Genitivverbindung.

[72] Zu diesen Zeilen siehe meinen Kommentar zu The Genesis Apocryphon of Qumran Cave I (BibOr 18A; 2. Aufl.; Rom 1971), S. 129—30. — Zu beachten ist hier die enge Verwandtschaft zwischen 1QapGen 20:13 und einer der Stellen, in der Josephus κύριος gebraucht (Ant. 20.4,2 § 90). — In Pauline Theology: A Brief Sketch, Englewood Cliffs, N. J., 1967, S. 34—37, habe ich schon auf diese Texte des Genesis-Apocryphons hingewiesen.

[73] Dieser Gebrauch ist in meinem Aufsatz, The Contribution of Qumran Aramaic to the Study of the New Testament, NTS 20 (1973—74) S. 387, auch erörtert worden.

Buchs und im Epilog[74]. In 11QtgIjob 24,6—7 übersetzt מרא den alttestamentlichen Gottestitel שדי, den die Septuaginta gewöhnlich mit
παντοκράτωρ wiedergibt[75]. Wir haben also die Unterlage für die vollständige Gleichung Jahwe = מרא = κύριος noch nicht gefunden, aber
immerhin haben wir den absoluten Gebrauch von מרא als Bezeichnung
für Gott in von Juden geschriebenen und verwendeten Texten. Schon
damit ergibt es sich, daß man kaum noch wird behaupten können, im
jüdischen Sprachgebrauch sei überhaupt „das absolute ‚der Herr' nicht
denkbar".

Wie dürfte dieses aramäische מרא ins Griechische übersetzt worden
sein? Im Danielbuch erhält Gott den Titel מרא מלכין „Herr der Könige".
Sowohl die Septuaginta als auch Theodotion geben ihn weiter mit
κύριος τῶν βασιλέων. Hier handelt es sich zwar nicht um absoluten Gebrauch von מרא oder κύριος. Aber es liegt dennoch ein Zeugnis für die
Entsprechung מרא = κύριος vor. Und das erlaubt, das absolut ge-
brauchte מרא in 11QtgIjob 24,7 als das „missing link" zwischen einem
absoluten Jahwetitel „der Herr" und dem neutestamentlichen Gebrauch
von κύριος einmal für Jahwe, dann auch für Jesus zu betrachten[76].

An dieser Stelle der Überlegungen sollten wir noch einmal auf den
Christushymnus von Phil 2,6—11 zurückkommen und speziell auf die
von P. Grelot vorgeschlagene Rückübersetzung ins Aramäische[77]. Er sieht
hinter dem letzten Vers des Hymnus folgenden aramäischen Text:

וכל לשן יודא די מרא די ישוע משיחא ליקרה די אלהא אבא

καὶ πᾶσα γλῶσσα ἐξομολογήσηται ὅτι κύριος Ἰησοῦς Χριστὸς εἰς δόξαν θεοῦ
πατρός.

---

[74] Siehe jedoch Ijob 12,9 (יד יהוה), und vergleiche den *apparatus criticus*.

[75] Vgl. G. *Bertram*, Zur Prägung der biblischen Gottesvorstellung in der griechischen Übersetzung des Alten Testaments: Die Wiedergabe von *schaddad* und *schaddaj*
im Griechischen, Welt des Orients 2 (1959) S. 502—13; H. *Hommel*, Pantokrator,
Theologia viatorum 5 (1953—54) S. 322—78.

[76] Was ist von κύριος in der Septuaginta- und in der Theodotion-Übersetzung von
Dan 2,47 zu halten? Es handelt sich nicht um eine Übersetzung von יהוה. Ist auch
dieser Gebrauch christlichen Schreibern zuzuschreiben? Hier ist auch auf מרא מלכן
hinzuweisen, das als pharaonischer Titel im Adonbrief vorkommt (KAI § 266); obwohl es nicht dasselbe ist wie das κύριος Βασιλείων des Rosettasteins, so gibt es doch
wenigstens eine Beziehung zwischen מרא und κύριος. Vgl. auch „The Aramaic Letter
of King Adon to the Egyptian Pharaoh", Biblica 46 (1965) S. 41—55.

[77] „Deux notes" (Anm. 33 oben), S. 184—86. — Siehe weiter meinen Aufsatz NTS
20 (1973—74), S. 389—90 für eine aramäische Rückübersetzung von Ps 110,1.

Interessanterweise hat Grelot einfach מרא geschrieben, ohne sich die Frage zu stellen, ob eine absolute Form des Worts anderswo in einem derartigen Zusammenhang belegt ist. Jetzt können wir sagen, daß die Belege sich im Ijob-Targum und im Genesis-Apokryphon finden — was seine Rückübersetzung bestätigt.

Doch wenn diese aramäischen Belege nicht als hinreichend betrachtet werden sollten, stehen uns auch einige hebräische Belege aus Qumran zur Verfügung, um sie zu stützen. Es ist in diesem Zusammenhang nicht notwendig, das Verhältnis von Hebräisch und Aramäisch in der Sprache und beim Schreiben im Palästina des 1. Jahrhunderts zu untersuchen. Es sei mir erlaubt, dafür einfach auf meinen Aufsatz „The Languages of Palestine in the First Century A. D." in Catholic Biblical Quarterly 1970 zu verweisen[78]. Auf jeden Fall müssen wir, wenn wir nach der Herkunft des absolut gebrauchten Kyriostitels fragen, auch einige hebräische Belege ins Auge fassen. Aus der Septuaginta war schon immer ein Psalm 151 bekannt. Jetzt ist der hebräische Urtext in einer Rolle aus der Höhle 11 von Qumran aufgetaucht[79]. In ihm findet sich nun ein eindeutiger Beleg des Titels אדון in absoluter, attributloser Form für Jahwe, und zwar in Parallelismus mit אלוה „Gott". Es handelt sich um ein auffallendes Gegenstück zum aramäischen Parallelismus von אלהא und מרא im Ijobtargum (24,6—7). Darüber hinaus handelt es sich bei dem Ps 151 aus Qumran um einen Text, in dem auch das Tetragramm vorkommt und in der archaisierenden paleohebräischen Schrift geschrieben ist, die wir auch sonst aus Qumran kennen. Nun endlich zum Text selbst. Es handelt sich um 11QPsᵃ 28,7—8:

ומי ידבר ומי יספר את מעשי אדון ראה הכול אלוה הכול הוא שמע והוא האזין

---

[78] CBQ 32 (1970) S. 501—31.

[79] J. A. Sanders, The Psalms Scroll of Qumran Cave 11, DJD 4; Oxford 1965, 28,7—8 (S. 49, 55, 57). Siehe auch sein Buch, The Dead Sea Psalms Scroll, Ithaca 1967, S. 88—89, 94—103, für eine weitere Erörterung des Ps 151 und die Verteidigung der hier gebrauchten Übersetzung. Einige Exegeten haben versucht, das Wort אדון mit dem folgenden הכול als *status constructus* auszulegen. Siehe aber P. W. Skehan, The Apocryphal Psalm 151, CBQ 25 (1963) S. 407—9, der den *status absolutus* verteidigt und übersetzt, „Who can recount the works of the Lord?" — Vgl. A. Hurvitz, The Post-Biblical Epithet אדון הכול, Tarbiz 34 (1965) S. 224—27. Der absolute Gebrauch von אדון findet sich auch in 1QH 10,8; er ist aber dort von einem präpositionalen Ausdruck gefolgt (לכול רוח), der ihn an eine Genitivverbindung annähert (siehe oben Anm. 21, 23). Vgl. aber auch Sir 10,7: שנואה לאדון, μισητὴ ἔναντι κυρίου (Diesen Hinweis verdanke ich G. S. Glanzman.)

„und wer kann erörtern und wer kann erzählen die Taten des Herrn? Alles hat Gott gesehen; alles hat er gehört; und er hat achtgegeben ...“[80] In diesem Zusammenhang kann „der Herr“ nur Jahwe meinen, obwohl sonst auch der Gottesname gebraucht wird. J. A. Sanders, der Herausgeber dieser Rolle, hat als Zeit der Kopie „die erste Hälfte des ersten christlichen Jahrhunderts“ vorgeschlagen[81]. Also war es wenigstens für jene Juden, die diese Rolle benutzten oder abgefaßt haben, nicht „undenkbar“, Jahwe einfach „den Herrn“ zu nennen. Hierzu wäre nun noch der kanonische Psalter heranzuziehen, wo etwa in Ps 114,7 אדון in ähnlicher Position steht:

מלפני אדון חולי ארץ מלפני אלוה יעקב

„Vor dem Antlitz des Herrn bebe nur, Erde, vor dem Antlitz des Gottes Jakobs.“
Man vergleiche auch Mal 3,1; Jes 1,24; 3,1; 10,33; 19,4. Vgl. 1QH 10,8 (ואדון לכול רוח) im Parallelismus mit (ומושל בכול מעשה).

Nimmt man diese aramäischen und hebräischen Belege zusammen mit dem Gebrauch des griechischen κύριος in den Schriften von Josephus, im Aristeasbrief und in einem isolierten Zeugnis in einer Abschrift der Aquilaübersetzung des Alten Testaments, muß man wohl doch auf die im ersten Jahrhundert zumindest schon aufkommende Sitte schließen, Jahwe als den „Herrn“ zu bezeichnen. Dieser Schluß, der sich zunächst auf die palästinischen Juden bezieht, wird dann unterbaut durch Zeugnisse aus der Diaspora wie etwa die Schriften Philos und das Neue Testament[82]. Zweifellos kommt das hier vorgelegte Material nicht an die Fülle dessen heran, das man in der Hand zu haben glaubte, als man es noch für erlaubt hielt, aus dem Gebrauch von κύριος für den Jahwenamen in der alten griechischen Übersetzung zu argumentieren. Aber es genügt doch, um es möglich erscheinen zu lassen, daß Juden Palästinas die Wörter מרא und אדון, die sie für Gott gebrauchten, in dem Augenblick, als sie Christen wurden, auch auf Jesus anwendeten, und daß diese palästinischen „Hebräer“, die ja auch griechisch sprachen, selbst dann diesen Titel mit dem Wort κύριος wiedergaben, wenn sie mit den „Hellenisten“ der

---

[80] Obwohl die griechische Übersetzung von Ps 151,3 zweimal das Wort κύριος enthält, ist sie nicht eine genaue Wiedergabe des hebräischen Textes aus Qumran: καὶ τίς ἀναγγελεῖ τῷ κυρίῳ μου; αὐτὸς κύριος, αὐτὸς εἰσακούει.

[81] The Psalms Scroll, S. 9. In The Dead Sea Psalms Scroll, S. 6, hat Sanders den Text genauer datiert: „between A. D. 30 and 50.“

[82] Hier wären noch die übrigen griechischen Schriften der zwischentestamentlichen Zeit, die sich in den Septuagintahandschriften nicht finden, zu untersuchen.

Urgemeinde zu tun hatten, die nur griechisch sprachen. So kann der christologische Titel „der Herr" wirklich auf die Urgemeinde zurückgeführt werden, und zwar in der Form מרא oder אדון bei den „Hebräern", in der Form κύριος bei den „Hellenisten". Die linguistische Interdependenz dieser beiden Sprachgruppen in der Urgemeinde ist die Matrix, in der das Kerygma entstand.

Zwei letzte Bemerkungen zum palästinisch-semitischen religiösen Hintergrund des Kyriostitels seien hinzugefügt.

1. Die Ehrfurcht der palästinischen Juden gegenüber dem Jahwenamen darf nicht unerwähnt bleiben. Im einzelnen kann ich hier nicht darauf eingehen. Aber wenn auch die Ersetzung von Jahwe durch κύριος in den Septuagintahandschriften in der Hauptsache ein Werk der Christen ist, so gibt es doch eine Überfülle von Zeugnissen für die Ehrfurcht vor dem Gottesnamen bei den Juden selbst. Zu dem, was schon genannt wurde, seien nur noch die verschiedenen Techniken erwähnt, mit denen man in der Qumranliteratur das Tetragramm behandelte: In 1QJes² ersetzte man יהוה durch אדוני (es gibt allerdings auch Belege für das Umgekehrte)[83], in anderen Manuskripten schrieb man den Namen Gottes in paleohebräischer Schrift[84], in anderen in gewöhnlicher Quadratschrift[85], in wieder anderen in Quadratschrift, aber mit roter Tinte[86]. Man konnte den Namen auch durch vier Punkte ersetzen[87], oder durch אל [88], oder durch אל in paleohebräischer Schrift[89], oder durch die merkwürdige Form הואהא [90]. Endlich findet sich in einem Fall לאל, wobei das Aleph so geschrieben ist, daß es wie ein auf dem Kopf stehendes griechisches Alpha

---

[83] Siehe 1QJes² 3,20—25 (= Jes 3,15—18). Vgl. _M. Burrows_, Variant Readings in the Isaiah Manuscript, BASOR 113 (1949) S. 24—32, bes. S. 31; _M. Delcor_, „Des diverses manières d'écrire le tétragramme sacré dans les anciens documents hébraïques", RHR 147 (1955) S. 145—73; _J. P. Siegel_, The Employment of Palaeo-Hebrew Characters for the Divine Names at Qumran in the Light of Tannaitic Sources, HUCA 42 (1971) S. 159—72.

[84] Z. B. 1QpHab 6,14 (= Hab 2,2); 10,7.14 (= Hab 2,13—14; 1QpMich 1—5,1.2 (= Mich 1,2—3); 11QPs² 2,1.4.6.11 (= Ps 146,9.10; 138,1.7) usw.

[85] 4QFlorilegium (4Q174) 1—2 i 3; 1Q29 3—4,2.

[86] In bisher unveröffentlichten Fragmenten aus den Höhlen IV und XI; siehe (teilweise) _P. Benoit_, Le travail d'édition des fragments manuscrits de Qumrân, RB 63 (1956) S. 49—67, bes. S. 56.

[87] 1QS 8,14 (Zitat aus Jes 40,3); 4QTestimonia (4Q175) 1.19 (Zitat aus Dtn 5,28 und 33,11); 4QTanhumin (4Q176) 102 i 6.7.9; 1—2 ii 3; 8—11,6.8.10.

[88] 1QH 1,26; 2,34; 1Q27 1 ii 11; 1QpMich 12,3; 4Q180 1,1; 4Q183 1 ii 3.

[89] 1QM 15,12 (vgl. 1Sam 18,17).

[90] 1QS 8,13.

aussieht[91]. Ferner wird in den *Hodajot* der Titel אדוני sehr häufig für Jahwe gebraucht (1QH 2,20.31; 3,19.37; 4,5; 5,5; 7,6.34; 14,8.23 usw.)[92]. Alle diese Belege stammen aus der Zeit zwischen ungefähr 100 v. Chr. und 68 n. Chr., und auch sie bilden einen Hintergrund für die gesamte vorangehende Diskussion.

2. Es muß natürlich ein Wort dazu gesagt werden, welchen Sinn der Kyriostitel annahm, wenn er nicht auf Gott, sondern auf Jesus angewandt wurde. Im Ijob-Targum steht מרא, Übersetzung von שדי, parallel zu אלהא, Übersetzung von אל. Natürlich ist zunächst auf die besonderen Bedeutungsschattierungen zu achten, die מרא und κύριος vom Wortsinn her mit sich bringen[93]. Das gilt sogar besonders, wenn die Wörter nun auf Jesus angewandt werden. Aber dennoch kann man nun nicht mehr einfach den Gedanken beiseite schieben, daß der auf Jesus angewandte Kyriostitel eine Transzendenz impliziert, die Jesus mit Jahwe zusammenstellt, in einer Art „Gleichheit", wenn auch nicht als „Identifizierung"[94], denn er ist ja nicht אבא „Vater". Diese Tendenz, die im Titel selbst steckt, legt sich auch nahe durch den Parallelismus zwischen אדון und אלוה im hebräischen Ps 151[95].

Ich komme zum Schluß. Ich bin nicht so naiv zu meinen, was ich hier jetzt vorgetragen habe, sei das letzte Wort in der ganzen Sache. Aber die von mir genannten neuen Fakten sind doch so, daß man die Theorie vom palästinisch-semitischen, und zwar religiösen Ursprung des neutestamentlichen Kyriostitels wieder ernsthaft ins Auge fassen und die weitverbreitete Theorie von der hellenistisch-heidnischen Herkunft des Titels wieder in Frage stellen muß. Das wirft aber außerordentlich viele andere Fra-

---

[91] 4QpPs^b 5,4 (= Ps 118,20).

[92] Dieser Gebrauch steht im Gegensatz zu dem der Mischna. Siehe *S. T. Byington*, יהוה and יאדני JBL 76 (1957) S. 58—59.

[93] Siehe z. B. *L. Cerfaux*, Le titre Kyrios et la dignité royale de Jésus, RSPT 11 (1922) S. 40—71: „un titre du protocole des rois" (S. 42); *E. Lipiński*, La royauté de Yahwé dans la poésie et le culte de l'ancien Israël, Brüssel 1965.

[94] So *O. Cullmann*, Die Christologie, S. 224, wenigstens in der englischen Übersetzung (Christology, S. 218). Im deutschen Original spricht er von der „Gleichsetzung" Christi mit Gott. Siehe *H. Conzelmann*, Grundriß, S. 102, und Anm. 39 oben.

[95] Siehe weiter *I. H. Marshall*, Palestinian and Hellenistic Christianity, Some Critical Comments, NTS 19 (1972—73) S. 271—87; *M. Hengel*, Christologie und neutestamentliche Chronologie, Zu einer Aporie in der Geschichte des Urchristentums, Neues Testament und Geschichte: Historisches Geschehen und Deutung im Neuen Testament: Oscar Cullmann zum 70. Geburtstag, hrsg. von H. Baltensweiler und B. Reicke; Zürich 1972, S. 43—67, bes. S. 60—61.

gen über den Übergang von einem sogenannten judenchristlichen Kerygma zu einer hellenisierten christlichen Missionstheologie auf. Der Charakter des Urkerygmas der judenchristlichen Gemeinde in Palästina, die sowohl aus „Hebräern" als auch aus „Hellenisten" bestand, müßte neu definiert werden[96].

---

[96] Ich möchte gern meinen herzlichen Dank den folgenden Personen sagen, die mir bei der deutschen Übersetzung dieses Texts halfen: besonders danke ich Prof. Dr. Norbert Lohfink, S.J. und seinem Assistenten, Klemens Locher, S.J.; mein Dank gilt aber auch P. Günther Schühly, S.J. und Mr. and Mrs. Frank R. Borchardt.

NEW DIRECTIONS IN FORM CRITICISM

E. EARLE ELLIS

It is now almost sixty years since German scholars introduced form criticism to the study of the Synoptic Gospels. They drew upon similar studies in Old Testament criticism[1] and, in the Gospels, were preceded by the suggestive comments of a number of scholars[2]. Nevertheless, they first applied form criticism, as a discipline, deliberately and systematically to the Gospels. Most influential among them were Martin Dibelius of Heidelberg and Rudolf Bultmann of Marburg[3]. Standing at the beginnings of the inquiry they exercised a decisive influence in determining

---

[1] *H. Gunkel,* Genesis, Göttingen 1917.

[2] *J. G. Herder,* Vom Erlöser der Menschen, Riga 1796, 149—233; *J. Wellhausen,* Einleitung in die drei ersten Evangelien, Berlin 1905, ²1911. Cf. also *K. L. Schmidt,* Der Rahmen der Geschichte Jesu, Darmstadt 1964 (1919), which may perhaps be best regarded as a prolegomenon rather than as a part of the discipline. Cf. *W. G. Kümmel,* The New Testament: ... Investigation of its Problems, London 1973, 330. Of the English writers cf. *B. F. Westcott,* An Introduction to the Study of the Gospels, London ⁷1888 (1851): 'The oral Gospel ... centred in the crowning facts of the Passion and the Resurrection, while the earlier ministry of the Lord was regarded chiefly in relation to its final issue. [The] last stage of Christ's work would be conspicuous for detail and fulness, and ... its earlier course would be combined together without special reference to date or even to sequence. Viewed in the light of its end the whole period ... would be marked not so much by divisions of time as by groups of events' (208). '[The Gospels] seem to have been shaped by the pressure of recurring needs and not by the deliberate forethought of their authors. In their common features they seem to be ... the summary of the Apostolic preaching...' (209). '[The argument that oral] tradition is the parent of fable ... disregards ... the traditional education of the age [in oral learning], and arbitrarily extends the period during which the [oral] tradition was paramount' (211).

[3] *R. Bultmann,* Die Geschichte der synoptischen Tradition, Göttingen ⁵1961, ¹1921 (ET: ³1963); *M. Dibelius,* Die Formgeschichte des Evangeliums, Tübingen ²1933, ¹1919 (ET: ²1935).

the principles that would govern it for the next generation. Also, by the comprehensive scope of their contributions they, more than others, excited the imagination of the scholarly world and became the touchstones from which its work proceeded.

In this frame of reference form criticism was both a success and a failure. As a method for the analysis of the literary units of the Gospels it was well received by most scholars throughout the world[4]. However, as a critique of the historical value of the Gospels it was identified with a particular 'school' and was, as Professor Conzelmann has rightly noted, widely unacceptable to non-German scholarship. Even among German scholars, where the form critical approach became a dominant point of view, it soon experienced a 'gewisse Stagnation[5].'

A number of studies in the present generation have sought to renew and redirect the discipline along more fruitful lines. Some have proceeded from the general framework of the early form criticism[6] but others, especially among Scandanavian and Anglo-American writers, represent a more radical break or a quite different departure. The present essay is written within the latter context although not without criticism of it and, it is hoped, with full recognition of the achievement and abiding contribution of the pioneers of form criticism. In criticizing the classical formulation of the discipline the essay intends (1) to review the issues causing many scholars to follow new directions and (2) to offer, within the context of several recent studies, a sociological context, i. e. a *Sitz im Leben*, in which certain Gospel traditions were formed and developed. It concludes (3) with an examination of two exegetical 'forms' that appear to have originated within the pre-resurrection mission of Jesus and his disciples.

I.

Among the assumptions with which the form criticism of the Gospels began were (1) views widely received in New Testament scholarship,

---

[4] E. g. *B. S. Easton*, The Gospel before the Gospels, New York 1928; *V. Taylor*, The Formation of the Gospel Tradition, London 1933, 9—21; *F. V. Filson*, Origins of the Gospels, New York 1938, 85—114; *L. de Grandmaison*, Jesus Christ, 3 vols., New York 1937, I, 39—56; *L. J. McGinley*, Form Criticism of the Synoptic Healing Narratives, Woodstock (Md.) 1944; *P. Benoit*, Jesus and the Gospel I, New York 1973, 11—45 (= RB, 1946, 481—512); *M. D. Hooker*, 'Christology and Methodology,' NTS 17 (1970—71), 485.

[5] *H. Conzelmann*, VF 7 (1956—57), 151 f; cf. ZThK 54 (1957), 279 f; Jesus, Philadelphia 1973, p. 9 (= RGG³ III, 621).

[6] *H. W. Kuhn*, Ältere Sammlungen im Markusevangelium, Göttingen 1971, 11—14.

(2) views *in statu nascendi* among German scholars of the early twentieth century, (3) philosophical tendencies and commitments traditional within an influential segment of (mainly) German scholarship. Each set of assumptions, questioned by some from the outset, has been increasingly eroded by subsequent research and critiques. The first includes *inter alia* the two document hypothesis and the conviction that a considerable 'oral period' preceded the writing of any Gospel material.

While the two document hypothesis has been rejected outright by some scholars[7], it probably remains the starting point for the majority. However, even by its adherents it has been modified by the recognition of other sources besides Mark and 'Q.' Such sources include collections behind Mark[8], written Matthean and Lukan traditions[9], and 'Q' viewed as several tracts[10] or a stratum of tradition[11] rather than as one document. The demonstration that 'Q,' i. e. non-Markan parallels in Matthew and Luke, considerably overlaps Mark in both narrative and sayings material[12] shows that the extent of the Q material is greater and its literary character more complex than was earlier supposed. It thus effectively undermines the two document hypothesis as it was originated, apparently by Herbert Marsh of Cambridge[13], and traditionally developed.

---

[7] E. g. *A. M. Farrer,* 'On Dispensing with Q,' Studies in the Gospels, ed. *D. E. Nineham,* Oxford 1955, 55—86; *W. R. Farmer,* The Synoptic Problem, New York 1964. They correctly pointed out certain tenuous elements in the two document hypothesis, however one may judge their own alternative reconstructions.

[8] *Kuhn,* Sammlungen; *E. B. Redlich,* Form Criticism, London 1939, 37—50; *R. H. Lightfoot,* History and Interpretation in the Gospels, London 1935, 110; *Easton,* Gospel, 71 f.

[9] *B. H. Streeter,* The Four Gospels, Oxford 1924, 227—270.

[10] *W. L. Knox,* Sources of the Synoptic Gospels, 2 vols., Cambridge 1953, 1957, II, 3—6.

[11] *G. Bornkamm,* RGG[3] II, 756; cf. *Dibelius,* Formgeschichte, 235 f (ET: 234 f).

[12] *T. Schramm,* Der Markus-Stoff bei Lukas, Cambridge 1971; cf. *E. E. Ellis,* 'The Composition of Luke 9 and the Sources of its Christology,' Current Issues in Biblical and Patristic Interpretation, ed. *G. F. Hawthorne,* Grand Rapids 1975 (FT in Jésus aux origines de la christologie, ed. *J. Dupont,* Gembloux 1975, 193—200).

[13] *H. Marsh,* 'Origin and Composition of our Three First Canonical Gospels' (Cambridge 1801), appended to volume V of *J. D. Michaelis,* Introduction to the New Testament, 5 vols., Cambridge 1793—1801: 'In addition to the document א which contained a series of *facts* another document [ב] was drawn up containing a collection of *precepts, parables,* and *discourses* which ... was used only by St. Matthew and St. Luke ... [in] different copies ...' (202, cf. 194—211). The Hebrew

The demise or radical modification of the two document hypothesis throws into question the form critical 'laws of development' since they were constructed on the assumption that the Matthean and Lukan variations from Mark were 'developments' that provided (written) illustrations of such laws. More importantly, it throws into question the entire theory of an 'oral period,' a fundamental postulate of the early form criticism: since an extensive complex of written Gospel material must be assumed for the pre-Markan period, i. e. pre-65, it is more difficult to suppose that none of it extended back into the ministry of Jesus.

II.

The sharp discontinuity that some early form criticism postulated between Jesus and the earliest post-resurrection church has been widely and rightly regarded as resting more on theological than on historical considerations[14]. Rejecting this assumption, several recent investigators have located the beginnings of the Gospel tradition in the oral teachings of Jesus to his disciples. Professors Riesenfeld[15] and Gerhardsson have underscored the fact that Jesus is represented in all strata of the tradition as a rabbi, a teacher, and that 'all historical probability favors the conclusion that Jesus' disciples would have valued his words at least as highly as the pupils of the famous rabbis valued theirs'[16]. Professor

---

document א was used in different forms by the three Evangelists and was best reproduced by Mark; ב, the non-Markan parallels in Matthew and Luke, was also recognized by Eichhorn (1804) to be one document and was later assigned the symbol Q.

[14] For Bultmann the discontinuity is a theological postulate: cf. E. Heitsch, ZThK 53 (1956), 196. For the confessional, i. e. philosophical considerations involved cf. also Conzelmann, Jesus, 90—96; Benoit, Jesus, 38 ff. Within this context there is justification for Benoit's (28—38), Albright's and Hengel's complaint about the 'anti-historical' attitude of the early form criticism. Cf. W. F. Albright and C. S. Mann, Matthew, Garden City (N. Y.) 1971, v—vi; M. Hengel, ZThK 72 (1975), 204.

[15] H. Riesenfeld, 'The Gospel Tradition and its Beginnings,' The Gospel Tradition, Philadelphia 1970, 1—29 (= TU 73, 1959, 43—65).

[16] B. Gerhardsson, Memory and Manuscript, Uppsala 1961, 258; cf. his response to criticisms in Tradition and Transmission, Lund 1964. Whether the analogy offered by Gerhardsson, i. e. the 'oral Torah' in (Pharisaic) rabbinic tradition, is fully adequate to explain the transmission of the Gospel tradition is another question. For criticisms cf. W. G. Kümmel, Jesu Antwort an Johannes den Täufer, Wiesbaden 1974, 18 f; E. Güttgemanns, Offene Fragen zur Formgeschichte des Evangeliums, München 1971,

H. Schürmann[17] sought a sociological setting for the earliest transmission of Jesus' teachings: (1) The disciple-circle constituted a sociological and confessional continuity between the pre-resurrection and post-resurrection community (46—50). (2) The confessional continuity, in the value placed on Jesus' word, implies a continuity of tradition: the disciples would have kept and protected, shared and transmitted that which they regarded as a final 'word of revelation' of a God-sent prophet or of the Messiah (51—53). (3) Jesus gave both individual sayings and blocks of teaching in easily remembered poetic form[18]. Since form criticism has shown that the 'form' had a sociological function, we may presume that Jesus taught thus not only for the disciples' retention but also for their transmission of his teaching not only after his death — for them an artificial setting lacking existential, contemporary meaning — but also during his present mission (56 f)[19]. (4) The transmission had its sociological 'setting' in the sending out (and co-working) of disciples, a tradition attested in all strata of the Gospel material[20]. It was 'official' and consciously nurtured, not folkloric[21]; it was the work of the *shaliah,* i. e. the 'apostle' who delivered not his own message but that of the sender. It must have included teachings elaborating the 'kingdom of God' proclamation since the proclamation alone would be meaningless, and it probably included some narrative about Jesus since the sender's message would inevitably raise questions about the sender (57—60).

Schürmann has shown, convincingly in my judgment, that the histori-

---

151; *W. D. Davies,* The Setting of the Sermon on the Mount, Cambridge 1964, 464—480; *M. Smith,* JBL 82 (1963), 149—176; *J. A. Fitzmyer,* TS 23 (1962), 442—457; see below, p. 305.

[17] *H. Schürmann,* 'Die vorösterlichen Anfänge der Logientradition,' Traditionsgeschichtliche Untersuchungen, Düsseldorf 1968, 39—65.

[18] *C. F. Burney,* The Poetry of our Lord, Oxford 1925.

[19] *B. S. Easton,* JBL 50 (1931), 149.

[20] I. e. not only in (later formed) Gospel narrative but also in individual sayings (Mk. 1:17; 3:14 f; Lk. 5:10), blocks of teaching (Mt. 10:5—24; Lk. 10:1—20; cf. 12:22—31) and parables (Mt. 24:45—51; cf. 13:24—30; Lk. 11:5—8; 19:12—27). More significant are multiple attestation in the oldest sources, i. e. overlapping Markan and Q material (e. g. Lk. 9:1—6), and the association of 'sending' with the twelve, whose existence in the pre-resurrection mission is virtually certain (cf. *E. E. Ellis,* The Gospel of Luke, London ²1974, 136 f).

[21] The incorrectness of using folk tradition as an analogy to explain the transmission of Gospel traditions has now been made clearer by *Güttgemanns* (Offene Fragen, 119—150). Cf. also *McGinley,* Form-Criticism, 4—10; *Benoit,* Jesus 34—38; *W. Manson,* Jesus the Messiah, London 1943, 27—29.

cal circumstances of Jesus' mission presuppose for certain of his teachings a *Sitz im Leben Jesu*, i. e. a sociological locus in which the teachings were given typical transmission-forms. The present essay builds upon the observations of Schürmann and offers two theses to modify and extend them. (1) Some Gospel traditions were transmitted not only in oral but also probably in written form during the earthly ministry of Jesus. (2) Some exegetical patterns in the Gospels are among the earliest transmitted 'forms' of Jesus' teachings.

III.

The postulate of an 'oral period,' i. e. antecedent to any written accounts of Jesus' words and works, became increasingly accepted during the nineteenth century[22]. In the early form criticism it was attached to an apocalyptic interpretation of Jesus and of the early church. This interpretation, which supposed that writing would begin only when the expectation of an imminent end of the age subsided[23], foundered with the discovery of the Dead Sea Scrolls: the Qumran sect viewed itself to be in the 'last generation' (IQpHab 2:7; 7:2), expected an imminent

---

[22] It apparently arose from the tradition (Papias, in Eus HE 3, 39, 15), from the influence of J. G. Herder's conception of the Gospel tradition as 'oral saga' and from the complexity and inadequacy of solutions to the Synoptic problem via written sources Cf. *Kümmel*, Problems, 80—83; *Westcott*, Gospels 165—194, 207—212: The Apostles 'seem to have placed little value upon a written witness . . . [for] the outward fashion of the world . . . was passing away' (166); 'the whole influence of Palestinian [rabbinic] habits was most adverse to [a written Gospel]' (167); 'the faithful zeal of the Galileans may be rightly connected with their intellectual simplicity.' And 'the art of writing itself was necessarily rare among the peasantry . . . while they were oral teachers by inclination and habit' (168); '. . . the characteristic work of the Apostles was preaching and not writing' (183). However, there was not a consensus: cf. *W. M. F. Petrie*, The Growth of the Gospels, New York 1910, 4—8 (sketchily); *W. M. Ramsay*, 'The Oldest Written Gospel,' The Expositor: Seventh Series 3 (1907), 410—432, 424: 'The lost common Source of Luke and Matthew . . . was written while Christ was still living.'

[23] *Dibelius*, Formgeschichte, 9 (ET: 9): 'Eine Gemeinde unliterarischer Menschen, die heute oder morgen das Weltende erwartet, hat zur Produktion von Büchern weder Fähigkeit noch Neigung . . .' This apocalyptic viewpoint was not able to sustain itself in the subsequent discussion. Cf. *W. G. Kümmel*, Promise and Fulfilment, London 1957; *A. L. Moore*, The Parousia in the New Testament, Leiden 1966, and the literature cited; *E. Linnemann*, Parables of Jesus, London 1966, 132—136.

end but, nevertheless, produced a large body of literature. Other traditional grounds for the postulate also are open to some doubt[24].

A number of considerations favor the supposition that some written formulations of Jesus' teachings were being transmitted among his followers already during his earthly ministry.

1. Teaching Jewish children to read and write was regarded in the first century as essential and, according to Josephus, was commanded by the Law[25]. The synagogue, where such training was given, was present in every Palestinian village and assures us that literacy was widespread. The picture of Jesus' followers as simple, illiterate peasants is a romantic notion without historical basis. Unless it can be shown otherwise, it must be assumed that some of the disciples and/or their converts were capable of composing written traditions.

2. Jesus and his community had more in common with a prophetic (Schürmann) than with a rabbinic (Gerhardsson) attitude toward the biblical tradition. The former attitude, observable in first century Judaism in the apocalyptic Qumran community[26], lacked the inhibitions[27] about written, midrashic alterations of and commentary on sacred texts, inhibitions that apparently characterized the early (Pharisaic) rabbinic transmission.

3. Oral folk traditions, on which the early form criticism drew its analogies, were inappropriate to understand either the nature or the

---

[24] (1) Doubts about the learning (γράμμα, Jn. 7:15; Acts 4:13) of Jesus and his disciples do not refer to their literacy, a meaningless observation in the contexts, or to their biblical knowledge but to their 'unprofessional' status and the lack of sophistication associated with it (cf. *R. J. Knowling*, Acts: Expositor's Greek Testament, 5 vols., ed. *W. R. Nicoll*, London 1901, II, 128; *F. J. F. Jackson* and *K. Lake*, Beginnings of Christianity, 5 vols., London 1920—1932, IV, 44. (2) Papias' (Eus. HE 3, 39, 4) preference for the 'living and surviving voice' was not a preference for oral tradition but for firsthand testimony. The comments that Mark wrote down the teachings (διδασκαλίας, Eus. HE 3, 39, 15) of Peter and that the barbarians received the gospel without written documents (Iren. a. Haer. 3, 4, 2) are irrelevant to the question of the prior existence and origin of written Gospel traditions. (3) Creative variations in the traditions and sources of the synoptic Gospels are as explicable in written as they are in oral form if the traditioners (or the Evangelists) handled 'holy word' Jesus-traditions in as creative a fashion as they did 'holy word' Old Testament traditions.

[25] Jos. c. Apion. 2, 204; Ant. 4, 211; Test. Levi 13:2; Philo, ad Gaium 115, 210.

[26] *E. E. Ellis*, '"Weisheit" und "Erkenntnis" im 1. Korintherbrief,' Jesus und Paulus, Festschrift W. G. Kümmel, edd. *E. Grässer* et *E. E. Ellis*, Göttingen 1975, 109—128 (ET: Tyndale Bulletin 25, 1974).

[27] As *Gerhardsson* (Memory, 31) recognizes.

transmission of the Gospel traditions. (a) The transmission of folk traditions over one or more centuries is *ipso facto* a very different thing from the transmission of 'holy word' traditions over three decades within a closely knit religious movement originating in a nation with rather firm conceptions and exalted attitudes about such traditions[28]. (b) Recent studies of the technique and transmission of oral folk traditions, especially of the problems inherent in a shift from their oral to written transmission[29], make clear that this kind of analogy is of little value for understanding the development of the Gospel traditions[30].

4. The circumstance that gave rise to written teachings in early Christianity was not chronological distance but geographical distance, not the death of the eyewitnesses but the absence of the teaching leadership. This is evident in the case of Paul's letters and of the Jerusalem Decree (Acts 15), but a similar situation on a smaller scale was also present in the mission of Jesus. Mark cannot be used as a yardstick for the length of that mission, and one must probably reckon with a period of several years[31]. According to the traditions in the Gospels and Acts Jesus taught and presumably gained followers in both Galilee and Judea[32]. The twelve are appointed to be 'with him'

---

[28] At this point *Gerhardsson's* (Memory, 14, 56—70) critique of the early form criticism is quite correct and his further observations instructive, however one may wish to modify his own reconstruction.

[29] *A. B. Lord,* The Singer of Tales, Cambridge (Mass.) 1964 (1960), 123, 124—138: 'the two techniques [of oral and written style] are ... contradictory and mutually exclusive' (128 f). In the change from oral to literary transmission the stimulus is usually a foreign literary tradition (133). The written tradition 'supplanted their native oral traditions; it did not develop out of them' (138).

[30] *Güttgemanns,* Fragen, 104 f, 140—150: Either the Gospel-form is genuine, i. e. a mature written-form from an individual conscious of the results, in which case the evidence for a collective oral-form disappears; or the written-form, and with it the literary individuality, is lightly dismissed in order to maintain a continuity of tradition from 'forms' to Gospel (104).

[31] C. A. D. 28/29—33. Cf. *H. E. W. Turner* in Historicity and Chronology in the New Testament, ed. *D. E. Nineham,* London 1965, 59—74; *B. Reicke,* The New Testament Era, Philadelphia 1968, 183 f.

[32] Mt. 21:23, 26:6 f; Mk. 6:6; 12:35; Lk. 4:15; 13:10, 22, 26; 19:8 ff, 37, 39; Jn. 4:1; 7:3; 19:38 f; Acts 1:14D; 10:39; 18:24 f; 19:1 ff. Some such notices are editorial; but one must not, in dialectic fashion, suppose that 'editorial' and 'traditional' are mutually exclusive categories. For example the journey structure in Lk. 9—19 is 'editorial;' however, it is not editorial *de novo* but a Lukan formulation of a journey tradition that he knows from Mk. 10. The same is true of some other geographical notices in the Gospel narrative. Cf. Lk. 19:11 with Mt. 25:14—30.

(Mk 3:14) and the replacement for Judas must also be one who accompanied him (Acts 1:21 f). But that role was a distinction. Many followers who 'listened to his teaching' (Lk 10:39) remained in their villages and towns. They were in no less need of continued teaching, especially in the face of the rising tide of opposition to Jesus and to his eschatological and ethical message. As has been observed above, certain disciples were trained and sent out by Jesus to transmit his teachings orally. But did they, in the brief mission tour, so train their hearers? It is more plausible to suppose that at least some written paradigms of the Lord's pronouncements would be left with those who received his message of the kingdom. There existed in any case a *Sitz im Leben* for such literary forms.

5. The use of Greek in Palestinian Judaism[33] and, probably, among Jesus' pre-resurrection followers favors the formulation of written traditions about Jesus from the earliest period.

a) A Jerusalem synagogue inscription[34] and numerous ossuary and other funerary inscriptions throughout Jewish Palestine attest to the widespread use of Greek in the first century[35]. The synagogue, where apparently 'the reading of the Law' and 'the teaching of the commandments' (lines 4, 5 in the inscription) were done in Greek, 'may well have been one of the synagogues of the "Hellenists" mentioned and even listed in Acts 6:1—9[36].' 'Hellenists' probably refers to Jews who lived like Greeks, with special reference to their rather loose attitudes toward the Jewish cultus, ritual and customs[37]; but the Greek language would clearly be a component of such a life-style. Such persons appear without explanation in Acts 6 as a significant minority within the earliest Jerusalem church, and in all likelihood they were among Jesus' followers during his earthly ministry.

---

[33] On the broader influence of Hellenism in Jewish Palestine cf. *I. H. Marshall,* 'Palestinian and Hellenistic Christianity,' NTS 19 (1972—73), 271—287; *M. Hengel,* Judaism and Hellenism, 2 vols., Philadelphia 1975.

[34] *E. L. Sukenik,* Ancient Synagogues in Palestine and Greece, London 1934, 69 f.

[35] For a good summary and evaluation of the evidence cf. *J. N. Sevenster,* Do You Know Greek?, Leiden 1968, 23—38 (New Testament), 96—175, esp. 131—134, 143—149, 152 ff, 171—175 (Jewish Palestine). He rightly observes that Luke regards it noteworthy, not that Paul spoke Greek in Jerusalem, but that he spoke 'in the Hebrew language' (Acts 22:2). One may add that Philo (Vita Mos. II, 31) accepts without question that the Jerusalem high priest should send persons 'educated in Greek' to Alexandria to translate the Old Testament into Greek. Cf. Jn. 20:16.

[36] *E. R. Goodenough,* Jewish Symbols, 12 vols., New York 1953—65, 12 (1965), 41.

[37] Cf. *E. E. Ellis,* '"Those of the Circumcision" and the Early Christian Mission,' TU 102 (1968), 391 f; *Sevenster,* Greek, 28 f. But see *M. Hengel* (note 14), 161—172.

b) According to the Evangelists Jesus had hearers, and presumably converts, from the thoroughly hellenized Decapolis, Transjordan, and Gadarene districts. He centered a part of his ministry on Galilee where, in the judgment of G. Dalman, a knowledge of Greek was common and therefore to be expected of Jesus also. In any case, he included among the twelve several — e. g. Philip, Andrew, Simon — whose hellenized names and home town (Bethsaida-Julias) 'beweisen ihre Beziehung zum griechischen Kulturkreise[38].' Furthermore, his (eschatological) detachment from Jewish rituals doubtless had special appeal for Hellenists with their (cultural) detachment from the same laws. If he attracted such followers, he must have been concerned to mediate his teachings — and they to have them — in their own language[39].

c) When they were sent out, some of the disciples or their bilingual converts would have used Greek in transmitting the proclamation of Jesus to interested Greek-speaking Hellenists. On the assumption that Jesus usually taught orally in Aramaic (or Hebrew), they had a two-fold task of translation and transmission. It is not impossible that they did this orally also, carrying over the key words, rhyme and other mnemonic devices that C. F. Burney has shown to be characteristic of some of Jesus' teaching[40]. But oral translation *for purposes of wider transmission* would be cumbersome and difficult at best. On balance it is likely that the apostles (and/or their converts) used the translation of Jesus' teachings as an occasion for the writing of at least some of them. Where they translated sayings or biblical expositions relating Jesus' message to the Old Testament promises, they could have employed the Septuagint which, from the Qumran library, is known to have been used in pre-destruction Palestine. Since both the reduction to writing and written transmission could have occurred simultaneously in different circles, written no less than oral transmission would account for the variants that one observes in parallel Gospel pericopes.

---

[38] G. *Dalman*, Jesus-Jeschua, Leipzig 1922, 5. Cf. Mt. 4:25; Mk. 3:8; 5:1; 7:31; Jn. 1:44; R. *Gundry*, The Use of the Old Testament in St. Matthew's Gospel, Leiden 1967, 174—178; J. A. *Fitzmyer* in CBQ 32 (1970), 507—518; A. W. *Argyle* in NTS 20 (1973—74), 87 ff; P. E. *Hughes*, 'The Languages Spoken by Jesus,' New Dimensions in New Testament Study, ed. R. N. *Longenecker*, Grand Rapids 1974, 141 ff.

[39] Whether Jesus taught in Greek is a moot question; it is probable at least that he used it occasionally in personal encounters. Cf. Mk. 7:26 (the Syro-Phoenician Ἑλληνίς); 15:2 (Pilate).

[40] See note 18.

In conclusion, it is a mistake in method, as Schürmann has shown[41], to restrict form criticism *a priori* to a post-resurrection setting. This applies equally to the *written* transmission of Gospel traditions. The above arguments have sought to establish a plausible pre-resurrection *Sitz im Leben* for such writing within the circle of Jesus' followers. They also show the difficulties in the traditional postulate that a sudden shift to written forms occurred after an extended 'oral period.' The arguments vary in weight but, cumulatively, they raise a considerable degree of probability for some written transmission of Gospel traditions from the time of Jesus' earthly ministry.

IV.

As a number of writers have noted[42], certain literary forms in the Gospels are similar to those found in rabbinic and apocalyptic (Qumran) literature. Among them, exegetical patterns and techniques have received particular attention[43]. Two patterns, the proem and the *yelammedenu* midrash, which also appear in Acts[44] and in the Pauline literature[45], occur in several Synoptic passages. As used in the synagogue, the proem midrash ordinarily had the following form:

The (Pentateuchal) text for the day.

---

[41] *Schürmann*, Untersuchungen, 40—46.

[42] E. g. *J. W. Doeve*, Jewish Hermeneutics in the Synoptic Gospels and Acts, Assen 1954; *D. Daube*, The New Testament and Rabbinic Judaism, London 1954, 55—201.

[43] E. g. *K. Stendahl*, The School of St. Matthew, Lund ²1969 (1954); *P. Borgen*, Bread from Heaven, Leiden 1965; 'Logos was the True Light,' NovT 14 (1972), 115—130; *B. Gerhardsson*, The Testing of God's Son, Lund 1966; *L. Hartman*, Prophecy Interpreted, Lund 1966; 'Scriptural Exegesis in ... Matthew,' L'évangile selon Matthieu, ed. M. Didier, Gembloux 1972; *E. E. Ellis*, 'Midrash, Targum and New Testament Quotations,' Neotestamentica et Semitica, ed. *E. E. Ellis* et *M. Wilcox*, Edinburgh 1969, 67; *B. Olsson*, Structure and Meaning in the Fourth Gospel, Lund 1974, 282 f; *H. C. Kee*, 'The Function of Scriptural Quotations and Allusions [in Mark],' Jesus und Paulus. Festschrift W. G. Kümmel, edd. E. Grässer et E. E. Ellis, Göttingen 1975, 165 ff. See note 64; cf. *M. P. Miller*, 'Targum, Midrash and the Use of the Old Testament in the New Testament,' JSJ 2 (1971), 29—82 and essays cited. *J. A. Sanders*, 'Luke 4,' Studies for M. Smith, 4 vols., ed. J. Neusner, Leiden 1975, I, 75—106.

[44] *J. W. Bowker*, 'Speeches in Acts,' NTS 14 (1967—68), 96—111; *E. E. Ellis*, 'Midrashic Features in Acts,' Melanges B. Rigaux, ed. A. Descamps, Gembloux 1970, 303—312 (revised GT in ZNW 62, 1971, 94—104).

[45] *W. Wuellner*, 'Haggadic Homily Genre in I Corinthians 1—3,' JBL 89

A second text, the proem or 'opening' for the discourse.

Exposition containing additional Old Testament citations, parables or other commentary that are linked to the initial texts by catchwords.

A final text, usually repeating or alluding to the text for the day.

The *yelammedenu rabbenu* ('let our master teach us') midrash poses a question or problem that is then answered by the exposition. Apart from the interrogative opening it follows in general the pattern of the proem midrash[46].

The dialogue on the greatest commandment (Mk 12:28—31 parr) and the parable of the wicked tenants (Mk 12:1—12 parr) present, in underlying and probably more primitive Q material[47], a structure similar, respectively, to the *yelammedenu* and proem patterns. The passage on the greatest commandment reveals a Q source in the non-Markan verbal agreements in Matthew and Luke[48], even though in Matthew Q has been assimilated to the context and largely to the content of Mark. In the Lukan parallel the passage includes the parable of the Good Samaritan (Lk 10:29—37) which many suppose[49] to have

---

(1970), 199—204; *E. E. Ellis*, 'Exegetical Patterns in I Corinthians and Romans,' Essays in Honor of Professor L. J. Kuyper, ed. *J. I. Cook*, Grand Rapids 1975.

[46] Also the second, opening text is sometimes lacking. On the *yelammedenu* and four similar patterns cf. *W. G. Braude*, Pesikta Rabbati, 2 vols., New Haven 1968, I, 3—6; on the proem midrash cf. *Bowker*, 'Speeches,' 97—101; *W. Bacher*, Die Proömien der alten jüdischen Homilie, Farnborough 1970 (Leipzig 1913).

[47] As Dr. *T. Schramm* (Markus-Stoff, 47 ff, 160 ff, 166 f) has noted, both passages in the Lukan parallel use a non-Markan source. In all probability the source is Q. This assumes the priority of Mark and the mutual independence of Matthew and Luke. It is not certain that Lk. 10:25—29 is parallel to Mark: (1) Discussion of 'the greatest commandment' was widespread in later Judaism, and it very likely occurred more than once both in Jesus' ministry and in the circles traditioning his teaching. Cf. (*H. L. Strack* and) *P. Billerbeck*, Kommentar zum Neuen Testament, München 1920—28, I, 901—908; *Daube*, Judaism, 247; *J. Jeremias*, The Parables of Jesus, London ⁶1963, 202. (2) Since Luke is very careful to keep to the Markan sequence for Markan material and since he does not do so here, we must conclude that 'Luke did not take the pericope from Mark' (*B. Gerhardsson*, The Good Samaritan, Lund 1958, 8). (3) Luke's omission of the dialogue in the section corresponding to Mk. 12:28—31 may be to avoid repetition of a similar episode. However, Lk. 10 reveals unmistakable affinities with Matthew's version (see note 48) which is clearly paralleled to Mark. Probably Luke is using a Q source in which the dialogue and parable formed one piece. Whether Q here represents a parallel to Mark is doubtful.

[48] Cf. Mt. 22:35 ff with Lk. 10:25 (νομικός, [εκ]πειράζων, διδάσκαλος), 26a (with slight variation in tense and case), 26b (ἐν τῷ νόμῳ), 27 (ἐν + dative). Against Mk. 12:29 Matthew and Luke omit the credo.

been attached to the dialogue (Lk 10:25—28) by the Evangelist. This supposition is highly unlikely since (1) the dialogue on the commandment continues in the parable section (29 f, 36 f), (2) Lk 10:29 does not appear to be a Lukan editorial coupling[50], (3) catchword connections show that the dialogue and parable were worked out as a set piece of exposition and (4) the Evangelist does not customarily re-work Jesus' parables into an intricate midrashic pattern.

Lk 10:25—37, then, comes to the Evangelist as a single piece as Gerhardsson, on other grounds, has suggested[51]. Since both the dialogue and the parable are probably sayings of the earthly Jesus[52], the whole piece is composed of very old material. Possibly it was formed into a midrash out of separate sayings, but since parables were commonly used in the exposition of Scripture, the midrash form is more likely to be original. It may have been formulated and transmitted within the pre-resurrection circle of disciples as a teaching piece contrasting Jesus' ethic to that of other Jewish groups in terms of his radically new interpretation of Scripture: 'you have heard it said ... but I say.' As such, it presents a dialogue (25—29)[53] that employs Deut 6:5; Lev 19:18; 18:5 and culminates by posing a problem — in the *yelammedenu* fashion — about the text of Lev 19, a problem that Jesus proceeds to answer by means of the parable (30—35)[54]. The section concludes (36 f)

---

[49] Apparently following A. *Jülicher*, Die Gleichnisreden Jesu, 2 Bde., Freiburg 1888, 1899, II, 596.

[50] Of four other occurrences of δικαιοῦν in Luke one (7:35) or probably two (7:29) are from Q material and two are from special Lukan traditions (16:15; 18:14). In Acts (13:39 f) the term appears only in Paul's sermon, i. e. a (pre-Lukan) proem midrash. Cf. *Bowker*, 'Speeches,' 101—104; *Ellis*, 'Midrashic Features,' 303—312, 305 (GT: 96). The term and/or motif is clearly not a Lukan editorial interest and, in Lk. 10:29, is received from the tradition.

[51] *Gerhardsson*, Samaritan, 28.

[52] Note (1) the Jewish context of the question (c. g. Shab. 31a; see note 47) and of the parable, (2) the commendation of the νομικός (10:28), (3) the unlikelihood that this kind of material would be part of the risen Lord's teaching through a Christian prophet, and (4) the misconception in the earlier view of an uncontrolled, folkloric development of Jesus-traditions (see notes 28, 29, 30).

[53] The form in Lk. 10:25—29 is what *Daube* (Judaism, 151—157) terms 'socratic interrogation': hostile question (25), counter question (26), reply (27) and rejoinder (28). In all probability it was taken over by the rabbis from hellenistic rhetoric before the first century.

[54] The parable itself is sometimes taken to allude to Scripture: Ezk. 34 (roeh, shepherd becomes via word play → rēeh, neighbor: *Gerhardsson*, Samaritan, 20) or Hos. 6:6—9 (חסד, mercy = אהבה, love: *J. D. M. Derrett*, Law in the New Testa-

with a return to the dialogue and with verbal allusions to the earlier
texts, Lev 19:18; 18:5. The similarity to the pattern of the rabbinic
commentary is clear:

25—28 — Dialogue including a question and initial texts: Deut 6:5;
Lev 19:18.

29   — A second text: Lev 18:5.

30—36 — Exposition by means of a parable, linked to the initial
texts by the catchwords πλησίον (27, 29, 36) and ποιεῖν
(29, 37a, 37b).

37   — Concluding allusion to the second text (ποιεῖν)[55].

Precise agreement with the *yelammedenu* form is, of course, not to be
expected. But the correspondence is remarkable enough and suggests
that the two forms have a common root. In the words of Professor
Derrett, Lk 10:25—37 is 'a highly scientific piece of instruction clothed
in a deceptively popular style[56].'

The pericope containing the parable of the wicked tenants also
reflects an exegetical pattern in both its Markan and Q[57] forms. It best
corresponds to what Billerbeck has called the oldest type of synagogue
address: the speaker reproduces a part of the Scripture lesson for the
day, illumines it with a parable, and underscores his words with a

---

ment, London 1970, 210, 223, 227 = NTS 11 (1964—65), 23 f, 32 f, 36 f). Cf. 2 Chron.
28:15; C. H. *Cave*, 'The Parables and the Scriptures,' NTS 11 (1964—65), 379: in
rabbinic parables the substance of the parable is derived from Scripture rather than
from the contemporary scene.

[55] *Derrett, Law,* 222n. The midrash in Gal. 3:6—29 similarly concludes with a mere
allusion to the opening text, 'Abraham's seed' (29).

[56] *Derrett,* Law, 227.

[57] Note the non-Markan parallels in Matthew and Luke: Lk. 20:10c (γεωργοί), 14
(ἰδόντες δὲ αὐτόν), 15 (sequence: cast out → kill), 16 (dialogue), 17 (cf. αὐτοῖς
εἶπεν), 18 (verse). *Schramm* (Markus-Stoff, 165 ff) rightly recognizes that Luke uses a
non-Markan *Vorlage*. But he is apparently unaware of the midrashic pattern, over-
looks the significance of the Q parallels, mistakenly dismisses Mt. 21:44 as a gloss
(p. 150n.), and conjectures that it is the Gospel of Thomas that represents 'ein vor-
synoptisches Stadium, aus dem die synoptischen Fassungen leicht entstanden sein können...' (165). However, the Matthean parallels in Luke themselves make that con-
jecture doubtful since they reveal a pre-Synoptic midrashic pattern. The Thomas
logion is in all probability dependent on Luke (cf. H. *Schürmann*, BZ 7 (1963),
236—260; E. E. *Ellis*, ZNW 62 (1971), 102; otherwise: *Jeremias*, Parables, 70—77,
74n.), Cf. M. *Hengel*, ZNW 59 (1968), 6. Also, it is a questionable procedure to take
second or third century Gnostic material, containing clear allusions to New Testament literature, and read it back (via a conjectural *Vorlage*) behind first century,
i. e. New Testament texts.

further biblical passage[58]. More loosely, it corresponds to the pattern of the proem midrash. The proem or 'opening' text of Is 5:1 f (or an allusion to it) is illumined by a parable, and the exposition in underscored by concluding texts from Ps 118:22[59] and Dan 2:34 f, 44 f. All elements are joined by catchwords. In Matt 21:33—44, which appears to have best preserved the text of Q, the midrash has the following form:

33 — Initial text: Is 5:1 f.

34—41 — Exposition by means of a parable, linked to the initial text by the catchwords ἀμπελών (39, 40, 41), λιθοβολεῖν (35, cf. Is 5:2, סקל).

42—44 — Concluding texts (Ps 118:22; Dan 2:34 f, 44 f), linked to the initial text by the catchwords οἰκοδομεῖν (42, cf. Dan 2:44, קים) and λίθος (42, 44, cf. 35).

The pericope appears to have had a 'commentary' form from the beginning. The alternative is the improbable supposition that the parable, attached later to the quotations, has been carefully reworked even to incorporate words from Is 5 that are lacking in the Synoptic reference to that passage[60]. Furthermore, although the pericope may have been altered in transmission, it was probably first formed during the pre-resurrection mission: (1) Ps 118 is used here as a judgment, an '*eschatologische Drohwort;*' in the post-resurrection community it is used with reference to Christ's exhaltation[61]. (2) A messianic allegory is inherent in the parable, yet no allegory formed after the resurrection would have stopped short at the murder of the 'son[62],' nor would it have placed the

---

[58] *Billerbeck* (Kommentar, IV, 173) considers this form to have been current in the first century.

[59] The concluding citation of Ps. 118 could allude to a seder reading, i. e. the Pentateuchal text for the day, including Ex. 17:4, 6 in which the rejected Moses is threatened with stoning. If so, the passage would conform even more closely to the usual pattern of the proem midrash. Ps. 118:22 does indeed offer a remarkable pointer to the Israelites' rejection of and (implied) threat to stone (סקל) Moses, and it is not difficult to visualize a Christian or dominical midrash on Ex. 17:4 (סקל), 6 (צור) utilizing Is. 5 (סקל), Ps. 118 (אבן), and Dan. 2 (אבן).

[60] I. e. λιθοβολεῖν/ סקל ם τὶ ποιήσει (Mt. 21:35, 40; Is. 5:2, 5).

[61] *J. Jeremias*, TDNT 4 (1967/1942), 275; cf. *Ellis*, 'Midrashic Features,' 310 f (GT: 102).

[62] On the pre-Christian messianic use of 'son' cf. 4Qflor 1:11; 4QSon of God. On allegorical elements in Jesus' parables cf. *R. E. Brown*, NovT 5 (1962), 36—45; *I. H. Marshall*, Eschatology and the Parables, London 1963, 10—13.

murder *in* the vineyard. (3) The introductory formula ἀνέγνωτε (42) is found in the New Testament only on the lips of Jesus.

The exegetical patterns in Lk 10:25—37 and Matt 21:33—46 were widespread in Judaism and are found elsewhere in the Gospels[63]. The former reflects the form (and substance) of Jesus' exegetical discussion with the theologians; the latter is representative of a pattern of address that Jesus very likely used in his synagogue ministry, the context in which he probably gave many of his parables[64]. Apparently, the tendency of the Gospel tradition often was to separate the parable from its exegetical framework. In the parable of the wicked tenants this tendency, *pace* Professor Jeremias, finds its end product in the Gospel of Thomas (65, 66) in which the allusions to Is 5 have disappeared and the quotation of Ps 118 has become simply a saying of Jesus. Correspondingly, some Old Testament quotations originally employed within a midrashic framework may have become, in the Gospels, independent *testimonia*[65].

'Jesus lived in the Old Testament[66].' And nothing is more certain than that our Lord was a teacher, a rabbi who taught in the synagogues and disputed with the establishment-theologians. In such situations he undoubtedly taught in an exegetical context[67]. Furthermore, in his ethic and in his conception of the kingdom of God he posed a challenge to the Jewish theologians and churchmen precisely at the exegetical level, a challenge to their interpretation of the Old Testament. One must suppose, therefore, that in the face of the theological opposition he instructed his followers in his new understanding of Scripture. If so, biblical exposition like that in Lk 10:25—37 and Matt 21:33—46 must

---

[63] E. g Mt. 15:1—9; 19:3—8; 22:23—33; cf. 11:4—11; 19:16—26; cf. *E. E. Ellis*, 'How the New Testament Uses the Old,' New Testament Interpretation, ed. *I. H. Marshall*, Exeter 1976, forthcoming. For the pattern in Philo and the rabbis cf. *Borgen*, Bread, 28—58.

[64] So, *Cave*, 'Parables,' 374—387. He is too restrictive, however, in regarding the original context as 'always a sermon' or necessarily 'centred upon the Synagogue' (376). Cf. *Bowker*, 'Speeches,' 97 f.

[65] Cf. Mk. 14:62 with Mk. 12:35—37 (Ps. 110:1); 13:6—28, 26 (Dan. 7:13). Cf. Acts 2:34 f; Heb. 10:12.

[66] *J. Jeremias*, New Testament Theology I, London 1971, 205.

[67] *E. E. Ellis*, 'The Role of the Christian Prophet in Acts,' Apostolic History and the Gospel [Festschrift for F. F. Bruce], ed. *W. W. Gasque*, Exeter 1970, 58—61. On the identification of διδάσκαλος and ῥαββί in first century Palestine cf. *H. Shanks*, JQR 53 (1963), 343 f.

be reckoned as one classification or 'form' in which his teaching was transmitted from the beginning. The present essay has taken up only two, rather obvious, examples. Future studies will need to give further attention to the role of biblical exposition in the origin and history of the Gospel tradition.

DAS DOPPELGEBOT DER LIEBE
Ein Testfall für die Echtheitskriterien der Worte Jesu

REGINALD H. FULLER

Wie allgemein bekannt ist, kommt das Doppelgebot der Liebe dreimal im Neuen Testament vor, und zwar einmal in jedem der synoptischen Evangelien (Mk 12,28—34; Mt 22,34—40; Lk 10,25—28). Matthäus folgt Markus und legt die Perikope in die Zeit des Jerusalemaufenthalts Jesu zwischen die Behandlung der Sadduzäerfrage und der Frage nach dem Sohn Davids, während Lukas sie dem Reisebericht einbettet, als Einführung zur Beispielserzählung vom barmherzigen Samariter.

Es läßt sich eine Reihe von Übereinstimmungen zwischen Matthäus und Lukas gegen Markus beobachten. Beide haben νομικός statt des markinischen γραμματεύς und [ἐκ]πειράζων. Dazu gebrauchen beide ἐν mit dem Dativ bei der Aufzählung der Kräfte, mit denen der Mensch Gott lieben soll. Das gilt von den drei „ἐν" bei Matthäus und von drei der vier „ἐν" bei Lukas. Diese Parallelen haben oft zu dem Schluß geführt, besonders unter englischsprachigen Forschern[1], daß das Doppelgebot sowohl in Q als auch in Markus vorkommt. Die allgemeine Ansicht in diesen Kreisen ist, daß, während Matthäus, wie es seine Art ist, seine zwei Quellen kombiniert hat, Lukas die Q-Form mehr oder weniger in ihrer ursprünglichen Fassung vertritt, denn solch eine Quellenkombination ist in der Regel unlukanisch. F. W. Beare führt das noch weiter und meint, daß sowohl Q als auch die ursprüngliche Tradition — genau wie Lukas — das Doppelgebot den Rechtsgelehrten, nicht Jesus selbst, zuschreiben[2]. Es sei nämlich leichter, die Übertragung eines sol-

---

[1] Siehe z. B. *F. W. Beare*, The Earliest Records of Jesus, Oxford 1962, S. 159; *V. Taylor*, The Gospel According to St. Mark, New York ²1966, S. 484.

[2] *Beare*, aaO. Dieses Argument wurde auch von meinem Kollegen, Prof. Dr. *C. C. Richardson*, in einem Brief vom 29. 12. 1971 an mich ausgesprochen.

chen Spruches von Jesus auf den Rechtsgelehrten zu erklären, als umgekehrt.

Bei genauerer Erforschung zeigt es sich aber, wie wesentlich komplizierter der literarische Zusammenhang zwischen den drei Fassungen des Doppelgebotes ist, als dies auf den ersten Blick zu sein scheint.

Zunächst einmal gibt es mehr Parallelen zwischen Matthäus und Lukas gegenüber Markus als Beare aufgezeigt hat. Die beiden Evangelisten stimmen im Gebrauch des Vokativs διδάσκαλε in der einführenden Frage des Rechtsgelehrten überein, und auch, indem sie die Frage in direkte Rede setzen. Beide haben den Ausdruck ἐν τῷ νόμῳ (Lk 10,26; Mt 22,36) in der Einführung und lassen das Schema aus (gegenüber Mk 12,29c). Beide haben das Doppelgebot nur einmal, Matthäus als Spruch Jesu, Lukas als Aussage des Rechtsgelehrten, während es in Markus zuerst von Jesus gebraucht und dann vom Schriftgelehrten wiederholt wird. Und schließlich lassen beide Großevangelisten die Ausweitung auf die Überlegenheit der Liebe über Brandopfer aus, welche der Wiederholung des Doppelgebotes folgt (Mk 12,33 [Ende]). Also gibt es hier nicht weniger als neun Übereinstimmungen zwischen Matthäus und Lukas gegen Markus. Das verstärkt die Ansicht, daß beide eine gemeinsame Tradition verwendet haben[3], und zwar unabhängig von Markus.

Zur gleichen Zeit gibt es aber auch gewisse Übereinstimmungen zwischen Lukas und Markus gegen Matthäus. Diese Übereinstimmungen bezeugen, daß Lukas in Wirklichkeit nichts gegen eine Quellenkombination hat und daß seine Version nicht als unveränderte Wiedergabe von Q gelten darf.

Nun war es offensichtlich die Hauptabsicht des Lukas, das Doppelgebot als Einleitung zur Erzählung vom barmherzigen Samariter zu verwenden. Das gelingt ihm durch das Stichwort πλησίον. Beim Zusammenschluß der beiden Traditionen hat er den Q-Text verändert, so daß er — im Vergleich mit Matthäus — eine Variante von Q hergestellt hat. Das aber erklärt sich durch den Gebrauch der Markusvorlage. Zuerst einmal ist die Frage des νομικός neu formuliert. Für Lukas handelt es sich nicht mehr um eine theoretisch-spekulative Frage über das erste und größte

---

[3] In seinem Brief vom 29. 12. (s. o. Anm. 2) gebraucht Prof. *Richardson* dies als ein Argument für die Originalform der Perikope, in welcher es nur ein Gebot, nämlich Gott zu lieben, und nicht zwei (aus der Sicht des Gesetzesgelehrten) gegeben habe. Dieses Argument, obwohl von Bedeutung, ist jedoch nicht ausschlaggebend für die Unechtheit des zweiten Gebotes, falls die beiden Gebote ursprünglich miteinander verschmolzen wurden.

Gebot, sondern um eine praktisch Frage über das moralische Gesetz⁴.
Die neue Formulierung liest also: τί ποιήσας ζωὴν αἰώνιον κληρονομήσω; (LK 10,25). Diese Worte dienen als Vorbereitung für die vorläufige
Aussage Jesu: τοῦτο ποίει καὶ ζήσῃ (V. 28), und sie werden unterstrichen
von seiner letzten Ermahnung: πορεύου καὶ σὺ ποίει ὁμοίως (V. 37).
Jetzt wird die ursprüngliche Neuformulierung in V. 25 neu zusammengesetzt nach einer Formel, die auch an anderer Stelle in Markus vorkommt, nämlich in der Einführung der nicht unähnlige Perikope vom
reichen Jüngling: τί ποιήσω ἵνα ζωὴν αἰώνιον κληρονομήσω; (Mk 10,17).
Angesichts dieser eben genannten Beispiele scheint es das Verfahren
des Lukas zu sein, Reminiszenzen aus dem Markusevangelium zu benüt-
zen, um die Überlieferungen vom Doppelgebot und vom barmherzigen
Samariter zusammenzuschmieden. Wenn das stimmt, wird es die Erklärung eines weiteren Phänomens erleichtern, das — wie wir eben gesehen
haben — oft als Argument für den ursprünglicheren Charakter der lukanischen Fassung vorgebracht wird, nämlich die Tatsache, daß das Doppelgebot bei Lukas dem Gelehrten anstatt Jesus zugeschrieben ist. Ein
Ansatz dazu liegt schon in Mk 12,32—33, wo der Schriftgelehrte das
Doppelgebot im Anschluß an den Ausspruch Jesu wiederholt. Der Grund
dafür, daß Lukas das Doppelgebot dem Rechtsgelehrten zuspricht und
nicht Jesus, ist, daß für Lukas alles Gewicht auf der Geschichte vom
barmherzigen Samariter liegt, zu welcher das Doppelgebot nur als Einleitung dient. Daß es bei Lukas dem Rechtsgelehrten zugeschrieben wird,
ist nicht ursprünglich, trotz Beares und anderer Meinung, sondern lukanische Redaktion. Das stimmt mit Lukas' Absicht vollkommen überein,
die ganze Betonung auf die Ermahnung zu legen, dem Beispiel des Sa-
mariters zu folgen, also auf das Herrenwort, das den Höhepunkt der
Perikope bildet (Lk 10,37). Diese Absicht wird durchgeführt durch Aus-
lassung von Mk 12,29—30 und der Q-Parallele und den Gebrauch von
Markus 12,32a.33 an ihrer Stelle. Möglicherweise hat auch der Spruch
über die größere Wichtigkeit der Liebe gegenüber kultischen Opfern
Lukas auf den Gedanken gebracht, die Geschichte vom barmherzigen
Samariter hier einzufügen.
Schließlich gibt es noch drei Charakteristika der lukanischen Version

---

⁴ Das wurde schon besprochen von *A. Plummer*, The Gospel According to St. Luke,
1922, S. 283. *T. Schramm*, Der Markus-Stoff bei Lukas, Cambridge 1971, S. 48, verweist auf Lk 3,10—14; 6,46 ff; 8,21; Apg 2,37 (16,30); 22,10 hinsichtlich eines ähnlichen redaktionellen Interesses des Lukas für das Praktische gegenüber dem Theo-
logisch-Spekulativen.

des Doppelgebotes, die nur dem dritten Evangelisten zu eigen sind. Das erste ist καὶ ἰδού als Einleitung zur Perikope (10,25). Diese Worte werden oft für einen Septuagintismus des Lukas gehalten. Wenn das der Fall ist, sollten wir sie der lukanischen Redaktion zugute schreiben. Aber T. Schramm hat kürzlich gezeigt, daß Lukas öfters diese Formulierung in eine markinische Stelle seines Sondergutes einführt[5]. Wenn Schramm recht hat, wird dieses dann eine lukanische Einführung sein, nach dem Stil seines Sondergutes gefaßt. Das zweite Charakteristikum ist die Phrase ἀνέστη λέγων (10,25), wo ἀνέστη pleonastisch gebraucht wird. Das Zeitwort ἀνίστημι wird von Lukas mit besonderer Vorliebe verwendet, und es sieht so aus, als ob er es an die Stelle des markinischen ἐπηρώτησεν gesetzt habe, das sich wahrscheinlich auch in Q befand, wie wir bei Matthäus sehen werden.

Das dritte charakteristische Kennzeichen ist viel problematischer. In Lukas sind die zwei Gebote unter einem einzigen Imperativ ἀγαπήσεις (10,27) zusammengefaßt, ohne jegliches Verbindungsglied, wie dies in Markus-Matthäus der Fall ist. Ist das etwa lukanische Redaktion, oder erklärt es sich wieder von der nicht-markinischen Quelle her? Zugunsten eines vorlukanischen Ursprungs kann man behaupten, daß die Frage des Gelehrten nach dem ersten und größten Gebot in Markus-Lukas von der Logik her ein einziges Gebot als Antwort erfordert τί ποιήσας. Andererseits aber kann man auch behaupten, daß gerade das Auslassen der Frage, welches das erste und größte Gebot sei, Lukas dazu geführt hat, die beiden Gebote ineinanderzuschieben. Dieses Problem sei vorläufig dahingestellt, bis wir die beiden anderen Fassungen der Perikope untersucht haben.

In V. 28 akzeptiert Jesus das Doppelgebot als eine treffende Zusammenfassung des Gesetzes. Diese ausdrückliche Zustimmung ist offensichtlich notwendig geworden durch die Übertragung der Aussage von Jesus auf den Rechtsgelehrten. Sie muß daher redaktionell sein.

Wir wenden uns nun der matthäischen Fassung zu, um weitere Hinweise für die Rekonstruktion der nicht-markinischen Quelle zu suchen, welche beide, sowohl Matthäus als auch Lukas, benutzt zu haben scheinen. Ein unscheinbarer, aber doch nicht unwichtiger Unterschied zwischen Matthäus und Markus ist die Inversion von Verb und Subjekt am Anfang des Satzes (καὶ ἐπηρώτησεν εἷς). Das könnte zwar nur eine stilistische Variante des Matthäus sein, aber daran ist bemerkenswert, daß es

---

[5] *Schramm*, aaO. S. 91 f.

sich um einen Semitismus handelt, was Matthäus' sonstiger Regel, das markinische Griechisch zu verbessern, entgegenläuft. Deshalb ziehen wir es vor, diese Inversion der nicht-markinischen Quelle zuzuschreiben. Lukas muß diesen Zug zerstört haben durch die neue Einführung, die er für die Perikope in seinem eigenen Stil verfaßt hat (s. o.). Ebenso bemerkenswert ist die Phrase εἷς ἐκ, welche kaum der matthäischen Redaktion zugeschrieben werden kann, da damit ein weiterer Semitismus eingeführt wird אחד מן. Wir vermuten daher, daß die nicht-markinische Quelle εἷς ἐξ αὐτῶν νομικός und nicht νομικός τις (wie Lukas) gelesen hat. Lukas muß in diesem Vers den Semitismus beiseite gelassen haben. Außerdem hat Matthäus μεγάλη statt des markinischen πρώτη, während er in V. 38 beide Worte (ἡ μεγάλη καὶ πρώτη) kombiniert. Die semitische Anwendung des Positivs an Stelle eines Superlativs scheint wieder anzuzeigen, daß Matthäus μεγάλη aus seiner nicht-markinischen Quelle übernommen hat. Die Kopula in der Frage des Gelehrten (V. 36, im Gegensatz zu Mk 12,28) ist von Matthäus ausgelassen worden, wieder ein semitisierender Zug, der kaum auf matthäische Redaktion zurückgeführt werden darf. Die Einleitung zur Antwort Jesu (V. 37: ὁ δὲ ἔφη αὐτῷ) ist jedoch typisch matthäisch[6] und muß daher redaktionell sein.

Matthäus erwähnt nur drei „Kräfte", nicht vier wie Markus-Lukas. Dies stimmt überein mit Dtn 6,5 und scheint die nicht-markinische Quelle (vgl. auch Mk 12,33) wiederzugeben. Jedoch gleicht die dritte matthäische „Kraft" der vierten markinischen (διανοία). Es scheint daher wahrscheinlich zu sein, daß die nicht-markinische Tradition folgendermaßen las: ἐν ὅλῃ τῇ ἰσχύϊ σου. So entspricht es Lukas V. 27 (s. o.). Die dreigliedrige Formel (Mt 22,37) ist also redaktionell sowohl aus markinischem als auch aus nicht-markinischem Stoff zusammengesetzt[7]. Bei der Einleitung zum zweiten Gebot (δευτέρα ὁμοία αὐτῇ V. 39) handelt es sich nur um eine oberflächliche Veränderung der Markusvorlage; sie kann

---

[6] Matthäus hat ἔφη 13 oder 15mal (je nach dem Text bei Mt 19,18.21), Markus 6mal und Lukas 7mal. In der zweiten Hälfte der Apostelgeschichte kommt es 11mal vor, was bezeugt, daß Lukas nichts gegen das Wort hat. Es ist also kaum anzunehmen, daß er es absichtlich aus seiner Quelle eliminiert hat.

[7] Auch nach *G. Strecker*, Der Weg der Gerechtigkeit, Göttingen ³1971, S. 25 f. 135 f, ist die matthäische Fassung eine Kombination aus Mk und Q. Weil er aber eine Kenntnis des MT für Matthäus nicht postulieren will, meint er, daß die dreigliedrige Formel auf die LXX zurückgeführt werden muß. Das ist grundsätzlich möglich; wenn aber die dreigliedrige Form schon in Q stand, könnte man doch die Kenntnis des MT für die hinter Q stehende Tradition postulieren. Ich behaupte nicht, daß Matthäus eine direkte Kenntnis des MT hatte.

kaum als nicht-markinischer Zug betrachtet werden. Matthäus will den ergänzenden Charakter der beiden Gebote unterstreichen. Auf jeden Fall setzt das Wort δευτέρα das markinische πρώτη voraus, und es ist daher unwahrscheinlich, daß es in der anderen Quelle gestanden haben kann. Diese Quelle mag dann beide Gebote zusammengefügt haben, genau wie Lukas.

Mt 22,40 ist eine vollständige Revision von Mk 12,31c. Für den Ausdruck „das Gesetz und die Propheten", der nur einmal in Q vorkommt (Mt 11,13 = Lk 16,16), hat Matthäus eine besondere Vorliebe (vgl. Mt 5,17; 7,12). Dazu scheint das Verb κρέμαται einen rabbinischen Begriff zu vertreten, was man gerade in der matthäischen Redaktion erwarten darf[8].

Jetzt sind wir also endlich in der Lage, eine Rekonstruktion der nicht-markinischen Tradition vorzulegen, die gemeinsam bei Lukas und Matthäus vertreten ist. καὶ ἐπηρώτησεν εἷς ἐξ αὐτῶν νομικός [ἐκ]πειράζων αὐτὸν · διδάσκαλε, ποία ἐντολὴ μεγάλη ἐν τῷ νόμῳ; ὁ δὲ εἶπεν πρὸς αὐτόν · ἀγαπήσεις κύριον τὸν θεόν σου ἐν ὅλῃ τῇ καρδίᾳ σου καὶ ἐν ὅλῃ τῇ ψυχῇ σου καὶ ἐν ὅλῃ τῇ ἰσχύϊ σου, καὶ τὸν πλησίον σου ὡς σεαυτόν.

Es muß beachtet werden, daß diese Tradition vier Semitismen enthält: Die Umstellung von Verb-Subjekt in der Einleitung, die Phrase εἷς ἐκ, das Weglassen der Kopula in der Frage des νομικός und der Gebrauch von ἐν mit Dativ bei der Aufzählung der „Kräfte". Die Liste der drei „Kräfte" dürfte eher die Zitierung des MT als der LXX bezeugen. Es scheint daher klar zu sein, daß diese Rekonstruktion der frühesten Tradition ziemlich nahe stehen muß. Aber ob es die ursprüngliche Tradition selbst ist, das ist die Frage.

Um sie beantworten zu können, müssen wir uns der markinischen Fassung zuwenden (Mk 12,28—34). Markus fängt mit einer mühsam überladenen Einleitung an (V. 28), ein sicheres Zeichen der redaktionellen Erweiterung. Der zweite und dritte Satzteil (V. 28b und c) sind offenbar markinische Komposition, entworfen, um die Perikope mit dem markinischen Kontext, einer Reihe von Streitgesprächen, zu verknüpfen. V. 12 bezieht sich auf die zwei Fragen der Pharisäer (Mk 12,13—17) und der Sadduzäer (Mk 12,18—27). Das mehr oder weniger überflüssige προσελθών kommt in Verbindung mit ἐρωτάω auch in der von Markus stammenden Einleitung einer anderen Perikope vor (10,2) und ist eine wei-

---

[8] Siehe auch *A. Schlatter*, Der Evangelist Matthäus, Stuttgart [3]1948, zur Stelle. Nach *R. Bultmann*, Die Geschichte der synoptischen Tradition, Göttingen [3]1957, S. 93 f, ist Mt 22,40 Zusatz.

tere redaktionelle Ergänzung. Markus nennt den Fragesteller einen γραμματεύς, nicht einen νομικός wie Q. Das Wort γραμματεύς wird im hellenistischen Griechisch für einen Rechtsgelehrten im weiten Sinn gebraucht (Apg 13,35 wird es für einen Stadtbeamten verwendet), während im Judentum γραμματεύς in der Regel einen Tora-Experten (hebr.
סופר) bezeichnet. Das markinische γραμματεύς scheint daher palästinischer Herkunft zu sein, und es vertritt eine frühere Tradition als das
νομικός von Q[9].

Wichtiger ist, daß Markus [ἐκ]πειράζων oder ähnliches nicht kennt
(Mt 22,35 = Lk 10,25). Dadurch verändert sich die formgeschichtliche
Gattung der Perikope. In der nicht-markinischen Fassung handelt es sich
um ein Streitgespräch, bei Markus aber (als Antwort auf eine freundliche
Frage) um ein Schulgespräch. Nach den Erkenntnissen der Formgeschichte ist das Streitgespräch gegenüber dem Schulgespräch sekundär[10]. Auch
in dieser Hinsicht wäre dann der Markustext ursprünglicher als die andere Fassung. In der Rekonstruktion der frühesten erreichbaren Form
der Tradition müssen wir daher [ἐκ]πειράζων weglassen. Die Formulierung der Frage nach dem „ersten und zweiten" Gebot (28c, 29a, 31a)
haben wir schon als sekundär beurteilt; sie muß markinischer Redaktion
oder wenigstens einer ihm folgenden Sonderüberlieferung zugeschrieben
werden. Die Einleitung des Doppelgebotes durch das Sch'ma wurde offensichtlich für heidnische Leserkreise hinzugefügt[11]. Die Konstruktion
ἐκ mit Genitiv bei der Aufzählung der Kräfte stimmt mit der LXX
überein und das Hinzufügen einer vierten Kraft (διανοίας) macht es für
Markus' hellenistische Leser vollkommen klar, daß Gott mit dem Verstand geliebt werden muß — was im hebräischen Text durch לבבך schon
klarwurde. Die Verse 32—34 schließlich werden redaktioneller Zusatz
von Markus sein. Wie Bornkamm nämlich gezeigt hat, setzt die Über-

---

[9] Vgl. *G. Bornkamm*, Das Doppelgebot der Liebe, in: Neutestamentliche Studien für
Rudolf Bultmann, Berlin 1954, S. 85—93, neu gedruckt in: Geschichte und Glaube I,
Ges. Aufsätze III, München 1968, S. 37—45 (Seitennummern im folgenden nach dem
Neudruck). Ihm folgt *Chr. Burchard*, Das doppelte Liebesgebot in der frühen christ-
lichen Überlieferung, in: Der Ruf Jesu und die Antwort der Gemeinde (Festschrift für
J. Jeremias), Göttingen 1970, S. 39—62, hier S. 51.

[10] *R. Bultmann*, aaO. S. 39 f; *G. Bornkamm*, aaO. S. 37: „ein stilgerechtes Schulgespräch."

[11] *G. Bornkamm*, aaO. S. 39. Er bemerkt, daß Markus — ebenso wie das Diasporajudentum — das Sch'ma als das höchste Gebot ansieht. Er schließt: „Die Verwendung
des ‚monotheistischen' Bekenntnisses von Deut 6,4 ... weist also eindeutig in hellenistisch-jüdische Theologie" (S. 40).

ordnung des moralischen Gesetzes über den Opferkultus eher ein helle-
nistisch-jüdisches als ein rabbinisches Verständnis des Gesetzes voraus[12].
Die Einfügung von σύνεσις (V. 33 entsprechend der von διανοίας in
V. 30) ist ein weiterer Hinweis für die hellenistische Anpassung[13].

Nur in der Einführung also hilft uns die markinische Perikope, den
Urtext zu rekonstruieren. Die früheste erreichbare Form ist die oben
rekonstruierte nicht-markinische Form, aber mit folgender Veränderung
in der Einleitung: καὶ ἐπηρώτησεν αὐτὸν εἷς ἐκ τῶν γραμματέων. Die Semitismen und die Hinweise auf die palästinische Umwelt in dieser re-
konstruierten Form ermöglichen uns, diese Perikope auf die früheste
aramäisch-sprechende Gemeinde zurückzuführen[14].

Damit aber wird die Echtheit des Traditionsstückes noch nicht bewiesen. Merkwürdigerweise wird sie meist ohne Frage angenommen, sogar
von denen, die sonst die strengsten Bultmannschen Kriterien anwen-
den[15]. Nun ist es in der Tat unwahrscheinlich, daß das Doppelgebot
eine Bildung der frühen nachösterlichen Gemeinde ist[16], denn — abgesehen von unserer Evangelienperikope in ihren verschiedenen Ausprägungen — es wird in der nachösterlichen Katechese sonst immer das *einfache*
Gebot der Liebe des Nächsten zitiert (Gal 5,14; Röm 13,9; Jak 2,8; auch
Mt 19,19), ein Gebrauch, der nachweisbar auf rabbinische Quellen zurückgeht[17]. Das Doppelgebot wird also in Abweichung von der üblichen

---

[12] *Bornkamm* (aaO. S. 41 Anm. 7) zitiert Ps.-Aristeas 234 als Beispiel für die hellenistisch-jüdische Kritik am Opferkult.

[13] *Bornkamm*, aaO. S. 40. Er fügt hinzu, daß ἐπ᾽ ἀληθείας ebenfalls gut griechisch sei.

[14] Gegen *Burchard*, aaO. Nach seiner Meinung sind sowohl die Matthäus-Fassung
als auch die von Lukas redaktionelle Änderungen des Markustextes. Letzteren hält er
für die älteste, wenn auch hellenistisch-jüdische Fassung. *Burchard* ignoriert die Möglichkeit von Semitismen und ein palästinisches kulturelles Milieu in den matthäischen
und lukanischen Abweichungen von Markus und sieht daher keine Hinweise auf eine
vorhellenistische Tradition.

[15] Z. B. *Bornkamm*, aaO S. 45, der der Lukasversion Priorität zuspricht, und *E. Jüngel*, Paulus und Jesus, Tübingen 1962, S. 169 f, der die markinische Fassung für älter
hält — trotz der vielen Anzeichen von hellenistischem Einfluß, die es unwahrscheinlich
machen, daß die Perikope in ihrer heutigen Form echt jesuanisch ist.

[16] Die frühesten Erwähnungen des Doppelgebotes außerhalb der Evangelien kommen erst im zweiten Jahrhundert vor: Did. 1,2a, Justin, Dial. 93,3. Hier wird schon
die Kenntnis der synoptischen Tradition vorausgesetzt (wenn auch nicht unbedingt
der schriftlichen Evangelien; *H. Köster*, Synoptische Überlieferung bei den apostolischen Vätern, Berlin 1957, S. 170—172).

[17] *(Strack-) Billerbeck* I, S. 907, zitiert die bekannten Sätze von Hillel und Akiba.

Form des Liebesgebotes in der urchristlichen Katechese überliefert. Viel problematischer aber ist sein Verhältnis dem Judentum gegenüber. Das Doppelgebot, wie wohl bekannt ist, kommt weder in den rabbinischen Schriften noch in Qumran, geschweige denn in der Apokalyptik vor. Aber es befindet sich an mehreren Stellen der Testamente der Zwölf Patriarchen. Einige dieser Stellen sind, ebenso wie das Logion Jesu, deutlich Dtn 6,5 und Lev 19,18 nachgebildet. Ich zitiere die wichtigsten dieser Stellen. Erstens TestIss 5,2: Ἀλλὰ ἀγαπήσατε τὸν κύριον καὶ τὸν πλησίον. Hier werden beide Gebote in einem einzigen Imperativ zusammengefaßt — wie bei Lukas und in unserer Rekonstruktion der nicht-markinischen Fassung. Eine zweite Stelle, die diesen Zug ebenfalls aufweist, spiegelt die dreifache Aufzählung der „Kräfte" nach Dtn 6,5 wider, verschiebt sie aber auf das zweite Gebot: τὸν κύριον ἠγάπησα καὶ πάντα ἄνθρωπον ἐξ ὅλης τῆς καρδίας (TestIss 7,6). Besonders bemerkenswert ist hier die Verallgemeinerung des Gebotes der Nächstenliebe, was der Erweiterung in der Bergpredigt entspricht, nämlich den Nächsten und den Feind, d. h. den Nicht-Israeliten einzubeziehen. Eine dritte Anspielung an das Doppelgebot erscheint TestDan 5,3: Ἀγαπήσατε τὸν κύριον ἐν πάσῃ τῇ ζωῇ ὑμῶν καὶ ἀλλήλους ἐν ἀληθινῇ καρδίᾳ. Wenn dieser Text auch nicht so allgemein-menschlich aufgefaßt werden kann wie die Stelle TestIss 7,6, so schließt er doch beide Gebote zu einem Imperativ zusammen und erwähnt wieder die „Kräfte", wodurch es völlig klar ist, daß der Verfasser Dtn 6,5 im Sinn hatte. Der Gebrauch von ἐν mit Dativ wird weiter unten besprochen.

Nun hat J. Becker vor kurzem, gegen die seit Charles vorherrschende Ansicht, die Meinung vertreten, daß die Testamente jüdisch-hellenistischen Ursprungs sind[18]. Dies gilt auch für die Grundschrift der Testamente, in welchen die oben erwähnten Parallelen zum Doppelgebot der Liebe erscheinen. Außerdem zitiert Becker angebliche Parallelen zum Doppelgebot aus unfraglich hellenistisch-jüdischer Literatur, um zu zeigen, daß das Doppelgebot der Liebe aus dem hellenistischen Judentum stammt. Er führt als Beweis eine Reihe von Abschnitten an. Es lohnt sich, diese Abschnitte ausführlich zu zitieren, damit wir sie vor Augen haben.

Der erste Abschnitt ist Arist 229; er lautet: τί καλλόνης ἄξιόν ἐστι; ὁ δὲ εἶπεν · Εὐσέβεια · τὸ δὲ δυνατὸν αὐτῆς ἐστιν ἀγάπη. Dies ist keine wirk-

---

[18] *J. Becker*, Untersuchungen zur Entstehungsgeschichte der Testamente der Zwölf Patriarchen, Leiden 1970, bes. S. 377—401.

liche Parallele, weil sie nicht spezifisch die Liebe zum Nächsten erwähnt. Es muß auch beachtet werden, daß Aristeas, anstatt direkt von der Liebe Gottes zu sprechen, den typisch hellenistischen Begriff εὐσέβεια einführt. Dieser Ausdruck kommt auch in vier Abschnitten bei Philo vor, auf die Becker hinweist, und ist in jedem Fall mit dem Ausdruck φιλανθρωπία verbunden, ebenfalls ein typisch hellenistischer Ausdruck für Nächstenliebe.

Der erste Abschnitt bei Philo findet sich de virt 51; es heißt dort: τὴν δ᾽ εὐσεβείας συγγενεστάτην καὶ ἀδελφὴν καὶ δίδυμον ὄντως ἑξῆς ἐπισκεπτέον φιλανθρωπίαν. Es ist hier zu bemerken, daß sich dieser Satz nicht auf die Torah, geschweige denn auf eine Stelle wie Dtn 6,5 oder Lev 19,6 bezieht.

Der zweite Abschnitt befindet sich in demselben Buch, de virt 95: ὅπως ἐξεθιζόμενοι τῇ μὲν τιμᾶν τὸ θεῖον, τῇ δὲ μὴ πάντα κερδαίνειν εὐσεβείᾳ καὶ φιλανθρωπίᾳ ταῖς ἀρετῶν ἡγεμονίσιν ἐπικοσμῶνται. Den Zusammenhang dieser Stelle bildet eine Besprechung des ursprünglichen Prinzips, welches hinter den spezifischen Torah-Geboten liegt, daher ist die Formel εὐσέβεια καὶ φιλανθρωπία gleichwertig und hat dieselbe Funktion wie das Doppelgebot der Liebe in der synoptischen Tradition. Aber auch hier gibt es keine direkte Zitierung oder Kombination von den zwei Geboten aus Dtn oder Lev. Einer Zitation nahe kommt das Verb τιμᾶν (= ἀγαπᾶν), aber der biblische Anklang ist sofort durch τὸ θεῖον zerstört.

Der dritte Abschnitt ist de spec leg II,63, wo es heißt: ἔστι δ᾽ ὡς ἔπος εἰπεῖν τῶν κατὰ μέρος ἀμυθήτων λόγων καὶ δογμάτων δύο τὰ ἀνωτάτω κεφάλαια, καὶ τὸ πρὸς τὸν θεὸν δι᾽ εὐσεβείας καὶ ὁσιότητος, τό τε πρὸς ἀνθρώπους διὰ φιλανθρωπίας καὶ δικαιοσύνης. Die Erwähnung von λόγων καὶ δογμάτων macht es vollkommen klar, daß Philo die hellenistischen Kategorien εὐσέβεια und φιλανθρωπία als Äquivalente zum ersten und zum zweiten Teil des Doppelgebotes bewertet und damit auch ὁσιότης und δικαιοσύνη hinzufügt. Aber wie oben bezieht sich auch dieses nicht direkt auf Dtn oder Lev.

Der letzte Abschnitt stammt aus de Abr 208. Dort heißt es: τῆς γὰρ αὐτῆς φύσεώς ἐστιν εὐσεβῆ τε εἶναι καὶ φιλάνθρωπον, καὶ περὶ τὸν αὐτὸν ἑκάτερον, ὁσιότης μὲν πρὸς θεόν, δικαιοσύνη δὲ πρὸς ἀνθρώπους, θεωρεῖται. Wir haben wieder dieselben vier Kategorien εὐσεβής/φιλάνθρωπος und ὁσιότης/δικαιοσύνη, wobei diese Stelle wieder keine direkten Hinweise auf die Torah gibt. Statt dessen werden die vier Qualitäten, zwei auf Gott, zwei auf den Menschen bezogen, als der Urbegriff des Naturgeset zes betrachtet. Aber diese Tatsache darf man nicht überschätzen, denn es ist ganz klar, daß Philo die allgemeinen Prinzipien der mosaischen Torah als Ausdruck des Naturgesetzes ansieht. Im großen und ganzen kann man mit der Feststellung von D. Georgi übereinstimmen:

„Hier ist deutlich das Doppelgebot als Summe des Gesetzes verstanden und damit auch gleichzeitig als Grundgesetz der Gesetzesauslegung und des Synagogengottesdienstes angesehen."[19] Man muß jedoch betonen, daß das Doppelgebot von Philo nie direkt angeführt, sondern lediglich dessen Inhalt in stoischen Kategorien zusammengefaßt wird[20].

Falls Georgis Annahme richtig ist, und falls, wie Becker bemerkt, die Grundschrift der Testamente eher hellenistisch-jüdisch als palästinisch-jüdisch ist, kann man mit Recht die These vertreten, daß das Doppelgebot der Liebe in das Urchristentum zuerst durch das hellenistische Judentum eingedrungen ist, was auch Burchards Ansicht ist[21]. In dem Fall ist die Echtheitsfrage negativ beantwortet.

Aber ist diese Meinung berechtigt? Ein entscheidender Unterschied zwischen den Abschnitten von Aristeas und Philo einerseits und dem Material der „Testamente" und der Synoptiker andererseits, ist, wie schon bemerkt, daß im ersteren Fall regelmäßig das Doppelgebot in Ausdrücken der stoischen Tugendbegriffe wiedergegeben wird, während im letzteren ausdrücklich die Gebote aus Dtn und Lev zitiert oder erwähnt werden. Es ist also klar, daß wir hier in einer sehr unterschiedlichen Gedankenwelt sind. Ohne Zweifel lag der Wunsch, die Torah unter zwei grundlegenden Prinzipien zusammenzufassen, sozusagen in der Luft in der ganzen hellenistischen Welt, sowohl innerhalb Palästinas als auch außerhalb. Aber den ausdrücklichen Gebrauch des Doppelgebotes in Testamenten-Synoptikern direkt auf hellenistisches Judentum zurückzuführen, scheint doch die Wahrscheinlichkeit in diesem Fall zu überschreiten. Denn dieselbe Grundidee wurde inner- und außerhalb von Palästina in sehr unterschiedlicher Weise ausgedrückt.

Außerdem ist Beckers Ansicht, daß die Grundschrift der Testamente hellenistischen Ursprungs ist, keineswegs belegt, geschweige denn allge-

---

[19] *D. Georgi*, Die Gegner des Paulus im 2. Korintherbrief, Neukirchen-Vluyn 1964, S. 88 Anm. 3.

[20] *Becker*, aaO. S. 390.

[21] *Burchard* erwähnt dieselbe Stelle, die wir zitiert haben, und schließt: „Das doppelte Liebesgebot als Inbegriff des göttlichen Willens ist also wohl Erbstück aus dem hellenistischen Judentum, dem das frühe Christentum grade unter dem Stichwort Liebe auch sonst noch vieles verdankt" (aaO. S. 57).

mein anerkannt. Es ist wert hervorzuheben, daß TestDan 5,3 die Konstruktion ἐν mit Dativ verwendet, bei ausdrücklicher Erwähnung der „Kräfte", mit denen der Mensch Gott bzw. den Nächsten lieben muß. Das scheint auf die Möglichkeit semitischen Ursprungs hinzudeuten. Auch die Funde der aramäischen Fragmente des Testaments Levi in der vierten Höhle zu Qumran bezeugen, daß der Beginn der Testamentenliteratur eher in Palästina als im hellenistischen Judentum gesucht werden muß. Aber damit soll nicht gesagt sein, daß wir darauf bestehen, daß diese beiden Typen des Judentums rigoros zu trennen sind. Die Ausgrabungen in Qumran haben tatsächlich größere Zweifel an solchen vorher festgesetzten Unterschieden aufkommen lassen. Es wird immer klarer, daß alle Ausprägungen des palästinischen Judentums, selbst der Pharisäismus, in verschiedenem Grade für hellenistischen Einfluß empfänglich waren. Wir haben dafür ein Beispiel gefunden in dem Versuch, die Torah durch ein oder zwei Grundgebote zusammenzufassen[22]. Solche hellenistischen Einflüsse hätten daher sowohl auf Jesus als auch auf die aramäisch sprechende Urkirche wirken können, sogar in Palästina. Diese Möglichkeit würde den scheinbaren Konflikt zwischen den sprachlichen und Umweltkriterien einerseits und dem Kriterium der Unähnlichkeit andererseits lösen.

Dann aber fragt es sich, ob Jesus selbst oder die palästinische Urgemeinde das Doppelgebot der Liebe in die christliche Tradition eingeführt hat. Welche der Parteien war wohl eher empfänglich für den durch die Grundschrift des Zwölfertestamentes repräsentierten Typus des Judentums? Hier müssen wir auf das Kriterium der Konsistenz zurückgreifen. Man ist sich allgemein darüber einig, daß der Schwerpunkt der Botschaft Jesu in der Verkündigung des Anbruchs der Herrschaft Gottes bestand. Es ist klar, daß die nachösterliche Gemeinde sich bemühte, das Gebot der Liebe mit dieser eschatologischen Verkündigung zu verbinden (Mk 12,34: οὐ μακρὰν εἶ ἀπὸ τῆς βασιλείας τοῦ θεοῦ. Lk 10,25: τί ποιήσας ζωὴν αἰώνιον κληρονομήσω;).

---

[22] Es ist bemerkenswert, daß der Begriff des Doppelgebotes auch in Jub 20,2 erscheint: „Und er gebot ihnen, daß sie den Weg Gottes innehielten, daß sie Gerechtigkeit übten, und ein jeder seinen Nächsten liebe" (Übersetzung bei *Kautzsch*).

Fragmente dieses Buches wurden auch in Qumran gefunden, und diese Schrift zeigt klare Parallelen mit der Qumran-Literatur in mehrfacher Hinsicht. Obwohl wir mit *R. Marcus'* These in seinem Artikel „The Qumran Scrolls and Early Judaism", Biblical Research I, 1956, S. 9—17, in der Feststellung einer essenischen Quelle für Jub nicht übereinstimmen, ist es doch klar, daß die Gedanken von Jub dem sektiererischen Judentum in neutestamentlicher Zeit nicht unbekannt waren.

Der Urtext des Doppelgebotes, wie wir es oben rekonstruiert haben, erhebt dagegen keinen Anspruch auf eine solche Verbindung. Daher ergibt sich nun für uns eine höchst interessante Möglichkeit. In den Testamenten wird das Doppelgebot mit der Weisheit verbunden, vgl. z. B. TestNaph 8,9 f: Καὶ αἱ δύο τοῦ θεοῦ εἰσι, καὶ εἰ μὴ ἐγένοντο ἐν τῇ τάξει αὐτῶν ἁμαρτίαν μεγίστην παρεῖχον τοῖς ἀνθρώποις · τὸ αὐτὸ καὶ ἐπὶ τῶν λοιπῶν ἐντολῶν ἐστι · Γίνεσθε οὖν σοφοὶ ἐν θεῷ, τέκνα μου, καὶ φρόνιμοι, ἰδόντες τάξιν ἐντολῶν αὐτοῦ καὶ θεσμοὺς παντὸς πράγματος, ὅπως ἀγαπήσει ὑμᾶς ὁ κύριος. Ebenso auch TestLevi 13,7: Σοφίαν κτήσασθε ἐν φόβῳ θεοῦ.

Wenn also das Doppelgebot der Liebe in der (hellenisierten) Weisheitstradition zu Hause ist und damals schon in Palästina bekannt war und wenn es auch in der Jesustradition vorgefunden wird, könnte es dann nicht der Fall sein, daß das Doppelgebot in derselben Weisheitstradition verwurzelt ist? Das würde dann andeuten, daß es zwei Seiten in Jesu Gedankenwelt gab, die eine apokalyptisch, die andere weisheitlich.

Wie Jesus bei seinem Gebrauch der Apokalyptik sich in seinem Erdenwirken implizit mit dem himmlischen Menschensohn identifiziert, so ist bei seiner Verwendung des Doppelgebotes der Liebe ein impliziter Gebrauch der Weisheitstradition festzustellen.

Jesus erscheint auf Erden als der Vertreter der göttlichen Weisheit. Diese Weisheitschristologie wird erst nach Ostern explizit, findet ihren ersten Ausdruck in der Logienquelle[23] und ihren Höhepunkt im johanneischen Prolog.

---

[23] Siehe F. *Christ,* Jesus Sophia, Zürich 1970. Diese Arbeit entscheidet etwas zu leichtfertig zugunsten der wahrscheinlichen Echtheit der fünf Q-Logien, die untersucht werden (Rechtfertigungswort, Jubelruf, Heilandsruf, Weisheitswort, Jerusalemwort). Statt dessen würden wir diese Worte eher als Bildungen der nachösterlichen Gemeinde ansehen, die eine ausdrückliche Weisheitschristologie aufgrund der Traditionen von Jesus als Weisheitslehrer ausgearbeitet hat. Zur weiteren Diskussion der Weisheitschristologie siehe J. M. *Robinson* — H. *Köster,* Entwicklungslinien durch die Welt des frühen Christentums, Tübingen 1971, S. 70—106. 191—215.

LE COUPLE PARABOLIQUE DU SÉNEVÉ ET DU LEVAIN

Mt 13,31—33; Lc 13,18—21

JACQUES DUPONT

Pour pouvoir parler d'une *Doppelgleichnis,* «parabole double», J. Je-remias estime que deux paraboles doivent exprimer la même pensée au moyen de deux images différentes[1]. La définition n'est peut-être pas très heureuse dans sa manière de présenter la parabole comme l'expression imagée d'une pensée ou d'une idée, mais elle paraît surtout discutable en ce que la reconnaissance d'une forme littéraire, la *Doppelgleich-nis,* y dépend du sens, et donc de l'interprétation, plutôt que de caractéristiques d'ordre formel. D'après R. Bultmann, il y a *Doppelgleichnis* quand une parabole complète est suivie d'une nouvelle parabole qui, construite parallèlement, développe la même thèse («denselben Satz») au moyen d'une autre image[2]. Cette définition fait appel à un critère formel: il faut deux paraboles complètes unies par le parallélisme de leur structure. Nous doutons de la nécessité d'ajouter à cela la mention d'une condition empruntée au plan des idées; tout au plus pourrait-on préciser que le parallélisme des deux paraboles doit affecter le mouvement qui les conduit vers leur «pointe».

En français du moins, l'expression «parabole double» évoque très mal le phénomène littéraire dont il s'agit. Nous préférons donc parler de «couple parabolique»[3], au sens où l'allemand emploie également les expressions *Gleichnispaar* ou *Parabelpaar.*

Le problème qui se pose à propos des paraboles du Sénevé et du

---

[1] *J. Jeremias,* Die Gleichnisse Jesu, Göttingen [6]1962, p. 89. Cf. *R. Schnackenburg,* Gottes Herrschaft und Reich. Eine biblisch-theologische Studie, Freiburg 1959, p. 106.

[2] *R. Bultmann,* Die Geschichte der synoptischen Tradition (FRLANT 29), Göttingen [2]1931 (= [4]1971), p. 210.

[3] Suivant l'exemple de B. *Hübsch* dans sa traduction de *J. Jeremias,* Les Paraboles de Jésus, Le Puy 1966, p. 94.

Levain n'est pas de savoir si elles constituent un couple parabolique. Le fait est évident dans la version de Luc: en Lc 13,19 et 21, deux phrases étroitement parallèles font ressortir les résultats énormes que produisent respectivement un grain de sénevé et un morceau de levain. Le parallélisme est moins rigoureux en Mt 13,31—32 et 33, mais il n'est pas difficile de se rendre compte qu'ici le texte de la première parabole a subi l'influence de la version de Mc 4,30—32, dont la forme est différente (descriptive, non pas narrative) et où elle n'est pas associée à la parabole du Levain. Le témoignage de Matthieu est cependant précieux en ce qu'il nous permet d'affirmer que le Sénevé et le Levain formaient un couple parabolique dans la source utilisée à la fois par Matthieu et par Luc («Q»); nous ne nous attarderons pas à justifier cette affirmation, admise par presque tous les exégètes[4]. Ajoutons tout de suite que, s'il paraît certain que les deux paraboles constituaient un couple dans la source Q, il paraît tout aussi sûr que le Sénevé n'était pas lié au Levain dans la source utilisée par Marc dans la composition de son chapitre 4, source qui groupait trois paraboles où il était question de semences.

Le problème à poser devant ces données est celui de l'origine du couple parabolique attesté par la source Q, mais ignoré de la source utilisée par Marc. Nous devons nous demander s'il y a moyen de remonter au-delà de ces deux sources immédiates de nos évangiles synoptiques. Il s'agit plus précisément de rendre compte du parallélisme qui unit étroitement les deux paraboles dans la source Q et dans le texte de Luc. Faut-il penser que cette formulation parallèle est inhérente à la constitution même de ces paraboles, et qu'elle remonte donc à leur origine? Ou bien faut-il y voir le résultat d'un processus d'assimilation attribuable à la tradition chrétienne, soit que la seconde parabole ait été modelée sur la première, comme le suggère Bultmann[5], soit que la première parabole ait été remaniée pour correspondre plus exactement à la seconde, comme le suggèrent W. Michaelis et C.-H. Hunzinger[6]?

En face de ce problème, les considérations générales nous paraissent peu efficaces. La *Formgeschichte* présume, d'une part, que «ce qui

---

[4] La priorité de la version mixte de Matthieu a ses défenseurs: *B. C. Butler*, The Originality of St. Matthew. A Critique of the Two-Documents Hypothesis, Cambridge 1951, pp. 2—6; *P. Bonnard*, L'Evangile selon saint Matthieu (CNT I), Neuchâtel 1963, pp. 200s.

[5] *R. Bultmann*, Geschichte, p. 211.

[6] *W. Michaelis*, Die Gleichnisse Jesu. Eine Einführung (Die urchristliche Botschaft, 23). Hamburg ³1956, p. 56; *C.-H. Hunzinger*, art. σίναπι ThW VII (1964), 286—290 (p. 289, n. 34).

compte comme éléments de base de la tradition, ce sont les unités les plus petites»[7], et cette optique ne joue évidemment pas en faveur de l'ancienneté de l'unité complexe que constitue un couple parabolique. Mais Bultmann reconnaît par ailleurs que le recours à deux images parallèles correspond à «un procédé de l'art parabolique qui est ancien et répandu» et dont aucune raison ne permet de mettre en doute le caractère primitif en Mc 3,24 et 25 ou en Lc 14,28—30 et 31—32[8]. Des observations plus précises semblent nécessaires. Nous voulons nous interroger ici sur la valeur des arguments auxquels on fait appel pour remonter à un état de la tradition où les paraboles du Sénevé et du Levain n'étaient pas encore associées, et démontrer ainsi le caractère secondaire de l'association qui en a fait un couple parabolique. Ces arguments peuvent se grouper autour de trois chefs principaux:

1. D'abord celui qui, considérant uniquement le texte de Q (Lc), s'appuie sur le raccord rédactionnel qui sépare la seconde parabole de la première.

2. Ensuite celui qui se base sur le fait que Marc (et sa source) rapporte la première parabole sans l'associer à la seconde.

3. Enfin celui qui se dégage d'une confrontation des deux versions de la parabole du Sénevé, si l'on admet qu'elle conduit à accorder la priorité à celle de Marc sur celle de Luc.

I.

En Mt 13,33, la parabole du Levain est précédée par le raccord: Ἄλλην παραβολὴν ἐλάλησεν αὐτοῖς. Attribuable à la rédaction matthéenne (cf. vv. 3,10,13,24,31), cette formule se substitue sans doute à celle de Lc 13,20, Καὶ πάλιν εἶπεν, qui n'est pas lucanienne et doit provenir de Q. Bultmann[9] et ceux qui l'ont suivi[10] estiment que ce raccord témoigne de l'association secondaire de la parabole du Levain à celle du Sénevé. En intervenant entre les deux paraboles et en les dissociant ainsi l'une de l'autre, le narrateur reconnaît qu'elles n'étaient pas unies auparavant.

---

[7] G. *Eichholz*, Gleichnisse der Evangelien. Form, Überlieferung, Auslegung, Neukirchen-Vluyn 1971, p. 110.

[8] R. *Bultmann*, Geschichte, pp. 210s.

[9] R. *Bultmann*, Geschichte, pp. 186 et 211.

[10] Cf. E. *Klostermann*, Das Matthäusevangelium (HNT 4), Tübingen ²1927 (= ⁴1971), pp. 121s.; E. *Grässer*, Das Problem der Parusieverzögerung in den synoptischen Evangelien und in der Apostelgeschichte (BZNW 22), Berlin 1957, p. 143; E. *Schweizer*, Das Evangelium nach Matthäus (NTD 2), Göttingen ¹³1973, p. 199.

Une association primitive aurait employé la conjonction ἤ (Lc 14,21; Mt 7,9.16), qui eût évité une interruption du discours.

Remarquons d'abord qu'à elle seule cette considération n'est pas concluante. Elle ne pourrait avoir de valeur que jointe à une explication rendant compte de la manière dont l'association des deux paraboles a entraîné le parallélisme de leur structure: la troisième partie de cet article montrera que ce ne serait pas chose facile.

Cette considération est-elle du moins exacte? La présence du raccord correspond-elle nécessairement à la psychologie que Bultmann prête à son auteur? La raison d'en douter pourrait se trouver dans la portée qu'il convient d'attribuer à l'emploi de l'adverbe πάλιν. Rare chez Luc, cet adverbe reparaît en Lc 6,43: Οὐ γὰρ ἐστιν δένδρον καλὸν ποιοῦν καρπὸν σαπρόν, οὐδὲ πάλιν δένδρον σαπρὸν ποιοῦν καρπὸν καλόν. Matthieu cite la même sentence sous deux formes un peu différentes en 7,17 et en 12,33, mais les deux fois sans πάλιν. Le peu de sympathie de Luc à l'égard de cet adverbe fait penser qu'ici également il est attribuable à Q: l'omission par Matthieu s'explique plus facilement qu'une addition de la part de Luc[11]. La présence de πάλιν en 6,43 ne signifie évidemment pas que le rédacteur cherche à lier deux sentences indépendantes l'une de l'autre; elle atteste simplement sa volonté de souligner le lien qui unit les deux parties de la sentence et qui existerait aussi bien sans cette insistance. Le rôle que la source Q attribue à πάλιν en Lc 6,43 ne peut-il pas éclairer celui que la même source lui attribue en Lc 13,20? Le fait qu'on souligne un lien ne prouve pas qu'on le crée[12].

Il n'est pas sans intérêt de voir Bultmann appliquer aux paraboles du Trésor caché et de la Perle précieuse (Mt 13,44 et 45—46) le même raisonnement qu'aux deux paraboles qui nous occupent[13]. La première est introduite par la formule Ὁμοία ἐστὶν ἡ βασιλεία τῶν οὐρανῶν; la seconde par la formule Πάλιν ὁμοία ἐστὶν ἡ βασιλεία τῶν οὐρανῶν, qui

---

[11] Voir *H. Schürmann*, Das Lukasevangelium, I (HTKNT III, 1), Freiburg 1969, p. 376, n. 211.

[12] Un troisième emploi de πάλιν semble pouvoir être attribué à Q, en Mt 4,7 (contre Lc 4,12): voir notre ouvrage Les Tentations de Jésus au désert (Studia Neotest., Studia 4), Bruges 1968, p. 55, n. 35, et p. 62 = Die Versuchungen Jesu in der Wüste (SBS 37), Stuttgart 1969, p. 51, n. 34, et p. 58. Ici encore, loin de marquer une coupure, l'adverbe πάλιν veut souligner le lien qui unit la citation scripturaire faite par Jésus à celle que le diable vient de faire.

[13] Au sujet de cette application voir les développements de *G. Eichholz*, Gleichnisse, pp. 109—112.

est répétée avant la parabole suivante, celle du Filet rempli de poissons (v. 47). Le recours à ces formules d'introduction prouve-t-il que ces paraboles n'avaient pas été rapprochées avant la composition du premier évangile? Evidemment non! Il est trop clair que nous avons affaire à un procédé de composition attribuable à l'évangéliste, soucieux de marquer la succession des paraboles en les distinguant l'une de l'autre; il s'est contenté de choisir pour les trois dernières paraboles de son chapitre une formule d'introduction différente de celle qu'il avait employée pour les quatre premières (vv. 3,24,31,33). Ce procédé rédactionnel ne nous apprend rien sur l'état dans lequel Matthieu a trouvé les paraboles qu'il cite: si elles étaient déjà groupées (comme dans le cas du Sénevé et du Levain) ou ne l'étaient pas encore. Ce qui est vrai des formules d'introduction composées par Matthieu semble ne pas pouvoir être exclu pour ce qui concerne la formule d'introduction que Lc 13,20 doit à la source Q. Pas plus que la formule matthéenne de Mt 13,33, elle ne constitue un indice valable de l'association secondaire de deux paraboles antérieurement isolées[14].

Sans donner d'autre raison qu'un renvoi à Bultmann, A. Loisy, en 1924, se montre favorable à l'idée de «considérer la parabole du Levain comme ajoutée après coup, dans la tradition, à la parabole du Sénevé»[15]. Faut-il penser que Loisy avait renoncé à l'argument un peu différent qu'il avait fait valoir dans le même sens en 1907? Il s'appuyait alors, non sur les raccords qui précèdent les paraboles, mais sur les questions qui leur servent de préambule: «A quoi le Royaume de Dieu est-il semblable, et à quoi vais-je le comparer?» (Lc 13,18), «A quoi vais-je comparer le Royaume de Dieu?» (v. 20). Ces interrogations, expliquait-

---

[14] R. *Bultmann* (Geschichte, p. 211) rapproche du cas des deux paraboles de Lc 13,18—21 celui des deux paraboles de Lc 15,4—10. Ici, aucun raccord ne sépare la seconde de la première; elles sont cependant séparées par la présence d'une application en finale de la première (v. 7). Il ne paraît pas douteux que, si ce v. 7 joue le rôle d'une application, c'est en vertu d'un remaniement rédactionnel de la seconde partie de la parabole de la Brebis perdue, telle qu'elle nous est conservée en Mt 18,13: voir *J. Dupont*, La parabole de la Brebis perdue (Mt 18,12—14; Lc 15,4—7), dans Gregorianum 49 (1968), 265—287 (278). Attribuable à la rédaction de Luc, cette application ne constitue pas un argument valable contre l'association des deux paraboles dans la tradition prélucanienne. Ajoutons que le cas des paraboles parallèles du Sénevé et du Levain ne nous paraît pas devoir être assimilé à celui des paraboles de la Brebis et de la Drachme perdues, où l'intervention rédactionnelle de Luc joue un rôle important dans le jeu des parallélismes.

[15] A. *Loisy*, L'Evangile selon Luc, Paris 1924, p. 368.

il, «n'ont de raison d'être que pour amener des paraboles isolées»; plus précisément, la question qui ouvre la parabole du Levain «en atteste l'indépendance primitive»[16].

La réponse est facile: le préambule interrogatif de la parabole du Levain prouve d'autant moins l'indépendance de cette parabole par rapport à la précédente qu'il répète simplement, sous une forme abrégée, celui du v. 18. Il accentue ainsi le parallélisme qui se marque dans la structure et la formulation des deux récits paraboliques et qui en fait des paraboles jumelles.

En voilà assez pour conclure qu'aucun argument valable ne peut être tiré de la formule d'introduction ou de la question par laquelle commence la parabole du Levain contre le caractère primitif de son association avec celle du Sénevé, à laquelle elle est étroitement liée par le parallélisme de sa structure.

II.

Mc 4,30—32 transmet la parabole du Sénevé sans rapporter en même temps celle du Levain: n'y a-t-il pas lieu de voir là un indice de l'indépendance primitive de ces deux paraboles l'une par rapport à l'autre? Bultmann le pense[17]. Pour le montrer, il croit pouvoir mettre sur le même pied le cas des paraboles du Sénevé et du Levain, associées dans la tradition Q mais dont la première seule est connue de la tradition utilisée par Marc, et celui des paraboles de la Brebis et de la Drachme perdues, étroitement liées en Lc 15,4—10 mais dont Mt 18, 12—14 ne cite que la première, attestant ainsi son existence isolée. Bultmann est frappé par le fait que, dans les deux cas, c'est la première parabole qui nous parvient dans la tradition concurrente de celle où l'on trouve un couple parabolique: ne serait-ce pas un indice que la seconde précisément a été ajoutée après coup.

Nous voici en face d'un argument *ex silentio*. On sait que les arguments de ce genre doivent être maniés avec prudence: pour qu'ils soient valables, il faut qu'on puisse prouver que, si l'auteur avait connu la chose dont il ne parle pas, il devait *nécessairement* en parler. Il est donc essentiel de se demander si, connaissant le couple parabolique du Sénevé et du Levain, Marc ou sa tradition n'avait aucun motif d'omettre

---

[16] *A. Loisy*, Les Evangiles synoptiques, I, Ceffonds 1907, pp. 768 et 771.

[17] *R. Bultmann*, Geschichte, p. 211.

la seconde. La réponse à cette question ne laisse place à aucun doute: même si la tradition marcienne avait trouvé la parabole du Sénevé associée à celle du Levain, elle ne pouvait pas reprendre la seconde sans détruire l'unité d'un groupe de paraboles choisies précisément parce qu'elles parlaient de «semences»: parabole des Semailles (4,3—8), de la Semence qui pousse toute seule (vv. 26—29) et de la Semence de sénevé (30—32)[18]. Mt 18,12—14 appelle une remarque analogue: Matthieu met la parabole de la Brebis perdue au service d'une exhortation pastorale qui invite à prendre exemple sur la conduite du berger[19]; il eût été maladroit d'ajouter à cet exemple celui d'une femme cherchant sa drachme.

S'il faut récuser l'argument que Bultmann tire du silence de Marc, une considération nouvelle proposée par plusieurs auteurs récents tend à lui donner plus de consistance: on rapproche de ce silence de Marc le fait que *l'Evangile de Thomas* utilise séparément les deux paraboles, ne mettant aucune relation entre le Sénevé (p. 84,26—32 = logion 20) et le Levain (p. 97,2—6 = logion 96)[20]. N'est-ce pas la preuve qu'au IIe siècle encore, et malgré l'autorité des évangiles de Matthieu et de Luc, les deux paraboles continuaient à jouir d'une existence indépendante dans un courant de la tradition qui, passant par Marc, nous permettrait de remonter plus haut que la tradition représentée par la *Quelle*?

Cet appel au témoignage de *l'Evangile de Thomas* soulève bien des problèmes. Non pas dans un cas comme celui de S. Schulz: après avoir affirmé catégoriquement que Thomas représente, non une tradition indépendante, mais une tradition secondaire qui est tributaire de Marc et de Q[21], cet auteur n'en demande pas moins à Thomas une confirmation

[18] La remarque n'est pas nouvelle: cf. *A. Jülicher*, Die Gleichnisreden Jesu, II, Tübingen 1899 (= 1910), p. 571; *J. Weiss*, Die Schriften des Neuen Testaments, I, Göttingen 1906, p. 106; *H. Kahlefeld*, Gleichnisse und Lehrstücke im Evangelium, I, Frankfurt ²1964, p. 25.

[19] Cf. *J. Dupont*, L'option pastorale dans la parabole de la Brebis égarée (Mt 18, 12—14), dans Miscellanea M. Pellegrino, Bologne 1974.

[20] Voir surtout *C.-H. Hunzinger*, ThW VII, p. 289; *H.-W. Kuhn*, Ältere Sammlungen im Markusevangelium (SUNT 8), Göttingen 1971, p. 99; *S. Schulz*, Q. Die Spruchquelle der Evangelisten, Zürich 1972, p. 300, n. 287, et p. 307, n. 332. Mentionnons aussi *J. Jeremias*, Gleichnisse, pp. 90s. et 145; *P. Zingg*, Das Wachsen der Kirche. Beiträge zur Frage der lukanischen Redaktion und Theologie (Orbis Biblicus et Orientalis, 3), Freiburg (S.) et Göttingen 1974, pp. 100s.

[21] *S. Schulz*, Q, p. 300, n. 286: «gegen *Hunzinger* liegt im Thomas-Ev keine ‹ganz eigenständige Tradition vor›, vielmehr handelt es sich dort um eine von den Mk- und Q-Stoffen abhängige sek Tradition.»

de l'indication qu'il croit trouver chez Marc sur le fait que le Sénevé constituait primitivement une parabole isolée[22]. Le témoignage de Thomas ne peut évidemment s'ajouter à celui de Marc que s'il en est indépendant. C'est là ce qu'il semble difficile de démontrer. Les avis sont partagés, mais la méthode la plus sûre nous paraît celle des exégètes qui font appel aux idées gnostiques de Thomas pour rendre compte des divergences de son texte par rapport à celui des évangiles canoniques[23]. L'hypothèse la plus éclairante reste ainsi celle de la dépendance de Thomas, qui ne saurait alors nous renseigner sur la manière dont les deux paraboles qui nous occupent se présentaient dans la tradition présynoptique. Son témoignage serait plutôt de nature à illustrer la possibilité d'une dissociation secondaire de paraboles antérieurement associées[24].

III.

W. G. Kümmel estime que, «la parabole du Levain étant liée dans la tradition Q à celle du Sénevé, aucune objection sérieuse ne peut être faite contre le caractère primitif de ce lien»[25]. C'est pourtant lui qui défend la thèse qui entraîne la principale difficulté contre l'association primitive des deux paraboles. Il pense en effet que la version marcienne de la parabole du Sénevé doit recevoir la priorité sur la version Q, et cela pour deux raisons: (1) c'est la version de Marc qui rend compte du motif pour lequel le grain de sénevé a été choisi par le paraboliste,

---

[22] «Daß ursprünglich ein Einzelgleichnis vorlag, wird durch Mk 4,30—32 und das Thomas-Ev bestätigt»: ibid., n. 287.

[23] Voir par exemple *L. Cerfaux*, Les Paraboles du Royaume dans l'«Evangile de Thomas», dans Le Muséon 70 (1957), 307—327 (311s. et 313s.) = Recueil L. Cerfaux (Bibl. ETL XVIII), Gembloux 1962, pp. 65s. et 67s.; *E. Haenchen*, Die Botschaft des Thomasevangeliums (Theol. Bibl. Töpelmann, 6), Berlin 1961, pp. 45s.; Der Weg Jesu. Eine Erklärung des Markus-Evangeliums und der kanonischen Parallelen (Sammlung Töpelmann, II, 6), Berlin 1966, p. 180, notes 31 et 32; *N. Perrin*, Rediscovering the Teaching of Jesus (N. T. Library), London 1967, pp. 157s., etc. Mentionnons aussi, à propos d'une autre parabole: *B. Dehandschutter*, Les paraboles de l'Evangile selon Thomas. La parabole du Trésor caché (logion 109), ETL 47 (1971), 199—219.

[24] *Bultmann* n'a pas tort d'envisager la possibilité d'une association secondaire de paraboles primitivement indépendantes; mais il peut sembler que cela appelait une contrepartie: envisager la possibilité d'une dissociation secondaire de paraboles primitivement liées.

[25] *W. G. Kümmel*, Verheißung und Erfüllung. Untersuchungen zur eschatologischen Verkündigung Jesu (ATANT 6), 3e éd., Zürich 1956, p. 124.

désireux de prendre pour point de départ une semence dont la petitesse était proverbiale, contrastant avec la taille de la plante qui en sort; (2) l'évolution de la tradition s'explique dans le sens qui va de Marc à Q, non dans le sens inverse: l'élimination du contraste explicite en Q serait due au désir de souligner le développement du Royaume de Dieu en Eglise des nations[26].

Cette thèse de Kümmel a reçu l'adhésion de Bultmann et de E. Lohse[27]. E. Grässer l'a reprise à sa manière, insistant surtout sur la «déseschatologisation» dont témoigne la version Q par rapport à celle de Marc[28]. C.-H. Hunzinger en dégage la conclusion logique en se demandant, comme l'avait déjà fait W. Michaelis avant lui[29], si la forme de la parabole du Sénevé dans la tradition Q ne résulte pas d'une assimilation de cette parabole à celle du Levain. D'abord sensiblement différentes l'une de l'autre par leur structure, les deux paraboles ne seraient devenues parallèles qu'à la suite du remaniement qui aurait aligné la première sur la seconde[30].

Il n'est pas difficile de se rendre compte que ces explications ne résistent pas à un examen attentif du texte de Marc[31]. On est frappé

---

[26] *W. G. Kümmel,* Verheißung, p. 123.

[27] *R. Bultmann,* Geschichte ..., Ergänzungsheft de la 3e éd., 1958, p. 26, repris dans l'Ergänzungsheft de *G. Theissen* et *Ph. Vielhauer* pour la 4e éd., 1971, p. 67; *E. Lohse,* Die Gottesherrschaft in den Gleichnissen Jesu, EvTh 18 (1958), 145—157 (148s.) = Die Einheit des Neuen Testaments. Exegetische Studien zur Theologie des Neuen Testaments, Göttingen 1973, pp. 52s.

[28] *E. Grässer,* Problem, p. 142.   [29] Références à la note 6.

[30] L'homme qui prend la semence et la jette dans son jardin aurait été introduit sur le modèle de la femme qui prend du levain et l'enfouit dans trois mesures de farine. La première parabole qui était purement descriptive aurait été ainsi transformée en un récit.

[31] L'essentiel des remarques que nous faisons ici a déjà été présenté par *A. Jülicher,* Gleichnisreden, II, 572—574; voir aussi *C. H. Dodd,* The Parables of the Kingdom, London ³1936, p. 190; *V. Taylor,* The Gospel according to St. Mark, London 1952, p. 270. Les incohérences du texte de Marc avaient tellement frappé *E. Lohmeyer* qu'il avait imaginé que ce texte résultait de la combinaison de deux versions concurrentes de la parabole: Das Evangelium des Markus (Meyer I, 2), Göttingen ¹¹1951, p. 88; cette hypothèse a été reprise par *W. Grundmann,* Das Evangelium nach Markus (ThHK II), Berlin ²1959, p. 100. La Redaktionsgeschichte a engagé les recherches dans une autre direction. On verra surtout le travail soigneux de *J. D. Crossan,* The Seed Parables of Jesus, JBL 92 (1973), 244—266 (256s.), reproduit dans le volume In Parables. The Challenge of the Historical Jesus, New York-London, 1973. Mentionnons aussi *H.-W. Kuhn,* Sammlungen, p. 100, avec n. 8; *A. M. Ambrozic,* The

d'abord par l'étrangeté de ses répétitions: ὅς ὅταν σπαρῇ ἐπὶ τῆς γῆς, μικρότερον ὂν πάντων τῶν σπερμάτων τῶν ἐπὶ τῆς γῆς, καὶ ὅταν σπαρῇ ... L'effet est d'autant plus étrange que les mêmes expressions reçoivent chaque fois deux valeurs différentes: le subjonctif aoriste ὅταν σπαρῇ s'entend la première fois au présent: au moment où il est semé, la seconde fois au passé: après qu'il a été semé il monte; dans ἐπὶ τῆς γῆς, le mot «terre» signifie la première fois le sol cultivé, la seconde fois la terre entière. Deux mains différentes semblent être intervenues dans la composition de ce texte surchargé, qui ne donne pas du tout l'impression d'être primitif.

On peut faire un pas de plus et reconnaître ici l'emploi d'un procédé littéraire qui caractérise la rédaction de Marc. Il arrive souvent à cet évangéliste d'ajouter un complément à la source qu'il a sous les yeux. Il a alors l'habitude de répéter après l'insertion les mots de la source qu'il avait déjà transcrits avant l'insertion. La répétition n'est pas toujours littérale: en 4,8, il avait écrit καὶ ἐδίδου καρπόν, puis, après avoir ajouté deux participes, ἀναβαίνοντα καὶ αὐξανόμενα, il reprend καὶ ἔφερεν[32]. Dans le cas qui nous occupe, les premiers mots du v. 32, καὶ ὅταν σπαρῇ constituent une répétition pure et simple. Il faut donc voir là le raccord rendu nécessaire par l'adjonction du complément, inséré sans aucune attention à la grammaire: μικρότερον ὂν πάντων τῶν σπερμάτων τῶν ἐπὶ τῆς γῆς.

Cette observation n'est pas sans conséquences. D'abord, elle jette nécessairement le soupçon sur la précision du v. 32, μεῖζον πάντων τῶν λαχάνων, qui correspond trop clairement à celle qui a été ajoutée au v. 31 pour souligner que le grain de sénevé est «la plus petite de toutes les semences sur la terre»[33]. Montrant ensuite que l'évangéliste concentre

---

Hidden Kingdom. A Redaction-Critical Study of the References to the Kingdom of God in Mark's Gospel (CBQ Mon. Ser. II), Washington 1972, p. 124; *(P. Benoit-) M.-E. Boismard,* Synopse des quatre évangiles en français, II, Paris 1972, pp. 192s.; *P. Zingg,* Das Wachsen der Kirche, p. 103.

[32] Cf. *J. D. Crossan,* JBL 1973, p. 246. Parmi d'autres exemples, relevons l'insertion de 5,4, avec, en finale du verset, le raccord qui répète 3b; l'insertion de 14,57—58, avec répétion du v. 56b au v. 59. C'est à l'occasion de ce dernier exemple qu'une étude très attentive de la «Markan insertion technique» a été faite par *J. Donahue,* Are You the Christ? The Trial Narrative in the Gospel of Mark (SBL Diss. Ser. 10), Missoula 1973.

[33] L'accentuation du contraste exprimée par l'antithèse «la plus petite de toutes les semences» — «la plus grande de toutes les plantes potagères» est considérée comme addition rédactionnelle par *H.-W. Kuhn, M.-E. Boismard, J. D. Crossan.* Mais *A. M.*

toute son attention sur la semence, elle expliquerait facilement la disparition de la mention du semeur, en même temps que la perte du caractère narratif de la parabole. La version Q (Lc) apparaît ainsi comme étant celle à partir de laquelle il est aisé de rendre compte des particularités de la version de Mc, et donc comme celle à qui revient la priorité.

Nous comprenons cependant la préoccupation dans laquelle Kümmel accorde la préférence à la version de Marc. Réagissant contre une interprétation «évolutionniste» de la parabole du Sénevé[34], il trouve dans le texte de Marc un terrain plus solide pour y reconnaître une parabole de contraste. Ce contraste ne nous paraît pas absent de la version Q: si celle-ci est moins explicite, elle implique pourtant une antithèse dans la manière même dont elle oppose le grain de sénevé à «l'arbre» qui en sort[35]. Et nous ne voyons vraiment pas pourquoi, dans une évocation du Royaume, cet arbre aurait nécessairement une portée moins eschatologique que la plante potagère dont parle Marc.

*

Trois voies principales nous étaient proposées pour remonter du couple parabolique du Sénevé et du Levain attesté par Q à un état antérieur de la tradition dans lequel ces paraboles n'auraient pas encore été associées. Nous avons du constater que ni la manière dont la seconde parabole est introduite par le rédacteur, ni le fait que Marc et Thomas n'associent pas la seconde parabole à la première, ni la présentation

---

Ambrozic n'attribue à Marc que la première précision: il l'aurait composée sur le modèle de la seconde, attribuée à la source.

[34] Celle des auteurs qui cherchent dans la parabole la description d'une «Entwicklung der Gottesherrschaft auf Erden von kleinen Ansätzen zum großen Ende» (*W. G. Kümmel*, Verheißung, p. 123). Pour écarter plus sûrement une interprétation erronée ne s'expose-t-on pas au risque de fausser le jeu normal des opérations de la critique littéraire?

[35] Les exégètes n'en finissent pas de dauber sur l'emploi du mot «arbre» pour désigner un plant de moutarde. Mais comment l'appeler en français? Certainement pas «légume», comme pourrait le suggérer la version de Marc. Nous n'avons pratiquement que le mot «arbuste». Faut-il donc imposer au Nouveau Testament une précision technique qui ne correspond pas à notre propre langage et qui serait bien insolite dans ce milieu? Faut-il rappeler la manière dont Josèphe s'exprime à propos de Salomon: καθ' ἕκαστον γὰρ εἶδος δένδρου παραβολὴν εἶπεν ἀπὸ ὑσσώπου ἕως κέδρου (Ant VIII, 44)? Rangée dans la LXX parmi les ξύλα, l'humble hysope qui pousse dans les fentes du mur (1 R 5,13) se voit ici qualifiée de δένδρου. Pourquoi refuserait-on le même nom au sénevé, qui a tout autre allure et est toujours rempli d'oiseaux?

différente que Marc donne à cette première parabole ne peuvent nous conduire au-delà de Q, au-delà de la formulation parallèle des deux paraboles et de leur association en couple parabolique.

D'autres considérations pourraient intervenir. Pour ce qui concerne la langue, il semble qu'on puisse y reconnaître plusieurs traits sémitisants, davantage en Lc 13,19 qu'en Mc 4,31—32, malgré le début ὁμοία ἐστίν par lequel Luc semble corriger le ὡς initial de Mc. Notons chez Luc la construction ἐγένετο εἰς, au sens de «devenir»[36] (et la construction ἕως οὗ[37] dans le membre correspondant de la seconde parabole); notons aussi l'enfilade de trois propositions unies par καί (le dernier est remplacé par ὥστε chez Marc), bien qu'on ait évité un premier καί en recourant à la construction participiale grecque pour rendre une précision typiquement sémitique: λαβών (λαβοῦσα au v. 21)[38]. Ajoutons que les questions du début sont conformes à la manière rabbinique[39], et que le choix du grain de sénevé se situe naturellement en Palestine, où la petitesse de ce grain était passée en proverbe.

Mais ces remarques appellent une contrepartie. C'est dans la Diaspora plutôt qu'en Palestine qu'un plant de sénevé a des chances de se trouver dans un «jardin» (Lc), parmi «les légumes» (Mc)[40]. La question de l'influence de milieux de langue grecque se pose surtout à propos de l'allusion biblique sur laquelle termine chacune des deux versions de la parabole du Sénevé: cette allusion suppose-t-elle l'usage d'une version grecque de la Bible, plutôt que l'emploi d'un texte hébreu ou araméen? Pour répondre à cette question, il faut commencer par identifier le texte, ou les textes bibliques, à prendre en considération. Il s'agit de Ez 17,23; 31,6; Dan 4,9.18 (aram) = 4,12.21 (LXX, Th), ainsi que du Ps 104

---

[36] Voir la citation du Ps 118,22 en Mt 21,42; Mc 12,10; Lc 20,17; Ac 4,11. Même construction en Ac 5,36.

[37] Cf. *P. Joüon*, L'Evangile de Notre-Seigneur Jésus-Christ. Traduction et commentaire du texte original grec, compte tenu du substrat sémitique (Verbum Salutis V), Paris 1930, p. 89; *S. Schulz*, Q, p. 301, n. 294.

[38] Cf. *Joüon*, loc. cit.

[39] Cf. *T. W. Manson*, The Sayings of Jesus as Recorded in the Gospels according to St. Matthew and St. Luke, London 1949 (= 1954), p. 123; *H. K. McArthur*, The Parable of the Mustard Seed, CBQ 33 (1971), 198—210 (202). On sait que ces questions initiales soulèvent le problème d'une réminiscence d'Is 40,18: voir à ce sujet *H.-W. Bartsch*, Eine bisher übersehene Zitierung der LXX in Mark 4:30, ThZ 15 (1959), 126—128; *G. D. Kilpatrick*, Some Problems in New Testament Text and Language, dans Neotestamentica et Semitica. Studies in hon. M. Black, Edinburgh 1969, pp. 198—208 (201s.).

[40] Cf. *J. Jeremias*, Gleichnisse, p. 22, n. 3.

(103 LXX), 12. Les difficultés commencent quand on veut établir un rapport précis entre Mc 4,32b ou Lc 13,19b et l'un ou l'autre de ces textes. Un coup d'œil sur les auteurs qui ont examiné récemment la question suffit pour se rendre compte de la confusion qui règne en ce domaine[41]. Contentons-nous de dire sommairement que les termes de Luc (= Q), καὶ τὰ πετεινὰ τοῦ οὐραιοῦ κατεσκήνωσεν ἐν τοῖς κλάδοις αὐτοῦ, correspondent à ceux de Dan 4,21 Th: καὶ ἐν τοῖς κλάδοις αὐτοῦ κατεσκήνουν τὰ ὄρνεα τοῦ οὐρανοῦ. La substitution du mot familier πετεινά[42] au terme ὄρνεα (inusité dans les évangiles[43]) ne nous paraît pas exiger l'appel à une autre source d'inspiration. Le cas de Marc est moins simple: ὑπὸ τὴν σκιὰν αὐτοῦ τὰ πετεινὰ τοῦ οὐρανοῦ κατασκηνοῦν. Les premiers mots, ὑπὸ τὴν σκιὰν αὐτοῦ, trouvent leur correspondant exact en Ez 17,23 LXX (diff. TM: «dans l'ombre de ses branches»)[44]. Mais pour le reste, le vocabulaire d'Ez 17,23 est différent: καὶ πᾶν πετεινὸν ὑπὸ τὴν σκιὰν αὐτοῦ ἀναπαύσεται. On peut observer, certes, que le verbe ἀναπαύο-μαι rend ici שׁכן, traduit κατασκηνόω en Dan 4,21 Th et Ps 104,12; cela n'élimine pas encore la difficulté de πᾶν πετεινόν (LXX = TM)[45]. On peut donc se demander si la formulation de Mc n'a pas été influencée par celle du Ps 104 (103), 12: ἐπ' αὐτὰ (ὕδατα) τὰ πετεινὰ τοῦ οὐρανοῦ κατασκηνώσει.

Si l'on tient compte des contextes, c'est évidemment l'allusion à Ez 17,23 qui correspond le mieux à la visée de la parabole et à une évocation du Règne de Dieu. C'est elle qu'on sera naturellement porté à mettre au point de départ des deux traditions évangéliques: celle de Marc, qui semble se souvenir de la formulation du Ps 103,12 LXX, et celle de Q, qui lui substitue une allusion à Dan 4,21 Th. Il y aurait donc lieu d'admettre dans les deux cas l'influence d'une version grecque de la Bible. On ne saurait s'en étonner, puisque nous avons affaire à des traditions qui usaient de la langue grecque et qui ont été mises par

---

[41] Il est instructif de comparer entre elles les explications proposées par *P. Grelot*, Les versions grecques de Daniel, Bibl 47 (1966), 381—402 (387s.); *A. Schmitt*, Stammt der sogenannte «Θ»-Text bei Daniel wirklich von Theodotion? NAG 1966/8, pp. 279—392 (290—293); *R. H. Gundry*, The Use of the Old Testament in St. Matthew's Gospel, with Special Reference to the Messianic Hope (Suppl. NT XVIII), Leyde 1967, p. 35; *H.-W. Kuhn*, Sammlungen, p. 100; *H. K. McArthur*, CBQ 1971, pp. 202—205; *M.-E. Boismard*, Synopse, II, p. 193; *E. Schweizer*, Matthäus, p. 199; *P. Zingg*, Wachsen, p. 104.

[42] Mt 4, Mc 2, Lc 4, Ac 2.   [43] Dans le N.T. n'apparaît qu'en Apoc (3 fois).

[44] Même expression dans une variante de A en Ez 31,6.

[45] Ni la difficulté qui peut résulter du changement de construction.

écrit par des hommes parlant grec à l'intention de lecteurs de langue grecque[46]. S'exerçant sur la tradition de Marc aussi bien que sur celle de Q, cette influence de la Bible grecque ne permet en tout cas pas d'accorder à la version de Marc une priorité qui mettrait en cause l'association primitive de la parabole du Sénevé avec celle du Levain.

En faveur du caractère primitif de cette association on rencontre parfois des considérations générales, comme celle de J. Weiss affirmant que « Jésus affectionne de tels couples paraboliques »[47]. La remarque est trop générale pour être concluante. Deux considérations un peu plus précises nous paraissent mériter qu'on les mentionne:

D'abord celle que fait valoir Jülicher[48], en notant que les paraboles du Sénevé et du Levain ont un air de parenté: elles reflètent la même sagesse populaire, traduisant deux faits d'expérience courante passés en proverbe. La petitesse du grain de sénevé était proverbiale, de même que l'action contagieuse du levain. On pourrait ajouter à cela le caractère naturellement complémentaire de l'appel à l'expérience d'un homme, puis à l'expérience quotidienne d'une femme: point sur lequel Eichholz insiste particulièrement[49].

Une autre considération se dégage de remarques qu'on rencontre souvent. Alors que la tradition juive inviterait à comparer le Royaume de Dieu à l'arbre majestueux qu'est le cèdre du Liban, la première parabole en cherche l'image dans un plant de moutarde: comparaison incongrue, estime H. K. McArthur[50], burlesque, déclare J. D. Crossan[51]. Alors que la tradition juive considère le levain comme impur et voit dans son action le type même d'une influence corruptrice, la seconde parabole n'hésite pas à y chercher une illustration du Royaume de Dieu: comment une telle comparaison pouvait-elle ne pas être choquante pour les auditeurs de cette parabole (J. Schniewind, S. Schulz)[52]? Dans les deux cas,

---

[46] S. *Schulz* (Q, p. 301) énumère six raisons de penser que Q a reçu la parabole du Sénevé de la communauté judéo-chrétienne hellénistique. Les deux premières raisons (influence de la Bible grecque, le fait de situer le sénevé dans un jardin) s'appliquent également à la version de Marc. Les trois suivantes renvoient à un milieu juif, qui se trouve en Palestine aussi bien que dans la Diaspora. La dernière (sens non apocalyptique de «Royaume») s'appuie sur une interprétation discutable. La raison la plus obvie n'est pas mentionnée: nous avons affaire à un ouvrage écrit en grec.

[47] J. *Weiß*, Schriften I, p. 106.　　　[48] A. *Jülicher*, Gleichnisreden II, pp. 577s.
[49] G. *Eichholz*, Gleichnisse, p. 111.　　　[50] H. K. *McArthur*, CBQ 1971, p. 209.
[51] J. D. *Crossan*, JBL 1973, p. 259.
[52] J. *Schniewind*, Das Evangelium nach Matthäus (NTD 2), Göttingen [7]1954, p. 170; S. *Schulz*, Q, p. 309.

l'étrange choix des images produit un effet de surprise et caractérise le même goût du paradoxe[53]. S'ajoutant au parallélisme des structures, ce trait commun aux deux paraboles s'accorderait bien avec l'hypothèse de leur association primitive.

---

[53] Voir à ce propos *R. Bultmann*, Geschichte, p. 180. On pourrait mentionner aussi la parabole qui compare l'avènement du Règne de Dieu à l'arrivée d'un voleur qui survient pendant la nuit (Mt 24,43; Lc 12,39; cf. 1Th 5,2).

DAS JESUSBILD DER VORMARKINISCHEN TRADITION

ULRICH LUZ

1. Die Aufgabe

In der Analyse der synoptischen Tradition folgte auf eine vorwiegend literarkritische Forschungsphase die form- und traditionsgeschichtliche, die der Vorgeschichte der evangelischen Stoffe in der mündlichen Tradition galt. Beide analytischen Arbeitsgänge zusammen machten die redaktionsgeschichtliche Interpretation der Evangelien möglich, die durch den Jubilar wesentlich mit inauguriert wurde[1] und seither in unendlichen Einzelanalysen eine reiche Ernte eingebracht hat. Über die Theologie der einzelnen Evangelisten wissen wir heute in mehr oder weniger deutlichen Umrissen Bescheid. Auffällig ist aber, daß der *Analyse* der synoptischen Tradition eine entsprechende *Interpretation* der Theologie bzw. der Theologien der synoptischen Tradition weithin nicht gefolgt ist[2]. Hier weist die Interpretation der synoptischen Tradition ein eindeutiges

---

[1] *H. Conzelmann*, Zur Lukasanalyse, ZThK 49 (1952) 16 ff, abgedr. in: ed G. Braumann, Das Lukasevangelium, Wege der Forschung 280, 1974, 43 ff; *ders.*, Die Mitte der Zeit. Studien zur Theologie des Lukas, BhTh 17, (1954) ⁵1964; *ders.*, Geschichte und Eschaton nach Mc. 13, ZNW 50 (1959) 210—221, abgedr. in: *H. Conzelmann*, Theologie als Schriftauslegung, BevTh 65, 1974, 62 ff; *ders.*, Der geschichtliche Ort der lukanischen Schriften im Urchristentum, in: Braumann, aaO. 236 ff (engl. Erstfassung in: Studies in Luke-Acts, ed. L. E. Keck und J. Martyn, 1966, 298 ff).

[2] Unter den Ausnahmen ist vor allem auf die christologischen Untersuchungen hinzuweisen, vor allem auf die (allerdings mit den herkömmlichen Kategorien „palästinische Tradition", „hellenistisches Judenchristentum", „hellenistisches Heidenchristentum" unzureichend differenzierende) Arbeit von *F. Hahn*, Christologische Hoheitstitel, FRLANT 83, 1963. Der vorliegende Aufsatz versteht sich auch als Versuch, durch eine andere Art der Differenzierung der synoptischen Tradition zu versuchen, die von *Hahn* gebrauchten Kategorien zu überwinden.

Defizit auf. Das hat viele und verständliche Gründe: Die Resultate der
traditionsgeschichtlichen Analysen sind ungleich hypothetischer geblieben als die der literarkritischen, auf die sich die redaktionsgeschichtliche
Interpretation zu einem guten Teil stützt. Von dem uns allein zugänglichen schriftlichen Textbestand her sind Rückschlüsse auf noch nicht ver-
schriftlichte Textformen nur mit großer Zurückhaltung möglich[3]. Sobald
wir den uns vorgegebenen Rahmen eines Evangeliums auflösen, können
wir mit einiger Zuverlässigkeit nur noch einzelne Texte oder Textkom-
plexe interpretieren; wir wissen jedoch nicht, woher diese Texte stammen und mit welchen Texten sie zusammengehörten. Bisherige Versuche,
aufgrund verschiedener Kriterien zur Rekonstruktion von Überliefe-
rungskreisen mündlicher Tradition zu kommen, wirken in ihrer hypothetischen Zufälligkeit eher abschreckend[4]. So bleibt als vorläufige Feststellung, daß es sehr schwierig ist, auf der Ebene der mündlichen Tradition in der synoptischen Überlieferung bestimmte in ihrer Tendenz und
Theologie bestimmbare und in ihrem Überlieferungsstoff begrenzbare
Traditionskreise zu rekonstruieren. Die meisten Forscher halten es denn
auch mit der Vorsicht: Der Jubilar etwa spricht in seiner Theologie des
Neuen Testaments zusammenfassend vom synoptischen Kerygma und

---

[3] Die Kritik von *E. Güttgemanns*, Offene Fragen zur Formgeschichte des Evangeliums, BEvTh 54, 1970, bes. 69 ff an der von der Traditionsgeschichte vorschnell postulierten Kontinuität zwischen mündlicher und schriftlicher Sprachentwicklung ist grundsätzlich berechtigt. Versuchen, mit der exegetischen Pinzette bis zu vier vorredaktionelle
Überlieferungsschichten zu rekonstruieren (*exempli gratia: R. Pesch*, Der Besessene
von Gerasa, SBS 56, 1972, bes. 41 ff), ist deshalb mit Skepsis zu begegnen. Daß *Güttgemanns* Anfragen nicht sogleich zu einer grundsätzlichen Skepsis gegenüber allen traditionsgeschichtlichen Arbeitsmöglichkeiten führen müssen, zeigen die klugen Ausführungen von *D. A. Koch*, Die Bedeutung der Wundererzählungen für die Christologie
des Markusevangeliums, Diss. masch. Göttingen 1973, 20 ff und *G. Theissen*, Urchristliche Wundergeschichten, SNT 8, 1974, 189 ff.

[4] *G. Schille*, Anfänge der Kirche. Erwägungen zur apostolischen Frühgeschichte,
BEvTh 43, 1966, bes. 160 ff verwendet die geographischen Angaben der evangelischen
Texte zur Rekonstruktion von „Traditionskreisen". *S. Schulz*, Q. Die Spruchquelle der
Evangelisten, 1972, 43 unterscheidet mit Hilfe der „konsequent traditionsgeschicht-
liche(n) Methode" fünf urchristliche Gemeindebereiche (Q, das Kerygma der Jerusalemer Gemeinden, das Kerygma der vormarkinischen Gemeinden, die vorpaulinische Tradition, die vorjohanneische Tradition) und rechnet nur mit sekundären traditionsgeschichtlichen Rückwirkungen zwischen ihnen, ohne nach ihrem gemeinsamen Ursprung
und Bezugspunkt, Jesus, zu fragen. Für beide gelten die kritischen Bemerkungen von
M. Hengel, Christologie und neutestamentliche Chronologie, Neues Testament und Geschichte, Festschrift für Oscar Cullmann, 1972, bes. 60.

verzichtet in seiner „Geschichte des Urchristentums" auf eine Darstellung der Geschichte der „synoptischen" Gemeinden[5].

Dennoch ist eine Differenzierung nötig: Etwa im matthäischen oder lukanischen Sondergut treten deutlich erkennbare Sonderinteressen und Sonderthemen zutage. Einen Schritt weiter kam die Forschung in den letzten Jahren durch die Beschäftigung mit der Logienquelle, der immer mehr nicht nur eine selbständige Theologie, sondern auch eine selbständige Gemeinde als Trägerschaft zugestanden wird[6].

Die hier vorgelegte Studie versucht, in dieser Richtung einen Beitrag zu leisten. Es wird hier gefragt, wie in frühester Zeit Jesus gesehen wurde. Ausgangspunkt einer möglichen Differenzierung ist der hinter der Logienquelle stehende Traditionskreis. Wie P. Hoffmann und andere nehme ich an, daß hinter Q eine Gruppe von Jesus als Menschensohn-Weltrichter erwartenden prophetischen Boten steht. Von dieser Erwartung her, die das ganze Leben der Boten bestimmt hat, ist m. E. nicht nur die explizite Christologie der Logienquelle, sondern auch die Auswahl des in ihr überlieferten Jesusstoffes bestimmt. Die Logienquelle überliefert uns nicht nur eine bestimmte Christologie, sondern als ihr Teil auch ein bestimmtes Jesusbild, d. h. einen mit ganz bestimmter „Brille" gesehenen Jesus. Die Menschensohnchristologie wirkt in Q in bezug auf das überlieferte Jesusgut wohl nicht nur produktiv, sondern auch als „Filter". Betrachten wir den Jesus der Logienquelle einmal für sich und nicht nur als Teil der synoptischen Tradition, so zeigt sich, daß er vom Jesus der markinischen Überlieferung recht verschieden ist. Begegnet uns hier vor allem der vollmächtige, durch Wort und Wundertat sich als Gottessohn und Menschensohn erweisende Jesus, so ist es dort vor allem der mit dem kommenden Menschensohn-Weltrichter identische, in Israel verfolgte Prophet, dessen Worte von seinen Boten weiter-

---

[5] *H. Conzelmann,* Grundriß der Theologie des Neuen Testaments, 1967, 115 ff. Seine „Geschichte des Urchristentums", NTD Erg. R. 5, 1969 ist stofflich ein kritisch korrigierter lukanischer Aufriß, der über viele Fragen kaum Auskunft gibt, z. B. über den historischen Ort der Evangelien.

[6] *H. E. Tödt,* Der Menschensohn in der synoptischen Überlieferung, 1959, 212 ff; *W. D. Davies,* The Setting of the Sermon on the Mount, 1963, 366 ff; *A. Polag,* Die Christologie der Logienquelle, Diss. masch. Trier 1968; *D. Lührmann,* Die Redaktion der Logienquelle, WMANT 33, 1969; *J. Gnilka,* Jesus Christus nach frühen Zeugnissen des Glaubens, 1970, 110 ff; *P. Hoffmann,* Studien zur Theologie der Logienquelle, NTA 8, 1972; *S. Schulz,* aaO. (Anm. 4); *G. Theissen,* Wanderradikalismus. Literatursoziologische Aspekte der Überlieferung von Worten Jesu im Urchristentum, ZThK 70, 1973, 245 ff.

getragen werden, weil sie für das Endgericht entscheidend sein werden. Der expliziten Christologie entsprechen die formalen Unterschiede: In der Markustradition dominieren Erzählungen, vor allem Wundergeschichten, Apophthegmen und Legenden, in Q apokalyptisches Gut, Sprüche und prophetische Worte. Vor allem die ausführlicheren Gleichnisstoffe wurden in keiner der beiden Überlieferungsschichten besonders gepflegt. Der Befund erinnert an die Diskrepanz zwischen johanneischem und synoptischem Jesus, der zu Beginn des letzten Jahrhunderts zum Ausgangspunkt der Leben-Jesu-Forschung gemacht worden ist, obwohl er weniger spektakulär ist. Immerhin ist überraschend, mit welcher Selbstverständlichkeit der historische Jesus der Jesusbücher unserer Zeit einfach als Addition des Jesus der Logienquelle und des markinischen Jesus präsentiert wird.

2. Methodische Fragen

Die Schwierigkeiten der Untersuchung sind groß. Ist es überhaupt erlaubt, die im Markusevangelium überlieferten Stoffe für sich zu betrachten und ihr theologisches Profil für die Tendenzen eines ganz bestimmten Traditionskreises in Anspruch zu nehmen? Vielerlei Voruntersuchungen wären hier nötig: Ist der im Markusevangelium enthaltene Stoff erschöpfend, d. h. gibt er Auskunft über den ganzen in seiner Gemeinde bekannten Überlieferungsbestand? Läßt es sich wahrscheinlich machen, daß Markus, anders als wohl Lukas, nicht systematisch und aus mehreren Gemeinden Überlieferungen gesammelt hat, sondern im wesentlichen den Stoff eines einzigen Traditionskreises, seiner Gemeinde, darstellt? Diese Fragen erforderten umfangreiche Voruntersuchungen, die hier nicht geleistet werden können. Sie seien deshalb gleichsam als Warnsignale im voraus aufgezählt, sowohl für den Autor, als auch für die Leser dieses Aufsatzes. Resultate sind auf jeden Fall nur dann vertretbar, wenn sie sich auf eine breite Textbasis stützen können[7].

Auf jeden Fall kann der Gegenstand unserer Untersuchung nur diejenige Gemeinde bzw. diejenigen Gemeinden sein, die den markinischen

---

[7] Ein Beispiel: G. *Schille,* Offen für alle Menschen. Redaktionsgeschichtliche Beobachtungen zur Theologie des Markusevangeliums, Arb. zur Theol. 55, 1974, fragt S. 18 ff nach der vormarkinischen Christenheit und ihrer Theologie, beschränkt sich dann aber auf die Analyse von drei Texten, „die nach Möglichkeit besonders charakteristisch sind" (aaO. 20). Nach welcher Möglichkeit?

Stoff in seiner Letztgestalt, so, wie er dem Evangelisten vorlag, überlieferten. In dieser Weise wird hier „vormarkinisch" verstanden. Bei der großen Variationsbreite mündlicher Überlieferung, die im uns vorliegenden schriftlichen Text von Perikopen durchaus keine Spuren hinterlassen muß, sind Rückschlüsse sehr unsicher. Religionsgeschichtliche Kriterien sind angesichts des Ineinanders von Hellenismus und Judentum im syrischen und palästinischen Raum für traditionsgeschichtliche Rückschlüsse fast unbrauchbar[8]. Geographische Hinweise in einzelnen Perikopen könnten wohl manchmal Hinweise auf deren ursprünglichsten Haftpunkt enthalten; man muß aber dann auf jeden Fall damit rechnen, daß solche Perikopen in vielen Gemeinden erzählt worden sind und daß die ursprünglichste Form der Überlieferung nicht mehr erkennbar ist[9]. Es bleibt also m. E. für die Rekonstruktion einer Theologie synoptischer Gemeinden nur die Möglichkeit, versuchsweise vom Überlieferungsbestand einer literarischen Einheit auszugehen, also von Mk, Q, Joh oder dem Sondergut von Mt und Lk, und zu fragen, ob der vorredaktionelle Textbestand möglichst zahlreicher Texte so viele gemeinsame Eigentümlichkeiten und Tendenzen aufweist, daß bestimmte Folgerungen möglich sind. Insbesondere möchte der vorliegende Versuch folgende methodischen Vorschläge zur Diskussion stellen:

1. Der sicherste Ausgangspunkt ist die Betrachtung der Varianten zwischen Q und Markus. Zeigen sich bei verschiedenen Texten aus Markus und Q, die Varianten desselben Urtextes sind, jeweils ähnliche Skopoi oder Traditionsentwicklungen im selben Überlieferungsbereich, also in Markus oder Q, so kann von einer für die vormarkinische Überlieferung oder für Q charakteristischen Tendenz gesprochen werden. Die Differenzierung zwischen Markus und andern Überlieferungsbereichen ist grundsätzlich auf dieselbe Weise möglich, aber Varianten sind seltener.

2. Stimmen die in den Varianten beobachteten Tendenzen mit vorredaktionellen Tendenzen desselben Überlieferungsbereichs, also aus Markus oder aus Q, überein, so verstärkt sich ihr Gewicht. Eine relativ sichere Basis, um von einer theologischen Tendenz der vormarkinischen Gemeinde zu sprechen, haben wir dann, wenn bestimmte Traditionsentwicklungen und Tendenzen in zahlreichen Texten, Varianten und Nicht-Varianten, auftauchen.

---

[8] Vgl. o. Anm. 2 zu *F. Hahn.*

[9] *G. Schille,* Die Topographie des Markusevangeliums, ihre Hintergründe und ihre Einordnung, ZDPV 73, 1957, 133 ff; Anfänge (aaO. Anm. 4), bes. 100 ff 160 ff; Das vorsynoptische Judenchristentum, Arb. z. Theol. 1/43, 1970, bes. 17 ff.

3. Formgeschichtlich werden wir besonders auf diejenigen Formmerkmale der Vorzugsgattungen der Markustradition achten müssen, die in andern Bereichen der evangelischen Überlieferungen und in außerchristlichen Parallelen so nicht vorkommen. Dabei ist darauf zu achten, ob in verschiedenen Gattungen ähnliche Tendenzen vorkommen.

4. Wichtig ist die Frage, ob Tendenzen, die sich im vorredaktionellen Skopos einzelner Texte zeigen lassen, mit den Tendenzen übereinstimmen, die die Auswahl der Stoffe im ganzen (soweit feststellbar) und die Auswahl der Formen und Gattungen im ganzen (Vorzugsgattungen) bestimmte.

5. Das Vorliegen vormarkinischer Traditionssammlungen[10] gibt Indizien für die Existenz und die Tendenzen der vormarkinischen Gemeinde, sofern sich verschiedene Sammlungen in ihrer Tendenz entsprechen und mit derjenigen anderer Texte übereinstimmen.

Auf dieser methodischen Basis läßt sich zweierlei feststellen: Erstens: Die markinische Tradition zeigt eine starke Tendenz zur *Enteschatologisierung*, die der Tradition und nicht erst der Redaktion durch den Evangelisten anzulasten ist. Zweitens: Der Enteschatologisierung entsprechend sind sehr viele Texte durch den *Glauben* geprägt, *daß der irdische Jesus selbst in seinem irdischen Wirken kerygmatische, den Glauben begründende Funktion habe.*

3. Die Eschatologie der vormarkinischen Überlieferung

3.1 Wir analysieren zunächst diejenigen Stellen, die eine Variante in der Logienquelle haben. In der *Aussendungsrede* Mk 6,(7)8—11(12 f) fehlt der Hinweis auf die Nähe des Gottesreichs als Verkündigungsinhalt

---

[10] Als vormarkinische Traditionssammlungen würde ich annehmen: Mk 1,2—13 (vgl. Q!), Mk 2,1—28, Mk 4,3—9.14—20.26—32, Mk 8,34—38 (vgl. Q!), Mk 9,37.41—49, Mk 13 und die Passionsgeschichte, wobei in den letzten beiden Komplexen der Umfang des vormarkinischen Zusammenhangs jetzt auf sich beruhen kann. Vgl. zum ganzen Problem: *H. W. Kuhn*, Ältere Sammlungen im Markusevangelium, SUNT 8, 1971, mit teilweise abweichenden Resultaten. Für andere vormarkinische Sammlungen, insbesondere von Wundergeschichten (z. B. bei *J. Achtemeier*, Towards the Isolation of Pre-Marcan Miracle Catenae, JBL 89, 1970, 265 ff oder die rein postulativ erschlossene Sammlung vormarkinischer Aretalogien bei *J. Robinson*, Die johanneische Entwicklungslinie, in: *H. Köster—J. Robinson*, Entwicklungslinien durch die Welt des frühen Christentums, 1971, 248 ff; weitere Lit. dort S. 249) ist die Beweismöglichkeit nicht gegeben.

(Lk 10,9), ebenso die eschatologisch ausgerichteten Sendungsworte Lk 10,2.3 und die Gerichtsworte Lk 10,12.13—15. Ein stärkeres Gewicht liegt auf den von den Boten in der Gegenwart vollbrachten Wundern und Exorzismen (V. 7.12 f). Das — vermutlich ursprünglich als eschatologisches Gerichtszeichen gemeinte — Schütteln des Staubes von den Füßen hielt der Evangelist für interpretationsbedürftig und fügt hinzu: εἰς μαρτύριον αὐτοῖς (V. 11). Auch in der *Täuferperikope* Mk 1,2—8 par Lk 3,(3)7—9.16 f ist der Unterschied derselbe: mit dem Zurücktreten des Verkündigungsinhalts der Täuferpredigt tritt der eschatologische Gesichtspunkt zurück. Der von Johannes verkündete „Stärkere" ist in Q wohl der Weltrichter, in der vormarkinischen Tradition der geglaubte Christus der Gemeinde, der ihr den heiligen Geist schenkt (1,8). Ähnliches gilt von der Perikope vom *Jonazeichen* (Mk 8,11 f, par Lk 11, 29 ff), die in Q nicht nur durch das Menschensohnwort, sondern auch durch das anschließende Logion von den Gerichtszeugen gegen Israel (V. 31 f) eindeutig eschatologischen Sinn hat. Anders in der vormarkinischen Tradition: Hier geht es lediglich darum, daß Jesus diesem Geschlecht ein ihn als göttliches Wesen epiphan machendes σημεῖον verweigert[11]. In der Perikope vom *Beelzebul* (Mk 3,22.24—29[30]) fehlen die beiden eschatologisch ausgerichteten Logien Lk 11,19.20. Das Fehlen von V. 20 ist besonders wichtig: eine eschatologische Deutung der Wunder vom Anbruch des Gottesreiches her findet sich in der markinischen Überlieferung nicht. Am wichtigsten ist das Schlußlogion V. 28 f. In der markinischen Fassung wird gerade nicht zwischen dem irdischen Jesus und dem hl. Geist unterschieden, dessen Lästerung den Menschen verboten ist. Einen Sinn in seinem jetzigen Kontext gewinnt das Logion nur, wenn Jesus als Geistträger verstanden wird: Die Lästerung, daß Jesus den Beelzebul habe (V. 22a), ist unvergebbar. So formuliert es jedenfalls V. 30, dessen Zugehörigkeit zur Tradition allerdings unsicher

---

[11] Die Formulierung σημεῖον ἀπὸ τοῦ οὐρανοῦ (Mk 8,11) hat gelegentlich Anlaß gegeben, an ein eschatologisch-apokalyptisches Zeichen zu denken (*E. Lohmeyer*, Das Evangelium des Markus, Meyer, I/2, [14]1957, 155; *W. Grundmann*, Das Evangelium nach Markus, ThHK 2, [2]1959, 161; *H. Traub*, Art. οὐρανός, ThWbNT V, 531, 23 ff; *E. Schweizer*, Das Evangelium nach Markus, NTD 1, 1967, 89). Dagegen spricht aber: ἀπὸ τοῦ οὐρανοῦ ist zunächst aus dem Material der markinischen Tradition zu deuten und heißt dann von 11,30 f her: von Gott kommend, nicht von Menschen. Jüdische Parallelen ('Iɛρ. 10,2; Jos a. 2,237) könnten auch auf ein vom Himmel her geschehendes Wunder weisen, wie etwa Sonnenfinsternis etc., das ein bloßes irdisches Wunder überbietet, vgl. Mk 1,10 f; 15,33. Diese beiden Deutungen sind möglich; ein apokalyptischer Kontext ist dagegen von außen (Q?) her in den Text eingelesen.

ist. Weiter ist auffällig: Im Logion Lk 12,10 hat das Futur ἀφεθήσεται in Q eindeutig eschatologischen Sinn[12]; das markinische οὐκ ἔχει ἄφεσιν εἰς τὸν αἰῶνα blickt dagegen auf die sich bis zum Eschaton erstreckende Gegenwart. In der markinischen *Pharisäerrede* (12,38—40) ist nicht nur auffällig, daß die meisten der lukanischen Gerichtsrufe aus Lk 11,39 ff fehlen, sondern vor allem, daß das eschatologische „Wehe" als solches weggefallen ist: Wie in 12,35 sind die Schriftgelehrten nicht mehr direkt angesprochen; die Gerichtsandrohung hat nun ihren Sitz in der Gemeindeparänese, wo die Schriftgelehrten als abschreckendes und warnendes Beispiel hingestellt werden. Möglicherweise diente die durch das Stichwort χήρα mit unserer Perikope verbundene Geschichte von der freigebigen Witwe 12,41 ff als positives Gegenbeispiel für Freigebigkeit. Auch in einigen weitern Varianten tritt vermutlich bei Markus die eschatologische Ausrichtung zurück: Wenn *Mk 10,38* eine Variante zu Lk 12,49 f ist, so beobachten wir auch hier vielleicht eine Deutungsverschiebung vom Gericht[13] auf das Martyrium. *Mk 9,42* denkt — parallel zu V. 41 und V. 43 ff — an ein innerweltliches σκανδαλίζειν der Glaubenden, Lk 17,1 f stehen auch die σκάνδαλα im Zusammenhang mit dem Kommen des Endes. *Mk 9,50* ist wohl eine paränetische Variation (Salz der Friedfertigkeit!) eines in Q eschatologischen Gerichtswortes (ἔξω βάλλουσιν αὐτό). Auch Lk 12,2 hat eschatologischen Sinn, während die Variante *Mk 4,22* mindestens in ihrem markinischen Kontext nichteschatologisch auf die Gleichnisse zu beziehen ist; für die vormarkinische Tradition widerrät die Parallelität zum Lichtwort 4,21 ebenfalls einer eschatologischen Deutung. Beim Senfkorngleichnis schließlich *(Mk 4,30—32)* hebt die markinische Überlieferung die Kleinheit des Senfkornes hervor und betont den Vorgang des Wachsens, während die Q-Fassung allein das übergroße Ende (δένδρον! Lk 13,19) betont. Daß der Blick dadurch bei Markus auf die Gegenwart des Erzählers gerichtet werden soll, wird, wie H. W. Kuhn[14] gezeigt hat, durch die vormarkinische Form von Mk 4,26 ff und durch Mk 4,14 ff bestätigt.

In allen untersuchten Fällen ist in der vormarkinischen Tradition der eschatologische Skopus der Texte zurückgetreten; in einigen Fällen verband sich damit eine höhere Bewertung des irdischen Jesus. Von dieser Regel gibt es nur eine Ausnahme: *Mk 8,38* hat den eschatologischen Sko-

---

[12] Nach Lk 12,8 f!

[13] Wenn man mit G. *Delling*, Βάπτισμα βαπτισθῆναι, in: Studien zum Neuen Testament und zum hellenistischen Judentum, 1970, 236 ff die beiden Teile des Doppellogions Lk 12,49 f so deuten darf.   [14] Ältere Sammlungen (o. Anm. 10) 125 f.

pus der Q-Parallele Lk 12,8 f voll bewahrt. Der strenge Parallelismus von Q ist allerdings verlorengegangen: das Logion steht in einem — vermutlich vormarkinischen — Kontext (8,34—38), in dem es um das rechte Sich-Einlassen der Jünger auf den irdischen Jesus geht. Das knappe μέ der Q-Fassung wird expliziert: es bezieht sich auch auf die nachösterliche Verkündigung Jesu. Gedacht ist vermutlich nicht wie in Q an eine Situation des Gerichtes, sondern der Verkündigung des Evangeliums unter diesem ehebrecherischen und sündigen Geschlecht[15]. Anders als in Q wird das Kommen des Menschensohns vorstellungsmäßig im Sinne der Gemeindeapokalyptik[16] ausgemalt; die Zeiten erscheinen stärker auseinandergelegt und distanzierter beschrieben.

3.2 Die markinische *Wunderüberlieferung* zeigt eine ähnliche Tendenz zur Enteschatologisierung. In der Logienquelle findet sich jenes bekannte, vermutlich authentische, Logion Jesu, das die Wunder Jesu als Hinweis auf den Anbruch des Gottesreiches deutet (Lk 11,20). In der Q-Tradition selbst haben — von Lk 7,1 ff abgesehen — die Wunder kein selbständiges Gewicht. Die Wunder Jesu (Lk 10,13; 11,14) wie seiner Boten (10,9) sind offenbar gleichermaßen Zeichen des anbrechenden Gottesreichs, den Gläubigen ein Zeichen des Friedens (Lk 10,6), den Ungläubigen ein Zeichen des Gerichts (Lk 10,14 f; 11,23.29 ff). Grundlegend für die hier sehr reich fließende markinische Überlieferung ist, daß hier von den Wundern *Jesu* in besonderer Weise gesprochen wird: sie sind konstitutiv für den Glauben der nachösterlichen Gemeinde[17] und ein integraler Teil der Wirksamkeit des irdischen Jesus, nicht primär des Anbruchs des Reiches Gottes. In keinem markinischen Text werden Jesu Wunder in einen Zusammenhang mit der βασιλεία τοῦ θεοῦ gestellt. Auch in einen Zusammenhang mit der Gerichtsverkündigung treten Jesu Wun-

---

[15] Sowohl die Erweiterung καὶ τοὺς ἐμοὺς λόγους als auch der Gebrauch von ἐπαισχύνομαι in Röm 1,16; 2Tim 1,18.12 sprechen dafür, daß sich Mk 8,38 auf die Situation der Verkündigung bezieht. In Q dürfte hinter dem ganzen Abschnitt Lk 12, 2—12 die Situation des Gerichtes stehen (V. 4.11).

[16] Vgl. Mk 13,2 f par; 1Thess 4,16; 2Thess 1,7; Joh 1,51; 1Thess 3,13; Apk 3,5. Die nicht sehr zahlreichen Logien des markinischen Stoffes, die eine Variante in Q haben, weisen bei Markus in der Regel einen erheblich höheren Grad an Zersagtheit und Formzerfall auf als in Q, vgl. etwa Mk 3,24 ff.28 f; 4,30 ff; 6,8 ff; 8,34 f.38 etc. mit den Varianten. Auch die Tatsache von Varianten desselben Stoffes innerhalb des Markusevangeliums (anders in Q!) weist nicht auf eine Gemeinde, die nach Analogie rabbinischer Schülerkreise „wie gekalkte Zisternen" jeden Tropfen der Lehre ihres Meisters getreu bewahrt haben, also auf eine gewisse Distanz zum rabbinischen Judentum.

[17] Vgl. unten Abschnitt 4.2.

der nie, was gerade an Mk 3,22 ff, wo ein konkretes Wunder Jesu nicht mehr berichtet wird, deutlich wird.

Vielmehr steht in den markinischen Wundergeschichten oft eine andere Form der Eschatologie im Hintergrund: zahlreiche Wundergeschichten werden durch alttestamentliches Material gespeist. Ich denke hier vor allem an die auffälligen Übernahmen von Wundern und Motiven aus dem Elia-Elisa-Zyklus in die vormarkinische Tradition[18] oder an die Übernahme von Motiven aus der Wüstenzeit in Mk 6,34 ff[19] und diejenige aus der Schilderung der Heilszeit nach Jes 35,5 in Mk 7,31 ff. Durch solche Aufnahmen wird die durch die Wunder Jesu gekennzeichnete *Gegenwart* als eschatologische Heilszeit charakterisiert, aber es kommt nie zu einer expliziten typologischen Gegenüberstellung von alter und neuer Heilswirklichkeit. Die Wundergeschichten werden also in der markinischen Tradition nie explizit in einen apokalyptischen Kontext hineingestellt. Eindeutig ist, daß das Gewicht auf die Gegenwart fällt: Die Zeit Jesu wird — unapokalyptisch — als Heilszeit selbst verstanden, nicht als Anbruch eines noch ausstehenden Heils.

3.3 Die Formen der *eschatologischen Paränese,* die in Q einen so großen Raum einnehmen, fehlen bei Markus fast völlig. Nicht das nahe Gericht motiviert zum Handeln, sondern die vom irdischen Jesus in seiner spezifischen Vollmacht gegebenen Handlungsanweisungen, wie bei der Besprechung der Apophthegmen noch verdeutlicht werden wird. Eschatologische Paränese gibt es bei Markus nur ganz spärlich: Mk 8,35.38; 10,29 f. In dem (traditionellen?) Predigtstück 1,14 f liegt der Akzent auf der Gegenwart, nicht auf dem kommenden Gericht. Aufschlußreich ist auch ein Vergleich zwischen Mk 9,35 und 10,43 f mit der eschatologisch formulierten Variante Mt 23,11 f. Auch Lk 22,25—27 ist in seiner vorlukanischen Textgestalt durch die Verbindung mit V. 28—30 stärker eschatologisch akzentuiert als Mk 10,42—45. Nur Mk 13,33—37 ist eine Ausnahme. Hier hat Markus selbst eine eschatologische Paränese im Anschluß an die Gleichnisse vom Türhüter und den Knechten gestaltet. Da die Paränese erst von Markus stammt[20], interessiert uns nur das übernommene Gleichnismaterial, dessen stark zersagte Gestalt und unsach-

---

[18] Vgl. unten Anm. 43.

[19] G. *Friedrich,* Die beiden Erzählungen von der Speisung in Markus 6,30 ff und 8,1 ff, ThZ 20, 1964, 14 ff.

[20] Vgl. R. *Schnackenburg,* Das Evangelium nach Markus II, Geistl. Schriftlesung 2/2, 1971, 217; R. *Pesch:* Naherwartungen, 1968, 195 ff; *J. Lambrecht,* Die Redaktion der Markus-Apokalypse, Anal. Bibl. 28, 1967, 228 ff.

gemäße Verbindung[21], ein Hinweis auf das geringe Interesse der Gemeinde an solchen Stoffen sein könnte. Bei der Apokalypse von Mk 13, die in vielerlei Hinsicht ein Sonderfall ist[22], interessiert hier nur, daß im Zusammenhang mit dem Kommen des Menschensohns, obwohl Daniel 7 bekannt ist, eine die Paränese begründende Gerichtsschilderung fehlt.

3.4 Beim markinischen *Gleichnisstoff* fällt negativ das Fehlen fast sämtlicher Gottesreichgleichnisse auf. Die drei Gleichnisse von Mk 4 gehören zum Sondertypus der Kontrastgleichnisse; in ihnen geht es vor allem um die Gegenwart, nicht um den Ausblick ins Eschaton[23]. Bei der aus der Gemeinde stammenden Gleichnisdeutung Mk 4,14—20 fällt überdies auf, daß das Kommen des Satans (4,15) ganz uneschatologisch gefaßt ist, und den übrigen, weltlichen Versuchungen einfach parallel steht. Auch θλῖψις, διωγμός und σκάνδαλον in V. 17 sind, anders als etwa Lk 17,1 f oder auch Mk 13 par, uneschatologisch verstanden; αἰών V. 19 ist nicht durch den Zusatz οὗτος einer zukünftigen Welt gegenübergestellt. Der Hinweis des Sämannsgleichnisses auf die Ernte (traditionelle jüdische Gerichtsmetapher!) wird nicht ausgedeutet. Auch die heilsgeschichtliche, nicht ins Eschaton verlängerte Allegorie Mk 12,1 ff paßt gut in dieses Bild. Fazit: Die Akzente bei den einzelnen Gleichnissen und die Stoffauswahl bzw. -auslassung im ganzen ergänzen sich wechselseitig und stützen die These von einem Zurücktreten des eschatologischen Gesichtspunktes in der Gleichnisdeutung der markinischen Stoffe.

3.5 Zum Schluß noch ein kurzer Blick auf die *Legenden*. Sowohl die Tauf- als auch die Verklärungsgeschichte enthalten Anspielungen auf apokalyptisch-eschatologische Motive. Sie bleiben aber isoliert und machen es unmöglich, die bei Markus erhaltenen Legenden als ganze aus einem eschatologischen Zusammenhang heraus zu interpretieren[24]. Die

---

[21] Vgl. *J. Jeremias,* Die Gleichnisse Jesu, ⁵1958, 45 f.

[22] Vgl. unten Abschnitt 3.6.

[23] Vgl. oben 3.1 bei Anm. 14.

[24] *F. Hahn,* Christologische Hoheitstitel (o. Anm. 2) 334 ff versucht in der Tauf- und Verklärungsgeschichte eine ursprüngliche palästinisch-apokalyptische und eine stärker an der Gegenwart orientierte vormarkinisch-hellenistische Schicht zu rekonstruieren. Auch wenn seine Analysen höchst hypothetischen Charakter behalten, weil sie die Prämisse einer älteren eschatologisch orientierten palästinischen Gemeinde und einer jüngeren hellenistischen, das Heil stärker an die Gegenwart bindenden Gemeinde vom Gesamtkonzept her an die Texte herangetragen, so vermögen sie doch deutlich zu machen, daß die Markus vorliegenden Fassungen der Tauf- und Verklärungsgeschichte nicht mehr von einem durchgehenden apokalyptischen Motivgitter her verstehbar sind und

Geschichte vom Einzug Jesu in Jerusalem enthält Mk 11,10a ein eschatologisches Motiv, das aber merkwürdig isoliert im Kontext steht und von den Seitenreferenten denn auch weggelassen wurde; die Legende selbst ist von der vormarkinischen Gemeindetradition durch den Einschub von V. 1b—6 als Personallegende zum Ruhme des wundervoll vorherwissenden Jesus ausgestaltet worden. Sofern Mk 11,17 ein vorredaktionelles Zitat aus Jes 56,7 ist, ist das Fehlen einer ausdrücklichen Anspielung auf die eschatologische Wallfahrt der Heiden zum Zion auffällig. In der markinischen Abendmahlstradition steht der eschatologische Ausblick anders als in Lk 22,15 ff in nur einfacher Form am Schluß; das zeitliche Element, das in dem lukanischen ἔλθῃ (22,18) enthalten ist, fehlt; die Deutung der Elemente steht im Vordergrund. 1Kor 11,23 ff ist hierin mit Mk 14,22 ff zusammenzusehen. Schließlich sei noch daran erinnert, daß in der markinischen Tradition nirgends die Auferstehung Jesu im Kontext der allgemeinen künftigen Totenauferweckung interpretiert wird. Daß das Auferstehungskerygma in Gestalt der Legende von den Frauen am Grab expliziert wird, ist schon an sich aufschlußreich. Die markinischen Leidensankündigungen bestätigen diese Beobachtung: Hier wird die Niedrigkeit des Dahingegebenen und Getöteten der Herrlichkeit des nach drei Tagen Auferstehenden[25] gegenübergestellt; eine Ausweitung dieser Herrlichkeit zum Eschaton hin, etwa zur Parusie, findet nicht statt, obwohl die Gemeindetradition den ursprünglich eschatologischen Titel „Menschensohn" braucht, um den Kontrast zwischen Niedrigkeit und Herrlichkeit zu umspannen. Im Lichte der traditionellen Herkunft des Menschensohntitels ist die uneschatologische Gestalt der Leidensankündigungen, die ja ein Specificum der vormarkinischen Tradition darstellen, doppelt auffällig. „Menschensohn" betont an verschiedenen Stellen der vormarkinischen Tradition den Vollmachtanspruch (des

---

zahlreiche an der gegenwärtigen Herrlichkeit Jesu orientierte Elemente enthalten. Die Distanz zwischen dem vormarkinischen Verständnis der Taufgeschichte und ihrer ursprünglichen apokalyptischen Interpretation dürfte am deutlichsten in der vormarkinischen Verbindung von Tauf- und Versuchungsgeschichte zum Ausdruck kommen: Die Taufgeschichte wird zur Personallegende des Gottessohns. In der Verklärungsgeschichte erscheinen Mose und Elia gerade nicht in ihrer endzeitlichen Rolle als eschatologische Propheten.

[25] Die Auferstehungsaussage der Leidensankündigungen vermeidet durchwegs das die Passivität Jesu betonende Verb ἐγείρομαι und formuliert mit dem Jesu eigenes Handeln stärker hervorhebenden Medium ἀναστῆναι. Vgl. dazu *H. Köster*, Grundtypen und Kriterien frühchristlicher Glaubenskenntnisse, in: Köster-Robinson (o. Anm. 10) 212.

Irdischen). Eine Brücke zu Mk 8,38; 13,26 f und 14,62 ist nicht zu schlagen.

3.6 Eine Crux für diese sonst ziemlich eindeutigen und im ganzen sehr zahlreichen Beobachtungen ist Mk 13, die synoptische Apokalypse. Der vorliegende Versuch kann und will diese Crux nicht beseitigen. Ohne Mk 13 könnte die explizite futurische Eschatologie der Markusstoffe auf 8,38 f; 10,28 ff 37 ff und 14,25.62 reduziert werden. Immerhin sei mit Nachdruck auf die im einzelnen recht konstruktionsfreudige, aber völlig anders begründete These von R. Pesch hingewiesen, wonach Mk 13 als ganzes Kapitel vom Evangelisten aus aktuellen Gründen in das schon fertig konzipierte Markusevangelium eingefügt wurde[26]. Peschs These paßt fast verführerisch gut zu unsern Beobachtungen.

3.7 Als *Fazit* können wir feststellen: Die zunächst an den Q-Varianten im Markusevangelium festgestellte Tendenz zur Enteschatologisierung ist in der Markusüberlieferung weit verbreitet. Sie geht eindeutig auf das Konto der Gemeindetradition und nicht erst der Redaktion. Sie wird sichtbar sowohl im Spiegel der bei Markus besonders hervortretenden Gattungen Wundergeschichte, Apophthegma und Legende, als auch an zahlreichen einzelnen Texten. Der Enteschatologisierung entspricht positiv ein bestimmter Typus der Christologie; diesem haben wir uns nunmehr zuzuwenden.

4. Die Christologie der vormarkinischen Überlieferung

4.1 Wiederum beschäftigen wir uns zuerst mit denjenigen Texten, die eine *Variante in Q* haben. Das Bild ist weniger deutlich als bei der Eschatologie, aber dennoch stellen wir in einigen Texten eine deutliche Akzentverschiebung auf den irdischen Jesus fest. In der markinischen *Täufertradition* (Mk 1,[2 f]4—8) zeigt die Weglassung des Spruches von der Worfschaufel (Lk 3,17), des Hinweises auf die Feuertaufe (Lk 3,16) und die Verbindung des Hinweises auf die Geistestaufe mit der Herabkunft des Geistes auf Jesus (Mk 1,10), daß der Stärkere der geglaubte Jesus der Gemeinde ist, der ihr den heiligen Geist schenkt in der Taufe. Aus der markinischen Fassung der Geschichte vom *Jonazeichen* (Mk 8,11 —13) sind alle eschatologischen Züge verschwunden; an ihrer Stelle haben wir eine kleine Personallegende, in deren Mitte die Person, nicht das Wort Jesu steht: Durch die Verweigerung eines Zeichens vom Him-

---

[26] *R. Pesch* (o. Anm. 20).

mel erweist sich Jesus als der „diesem Geschlecht" total Überlegene, der die an ihn herangetragene Versuchung besteht. Das Moment der an Jesus herangetragenen Versuchung ist in diesem Falle nicht einfach überflüssige, die Pharisäer diskreditierende Garnitur, sondern dient dazu, das Interesse des Lesers bzw. Hörers auf die Person Jesu zu konzentrieren: Wird er die Versuchung bestehen? Die Interpretation des vormarkinischen *Beelzebulgesprächs* (Mk 3,22.24—29[30]) ist dadurch erschwert, daß wir über die Zugehörigkeit des für die Interpretation entscheidenden V. 30 zur Tradition nichts Sicheres sagen können. Immerhin gibt es auch ohne Heranziehung von V. 30 noch Indizien im Text, die die oben vorgetragene Deutung auf Jesus als Geistträger[27], der nicht gelästert werden darf, stützen: Durch das Fehlen der Dämonenaustreibung Lk 11,14 und durch die generelle Formulierung Βεεζεβοὺλ ἔχει wird der Vorwurf der Schriftgelehrten zu einem solchen gegen die Person Jesu überhaupt, nicht nur gegen seine Exorzismen. So versteht auch Mk in der Rahmung V. 20 f.31 ff. Vielleicht ist es nicht zufällig, daß ausgerechnet die nur mit dem Problem der Exorzismen befaßten Logien Lk 3,19 f in der vormarkinischen Überlieferung fehlen. *Mk 9,42* sind die μικροί anders als in Q als πιστεύοντες bezeichnet; mit diesem Wort, das in Q fehlt[28], wird auf jeden Fall eine den irdischen Jesus mit einschließende personale Relation bezeichnet. Auch *Mk 8,35* dürfte sich in der vorredaktionellen Fassung von seiner Q-Parallele Lk 17,33 dadurch unterscheiden, daß es bereits einen expliziten Bezug auf den geglaubten Jesus (ἔνεκεν ἐμοῦ) enthält.

4.2 Eine Skizze der Christologie der vormarkinischen Tradition muß vor allem die *Wundergeschichten* berücksichtigen, die ja in erstaunlicher Weise das Markusevangelium dominieren, während sie in Q fast ganz fehlen. Auch das lukanische Sondergut bringt hier nur noch wenigen zusätzlichen Stoff. Versucht man, im Gegenzug zur klassischen Formgeschichte[29], nach dem Spezifischen zu fragen, was diese Wunderge-

---

[27] Vgl. o. 3.1.

[28] Lk 7,9 und 17,6 kommt das Substantiv πίστις vor.

[29] Vor allem *Bultmanns* Einteilung der Gattungen hat dazu geführt, daß lange die Frage nach dem die neutestamentlichen Wundergeschichten mit antiken Parallelen Verbindenden im Vordergrund des Interesses stand. Einen andern Ansatz boten die Gattungsbestimmungen von *M. Dibelius:* Die Formgeschichte des Evangeliums, ³1959, dessen vom Sitz im Leben her entworfene Gattungsbestimmungen mindestens grundsätzlich das spezifisch Christliche stärker berücksichtigen. Vor allem *G. Schille,* Die urchristliche Wundertradition, Arb. zur Theol. 1,29, 1967 versuchte neuerdings, vom Sitz im Leben her zu neuen Gattungsbestimmungen zu kommen. Da aber seine Differenzierungen sich nicht auf eindeutig ausgrenzbare Formmerkmale der Texte stützen kön-

schichten gegenüber ihren antiken Parallelen auszeichnet, so werden wir davon ausgehen müssen, daß die meisten auf die Person des Wundertäters aufmerksam machen wollen, also eigentlich Wundertätergeschichten sind[30]. Das geschieht in verschiedener Weise: Die Schlußfrage der Geschichte kann auf die Person des Wundertäters aufmerksam machen: τίς ἄρα οὗτός ἐστιν …; (4,41). In die Wundergeschichten können göttliche Züge eindringen und das Bild Jesu prägen, z. B. die Proskynese[31] oder Motive von Theophanieschilderungen[32]. Dadurch unterscheidet sich das Bild des vormarkinischen Jesus von den in Annäherung an den hellenistischen θεῖος ἀνήρ interpretierten, aber von Gott unterschiedenen Patriarchengestalten des hellenistischen Judentums, z. B. Mose[33], aber

nen, haben sie bisher mit Recht wenig Zustimmung gefunden. Wir gehen deshalb nach wie vor von den die größte Eindeutigkeit erreichenden Gattungsbestimmungen Bultmanns aus, fragen aber, anders als B., primär nach den Unterschieden zwischen markinischen Jesusgeschichten und ihren antiken Parallelen. Weil unser Ziel nicht die Ausgrenzung möglicher Gattungen ist, brauchen wir zwischen inhaltlichen und formalen Besonderheiten nicht zu trennen.

[30] Solche Wundergeschichten werden in der Literatur als Aretalogien bezeichnet. Zur Problematik dieser Gattungsbezeichnung vgl. *D. L. Tiede,* The Charismatic Figure as Miracle Worker, Diss. Harvard 1970, 1972, 1 ff. Der Unterschied zwischen den Jesusgeschichten und antiken Parallelen liegt nicht so sehr im Faktum der Hervorhebung des Wundertäters, als in der Art und Weise, wie er interpretiert wird. Die Verwandtschaft der synoptischen Wundergeschichten mit hellenistischer religiöser Propagandaliteratur vom Typus der Aretalogie ist m. E. bereits ein wichtiger Grund gegen die These *E. Trocmés,* La formation de l'Evangile selon Marc, Et. Hist. Phil. Rel. 57, 1963, der die Wundergeschichten aus der (nichtchristlichen) Volksüberlieferung Nordgaliläas herleiten will.

[31] Proskynese (Mk 5,6 vgl. 1,40) erfolgt vor Göttern, im Orient auch vor Herrschern, (bei Sklaven) vor Herren, im A. T. auch vor hervorragenden Geistträgern, z. B. Elisa (2Kön 2,15; 4,37).

[32] Am deutlichsten in Mk 6,45 ff. Die nächsten Sachparallelen zu diesem Text sind die aus hellenistischen Theophanieschilderungen, vgl. die Parallelen bei *R. Bultmann,* Die Geschichte der synoptischen Tradition, FRLANT 29, ³1957, 252 f. Die einzelnen Motive sind aber z. T. stark alttestamentlich vorgeprägt: der die durch die übernatürliche Erscheinung entstandene Furcht zerstreuen wollende Zuruf Jesu μὴ φοβεῖσθε (vgl. Lk 1,13.30; 2,10; Apk 1,17; Mt 17,7; 28,5.10; im A. T. bei Orakeln und Theophanieschilderungen häufig, vgl. *H. R. Balz,* Art. φοβέω κτλ., ThWbNT IX, 199,36 ff; hell. Parr. ebd. 191,1 ff), evtl. die Offenbarungsformel ἐγώ εἰμι und das geheimnisvolle „er wollte an ihnen vorübergehen" (V. 48, vgl. Ex. 33,19.22; 1Kön 19,11; Gen 32,32 LXX).

[33] Vgl. dazu *D. Georgi,* Die Gegner des Paulus im 2. Korintherbrief, WMANT 11, 1964, 145 ff, 258 ff; *Tiede,* Charismatic Figure (o. Anm. 30) 101 ff; *W. A. Meeks,* The Prophet-King. Moses Traditions and the Johannine Christology, Suppl. NT 14, 1967, 100 ff. Zur Unterordnung des „göttlichen" Mose unter Gott, die etwa bei Philo ziemlich durchreflektiert erscheint, vgl. *Tiede* aaO. 123 ff.

nicht von den hellenistischen ϑεῖοι ἄνδρες, für die gerade die Vermischung von Menschlichem mit Göttlichem charakteristisch ist.

Die nächsten religionsgeschichtlichen Analogien zum vormarkinischen Wundertäter-Jesus liegen also wohl im hellenistischen Bereich. Aber auch hier gilt es, nicht vorschnell durch die Etikette ϑεῖος ἀνήρ die Eigentümlichkeiten des vormarkinischen Jesusbildes zuzudecken[34]. Suchen wir diejenigen Gestalten des Hellenismus heraus, die dem „ϑεῖος ἀνήρ" der Markustraditionen am nächsten verwandt sind, nämlich jene Gottmenschen, die sich besonders durch charismatische und thaumaturgische Tätigkeit auszeichneten, mehr als durch ihre staatsmännischen oder philosophischen Leistungen, wie etwa Menekrates von Syrakus, Alexarchos, Apollonios von Tyana, so wird der Vergleich durch die schlechte Quellenlage erschwert. Entweder sind uns keine Quellen mehr erhalten, oder sie sind anderer Art als das Markusevangelium. Das gilt z. B. für die Apollonius-Biographie des Philostrat, der zwar Material benützt, dem es wie den Markusstoffen darum geht, die Macht des ϑεῖος ἀνήρ zu verherrlichen und zu verkünden, aber selber daran interessiert ist, seinen Helden als wahren σοφός und Philosophen, nicht aber als bloßen Zauberer und Goeten darzustellen. Philostrat unterscheidet sich dadurch von den markinischen Texten, daß er für ein gebildeteres Leserpublikum schreibt[35]. Parallelen aus der Antike, die direkt das Wunder in den Dienst religiöser Verkündigung stellen, haben wir zwar auch, aber fast nur als Aretalogie von Göttern, z. B. der Isis, des Sarapis, des Asklepios oder anderer[36]. So sind die Vergleichsmöglichkeiten beschränkt.

Wir stellen zunächst einmal fest, daß die markinischen Wundergeschichten stärker als ihre heidnischen Parallelen die Bedeutung der Person des Wundertäters durch einen Titel hervorheben. Die bei Philostrat auftauchenden Titel, z. B. σοφός, φιλόσοφος, διδάσκαλος, ϑεῖος etc. gehen überdies mindestens zum Teil erst auf das Konto der schriftstellerischen

---

[34] Vgl. die scharfe Warnung von *H. Conzelmann,* Literaturbericht zu den synoptischen Evangelien, ThR 37, 1972, 244 vor undifferenziertem Gebrauch von Begriffen wie „Epiphanie", ϑεῖος ἀνήρ etc. Differenzierung zwischen verschiedenartigen, im Zuge religionsgeschichtlicher Typisierung etwa bei *L. Bieler,* Θεῖος 'Ανήρ, Nachdruck 1967 (1935 f); *H. Windisch,* Paulus und Christus, UNT 24, 1934 und vor allem bei *H. Leisegang,* Der Gottmensch als Archetypus, Eranos Jahrbuch 18, 1950, 9 ff (These im Titel!) zu schnell vereinerleiten verschiedenen Konzeptionen ist die Hauptforderung der o. Anm. 30 erwähnten Arbeit *Tiedes,* bes. 238 ff.

[35] Zur Intention Philostrats vgl. *G. Petzke,* Die Traditionen über Apollonius von Tyana und das Neue Testament, St. ad Corp. Hell. 1, 1970, 63 ff.

[36] Vgl. die Belege bei *A. D. Nock,* Conversion, Nachdruck 1972, 84 ff.

Tätigkeit des Philostrat[37], während in der markinischen Überlieferung mindestens denkbar ist, daß Titel (etwa in den Akklamationen) aus theologischen Gründen (Messiasgeheimnis!) vom Evangelisten auch weggelassen wurden[38]. Die Eigenart der markinischen Stoffe wird durch die Titel auch inhaltlich ein Stück weit verdeutlicht: Die in den Wundergeschichten auftauchenden Titel haben gerade nicht die Absicht, Jesus als Vertreter einer dem gewöhnlichen Menschen überlegenen „Kategorie" des Gottmenschen darzutun, sondern seine Einzigartigkeit hervorzuheben. Das geschieht dadurch, daß Titel, die ursprünglich gerade nicht mit der Topik des θεῖος ἀνήρ verbunden sind, sondern vom Hintergrund des alttestamentlich-jüdischen Glaubens an den einen Gott her zu verstehen sind, die Wundergeschichten interpretieren: ὁ ἅγιος τοῦ θεοῦ in 1,23 ff, υἱὸς Δαυίδ in 10,46 ff. Auch der Titel υἱὸς τοῦ θεοῦ stammt als Titel gerade nicht aus der Topik des θεῖος ἀνήρ, sondern aus der alttestamentlich-jüdischen Messiaserwartung und hat sich bereits vor Markus in 5,1 ff mit einer Wundergeschichte verbunden[39], um dann bei Markus vollends wichtig zu werden[40]. Auch die Verklärungsgeschichte kann deutlich machen, wie die vormarkinische Tradition gerade mit Hilfe dieses Titels die Einzigartigkeit Jesu ausdrückte[41]. Im Falle von Mk 2,1 ff

---

[37] Vgl. *Petzke*, aaO. 191 ff.

[38] *Theissen*, Wundergeschichten (o. Anm. 3) 169 ff.

[39] *E. Schweizer*, Art. υἱός κτλ., ThWbNT VIII, 379,4 ff vermutet allerdings, daß der Titel erst von Markus eingefügt worden sein könnte, hat jedoch dafür keine Gründe. Wichtig ist die Feststellung von *W. v. Martitz* im selben Artikel 339,29 ff, daß in den θεῖος-ἀνήρ-Traditionen der Titel „Gottessohn" nur in speziellen Fällen (göttliche Ärzte wie Asklepios und seine Söhne, Herrscherkult) in alte Zeit zurückgehe, also keineswegs als für die Topik des θεῖος ἀνήρ im 1. Jahrhundert n. Chr. bezeichnend gelten könne. Das legt nahe, daß der Titel in Mk 5,7 keine selbständige Wurzel in der θεῖος-ἀνήρ-Überlieferung hat, sondern aufgrund einer innerchristlichen Traditionsentwicklung (vermutlich aus der davidischen Messiaserwartung, vgl. ähnlich bei Mk 1,11 und 9,7) in die Wundergeschichte eingedrungen ist.

[40] *P. Vielhauer*, Erwägungen zur Christologie des Markusevangeliums, in: Zeit und Geschichte, Festschr. R. Bultmann, 1964, 165 ff. unterscheidet zwischen zwei Bedeutungen des Titels „Sohn Gottes" bei Markus: Der Titel wird traditionell im Sinn der θεῖος-ἀνήρ-Prädikation verstanden und dann redaktionell im Sinne des dreistufigen Inthronisationsschemas für das endzeitliche Königtum des am Kreuze leidenden Gottessohns Jesus. Da diese markinische Verwendung dem ursprünglichen Haftpunkt des Titels in jüdischer Messiaskönigserwartung wiederum relativ nahesteht und die Verbindung des Titels mit der θεῖος-ἀνήρ-Tradition sporadisch und zufällig bleibt, ist zu fragen, ob wirklich von zwei verschiedenen Bedeutungen des Titels gesprochen werden kann.

[41] Mit *H. Baltensweiler*, Die Verklärung Jesu, AThANT 33, 1959, 38 ff würde ich

ist die Wundergeschichte durch den sekundären Einschub von 2,5b ff, der
auch den Menschensohntitel beisteuerte[42], zu einer auf die überragende
Vollmacht des Menschensohns Jesus hinzielenden Geschichte geworden
— das dürfte der primäre Sinn des Einschubs gewesen sein. Der Titel
„Menschensohn", mit dem Jesus 2,10 (vgl. 2,28) als der Gottes Vollmacht
in Anspruch nehmende (2,7!) charakterisiert wird und der in den Leidensankündigungen dem Auferstehenden zukommt, bezeichnet eine einzigartige Würde Jesu und hebt ihn gerade über alle andern charismatischen oder messianischen Gestalten hinaus. Im Falle der Speisungsgeschichte Mk 6,34 ff geschieht dasselbe durch das vorangestellte Wort
vom guten Hirten (V. 34), wobei unsicher ist, ob bereits die Tradition
oder erst Markus für seine Verbindung mit der Speisungsgeschichte verantwortlich ist. Wenn also Jesus durch die in den vormarkinischen Wundergeschichten vorkommenden Titel als eine einzigartige und mit andern
gerade nicht vergleichbare Gestalt dargestellt wird, so wird das möglich
durch den alttestamentlich-jüdischen Hintergrund der Titel.

Neben den Titeln ist noch auf einige andere Eigentümlichkeiten zu
verweisen, die die Gestalt Jesu in den markinischen Wundergeschichten
zu einem Sonderfall eines θεῖος ἀνήρ machen: In zahlreichen Wundergeschichten spielen implizite Gegenüberstellungen zum Alten Testament,
besonders Reminiszenzen an Wunder aus dem Elia-Elisa-Zyklus[43] mindestens traditionsgeschichtlich bei der Entstehung und Tradierung der
Perikopen eine erhebliche Rolle. Ob diese Reminiszenzen, die in den
Texten kaum je explizit gegeben sind, den Hörern in den vormarkinischen Gemeinden als solche noch bewußt gewesen waren, ist allerdings

---

vorschlagen, in der Wolkenstimme Mk 9,7b eine sekundäre christologische Interpretation der Verklärungsgeschichte von (Mk 1,11 her?) zu sehen.

[42] Mit den meisten Exegeten nehme ich einen sekundären Einschub in die Heilungsgeschichte an, der nie selbständig existiert hat. Damit ist auch entschieden, daß
der Menschensohntitel von V. 10, einem nicht selbständig tradierbaren Logion, sekundär ist.

[43] Der Befund ist auffällig. Für Anleihen aus dem Elia-Elisazyklus kommen ernsthaft in Frage: die Wundergeschichten 1,23 ff 40 ff; 5,21 ff; 6,34 ff; 8,1 ff; die Nach-
folgegeschichten, vgl. ferner 1,12 f; 6,15; 8,28; 9,2 ff 12 f 15,35. In vielen Fällen stoßen
wir in hypothetischen traditionsgeschichtlichen Frühstufen auf die Berührung mit der
Eliatradition. Das Material scheint weder auf die jüdischen Vorstellungen von der
eschatologischen Rolle Elias noch auf die Vorstellungen von Elia als Nothelfer ganz zu
passen. Mk 6,15; 8,28 bezeugen uns aber, daß die Berührungen Jesu mit Elia nicht nur
uns, sondern auch Leuten in oder in der Umgebung der frühen Gemeinden aufgefallen
sein müssen: Jesus wird als der geschildert, der die Wunder Elias wiederholt. Liegt
hier eine sehr alte, volkstümliche Christologie vor?

unsicher. Wenn ja, so dienten auch sie dazu, die Einzigartigkeit Jesu, der eine neue, die Zeit Elias oder Moses wiederholende und überbietende Heilszeit einleitet, zu verdeutlichen. Das Erbarmen Jesu wird mit dem Verbum σπλαγχνίζομαι geschildert (1,41; 6,34; 8,2; 9,22), das in den Evangelien „ganz zum Attribut des göttlichen Handelns geworden" ist[44]. Die Gegenüberstellung der Macht Jesu und des Versagens der Jünger (6,34 ff; 8,1 ff; 9,14 ff) dient dazu, Jesus vor seinen Jüngern herauszuheben. Vor allem sind die ganz auf die Person Jesu bezogenen Gespräche über den Glauben (vgl. 4,40; 5,36; 9,22 f) zu erwähnen[45]. In ihnen wird der Begriff des Glaubens in gegenüber andern Bereichen des Christentums eigenständiger Weise profiliert: Er bezeichnet in unsern Texten das rettende Gottesverhältnis, das sich an der Begegnung mit dem Wundertäter Jesus entscheidet. Als derjenige, der den Glauben zuspricht[46] und an dem sich der Glaube entscheidet, hat Jesus für die Gemeinde der Glaubenden[47] eine weit über andere Typen des θεῖος ἀνήρ hinausreichende Bedeutung. Fazit: Es ist m. E. vorschnell, die Christologie der markinischen Wundergeschichten als θεῖος ἀνήρ-Christologie zu bezeichnen, ohne zu betonen, daß diese Kategorien zugleich auch in ganz bestimmter Weise überhöht und durchbrochen worden sind.

Damit sind wir schon bei einer zweiten Feststellung, die die voranstehenden Erwägungen ergänzt: Die in der markinischen Tradition überlieferten Wunder Jesu haben für den Glauben und die Existenz der sie erzählenden und verkündenden Gemeinde eine so grundlegende Bedeutung, die das, was wir hierzu aus der antiken Literatur an Parallelen beibringen können[48], weit hinter sich läßt. Ich stelle nur einige bekannte

---

[44] *H. Köster*, Art. σπλάγχνον κτλ., ThWbNT VII, 553, 31.

[45] Antike Parallelen bei *Theissen*, Wundergeschichten (o. Anm. 3) 133 ff. Unterschiede zu den antiken Parallelen: 1. Stärkere terminologische Konzentration auf den Wortstamm πιστ-. 2. Stärkere Konzentration des Glaubens auf den Wundertäter statt auf den Vorgang des Wunders. 3. Der Glaube hat eine völlig andere Dimension („rettender Glaube").

[46] Der theologisch reflektierte Sprachgebrauch der vormk. Tradition zeigt sich daran, daß — von 2,5 abgesehen — der Glauben nie habitueller Besitz der Glaubenden ist, sondern zugesprochen wird.

[47] Vgl. 9,42.

[48] Die nächsten Sachparallelen finden sich bezeichnenderweise im Bereich des Judentums, wo Mose nicht nur durch seine Rolle in der Israel konstituierenden Geschichte, sondern auch für die Frömmigkeit des Einzelnen als vollkommenster Mensch (Philo Vit Mos 1,1) und Hierophant (vgl. Som 1,164) wichtig ist, allerdings neben andern Gestalten der Geschichte Israels. Im Bereich des Hellenismus könnte man am ehesten an diejenigen ἀρεταί von Göttern denken, die einen Kultus entstehen ließen, z. B. an das hilf-

Beobachtungen verschiedenster Art zusammen. Die These, daß die Wundergeschichten ihren Sitz im Leben u. a. in der Missionspredigt der Gemeinde gehabt haben, halte ich nach wie vor für einen großen Teil der Wundergeschichten für zutreffend[49]. Im Unterschied aber zu den etwa in der Apg berichteten Wundern der Verkündiger, die deren Verkündigung unterstützen, sind die Wunder des Verkündigten, Jesus, zentraler Verkündigungsinhalt[50]. Das zeigen gerade die christologische Zuspitzung vieler Wundergeschichten und die darauf bezogenen Chorschlüsse[51]. In zahlreichen Akklamationen der markinischen Wundergeschichten scheint die Reaktion der Zuhörer auf die christliche Missionspredigt und die christlichen Wunder anzuklingen[52]. Daneben sind die Wunder Jesu aber auch für das Leben der Gemeinde grundlegend: Nicht nur Jesus, sondern auch die christliche Gemeinde vollbringt Wundertaten (Mk 6,7.13; 9,28 f 38 ff). Diese Wunder geschehen aber im Namen oder durch Bevollmächtigung Jesu; d. h. Jesu eigene Taten konstituieren ein Stück Wirklichkeit der Gemeinde. Der von Jesus zugesprochene wunderbare Glaube (11,23 f) und die von Jesus geübte Sündenvergebung (11,25) wird auch in der Gemeinde unter Berufung auf die Vollmacht Jesu (vgl. 11,12—26) praktiziert. Da sich die Gemeinde als Glaubende versteht, geht es in denjenigen Wundergeschichten, wo Jesus Kranke zum Glauben auffordert oder ihnen Glauben zuspricht, um ihre eigene Sache, ihr eigenes Christsein. Unabhängig von der Frage, ob Jesus selbst vom Glauben gesprochen hat, gibt es auf jeden Fall Stellen, wo erst die Gemeinde das Glaubensmotiv in eine Wundergeschichte eingetragen hat, nämlich bei der Sturmstillungsgeschichte (4,40), wahrschein-

---

reiche Eingreifen des Sarapis bei der Begründung seines Kultes in Delos (Ditt. Syll. 4 Nr. 663). Dennoch bleibt jene Geschichte im Rahmen einer lokalen Kultätiologie stehen, die für die Sarapisreligion im ganzen nur periphere Bedeutung hat. Für die antiken vergöttlichten *Menschen* ist unsere Vergleichsmöglichkeit gering, da gerade dort, wo ein Kult eines solchen Menschen wenigstens lokal einige Bedeutung erlangte, unser Quellenmaterial versagt. Nach den Angaben des Philostrat scheint der Kult des Apollonius in Tyana (VIII, 31) nur geringe Bedeutung gehabt zu haben. Bei den Kaiserkulten gilt immer, daß diese Staatsangelegenheit waren und in keinem Fall monolatrischen Charakter hatten. Über die Kulte der übrigen bekannten θεῖοι ἄνδρες sind wir kaum orientiert.

[49] Vgl. dazu neuestens die guten Ausführungen von *Koch*, Wundererzählungen (o. Anm. 3) 25 ff und *Theissen*, Wundergeschichten (o. Anm. 3) 257 ff.

[50] Die Formulierung von D. *Georgi*, Gegner (o. Anm. 35) 213: „Christologie als Hilfe im Wettbewerb" trifft also den Sachverhalt bei der vormarkinischen Wundertradition m. E. nicht zureichend.   [51] 1,27; 4,41; 7,37.

[52] *Theissen*, Wundergeschichten (o. Anm. 3) 165 f.

lich aber auch bei der Heilung des Epileptischen (9,21 ff)[53]. Der Grund, weswegen das Glaubensmotiv in Wundergeschichten von der Gemeinde eingetragen wurde bzw. in andern Wundergeschichten ein Jesuswunder mindestens zusammen mit dem Glaubensmotiv erzählt wurde (2,5; 5, 34 f; 10,52), kann nur darin liegen, daß in der Erwähnung des Glaubens die Gemeinde ein Stück Relevanz dieser Geschichten für ihre eigene Wirklichkeit sah. Das heißt dann etwa für die Geschichte von der Sturmstillung, daß nicht erst der Evangelist Matthäus, sondern bereits die Gemeinde vor Markus in der Situation der im Schiff vom Sturm bedrängten Jünger ihre eigene Situation dargestellt sah[54], ja, u. U. diese Geschichte nach profanen Analogien sogar deswegen gebildet hat. Schließlich ist noch auf die Speisungsgeschichten hinzuweisen: Ihre traditionsgeschichtliche Entwicklung braucht hier nicht im einzelnen diskutiert zu werden; es genüge der Hinweis, daß die Formulierungen 6,41 bzw. 8,6 von Hörern, die die Abendmahlsparadosis von 14,22 ff kannten, nicht ohne Erinnerung daran verstanden werden konnten[55]. Das gilt, auch wenn für die Entstehung des Textes an dieser Stelle nur das Vertrautsein mit jüdischem Tischgebet und jüdischen Mahlzeiten verantwortlich sein sollte, zumal im heidenchristlichen Bereich. Das heißt: Der Hörer der Speisungsgeschichte wußte sich beim Hören an seine eigene Wirklichkeit erinnert, an die Gabe des Abendmahls, die er selbst von Jesus empfangen hatte. Matthäus hat auch hier nur bereits vorliegende Verständnishorizonte verdeutlicht.

Fazit: *Die Wundergeschichten haben für die Gemeinde grundlegende Funktion, weil sie ihre eigene Wirklichkeit durch den irdischen Jesus konstituiert weiß. Dem entspricht, daß die Bedeutung Jesu in diesen Wundergeschichten die Dimension des* θεῖος ἀνήρ *sprengt. Die Wundergeschichten haben also für die Gemeinde in diesem Sinn kerygmatische Funktion. Ihrer Wichtigkeit entspricht die große Zahl der in der markinischen Tradition überlieferten Wundergeschichten.*

4.3 Zum Schluß noch einige Bemerkungen zur Christologie der *Apo-*

---

[53] Mit *Roloff*, Kerygma (o. Anm. 17) 143 ff; *Theissen*, Wundergeschichten (o. Anm. 3) 139.

[54] Vgl. *H. Conzelmann*, Auslegung von Markus 4,35—41 par; Markus 7,31—37 par; Röm 1,3 f, EvErz 20 (1968), 251 f; *Koch*, Wundererzählungen (o. Anm. 3) 146. Ähnlich rechnet *G. Schille*, Die Seesturmerzählung Markus 4,35—41 als Beispiel neutestamentlicher Aktualisierung, ZNW 56, 1965, 30 ff mit einer (sekundären) Aktualisierung dieser Geschichte als Glaubensgeschichte, allerdings mit sehr fragwürdigen Rekonstruktionen eines ursprünglichen Rhythmus der Geschichte.

[55] Vgl. schon *Dibelius*, Formgeschichte (o. Anm. 29) 92.

phthegmen: Apophthegmen, vor allem Streitgespräche, sind neben den Wundergeschichten die zweite, in der markinischen Überlieferung hervortretende Gattung. Wiederum bietet Q, wo nicht Streitgespräche, sondern Gerichtsrede dominiert und höchstens gelegentlich mit einer sekundären biographischen Rahmung versehen wurde, ein ganz anderes Bild. Bultmann suchte den Sitz im Leben der Streitgespräche in den Auseinandersetzungen zwischen der christlichen Gemeinde in Palästina[56] und ihren jüdischen Gegnern. Die Form der Streitgespräche sei die der rabbinischen Disputation[57]. Wiederum scheint mir, daß mit dieser Einordnung der markinischen Streitgespräche in eine den christlichen Raum überschreitende Gattung ihre Eigenart nicht voll zur Geltung gekommen sei. Wir brauchen die Frage, ob es wirklich möglich sei, die Apophthegmen unter einseitiger Hervorhebung rabbinischer und unter starker Vernachlässigung hellenistischer Analogien im Unterschied zu den Wundergeschichten palästinisch zu bezeichnen[58], hier nicht zu diskutieren; nicht nur die einseitige Bevorzugung rabbinischen Parallelenmaterials vor hellenistischem, sondern auch die zunehmende Einsicht in die Unmöglichkeit einer pauschalen Unterscheidung zwischen „palästinisch" und „hellenistisch" macht die Thesen Bultmanns problematisch. Vielmehr soll es hier darum gehen, einige Eigenarten der markinischen Apophthegmen gegenüber ihren jüdischen und hellenistischen Parallelen herauszustellen. Hier sind zu nennen:

1. die *Dominanz der Streitgespräche* gegenüber den im rabbinischen Bereich dominierenden Schulgesprächen. Dabei reicht der Hinweis auf die Auseinandersetzungen der Gemeinde mit dem Judentum zur Erklärung m. E. nicht aus. Es fällt auf, daß in manchen Streitgesprächen die Gegner nur vom Hörensagen bekannt zu sein scheinen und entsprechend unzutreffend geschildert werden[59]. Die Fragen und Einwände an Jesus

---

[56] Tradition (o. Anm. 32) 49.   [57] AaO. 42 ff.

[58] Auf hellenistische Parallelen („Chrie") weist vor allem *Dibelius,* Formgeschichte (o. Anm. 29) 149 ff. Seine Bestimmung der Gattungen von ihrem Sitz im Leben in der christlichen Gemeinde her, also der Apophthegmen und anderer Kurzgeschichten als „Paradigmen", liegt intentionsmäßig näher bei unserer Frage nach den spezifisch christlichen, bzw. vormarkinischen Ausprägungen der Gattungen. Die Gattungsbestimmung „Paradigma" öffnet auch den Blick für die unten zu besprechende sachliche Nähe zwischen vielen Wundergeschichten und Streitgesprächen. Unsere Untersuchung ist also ein Versuch, von den *Bultmann*schen formalen Klassifizierungen auszugehen und dabei eine berechtigte Frageintention von *Dibelius* aufzunehmen.

[59] Vgl. Mk 2,15: die Pharisäer sind bei einem Zöllnergastmahl anwesend; 2,24: sie sind am Sabbat auf den Feldern, ferner 2,18 die sachlich problematische Formulierung „Jünger der Pharisäer".

sind im Munde der Gegner nicht immer denkbar (z. B. 10,2) und nur auf den Skopus des Textes hin entworfen. Die Typisierung der Gegner Jesu ist sehr weit fortgeschritten (z. B. 2,5 ff). Es scheint, daß die Gattung Streitgespräch auch abgesehen von konkreten Auseinandersetzungen der Gemeinde mit dem Judentum wichtig gewesen ist, offenbar weil sie geeignet war, *die Vollmacht Jesu in der Überwindung seiner Gegner zu zeigen.* An dieser Stelle entsprechen sich die Intention von Streitgespräch und Wundergeschichte[60]: Es geht in ihnen um die Vollmacht Jesu in Wort und Tat. Dem entsprechen auch die nicht selten auftauchenden Mischformen: Ein Wunder wird zum Anlaß eines Streitgespräches (2,1 ff; 3,1 ff.22 ff vgl. 9,14 ff); Formelemente der Wundergeschichte finden sich auch im Streitgespräch, z. B. der als Reaktion auf Jesu Vollmachtstat verständliche Chorschluß (12,17 b: ϑαυμάζω). Auf der andern Seite wird bereits vor Markus, nicht erst bei Matthäus, das Gespräch Jesu mit den Geheilten oder ein Wort Jesu für die Deutung der Wundergeschichte wichtig[61]. Wenn *H. W. Kuhn* mit seiner Eexegese von Mk 2,28 recht hat, so haben wir in diesem Vers den Abschluß einer vormarkinischen Streitgesprächsammlung erhalten, die zeigt, worum es im Sinn der Gemeinde in den vier Streitgesprächen von Mk 2 ging: Um die Vollmacht des Menschensohns, die er auch über den Sabbat erweist[62]. 8,11; 10,2 und 12,13 enthalten das Motiv der Versuchung, die Jesus durch sein souveränes Handeln besteht. Auch für Markus liegt das Gewicht bei den Streitgesprächen auf der Person Jesu: 3,6 läßt er die erste Reihe der Streitgespräche mit dem Todesbeschluß gipfeln; 12,1—34 geht es ihm darum, Jesus vor seinem Tod durch seine vollmächtige Lehre seine verschiedenen

---

[60] *H. D. Betz,* Jesus as Divine Man, in: Jesus and the Historian, Festschrift für E. L. Colwell, 1968, 117 hält dagegen Legenden und Wundergeschichten für Gattungen, in denen sich die ϑεῖος-ἀνήρ-Christologie am klarsten ausspricht, während in die Streitgespräche und die Passionsgeschichte Motive der ϑεῖος-ἀνήρ-Christologie nur eingedrungen seien. Auf die Berührungen zwischen Streitgesprächen und Exorzismen verweist ausgezeichnet *J. Robinson,* Das Geschichtsverständnis des Markus-Evangeliums, AThANT 30, 1956, 55 ff. Seine Beobachtungen behalten ihre Richtigkeit, auch wenn sie eher die vormarkinische Gemeinde als den Evangelisten charakterisieren und *Robinsons* These vom kosmischen Charakter auch der Streitgespräche (vgl. bes. 58 f) sich m. E. nicht halten läßt.

[61] Vgl. z. B. Mk 2,1 ff; 4,35 ff; 5,25 ff; 7,24 ff; 9,14 ff; 10,46 ff, wobei mindestens in einigen Fällen das Gespräch traditionsgeschichtlich eine sekundäre Erweiterung ist, also das Interesse der Gemeinde spiegelt. Zu Mt vgl. *H. J. Held,* Matthäus als Interpret der Wundergeschichten, in: G. Bornkamm —G. Barth — H. J. Held: Überlieferung und Auslegung im Matthäusevangelium, WMANT 1, 1960, bes. 221 ff.

[62] Ältere Sammlungen (o. Anm. 10) 73. 83.

Gegner überwinden zu lassen. Darum auch der Schluß 12,34b: „Niemand
mehr wagte ihn zu fragen", der — falls er nicht schon vormarkinisch ist
— immerhin zeigen kann, wie Markus die ihm aus der Gemeinde über-
kommenen Streitgespräche verstanden haben wollte. Fazit: Mit Hummel, Minette de Tillesse und andern[63] würde ich das Interesse der Gemeinde an den Streitgesprächen stärker als Bultmann als christologisches
bestimmen[64].

2. Gegenüber rabbinischen wie hellenistischen Parallelen fällt auf, daß
der Situation in den markinischen Streitgesprächen oft größere Bedeutung zukommt[65]. Ausführliche Situationsschilderungen sind nicht selten[66]. Die Ausführlichkeit der Situationsschilderungen scheint mir einen
doppelten Grund zu haben: Sehr oft geht es in den Apophthegmen um
bestimmte *Verhaltensweisen der Gemeinde,* die im Text geschildert und
durch den Text begründet werden sollen. Bultmann hat darauf ausführlich hingewiesen[67], so daß hier wenige Hinweise genügen mögen: Mk
2,18 ff läßt die Gemeinde nicht nur ihre ursprüngliche, sondern auch ihre
gegenüber der ursprünglichen wieder geänderte Fastenpraxis durch ein
Wort des irdischen Jesus autorisiert sein (2,20). In den Apophthegmen
von 10,1 ff wird — in einer vormarkinischen Sammlung?[68] — eine „Lebensordnung" für bestimmte Bereiche des Gemeindelebens entworfen[69].
In den Apophthegmen geht es also um das Leben der Gemeinde, aber
nicht einfach so, daß Jesus bloß als Lehrer auftritt, sondern so, daß er

---

[63] *R. Hummel,* Die Auseinandersetzung zwischen Kirche und Judentum im Matthäusevangelium, BEvTh 35, 1963, 53 f; *G. Minette de Tillesse,* Le Secret Messianique
dans l'Évangile de Marc, 1968, 112 ff.

[64] Vielleicht ist es auch nicht zufällig, daß wir in Q nur Nachfolgeparadigmen
haben, bei denen die Wirkung des Rufes in die Nachfolge nicht erwähnt wird (Lk
9,57 ff), während es bei Markus 1,16 ff.19 f; 2,15 darum geht, die Menschen wirklich
überwältigende *Wirkung* von Jesu vollmächtigem Ruf in die Nachfolge herauszustellen.

[65] Vgl. *Dibelius,* Formgeschichte (o. Anm. 29) 158.

[66] 2,1 ff.15.23; 3,1 ff; 7,2; 8,11 etc.

[67] Tradition (o. Anm. 32) 50.

[68] Der Nachweisversuch von *H. W. Kuhn,* Ältere Sammlungen (o. Anm. 10) 168 ff
scheint mir in diesem Fall allerdings nicht völlig überzeugend: Für die Zusammenstellung formal ähnlicher Stücke kann auch Markus verantwortlich sein (und ist dies auch
in andern Fällen, z. B. 12,13 ff). Daß sich Markus für das Problem der Ehescheidung
und des Reichtums nicht besonders interessiert, ist nur ein Beispiel für sein im ganzen
eher extensives Aufnahmeverfahren von Tradition. Jüngerbelehrungen sind im Abschnitt 8,27—10,52 häufig. Judenchristliche Herkunft von Traditionen ist kein diese
Stücke von andern unterscheidendes Kriterium. Fazit: Die Möglichkeit — mehr nicht
— einer vormarkinischen Traditionssammlung in 10,1 ff bleibt bestehen.

[69] *H. W. Kuhn,* aaO. 173.

in seiner Vollmacht ein bestimmtes Verhalten der Gemeinde nicht nur gebietet, sondern auch begründet und ermöglicht. Die Praxis der Gemeinde ist nicht ohne weiteres eine allgemein einsichtige und die Freiheit der Gemeinde nicht — oder noch nicht[70] — eine selbstverständliche, sondern eine von Jesus vermittelte und geschenkte. Darum wird so oft das Handeln der Gemeinde, etwa ihre Freiheit vom Sabbatgebot, nicht nur durch Jesu Wort, sondern auch durch Jesu Tat begründet. Diesen Zusammenhang von Leben der Gemeinde und Leben Jesu, in anderer Terminologie: von Imperativ und Indikativ vermögen die Apophthegmen in hervorragender Weise zu erläutern. Im Unterschied zur paulinischen Dialektik von Indikativ und Imperativ erfolgt dabei die christologische Verankerung des Verhaltens der Gemeinde nicht in dem von Tod und Auferstehung Jesu her verstandenen Heilswerk, sondern in der vollmächtigen Lehre und im vollmächtigen Handeln des irdischen Jesus.

Fassen wir zusammen, so zeigt sich, wie nahe Apophthegmen und Wundergeschichten zusammengehören: *Hier wie dort ist der christologische Skopus, die Vollmacht und die Tat des irdischen Jesus wesentlich. Hier wie dort geht es darum, daß Jesus sich gegenüber der ihm unterlegenen Welt durchsetzt. Hier wie dort zeigt sich, daß die Gemeinde in ihrer konkreten Existenz durch den irdischen Jesus grundlegend bestimmt ist.*

5. Ergebnisse und Fragen

Wir verzichten hier auf Untersuchungen weiterer Textgruppen und stellen die Untersuchung der Legenden und vor allem der markinischen Passionsgeschichte, die zahlreiche Sonderprobleme bietet, zurück. Unsere Frage war, ob es methodisch möglich sei, durch Untersuchung der Differenzen zwischen markinischen und Q-Varianten, durch Untersuchung der den markinischen Stoffen spezifischen Formen der Gattungen, sowie durch die Untersuchung der Tendenzen, die in einzelnen Texten verschiedener Gattungen und in der Wahl der Gattungen festzustellen sind, ein Bild der vormarkinischen Gemeinde zu bekommen. Die Untersuchung war fragmentarisch, sowohl was die Textauswahl im Ganzen, als auch, was die thematischen Gesichtspunkte betrifft. Sie müßte ausgedehnt

---

[70] Nur am Rande wird mit dem Evidenzprinzip gearbeitet: Das Verhalten der Gemeinde ist das eigentlich allein vernünftige und einleuchtende. Seinen klassischen Ausdruck hat das Evidenzprinzip im Lasterkatalog 7,21 f und vor allem in 7,19 gefunden.

werden in textlicher Hinsicht, z. B. auf die Passionsgeschichte, und in inhaltlicher Hinsicht, z. B. auf das Gesetzesverständnis der vormarkinischen Gemeinden.

Die vorläufige Untersuchung brachte aber dennoch gewisse Ergebnisse:

1. Eine Abgrenzung zwischen den Q-Stoffen und den ins Markusevangelium übernommenen Stoffen ist ziemlich deutlich möglich. Eine Abgrenzung der Markusstoffe von den Stoffen des Lukassondergutes sowie des Johannesevangeliums ist dagegen schwieriger, sowohl in methodischer Hinsicht, weil die Zahl der Varianten hier weniger groß ist, und weil die Erforschung jener Traditionsbereiche auf ähnliche Schwierigkeiten stößt wie die des markinischen und entsprechend noch kaum versucht wurde, als auch in inhaltlicher Hinsicht, weil die Gattungen und Tendenzen des lukanischen Sondergutes und des johanneischen Traditionskreises mit denjenigen des markinischen viel enger zusammengehören dürften. Hier liegt noch ein weites Untersuchungsfeld.

2. Im Bereich des markinischen Traditionskreises stoßen wir auf das Vorherrschen eines Typus des Kerygmas, der sich dadurch auszeichnet, daß *der irdische Jesus für die Wirklichkeit und das Leben seiner Gemeinde schlechthin konstitutiv ist*[71]. Der Blick ruht dabei auf dem Leben der Gemeinde in der Gegenwart, die durch die im Leben des irdischen Jesus geschehene Präsenz des Heils bestimmt ist[72]. Es ist der irdische Jesus, der in diesen Texten als Grund des Glaubens erscheint. Dabei werden Kategorien aus dem weiten Feld der ϑεῖος-ἀνήρ-Topik zu seiner Schilderung verwendet, aber gerade deswegen, weil die exklusive Berufung auf Jesus für die Gemeinde *grundlegend* ist, genügt die bloße Kennzeichnung der vormarkinischen Christologie als ϑεῖος-ἀνήρ-Christologie nicht.

3. Dieser für den Glauben konstitutiven Berufung der Gemeinde auf den irdischen Jesus entsprechen in hervorragender Weise die Gattungen der Wundergeschichte und des Apophthegma. Die Bevorzugung dieser Gattungen hat theologische Bedeutung: Da in ihnen der grundlegende

---

[71] Vgl. ähnlich *S. Schulz*, Die Stunde der Botschaft. Einführung in die Theologie der Evangelisten, 1967, 23: „Der irdische Nazarener, Menschensohn und Gottessohn, steht im Zentrum, und sein Wort und sein Wirken in der Vergangenheit haben entscheidende Bedeutung für die Gemeinde in der Gegenwart."

[72] Es versteht sich von diesem Schluß her, daß ich in der Rückwendung zur Vergangenheit, also im Erzählen der Erinnerungen an Jesus, nicht das für die vormarkinische Gemeinde entscheidende Moment sehen kann. Eine eingehendere Auseinandersetzung mit den anderslautenden Thesen von *Roloff*, Kerygma (o. Anm. 17) ist hier nicht möglich.

Bezug des Glaubens auf den irdischen Jesus in formal ähnlicher Weise ausgedrückt ist wie später im Markusevangelium, dürfen sie im weitesten Sinn als Analogon des späteren Evangeliums verstanden werden.

4. Noch offen ist eine historische Frage: Es ist nun präziser — entsprechend der ursprünglichen Intention der form- und traditionsgeschichtlichen Methode — die soziologische Frage nach Gestalt und Wirklichkeit der vormarkinischen Gemeinde zu stellen. Diese Aufgabe, deren sich zuletzt in eindrücklicher Weise G. Theissen für den Bereich von Q angenommen hat[73], stellt sich dann, wenn die hier geäußerte These von einem eigenständigen theologischen Profil der vormarkinischen Gemeinden gehalten und vertieft werden kann.

5. Theologisch stellt sich dringlich die Frage nach der Bedeutung des Auferstehungskerygmas im Bereich der vormarkinischen Gemeinden. Unsere Skizze ist davon ausgegangen, daß sich die Gemeinde am irdischen Jesus orientiert hat und von ihm her bestimmt ist. Um dieses Bestimmtsein zu begründen, erweist sich der explizite Verweis auf die Auferstehung Jesu in der Regel als nicht nötig. Dem entspricht, daß das Auferstehungskerygma in dem uns erhaltenen Markusevangelium durch die Geschichte vom leeren Grab in verhältnismäßig peripherer Weise vertreten ist. Gewichtiger ist es in den Leidensankündigungen, aber auch dort nicht auf seine eschatologische Bedeutung hin entfaltet. Es liegt aber nicht in der Absicht dieses Aufsatzes, aus der hier formulierten Frage schon eine These zu machen[74].

6. Erneut muß dann schließlich die Frage nach dem Verhältnis des Markus zu seinen Gemeinden und damit nach der Intention des Markusevangeliums gestellt werden. Auch wenn die Untersuchung des Kerygmas der vormarkinischen Gemeinden in sich von theologischer Bedeutung ist und ihre Rechtfertigung keineswegs erst in der dadurch vielleicht möglichen präziseren Bestimmung von Intention und Situation des kanonischen Markusevangeliums sich erschöpft, so soll nicht geleugnet wer-

---

[73] Vgl. o. Anm. 6.

[74] Die These von einem hinter den markinischen Wundergeschichten stehenden nicht im Auferstehungsglauben zentrierten Kerygma wird in vorsichtiger Weise vertreten von *H. Köster*, Grundtypen und Kriterien frühchristlicher Glaubensbekenntnisse, in: Köster-Robinson aaO. (o. Anm. 10) 195, sehr konstruktiv von *G. Schille*, Wundertradition (o. Anm. 29) 42 ff; *ders.*, Osterglaube, Arb. z. Theol. 51, 1973, 31 ff (mit Spezialthesen über das Verhältnis des Petrus zur galiläischen Theologie des Wunders). Zu Schille: „Die gesamte moderne neutestamentliche Forschung krankt m. E. aber vor allem daran, daß sie auf Hypothesen mehr als auf Texte baut" (Schille, Osterglauben 33 Anm. 125).

den, daß solche Untersuchungen vorredaktioneller Traditionsschichten auch für die Untersuchungen der Evangelienredaktion von Bedeutung sind. Doch mit dieser Frage überschreitet diese Untersuchung ihren Untersuchungsgegenstand[75].

---

[75] Dringlich ist vor allem die Untersuchung der vormarkinischen Passionstheologie, von der aus eine genauere Präzisierung der markinischen *theologia crucis* möglich wäre. Die in diesem Aufsatz vorgetragenen Beobachtungen lassen meine an früherer Stelle geäußerte These (Das Geheimnismotiv und die markinische Christologie, ZNW 56, 1965, 30), wonach das Verhältnis des Markus zu seinen Gemeinden zugleich als positive Anknüpfung und kritische Weiterführung zu bestimmen sei, nach wie vor als denkbare Hypothese bestehen.

STREITGESPRÄCH UND PARABEL ALS FORMEN MARKINISCHER CHRISTOLOGIE

PETER VON DER OSTEN-SACKEN

I.

An verschiedenen Stellen seines Evangeliums bringt Markus Sammlungen von Streit- und Schulgesprächen (2,1—3,6; 10,2—31; 11,27 bis 12,44). Sie haben immer wieder die Frage veranlaßt, ob der Evangelist sie bereits in dieser Zusammenstellung vorgefunden hat oder ob die Gruppierung dieser der Form nach verwandten Einheiten auf ihn selbst zurückgeht[1]. Wir lassen dies literarkritische Problem hier auf sich beruhen und richten das Augenmerk statt dessen auf den literarischen Ort dieser Stücke im Markusevangelium, um über diesen Ort ihre theologische Funktion zu erfassen. Denn zwei dieser Zusammenhänge stehen bei Markus an so exponierter Stelle, daß das Interesse, das der Evangelist an ihnen hat und mit ihnen verfolgt, auch jenseits der Frage nach ihrer literarischen Herkunft aufspürbar zu sein scheint. 2,1—3,6 zeigen Jesus gleich nach Beginn seines Auftretens in einer Reihe von Auseinandersetzungen mit Vertretern des Judentums, 11,27—12,44 lassen sein öffentliches Wirken mit einer ebensolchen Kette von Begegnungen schließen, bevor in Kap. 13 die apokalyptische Belehrung der Jünger, in Kap. 14 bis 16 die Passions- und Ostergeschichte folgt. Die Streitgespräche in 2,1—3,6 und in 11,27—12,44 legen sich damit — sehen wir zunächst von Kap. 1 und von dem bereits gestreiften Kap. 13 ab — wie eine große

---

[1] Vgl. *M. Albertz*, Die synoptischen Streitgespräche. Ein Beitrag zur Formgeschichte des Urchristentums, 1921 und zuletzt *H.-W. Kuhn*, Ältere Sammlungen im Markusevangelium, 1971. Der dritte Komplex umfaßt der Gattung nach strenggenommen nur 11,27—33; 12,12—37. Aufgrund der sachlichen Zusammengehörigkeit mit dem Kontext bei Markus (s. unten, Abschnitte Nr. 3.4) werden 12,1—12 und 12,38—44 jedoch von vornherein in den Zusammenhang einbezogen.

Klammer um den Teil des Evangeliums, den M. Kähler[2] die „ausführliche Einleitung" der Passionsgeschichten genannt hat.

Diese Position, aber auch das Fehlen von Schulgesprächen, unterscheidet beide Passagen von dem genannten dritten Zusammenhang10,2—31, in welchem nur der erste Disput ein Streitgespräch ist. Nicht zuletzt stimmen 2,1—3,6 und 11,27—12,44 darin überein, daß beide Abschnitte mit einem Gespräch beginnen, in dem die Frage nach der ἐξουσία Jesu im Mittelpunkt steht (2,1—12; 11,27—33). Spätestens diese Beobachtung dürfte das Recht erweisen, 2,1—3,6 und 11,27—12,44 unter Zurückstellung von 10,2—31 zu thematisieren und auf ihre Funktion im Markusevangelium hin zu befragen. Der beobachtete Beginn beider Zusammenhänge mit einem Streit um die Vollmachtsfrage gibt zugleich Gelegenheit, das bisher ausgeklammerte erste Kapitel einzubeziehen.

II.

„Der erste Tag von Kapernaum . . . hat paradigmatische Bedeutung." Nach J. Wellhausen[3], auf den diese Einsicht zurückgeht, reicht dieser erste Tag literarisch von 1,16 bis 1,39; aber auch 1,40—45 gehören seiner Auffassung gemäß noch „als Beispiel zu 1,39" mit 1,16—39 zusammen[4]. Diese Ablösung von Kap. 1 als paradigmatischem Zusammenhang bestärkt einerseits in der Einschätzung von 2,1—3,6 als einer der beiden Klammern um den in 2,1—12,44 vorliegenden Teil des Evangeliums; die Abtrennung des ersten Kapitels ermöglicht es andererseits, gerade weil der Abschnitt 1,16—45 von paradigmatischer Bedeutung ist, die vermutete herausgehobene Stellung von 2,1—3,6 und 11,27—12,44 zu prüfen.

In diesem Zusammenhang verdient die markanteste Einheit innerhalb von 1,16—45 Beachtung, die Heilung des Besessenen in der Synagoge von Kapernaum (1,21—28). Von diesem Titel werden strenggenommen nur 1,23—28 erfaßt. Die Erkenntnis, daß in den einleitenden Sätzen V. 21 f markinische Redaktion vorliegt, und die Beobachtung, daß die mit V. 21 f harmonierende Aussage „eine neue Lehre mit Vollmacht"

---

[2] Der sogenannte historische Jesus und der geschichtliche biblische Christus, 2. Aufl. 1956, 59 A. 1: „Etwas herausfordernd könnte man sie (sc. die neutestamentlichen Schriften = Evangelien) Passionsgeschichten mit ausführlicher Einleitung nennen."

[3] Das Evangelium Marci, 2. Aufl. 1909, 12. Vgl. auch *Kuhn*, Sammlungen 17.

[4] AaO. 13.

(V. 27b) nicht zur Heilungsgeschichte paßt, erfordern den Rückschluß, daß Markus in die überlieferte Erzählung selbst an eben dieser Stelle (V. 27) eingegriffen hat[5]. Der Evangelist will also in diesem paradigmatischen Stück betonen, daß Jesu Tätigkeit im wesentlichen Lehre ist, daß er sich durch diese seine Lehre von den Schriftgelehrten unterscheidet, und zwar deshalb, weil sie machtvolle, mehr noch vollmächtige Lehre ist; aufgrund dieses mittels des Begriffes ἐξουσία markierten Unterschieds kann diese Lehre dann auch als „neu" bezeichnet werden. Auffällig ist an diesen Sätzen, daß Jesu Tätigkeit nicht isoliert charakterisiert wird, sondern im Verhältnis zu den Schriftlehrern; denn die Erzählung 1,23 bis 28 selbst gibt dazu nicht den geringsten Anlaß. Wenn deshalb in Aufnahme der Wellhausenschen Erkenntnis des paradigmatischen Charakters von 1,16—45 und in Auswertung der in 1,21—28 klar erkennbaren markinischen Redaktion in der Verbindung von διδαχή/διδάσκειν und ἐξουσία ein Leitmotiv des Evangeliums erkannt wird, so ist als festes Element dieses Motivs das antithetische Verhältnis zu den Schriftgelehrten von vornherein einzubeziehen. Die (paradigmatische) Charakteristik des Handelns Jesu ist Markus anscheinend nur möglich im Verhältnis zur Gruppe der Lehrer Israels. Als Zentrum der Differenz zwischen dem Lehrer Jesus und den Schriftgelehrten bestimmt der Evangelist die sich exorzistisch erweisende Vollmacht Jesu, die seiner Lehre das Prädikat „neu" einträgt und damit gleich zu Beginn die Geschiedenheit des „neuen" Lehrers von den „alten" Schriftgelehrten anzeigt[6].

---

[5] Vgl. zur Scheidung von Tradition und Redaktion die treffenden Hinweise von *F. Hahn*, Christologische Hoheitstitel. Ihre Geschichte im frühen Christentum, 2. Aufl. 1964, 295 A. 4 und *E. Schweizer*, Das Evangelium des Markus, 1967, 26 f. Beide rechnen außerdem V. 28 zur Redaktion. Vgl. ferner *T. A. Burkill*, Mysterious Revelation. An Examination of the Philosophy of St. Mark's Gospel, 1963, 33 f und *H.-D. Knigge*, The Meaning of Mark. The Exegesis of the Second Gospel, Interpretation 22 (1968), 53—70, hier 54 f.

[6] *E. Schweizer* kommt das Verdienst zu, verschiedentlich auf die Bedeutung des Lehrens Jesu im Markusevangelium hingewiesen zu haben (Anmerkungen zur Theologie des Markus, in: Neotestamentica, 1963, 93—104; Die theologische Leistung des Markus, in: Beiträge zur Theologie des Neuen Testaments, 1970, 21—42). Bei *Schweizer* kommen jedoch der konstitutive Kontrast zu den Schriftgelehrten, der ebenso feste Zusammenhang mit dem Begriff der Vollmacht, die Relevanz der Streitgespräche in diesem Zusammenhang und die Zuordnung von Lehre und Kreuz nicht oder zu wenig zur Geltung. Insbesondere scheint mir — gerade angesichts der im folgenden erörterten Streitgespräche — das Urteil *Schweizers* revisionsbedürftig (Anmerkungen 95.103; Leistung 25.34 f), daß es Markus vor allem auf das „Daß" des Lehrens Jesu, weniger auf das „Was" ankomme, das „meist gar nicht angegeben" sei (Leistung 25). Wenn er meint, der Lehre komme nur als Leidensankündigung (8,31) „letztes Gewicht" zu (aaO. 35),

III.

Diese Analyse wird umgehend durch die erste Perikope des Streitgesprächszyklus bestätigt, den Markus auf die paradigmatische Darlegung
in 1,16—45 folgen läßt, die sog. „Heilung des Gichtbrüchigen" (2,1 bis
12). Auf ihre Orientierung an der Frage nach der Vollmacht Jesu wurde
bereits hingewiesen, die damit gegebene Verbindung zu 1,21—28 liegt
auf der Hand[7]. Die ausdrückliche Betonung, daß Jesus mit seinem Wort
an den Kranken und dem anschließenden Disput *lehrte,* ist deshalb ent-
behrlich, weil die Heiltätigkeit in 1,21—28 bereits grundsätzlich als Element der Lehre herausgestellt ist und der vom Streitgespräch V. 6—10
beherrschte Text Jesus durch diese Form deutlich als Lehrenden zeigt[8].
Unentbehrlich sind dem Evangelisten jedoch anscheinend die Schriftgelehrten. Einige von ihnen sind es, die nun komplementär zu 1,21 f das,
was dort (und gleich wieder in 2,10) als handelndes Lehren κατ᾽ ἐξουσίαν
vorgestellt war, bei sich mit dem ihrem Gottesverständnis nach einzig
möglichen Begriff belegen: βλασφημεῖ (2,7). Krasser kann die Differenz
zwischen Jesus bzw. der an ihn glaubenden christlichen Gemeinde und
den Schriftgelehrten kaum bezeichnet werden: Hier die Anklage der
Gotteslästerung — dort das Bekenntnis seiner Vollmacht im Gegensatz
zu denen, die ihn der Lästerung bezichtigen. Für den Evangelisten ist
die anschließend berichtete Heilung, welche die Schriftgelehrten der
Haltlosigkeit ihrer Anschuldigung überführt, indem sie die Vollmacht
des Menschensohnes demonstriert (2,10), wie bereits der in 1,21—28 er-
zählte Exorzismus Beleg für die Unvergleichlichkeit des Handelns Jesu:
Der Chorschluß „solches haben wir noch nie gesehen", in dem die pleo-
nastische „Wirkung auf die Zuschauer" gipfelt (2,12), bringt gezielt die
1,27 grundsätzlich festgestellte Neuheit der Lehre Jesu (angesichts seiner
Vollmacht) in Erinnerung.

Verdichtet sich damit der Eindruck, daß Markus in 2,1—12 beginnt,
die generelle Charakteristik der Tätigkeit Jesu von 1,16—45, insbesondere von 1,21—28, im einzelnen auszuführen, so gibt dies erste Streitgespräch Gelegenheit, den (über den Zusammenhang mit 1,21—28 ohnehin gegebenen) ihrerseits grundsätzlichen Charakter der Einheit 2,1—12

---

so ist hier der Zusammenhang zwischen Lehre und Kreuz zwar grundsätzlich, aber
angesichts der vorgenommenen Einschränkung nicht in seiner das ganze Evangelium bestimmenden Bedeutung zum Ausdruck gebracht.

[7] Vgl. hierzu *Knigge,* Meaning 55 f.

[8] Vgl. außerdem die Bezeichnung der Tätigkeit Jesu als λαλεῖν αὐτοῖς τὸν λόγον
in 2,2 und deren Parallelität mit διδάσκειν in 4,2—33; 8,31 f.

näher ins Auge zu fassen. Die Erwähnung der Schriftgelehrten in 1,21 bis 28 und ihr Auftreten in 2,1—12 zeigen, daß Markus sie von Anfang an dabei haben will. Dieser Stellung entspricht es, daß sie im gesamten Evangelium die Gruppe bilden, die am kontinuierlichsten in Erscheinung tritt. Schriftgelehrte Glieder der Gemeinschaft der Pharisäer werfen Jesus die Mahlgemeinschaft mit Sündern und Zöllnern vor (2,16), aus Jerusalem angereiste Schriftgelehrte erklären Jesus für besessen (3,22) und nehmen an der Reinheitspraxis der Jünger Anstoß (7,1.5 f). Vor allem aber werden sie bei Markus immer wieder als Glieder des Gremiums vorgestellt, das den Todesbeschluß über Jesus herbeiführt (8,31; 10,33; 11, 18; 14,1.43.53; 15,1.31). In der Umschreibung des Synhedriums durch die Aufzählung „Hohepriester, Älteste, Schriftgelehrte" fehlt verschiedentlich die Gruppe der Ältesten, nie jedoch die der Schriftgelehrten (10,53; 11,18; 14,1; 15,31)[9].

Angesichts dieser kontinuierlichen Konfrontation Jesu mit den Schriftgelehrten im zweiten Evangelium bis hin zur Passion scheint es kein Zufall zu sein, daß Vertreter dieser Gruppe der späteren Richter in 2,7 im stillen den Vorwurf der Gotteslästerung erheben. Denn diese Anklage begegnet im ganzen Evangelium nur noch ein einziges Mal, in eben jener Sitzung des Synhedriums, in der man Jesus aufgrund der Gotteslästerung, deren er bezichtigt wird, zum Tode verurteilt (14,64). Markus stellt damit das Auftreten Jesu unmittelbar nach Abschluß des paradigmatischen Tages in Kapernaum unter das Vorzeichen der Anklage, die ihn später ans Kreuz führt[10]. Insofern der in 2,1 beginnende Zusammenhang seinerseits Ausführung dessen ist, was der Evangelist thematisch in 1,21—28 herausgestellt hat, ist implizit bereits in dieser Einheit ein Bezug auf das Kreuz enthalten[11]. Indem Markus Jesus als Lehrer

---

[9] Das kontinuierliche Auftreten dieser Gruppe zeigt zugleich die Kontinuität des Streites zwischen Jesus und den Schriftgelehrten an. Von hier aus ordnet sich ein Streitgesprächszusammenhang wie 7,1—23 von selbst ein. Deshalb genügt es, auf diesen Text hin und wieder zu verweisen, ohne ihn ausführlicher zu erörtern.

[10] In diesem Sinne ist *Knigges* Urteil (Meaning 56) zu korrigieren: „What informs the simple ‚and not as the scribes' in 1:22 is made celar only in 3:6." Seine Ausführungen sind insofern für diese Korrektur offen, als er selbst richtig erkannt hat, daß nach Markus „authority and crucifixion of Jesus belong together" (aaO.) und daß „not as the scribes" „is the theme, which the series of controversy stories (sc. 2:1 ff) develops" (aaO. 55). Das Thema reicht freilich, wie aufgezeigt, über diesen Zyklus hinaus. *Kuhn* (Sammlungen 21) hebt mit Recht hervor, daß der Vorwurf der Gotteslästerung (2,7) der schwerste in 2,1—3,6 ist.

[11] Zur bereits zuvor erfolgten Zuordnung des in 1,2—8 vorgestellten Johannes des

κατ' ἐξουσίαν von den Schriftgelehrten unterscheidet und eben diese Vollmacht Jesu als Grund jener Anklage fixiert, will er zeigen, daß die vollmächtige Lehre Jesu den Konflikt bedingt, der mit seinem Tod am Kreuz endet. Die neue Lehre führt in den Tod, und zwar durch die, von deren Lehre sie sich als neue abhebt und die als neue Lehre die alte in Frage stellt.

Der Konflikt zwischen Jesus und den Schriftgelehrten ist somit bei Markus von Anfang an in voller Schärfe gegeben[12]. Weil es für ihn ein Konflikt der Lehren bzw. der Lehrer ist, darum eröffnet Markus die Darstellung des Konflikts mit einer Sammlung von Streitgesprächen, in denen er die Differenz zwischen der καινὴ διδαχὴ κατ' ἐξουσίαν und dem, was er in 7,7 mit Jes 29,13 διδασκαλίαι ἐντάλματα ἀνθρώπων nennt, feststellt: Die Tischgemeinschaft mit Sündern und Zöllnern negiert die Exklusivität der Gemeinschaft der Pharisäer, deren Schriftgelehrte eben darum an der vollmächtigen Hinwendung Jesu zu den Ausgestoßenen Anstoß nehmen (2,13—17); die Freiheit vom Fasten in der Gegenwart Jesu, christliche Gemeinde einerseits und Johannesjünger und Pharisäer andererseits unterscheidend, markiert christologisch die Wende von der Trauer zur Freude, vom Alten zum Neuen (2,18—22); die Macht über den Sabbat gibt der Freiheit zum Wohl des Menschen den Vorzug vor der Beobachtung des Feiertags, wie sie die Pharisäer üben (2,23—28; 3,1—6)[13].

Täufers zur Passion Jesu vgl. *W. Marxsen*, Der Evangelist Markus. Studien zur Redaktionsgeschichte des Evangeliums, 2. Aufl. 1959, 23 f und *Knigge*, Meaning 68.

[12] Das entsprechende Urteil von *F. Overbeck* über das vierte Evangelium (Das Johannesevangelium. Studien zur Kritik seiner Erforschung, 1911, 340.346) gilt also grundsätzlich auch im Hinblick auf Markus. Bei Johannes kommt der Sachverhalt in der Stellung der Perikope von der Tempelreinigung (2,13—22) zum Ausdruck; zu deren Bedeutung als Ausgangspunkt des zweiten Streitgesprächszyklus bei Markus und zu ihrer über 11,18 gegebenen Verbindung mit 3,6 (2,1—3,6) und 1,21—28 s. unten, Abschnitt Nr. 4. Also treten auch in der Wahl des Materials, das in herausragender Weise zur Darstellung des Konflikts verwendet wird, auffällige sachliche Übereinstimmungen zwischen Markus und Johannes zutage.

[13] Zur Auslegung der Perikopen vgl. die gründliche Diskussion bei *Kuhn*, Sammlungen 52 ff. Zu den „Streit-, Schul- und Lehrgesprächen" der „schroff antipharisäischen Polemik" des Evangelisten s. auch *S. Schulz*, Markus und das Alte Testament, ZThK 58 (1961), 184—197, hier 190. Daß diese Polemik „natürlich zugleich judenchristlich" sei, ist freilich zumindest fraglich. Seine These, die genannten Gespräche seien „durch die Anordnung im Evangelium und vor allem durch kritische und weiterführende Interpretation" zum Instrument der Polemik geworden, führt *Schulz* nur im Hinblick auf die Interpretation aus. Der sachliche Zusammenhang zwischen 2,1—3,6 und 1,21—28 kommt, was die Sabbatperikopen betrifft, indirekt in den Blick, wenn

Wie das erste Beispiel für die Vollmacht Jesu in 2,1—3,6, die Sündenvergebung, die Anklage bedingte, die später den Grund des Todesurteils bildet (2,7; 14,64), so beschließt Markus in 3,6 die Reihe der die „neue Lehre in Vollmacht" illustrierenden Beispiele konsequent mit einer Notiz über die Planung eines tödlichen Anschlags gegen Jesus[14]. Wenn er als beratende Gruppen „die Pharisäer mit den Herodianern" nennt, nicht aber die Schriftgelehrten, so möglicherweise deshalb, um nach der Reaktion der Schriftgelehrten (2,1—12) die Gegnerschaft Jesu als möglichst umfassend darzustellen; möglicherweise sind die Schriftgelehrten gemäß 2,16 („die Schriftgelehrten der Pharisäer") aber auch hier als Teilnehmer an der Beratung vorausgesetzt. In jedem Fall bestätigt der Hinweis in 3,6 die anhand von 2,1—12 vorgetragenen Überlegungen zum Zusammenhang zwischen der neuen Lehre Jesu in Vollmacht und seinem Kreuzestod. Weil es ihm auf diesen Zusammenhang entscheidend ankommt, darum stellt Markus Jesus in dem einleitenden Teil 2,1—3,6 in Gestalt einer Sammlung von Streitgesprächen vor[15].

IV.

Nach 3,6 ist zum erstenmal wieder in 11,18 von einem auf die Tötung Jesu zielenden Beschluß die Rede. Der Kontext führt dicht an den zweiten zu erörternden Zyklus von Streitgesprächen heran. Die Einbeziehung des Kontextes ist für das Verständnis dieses Zyklus unerläßlich, da Markus das erste Streitgespräch gezielt mit den vorangehenden Einheiten verbunden hat: Auf einen orientierenden Besuch Jesu im Tempel (11,11)

E. Lohse (Jesu Worte über den Sabbat, in: Die Einheit des Neuen Testaments, 1973, 62—72, hier 72) vom historischen Jesus sagt: Seine „Worte über den Sabbat sind ... Ausdruck seiner ἐξουσία, in der er verkündete. Er lehrte nicht wie die Schriftgelehrten, sondern in Vollmacht."

[14] Mit Blick auf 3,6 notiert *Kuhn*, Sammlungen 223: „Mk stellt die Streitgespräche in einen Zusammenhang mit der Tötung Jesu." Freilich ist dieser Zusammenhang bereits in 2,1 ff intendiert.

[15] Die vorgetragenen Überlegungen dürften damit die Auffassung *R. Bultmanns* widerlegen (Die Geschichte der synoptischen Tradition, 6. Aufl. 1958, 375), der Bericht von Konflikten Jesu mit den Führern des Volkes in 2,1—3,6 sei „rein zufällig", beruhe „nicht auf irgendwelchem Pragmatismus des Mk" und sei deshalb auch nicht dazu brauchbar, „leitende Gedanken des Mk selbst ... aufzuzeigen". Im Unterschied dazu sieht *Bultmann* die Abfolge der Konflikte in Kap. 11 f als Werk „historisierender Reflexion; sie schienen als Vorbereitung der Katastrophe angemessen". Zum Zusammenhang der beiden Zyklen s. den folgenden Abschnitt.

nach seinem Einzug in Jerusalem (11,1—10) folgt am nächsten Tag die
Verfluchung des fruchtlosen Feigenbaums (11,12—14), die Reinigung des
Tempels (11,15—19), dann am folgenden Tag die Feststellung der Verwirklichung des Fluchs (11,20 mit anschließenden Ermahnungen 11,21
bis 25) und jenes erste Streitgespräch im gereinigten Tempel (11,27—33),
das sich über 11,20—25 hinweg auf die Tempelreinigung zurückbezieht.

Diese selbst hat Markus durch die Rahmung in 11,12—14 und 11,20
als Gerichtsakt über die führenden Gruppen Israels ausgelegt[16]. Dessen
Dimension wird durch das erweiterte Schriftwort angezeigt, mit dem
Jesus — nach Markus lehrend (ἐδίδασκεν)! — die Reinigung kommen-
tiert: „Mein Haus soll ein Bethaus heißen für alle Völker. Ihr aber habt
es zur Räuberhöhle gemacht" (11,17). Die Aufhebung dieses Zustands
bedeutet als Gericht an den verantwortlichen Gruppen zugleich die Öff-
nung des Heils für alle Völker[17]. Rief bereits die „neue Lehre", wie sie
2,1—3,6 präsentiert ist, die Tötungsabsicht hervor (συμβούλιον ... ὅπως
αὐτὸν ἀπολέσωσιν 3,6), so ist die Reaktion von Hohenpriestern und
Schriftgelehrten (ἐζήτουν πῶς αὐτὸν ἀπολέσωσιν 11,18) angesichts dieser
Steigerung um so verständlicher. Markus läßt es sich nicht nehmen, im
Anschluß an diesen Hinweis das Erstaunen des ganzen Volkes über die
Lehre Jesu zu vermerken (ἐξεπλήσσετο ἐπὶ τῇ διδαχῇ αὐτοῦ 11,18). Der
fast wörtliche Anklang an die programmatischen Sätze 1,21 f (ἐξεπλήσ-
σοντο ἐπὶ τῇ διδαχῇ αὐτοῦ 1,22) gibt wie die Beratung von Hohenpriestern und Schriftgelehrten über die Möglichkeit, Jesus zu töten, dessen
Lehre anläßlich der Tempelreinigung als Teil jener „neuen Lehre in Vollmacht" zu erkennen, die Jesus nach Markus von den Schriftgelehrten
scheidet und ihre Gegnerschaft bedingt.

Das Gerichtshandeln Jesu zu Beginn seines Auftretens in Jerusalem
bildet nach Inhalt (Eintreten für die Völker) und Wirkung (Auslösung
der Tötungsabsicht in Jerusalem) das Vorzeichen, unter dem der letzte
Teil des Evangeliums, vor allem aber die anschließenden Disputationen
in 11,27—12,44 stehen. Die Frage von Hohenpriestern, Schriftgelehrten
und Ältesten nach der Vollmacht, in der Jesus „dies" tue (11,28), kann
sich nur auf die Tempelreinigung beziehen. In einem geschickt konzipierten Streitgespräch verweigert Jesus die Antwort (11,27—33), um anschließend in der Parabelrede von den Winzern den Ort derer zu bestimmen, die ihn fragen[18]. Sie haben mit der Tötung des geliebten Soh-

---

[16] Vgl. *Schweizer*, Markus 131.

[17] Vgl. hierzu *Schweizer*, aaO. 133; Leistung, 38 f.

[18] Gegen W. G. *Kümmels* Verständnis (Das Gleichnis von den bösen Weingärtnern

nes den Weinberg verwirkt, der deshalb anderen gegeben werden wird[19].
Die Rede mündet damit in die Lehre ein, die bereits in 11,18 Ausdruck
fand („für alle Völker"), und folglich ist auch die Reaktion der Angesprochenen gleich (12,12; vgl. 11,18)[20]. Die Parabel fällt zwar formgeschichtlich aus dem Streitgesprächszyklus 11,12—12,44 heraus. An ihrem jetzigen Platz im Markusevangelium ist sie jedoch Teil des von 11,
27—12,12 reichenden Zusammenhangs (vgl. 11,27; 12,12). Sie partizi-
piert deshalb, unterstützt durch ihren eigenen polemischen Ton, einerseits
an der Streitgesprächsstruktur des Kontextes; andererseits bringt die ab-
weichende Form von 12,1—12 als Gerichtsparabel[21] die besondere Art
des vorangehenden wie der folgenden Streitgespräche zum Ausdruck. Es
handelt sich um Gespräche, die den Abschluß, nicht aber den Beginn einer
Auseinandersetzung kennzeichnen. Mit den Hohenpriestern, Schriftgelehrten und Ältesten (11,27—33), den Pharisäern und Herodianern
(12,13—17) und den Sadduzäern (12,18—27) treten noch einmal die
verschiedenen jüdischen Gruppen ins Blickfeld, denen gegenüber sich Jesus wiederum lehrend durchsetzt. Der Ausnahme des einen Schriftgelehrten, dem Jesus die Nähe des Reiches Gottes zusagt (12,28—34), werden

---

[Mk 12,1—9], in: Heilsgeschehen und Geschichte, 1965, 207—217, hier 214) darf also
sehr wohl ein „Gegensatz zwischen Volk und Führern … in das Gleichnis … hinein-
gelesen werden"; jedenfalls hat Markus es getan, wenn er 12,1—9 gegen die 11,27 genannten Gruppen gesprochen sein läßt (vgl. außerdem 6,34 und dazu unten, Abschnitt Nr. 6). Zur Deutung auf die Führer vgl. ferner *E. Klostermann*, Das Markusevangelium, 5. Aufl. 1971, 122; *M. Hengel*, Das Gleichnis von den Weingärtnern Mc
12,1—12 im Lichte der Zenonpapyri und der rabbinischen Gleichnisse, ZNW 59 (1968),
1—39, hier 34 f.37 f.
[19] Zur Deutung des Textes s. zuletzt *J. Blank*, Die Sendung des Sohnes. Zur christologischen Bedeutung des Gleichnisses von den bösen Winzern Mk 12,1—12, in: Neues
Testament und Kirche. Festschrift für R. Schnackenburg, 1974, 11—41; ferner *Kümmel*,
aaO. und *Hengel*, aaO.
[20] Zum Bezug von 12,9 auf die Heidenmission vgl. *Schweizer*, Leistung 39; Markus
136. *Blanks* Einwand (aaO. 19), die Gemeinde könnte auch einfach an sich selber denken, scheint dann keine Alternative zu sein, wenn man wie er selbst eine Situation vorausgesetzt sieht, „in der die Differenz zwischen dem Judentum und der Messias-Jesus-
Gemeinde bewußt geworden ist"; denn dieser Prozeß der Unterscheidung von Judentum (!) und Gemeinde dürfte sich wohl doch erst im Horizont der Völkermission vollzogen haben.
[21] Vgl. *Blank*, aaO. 18: „prophetische Gerichtsrede" bzw. „Gerichtsgleichnis". Freilich ist dabei für Markus ein Gleichnis stets eine potentielle Allegorie. Wie dies in
12,1—12 aus den allegorischen Zügen hervorgeht (Weinberg, Knechte, geliebter Sohn),
so in 4,1—20 aus der dort herausgestellten Notwendigkeit der (allegorischen) Parabel-
deutung. Vgl. unten, Abschnitt Nr. 5.

sogleich die anderen zur Seite gestellt, die das falsche Messiasverständnis vertreten (12,35—37), vor deren Eitelkeit und Gewinnsucht Jesus lehrend warnt (12,38—40) und deren Ausbeutung der Witwen Markus die arme Witwe gegenüberstellt, deren zwei Lepta Kollekte nach Jesus mehr sind als die größeren Gaben der Reichen (12,41—44).

Damit schließt sich der Ring[22]. In seiner Lehre hat Markus Jesus in dem paradigmatischen Zusammenhang 1,16—45 von den Schriftgelehrten unterschieden, als Lehrenden hat er ihn im ersten zusammenhängenden Teil der folgenden Entfaltung seiner Tätigkeit dargestellt (2,1—3,6), als Lehrenden ihn in Jerusalem vor seiner Passion öffentlich wirken lassen (11,27—12,44). Diese Lehre Jesu stellt sich in der Form des Streitgesprächs dar, und sofern sie vom Unterricht der Schriftgelehrten unterschiedene Lehre ist (οὐχ ὡς οἱ γραμματεῖς), die nur in der Auseinandersetzung mit dieser Gruppe als neue Lehre erwiesen werden kann, sind die Streitgespräche die angemessene Form für den mit ihnen explizierten Inhalt, d. h. für die Darstellung Jesu als des Lehrers κατ' ἐξουσίαν, den eben diese so charakterisierte Lehre ans Kreuz bringt. Indem Markus nahezu das gesamte Evangelium vor Beginn der Passionsgeschichte literarisch durch die beiden Streitgesprächszusammenhänge 2,1—3,6 und 11, 27—12,44 einklammert, die Lehre Jesu damit als Rahmen um diesen Teil legt und diesen Rahmen zuvor in dem paradigmatischen Kap. 1 verankert, bringt er die durch seine Lehre gekennzeichnete Tätigkeit Jesu im ganzen so mit der Passion in Verbindung, wie er es im einzelnen im Rahmen der Streitgespräche getan hat, indem er die neue Lehre als Grund für den Tod am Kreuz expliziert hat. Was die kompositionelle Gestaltung des Motivs der καινὴ διδαχὴ κατ' ἐξουσίαν durch die erörterten Streitgesprächszyklen betrifft, erweist sich damit Kählers Einschätzung der Evangelien als Passionsgeschichten mit verlängerter Einleitung im Hinblick auf Markus als literarisch und theologisch sachgemäß[23].

---

[22] Vgl. in diesem Sinne die treffende Bemerkung *Schweizers* (Markus 146) zu den an das Streitgespräch anschließenden Warnungen V. 38—40: Sie seien aufgenommen, „um die entscheidende Trennung der Gemeinde Jesu vom Schriftgelehrtentum ans Ende der öffentlichen Wirksamkeit Jesu zu setzen und damit die Zäsur zu markieren". Bezeichnenderweise erfolgt dieser Einschnitt im Anschluß an den Streitgesprächszyklus.

[23] Man wird dabei nicht übersehen dürfen, daß *Kähler* selbst sein Urteil als „etwas herausforderndes" charakterisiert hat. Vgl. im übrigen die Anfragen an Kählers Definition bei G. *Strecker*, Literarkritische Überlegungen zum εὐαγγέλιον-Begriff im Markusevangelium, in: Neues Testament und Geschichte. 70-Festschrift O. Cullmann, 1972, 91 A. 2 und bei den von *Knigge* (Meaning 68 A. 28) zitierten Autoren, außerdem zu den Streitgesprächen noch einmal unten, A. 37.

V.

Hat Markus auch das Auftreten Jesu bewußt durch Sammlungen von Streitgesprächen gerahmt und ihn so als Lehrer im Widerspruch dargestellt, dessen Geschick in seiner von den anderen Gruppen des Judentums, insbesondere den Schriftgelehrten, abweichenden Lehre begründet ist, so zeigte freilich bereits das Beispiel 12,1—12, daß er Jesus als Lehrer nicht nur durch die Form des Streitgesprächs vor Augen zu führen vermag. Ein weiterer zentraler Zusammenhang des Evangeliums, die Parabelrede 4,1—34, ist vom Evangelisten so nachdrücklich als Teil der Lehre Jesu bezeichnet (zweimal διδάσκειν, einmal διδαχή), daß dieser Komplex unter der Frage in die Erörterung einzubeziehen ist, in welchem Verhältnis er zu den bisher besprochenen lehrhaften Partien steht.

Vom Reden Jesu in Parabeln ([ἐν] παραβολαῖς διδάσκειν, λαλεῖν, λέγειν) spricht Markus an drei Stellen seines Evangeliums: Außer in dem zur Debatte stehenden Text (4,2.33) in 12,1 als Einleitung zu dem bereits berührten Gleichnis von den Winzern und in 3,23 im Anschluß an den Vorwurf der aus Jerusalem gekommenen Schriftgelehrten, Jesus treibe im Namen des Teufels Dämonen aus (3,22)[24]. Auch wenn der Begriff ἐξουσία an dieser Stelle nicht fällt, so sucht dieser Vorwurf doch nichts anderes als eben die Macht Jesu zu definieren, die ihn zu seinem exorzistischen Handeln befähigt; Markus selbst läßt diesen Zusammenhang erkennen, wenn er zuvor in 3,15 die Jünger ἐξουσίαν ἐκβάλλειν τὰ δαιμόνια bzw. in 6,7 ἐξουσίαν τῶν πνευμάτων τῶν ἀκαθάρτων empfangen läßt (vgl. ferner 1,21 f.27). Damit aber ergibt sich die auffällige Analogie, daß Markus Jesus sowohl in 3,23 ff als auch in 12,1 ff führenden Vertretern des Judentums (3,22: Schriftgelehrte; 11,27: Hohepriester, Schriftgelehrte, Älteste), die indirekt oder direkt die Frage nach seiner Vollmacht stellen, in Parabeln antworten läßt. Diese Beobachtung rückt nicht nur die Texte 3,20 ff und 11,27 ff in große Nähe zueinander, sondern läßt auch von vornherein vermuten, daß die in 4,1 ff folgende Parabelrede noch auf diesem in 3,20 ff geschilderten Hintergrund zu sehen ist, 3,20 ff und 4,1 ff also im Zusammenhang auszulegen sind.

Sucht der Vorwurf seitens der Schriftgelehrten „er hat den Beezebul" (3,22) den tieferen Grund für die stille Anklage „er lästert Gott" (2,7)

---

[24] Außer in diesen Zusammenhängen begegnet der bloße Begriff παραβολή in 7,17 (auch hier im Rahmen einer Auseinandersetzung mit Schriftgelehrten und Pharisäern und anschließender Jüngerbelehrung) und in 13,28 (im Rahmen der abschließenden Jüngerbelehrung Kap. 13).

ἐξουσία

zu benennen, so wird in der Auswertung der parabolischen Antwort
Jesu 3,23 ff unter dem völlig anderen christlichen Vorzeichen der Beurteilung Jesu ganz entsprechend geantwortet: Die Kraft der ἐξουσία Jesu
ist nicht der Teufel, vielmehr der heilige Geist, von dessen Herabkunft
die Taufgeschichte gleich zu Beginn (1,9—11) erzählt hatte; der Lästerung (!) und ewiger, unvergebbarer Sünde ist damit der schuldig, der
konträr dazu die Vollmacht Jesu auf die Bestimmtheit durch den (einen)
dem heiligen Geist entgegengesetzten unreinen Geist zurückführt (3,28
bis 30). Damit wird folgender Stand der Auseinandersetzung um Jesus
erkennbar: Zur Diskussion steht seine — angesichts seines Erfolgs als
Exorzist auch für die Gegner nicht leugbare — Vollmacht. Sie wird von
Jesus bzw. den Christen und den Schriftgelehrten je theologisch gedeutet, freilich in so unüberbietbarem Gegensatz, daß die eine Gruppe die
andere angesichts ihrer Deutung Jesu der Gotteslästerung bezichtigt und
auf ihre Weise die Konsequenzen zieht. Denn wie Jesus später unter dieser Anklage des Todes schuldig gesprochen wird, so werden diejenigen,
die wie die Schriftgelehrten urteilen, der unvergebbaren und damit in
den Tod führenden Sünde geziehen (3,29). Wie bereits in 2,1—12 ist
hier, noch in den Anfängen des Evangeliums, der christologisch begründete Konflikt zwischen Christen und Juden klar konturiert und die
Scheidewand bezeichnet, die beide voneinander trennt.

Der Disput mit den Schriftgelehrten in 3,22—30 ist von Markus wiederum kunstvoll durch 3,20 f und 3,31—35 gerahmt[25]. Wie der Vorwurf der Schriftgelehrten literarisch eine Wiederaufnahme des bereits
vorher im Kreise Jesu selbst geäußerten Urteils ist (οἱ παρ' αὐτοῦ . . . ἔλε-
γον γὰρ ὅτι ἐξέστη 3,21), so schließt sich in 3,31—35 im Anhalt an 3,22
bis 30 die Definition von wahren und falschen Angehörigen an. Mit dieser Rahmung wird die Thematik von 3,20—35, nämlich die Scheidung,
die Jesus herbeiführt, bis unmittelbar an den Beginn der Parabelrede
herangeführt. *Familia Jesu* sind die, die den Willen Gottes tun, was im
Kontext nur heißen kann: Welche Jesus nicht in den Kategorien der
Schriftgelehrten, sondern als Träger des heiligen Geistes und folglich als
den begreifen, in dem sich der Wille Gottes Ausdruck verschafft.

Die Parabelrede in 3,23 ff zielt darauf ab, den Vorwurf der Besessenheit zu widerlegen und die Normen der Scheidung von Christen und
Juden zu kennzeichnen; die Scheidung selbst wird in 3,31 ff durch die
konkrete Definition Jesu vollzogen. So dürfte sich die sofort anschließende zweite Rede ἐν παραβολαῖς auf denselben Gegenstand beziehen und

---

[25] Vgl. *Schweizer*, Anmerkungen 97 f.

damit der weiteren Begründung der Konstituierung der *familia Jesu* dienen. Ist sodann das Reden ἐν παραβολαῖς in 3,23 ff und in 12,1 ff auf die
Darstellung der christlichen Gemeinde als des Gottesvolkes im Unterschied zur Gemeinde der Schriftgelehrten bezogen, so dürfte dies angesichts des näheren Kontextes auch von 4,1 ff gelten[26]. Diese Annahme
wird durch einen wichtigen traditionsgeschichtlichen Zusammenhang gestützt. G. Haufe[27] hat kürzlich überzeugend gezeigt, daß die Erklärung
Jesu für das Reden in Parabeln in 4,11 f durch Jes 6,9 f mit einem biblischen Text argumentiert, der an zwei weiteren, literarisch voneinander
unabhängigen Stellen des Neuen Testaments dazu verwendet worden ist,
die Ablehnung des Evangeliums durch das ungläubige Israel zu deuten
(Apg 28,26 f; Joh 12,37—41), und daß die Mk 4,11 f aufgenommene
Tradition ursprünglich dieselbe Funktion gehabt hat. Die Frage des Gebrauchs von Jes 6,9 f im Markusevangelium selbst wird von Haufe nur
mehr gestreift, jedoch anscheinend in demselben Sinne entschieden[28]. Es
erscheint in der Tat als höchst unwahrscheinlich, daß ein Text wie Jes
6,9 f, der im Neuen Testament stets in gleicher Deutung verarbeitet worden ist, im Markusevangelium in anderem Sinne geltend gemacht worden
sein sollte. Vielmehr ist auch für Markus das sonst überlieferte als das
nächstliegende Verständnis vorauszusetzen, und die Sachgemäßheit dieser Voraussetzung wird gerade durch den Zusammenhang mit 3,31—35
erhärtet. Die „Parabeltheorie" 4,10—12, von der nach wie vor gesprochen werden kann[29], ist zunächst einmal keine generelle, von den kon-

---

[26] Vgl. die Andeutung des Zusammenhangs durch *Schweizer*, aaO. 98: Was 3,23 ff
zeigt, daß nämlich die παραβολή die Scheidung vollzieht, „wird im Folgenden ... ausgeführt" (4,1 ff).

[27] Erwägungen zum Ursprung der sogenannten Parabeltheorie Markus 4,11—12,
EvTh 32 (1972), 413—421.

[28] Vgl. aaO. 420.

[29] *Haufe* (aaO. 421) folgert aus seinem Ergebnis, daß „der Ursprung des eigenwil-
ligen Logions Mk 4,11 f" in der Geschichte der theologischen Aufarbeitung des Unglaubens Israels liege, daß die Kennzeichnung von 4,11 f „als Parabeltheorie damit für
immer erledigt sein sollte". Kann diesem Urteil auf der Ebene der vormarkinischen
Überlieferung, also streng auf das für sich genommene Logion bezogen, zugestimmt
werden, so doch nicht im Rahmen seiner Aufnahme im Markusevangelium, da es hier
in einem Zusammenhang begegnet, in dem Jesus mit Hilfe des Logions sein Parabelreden deutet.
Um die Bestreitung des Vorhandenseins einer Parabeltheorie in 4,10—12 geht es
ebenfalls *P. Lampe*, Die markinische Deutung des Gleichnisses vom Sämann Markus
4,10—12, ZNW 65 (1974), 140—150. Im Unterschied zu *Haufe* möchte er dabei zugleich die Interpretation des Textes im Sinne des Verstockungsmotivs als irrig erweisen.
Lampes These, der Abschnitt spreche — zur Umkehr mahnend — lediglich vom Inhalt

kreten Verhältnissen abgelöste hermeneutische Reflexion, sondern bezieht sich mit ἐκείνοις τοῖς ἔξω auf den (durch die Schriftgelehrten und die leiblichen Verwandten Jesu dargestellten) Teil des jüdischen Volkes, der nicht im Kreise um Jesus herumsitzt und seine Familie, die *familia dei*, bildet (3,31—35)[30]. Das Verhalten dieser Gruppe, die sehend sieht und doch nicht versteht, indem sie die Vollmacht Jesu wahrnimmt und doch nicht begreift, die also zu dem Urteil „besessen", „Gotteslästerer" gekommen ist, wird theologisch im Sinne der Verstockung durch Gott gedeutet. Das Reden in Parabeln entspricht damit der Einstellung dieser Gruppe zu Jesus[31]. Es behaftet sie bei ihrer Einschätzung Jesu, wie sie in 3,20 ff deutlich geworden ist. Denn indem das Reden in Parabeln verhindert, daß sie umkehren und ihnen vergeben wird (ἀφεθῇ 4,12), trägt es dem Urteil Rechnung, daß die Lästerung gegen den heiligen Geist, als die der Vorwurf der Besessenheit gilt, in Ewigkeit keine Vergebung (ἄφεσις) empfängt (3,29).

Wird über das Stichwort der Vergebung (4,12; 3,29) nochmals deutlich, wie angemessen es ist, 4,1 ff auf dem Hintergrund von 3,20—35 auszulegen, so ist nun zu fragen, was mit dem den Jüngern gegebenen „Geheimnis des Reiches Gottes" gemeint ist. Da dies Geheimnis „denen

---

des Gleichnisses 4,3—8, vermag freilich aufgrund folgender Beobachtungen nicht zu überzeugen: Angesichts der klaren Verwendung von παραβολή (Sgl.) für das Einzelgleichnis als ganzes, von παραβολαί (Pl.) für mehrere solcher Gleichnisse, erscheint die Deutung des Plurals in V. 10 f auf die Einzelzüge („Bildworte") des Einzelgleichnisses als willkürlich (aaO. 148). *Lampe* selbst bewegt sich sodann auf die Formulierung einer Parabeltheorie zu, wenn er mit Blick auf Kap. 4 sagt, Jesus habe „die hoffnungsvolle Erwartung, daß seine Hörer umkehren und Vergebung erlangen; deshalb (!) redet er in Parabeln, nicht um zu verstocken" (aaO. 143). Unter *Lampes* Voraussetzung schließlich, Markus lasse Jesus deshalb zu „denen draußen" in Parabeln reden, weil sie „noch leichter verständlich sind als ein ‚Klartext'" (aaO. 149), wird bereits (wenn denn in 4,10—12 nicht das Reden in Parabeln, sondern 4,3—8 gedeutet werden soll) schwer verständlich, warum Jesus überhaupt noch die vermeintliche Deutung des Gleichnisses 4,3—8 in 4,10—12 anfügt; unbegreiflich wird jedoch von hier, warum dann in 4,13 ff noch eine zweite Deutung des Gleichnisses angeschlossen wird; denn die Feststellung der Übernahme von Tradition durch Markus erklärt das Phänomen noch keineswegs, sondern fordert zur weiteren Auslegung auf.

[30] Zu ἐκεῖνοι οἱ ἔξω als „stereotypem rabbinischem Schulausdruck" für „Heiden oder ungläubige Juden" vgl. *Haufe* (aaO. 416), der seinerseits auf *Billerbeck* II, 7; III, 362 verweist. *Haufe* stellt an dieser Stelle allerdings nicht den Zusammenhang zwischen Kap. 4 und 3,20—35, insbesondere 3,31—35, her. Zu 3,31—35 vgl. *Burkill*, Revelation 127 A. 22: „the true family of the Messiah is represented in the form of a seated audience."

[31] Vgl. *Schweizer*, Leistung 30.

draußen" in Gestalt der Parabeln, hier der Parabel 4,3—8, verschlossen ist, den Jüngern im Unterschied dazu das Gleichnis in 4,14—20 jedoch ausgelegt wird, so ist die Antwort auf die Frage nach dem Mysterium nirgend anders als in dieser Auslegung zu suchen. Der Schlüssel zu deren Verständnis liegt in der Beobachtung, daß Markus Jesus jeden Zug des Gleichnisses 4,3—8 deuten läßt, ausgenommen den wichtigsten. Der Hörer erfährt, was der Sämann sät, wer mit den verschiedenen Bodensorten[32] gemeint ist, er erfährt jedoch nicht, wer der ist, der die Aussaat vollzieht. Der σπείρων τὸν λόγον bleibt Geheimnis. Erst im zusammenfassenden Schluß 4,33 f gibt Markus dem Leser die nötige Hilfe: „Und in vielen solchen Parabeln redete er zu ihnen — τὸν λόγον" (4,33). Der Sämann ist mithin der, der in Kap. 4 in Gestalt von Parabeln das Wort aussät. Indem Jesus in Parabeln redet, vollzieht er das, was er in Kap. 4 selbst als Sinn des Gleichnisses 4,3—8 aufdeckt: Er sät das Wort. Der Sämann wird in 4,14 nicht gedeutet, weil es Jesus selbst ist, dessen Tun hier beschrieben wird. Eben dies, daß er es ist, der das Wort sät, an dessen Aufnahme sich entscheidet, wer wohin gehört, ist das Geheimnis des Reiches Gottes. In dieser unausgesprochenen, aber durch den ganzen Zusammenhang geforderten Deutung des Sämanns auf Jesus selbst entspricht die Parabel in Kap. 4 denen in 3,23 ff und 12,1 ff. Denn in 3,23 ff redet Jesus auf den Vorwurf der Besessenheit hin *über sich* „in Parabeln", und ebenso deutet er in 12,1 ff *sein* Geschick ἐν παραβολαῖς. Der Zusammenhang 4,1 ff unterscheidet sich von den übrigen dadurch, daß Jesus hier in Parabeln über sein Parabelreden selbst redet. Dadurch stellt er den Hörer (4,9) vor die Entscheidung, ob er ihn, den Redenden, den Lehrenden (4,1 f), als Geheimnis des Reiches Gottes anerkennt oder eben hört und doch nicht versteht und so seinen Platz draußen wählt. In Gestalt der Einheit von Form (Parabeln) und Inhalt (Belehrung über das Parabelreden), die gerade dadurch gewahrt wird, daß Jesus den Sämann nicht deutet, läßt Markus Jesus das Geheimnis des Reiches Gottes auch gegenüber den Jüngern wahren[33].

So zeigt Kap. 4, daß den Jüngern das Geheimnis des Reiches Gottes nur durch den gegeben werden kann, der das Geheimnis ist, und daß es

---

[32] Vgl. dazu *Klostermann,* Markusevangelium 41 f.

[33] Die beiden Funktionen des Redens in Parabeln, nämlich bei der Entscheidung gegen Jesus zu behaften und vor die Entscheidung für oder gegen Jesus zu stellen, widersprechen sich also nicht, sondern bringen die Dialektik des Wortes Gottes zum Ausdruck, das den Glaubenden Wort zum Leben, den Nichtglaubenden Wort zum Tode ist. Die Parabeln sind entsprechend „nur dem Glauben erschlossen" (*H. Conzelmann,* Grundriß der Theologie des Neuen Testaments, 2. Aufl. 1968, 158).

ihnen nur so gegeben werden kann, daß er sie in Parabeln lehrt und sie
den, der sie das Wort in Parabeln lehrt, als das Geheimnis des Reiches
Gottes auffassen. Auf eine andere Weise scheint der Evangelist die christologisch begründete, verborgene Nähe dieses Reiches nicht aussagen zu
können. In 4,34 schließt Markus, daß Jesus seinen Jüngern im engeren
Kreise (κατ' ἰδίαν) alles parabolisch Gesagte aufschlüsselte. Die Deutung
des Sämannsgleichnisses in 4,14—20 ist für den Evangelisten nach der
Einleitung 4,10—12 (κατὰ μόνας 4,10) fraglos ein Beispiel dafür[34]. Die
Beobachtung, daß das Geheimnis des Reiches Gottes auch in der Deutung
im entscheidenden, nämlich christologisch, Geheimnis bleibt, entspricht
dem Tatbestand, daß Markus Jesus nun eben doch auch zu den Jüngern
in Parabeln reden läßt, macht deren weiterhin vorhandenes Unverständnis verständlich (8,17 f u. ö.) und bestätigt die Einordnung von Kap. 4
in den Komplex des „Messiasgeheimnisses"[35].

Mit den beiden Sammlungen von Streitgesprächen ist die Parabelrede
Kap. 4 dadurch verbunden, daß Jesus hier wie da als Lehrer dargestellt
wird. Insofern er nach Kap. 4 gerade als der ἐν παραβολαῖς Lehrende
und damit das Wort Säende das Geheimnis des Reiches Gottes ist, kann
dieser Zusammenhang geradezu als Höhepunkt der markinischen Darstellung Jesu als messianischen Lehrers angesehen werden. Mit den Streitgesprächszyklen ist Kap. 4 auch dadurch verknüpft, daß die Herausarbeitung der Lehre Jesu als entscheidender christologischer Kategorie
auf das Judentum, im wesentlichen in Gestalt seiner schriftgelehrten
Vertreter, als Gegenüber bezogen bleibt. Die Differenz besteht darin,
daß in den Streitgesprächen und in 3,20—35 das Verhältnis zum schriftgelehrten Judentum in Gestalt direkter Auseinandersetzungen bestimmt
wird, während in Kap. 4 im Anschluß an die Definition der christlichen
Gemeinde in 3,31—35 diese darüber belehrt wird, daß der Logos, der
mit den Parabeln ergeht, die Art und Weise ist, durch die die eigene
Gemeinde von der der Schriftgelehrten geschieden wird. Indem hier die
mittels des Begriffs διδαχή explizierte Christologie von der Form der
direkten Konfrontation gelöst ist und in Gestalt der Gemeindebelehrung

---

[34] Markus fordert damit praktisch zur allegorischen Deutung der übrigen in Kap. 4
aufgenommenen Parabeln auf. Dies bestätigt die Definition der markinischen Parabeln
als „potentieller Allegorien" (s. oben, A. 21). Ebenso deutlich ist, daß für den Evangelisten das Maß solcher Deutung die Christologie ist.

[35] Vgl. W. *Wrede*, Das Messiasgeheimnis in den Evangelien, 3. Aufl. 1963, 51 ff;
Conzelmann, Theologie 158 f; *Maria Horstmann*, Studien zur markinischen Christologie. Mk 8,27—9,13 als Zugang zum Christusbild des zweiten Evangeliums, 2. Aufl.
1973, 113 ff.

entfaltet wird, wird der Akzent darauf gelegt, daß Jesus als das Geheimnis des Reiches Gottes für die Gemeinde der ist, der in Parabeln redend das Wort lehrt und so als das Geheimnis des Reiches Gottes gehört werden soll. Da die Streitgespräche somit den Grund der Ablehnung Jesu durch die führenden Vertreter des jüdischen Volkes explizieren, das Reden in Parabeln aber diese Ablehnung zur Voraussetzung hat, ist die Lehre in Gestalt der Parabeln der Lehre in Form der Streitgespräche zwar (chronologisch-literarisch) nachgeordnet[36]. Damit ist die mit den Streitgesprächen zum Ausdruck gebrachte Lehre aber keineswegs abgetan. Vielmehr zeigt gerade die „Einklammerung" des Parabeln redenden durch den streitenden Jesus (2,1 ff; 11,27 ff), daß der, der in Parabeln lehrend das Geheimnis des Reiches Gottes ist, den im Streitgespräch Lehrenden zur unablösbaren Voraussetzung hat. Ebensowenig wird die in Gestalt von Streitgespräch und Parabel ergehende Lehre durch Kreuz und Auferstehung angetastet, sondern gerade in Kraft gesetzt; denn daß der „Menschensohn viel leiden und von den Ältesten und den Hohenpriestern und den Schriftgelehrten verworfen werden und getötet werden und nach drei Tagen auferstehen muß", ist selbst konstitutives Element der Lehre Jesu (διδάσκειν 8,31). Wie er deshalb viel leiden muß, weil er κατ᾽ ἐξουσίαν lehrt, so ist es niemand anders als der Gekreuzigte und Auferstandene, der in seiner Gemeinde in Gestalt seiner καινὴ διδαχὴ κατ᾽ ἐξουσίαν gegenwärtig ist und der durch seine Lehre das Wort sät „und seinen Knechten τὴν ἐξουσίαν gibt, einem jeden sein Werk" (13,34). Nur von dieser Voraussetzung her, daß Markus den Gekreuzigten und Auferstandenen als κατ᾽ ἐξουσίαν Lehrenden geglaubt wissen will, der sich in Streitgespräch und Parabel Geltung verschafft, ist überhaupt erklärlich, daß er in seinem Evangelium Jesus in dieser Weise dargestellt hat: als Lehrer, der „lehrte wie einer, der Vollmacht hat, und nicht wie die Schriftgelehrten"[37].

VI.

Wird das Motiv der „neuen Lehre in Vollmacht" als für Markus höchst relevante, für seine Gemeinde (angesichts deren θεῖος-ἀνήρ-Frömmigkeit[38]) nötige christologische Kategorie ernst genommen, so hat das-

---

[36] Vgl. die Abfolge 2,1—3,6; 3,20 ff (23 ff); 4,1 ff und 11,27 ff; 12,1 ff.

[37] Von hier aus zeigt sich entsprechend auch, daß dem Urteil *Kählers* über den Aufbau der Evangelien im Hinblick auf die markinischen Streitgespräche nur partiell, nämlich mit Bezug auf die Komposition, zuzustimmen ist. Vgl. oben, Abschnitt Nr. 4.

[38] Siehe dazu *U. Luz*, Das Geheimnismotiv und die markinische Christologie, ZNW

selbe auch für die in ihrer Bedeutung aufgezeigte Bestimmung „und nicht
wie die Schriftgelehrten" zu gelten. Stärker, als gemeinhin angenommen, ist das Markusevangelium deshalb als Zeugnis des Prozesses anzusehen, die Identität der christlichen Gemeinde in Gestalt der Auseinandersetzung mit und der Abgrenzung von den offiziellen Vertretern des
Judentums zu formulieren.

Wenn sich Jesus über das Volk erbarmt, „weil sie wie Schafe waren,
die keinen Hirten haben", und sie deshalb „vieles zu lehren" beginnt
(6,34), dann zeigt sich, wie streng Markus dabei die Unterscheidung zwischen den offiziellen Vertretern Israels und dem jüdischen Volk durch-
hält. Aber indem Jesus sich bzw. Markus ihn lehrend über dies Volk
setzt, läßt er Jesus das Volk zugleich über die von den Offiziellen gesetzten wie auch wohl vom Volk anerkannten Grenzen hinwegführen: Die
Aufhebung der traditionellen Unterscheidung von rein und unrein im
Streit mit Pharisäern und Schriftgelehrten (7,1—23) mündet konsequent
in die Aufhebung der Trennung von Israel und den Völkern, dargestellt
am Beispiel der Syrophönizierin (7,24—30)[39], präludiert von der in 3,
31—35 fixierten Bedingung der Zugehörigkeit zum Gottesvolk und gefolgt von der Ankündigung der Übergabe des Weinbergs an andere (12,
1—12), der Ansage der weltweiten Mission (13,10) und dem Bekenntnis
des heidnischen Hauptmanns unter dem Kreuz (15,39). Wenn Matthäus
später an der Stelle, an der Markus die abschließenden Streitgespräche in
eine Warnung vor den Schriftgelehrten einmünden läßt, die Wehe- oder
Gerichtsrede Jesu über die Schriftgelehrten und Pharisäer bringt (Mk 12,
38 ff; Mt 23)[40], so läßt dies im Verein mit Mk 12,1—12 indirekt die
Bahn erkennen, auf der bereits Markus vorangeschritten ist. Und wenn
Markus Jesus und die Schriftgelehrten sich gegenseitig der (Besessenheit
und) Gotteslästerung zeihen läßt, so nimmt dies *in nuce* die gegenseitige
Diffamierung im Johannesevangelium vorweg, in welchem das Urteil der
Juden „du bist besessen" (7,20; 8,48.52) durch das Urteil Jesu „euer
Vater ist der Teufel" (8,44) aufgehoben wird.

Andererseits weiß Markus nun aber eben doch von dem einen Schriftgelehrten zu berichten, der nicht fern vom Reiche Gottes ist, läßt er Jesus

---

56 (1965), 9—30. Angesichts der Aufnahme der nur unter jüdischen Voraussetzungen
verständlichen Streitgespräche kommt in der markinischen Korrektur dieser hellenistisch
geprägten Frömmigkeit eine erstaunliche Nähe des Evangelisten zum Judentum bzw.
Judenchristentum zum Vorschein. Vgl. das Folgende.

[39] Vgl. *Schweizer*, Leistung 33.

[40] Vgl. dazu E. *Haenchen*, Matthäus 23, in: Gott und Mensch, 1965, 29—54; Der
Weg Jesu, 2. Aufl. 1968, 417—432.

vor den Schriftgelehrten zwar warnen, sie jedoch nicht verteufeln, und weiß er zwischen dem Volk und seinen Führern zu unterscheiden. Vor allem schmilzt er die Diskussion zwischen Jesus und den Juden nicht wie Johannes auf den einen Punkt zusammen, ob sie seine Göttlichkeit anerkennen, sondern sucht in Gestalt der Streitgespräche an Einzelfragen die Differenz zwischen Jesus und den Schriftgelehrten aufzuweisen[41].

Scheint es deshalb ausgeschlossen, daß etwa von Johannes, obwohl dessen Nähe zu Markus gerade im Streit mit „den Juden" immer wieder überrascht, ein Weg zurück zum historischen Jesus und seinem Verhältnis zu seinem Volk führt, so dürfte Markus mit den Streitgesprächen Überlieferungen aufbewahrt haben, die trotz ihrer Entstehung und Formung in den frühen Gemeinden am ehesten Auseinandersetzungen widerspiegeln, wie sie zwischen Jesus und seinen Zeitgenossen stattgefunden haben[42]. Das Urteil von Christen über Juden und das Judentum wird nachweislich um so pauschaler, je weiter sich das Christentum vom Judentum sachlich und zeitlich entfernt. Deshalb dürften die Überlieferungen, die in Gestalt der Streitgespräche begegnen, in historischem Sinne um so glaubwürdiger sein, je mehr sie sich vor generalisierenden Urteilen hüten. Ähnliches wie von den Streitgesprächen gilt von den Parabeln Jesu. Daß Jesus in Gleichnissen geredet hat, gehört zu dem wenigen Wahrscheinlichen, was wir von ihm wissen[43]. Wenn Markus Jesus als außer in Streitgesprächen in Parabeln Lehrenden zeichnet, so hat er demnach auch hier, wenn auch nachösterlich modifiziert (allegorische Deutung), das Wirken Jesu im Ansatz angemessen dargestellt.

Streitgespräch und Parabel bringen bei Markus je auf ihre Weise den gekreuzigten und auferstandenen Jesus zur Geltung, insofern sie die Lehre explizieren, die Jesus ans Kreuz bringt und gleichzeitig Lehre des Gekreuzigten und Auferstandenen ist. Zugleich aber weisen beide Gattungen oder Sprachformen am ehesten einen Bezug zur Verkündigung des Juden Jesus auf, wenn sie ihn in Auseinandersetzungen begriffen zeigen, in denen christologische Fragen, also Fragen nach der Person Jesu, als Sachfragen entschieden werden. Deshalb dürften diese Sprach-

---

[41] *Schweizers* auf 8,32 f bezogenes Urteil (Leistung 35), daß die „johanneische Radikalität, die ... Gott und Satan so scharf scheidet, ... noch einmal überboten sei", erscheint also aufgrund solcher Beobachtungen als höchst fraglich.

[42] Vgl. dazu etwa den Beitrag *Lohses* über „Jesu Worte über den Sabbat" (s. oben, A. 13).

[43] Vgl. hierzu *J. Jeremias*, Die Gleichnisse Jesu, 7. Aufl. 1965; *E. Lohse*, Die Gottesherrschaft in den Gleichnissen Jesu, in: Die Einheit des Neuen Testaments, 1973, 49—61.

formen, vor allem die des Streitgesprächs, von besonderer theologischer Relevanz gerade auch für die zunehmende Diskussion zwischen Juden und Christen über Jesus sein. Sie bedeuten keine Verleugnung der christlichen Identität — diese wird ja gerade in Streitgespräch und Parabel herausgearbeitet — und nötigen doch zum Sachgespräch. So darf es als Verdienst des Evangelisten Markus bezeichnet werden, daß er Streitgespräch und Parabel als relevante Formen der *theologia crucis* zu explizieren verstanden hat.

ZUM VERHÄLTNIS VON CHRISTOLOGIE UND ESCHATOLOGIE IM MARKUSEVANGELIUM

Beobachtungen aufgrund von Mk 8,27—9,1

DIETRICH-ALEX KOCH

1.

Die Frage, welche Bedeutung die Eschatologie für die theologische Gesamtkonzeption des Markusevangeliums besitzt, wird z. T. recht unterschiedlich beantwortet. Die Schwierigkeiten, hier zu überzeugenden Lösungen zu gelangen, zeigen sich dann besonders deutlich, wenn man das Verhältnis von Mk 13, dem eschatologischen Kapitel des Markusevangeliums, zum markinischen Gesamtaufriß zu bestimmen versucht. Denn der Konzentration der eschatologischen Stoffe in Mk 13 entspricht umgekehrt deren geringe Rolle in der gesamten übrigen Darstellung des Markusevangeliums, so daß die literarischen Verklammerungen recht locker sind. Dem entspricht inhaltlich, daß auch die theologischen Bezüge nicht sehr dicht sind; die eschatologische Thematik von Mk 13 steht relativ unverbunden neben den anerkanntermaßen zentralen Themen des Markusevangeliums, wie dem Messiasgeheimnis und der markinischen *theologia crucis*.

Diese relative Isoliertheit von Mk 13 hat sogar die These provoziert, daß dies Kapitel nicht zum ursprünglichen Aufriß des Markusevangeliums gehörte, sondern erst aus aktuellem Anlaß — wenn auch von Markus selbst — in den bereits fertigen Gesamtplan eingefügt wurde[1]. Dennoch läßt sich zeigen, daß auch Mk 13 als integraler Bestandteil des Markusevangeliums zu verstehen ist. Denn das in Mk 13 breiter entfaltete Thema der Eschatologie erscheint auch dort, wo Markus im Vorgriff die thematische Richtung der folgenden Kapitel angibt, in Mk 8,27—9,1.

---

[1] So *R. Pesch*, Naherwartung. Tradition und Redaktion in Mk 13, Düsseldorf 1968, bes. 65 f 224 ff.

2.

Mit Mk 8,27 markiert Markus den Übergang zur Passion. Es ist längst erkannt, daß in Mk 8,27 der zentrale Einschnitt in der Evangeliendarstellung des Markus vorliegt. Hier zum erstenmal weist Jesus die Jünger unverhüllt auf das Kommende hin. Auch ist deutlich, daß die Komposition von Mk 8,27—9,1 besonders sorgfältig ist. Die hier vorliegende Verknüpfung von Passionskerygma und Nachfolgethematik (8,27—33/34—37) bestimmt unübersehbar Aufbau und Stoffauswahl in Mk 8,27—10,52[2]. Markus bündelt hier also Themen, die er später unter Aufnahme geeigneter Traditionen breiter entfaltet. Daher liegt die Annahme nahe, daß nicht nur Mk 8,27—37, sondern der gesamte Abschnitt Mk 8,27—9,1, der ja im Sinne des Markus eine Einheit bildet[3], eine programmatische Funktion besitzt. Zugespitzt formuliert: In Mk 8,27—9,1 liegt eine markinische ‚Inhaltsangabe‘ für die zweite Hälfte des Markusevangeliums vor.

Zur Sicherung dieser These ist a) nach dem Aufbau von Mk 8,27—9,1 und b) nach der Entfaltung dieses programmatischen Eröffnungsabschnitts in der zweiten Hälfte des Markusevangeliums zu fragen.

3.

Der Aufbau von Mk 8,27—9,1 weist inhaltlich drei Bestandteile auf, die redaktionell unterschiedlich gestaltet sind:

a) 8,27—33: Der Glaube

bestehend α) aus dem (szenisch gefaßten) personalen Bekenntnis

β) einer formelartigen Zusammenfassung des Heilswerks Christi (und zwar in der Form eines vorausblickenden Jesuslogions)[4] mit einer szenischen Ausleitung

---

[2] Hinzu kommt die Mk 8,27—10,52 umgreifende ὁδός nach Jerusalem; vgl. die 1975 erscheinende Veröffentlichung des Verfs.: Die Bedeutung der Wundererzählungen für die Christologie des Markusevangeliums, BZNW 42, Berlin, 114.

[3] Die Notwendigkeit einer redaktionsgeschichtlichen Analyse, die Mk 8,27—9,1 als Einheit interpretiert, hat bes. *E. Haenchen*, Die Komposition von Mk VII (sic!) 27—IX 1 und par, NovTest 6, 1963, 81—109 (vgl. *ders.*, Leidensnachfolge. Eine Studie zu Mk 8,27—9,1 und den kanonischen Parallelen, in: Die Bibel und wir. Gesammelte Aufsätze. Zweiter Band, Tübingen 1968 [= Aufs. II], 102—134) hervorgehoben.

[4] Zum traditionsgeschichtlichen Hintergrund von Mk 8,31 s. u.

b) 8,34—37: Der Wandel
bestehend aus paränetischen Einzellogien mit szenischer Rahmung (V. 34)
c) 8,38.9,1: Die Hoffnung
bestehend aus zwei eschatologischen Logien, von denen nur das zweite
eine eigene Einleitungswendung aufweist[5].

Dabei liegt in zweierlei Hinsicht markinische Redaktion vor: einmal
in der Bearbeitung der übernommenen Einzeltraditionen (besonders intensiv in 8,27—33) und zum anderen in der Gesamtkomposition des
Abschnitts. Denn äußerstenfalls kann man für die Abfolge von V. 27
—29/V. 31(—33) mit vormarkinischer Herkunft rechnen[6], jedoch nicht
für die Gesamtabfolge 8,27—33/34—37/38.9,1[7].

Bevor nach den besonderen markinischen Akzenten in dieser Themenabfolge gefragt wird, ist es notwendig festzustellen, daß der dargestellte
Aufbau von Mk 8,27—9,1 offenbar nicht beliebig ist. Die Abfolge von
dogmatischer bzw. christologischer Grundlegung und Paränese erinnert
sofort an den analogen Aufbau einiger paulinischer und deuteropaulini-
scher Briefe (Röm, Gal; Kol, Eph). Hier zeigt sich derselbe theologische
Duktus, Paränese als Konsequenz und Konkretisierung dogmatischer
Grundlegung zu begreifen und paränetisches Traditionsgut in diesem
Sinne zu interpretieren[8]. Auch die Schlußstellung der Eschatologie ist
weit verbreitet. Sie begegnet — in inhaltlich jeweils eigener Gestaltung
— in der Logienquelle, den Reden des Matthäusevangeliums[9], der Di-

---

[5] Da die nächste Einleitungswendung nach V. 34 nicht in V. 38, sondern erst in 9,1
folgt, könnte man auch V. 38 noch zu V. 34 ff rechnen. Doch liegt in V. 38 bereits der
Übergang zur eschatologischen Thematik vor — wobei 9,1 zeigt, daß diese nicht nur
zur Abrundung der Paränese dient. Zugleich ist aber der bruchlose Übergang von V.
34 ff zu V. 38 auch ein inhaltliches Indiz; s. u.

[6] So G. *Strecker*, Die Leidens- und Auferstehungsvoraussagen im Markusevangelium
(Mk 8,31; 9,31; 10,32—34), ZThK 64, 1967, 16—39, der V. 27—29. 31. 32b—33 als
vormk. Überlieferung bestimmt. Doch ist die Abfolge von V. 27—29/V. 31 als literarisch sekundär anzusehen (s. u.), so daß sich doch die Annahme mk. Komposition nahelegt.

[7] Gegen E. *Schweizer*, Das Evangelium nach Markus, NTD 1, Göttingen ‹11› 11967,
99, der die Verbindung von V. 31 mit V. 34 f für vormk. hält und sogar auf Jesus zurückführen will.

[8] Dazu H. *Conzelmann*, Der erste Brief an die Korinther, MeyerK V, Göttingen
‹11› 11969, 18 A 51: Diese Abfolge entspricht „sachlich ... schon auf vorpaulinischer
Stufe dem Verhältnis von ‚Indikativ‘ (des Heilsgeschehens) und ‚Imperativ‘ (der paränetischen Konsequenz)“.

[9] Vgl. G. *Bornkamm*, Enderwartung und Kirche im Matthäusevangelium, in; G.
Bornkamm, G. Barth, H. J. Held, Überlieferung und Auslegung im Matthäusevangelium, WMANT 1, Neukirchen-Vluyn ⁵1968, 13—21.

dache und wiederum auch in der Briefliteratur (so 1Thess 5, 1Kor 15, 2Petr 3, 2Joh 5,7 ff)[10].

Die weite Verbreitung der in Mk 8,27—9,1 begegnenden Themenabfolge läßt darauf schließen, daß Markus hier nicht voraussetzungslos gestaltet, sondern Schemata folgt, die in der homiletischen bzw. katechetischen Praxis der Gemeinde ihren Ursprung haben[11]. Die Benutzung solcher vorgeprägter Dispositionsschemata legte sich in einem Abschnitt nahe, in dem stichwortartig ein Gesamtüberblick über die folgende Darstellung gegeben werden sollte. Und: nur die programmatische, über den unmittelbaren Kontext hinausgreifende Funktion von Mk 8,27—9,1 erklärt, warum Markus 8,38.9,1 anfügt und so mit einem eschatologischen Ausblick schließt, obwohl er doch mit 9,2 ff gerade dies Thema nicht fortsetzt, so daß 8,38.9,1 den Zusammenhang von 8,27 ff und 9,2 ff deutlich unterbricht.

Hinsichtlich der konkreten Ausformung der vorgegebenen Dispositionsschemata in Mk 8,27—9,1 ist bemerkenswert, daß Markus dogmatische Lehre und Paränese durch eine Szenenangabe (V. 34) deutlich voneinander absetzt — obwohl beide Teile inhaltlich eng aufeinander bezogen sind —, während der eschatologische Ausblick übergangslos auf die Paränese folgt. Dies führt zur Frage, wie eng auch in inhaltlicher Hinsicht der Bezug zwischen Eschatologie und Paränese ist. Zugleich stellt sich die Frage, ob darüber hinaus auch Rückbezüge des eschatologischen Abschlusses auf den christologischen Eingang festzustellen sind.

4.

Die programmatische Funktion von Mk 8,27—37 für die zweite Hälfte des Markusevangeliums ist evident. Das gilt nicht nur für die Leidens- und Auferstehungsankündigung von V. 31, die auf die Passionsdarstellung vorausweist. Der Zusammenhang von Passion und Nachfolge der Gemeinde bildet durch die zweimalige Wiederholung von Mk 8,31 in

---

[10] Innerhalb des eschatologischen Abschlusses ist die Warnung vor den Irrlehrern ein häufig begegnender Topos, vgl. *G. Bornkamm*, Die Vorgeschichte des sogenannten Zweiten Korintherbriefes (SAH 1961), jetzt in: Geschichte und Glaube. Zweiter Teil. Gesammelte Aufsätze Band IV, BEvTh 53, München 1971, 179—183, der zeigt, daß dieses Kompositionsprinzip auch bei der Herausgabe von 2Kor leitend gewesen ist.

[11] Vgl. *H. Conzelmann* aaO. (s. o. Anm. 8) 24 Anm. 80 (in bezug auf die Stellung von 1Kor 15) und *G. Bornkamm*, (s. o. Anm. 9) 15 (zur Komposition der Reden im MtEv).

9,31 und 10,32 f (mit jeweils folgender Jüngerthematik) das darstellerische Gerüst von Mk 8,27—10,52, durch das dieser Abschnitt sein charakteristisches Gepräge erhält[12]. Wie klar Markus in 9,2—10,52 entsprechend dem Programm von 8,27 ff disponiert, geht daraus hervor, daß er in 9,2 wiederum mit einem christologischen Traditionsstück einsetzt und mit einer Nachfolgeerzählung (10,46—52[13]) schließt.

Gegenüber den beiden dominierenden Themen der Christologie und der Nachfolge[14] spielt die Eschatologie in 9,2—10,52 nur eine untergeordnete Rolle. Sie stellt eher ein Seitenthema dar, das nur gelegentlich anklingt (so in 9,42 ff; 10,28—31), und zwar analog zu 8,34—9,1 in enger Verknüpfung mit paränetischen Stoffen. Die enge Verflechtung christologischer und paränetischer Stoffe ließ offenbar keinen Raum, um eschatologische Überlieferungen in gleicher Weise zu berücksichtigen.

Die Kompositionen des programmatischen Vorblicks Mk 8,27—9,1 zeigt gleichwohl, daß Markus diesem Traditionsbereich einen angemessenen Platz zuweisen will — und dieser ist (gemäß dem oben erwähnten katechetischen Dispositionsschema) möglichst weit am Ende der Darstellung, d. h. im Falle des Markusevangeliums: direkt vor dem Beginn der Passionsdarstellung in 14,1[15].

---

[12] Vgl. H. *Conzelmann*, Historie und Theologie in den synoptischen Passionsberichten (1967), jetzt in: Theologie als Schriftauslegung. Aufsätze zum Neuen Testament, BEvTh 65, München 1974 (= Aufs.), 80.

[13] Schon auf vormk. Stufe endet Mk 10,46—52 mit dem Hinweis auf die Nachfolge des Geheilten. Mk hat dies aufgenommen und durch die Stellung im MkEv (am Übergang nach Jerusalem) und durch die Hinzufügung von ἐν τῇ ὁδῷ in V. 52 verstärkt; vgl. D.-A. *Koch* (s. o. Anm. 2), Die Bedeutung der Wundererzählungen 126 —132.

[14] Dieser dominierenden inhaltlichen Ausrichtung von Mk 8,27—10,52 entspricht die literarische Gestaltung: als (weitgehend esoterische) Jüngerunterweisung. Völlig unter dem Gesichtspunkt der paränetisch-ekklesiologischen Belehrung wird Mk 8,27— 10,52 von K. *Weiß*, Tradition und Geschichte in der Jüngerunterweisung Mark 8,27 —10,52, in: H. Ristow — K. Matthiae (Hg.), Der historische Jesus und der kerygmatische Christus. Berlin 1960, 414—438 interpretiert.

[15] Für die These, Mk 13 sei nachträglich in das bereits fertig konzipierte MkEv eingefügt worden, verweist R. *Pesch,* Naherwartung 54—70 auf den sechsteiligen Aufbau, der sich ohne Mk 13 ergebe:

a) 1,2—3,6;
b) 3,7—6,29;
c) 6,30—8,26;
d) 8,27—10,52;
e) 11,1—12,44;
f) 14,1—16,8.

Alle sechs Abschnitte seien in sich in stichometrischer Symmetrie aufgebaut, ebenso ergebe sich eine Symmetrie, wenn man jeweils zwei Abschnitte zusammenfasse (1,2—6,29; 6,30—10,52; 11,1—16,8), und schließlich bestehe eine derartige Symmetrie auch für das

5.

Die Tatsache, daß Markus in 9,2—10,52 keine direkte Verknüpfung von Christologie und Eschatologie herstellt, entspricht zunächst dem Befund in Mk 8,31. Dort wird die Leidens- und Auferstehungsankündigung nicht um die Ankündigung der Parusie ergänzt. Das entspricht der Struktur der Credoformulierungen (vgl. 1Kor 15,3b—5; 1Thess 4,14; Röm 4,25), wo als Inhalt des Glaubens das geschehene Heilswerk Christi, also Tod und Auferstehung, ausgesagt wird, die ‚Hoffnung' jedoch fehlt[16]. Diese Struktur der am Heilswerk Christi orientierten Glaubenssätze ist auch in Mk 8,31[17] offenbar noch wirksam[18].

---

gesamte MkEv (1,2—8,26; 8,27—30; 8,31—16,8 — immer unter Ausschluß von Mk 13).

Spätestens hier zeigt sich die Künstlichkeit dieses Verfahrens. Denn daß 6,29 einen stärkeren Einschnitt darstellt als 3,6, läßt sich nicht zeigen (nach 3,6 liegt zudem der nächste deutlich mk. Markierungspunkt im Aufbau des MkEv nicht in 6,29, sondern in 5,43 [+ 6,1—6a] vor; vgl. *D.-A. Koch*, Die Bedeutung der Wundererzählungen 85 Anm. 6). Und die Stichometrie wird zum Selbstzweck, wenn neben der Gliederung 8,27—10,52; 11 f (f); 14,1—16,8 gleichzeitig Mk 8,31(!)—16,8 als Gliederungseinheit postuliert wird.

Weder die Annahme eines zweiteiligen Aufrisses (aufgrund des zentralen Einschnitts von 8,27) noch die eines lockeren mehrteiligen Aufbaus (vgl. z. B. *E. Schweizer*, Die theologische Leistung des Markus [1964], in: Beiträge zur Theologie des Neuen Testaments. Neutestamentliche Aufsätze [1955—1970], Zürich 1970 [= Aufs. II], 21—48) rechtfertigen die These, in Mk 13 eine nachträgliche (wenn auch mk.) Einfügung zu sehen.

[16] Vgl. *H. Conzelmann*, Gegenwart und Zukunft in der synoptischen Tradition (1957), in: Aufs. 48; *ders.*, Christus im Gottesdienst der neutestamentlichen Zeit (1962), in: Aufs. 128.

1Thess 1,9b.10 ist kein Gegenbeweis, denn hier liegt keine Credoformulierung — oder (nach W. Kramer, Christos · Kyrios · Gottessohn, AThANT 44, Zürich 1963, 17) Pistisformel — vor, sondern eine (vorpaulinische) Zusammenfassung der (an Nichtjuden gerichteten) Missionspredigt, in die erst sekundär ein Element der Credoformeln (ὃν ἤγειρεν ἐκ τῶν νεκρῶν) einbezogen worden ist (vgl. *Kramer*, aaO. 16 f 121) — wobei noch nicht einmal ausgeschlossen werden kann, daß dies erst durch Paulus geschah. *U. Luz*, Das Geschichtsverständnis des Paulus, BEvTh 49, München 1968, 311 möchte zwar aufgrund des bestimmten Artikels in ἐκ τῶν νεκρῶν die Einfügung der vorpaulinischen Überlieferung zuweisen. Aber der Artikelgebrauch ist nicht nur unpaulinisch, sondern fehlt auch in sämtlichen vorpaulinischen Formeln dieses Typs (vgl. *Kramer* aaO. 16—22; der Hinweis von Luz auf Kol 1,18; Eph 5,14 ist nicht stichhaltig, da diese Überlieferungen einen völlig anderen traditionsgeschichtlichen Hintergrund haben). D. h. aufgrund des (textkritisch zudem nicht völlig zweifelsfreien) Artikelgebrauchs in 1Thess 1,10 ist eine Zuweisung von ὃν ἤγειρεν ἐκ τῶν νεκρῶν nicht möglich. Die Herkunft der hier vorliegenden Verbindung von Auferweckungsaussage und Parusieerwartung muß daher offen bleiben.

Dennoch versucht Markus innerhalb von 8,27—9,1 eine direkte Beziehung zwischen Christologie und Eschatologie, d. h. zwischen 8,27—33 und 8,38.9,1 herzustellen, und zwar über 8,34—37 hinweg. Dieser Verbindung dient die gleichmäßige Verwendung des Titels υἱὸς τοῦ ἀνθρώπου in V. 33 und V. 38. Die traditionsgeschichtlich unterschiedliche Herkunft dieser beiden Verwendungsweisen von υἱὸς τοῦ ἀνθρώπου ist hin-

---

[17] So vergleicht *H. Conzelmann*, Auslegung von Markus 4,35—41 par; Markus 8, 31—37 par; Römer 1,3 f, Der Evangelische Erzieher 20, 1968, 255 V. 29 und V. 31 mit der personalen Fassung der Credoformeln (1Joh 4,15, verwandt mit dem Formeltyp der Homologie — Röm 10,9; 1Kor 12,3) und der „Werk"-Fassung (1Kor 15,3b—5 usw.). Zur Unterscheidung dieser beiden Fassungen vgl. *H. Conzelmann*, Grundriß der Theologie des Neuen Testaments, München [2]1968, 83.

Die doppelgliedrige Grundstruktur der Credoformulierungen von Tod und Auferweckung Christi scheint auch in den Leidens- und Auferstehungsankündigungen des MkEv noch durch. Die Abwandlungen bestehen in folgenden Punkten:

a) in der Umsetzung in ein (nun vorausblickendes) Logion Jesu

b) in der eigenständigen Formulierung der Schriftgemäßheit von Passion und Auferstehung (δεῖ)

c) in der Aufnahme des Menschensohntitels (dazu s. u.)

d) im breiten Ausbau der ersten Hälfte durch Einzelelemente der Passionsüberlieferung; dies entspricht (jedenfalls in ihrer jetzigen Stellung im MkEv) der Funktion von 8,31; 9,31; 10,33 f, auf die Passion vorzuverweisen.

Die Unterschiede in der Terminologie zwischen den Leidens- und Auferstehungsankündigungen und den Credoformeln (so der Gebrauch von ἀποκτείνειν statt ἀποθνῄσκειν und von ἀναστῆναι anstelle von ἐγείρεσθαι) sprechen nicht gegen die hier aufgezeigte traditionsgeschichtliche Beziehung. Denn ἀναστῆναι fehlt auch in den Credoformeln nicht völlig (1Thess 4,14!), und der Gebrauch von ἀποκτείνειν ist in einer Formulierung, die die an der Passion beteiligten Gruppen erwähnt, naheliegend.

[18] Eine andere traditionsgeschichtliche Herleitung von Mk 8,31 schlägt P. Hoffmann, Mk 8,31. Zur Herkunft und markinischen Rezeption einer alten Überlieferung, in: Orientierung an Jesus. Zur Theologie der Synoptiker. Festschrift J. Schmid, Freiburg 1973, 170—204 vor: Er bestimmt δεῖ τὸν υἱὸν τοῦ ἀνθρώπου πολλὰ παθεῖν καὶ ἀποκτανθῆναι καὶ μετὰ τρεῖς ἡμέρας ἀναστῆναι als vormk. Überlieferung. Die übrigen Bestandteile seien mk. Erweiterungen, durch die Mk den ursprünglichen apokalyptischen Horizont der Überlieferung aufhebt und sie historisiert. Die Verbindung des endzeitlichen Menschensohnbegriffs mit den Passionsaussagen sei durch die (bereits in Q rezipierten) Überlieferungen vom Schicksal der Propheten und dem Leiden der Gerechten vermittelt worden. Außerdem sei die zum Menschensohnbegriff gehörende Erwartung seines Kommens als Richter durch die Auferstehungsaussage ersetzt worden — wobei diese jedoch noch eng mit der Vorstellung der Erhöhung und der Erwartung seiner Wiederkunft als Richter verbunden ist (Hoffmann verweist für die Zusammengehörigkeit von Auferstehung und Erhöhung auf Röm 1,3 f, für den Zusammenhang von Auferstehung und endzeitlicher Funktion auf 1Thess 1,10).

Gegen diese — bewußt als Hypothese vorgetragene — Herleitung von Mk 8,31 ist einzuwenden:

reichend deutlich. Doch hat die Verwendung der beiden unterschiedlichen Bedeutungen von υἱὸς τοῦ ἀνθρώπου in dem (von Markus als Einheit konzipierten) Abschnitt 8,27—9,1 zur Folge, daß die jeweiligen Aussagenbereiche, der der Parusie des Menschensohns als Richter und der seiner Passion und Auferstehung, nahe aneinander gerückt werden.

Diese Annahme wird durch die Verwendung von υἱὸς τοῦ ἀνθρώπου in Mk 9,2—10,52 gestützt. In diesem Abschnitt erscheint fünfmal der Titel Menschensohn — und zwar jeweils in der traditionsgeschichtlich jüngeren Verwendung als Titel für den Leidenden und Auferstandenen. Die Tatsache, daß vier dieser fünf Fälle auf die markinische Redaktion zurückzuführen sind (Mk 9,9b.12b.31; 10,33; vormarkinisch nur 10,45)[19], zeigt das Interesse, das Markus gerade an dieser Verwendung des Menschensohntitels hat. Zwar ist die Übertragung des Menschensohntitels in den Bereich von Passion und Auferstehung nicht erst durch Markus erfolgt, aber dieser vormarkinische Traditionsstrang ist jung — und schmal. Er fehlt in der Logienquelle und im Sondergut der beiden späteren Evangelisten[20] und begegnet als sicher vormarkinisch nur in Mk 10,

---

1. Zumindest die These über die Einführung der Auferstehungsaussage in den Bereich der Menschensohnvorstellung erscheint gewaltsam. 1Thess 1,10 und Röm 1,3 f sind keine tragfähigen traditionsgeschichtlichen Zwischenglieder. In 1Thess 1,10 ist die Verbindung von Parusieerwartung und Auferstehung sekundär (wenn nicht paulinisch; s. o. Anm. 16), und in Röm 1,3 f (wo insgesamt rückblickend formuliert ist; vgl. *W. Kramer*, Christos 108) ist mit der Adoption zum υἱὸς θεοῦ ein Vorblick auf die Parusie auch nicht indirekt enthalten.

2. Hoffmann versucht die einzelnen Elemente der von ihm angenommenen vormk. Fassung von Mk 8,31 herzuleiten. Es fehlt jedoch eine Herleitung der Kombination der Leidens- und Todesansage mit der Auferstehungsansage. Und gerade diese Verbindung wird ohne Berücksichtigung der Credoformeln kaum befriedigend zu klären sein.

[19] Die mk. Herkunft des Schweigegebots in Mk 9,9b ist unumstritten. Auch für 9,12b ist mk. Herkunft anzunehmen, vgl. *M. Horstmann*, Studien zur markinischen Christologie. Mk 8,27—9,13 als Zugang zum Christusbild des zweiten Evangeliums, NTA NF 6, Münster 1969, 135; *K.-G. Reploh*, Markus — Lehrer der Gemeinde, Stuttgarter Biblische Monographien 9, Stuttgart 1969, 116 f und *D.-A. Koch*, Die Bedeutung der Wundererzählungen 125 Anm. 58. Zur mk. Herkunft von 9,31; 10,33 f vgl. *G. Strecker*, ZThK 64, 1967, 30 f und *P. Hoffmann*, Festschrift für J. Schmid 1973, 185 —188 (anders *H. E. Tödt*, Der Menschensohn in der synoptischen Überlieferung, Gütersloh 1959, 141 ff 186 f, der für alle drei Leidens- und Auferstehungsankündigungen mit einer eigenen vormk. Fassung rechnet; *F. Hahn*, Christologische Hoheitstitel. Ihre Geschichte im frühen Christentum, FRLANT 83, Göttingen ³1966, 46—53 hält nur 10,33 f für mk.).

[20] Vgl. *F. Hahn*, Hoheitstitel 46 Anm. 1. Zu Mt 12,40, wo gegenüber Q (vgl. Lk 11,30) deutlich eine sekundäre Umformung vorliegt, vgl. *S. Schulz*, Q. Die Spruchquelle der Evangelisten, Zürich 1972, 251 f.

45 und 14,21[21]. Denn auch für Mk 8,31 selbst ist die vormarkinische Herkunft dieses Titels fraglich.

Für die literarisch sekundäre Verbindung[22] von Mk 8,27—29 mit 8,31 bestehen theoretisch vier Erklärungsmöglichkeiten:

a) sie ist vormk., wobei V. 31 eine selbständige Überlieferung darstellt

b) sie ist vormk., wobei V. 31 zum Zweck der Ergänzung von V. 27 —29 geschaffen wurde

c) sie ist mk. — V. 31 ist selbständige Überlieferung

d) sie ist mk. — V. 31 ist ebenfalls mk. Bildung.

Da eine selbständige, isolierte Tradierung von V. 31 kaum wahrscheinlich gemacht werden kann[23], bleiben die Möglichkeiten b) und d). Im

---

[21] Die vormk. Herkunft von Mk 14,41b ist fraglich; gegen die Zugehörigkeit zu 14,32 ff: *R. Bultmann*, Die Geschichte der synoptischen Tradition, FRLANT 29, Göttingen ⁶1964, 288; *G. Strecker*, ZThK 64, 1967, 29 Anm. 32; *P. Hoffmann*, Festschrift für J. Schmid 1973, 191—193; für die vormk. Herkunft tritt *H. E. Tödt*, Menschensohn 184 ein. *Hoffmann*, aaO. 188—191 möchte auch für 14,21 mk. Herkunft annehmen, doch sind die Gründe dafür nicht ausreichend. Die Spannungen in V. 21 sind doch am ehesten aufgrund eines Ineinanders von Tradition und Redaktion verständlich.

[22] Vgl. *H. Conzelmann*, Der Evangelische Erzieher 20, 1968, 254: Klar ist, daß das Petrusbekenntnis mit der Leidens- und Auferstehungsankündigung „nicht *ursprünglich* zusammengehörte. Das Bekenntnis bildet eine selbständige Sinneinheit. Es ist nicht auf den Ausblick auf das Leiden angelegt, auch wenn es eine Gemeindebildung ist und den Tod Jesu voraussetzt" (Hervorhebung im Original). Ähnlich schon *E. Haenchen*, NovTest 6, 1963, 87 (vgl. ders., Aufs. II 108 f). Auch für *R. Pesch*, Das Messiasbekenntnis des Petrus (Mk 8,27—30), BZ NF 17, 1973, 178—195 ist Mk 8,27—30 (!) eine selbständige vormk. Überlieferung.

Anders *G. Strecker*, ZThK 64, 1967, 22 Anm. 17: Das Satanswort (V. 33) sei sicher nicht von Mk geschaffen und auch kaum jemals isoliert tradiert worden; Strecker rekonstruiert eine geschlossene Überlieferung, die 8,27—29.31.32b—33 umfaßte (aaO. 32 f). Zugleich lehnt *Strecker*, aaO. 34 — m. E. zu Recht — eine antipetrinische Spitze von V. 33 ab: „Petrus, der Sprecher der Jünger, figuriert hier als Typos des unverständigen Christen, der das göttliche δεῖ des Leidens und Sterbens des Christus nicht erfaßt hat." D. h. feststellbar ist nur, daß die Bildung und Anfügung von V. 32 f nicht vor der Zusammenfügung von V. 27—29 und V. 31 erfolgte, da die Spannung zwischen Hoheitsaussage und Leidensansage in V. 32 vorausgesetzt ist. Eine ursprüngliche Zusammengehörigkeit von V. 27—29 mit V. 31 ist von V. 32 f her nicht zu erweisen.

Zu den Versuchen, in V. 32 f die direkte Fortsetzung von V. 27—29 zu sehen (so *E. Dinkler*, Petrusbekenntnis und Satanswort. Das Problem der Messianität Jesu [1964], in: Signum Crucis. Aufsätze zum Neuen Testament und zur Christlichen Archäologie, Tübingen 1967, 283—312; vgl. auch *F. Hahn*, Hoheitstitel 226—230) vgl. die zutreffende Kritik von *Strecker*, aaO. 22 f; *Conzelmann*, aaO. 254 f und *M. Horstmann*, Studien 14—16.

[23] In der Regel wird es als selbstverständlich vorausgesetzt, daß die Leidens- und

26*

Falle von d) ist die mk. Herkunft von υἱὸς τοῦ ἀνθρώπου evident, im
Falle von b) wahrscheinlich. Denn die Intention dieser Anfügung wäre
die Sicherung des χριστός-Bekenntnisses der Gemeinde im Sinne der Passionsüberlieferung und deren Theologie gewesen. Von dieser Absicht her
ist es nicht gerade naheliegend, beim Übergang von dem (als allgemein
anerkannt vorausgesetzten) χριστός-Bekenntnis zu dessen Interpretation
im Sinne einer *theologia crucis* zunächst noch einen anderen Titel einzu-
führen, zumal dessen Verankerung in der Passionsüberlieferung nicht
weit verbreitet gewesen ist. D. h. als vormk. ist die Verwendung von
υἱὸς τοῦ ἀνθρώπου auch in Mk 8,31 nur schwerlich zu erklären[24]. Sinnvoll ist die Verwendung dieses Titels jedoch durch einen Redaktor, der
im weiteren Verlauf seiner Darstellung den Menschensohntitel mit der
Passion und der Auferstehung verknüpfen will — und der im gleichen
Abschnitt auf die Rolle des Menschensohns als zukünftigem Richter hinweisen will. Nicht vom Beginn von Mk 8,27—9,1, aber vom Schluß dieses Abschnitts, d. h. von 8,38 (f) her ist der Wechsel in der Titulatur von
V. 29 zu V. 31 verständlich.

Auferstehungsvoraussagen als Einzellogien tradiert wurden. E. Haenchen gibt diesen
Konsens wieder, wenn er (im Anschluß an *W. Grundmann*, Das Evangelium nach Markus, ThHK 2, Berlin [3]1968 [[2]1959], 169) von einer „alten kerygmatischen Formel"
spricht (NovTest 6, 1963, 88).

Isoliert tradierbar war eine Credoformel wie 1Kor 15,3b—5. Aber mit der Umsetzung in eine Weissagung ist nur dann zu rechnen, wenn in einem umfassenderen vorösterlichen Erzählkontext eine Notwendigkeit für den Vorverweis auf die Passion
gegeben war. Dem entspricht, daß die synoptische Überlieferung keine weiteren von
Mk 8,31; 9,31; 10,32 f unabhängigen Leidens- und Auferstehungsvoraussagen enthält.
Auch Mk 10,45 und 14,21 sind nicht vergleichbar. 10,45 gehört zu den ἦλθον-Worten,
die insgesamt rückblickend formuliert sind (vgl. *R. Bultmann*, Geschichte 167 f). Und
ob 14,21b in der vorliegenden Form (zum Verhältnis zu Mt 18,7/Lk 17,1 vgl. die Hinweise bei *P. Hoffmann*, Festschrift für J. Schmid 1973, 189 Anm. 68) jemals selbständig existiert hat, scheint mir fraglich zu sein.

[24] So rechnet *G. Strecker*, ZThK 64, 1967, 28 f (der den Zusammenhang von V.
27—29/V. 31 ... für vormk. hält; s. o. Anm. 22) mit der Möglichkeit der mk. Herkunft von υἱὸς τοῦ ἀνθρώπου in Mk 8,31.

P. Hoffmann, Festschrift für J. Schmid 1973, 176 will die vormk. Herkunft von
υἱὸς τοῦ ἀνθρώπου (unter der Voraussetzung, daß V. 31 eine isoliert tradierte Überlieferung enthält) nachweisen: Die für Mk 8,31 (und 9,9 f.31; 10,33 f) charakteristischen Wendungen ἀποκτανθῆναι, τὸν υἱὸν τοῦ ἀνθρώπου, ἀναστῆναι, μετὰ τρεῖς
ἡμέρας begegnen in dieser Kombination nur hier. Sie seien aber für Mk von besonderem Interesse, „sonst würde er sie nicht wiederholen. Es ist aber unwahrscheinlich,
daß er sie selbst gebildet hat. Denn wie wir sahen, bevorzugt er außerhalb der Aus-
sagenreihe diese Terminologie nicht." Das ist als Nachweis für die vormk. Herkunft
von υἱὸς τοῦ ἀνθρώπου in 8,31 nicht ausreichend:

Markus will also gerade auch im Zusammenhang mit dem Menschensohntitel die Überlieferungen von Passion und Auferstehung zur Geltung bringen. Zugleich zeigt aber das von Markus gewollte Nebeneinander der beiden Verwendungsweisen von υἱὸς τοῦ ἀνθρώπου in Mk 8,27 —9,1 und die 8,38 entsprechende Wiederaufnahme des apokalyptischen Menschensohntitels in 13,26, daß Markus nicht die eine Bedeutung dieses Titels durch die andere verdrängen will. Angesichts der selbstverständlichen Verwendung von υἱὸς τοῦ ἀνθρώπου als Bezeichnung für den Wiederkommenden und Richtenden will Markus durch die betonte Verbindung desselben Titels mit den Themen der Passion und der Auferstehung gerade auf die Identität des Gekreuzigten mit dem Richtenden hinweisen[25].

6.

Ansätze zur Hervorhebung dieser Identität gab es — wie gezeigt — bereits vor Markus. Und für einen Redaktor, der eine geschlossene Evangeliendarstellung liefern wollte, lag es schon aus darstellerischen Gründen nahe, ehemals nur locker koordinierte Überlieferungsbereiche näher aneinanderzurücken. Aber ein solches Vorgehen bliebe formal, wenn es sich darauf beschränkte, bislang enger begrenzte Titel in ihrer Verwendung auszuweiten und auf andere Aussagenbereiche zu übertragen. Überzeugend wird ein solches Bemühen erst, wenn auch deutlich wird, welche Bedeutung eine solche theologische Intention für die Existenz der Gemeinde hat. Mit anderen Worten: Welche Bedeutung hat es für die Ge-

---

1. Der Verwendung von υἱὸς τοῦ ἀνθρώπου durch Mk waren enge Grenzen gesetzt, da die Benutzung dieses Titels nur in Aussagen Jesu möglich war.

2. Die Verwendung des Menschensohntitels in Mk 9,9b.12b.31; 10,33; 14,41 zeigt hinreichend deutlich das mk. Interesse, diesen Titel mit der Passionsüberlieferung zu verbinden.

3. Als vormk. Ansatzpunkt für die mk. Verwendung von υἱὸς τοῦ ἀνθρώπου in 9,9b usw. braucht 8,31 nicht verteidigt zu werden; denn Mk 10,45 und 14,21 zeigen bereits, daß die Einbeziehung des Menschensohntitels in die Passionsüberlieferung schon vor Mk (und zwar wohl in der Mk direkt voraufgehenden Tradition — so *Strecker*, aaO. 27 mit Hinweis auf *H. E. Tödt*, Menschensohn 134) erfolgt ist.

[25] In der Analyse des Nebeneinanders der drei Gruppen der Menschensohnworte im MkEv hebt *H. E. Tödt*, Menschensohn 252—254 die Bedeutung der Worte vom leidenden und auferstehenden Menschensohn für die mk. Redaktion m. R. hervor. Die gleichzeitige Aufnahme der Worte vom wiederkommenden Menschensohn (bes. in Mk 8,38) wird jedoch von Tödt nicht hinreichend berücksichtigt.

meinde, ihre gegenwärtige Situation und ihre Einstellung zu dieser, daß
gerade der Gekreuzigte als zukünftiger Richter erwartet wird? Die Antwort hierauf ist dort zu suchen, wo Markus thematisch die Existenz der
Gemeinde innerhalb der Komposition von Mk 8,27—9,1 darstellt.

Innerhalb von Mk 8,27—9,1 nehmen die Nachfolgelogien 8,34—37
schon aus kompositorischen Gründen eine Mittelstellung zwischen dem
christologischen Beginn und dem eschatologischen Ausblick ein und werden von beiden umschlossen. Inhaltlich erhalten dadurch die Aussagen
über die gegenwärtige Existenz der Gemeinde eine doppelte Begründung
— durch den Rückblick auf das Leiden des Menschensohns und durch
den Ausblick auf das Kommen dieses Menschensohns als Richter.

Das Leiden des Menschensohns zeigt, welche Existenzweise der Gemeinde vorgezeichnet ist. Durch den Rückbezug auf die Passion macht
Markus der Gemeinde ihre gegenwärtige Lage, in der Verfolgung offenbar reale Möglichkeit (wenn auch nicht unbedingt: permanente Wirklichkeit) ist, durchsichtig. Ihr Leiden ist keine zufällige und vorüber-
gehende Erscheinung, sondern als Möglichkeit immer gegeben, sofern und
solange sie am leidenden Menschensohn orientiert ist. Diese bleibende
Orientierung macht Markus gerade dadurch deutlich, daß er den Grund
des Leidens, nämlich die Person Jesu, um die gegenwärtige Größe des
‚Evangeliums‘ ergänzt (V. 35). Denn das Evangelium ist die Weise, in
der der Gekreuzigte in der Gegenwart präsent ist[26].

Der Abschluß von Mk 8,27—9,1 durch den Ausblick auf das kommende Gericht bringt keine neuen inhaltlichen Akzente, die diese Aussagen über die gegenwärtige Existenz der Gemeinde modifizieren. Er
bewirkt vielmehr eine letzte Einschärfung der paränetischen Mahnungen und enthält außerdem eine scharfe Unterscheidung zwischen dem
Bekennenden und seiner Umwelt, die — in traditioneller Formulierung
— als γενεὰ μοιχαλὶς καὶ ἁμαρτωλός gekennzeichnet wird[27]. Zugleich
macht die bruchlose Fortsetzung der Nachfolgelogien durch V. 38, der
den Gesichtspunkt des Leidens fortführt und ins Eschatologische wendet,
deutlich, daß der Ausblick auf die Parusie des Menschensohns ἐν τῇ δόξῃ

---

[26] Vgl. W. *Marxsen*, Der Evangelist Markus. Studien zur Redaktionsgeschichte des
Evangeliums, FRLANT 67, Göttingen ²1959, 77—101. Die mk. Herkunft der Zufügung καὶ τοῦ εὐαγγελίου in 8,35 ist allgemein anerkannt, vgl. G. *Strecker*, Literarkritische Überlegungen zum εὐαγγέλιον-Begriff im Markusevangelium, in: Neues Testament und Geschichte. Historisches Geschehen und Deutung im Neuen Testament.
Festschrift O. Cullmann, Zürich und Tübingen 1972, 97.

[27] Vgl. Mt 12,39; 16,4; s. auch Mk 9,19; Mt 17,17; Lk 9,41; 11,29; Apg 2,40; Phil
2,15; zum atl. Hintergrund: Dtn 32,5.

τοῦ πατρὸς αὐτοῦ nicht zum Überspringen des gegenwärtigen Leidens führt. Der Menschensohn richtet nach dem Maßstab, der durch seine eigene Passion gesetzt ist.

7.

Abschließend scheint ein Blick auf Mk 13 angebracht zu sein.

Zunächst wirkt — unter der Fragestellung nach dem Verhältnis von Christologie und Eschatologie — Mk 13 wie ein Rückschritt gegenüber Mk 8,27—9,1. Markus behandelt hier die eschatologische Thematik ohne Verknüpfung mit den christologischen Traditionen von Tod und Auferstehung Jesu[28]. Doch ist die markinische Interpretation der apokalyptischen Überlieferungen in Mk 13 nicht ohne Bezug zu Mk 8,27—9,1. Dort war es — neben der durch die christologische Titulatur hervorgehobenen Identität des Richtenden mit dem Leidenden — die Paränese, die Einweisung der Gemeinde in die Leidensnachfolge, an der sich der sachliche Zusammenhang von Christologie und Eschatologie zeigte. An diesem Punkt, den Aussagen über die gegenwärtige Existenz der Gemeinde, zeigt sich die Übereinstimmung von Mk 13 mit Mk 8,27—9,1.

Die markinische Intention bei der Aufarbeitung der apokalyptischen Überlieferungen in Mk 13 liegt in der bewußt durchgeführten Unterscheidung zwischen innergeschichtlichen und endgeschichtlichen Ereignissen[29]. Diese Unterscheidung eröffnet (zumindest ansatzweise) die Möglichkeit, die Existenz der Gemeinde *vor* dem Ende als eigenständige Frage zu reflektieren (Mk 13,9—13). Inhaltlich kennzeichnet Markus dabei (in sachlicher Übereinstimmung mit Mk 8,27—9,1) die so von der Endzeit abgehobene Gegenwart als Zeit der Bedrängnis — die damit auch Zeit des Bekenntnisses ist[30].

Mk 13 steht also nicht zusammenhangslos neben Mk 8,27—9,1. Die

---

[28] Allerdings ist die Stellung im Kontext nicht unwesentlich: direkt vor dem Beginn der Passionsdarstellung.

[29] Vgl. dazu *H. Conzelmann*, Geschichte und Eschaton nach Mc. 13 (1959), Aufs. 62—73; zustimmend: *E. Schweizer*, Eschatologie im Evangelium nach Markus (1969), Aufs. II 43—48 (in Kritik an *W. Marxsen*, Evangelist 73—77. 112—128). Über die neueren (meist literarkritischen) Analysen von Mk 13 informiert *H. Conzelmann*, Literaturbericht zu den Synoptischen Evangelien, ThR NF 37, 1972, 250—252.

[30] Dabei ist das Bekenntnis der Gemeinde in der Doppelheit des Bekennens des einzelnen in der Situation der Verfolgung (Mk 13,9.11) und der weltweiten Proklamation des Evangeliums (13,10) im Blick.

dort explizit dargestellte Identität des Kommenden mit dem Dagewese-
nen ist auch bei der Aufarbeitung der apokalyptischen Überlieferungen
in Mk 13 wirksam[31]. In der Zeit vor dem Ende[32] mit ihren (innergeschichtlichen) Bedrängnissen bewirkt die Orientierung am ‚Menschensohn' in seiner Doppelfunktion als Richtendem und Gekreuzigtem, dieser Situation sich nicht zu entziehen, sondern sie als der Gemeinde gemäß
anzunehmen.

---

[31] Zudem ist schon in der Übernahme apokalyptischer Überlieferungen durch die
christliche Gemeinde die Christologie regulierend wirksam.
a) Die Gewißheit des Ausblicks ist in der Auferstehung bzw. Erhöhung des als Richter erwarteten Herrn gegeben (auch wenn diese Identität erst spät explizit formuliert
wird), so daß sie nicht mehr durch vaticinia ex eventu hergestellt werden muß.
b) Das hat zur Folge, daß der geschichtliche Standort nicht verschleiert zu werden
braucht (das wird bes. in der Apk deutlich).
c) Dem entspricht, daß „das vorherrschende Interesse ... nicht ... bei der apokalyptischen Darstellung, sondern bei der richtigen *Einstellung* auf das Kommende" liegt
(*H. Conzelmann*, Aufs. 66, unter Verweis auf 1Thess 4,13—5,11; Hervorhebung im
Original).
[32] Die Unterscheidung zwischen innergeschichtlichen und endgeschichtlichen Ereignissen in Mk 13 zeigt, daß Mk bereits die Erfahrung der sich dehnenden Zeit zu verarbeiten beginnt; vgl. dazu auch *E. Gräßer*, Das Problem der Parusieverzögerung in den
synoptischen Evangelien und in der Apostelgeschichte, BZNW 22, Berlin 1957, 152 ff.
169.218 f.

VERSUCH, DAS THEMA DER BERGPREDIGT ZU FINDEN

CHRISTOPH BURCHARD

1.

Die Bergpredigt ist von Matthäus, nicht von Jesus. Wohl hat Matthäus sie aus Texten komponiert, die ihm als Worte Jesu überliefert waren. Auf nichts anderes, und zwar als Worte des Irdischen, sind nach dem ersten Evangelisten die Jünger Jesu verpflichtet, wie er schon den Bergprediger betonen und den Auferstandenen bekräftigen läßt[1]. Trotzdem ist die Bergpredigt nicht das Feld, auf dem man hochkarätige echte Jesusworte im Tagebau schürfen kann, womöglich in repräsentativer Auswahl. Solche Hoffnung hat das Interesse an ihr in- und außerhalb der Kirche bis heute genährt[2] und ist auch in wissenschaftlichen Unter-

---

[1] Mt 28,16—20. Die Perikope stellt Matthäus' Ostererscheinung dar. Anders als bei Lukas und Johannes offenbart der Auferstandene nicht grundsätzlich Neues. Auch die Eröffnung, daß die Vollmacht (zu lehren und zu heilen, die schon der Irdische hatte) nun umfassend ist (durch Ostern, dazu *R. Kratz*, Auferweckung als Befreiung. Eine Studie zur Passions- und Auferstehungstheologie des Matthäus (besonders Mt 27,62 —28,15), SBS 65, Stuttgart 1973) und die Beistandsverheißung dienen dazu, die Lehre des Irdischen zu ratifizieren und Nachfolge zu ermöglichen. Auch der gelegentlich als überraschend empfundene Taufbefehl ist nicht völlig neu. Johannes hatte alle Juden getauft (3,5), und Jesus hatte die Taufe als Forderung der „Gerechtigkeit" (u. A. 48) endossiert (3,15); während seines Erdenwirkens allein unter Juden (10,5 f) waren aber weitere Taufen nicht nötig. Zu 28,16—20 u. a. *G. Bornkamm*, Der Auferstandene und der Irdische. Mt 28,16—20, in: E. Dinkler — H. Thyen Hg., Zeit und Geschichte, Festschrift für R. Bultmann, Tübingen 1964, 171—191 = in: *G. Bornkamm — G. Barth — H. J. Held*, Überlieferung und Auslegung im Matthäusevangelium, WMANT 1, Neukirchen-Vluyn 1960, ⁵1968 = ⁶1970, 289—310 und zuletzt *J. Lange*, Das Erscheinen des Auferstandenen im Evangelium nach Matthäus. Eine traditions- und redaktionsgeschichtliche Untersuchung zu Mt 28,16—20, Forschung zur Bibel 11, Würzburg 1973. — Für Hilfe bei Manuskript und Korrektur ist H. Krüger zu danken.

[2] Ein guter Teil mindestens der neueren Wirkung (die frühe bei *É. Massaux*, L'In-

suchungen zu spüren. Doch liegen die Überlieferungsverhältnisse ebenso
wie in Matthäus' vier weiteren großen Logienkompositionen[3] nicht
grundsätzlich anders als bei der synoptischen Tradition überhaupt[4]. Zum

---

fluence de l'Évangile de Saint Matthieu sur la Littérature Chrétienne avant Saint
Irénée, Universitas Catholica Lovaniensis. Diss. theol. II 42, Louvain 1950) spielt sich
am Rand oder außerhalb der Kirchen ab, oft als wilde Exegese. Forschungsgeschichten
scheinen davon nur zu berücksichtigen, was sich in der etablierten Literatur niedergeschlagen hat (*E. Fascher*, Bergpredigt II. Auslegungsgeschichtlich, RGG[3] I, 1957, Sp.
1050—1053: Marx, Tolstoj, Kautsky). Es gibt aber daneben bis heute einen freien Gebrauch der Bergpredigt von Politikeräußerungen (z. B. *K. Matthiesen*, Wer von Mitleid spricht, wird ausgelacht, Frankfurter Rundschau 11. 4. 1974, 12) bis zur Verwendung in Kriegsdienstverweigerungsverfahren. „Demgegenüber spielt die Bergpredigt
gegenwärtig in den Bemühungen der ökumenischen Bewegung um ethische Probleme
wie auch in der theologischen Ethik eine erstaunlich geringe Rolle" (*L. Goppelt*, Das
Problem der Bergpredigt. Jesu Gebot und die Wirklichkeit dieser Welt, in: ders., Christologie und Ethik. Aufsätze zum Neuen Testament, Göttingen 1968, 27—43, hier 27).
Stimmt das noch? Zur Ökumene *Ch. Krause*, Die Bergpredigt in den ökumenischen
Studien seit dem zweiten Weltkrieg, LR 18 (1968), 65—74.

[3] Alle Welt nennt Mt 5—7,10,13,18 und 24 f „Reden". Die ersten beiden sind wel-
che, wenn man darunter einfach eine längere mündliche Ansprache ohne Rücksicht auf
Form, Funktion, Gelegenheit usw. versteht; eine Dienstanweisung an den begrenzten
Kreis der Jünger (11,1) würde man aber heute kaum eine Rede nennen. 13 ist eine
Folge von wohl vier Szenen, in denen Jesus abwechselnd zum Volk (1—9.24—35) und
mit den Jüngern redet (10—23.36—52); vor der letzten wechselt er den Ort. 18 ist ein
Lehrgespräch, das zwei Jüngerfragen beantwortet (nach *E. Schweizer*, Matthäus und
seine Gemeinde, SBS 71, Stuttgart 1974, 106 f, fängt der Komplex schon mit 17,24 an).
24 f ist private Belehrung der Jünger auf eine Frage hin, immerhin ununterbrochen;
doch ist nach dem Aufbau von Mt 13 zu erwägen, ob nicht 23 dazugerechnet werden
muß (vgl. *W. Trilling*, Das wahre Israel. Studien zur Theologie des Matthäus-Evangeliums[3], SANT 10, München 1964, 95). Fehlt darum das Scherflein der Witwe?

[4] Ich nehme wie die meisten an, daß die Bergpredigt auf der von Q komponierten
oder aufgenommenen Zusammenstellung von Logien fußt, die als Feldrede Lk 6,20
—49 jedenfalls nach Umfang und Folge ziemlich getreu erhalten ist (vgl. allgemein
M. Devisch, Le document Q, source de Matthieu. Problématique actuelle, in: M. Didier éd., L'Évangile selon Matthieu. Rédaction et théologie, Bibliotheca Ephemeridum Theologicarum Lovaniensium 29, Gembloux 1972, 71—97). Nur stammt mindestens ein Teil der Überschüsse und Abweichungen schon aus der vormatthäischen Nachgeschichte von Q (vgl. *D. Lührmann*, Die Redaktion der Logienquelle, WMANT 33,
Neukirchen-Vluyn 1969, 104—121), die man sich aber nicht allein als literarischen
Vorgang auf Papyrus oder Pergament denken darf, sondern als Teil eines größtenteils
nach wie vor mündlichen Gesamtprozesses der Überlieferung. Es muß nicht alles, was
mit der Q-Rede in der Praxis geschah, in Matthäus' Exemplar geschrieben gestanden
haben. Hier liegt das Recht von gegenüber Q skeptischen Forschern wie *J. Jeremias*,
Die Bergpredigt, Calwer Hefte 27[7], Stuttgart 1970 = in: ders., Abba. Studien zur
neutestamentlichen Theologie und Zeitgeschichte, Göttingen 1966, 171—189, der die

historischen Jesus führt auch von der Bergpredigt nur der mühsame methodische Weg, wie ihn zuletzt etwa F. Hahn beschrieben und D. Lührmann exemplarisch beschritten hat[5]. Früher oder später muß man dazu wissen, was sich Matthäus, Verfasser der Bergpredigt im ganzen und letzter Gestalter ihrer Bestandteile, dabei gedacht hat. Mich interessiert hier, was die Komposition von Mt 5,3—7,27, übrigens der längsten ununterbrochenen Äußerung Jesu in den Synoptikern, im ganzen bestimmt. Die Redaktionsgeschichte sollte das herausgebracht haben. Sie hat sich auch intensiv mit einzelnen Partien beschäftigt, vor allem mit Mt 5, mit der Gesamtkomposition aber nicht so, daß weiteres Nachdenken unangebracht wäre[6].

Entstehung der Bergpredigt ganz in der mündlichen Überlieferung sieht („Katechismus für Taufbewerber oder Neugetaufte", 23 = 183), oder *H.-Th. Wrege*, Die Überlieferungsgeschichte der Bergpredigt, WUNT 9, Tübingen 1968, der hartnäckig und oft überzeugend zeigt, daß sich Matthäus und Lukas nicht von ein und demselben schriftlichen Wortlaut ableiten lassen. Ob man ein gegebenes Stück Matthäus eher als Gemeindebildung oder als schriftstellerische Leistung (mit Nachdruck *H. Frankemölle*, Die Makarismen (Mt 5,1—12; Lk 6,20—23). Motive und Umfang der redaktionellen Komposition, BZ N. F. 15, 1971, 52—75) ansehen muß, ist damit nicht entschieden. Vgl. noch *C. H. Lohr*, Oral Techniques in the Gospel of Matthew, CBQ 23 (1961), 403—435.

[5] *F. Hahn*, Methodologische Überlegungen zur Rückfrage nach Jesus, in: K. Kertelge Hg., Rückfrage nach Jesus. Zur Methodik und Bedeutung der Frage nach dem historischen Jesus (Quaestiones disputatae 63), Freiburg—Basel—Wien 1974, 11—77; *D. Lührmann*, Liebet eure Feinde (Lk 6,27—36/Mt 5,39—48), ZThK 69 (1972), 412 bis 438. Noch nicht gesehen: *D. Lührmann*, Die Frage nach Kriterien für ursprüngliche Jesusworte. Eine Problemskizze, in: J. Dupont éd., Jésus aux Origines de la Christologie. Journées bibliques de Louvain 1973 (Bibliotheca Ephemeridum Theologicarum Lovaniensium 40), Gembloux 1975. Für altgläubige Beschwörungen der Historizität der Bergpredigt ist es zu spät, für das Aufgeben der Jesusforschung (vgl. *L. Schottroff*, Der Mensch Jesus im Spannungsfeld von Politischer Theologie und Aufklärung, Theologia Practica 8, 1973, 243—257) zu früh. Solange die Gesprächslage ist, wie sie ist, sollten wir aber besser nicht ohne weiteres von Jesus reden, wo niemand anders als die literarische Figur oder die Gestalt der Tradition gemeint sein kann. Solange ist die Bergpredigt auch keine „Sammlung von Jesusworten".

[6] Doch s. *J. Kürzinger*, Zur Komposition der Bergpredigt nach Matthäus, Bibl 40 1969, 569—589 = in: Studia Biblica et Orientalia edita a Pontificio Instituto Biblico ad celebrandum annum L ex quo conditum est Institutum 1909 — VII Maii — 1959, Analecta Biblica 11, II, Rom 1959, 1—21; *J. Dupont*, Les Béatitudes, Paris 1957; ²I 1958, II 1969, III 1973; *G. Eichholz*, Die Aufgabe einer Auslegung der Bergpredigt, in: ders., Tradition und Interpretation. Studien zum Neuen Testament und zur Hermeneutik, ThB 29, München 1965, 35—56; *U. Luck*, Die Vollkommenheitsforderung der Bergpredigt. Ein aktuelles Kapitel der Theologie des Matthäus, ThEx 150, Mün-

2.

Die Bergpredigt ist nach dem programmatischen Satz über Jesu Verkündigung 4,17, der einen neuen Teil des Evangeliums einleitet[7], der Berufung der ersten vier Jünger 4,18—22 und dem Summarium über Jesu Wirken und Wirkung 4,23—25 die erste große Episode dieses Wirkens: 5,1—7,29. Es folgt die Kette von vorwiegend Wundergeschichten 8,1—9,34 und das Summarium 9,35, das fast wörtlich 4,23 wiederholt. Auch wenn die übliche Bezeichnung der beiden als Rahmenverse für 5—9 nicht ganz stimmt, weil 9,35 weniger abschließt als die Aussendung 9,37—10,42 vorbereitet, so zeigt die Reprise doch, daß eine Zäsur gesetzt werden und der Stoff seit 4,23—25 als Einheit gelten soll, zumal Matthäus Bergpredigt und Geschichten zwar als ihre Unterabschnitte unterschieden, aber offenbar nicht getrennt wissen will (8,1)[8]. Meist werden nun 4,23—25 (9,35) und 5,1—9,34 als Thema und Ausführung aufeinander bezogen: Bergpredigt und Geschichten entwickeln, interpretieren — oder wie immer man will — Wort und Wundertat Jesu, die das

---

chen 1968; O. *Hanssen,* Zum Verständnis der Bergpredigt. Eine missionstheologische Studie zu Mt 5,17—18, in: E. Lohse Hg., Der Ruf Jesu und die Antwort der Gemeinde, Festschrift für J. Jeremias, Göttingen 1970, 94—111; M. *Hengel,* Leben in der Veränderung. Ein Beitrag zum Verständnis der Bergpredigt, EvKomm 3 (1970), 647—651; M. D. *Goulder,* Midrash and Lection in Matthew, London 1974, 250—269 u. ö. Auch W. D. *Davies,* The Setting of the Sermon on the Mount, Cambridge 1964, der aber nicht den Text selber, sondern „the circumstances of its emergence and formulation" (IX) behandelt; gekürzt: ders., The Sermon on the Mount, London 1966 = Die Bergpredigt. Exegetische Untersuchung ihrer jüdischen und frühchristlichen Elemente, München 1970. Nicht gesehen: P. *Pokorný,* Der Kern der Bergpredigt. Eine Auslegung, Hamburg 1969. — Forschungsstand für Matthäus insgesamt: Didier éd., L'Évangile; W. G. *Kümmel,* Einleitung in das Neue Testament[17], Heidelberg 1973, 73—92; A. *Sand,* Das Gesetz und die Propheten. Untersuchungen zur Theologie des Evangeliums nach Matthäus, Biblische Untersuchungen 11, Regensburg 1974, 1—31.

[7] Ob allein oder mit 4,12 ff, ist hier nicht wichtig.

[8] Daß 9,35 an 4,23 erinnern soll, zeigt V. 36, wo Jesus unvermittelt die Massen sieht. Das ist nicht ungeschickte Verarbeitung von Mk 6,34; Matthäus erwartet, daß der Leser oder Hörer die in 4,24 f genannte Massenwirkung Jesu hinzudenkt. Daß 5—9 einen Abschnitt bilden, ist ziemlich allgemeine Meinung (anders Goulder, weil er Mt wieder als Lektionar erklären möchte). Die Folge Rede—Wunder ist implizit in Mk 1 angelegt, ausdrücklich in Q. Es würde wohl lohnen, die Zusammenhänge über den engen und mittelweiten Rahmen der Bergpredigt hinaus zu verfolgen. Ich möchte mich aber nicht in die Problematik der Gliederung des ganzen Evangeliums (zuletzt *Schweizer,* Matthäus und seine Gemeinde 15—31) verwickeln müssen. Zu Mt 28,16—20 o. A. 1 und u. unter 4.2.

Summarium nur benennt, und zeigen so, wer Jesus ist: „der Messias des Wortes" und „der Messias der Tat"[9]. Die Bergpredigt entspricht dann dem Lehren und Verkündigen von 4,23 (9,35) oder einem von beiden. Das glaube ich nicht.

Zunächst zu 4,23 (9,35). Es ist kein Anlaß, Lehren und Verkündigen zu unterscheiden, das eine in der Synagoge, das andere womöglich draußen[10]. Matthäus bezeichnet mit beiden Verben die Worttätigkeit Jesu, manchmal unter besonderem Aspekt, aber auch synonym[11]. Hier meint „Lehren in ihren Synagogen" vielleicht einfach die Gelegenheit der Sabbatpredigt und „Verkündigen des Evangeliums von der Basileia" ihren Inhalt. τὸ εὐαγγέλιον τῆς βασιλείας klingt technisch und lockt, die Bedeutung primär aus dem Querschnitt der matthäischen Beleg- und Streichstellen für εὐαγγέλιον und ihrer Behandlung der Tradition zu erheben[12]. Die Wendung, bei Matthäus außer 4,23; 9,35 nur 24,14, sonst in der urchristlichen Literatur nicht, ist aber kaum so fixiert, daß man vom Kontext absehen dürfte. Nach 4,17 fing Jesus an, Buße wegen der Nähe der Basileia zu verkündigen. Sechs Verse später, nach der Berufungsgeschichte, die zum Thema nichts Veränderndes beisteuert, kann „das Evangelium von der Basileia" kaum anderes sein als Substantivierung von 4,17. 9,35 ff bestätigt das. In der Sendungsinstruktion 10,5—42, die 9,35 ff vorbereitet, befiehlt Jesus den Jüngern, was er nach 9,35 selber tut. Insbesondere nehmen 10,5b—8a 9,35 f wieder auf (in umgekehrter Reihen-

---

[9] *J. Schniewind*, Das Evangelium nach Matthäus, NTD 2, Göttingen 1937; 1968[12], 37—106; *P. Hoffmann*, Die Stellung der Bergpredigt im Matthäusevangelium. Auslegung der Bergpredigt I, BiLe 1969, 57—65, hier 62. Weitere Vertreter der christologischen Deutung bei *Chr. Burger,* Jesu Taten nach Matthäus 8 und 9, ZThK 70 (1973), 272—287, hier 272 f, der sie für Mt 8 f zugunsten einer ekklesiologischen bestreitet. Zur Komposition noch u. a. *H. J. Held*, Matthäus als Interpret der Wundergeschichten, in: *Bornkamm—Barth—Held*, Überlieferung und Auslegung 155—287, hier bes. 234 ff; *W. G. Thompson*, Reflections on the Composition of Mt 8:1—9:34, CBQ 33 (1971), 365—388.

[10] So z. B. *Schniewind*, 36 f; vorsichtig *E. Schweizer*, Das Evangelium nach Matthäus. NTD 2, Göttingen 1973, 43 f. Eigentümlich *Burger,* 282, der Verkündigen und Heilen als Hinweis auf (nicht Inhaltsangabe von) 8 f nimmt.

[11] *G. Strecker*, Der Weg der Gerechtigkeit, Untersuchung zur Theologie des Matthäus, FRLANT 82, Göttingen 1962 = [3]1971, 126—128.

[12] *Strecker*, Weg 128—130; *P. Stuhlmacher*, Das paulinische Evangelium I. Vorgeschichte. FRLANT 95, Göttingen 1968, 238—243. Zu Basileia *A. Kretzer*, Die Herrschaft der Himmel und die Söhne des Reiches. Eine redaktionsgeschichtliche Untersuchung zum Basileiabegriff und Basileiaverständnis im Matthäusevangelium, Stuttgarter Biblische Monographien 10, Würzburg—Stuttgart 1971.

folge). „Das Evangelium von der Basileia" wird darum durch 10,7 erläutert: Die Basileia der Himmel ist nahe. Diese Verkündigung läßt
nach 4,25 Massen zusammenströmen. Die Massen sind bei Matthäus interessiert bis sympathisierend, jedenfalls vor der Passionsgeschichte[13];
ἠκολούθησαν deutet das hier an.

Anders 5,1—7,29. Nach 5,1 f geht Jesus auf einen Berg, als er die
Massen sieht, und lehrt die Jünger. Offenbar wendet er sich von den
Massen ab, im Gegensatz zu 9,36, wo dasselbe ἰδὼν δὲ τοὺς ὄχλους
seine Zuwendung (wenn auch nicht Rede) zu den Massen einführt, aber
ähnlich wie in 8,18 (vgl. 13,36). Der Berg ist wohl hier wie später 14,23;
15,29; 17.1.9; 28,16 der Ort besonderer Kommunikation mit Gott, pas-
send zwischen Himmel und Erde gelegen, jedenfalls etwas anderes als
„ihre Synagogen"[14]. Die Jünger meint bei Matthäus die Zwölf, wenn
auch nicht exklusiv; sie bilden auch keinen einmaligen Apostelkreis wie
bei Lukas, sondern stehen für die Jünger Jesu schlechthin, die sich anders
als die Massen ganz auf den Weg der Nachfolge begeben haben[15]. Sie
sind in der Bergpredigt angeredet, wie das durchlaufende „euer Vater in
den Himmeln" zeigt[16], und, was nicht dasselbe ist, ihnen gilt sie auch.
Von Metanoia und Nähe der Basileia kein Wort; statt dessen Anweisungen an solche, die das Evangelium von der Basileia erfaßt haben und
nun in der Zeit bis zum Eschaton in der Welt leben, wie noch zu zeigen
sein wird. Die szenische Schlußbemerkung 7,28 f scheint zu widersprechen. Die Massen staunen, weil Jesus sie vollmächtiger lehrt als ihre
Schriftgelehrten. Wer die Bergpredigt unter 4,23—25 subsumiert, findet

---

[13] *Strecker*, Weg 106 f.116; *S. van Tilborg*, The Jewish Leaders in Matthew, Leiden 1972, 142—165.

[14] Man kann schwanken, ob man „den" oder „einen" Berg übersetzt. „Gebirge"
(*Schniewind*, 39; vgl. *W. Grundmann*, Das Evangelium nach Matthäus, ThHK 1, Berlin 1968; ²1971, 114) geht schon wegen des Kontextes nicht, der keine Reise nahelegt.
Zum Bergmotiv bei Matthäus *Strecker*, Weg 98; *Lange*, 392—446. Sinai- oder Mose-
typologie scheint mir nach dem folgenden nicht wahrscheinlich (vgl. *Lange*, 440—445).

[15] *Strecker*, Weg 191—206; R. Schnackenburg, „Ihr seid das Salz der Erde, das
Licht der Welt". Zu Mt 5,13—16, in: Mélanges E. Cardinal Tisserant I (StT 231),
Vatikanstadt 1964, 365—387 = in: J. B. Bauer Hg., Evangelienforschung. Ausgewählte
Aufsätze deutscher Exegeten, Graz—Wien—Köln 1968, 119—146 = in: *Schnackenburg*, Schriften zum Neuen Testament. Exegese in Fortschritt und Wandel, München
1971, 177—200, hier 186—189; *U. Luz*, Die Jünger im Matthäusevangelium, ZNW 62
(1971), 141—171; *van Tilborg*, 99—141; *Lange*, 308—326.

[16] *Jeremias*, Bergpredigt 26 = in: Abba 185: „wie ein roter Faden". Gott ist auch
bei Matthäus kein allgemeiner Menschenvater. Eine andere Frage ist, ob die Bergpredigt ganz oder stellenweise einer besonderen Gruppe von Jüngern gilt (u. unter 4.2).

konsequenterweise hier, nicht in 5,1 f, Matthäus' Intention. Aber nach dem Text im oben vorgeschlagenen Sinn gelesen kann die Stelle nur besagen, daß die Bergpredigt keine Geheimlehre ist und insofern — aber nur insofern — jedermann gilt, als jeder zur Jüngerschaft eingeladen ist[17].

Die Bergpredigt gibt also für Matthäus nicht „das Evangelium von der Basileia" (4,23; 9,35), nicht „den generellen Inbegriff von Jesu Predigt", keine „Zusammenfassung der öffentlichen Predigt Jesu"[18]. Was dann?

3.

Die Frage läßt sich als Aufforderung zur Gliederung der Bergpredigt deuten, sofern man darunter nicht einen Standortkatalog der vorkommenden Themen versteht, wie es Inhaltsverzeichnisse oft sind und auch manche Gliederungen der Bergpredigt, sondern ein System von Angaben, das die Syntax der Glieder beschreibt, wobei die Angaben höherer Ordnung Sätze sein sollten. Nach dem, was man bisher über Matthäus' Kompositionsart weiß oder ahnt[19], sollte so etwas möglich sein, zumal es Sätze in der Bergpredigt gibt, die offensichtlich Leitfunktion für längere Abschnitte haben[20]. Natürlich wird man kein Gebilde von der Strenge älterer Aufsatz- oder Predigtpropositionen erwarten, schon deswegen nicht, weil Matthäus fast durchweg geformten und zum Teil schon gruppierten Stoff verarbeitet.

Es ist ziemlich problemlos, die Bergpredigt aus inhaltlichen und/oder formalen Gründen in kleinste Sinneinheiten zu zerlegen, sie gegebenen-

---

[17] *Luck*, 14 f; *H. Conzelmann*, Grundriß der Theologie des Neuen Testaments, Einführung in die evangelische Theologie 2, München 1967 = [2]1968, 142.

[18] *M. Dibelius*, The Sermon on the Mount, New York 1940 = Die Bergpredigt, in: ders., Botschaft und Geschichte I, Tübingen 1953, 79—174, hier 89; *Goppelt*, 41, für viele. *Grundmann*, 111 und *U. Wilckens*, Das Neue Testament, Hamburg—Köln/Zürich—Zürich 1970 = [3]1971, 25 f, fassen konsequent 4,23—5,1 als eine Perikope.

[19] Es fehlt Umfassendes zu Matthäus' Stil. J. Jeremias hat mündlich und schriftlich immer wieder auf das Material bei *A. Schlatter*, Der Evangelist Matthäus. Seine Sprache, sein Ziel, seine Selbständigkeit, Stuttgart 1929 =[6]1963, hingewiesen. Bei Lukas sind wir insgesamt wohl weiter.

[20] Zu wenig beachtet z. B. in *Hanssens* anregender Untersuchung (u. A. 76). Skeptisch *Sand*, Gesetz und Propheten 46: „keine ‚Rede' mit nur einem konsequent durchgeführten Thema."

falls zu Gruppen zusammenzufassen und aus denen Abschnitte zu bilden. Bibelübersetzungen, Synopsen, Kommentare tun es laufend und markieren ihre Einteilung mit Überschriften, unter Umständen auf allen drei Ebenen[21]. Schwierig ist neben einigen Grenzziehungsfragen die Zuordnung der Teile zu einem Ganzen, vor allem auf der obersten Ebene. Ich gehe wie viele davon aus, daß Matthäus mit den umfassenden beiden Worten über das Gesetz und die Propheten in 5,17 und 7,12 so etwas wie das Corpus der Bergpredigt abgrenzt und inhaltlich kennzeichnet. 5,3—16 ist dann Ein-, 7,13—27 Ausleitung, was nicht heißt, daß sie Nebenteile neben dem Hauptteil wären, den man darum auch besser nicht so nennt. Vom Verständnis der Einleitung hängt viel ab.

4.

4.1 Die Einleitung der Bergpredigt beginnt mit den Seligpreisungen 5,3—12[22]. Es ist wohl sicher, daß Matthäus die Sprüche spiritualisierend und ethisierend versteht[23]: sie preisen nicht Armut, sondern Armut τῷ πνεύματι, was immer das genau bedeutet, und das nicht als Kondition, in der einer angetroffen wird, sondern die er erfüllt. Sie sind indirekte Forderungen, wobei sie nicht je auf eine unter Umständen als einzige zu verfolgende Tugend gehen, sondern Züge einer Gesamthaltung nennen, so wie auch die Begründungssätze synonym sind, wie der von Matthäus

---

[21] Oft anscheinend mit linker Hand. *A. Huck—H. Lietzmann,* Synopse der drei ersten Evangelien[9], Tübingen 1936 = [12]1975, geben der Bergpredigt inhaltliche Zwischentitel. Mt 7,24—27 ist als „Schlußgleichnisse" (36) dagegen funktional und formal überschrieben. „Gleichnisse" trifft dabei wohl eine frühere Stufe der Tradition, wenn auch nur im Singular (Doppelgleichnis); für Matthäus ist der Text vielleicht eher allegorisch (u. A. 87). Oft sind Überschriften nicht distinktiv genug. „Gerechtigkeit vor Gott" (*Schweizer,* Evangelium 85) unterscheidet 6,1—18 nicht genug von 5,21—48 „Die neue Gerechtigkeit" (66), wobei übrigens die Seitentitel hier wie oft im Buch anders sind als die im Text.

[22] Zuletzt u. a. *Dupont,* Béatitudes; *N. Walter,* Die Bearbeitung der Seligpreisungen durch Matthäus, in: F. L. Cross ed., Studia Evangelica IV (TU 102), Berlin 1968, 246—258; *P. Hoffmann,* „Selig sind die Armen ...". Auslegung der Bergpredigt II (Mt 5,3—16), BiLe 10 (1969), 111—122; *G. Strecker,* Die Makarismen der Bergpredigt, NTS 17 (1970/71), 255—275 = Les macarismes du discours sur la montagne, in: Didier éd., L'Évangile 185—208; *Frankemölle.* Zur Form einer Reihe mit langem Schlußglied auch *D. Daube,* The New Testament and Rabbinic Judaism, London 1956, 196—201.

[23] Nachdrücklich *Strecker,* Makarismen.

geschaffene V. 10 mit dem Rückgriff auf V. 3b zeigt[24]. Es ist deshalb kein Wunder, daß es nicht ganz leicht fällt, die Vordersätze gegeneinander zu profilieren; sie müssen aber wohl nicht alle auf Aktivitäten gedeutet werden[25]. Der gleiche V. 10 zeigt auch, von wem die Rede ist. Er nimmt den Inhalt von V. 11 f[26], die dadurch zu seiner Interpretation werden, in die Kette der in der 3. Plural formulierten Seligpreisungen hinein. Matthäus hört offenbar trotz der (also übernommenen) Formulierung Jesus schon ab V. 3 nicht von jedwedem sprechen, der die Forderungen erfüllt, sondern von den Jüngern, wie übrigens wohl schon Q und auch Lukas. Die Vordersätze der matthäischen Seligpreisungen nennen nicht Konditionen der Bekehrung, sondern notae ecclesiae[27].

Es ist aber nicht so, daß 5,3—12 als Auftakt zur Bergpredigt die Anforderungen des Christenstandes proklamiert oder vielmehr, wenn die Jünger Subjekt sind, wieder einschärft. Sie müßten sonst wohl in irgendeiner Form im Corpus der Bergpredigt aufgenommen sein. Die Stichwörter der Vordersätze tauchen aber kaum wieder auf, umgekehrt wichtige Wörter der Bergpredigt nicht in ihnen[28], anders als die Basileia und der Lohn aus den Nachsätzen. Nicht die Forderungen werden als solche eingeschärft, sondern die seligmachenden Begründungen. Die Vordersätze sprechen die Jünger an als die Armen im Geist, nach Gerechtigkeit Hungernden, womöglich Verfolgten, die sie geworden sind (es könnten Selbstbezeichnungen der matthäischen Gemeinde sein wie die Kleinen[29]); die Begründung erinnert sie an den daran geknüpften Lohn in der Basi-

---

[24] *Frankemölle*, 72 f. Anders als er, *Dupont, Walter* u. a. nehme ich ähnlich wie *Strecker*, Makarismen 259; *Lührmann*, Liebet eure Feinde 415, an, daß V. 7—9, vielleicht auch V. 5 vormatthäisch sind. V. 3b/10b ist typisch matthäische inclusio (vgl. 5,17/7,12; 6,25/34a).

[25] So *Strecker*, Makarismen. Mindestens bei V. 3 und 8 finde ich es schwierig.

[26] Dazu zuletzt *D. R. A. Hare*, The Theme of Jewish Persecution of Christians in the Gospel according to St Matthew, SNTS Monograph Series 6, Cambridge 1967.

[27] Zu Matthäus' Ekklesiologie u. a. *Strecker*, Weg 191—242. 253—256, und zuletzt *H. Frankemölle*, Jahwebund und Kirche Christi. Studien zur Form- und Traditionsgeschichte des „Evangeliums" nach Matthäus (NTA N. F. 10), Münster 1973; *Schweizer*, Matthäus und seine Gemeinde.

[28] Wenn *Lührmann*, ebd. recht hat, hat Matthäus möglicherweise sogar in der Tradition vorhandene Beziehungen zwischen den Seligpreisungen und dem Abschnitt über die Feindesliebe verwischt. — Spricht gegen *Goulder*, der im Gefolge von *A. M. Farrer*, St Matthew and St Mark, London 1954; ²1966, die Bergpredigt als Auslegung der Seligpreisungen begreift. Gegen *Farrer Davies*, 9—12.

[29] Im Sinn aufrichtiger Nachfolge, nicht erreichter Perfektion. Matthäus weiß, daß Christen sündigen können.

leia. Mit anderen Worten: die Seligpreisungen fungieren in der Bergpredigt nicht als „Einlaßbedingungen" oder „eschatologische Tugend-
tafeln" o. ä.[30], obwohl sie das sein könnten, sondern als tröstliche Erinnerung an die Verheißung. „Freut euch und jubelt."[31]

4.2 Die Spruchgruppe 5,13—16[32] schließt sich insofern gut an, als sie
das in V. 11 zum erstenmal ausgesprochene Ihr fortsetzt und formal
ebenfalls vom Indikativ zum Imperativ geht. Sie kehrt aber den Blick
vom Himmel (V. 12) zur Erde (V. 13), das heißt von der zukünftigen
Basileia zur Zeit bis zu ihrer Ankunft und von den berechtigten Hoffnungen für die eigene Person und Gruppe zu einer Funktion für andere.
Auch das ist noch tröstlich: die bescheidene Existenz der Jünger ist nicht
nur im Vorblick aufs Kommende sinnvoll, sondern auch im Jetzt. Doch
liegt der Akzent nicht mehr auf der Gabe, sondern der Aufgabe. Das ist
negativ angedeutet in der Gerichtsdrohung V. 13b, die gleich das erste
Ihr seid begleitet[33], und positiv gesagt in V. 16, der die vorhergehenden
Sprüche deutet: Erde und Kosmos sind die Menschen, und ihr Salz und
Licht sein heißt, sie gute Werke sehen zu lassen, damit sie Gott preisen[34].

Wenn 5,3—16 eine Einleitung der Bergpredigt sein soll, muß sich eine
Brücke zum Folgenden schlagen lassen. Das ist nicht leicht, wird oft auch
nicht ernsthaft versucht. Mit dem Ich des Bergpredigers und Gesetz und
Propheten kommt anscheinend ganz Neues. Zwar setzt das argumentie-
rende μὴ νομίσητε, mit dem V. 17 beginnt, einen Anknüpfungspunkt
voraus. Der wird aber meist außerhalb des literarischen Zusammenhangs
bei Gegnern in Matthäus' Umwelt gesucht. Da mag es einen gegeben

---

[30] *H. Windisch*, Der Sinn der Bergpredigt. Ein Beitrag zum geschichtlichen Verständnis der Evangelien und zum Problem der richtigen Exegese, UNT 16[2], Leipzig
1937, 63 A. 1, für viele.

[31] Hier wäre auf das die ganze Bergpredigt betreffende Verhältnis von Imperativ
und Indikativ einzugehen, was ich aus Raum- und Zeitgründen nicht kann. Dazu gehört auch das Lohnmotiv (zuletzt *Sand*, Gesetz und Propheten 115—120).

[32] Zum Text zuletzt u. a. *Schnackenburg; G. Schneider*, Das Bildwort von der
Lampe. Zur Traditionsgeschichte eines Jesus-Wortes, ZNW 61 (1970), 183—209, bes.
199—202; *F. Hahn*, Die Worte vom Licht Lk 11,33—36, in: P. Hoffmann—N. Brox
—W. Pesch Hg., Orientierung an Jesus. Zur Theologie der Synoptiker, Festschrift
für J. Schmid, Freiburg—Basel—Wien 1973, 107—138, bes. 117—119.

[33] Entweder allegorischer Hinweis aufs Endgericht oder, wenn ὑπὸ τῶν ἀνθρώπων
wörtlich zu nehmen ist (vgl. V. 16): dann werdet ihr zu Recht und ohne den Schutz
von 28,20 verfolgt. Zur Formulierung vgl. Joseph und Aseneth 13,11; städtische Verhältnisse?

[34] V. 16 wird ebenso wie V. 13a und 14a matthäisch sein (zuletzt *Schneider*, 200 f).

haben. Doch knüpft 5,17 ff enger auch an den vorhergehenden Text an, als es zunächst scheint. Es ist bekannt, daß 5,16 weder sprachlich noch sachlich originell ist, sondern in Tradition steht, die ins Judentum zurückreicht[35]. Die erhellendste Parallele, und zwar nicht nur für 5,16 allein, sondern auch den Folgetext, finde ich in Paulus' Polemik Röm 2,17 ff gegen die Schlagworte eines jüdisch-hellenistischen Selbstverständnisses, das als „Licht derer in der Dunkelheit" Erzieher des Menschengeschlechts sein will, weil es „den Willen kennt" und „die Ausprägung der Erkenntnis und Wahrheit im Gesetz" besitzt, deswegen andere die (Zehn) Gebote „lehrt", sich selber aber nicht, das heißt, sie nicht hält, und so dazu beiträgt, daß Gott „unter den Heiden gelästert wird"[36]. Mir scheint, daß ein Motivzusammenhang ähnlich dem von Paulus zitierten, aber nicht polemisch bestritten, sondern christlich aufgenommen und erst dann auch polemisch akzentuiert, den Gedankengang von 5,13—16 zu 5,17 ff steuert[37]. Das hilft zunächst bei V. 16. Matthäus wendet nicht zufällig von den Bildern das Licht und nur es paränetisch an. Er zielt damit nicht auf einen bestimmten Ausschnitt christlichen Verhaltens, sondern das ganze, weswegen „gute Werke" allgemein sittlich gute sind, nicht speziell die מעשים טובים der rabbinischen Literatur[38]. Die Men-

---

[35] Außer der Literatur zur Stelle *D. Lührmann*, Das Offenbarungsverständnis bei Paulus und in paulinischen Gemeinden, WMANT 16, Neukirchen-Vluyn 1965, 49—54; *W. C. van Unnik*, Die Rücksicht auf die Reaktion der Nicht-Christen als Motiv in der altchristlichen Paränese, in: W. Eltester Hg., Judentum Urchristentum Kirche, Festschrift für J. Jeremias, BZNW 26, Berlin 1960 = ²1964, 221—234.

[36] Zum Text zuletzt *E. Käsemann*, An die Römer, HNT 8a, Tübingen 1973, ³1974, z. St. Ob hier speziell vom Gelehrten die Rede ist, kann offen bleiben; auch er wäre als Typ des Juden schlechthin angesprochen.

[37] Parallele Ideen, mehr Matthäus' Tradition betreffend, bei *E. Schweizer*, „Der Jude im Verborgenen ..., dessen Lob nicht von Menschen, sondern von Gott kommt". Zu Röm 2,28 f und Mt 6,1—18, in: J. Gnilka Hg., Neues Testament und Kirche, Festschrift für R. Schnackenburg, Freiburg—Basel—Wien 1974, 115—124 = in: *Schweizer*, Matthäus und seine Gemeinde 86—97. — Daß Matthäus in Paulus' Tradition stünde, ist nicht behauptet, vielmehr beide in der gleichen. Antiochia? — Zur historischen Seite des Verhältnisses Paulus—Matthäus, die von der systematischen (vgl. o. A. 31) aber kaum zu trennen ist, zuletzt *Davies*, 316—341; *A. Sand*, Die Polemik gegen „Gesetzlosigkeit" im Evangelium nach Matthäus und bei Paulus, BZ N. F. 14 (1970), 112—125; *Goulder*, 153—170 (Matthäus kannte Paulus' Briefe).

[38] Die von der Erfüllung der konkreten Einzelgebote der Thora unterschiedenen, trotzdem insgesamt für geboten gehaltenen karitativen Taten, die in Liebesgabe und Liebeswerk eingeteilt werden können (*H. L. Strack—P. Billerbeck*, Kommentar zum Neuen Testament aus Talmud und Midrasch IV, München 1928, 536—610; *J. Jeremias*, Die Salbungsgeschichte Mc 14,3—9, ZNW 35, 1936, 75—82 = in: Jeremias, Abba

schen sind nicht alle Mitmenschen, sondern die Nichtchristen, die zur Anerkennung Gottes gewonnen werden sollen; übrigens wohl als solche,
vom Staat oder sonstwelcher Organisiertheit ist in der Bergpredigt nirgends die Rede. Das ganze beschreibt die raison d'être der Jünger, wohl
insgesamt, nicht einer besonders beauftragten Gruppe[39], in der Welt.
Darum sind mit Recht immer wieder Linien zu Mt 28,16—20 gezogen
worden[40] und auch zu 4,19 wäre vielleicht eine zu ziehen[41]. Vor allem
aber ergibt sich, daß in 5,17 ff von dem, was Gesetz und Propheten fordern, nicht unvorbereitet die Rede ist, sondern weil 5,16 darauf hinzielt.
Es enthält das Licht, das die Jünger vor den Menschen, von denen darum
die Bergpredigt immer wieder spricht, leuchten lassen sollen.

Wenn das stimmt, dann ist 5,3—16 dem Corpus 5,17—7,12 nicht prä-
ludienhaft vor-, sondern sachlich übergeordnet. 5,16 ist so etwas wie das
Thema der Bergpredigt. Was folgt, ist Ausführung: so verhält sich der
Jünger konkret, wenn er Licht der Welt sein will. Wie verläuft die Ausführung?

5.

5.1 Sie fängt mit der Grundsatzerklärung über Gesetz und Propheten
5,17—20 an[42]. Die Verse sind formal ein Ganzes[43]: Rechtsgrundsatz

---

107—115). So oder im noch engeren Sinn der Liebeswerke deuten viele. Aber καλὰ
ἔργα muß das nicht heißen (1Petr 2,12, Pastoralbriefe, auch Philo u. a.).

[39] *Schnackenburg* gegen die „in der neueren Exegese" vorwiegende Meinung, von
der er nur *Schniewind* ausnimmt (178).

[40] Schon *Schlatter,* 146; energisch *Hanssen.* Wie das Taufen und Lehren das Leuch-
tenlassen der guten Werke und umgekehrt interpretiert, wäre zu klären. 5,16 geht
m. E. primär nicht auf Verkündigung. Umgekehrt ist die Bergpredigt nicht schlecht-
weg „alles, was ich euch geboten habe", sondern nur ein Teil. An Mission im Sinne
eines „Geht hin in alle Welt" denkt m. E. weder 28,16—20 (πορευθέντες V. 19 ist
Füllwort wie öfter bei Matthäus) noch 5,16.

[41] Vgl. *G. Eichholz,* Auslegung der Bergpredigt, Biblische Studien 46, Neukirchen-
Vluyn 1965, 59 f, der aber an Lk 5,1—11 erinnert. „Menschenfangen" hieße dann in
4,19 gerade nicht „Dienst am Wort" (*Schniewind,* 35).

[42] Zum Text zuletzt u. a. *H. Hübner,* Das Gesetz in der synoptischen Tradition.
Studien zur These einer progressiven Qumranisierung und Judaisierung innerhalb der
synoptischen Tradition, Witten 1973, 15—39 u. ö.; *E. Schweizer,* Noch einmal Mt 5,
17—20, in: H. Balz—S. Schulz Hg., Das Wort und die Wörter, Festschrift für G.
Friedrich, Stuttgart—Berlin—Köln—Mainz 1973, 69—73 = in: *Schweizer,* Matthäus
und seine Gemeinde 78—85.

[43] Zur Form und ihrer Herkunft *Lührmann,* Redaktion 116—118. Das schließt

(V. 17) mit eschatologischer Begründung (V. 18) — zwei erläuternde antithetische Fallsätze (V. 19) — Anwendung auf die vorliegende Situation (V. 20). Zwischen V. 16 und V. 19 bedeutet das fast zerredete „auflösen" und „erfüllen" V. 17 kaum nach Analogie der Einleitung der Erfüllungszitate eine heilsgeschichtliche Vollendung in irgendeinem Sinn, sondern dasselbe wie das „Lösen und Lehren" bzw. „Tun und Lehren" der in Gesetz und Propheten gegebenen Gebote (V. 19)[44]. Sie, auch die kleinsten[45], „zu tun und zu lehren" gehört zur Sendung Jesu[46]. Denn sie gelten bis zum Eschaton (V. 18)[47], und je nachdem ob einer sie hält oder nicht, regelt sich sein Platz in der Basileia (V. 19). Wenn V. 20 aktuelle Anwendung des Vorhergehenden ist, dann kann die „Gerechtigkeit", das heißt die Gebotserfüllung[48], der Jünger nichts anderes sein als „Tun und Lehren" auch der geringsten Gebote, und umfangreicher als die Gerechtigkeit der Schriftgelehrten und Pharisäer ist sie deswegen,

---

nicht aus, daß Matthäus V. 17 (vgl. 10,34) und 20 gebildet, jedenfalls stark überformt hat.

[44] V. 17 „oder" paßt nur beim Auflösen. Die hier gern überlesenen (*Sand*, Gesetz und Propheten 185) Propheten werden zwar vom Gesetz unterschieden, aber kaum als zweite Rechtsquelle, sondern als Hüter und Ausleger des Gesetzes (vgl. Hos 6,6 in Mt 9,13; 12,7). Zu „erfüllen" im obigen Sinn Mt 3,15. Die Einleitungen der Erfüllungszitate sind wohl nicht weniger matthäisch als 5,17 (*Strecker*, Weg 50; *W. Rothfuchs*, Die Erfüllungszitate des Matthäus-Evangeliums. Eine biblisch-theologische Untersuchung, BWANT 88, Stuttgart—Berlin—Köln—Mainz 1969, 44—56); aber daß sie passivisch formulieren, 3,15; 5,17 aktivisch, ist semantisch nicht belanglos (s. weiter u. A. 46). Zu „tun und lehren" TestLev 13,3.

[45] Zur Unterscheidung *Chr. Burchard*, Das doppelte Liebesgebot in der frühen christlichen Überlieferung, in: Lohse Hg., Ruf Jesu 39—63, hier 53 f. Den Rückbezug auf V. 17 f (gleichviel, wohin genau) drückt τούτων aus. Ursprünglich vielleicht überflüssiges Demonstrativ (*Wrege*, 41 A. 3), ist es das bei Matthäus nicht mehr.

[46] ἦλθον ist in 5,17 wie in 10,34 nicht ausschließend gemeint. Es hindert also nichts, auf der Ebene der Rekonstruktion der matthäischen Christologie festzustellen, daß in Jesus auch Weissagungen „erfüllt" werden, und beides zusammenzusehen. Ich frage nur, ob es richtig ist, beides in 5,17—20 gesagt zu finden (*Schweizer*, Evangelium 63 f). Über das Verhältnis von Tun und Lehren wäre weiter nachzudenken, sowohl für Matthäus' Christologie als auch Ekklesiologie.

[47] Zum schwierigen ἕως ἂν πάντα γένηται zuletzt *Schweizer*, Noch einmal (Gesetz, nicht apokalyptische Vorgänge). Im jetzigen Zusammenhang bereitet das Sätzchen V. 19 vor. — Was *in* der Basileia gilt, interessiert hier und m. E. auch sonst in der Bergpredigt nicht. Darum Vorsicht mit „Recht der Gottesherrschaft" (*Luck*, 21) „Königsgesetz der Basileia" o. ä. Gemeint ist das gute, alte Gesetz.

[48] Zu δικαιοσύνη bei Matthäus u. a. *Strecker*, Weg 149—158; *Sand*, Gesetz und Propheten 197—205. Die Belege sind jedenfalls alle vom Evangelisten eingebracht (3,15; 5,6.10.21; 6,1.33; 21,32).

weil die dabei sind, Gebote „aufzulösen". Nur insofern bleibt V. 20 nicht
im Duktus, als die Auflöser nicht kleine Plätze in der Basileia bekommen, sondern gar keine. In 5,17—20 ist also nicht von Ergänzung, nicht
einmal von Auslegung der alttestamentlichen Gebote durch Jesus die
Rede, sondern von ihrer Einschärfung gegenüber Auflösungstendenzen,
die Matthäus aber nicht bei christlichen Antinomisten sieht[49], sondern
bei seinen jüdischen Zeitgenossen[50].

Nun leitet Mt 5,20 zu den Antithesen 5,21—48 hin[51]. Es wäre zu
zeigen, daß sie in Matthäus' Verstand nicht gegen alttestamentliche Gebote gesetzt sind, sondern gegen „Auflösungen" von Geboten, und demgegenüber darstellen, wie man die Gebote „tut und lehrt". Das ist wohl
möglich.

Zunächst: Nur eine These kommt wörtlich im AT vor und meint eindeutig einen bestimmten, wenn auch doppelt überlieferten Satz: 5,27 (Ex 20,13 par Dtn 5,17). Eine
zweite These hat nur ein καί zuviel, ist aber Satzfragment und hat drei mögliche
Quellen, die ähnlich, aber nicht identisch sind: 5,38 (Ex 21,24 par Dtn 19,21; Lev
24,20). Die übrigen Thesen entsprechen als ganze weder wörtlich noch sinngemäß einer
Stelle aus dem AT, sind andererseits aber auch keine halachischen Sätze, sondern knüp-
fen ans AT an. 5,21 ist ein Gebot (Ex 20,15 par Dtn 5,18), 5,43 ein nicht ganz voll-
ständiges Gebot (Lev 19,18 ohne ὡς σεαυτόν), je mit einem nichtalttestamentlichen
Zusatz. 5,31 und 5,33 stehen nicht annähernd im AT, verwenden aber alttestamentliches Material (vgl. Dtn 24,1; Lev 19,12). Diese in der Literatur merkwürdig wenig
beachtete Form[52] besagt, daß Matthäus, dem bisher niemand Kenntnis des AT abgesprochen hat, gleichviel wo er angesiedelt wird, in den Thesen nicht alttestamentliche
Zitate gesehen haben wird, sondern Sätze der „Gerechtigkeit der Schriftgelehrten und
Pharisäer". Das ἐρρέθη der Einleitungen widerspricht dem nicht. Passivum divinum
kann es nicht, aber muß es auch nicht sein; falls es göttliche Autorität beschwört, dann
im Sinn des subjektiven Anspruches der Verfasser der Sätze. Als solche sind übrigens
nicht zeitgenössische Schriftgelehrte gemeint, denn „die Alten" sind am ehesten frühere

----

[49] So viele, z. B. *G. Barth*, Das Gesetzesverständnis des Evangelisten Matthäus, in:
Bornkamm—Barth—Held, Überlieferung und Auslegung 54—154, hier 62. 149—154;
kritisch u. a. *Strecker*, Weg 137 A. 4; *Sand*, 99—104.

[50] Der Gegensatz ist hier anders als in 23,2 f, was aber kein Widerspruch ist, vgl.
23,23.

[51] Zum Text zuletzt u. a. *H. Braun*, Spätjüdisch-häretischer und frühchristlicher Radikalismus. Jesus von Nazareth und die essenische Qumransekte, BHTh 24, Tübingen
1957 = ²1969, bes. II passim; *Conzelmann*, Grundriß 140—143; *M. J. Suggs*, Wisdom, Christologie, and Law in Matthew's Gospel, Cambridge, Mass. 1970, 109—115;
The Antitheses as Redactional Products, u. S. 433—444; *Lührmann,* Liebet eure Feinde;
Hübner, 40—112. 230—236 u. ö.; *Sand*, Gesetz und Propheten 46—56. Es ist mißlich,
daß der Begriff teils für These und Anti-These zusammen, teils nur für die zweite,
teils für die antithetische Form gebraucht wird.

[52] Eine Ausnahme ist *Goppelt* (u. A. 64).

Generationen[53]. Das ist keine neue Idee. Ihre Vertreter meinen aber gewöhnlich, Matthäus ziele letztlich auf die den Thesen zugrunde liegenden Gebote[54]. Es scheint daher heute ziemlich einmütig zu gelten, daß die Antithesen nach Matthäus alttestamentliche Gebote verändern, und zwar, nach einer geläufigen Unterscheidung, teils verschärfen, teils ersetzen[55]. Aber ist das so?

In der 1. Antithese 5,21—26 weist der zweite Satz der These doch wohl nicht, wie man oft liest, einfach zusammenfassend auf die einschlägigen Strafbestimmungen des AT hin, deren Formulierungen er auch zugunsten einer fast tautologischen Wendung verfehlt, sondern schränkt das 5. Gebot ein: „Töten" im Sinn des Gebotes ist (nur) Töten. Die Antithese setzt Fälle dagegen, die auch schon viel eher (die Steigerung der Instanzen) unter das Gebot fallen. Sie verschärft nicht das Gebot, das als solches gar nicht zitiert ist, sondern beseitigt die einschränkende Auslegung[56]. ἐγὼ δὲ λέγω ὑμῖν kennzeichnet den Sprecher dann weder als einen, der das Gesetz anders auslegt als die herrschende Meinung, was formal möglich ist[57], noch als Mose überbietenden und korrigierenden endzeitlichen Gesetzgeber, sondern als den, dessen Sendung es ist, den Willen Gottes endlich so „zu tun und zu lehren", wie er in Gesetz und Propheten steht[58]. Die 2. Antithese 5,27—30 läßt sich entsprechend der 1. verstehen, auch wenn die These das 6. Gebot pur zitiert[59]. Die 6. Antithese 5,43—47 kann man ebenfalls so auffassen, daß primär die zweite Hälfte der These als Einschränkung des Liebesgebotes aufgehoben werden soll, vorausgesetzt, Matthäus hat den „Nächsten" schon nicht mehr eingeschränkt verstanden. In der 3., 4. und 5. Antithese 5,31 f.33—37.38 —42 wären die Thesen als „Auflösungen" ohne Zitierung des betroffenen Gebotes anzusehen. Bei 5,31 liegt das schon wegen der kurzen Einleitung ἐρρέθη δέ, der einzigen ohne ἠκούσατε, und dem Neuansatz in 5,33 mit πάλιν und voller Einleitung, der

---

[53] Denkt Matthäus an Mose als Verfasser (vgl. 19,8) oder drückt für ihn die passive Formulierung gerade die Anonymität der Sätze aus?

[54] *Barth*, 87 f; *R. Hummel*, Die Auseinandersetzung zwischen Kirche und Judentum im Matthäusevangelium (BEvTh 33), München 1963; ²1966, 71 f; vgl. *Sand*, Gesetz und Propheten 48.

[55] Oft verbunden mit der Unterscheidung von echten (im Sinn strenger Bezogenheit der Anti-These auf die These, nicht der Authentizität) und unechten bzw. literarisch primären und sekundären, nämlich ohne und mit Parallele zur Anti-These bei Lukas überlieferten Antithesen. Das ergibt zwei Gruppen (1,2,4 und 3,5,6), über die oft je en bloc geurteilt wird. Einwände gegen Unterscheidungskriterien und Anwendung u. a. bei *J. Jeremias*, Neutestamentliche Theologie I. Die Verkündigung Jesu, Gütersloh 1971 = ²1973, 240 f (im Interesse der Ursprünglichkeit der antithetischen Form bei allen Antithesen); *Lührmann*, Liebet eure Feinde 413.

[56] Man kann auch nicht sagen, daß dadurch der eigentliche reine Gotteswille unter dem unklaren Wortlaut hervorgeholt würde (*Dibelius*, 93 u. ö.). Daß mit dem Zorn „die Ursache des Tötens" überwunden werden soll (*Luck*, 21), steht nicht da.

[57] *E. Lohse*, „Ich aber sage euch", in: Lohse Hg., Ruf Jesu 189—203, bes. 196 f.

[58] Die Begründung steht 11,25—30 (dazu u. a. *Suggs*, Wisdom 77—83; *F. Christ*, Jesus Sophia. Die Sophia-Christologie bei den Synoptikern, AThANT 57, Zürich 1970, 81—119) und 28,16—20 (s. o. A. 1).

[59] Das spricht dafür, daß jedenfalls die ersten beiden Antithesen in einem Zug gebildet wurden, Zuwächse nicht gerechnet.

einzigen außer der ersten, nahe; offenbar schließt die 3. Antithese eng an die vorige
an und das 6. Gebot aus 5,27 soll noch gehört werden[60]. Für 5,33 und 5,38 kann man
dergleichen nicht erwägen. Wenn hier ein beeinträchtigtes Gebot mitzudenken wäre,
welches? Dekaloggebote, womöglich der 2. Tafel[61], sind nicht wahrscheinlich. Stehen
die Gebote aber nicht am Anfang der Anti-Thesen: μὴ ὀμόσαι ὅλως 5,34 und μὴ
ἀντιστῆναι τῷ πονηρῷ 5,39[62]? Nur diese beiden Anti-Thesen setzen der These einen
Grundsatz entgegen, die drei ersten dagegen Fälle mit πᾶς ὁ + Partizip, die letzte
einen Imperativ, der nicht umfassend ist. In der These konnten die beiden Grund-
sätze nicht stehen, weil die Thesen in diesen beiden Fällen ein Gebot nicht nur ein-
schränken, sondern aufheben.

Daß die Thesen in Matthäus' Verständnis schriftgelehrte jüdische Tradition sind,
heißt nicht, daß sie wirklich als solche aus dem Judentum übernommen sind. Es gibt
denn auch eher Parallelen zu den Anti-Thesen als zu den Thesen, und schon gar nicht
läßt sich auch nur eine Minderheit unter ihnen einem bestimmten jüdischen Milieu zuordnen[63]. Sie sind wohl samt und sonders christliche Bildungen, und zwar ad hoc als
Widerlager für die Antithesen[64]. Wie sie konkret zustande kamen, müßte man sich
im einzelnen genauer überlegen[65].

---

[60] Oder so etwas wie Mt 19,4 f (wohl als ein Satz zu lesen, so daß καὶ εἶπεν ins
Zitat gehört, das also Gen 1,27 und 2,24 verbindet)?

[61] Vgl. *Eichholz*, Auslegung 69.

[62] Wird gern auf Verzicht auf den Rechtsweg oder auf Rechtsmittel gedeutet (vgl.
Hübner, 85 A. 206). Das liegt m. E. weder philologisch am nächsten, noch paßt es zu
den folgenden Fällen, zu denen der Infinitiv doch Obersatz sein soll (zu V. 42 paßt
er freilich unter keiner Deutung). Gemeint ist der Verzicht auf adäquaten Widerstand
gegen ein konkretes Unrecht, das einem widerfährt. Das heißt vor oder in einem Prozeß in der Tat Rechtsverzicht, bei der Ohrfeige aber Verzicht auf Notwehr (auch darauf wird der Infinitiv gedeutet), bei der Zwangsverpflichtung Verzicht auf Widerstand,
Flucht o. ä. (und in allen Fällen noch etwas Positives, was aber in der negativen Formulierung des Infinitivs nicht gesagt ist). Die Deutung auf Rechtsverzicht ist wohl
beeinflußt dadurch, daß die These als allgemeines Rechtsprinzip genommen wird. Aber
gibt es eigentlich Belege dafür, daß die Formulierung als solches genannt wurde (daß
sie charakteristisch ist, ist ja nicht dasselbe), oder präjudiziert hier nicht spätere (seit
wann?) Sprichwörtlichkeit die Exegese?

[63] Vgl. *Goppelt*, 30 f.

[64] So auch *Goppelt*, 30—33. Aber seine Deutung (vgl. auch *Hanssen*, 109 f), daß die
Thesen im Rückblick vom Gebot Jesu aus „die alttestamentlichen Weisungen ihrem
Kern nach als Recht, das durch das Böse bedingt ist", nicht als ethische Maximalfor-
derungen erweisen wollen (so daß die Antithesen eigentlich nichts materiell Neues
bieten, sondern am AT die Scheidung von Gesetz und Evangelium durchführen), scheitert schon an Mt 19,17—21, wo die Dekaloggebote und das Liebesgebot als unmittelbar angehender Gotteswille genannt werden, wie Goppelt selber sieht. Goppelt nimmt
übrigens wie viele an, daß die These der 1., 2. und 4. Antithese von Jesus selber
stammt. Nach dem Obigen ist eher Matthäus für alle Thesen verantwortlich (s. z. B.
auch *Suggs*, Wisdom 109—115).

[65] 5,21b ist vielleicht aus 5,22 genommen. 5,31 könnte aus der Ehescheidungsperi-
kope stammen (vgl. Mt 19,7—9). 5,33 entspricht etwa Philos Ansicht De spec. leg. II

Stimmt das alles, dann wäre neu nach dem Gesetzesverständnis der Antithesen und Matthäus' überhaupt, seinem Hintergrund und Gegenüber zu fragen. Von den in Mt 5,21—48 restaurierten Geboten aus Gesetz und Propheten stehen nur die ersten beiden und das letzte als solche im AT; wenn 5,31 sich auf Gen 1,27; 2,24 (Mt 19,4 f) bezöge, käme ein alttestamentlicher Satz hinzu, der dort aber kein Gebot ist. Zwei stehen kaum dem Sinn nach im AT. Es enthält den „Willen meines Vaters in den Himmeln" (Mt 7,21), dessen Ausführung die vollkommene Gerechtigkeit darstellt und mit Einlaß in die Basileia belohnt wird, also nicht in Form einer großen Zahl von wörtlich fixierten Einzelgeboten aus allen Lebensgebieten, sondern einiger weniger ethischer Grundsätze, von denen einige wie Dekalog und Liebesgebot im Alten Testament selber klassisch formuliert vorkommen, andere aber auch nicht. Sie dienen als Obersätze für ethische Einzelanweisungen, die mindestens im Fall von Mt 5,23 f auch ein Verhalten beim Opferkult einschließen; dadurch kann Matthäus 5,18 f ernst nehmen. Sie können aber selber wieder in einer obersten Maxime zusammengefaßt werden, wie es Matthäus in der Bergpredigt formal in 5,48 (Vollkommenheit des vollkommenen Gottes), inhaltlich in 7,12 (Goldene Regel, auch sie kein alttestamentlicher Satz) tut, außerhalb der Bergpredigt vor allem in 22,37—40 (Doppeltes Liebesgebot)[66]. Das ist grundsätzlich anders gedacht als bei den Rabbinen und spricht nicht dafür, daß Matthäus' Gesetzesverständnis dem rabbinischen eng verwandt ist oder einfach eine christliche Variante des rabbinischen zum Hintergrund hat[67]. Verfolgenswerter scheinen mir die Hinweise auf weisheitliche Wurzeln zu sein[68]. Auf jeden Fall sollte man sie am ehesten in der Diaspora suchen[69]. Matthäus' jüdisches Gegenüber, wenn er denn ein konkretes hatte[70], kann trotzdem das sich vor allem pharisäisch reorganisierende Judentum

---

2—38 (der wirklich Tugendhafte schwört aber gar nicht, sein Wort ist so gut wie ein Eid). 5,43 ist wohl als Gegensatz zu 5,44 unter Einfluß eines nicht gerade judenfreundlichen Topos wie Tacitus, Hist. V 5 formuliert (so besser als Das doppelte Liebesgebot 59 A. 89); ein Bezug auf Qumran läßt sich kaum begründen (s. zuletzt *Hübner*, 97—107).

[66] Vgl. auch 9,13; 12,7 und 19,18 f. εἰ θέλεις τέλειος εἶναι V. 21, das bekanntlich eine große Nachgeschichte gehabt hat, kann in Matthäus' Sinn kaum etwas Zusätzliches meinen. Nach dem obigen Verständnis der Antithesen enthält es auch nicht das, worin Jesus über das AT hinausgeht, sondern korrigiert V. 20 ταῦτα πάντα ἐφύλαξα: vollständig eben nicht (fehlt bei Matthäus deswegen auch ἐκ νεότητός μου Mk 10,20?).

[67] So (auch im biographischen Sinn) zuletzt *Goulder*, 3—27.

[68] *Windisch; Luck; Suggs*, Wisdom.

[69] Vgl. o. unter 4.2. — Das Ethos der letzten beiden Antithesen steht nahe beim Ideal des ἀνὴρ θεοσεβής aus Joseph und Aseneth, dessen einer Hauptsatz μὴ κακὸν ἀντὶ κακοῦ ἀποδιδόναι JA 23,9; 28,5.10.14; 29,3 eine Parallele zu Matthäus' μὴ ἀντιστῆναι τῷ πονηρῷ ist und das im Vollzug auch der Feindesliebe jedenfalls nahekommt (vgl. Fußnoten zum neutestamentlichen Griechisch, ZNW 61, 1970, 157—171, hier 158 f). Noch nicht gesehen: A. Nissen, Gott und der Nächste im antiken Judentum. Untersuchungen zum Doppelgebot der Liebe, WUNT 15, Tübingen 1974.

[70] Bestritten von *Walker;* vorsichtiger *Sand*, 76—105: an Gegnern „nur mittelbar interessiert" (104).

nach 70 gewesen sein, dann freilich ohne daß er ihm wirklich zuhörte: aber es ist nicht
so selbstverständlich wie meist angenommen[71].

Auf jeden Fall muß man wohl 5,17—20 als Präambel zu den Antithesen lesen, nicht zum ganzen Corpus der Bergpredigt[72]. Um den Gegensatz von Lösen und Erfüllen, den unmittelbaren Bezug aufs alttestamentliche Gebot, den Abstand zu Schriftgelehrten und Pharisäern[73] geht
es nur in 5,17—48. Wohl führt die Präambel mit „Gesetz und Propheten" und „Gerechtigkeit" Begriffe ein, die im weiteren Verlauf des Corpus Ordnungsfunktion bekommen; aber, wie sich zeigen wird, nicht so,
daß sie dadurch den Rest der Bergpredigt 5,17—20 unterstellten.

5.2 Den nächsten Abschnitt bildet 6,1—18[74]. Daß die dreiteilige Vers-
gruppe inhaltlich und formal eine Einheit ist, braucht nicht noch einmal
gezeigt zu werden. 6,1, wohl von Matthäus, fungiert als Leitsatz, gleichzeitig als Anknüpfung an 5,17—48. Das zweite leistet „eure Gerechtigkeit". Gemeint ist die in den Antithesen inhaltlich beschriebene. Almosen,
Beten, Fasten sind für Matthäus keine hinzukommenden Forderungen,
etwa aus der Frömmigkeit als bisher nicht behandeltem Gebiet, schon gar
keine von irgendwie eingeschränkter Gottgewolltheit, sondern schon genannte (vgl. 5,42.44), auch wenn das Fasten noch nicht vorgekommen
ist. Er läßt Jesus ja auch nicht fordern, daß man dergleichen tut, sondern eine bestimmte Ausführung, wenn man es tut. Vom Stichwort Gerechtigkeit abgesehen bezieht 6,1 den folgenden Abschnitt auf 5,16 zurück. Daß es in V. 2 ὅπως δοξασθῶσιν ὑπὸ τῶν ἀνθρώπων anstelle des

---

[71] „The Christian answer to Jamnia" (*Davies*, 315) ist Matthäus nicht, jedenfalls
nicht so, wie Davies sie versteht.

[72] Mit *E. Klostermann*, Das Matthäusevangelium, HNT 4², Tübingen 1927 =
⁴1971, 40; *Eichholz*, 9 f. 61 u. a. gegen die in Variationen verbreitete übliche Ansicht,
die nur V. 20 auf die Antithesen bezieht, 5,17 ff aber weitergreifen läßt. Nach *Jeremias*, Bergpredigt 21 f = in: Abba 182 f, ist nur 5,20 Thema des Taufkatechismus, den
die Bergpredigt darstellt (o. A. 4), und gibt dessen drei Teile an: die falsche Gerechtigkeit der Schriftgelehrten 5,21—48, der Pharisäer 6,1—18 und die neue der Jesusjünger 6,19—7,27. In Matthäus' Sinn ist das schon deswegen nicht, weil er Schriftgelehrte und Pharisäer nicht trennt (u. a. *R. Walker*, Die Heilsgeschichte im ersten
Evangelium, FRLANT 91, Göttingen 1967, 18; *Sand*, 76—84).

[73] Matthäus meint mit den ὑποκριταί (*van Tilborg*, 8—26) in 6,1—18 sicher auch,
aber nicht nur oder in erster Linie sie, sonst hätte er deutlicher werden müssen.

[74] Dazu zuletzt u. a. *van Tilborg*, 8—13; *B. Gerhardsson*, Geistiger Opferdienst
nach Matth. 6,1—6.16—21, in: H. Baltensweiler—B. Reicke Hg., Neues Testament und
Geschichte, Festschrift für O. Cullmann, Zürich 1972, 69—77; *Schweizer*, „Der Jude
im Verborgenen . . .", *H.-D. Betz*, Analyse von Mt 6,1—18, u. S. 445—457. Zur Form
auch *Lührmann*, Redaktion 118 f.

wohl älteren ὅπως φανῶσιν τοῖς ἀνθρώποις V. 5.16 heißt, kann das bestätigen. „Die Menschen" sind dann wie in 5,16 die Nichtchristen.

Matthäus meint kaum, daß Almosen, Beten, Fasten überhaupt keine leuchtenden Taten im Sinn von 5,16 sein könnten (5,42 befiehlt Almosen, 5,44 Beten), sondern daß sie (besonders, aber wohl die Gerechtigkeit insgesamt) nicht so getan werden dürfen, daß der Täter anstatt Gott die Ehre davon hat. Es geht denn auch nicht nur um lautere Gesinnung, Selbstvergessenheit, Bekehrung des Herzens, sondern die effektive Verhinderung, daß eine gute Tat auf den Täter zurückfällt; auf Gott als Gegenüber liegt der Ton nicht. Bei Almosen und Fasten geht das durch Nichtöffentlichkeit[75], beim (individuellen) Gebet nur im Kämmerlein. Nicht zufällig erläutert Matthäus im Nachgang zum Vaterunser 6,14 f aber die einzige Bitte, in der ausdrücklich andere Menschen vorkommen, und zeigt, daß das Gebet doch die Bereitschaft anfacht, „den Menschen" zu vergeben (vgl. 5,44b), wenn es selber ihnen schon nicht leuchten darf.

Mt 6,1—18 fährt also nicht einfach fort, die größere Gerechtigkeit der Jünger Jesu darzustellen, interpretiert sie auch nicht, sondern verhält sich zu ihr etwa wie Durchführungsbestimmungen zu einem Gesetz. Anderes ist auch kaum zu erwarten, wenn 5,17—48 wie beschrieben ein Ganzes bilden. Das gilt auch für die folgenden Abschnitte der Bergpredigt; es ist darum erträglich, daß sie keine Leitsätze analog 6,1 mehr haben[76].

5.3 In 6,19 fängt eine Reihe von Anweisungen an, die es mit Geld und Erwerb zu tun haben. Sie geht bis 6,34 und bildet in Matthäus' Verständnis wohl den nächsten Abschnitt der Bergpredigt. Das Ende ist freilich besser markiert als der Anfang, nicht zuletzt durch das matthäische Stichwort Gerechtigkeit in V. 33 und die Schlußsentenz V. 34, die Matthäus vielleicht nicht gebildet, aber wohl hier angebracht hat. Anfang

---

[75] „Salben" und „Waschen" heißt in 6,17 dann für Matthäus wohl nicht, das Fasten positiv zu unterstreichen, sondern sich normal zu verhalten. Die Verben bedeuten die Unterlassung des Gegenteils.

[76] Das kommt nicht heraus, wenn man in der Bergpredigt ein ethisches Thema in seinen Unterteilen behandelt findet. Bei *Hanssen* fungiert so das doppelte Liebesgebot (das als Obersatz der Antithesen sein Recht hat, s. o. unter 5,1) für das Corpus der Bergpredigt: I 5,21—6,18 Christliche Gemeinde und Judentum, 1. Das neue Verhältnis zum Nächsten 5,21—48, 2. zu Gott 6,1—18; II 6,19—7,12 Christliche Gemeinde und Heidentum, 1. Das neue Verhältnis zu Gott 6,19—34, zum Nächsten 7,1—12 (103 f). Auch abgesehen davon: müßte 6,19 nicht stärker hervorgehoben sein, wenn damit ein neuer Hauptteil des Corpus anfinge (vgl. o. A. 20), und wenn die Heiden aus 6,32 titelgebend sind, was dann die aus 6,7?

und Ende des Abschnitts entsprechen sich jedoch sachlich, indem V. 33 f
in Klartext sagen, was V. 19—21 unter Schätzen auf Erden, die man
nicht, und Schätzen im Himmel, d. h. Verdiensten, die man anhäufen
soll, abbilden: Gottes Basileia und Gerechtigkeit suchen, aber nicht für
morgen sorgen. Die Position fasse ich als Aufforderung, die von Gott
geforderte Gerechtigkeit (es ist „seine" und auf ihr liegt der Ton) im
Sinn von 5,16 zu verwirklichen, nicht etwa, ans eigene Heil zu denken,
insofern auch nur als indirekten Anstoß zur himmlischen Schatzbildung.
Die Negation geht auf den Lebensunterhalt, nicht auch auf Sorglosigkeit
in anderen Dingen. Ausgeführt wird nur die negative Seite dieser Thematik. Geldverdienen ist gefährlich, weil es das Herz von Gott abzieht
(V. 19—24), dazu überflüssig und kleingläubig, weil Gott für seine Kinder sorgt (V. 25—32)[77]. Dabei scheint Matthäus, wenn „morgen" V. 34
nicht ganz unbetont ist, Sorge und damit Broterwerb für „heute" zu erlauben. Eine Bettlerexistenz ist mit 6,1—18 auch kaum zu vereinbaren.
Der Abschnitt schließt sich enger an den vorigen an als der an die Antithesen. Die Brücke bildet wohl das in 6,1—18 starke Lohnmotiv[78], das
ja aber nicht positiv ausgeführt wird. Wenn es in 6,19—34 um die Ablehnung des Erwerbs abgesehen vom Tagesminimum geht, dann ist das
wohl dadurch veranlaßt, daß 6,1—18 die bürgerliche Existenz der Jünger voraussetzt. Zu ihr waren Anweisungen nötig[79]. Dadurch präzisiert
6,19—34 gleichzeitig den in 5,16 gegebenen Auftrag: Licht der Welt ist
man nur durch Gebotserfüllung, nicht etwa auch durch Geschäftserfolg.

5.4 Es bleiben 11 Verse, bestehend aus den Spruchgruppen 7,1—5 und
7—11, die je schon vor Matthäus bestanden, und dem Logion 7,6 dazwischen. Ihr Verhältnis zueinander und zur übrigen Bergpredigt ist
nicht sofort erkennbar. Manche sehen keine Zusammenhänge, andere fin-

---

[77] Zu V. 19—24 zuletzt *Hahn*, Worte vom Licht 124—127. V. 25 ff sind eine kleine
Diatribe, ein in der synoptischen Tradition ziemlich ungewöhnliches Stück. Die (durchaus schon aufgefallenen) Berührungen mit der Popularphilosophie müßten wohl stärker verfolgt werden.

[78] Vgl. *Schweizer*, Evangelium 101.

[79] Nach *Grundmann*, 206. 217 erläutert 6,19—34 vor allem die 4. Bitte des Vater-
unsers. Er findet überhaupt im Vaterunser den Bauplan der Bergpredigt (204—206).
Das überzeugt mich in dieser Form nicht (zu 7,1—6 s. u. A. 80). Aber daß Matthäus
Beziehungen zwischen dem Vaterunser und anderen Stücken der Bergpredigt hergestellt
oder gesehen hat (vgl. 6,32 mit 6,8), ist zu erwägen. — Auch *Davies'* in Anknüpfung
an Aboth 1,2 gewonnene Dreiteilung 5,17—48 Tora Jesu, 6,1—18 Wahrer Gottesdienst, 6,19—7,12 Wahrer Gehorsam (304—315) scheitert spätestens an 6,19 ff.

den in 7,1—11 jedenfalls keinen geschlossenen Abschnitt[80]. Nun ist zumindest kaum vorstellbar, daß Matthäus hier so etwas wie „Verschiedenes" nachklappen ließe. Warum hätte er dazu (er war es doch wohl)
7,1—5 vom überlieferten Zusammenhang mit 5,48 abtrennen sollen[81]?
7,7—11 hätte bei 6,5—15 guten Platz gehabt. Auch haben V. 1—5, 6
und 7—11 immerhin soviel gemeinsam, daß sie eine unerwünschte oder
erwünschte Reaktion von Personen zum Maßstab eines entsprechenden
Lassens oder Tuns machen. Das gilt auch von 7,12a. Zwar summiert die
Goldene Regel, indem V. 12b sie auf Gesetz und Propheten ausweitet
und an 5,17 rückbindet, nicht einfach das unmittelbar Vorhergehende,
sondern das ganze Corpus der Bergpredigt. Aber daß Matthäus gerade
diese Formulierung wählt und aus ihrem früheren Kontext der Feindesliebe (Lk 6,31) hierherholt, ließe sich gut erklären, wenn der vorhergehende Text sie nahelegte. Man sollte deshalb doch versuchen, V. 1—11
unter einem gemeinsamen Thema zu lesen, das dann mit Rücksicht auf
„die Menschen" zu tun hätte. Es fragt sich, ob Matthäus in 7,1—11 nicht
die Reaktion der Menschen bedenkt, die die Jünger mit guten Werken
erleuchten sollen[82]. 7,1—5 hieße also: Bohrt nicht in ihren Verfehlun-
gen, damit sie sich nicht auf euch stürzen[83]. ἀδελφός kann dann in V.
3—5 freilich nicht Glaubensbruder heißen, oder aber man müßte die
Verse als Parenthese lesen: gegenüber dem christlichen Bruder gelten
V. 1 f erst recht. V. 6 läßt sich gut im Sinn des angenommenen Themas
verstehen, gleichviel ob man auf Nichtchristen oder Renegaten deutet:
bei Leuten, die die Zähne zeigen, habt ihr nichts verloren, damit sie euch
nicht schaden. Das wäre eine, die einzige, Einschränkung zu V. 1—5[84].
V. 7—11 sind nicht leicht unterzubringen. Es reizt, in V. 7 f zunächst
weiterzulesen: Bittet (die Menschen, statt sie zu richten), und sie werden
euch akzeptieren. Aber wegen V. 11 muß in V. 7 f doch wohl Gott der
Gebetene und Gebende sein. Dann wäre vielleicht so zu verstehen: Bittet
(Gott, etwa um Gehör bei den Menschen oder Weisheit, sie richtig zu
behandeln), und er wird es euch geben. Unsicherheit bleibt. Aber es

---

[80] *Grundmann,* 217—227 trennt 7,1—6 als Erläuterung der 5. Bitte des Vater-
unsers und 7,7—11 als abschließende Bekräftigung der ganzen Bergpredigt.

[81] Zumal 5,48 ursprünglich wohl Leitsatz von 7,1 ff war (vgl. Lk 6,36 f).

[82] Ähnlich *Hanssen,* 102 f.

[83] Vgl. Röm 2,1. — Matthäus braucht die Passiva 7,1 f keineswegs als divina verstanden zu haben. Anders wohl V. 7.

[84] Ganz anders *Goulder,* 265 f: „Don't expose what is precious, your brother's
character, to the malice of the godless" (265).

scheint nicht ausgeschlossen zu sein, daß Matthäus 7,1—11 als thematisch geschlossenen Abschnitt gemeint und wie die bisherigen 5,16 untergeordnet hat.

5.5 Der Schluß der Bergpredigt 7,13—27[85] unterstreicht noch einmal das schon mehrfach vorgekommene Gerichtsmotiv: wer den Willen Gottes nicht tut, kommt nicht in die Basileia. Lippenbekenntnisse reichen nicht. Es paßt zu den bisherigen Überlegungen, daß Matthäus diese Warnung in 7,15—23 nicht etwa an Untätern ähnlich Mt 25,41 ff exemplifiziert, sondern an Leuten, die den Namen Jesu zu Prophezeiungen und Wundern benutzt, doch wohl auch nach außen (vgl. 5,12; 10,41; 23,34), aber im übrigen (nicht: dadurch) ἀνομία begangen haben[86]. Die Bergpredigt hat es bis zum Schluß mit der missionarischen Wirkung der Jünger Jesu zu tun[87], wobei zuletzt prophetische und Wunderkräfte zwar nicht abgewertet, aber doch der Erfüllung des göttlichen Willens nachgeordnet werden.

6.

Eine Gliederung der Bergpredigt könnte demnach etwa so aussehen, Feinheiten weggelassen:

1. *Einleitung 5,3—16: Die Zukunftsgewißheit der Jünger Jesu und ihr Auftrag in der Welt*

   1.1 Freut euch, ihr Jünger, denn ihr seid wohl geistlich arm, hungert danach, daß der Wille eures himmlischen Vaters im Himmel wie auf der Erde geschieht und werdet verfolgt, aber ihr habt eine sichere Zukunft in der Basileia (5,3—12).

   1.2 Ihr seid aber auch, solange die Welt noch besteht, für eure Umwelt so notwendig wie Salz und Licht: laßt sie die Taten sehen, in denen ihr selber den Willen eures Vaters erfüllt, damit sie ihn auch erkennen. Das ist eure Aufgabe in der Welt (5,13—16).

---

[85] Stellung und Inhalt entsprechen einem Stilgesetz frühchristlicher Paränese (*G. Bornkamm*, Bergpredigt I. Biblisch, RGG[3] I, 1957, Sp. 1047—1050, hier 1047). Der Aufbau ist wohl so: Grundsatz in Position und Negation (geht den schmalen Weg, nicht den breiten, V. 13 f) — negative Konkretion (die „Pseudopropheten", die Prophetie und Wunder im Namen Jesu für ihren Auftrag halten, als Beispiel der Vielen auf dem breiten Weg ins Verderben, V. 15—23) — positive und negative Verallgemeinerung (baut auf Fels, nicht auf Sand, V. 24—27).

[86] Anders auch die Parallele Lk 13,26 f.

[87] Hat Matthäus bei 7,24—27 nicht ans jeweilige private Lebenswerk, sondern an Gemeindebau (vgl. 1Kor 3,10 ff) gedacht?

2. *Corpus 5,17—7,12: Anweisungen zur Ausführung des Auftrags der Jünger Jesu in der Welt*

2.10 Der Wille Gottes 5,17—48

2.11 Ich bin gekommen, um den Willen des Vaters, der in den Geboten des Gesetzes und der Propheten enthalten ist, gegen die einschränkende jüdische Auslegung voll zu behaupten. Eure Gebotserfüllung muß darum anders als die der Juden vollkommen sein, sonst werdet ihr nicht in die Basileia eingelassen (5,17—20).

2.12 Jüdische Gebotseinschränkung im Gegensatz zum eigentlichen Sinn dargestellt an Beispielen:
5. Gebot (5,21—26),
6. Gebot (5,27—30.31 f),
Schwurverbot (5,33—37),
Widerstandsverbot (5,38—42),
Liebesgebot (5,43—47).

2.13 Seid also vollkommen wie euer himmlischer Vater (5,48).

2.20 Durchführungsbestimmungen 6,1—7,12

2.21 Laßt eure Gebotserfüllung nicht wie manche Juden so sehen, daß ihr anstatt Gott die Ehre davon habt, sonst wird sie in der Basileia nicht belohnt (6,1).
Zum Beispiel (6,2—18):
Gebt Almosen nur nichtöffentlich (6,2—4).
Sprecht Privatgebete nur ganz unbeobachtet und haltet sie anders als die Heiden kurz: das Vaterunser (6,5—15).
Fastet nur so, daß man es euch nicht ansieht (6,16—18).

2.22 Erfüllt zuerst euren Auftrag, dann denkt an Existenzsicherung (6,19—34):
Seht nicht auf Gelderwerb, er zieht das Herz von Gott ab (6,19—24).
Sorgt euch nicht um Essen und Kleidung, weil euer Vater denen, die seinen Willen zu ihrem Lebensinhalt gemacht haben, das Notwendige gibt; arbeitet nur für das Tagesminimum (6,25—34).

2.23 Nehmt Rücksicht auf die Menschen, denen euer Auftrag gilt (7,1—11):
Bohrt nicht in ihren Sünden, damit sie sich nicht auf euch stürzen. Bei offener Feindseligkeit ist euer Auftrag beendet (7,6).
Bittet euren Vater um gute Aufnahme bei den Menschen, er wird es euch geben (7,7—11).

2.3 Fazit 7,12

Die Goldene Regel faßt den in Gesetz und Propheten gebotenen Willen des Vaters zusammen, soweit er den Auftrag der Jünger in der Welt betrifft.

3. *Ausleitung 7,13—27: Warnung vor Nichterfüllung des Auftrags der Jünger in der Welt*

3.1 Geht den schmalen und einsamen Weg, den euer Auftrag euch weist, weil er ins ewige Leben führt, und nicht den breiten Weg der Vielen, die ins ewige Verderben laufen (7,13 f).

3.2 Insbesondere haltet euch von den vielen Pseudopropheten fern, die zwar in meinem Namen prophezeien und Wunder tun, aber den Auftrag, der in der Erfüllung des Willens meines Vaters besteht, nicht ausführen (7,15—23).

3.3 Jeder, der entsprechend dem Auftrag dafür sorgt, daß Menschen den Willen des Vaters anerkennen, handelt klug und wird im Endgericht bestehen; wer das nicht tut, handelt töricht und wird nicht bestehen (7,24—27).

7.

7.1 Matthäus hat die Bergpredigt also nicht geschrieben, um „das Evangelium von der Basileia" zu entwickeln, wie es Jesus nach ihm öffentlich verkündigte. Insofern ist sie auch keine Predigt. Sie enthält Anweisungen an die Jünger, das heißt alle die, die sich auf Grund des Evangeliums von der Basileia auf den schmalen Weg der Nachfolge gemacht haben, der in die Basileia führt, und „alles halten, was ich euch geboten habe" (28,20). Sie regelt nun aber nicht als Abriß der Ethik Jesu die Nachfolge schlechthin, sondern einen Ausschnitt: die Nachfolge, soweit durch ihre Praxis die Nichtchristen ebenfalls zu Nachfolgern werden sollen. Anderes, wie man z. B. verkündigt oder als Gruppe der Jesusjünger zusammenlebt, steht darum auch nicht in der Bergpredigt, sondern anderswo (10; 18). Maximen für eine allgemeine Gesetzgebung stehen bei Matthäus nirgends; auf dem breiten Weg, der ins Verderben führt, ist der Verkehr sich selbst überlassen.

7.2 Das Thema der Bergpredigt steht am Ende einer Einleitung (5,3—16) in 5,16. Das Corpus 5,17—7,12 führt es aus. In einem grundsätzlichen ersten Teil (5,17—48) erklärt Matthäus, was Jesus geboten hat: kein neues Gesetz, sondern den uneingeschränkten Willen Gottes, wie er in den Geboten des Alten Testaments stand und steht, die Matthäus freilich nicht als Sammlung von je gottunmittelbaren Einzelanweisungen versteht, sondern als Entfaltung ethischer Grund-Sätze, die selber — soweit sie die Nachfolge als Missionsauftrag betreffen — im Liebesgebot oder der Goldenen Regel (7,12) zusammengefaßt sind. Ein zweiter Teil mit Durchführungsbestimmungen folgt (6,1—7,11). Der Schluß (7,13—27) bekräftigt, daß der, der Nachfolge als Missionsauftrag nicht zu seiner Aufgabe macht, ins ewige Verderben rennt — wie viele christliche Propheten und Wundertäter, die anderes für ihren Auftrag halten, als der Umwelt den Willen Gottes vorzuleben.

THE ANTITHESES AS REDACTIONAL PRODUCTS

M. JACK SUGGS

An earlier study expressed the opinion that the antitheses of Mt 5 were all formulated by the evangelist.[1] On reflection, the reasons advanced in support of that judgment appear too facile to carry the weight put on them. And, since the opinion contradicts a long-standing consensus, a reassessment of the evidence is in order.

The assignment of the antitheses to Mt was initially related to a special view of the nature of the authority to whom the evangelist appeals in the Sermon on the Mount. Since that view has not been substantially altered in the interim and continues to inform my understanding, it should be stated briefly. An important aspect of Matthew's Christology was his identification of Jesus and Sophia. In making that identification, the evangelist stood in the stream of Jewish speculation which asserted: "Wisdom appeared upon earth and lived among men. She is the book of the commandments of God, and the law that endures forever" (Bar 3:37—4:1). On this basis Matthew was able to incorporate into his own attitude toward the Torah elements which we see as being in conflict with each other. He preserved traditions which were stringently narrow in conserving the "jot and tittle" of the law (5:18); he had a penchant for inserting forms of legal debate[2] into inherited stories (12:5—6; 19:7—8); the antitheses are patently intolerant of scholastic discussion. If we experience these elements as inconsistent, it was not so for Matthew. For him, they were arbitrarily synthesized by appeal to the authority of Jesus as Wisdom-Torah. In principle, there

---

[1] *M. Jack Suggs*, Wisdom, Christology and Law in Matthew's Gospel, Cambridge, Mass., 1970, pp. 109—115.

[2] *David Daube*, The New Testament and Rabbinic Judaism, London 1956, pp. 55—60, 67—71.

could be no contradiction between the letter of the law and a ruling of
Jesus, the embodiment of Torah.[3]

The surfacing of this position (which may be only idiosyncratic[4]), is
intended to inform the reader of a perspective which is present behind
the paper. The specific position is not essential to the main argument
pursued below, although the assumption is made throughout that *for
Matthew* the voice heard in the Sermon spoke with an authority which
the voice of the historical Jesus would not have possessed for his hearers.
That assumption rests on the rudimentary fact that, however faithfully
the words of Jesus were preserved and transmitted, the Gospels always
deliver them to us as truth guaranteed by the exalted figure of the
Church's faith, not as sayings of a Galilean teacher commended only by
his presence and their inherent power.

If it should develop that Matthew created the antitheses, the use of
Mt 5:21—48 to delineate Jesus' relation to the Torah would require
considerable caution. New Testament exegetes have tended to write as
if "You have heard ... but I say" is a compass in terms of which other
indications of Jesus' attitude toward the law can be quickly oriented:
"Jesus demands radical obedience far transcending mere observance of
the letter of the law. The Sermon on the Mount contains a whole series
of sayings formulated according to a single pattern: 'You have heard
that it was said to the men of old, ... but I say to you: ...' (Matt
5.21 ff). The law says, 'You shall not kill'; but Jesus declares that even
an angry word or animosity is a transgression of this commandment."[5]

The surface implication is that the antithetical formulation goes back
to Jesus and provides the essential clue to his attitude toward the law.
It is a statement that might have been written by most exegetes, though
it would not mean the same thing to all. Some mean quite literally that
at least some of the antitheses are genuine sayings of Jesus.[6] More often,

---

[3] *Suggs,* op. cit., pp. 109—115.

[4] The position has been perceptively criticized by *M. D. Johnson,* Reflections on a
Wisdom Approach to Matthew's Gospel, CBQ 36 (1974), 44—64. The force of the
critique is partially vitiated by a failure to recognize subtle distinctions between my
position and that of Bultmann.

[5] *Eduard Schweizer,* Jesus, tr. David E. Green, Richmond 1971, p. 31. The quotation
is chosen as typical within a broad spectrum of opinion. Compare *Günther Bornkamm,*
Jesus of Nazareth. New York 1960, p. 103. *Schweizer's* careful definition of his
position on the antitheses is now to be found in: Das Evangelium nach Matthäus,
Göttingen 1973, pp. 66 ff.

[6] E. g., *J. W. Bowman* and *R. W. Tapp,* The Gospel from the Mount, Philadelphia
1957, p. 58.

probably, the intention is to affirm that, even if the antitheses are not demonstrably genuine, they "formulate aptly" what Jesus might have said.[7] The difficulty is that "You have heard…but I say" has the ring of a slogan; as such, it is fully appropriate to Matthew's programmatic campaign against the Pharisees, but may serve a bias which is inappropriate to Jesus' own situation.

However, whether the form should be assigned to Matthew is precisely the question. And it is a question already answered in the negative by a long-standing consensus which assigns three of the antitheses to a pre-Matthean stage. In current discussion, the generally-accepted opinion is frequently advanced with no argument beyond reference to Bultmann's classic statement of the case.[8] Bultmann regarded the examples of the form in Mt 5:31—32a,38—39a,43—44a as secondary formations patterned on the antitheses in 5:21—22,27—28,33—37. He adduced four reasons for characterizing the formulations beginning in vv. 21, 27, and 33 as primary. Three of the reasons do not appear to me to be substantive and have, in fact, receded in subsequent discussion. Bultmann's argument that in the "primary" formulations the "Verbot nicht abgelehnt, sondern überboten wird" cannot be satisfying in view of the absence of agreement as to which (if any) of the antitheses do indeed abrogate a commandment. The observation that these instances lack the mashal form is a generalization which glosses over the formal problems offered by all six antitheses. That "stimmen diese drei Stücke im Unterschied von den drei sekundären Bildungen darin überein, daß sie die These in Form eines Verbotes bringen" is accurate, but it fails to take account of other stylistic considerations which impair the force of the point (e. g., the similar structure of the theses at vss. 33 and 43; non-biblical expansions of both "primary" and "secondary" theses).

But these points were all subsidiary to Bultmann's basic argument for the primacy of the antitheses in vv. 21, 27, and 33. The essential matter was that "an diesen Stellen ist offenbar die Antithese nie ein isoliertes Wort gewesen, denn sie ist nur in Beziehung zur These verständlich." Paul Hoffmann has advanced this argument again in an essay which recognizes that only by careful buttressing can it bear the load so long placed on it: "Gegenüber diesen sogenannten sekundären Antithesen

---

[7] *Leander E. Keck*, The Sermon on the Mount, in Jesus and Man's Hope, ed. D. G Miller and D. Y. Hadidian, Pittsburgh 1970, II, 319.

[8] *Rudolf Bultmann*, Die Geschichte der synoptischen Tradition, Göttingen ³1957, pp. 143—144.

sind die erste, zweite und vierte Antithese primäre ... Im Gegensatz zu
den erstgenannten Antithesen ist bei diesen jedoch die antithetische Form
für die Aussage konstitutiv. These und Antithese sind so aufeinander
bezogen, daß nur in der Verbindung beider die Logien verständlich sind.
Diese primären Antithesen ... waren höchstwahrscheinlich das Modell,
nach dem die übrigen Antithesen gebildet wurden."[9]

In what sense are the sayings in the supposed primary antitheses un-
intelligible apart from the theses? The three-membered saying in v. 22 is
quite capable of standing independently. The dismemberment to which
the verse is frequently subjected (because of its stylistic variance from
other antitheses and because of the presumed progression of threats in
the series) is encouraged only by the assumption that vv. 21—22a belong
together. If ἐγὼ δὲ λέγω ὑμῖν is omitted, v. 22 would — with little alteration — fit comfortably in a context like Mt 18.[10] Further, the problematic
sanction attached to the prohibition of murder in v. 21 is most easily
explained if v. 22 was an independent saying from which the sanction
was borrowed when the antithesis was created.[11]

The alleged unintelligibility of Mt 5:34 apart from the accompanying
thesis in v. 33 is particularly difficult to understand. The prohibition
aginst swearing exists and is transparently meaningful in the non-anti-
thetical instruction at James 5:12[12], as everyone knows. The likelihood
that v. 34 is of Matthean origin is enhanced by a further consideration.
In a discussion of editorial expansions required to fit sayings into new
contexts, Bultmann had this to say of a "secondary" formulation:
"Ebenso durfte das ἐγὼ δὲ λέγω ὑμῖν μὴ ἀντιστῆναι τῷ πονηρῷ Mt 5,39
die von Mt gebildete Einleitung sein, um das folgende Logion in den
Zusammenhang der Gesetzesinterpretationen einzufügen." Then, with-

---

[9] "Die bessere Gerechtigkeit," Bibel und Leben 10 (1969), 180; the first ellipsis
conceals significant qualifications made by Hoffmann which will be examined below.

[10] On v. 22, compare *Krister Stendahl*, Matthew, in Peake's Commentary on the
Bible, ed. M. Black and H. H. Rowley, New York 1962, p. 776: "In the light of the
disciplinary rules from Qumran with their high ideals of brotherhood within the community we must raise the question with new seriousness whether the ethical concern
here is intramural ... Such an interpretation has much to commend it, especially since
the relation between cultic action and the mutual forgiveness of the brethren is a
strong motif in Mt (see 6:14, 18:15—20) ..."

[11] *C. J. G. Montefiore*, The Synoptic Gospels, London 1909 II, 58.

[12] *Georg Strecker*, Der Weg der Gerechtigkeit, FRLANT 82, Göttingen ³1971, p. 133,
regards the passage in James as independent of Mt, but he still treats vv. 33—37 as
pre-Matthean as a whole. The thesis is retained because it is in the form of a prohibition.

out break, he addresses the "primary" formulation under consideration: "Entsprechend wird das ἐγὼ δὲ λέγω ὑμῖν μὴ ὀμόσαι ὅλως Mt 5,34 wohl Bildung des Mt sein an Stelle einer ursprünglich einfacheren Wendung wie etwa 'Schwöret nicht!', wenn Mt nicht gar die ganze Ausführung V. 34—37 selbständig gebildet hat auf Grund einer Vorlage, die Mt 23,16—22 entspricht."[13]

Precisely! But such a postulated "simpler form" requires no "You have heard ... but I say." It needs, not a literary context which includes a thesis, but a cultural context in which the customary use (or abuse) of oaths makes the prohibition appropriate.

A similar situation obtains with respect to v. 28. Whether originally this saying was genuinely legal or simply moral admonition, any society in which adultery contravenes established mores can produce multiple settings in which it would be thoroughly intelligible without the antithetical formulation. That v. 28 is harmoniously situated in its present location following v. 27 is obvious. It simply is far from clear that this setting is required for the saying to communicate its meaning.

The idea that thesis and antithesis in the so-called primary forms are inseparable units of meaning is an overstatement of the case. If in fact Matthew created the third, fifth, and sixth antitheses, the argument from intelligibility does not constitute sufficient grounds for denying his responsibility for the first, second and fourth, as well.

The above argument would appear to be adequate, if the antitheses all exhibited a form as simple as that at 5:31—32. However, to the simple antitheses "additional" material which appears once to have circulated as independent sayings has sometimes been attached. In the cases of the fifth and sixth antitheses the addenda are easily explained, if the Q hypothesis is regarded as valid. The apparent additions to the so-called primary antitheses, on the other hand, introduce a different problem. Paul Hoffmann, among others, regards them as evidence of the reworking of a more pristine, pre-Matthean form: "Auch sie tragen Spuren der Bearbeitung. In der ersten und zweiten Antithese wurden Einzellogien angefügt: 5,23 f.25 f. (par Lk 12,57—59 = Q); 5,29 f (par Mk 9,43—48); die vierte Antithese wurde höchstwahrscheinlich durch 5,34b bis 36 erweitert."[14]

Whether vv. 34b—36 represent an intrusion is so problematic that a decision with respect to it would obviously depend on the resolution

---

[13] *Bultmann,* op. cit., p. 95; see also the brief note in the Ergänzungsheft.
[14] Op. cit., p. 180.

of the other cases; it can be set aside. What must be shown in each instance is not merely that independent sayings have been added to the saying in the *antithesis proper,* since that could be accounted for in a number of ways. What must be shown is that the "primary" antithetical formulations have attracted extraneous material which seriously interferes with the structural pattern. For example, the Lord's Prayer seems to distort an inherited three-fold section on almsgiving, prayer, and fasting in Mt 6. A similar distortion of a received set of antithetically expressed rules might be taken as a sign of redactional alteration of the form.

In the complex Mt 5:27—30 the final two verses clearly existed as independent sayings. Verse 29 can be explained rather easily at whatever stage it was attached to v. 28; the "offending eye" is not offensively intrusive whether Mt added it to a transmitted antitheses or incorporated it in a form he created. The hyperbole about cutting off a hand in v. 30 does not fit the context as smoothly, and it has been urged that v. 30 is jarringly out of place. The fact that the sayings in vv. 29—30 can be shown to have circulated together (Mk 9:43—48; Mt 18:8—9) somewhat reduces the force of this judgment. Further, the association of both eyes and hands with the arousal of desire in Rabbinic discussions of lust makes the content of v. 30 comprehensible.[15] Neither v. 29 nor v. 30 is inappropriately related to the subject matter of the second antithesis. The criterion of suitability to context is not irrelevant, since the hypothesis of the existence of a simple antithetical formulation without attached instruction is attested only for the manifestly secondary 5:31—32. Since in five cases there are appended sayings which appear to develop the significance of the antitheses, the idea that such sayings are intrusions inappropriate to the form is a doubtful assumption. Like vv. 34b—37, vv. 29—30 need not be understood as the evangelist's clumsy alteration of a received form.

The issue finally must be decided in relation to the first antithesis. Verses 23—24, 25—26 are independent sayings whose presence at this point is infelicitous. What do such sayings have to do with an antithesis dealing with murder and anger? That question exists for us. The infelicity apparently was not recognized by the evangelist. And, because for him the love command is the law's succinct expression, the addition of positive instruction about reconciliation to a prohibition of anger is not

---

[15] See *Bill.* I, 299—301; C. G. *Montefiore,* Rabbinic Literature and Gospel Teachings, London 1930, p. 41.

inexplicable on either alternative open to us: namely, that vv. 21—22 (or 22a) reached him in his tradition or that the tradition in v. 22 was the "stuff" out of which he created the first antithesis. Moreover, on the assumption that the first antithesis is pre-Matthean, the problem of agglutination reaches back further than v. 23. Hoffmann, for example, by striking vv. 34b—36 from the fourth antithesis and vv. 29—30 from the second, arrives at an antithesis form with which the three-membered saying of v. 22 is formally out of balance. That is, vv. 21—22a correspond to vv. 27—28; but v. 22bc is excess baggage. Hoffmann is thoroughly consistent and does not shrink from this conclusion: the clauses in v. 22bc are "additions" made to render the prohibition of anger "praktikabel" for the church.[16] It is possible that v. 22b is a very early gloss; but the total dismemberment of v. 22 entails the rejection of a structural parallelism which seems arbitrary. The willingness to dispose of v. 22bc in this manner appears to me to result from the prior conclusion that, in some way, v. 22 can only be intelligible in an antithetical construct; once it is recognized that v. 22 can be understood independently, the parallel structure speaks against the proposed dismemberment. In fact, attributing the "additions" of v. 22 to the ecclesiastical concerns of the evangelist points up the thread which unites vv. 22—26. Without v. 21, the remaining sayings of the first antithesis belong together in the Matthean community as a series related to the life of the church; this is no less true of v. 22a than it is of 22c. "You shall not kill" in v. 21 has been set over against a prohibition of anger positively interpreted as a call to reconciliation. Mt has supplied v. 21 as a fresh context for the once independent v. 22.a(b)c.

If the so-called primary antitheses are not self-evidently pre-Matthean, the case cannot be regarded as closed in favor of the evangelist's responsibility for the form. The awkward strong adversative with which Lk 6:27 is introduced has been interpreted as evidence that something like the antithesis of Mt 5:43—44 was to be found in Q. To W. D. Davies "Luke vi. 27 suggests that the antitheses of Matt v ... had their parallel in a source behind Q: the verse 'But I say to you that hear ...' naturally implies a contrast, although it is unexpressed."[17] One must respond to this that, since the contrast is unexpressed, no real ground has been laid for demonstrating a primitive antithesis; there is a distinc-

---

[16] Op. cit., p. 184.

[17] W. D. Davies, The Setting of the Sermon on the Mount, Cambridge 1964, p. 388. Davies regards the ἀλλά as a vestigial trace of an antithetical form.

tion between a *contrast* which might be introduced by ἀλλά and an *antithesis* in the style of Mt 5. The synoptics yield several examples of sayings which have admonitory, if not legal, tone and in which a contrast is expressed by means of ἀλλά. The nearest at hand is *within a Matthean antithesis:* "But I say to you, do not resist one who is evil, ἀλλ' to him who strikes you on the right cheek, turn the other also" (5:39). Yet, that example illustrates what the normal expectation would be, namely, that the ἀλλά-clause would be preceded by a prohibition or negative assertion. Luke's ἀλλά, if taken over from Q, probably did not stand at the turning point of an antithesis. Of course, one should not engage in universal negatives, as my earlier treatment of this subject did by brushing Lk 6.27a aside quickly because of the absence of a negative statement in advance of the ἀλλά. Such aberrations are found. But would this explanation occur to anyone without a synopsis in which Mt 5:43—44 was directly across the page? Probably not. And some other explanation seems to be called for.

Victor Furnish has recently joined those who see "the adversative construction [in Lk 6:27 as] ... related to the preceding 'woes'."[18] By suggesting that the woes are "in effect prohibited actions," Furnish seeks to overcome the problem of the missing negative contrast which the ἀλλά implies. Lagrange, on the other hand, thought that "le verset 27 se souderait mieux au v. 23; après avoir dit que les disciples seront haïs, Jésus leur enseignerait à aimer leurs ennemis; le contexte serait excellent."[19]

These attempts to explain Lk 6:27a share a common assumption: that 6.27a is the introduction to v. 27b as such. If that assumption is correct, then Lagrange's solution is probably the most satisfactory. However, if the assumption is mistaken and v. 27a has another relation to its context, then it is possible that Luke's awkward adversative is a red herring in the discussion of the antitheses. Another alternative, here stated with unintended dogmatism for the sake of brevity, is that Lk 6:27a was never meant as an introduction to v. 27b. Instead, it is a theme-bearing transition to the body of an exquisite homily, first organized in Q and edited by Lk without serious impairment of its structure. The outline of the homily would look something like the following.

---

[18] The Love Commandment in the New Testament, Nashville 1972, p. 55.

[19] *M. R. Lagrange,* Évangile selon saint Luc, Paris 1948, p. 192, cited by *Jacques Dupont,* Les Béatitudes, I, Le Problème Littéraire, Paris 1969, p. 315; see *Dupont,* pp. 189—196, 312—321.

6:20—26	Μακαριοι οι πτωχοι . . .
	οι πεινωντες νυν . . .
	οι κλαιοντες νυν . . .
	Μακαριοι εστε οταν μισησωσιν υμας . . .
	[Πλην ουαι . . .]
6:27α	Αλλα υμιν λεγω τοις ακουουσιν
6:27β—45	Αγαπατε τους εχθρους υμων . . .
	Και μη κρινετε . . .
	Ου γαρ εστιν δενδρον καλον . . .
6:46	Τι δε με καλειτε, Κυριε, κυριε, και ου ποιειτε α λεγω
6:47—49	Πας ο ερχομενος . . . και ακουων μου των λογων και ποιων αυτους . . Ο δε ακουσας και μη ποιησας

As its concluding parabolic paragraph (vv. 47—49) tells us plainly, the purpose of the homily is to inculcate *hearing* and *doing* the *words* of Jesus. The body of this short sermon is a collection of these words (vv. 27b—45). There are two points of transition between the elements of the homily: v. 46, which thematically emphasizes *doing* what Jesus says; and v. 27a, which invites the audience to *hear* his words.[20] That is, Lk 6:27a introduces vv. 27b—45, not merely v. 27b. That does not remove the problem of the ἀλλά, but it is no longer the same problem. It simply has nothing to do with Matthew's or any other's antitheses and should be disregarded in that connection.

Thus, there appear to me no grounds which justify the notion that Matthew received the antithesis form in his tradition of the sayings of Jesus. The form is his own. By it he intends to assert the authority of Jesus' representation of the law over against what he alleges is Pharisaic interpretation of the law; he intends to set forth exemplary statements of the true Torah in obedience to which Christians practice the

---

[20] The parallel at Mk 3:7—12 suggests that Lk 6:17 has been influenced by the homily; but see *Dupont*, op cit., pp. 189—190. *Paul S. Minear*, "Jesus' Audiences, according to Luke," NovTest 16 (1974), 105—108, also understands Lk 6:27a as introducing "a whole block of teaching"; in his view, it marks a change in audience from the "disciples" in vv. 20—26 to the "crowds" in vv. 27b—49 (My colleague, William R. Baird, Jr., brought this article to my attention.).

righteousness which exceeds that of the scribes and Pharisees. It does not matter whether Matthew accurately represents Pharisaic halakah; the section is too polemic to expect that such would be the case.[21] However inaccurate about or unfair to his opponents he may be, Matthew means the "But I say to you" of the antitheses to set law against law — the authoritative pronouncement of Jesus (the embodiment of Wisdom-Torah) against the misconstructions and misunderstandings of Torah among Matthew's adversaries.

It is because this intention is so clear that the numerous close approximations to the form frequently proposed fall just short of being finally convincing. It is not only that the Rabbinic examples are not quite truly parallel; it is, rather, that the Matthean antithesis has lost its patience with scholarly debate and hurls forth the true Torah as incontrovertible pronouncement.

Nevertheless, one must remember that Matthew is not always impatient with legal debates. I am prepared to retreat from the position that the antitheses have no relation at all to Rabbinic forms. A direct relation — a Rabbinic form which Matthew copied in ch. 5 — does not seem possible. But several of the suggested approximations are such that they might have been Christologically transformed into the Matthean formula.

Whatever else is said about the ἐγὼ δὲ λέγω ὑμῖν of the antitheses, it functions as an introductory formula to a legal ruling. The λέγω-introduction formula in Mt 5 has a different function, then, than λέγω and ἀμὴν λέγω sayings we usually find elsewhere.[22] Perhaps the closest thing to it in the New Testament are a few Pauline passages (notably in 1Cor 7) where the apostle employs λέγω to introduce sentences in which rulings of a halakic character may be involved, but these cases are not antithetical.

Of course, the nearest parallel to the Mt 5 construction is found in a context of legal debate in Mt 19. The Matthean version of the dialogue

---

[21] Mt 6:1—18, which is still controlled by the polemic concern to commend a better righteousness than that of Pharisaic practice, implies that the "hypocrites" (= the Pharisees) never engaged in an unostentatious piety — which contradicts what we know to have been the case. In polemic, one may be very careful to state his own position accurately; but opponents are often caricatured.

[22] The most frequent use of λέγω in formulaic phrases is the solemn asserverative introduction ("I say to you"; "Truly I say to you"). As such it introduces a wide variety of forms: eschatological judgment sentences, wisdom-apocalyptic revelation sayings, admonitions, words of commendation/condemnation.

concerning divorce culminates in vv. 8—9: "Moses ... permitted you
to divorce your wives ... λέγω δὲ ὑμῖν, 'Whoever divorces his wife...
and marries another commits adultery'." The form is particularly close
to several examples of Rabbinic debate cited by Smith[23] which exhibit
the form "Rabbi So-and-so used to say ..., but I say ..." Yet, since
Moses is *not* Rabbi So-and-so, and even without the imperious ἐγώ,
there is something new in Mt 19:8—9. What is new, however, is not so
much formal as it is dogmatic; the content, more than the structure, has
been Christologically transformed. Mt 19:8—9 represents a kind of half-
way house between Smith's Rabbinic form and the antitheses of Mt 5.
It is only a half-way house because in 19:3—9 academic dialogue is
tolerated (i. e., vv. 8—9 complete and are integral to the debate as the
evangelist constructed it); Mt 5 issues pronouncements which are impatient with debate. Yet, it is fully a half-way house because v. 9, though
contrasted with what Mt regarded as a concession, is also set in contrast
with Moses.[24] The distance from "Moses permitted ... but I say" to
"It was said ... but *I* say" is a short step. Yet, it is a significant step, for
it completes the move from scholarly dialectic to authoritative pronouncement. The antitheses perhaps are not de novo creations. Their newness
may be essentially the dimension added and the setting altered by Matthew's Christology.

In this connection, mention must be made of the appeal by Jeremias
to the criterion of dissimilarity in order to claim the antithetical formulation for the historical Jesus.[25] Quite apart from the opinion just expressed that the form in Mt 5 may have been adapted from an anterior
Rabbinic form by way of the development in Mt 19:8—9, it is questionable whether the absence of precise parallels to the antitheses in Judaism
and early Christianity can be used in this way. Dissimilarity — the identification of elements distinctively characteristic of a speaker or author
— is as valid for determining genuine Matthean material as it is for
determining authentic Jesus tradition. The precise form found in Mt 5
does not appear in Judaism, elsewhere in early Christian documents, *or
in other parts of the tradition about Jesus*. It appears in one place only:
immediately following Mt 5:20 as part of a systematic exposition of the

---

[23] *Morton Smith*, Tannaitic Parallels to the Gospels, Journal of Biblical Literature
Monograph 6, Philadelphia 1951, pp. 27—30.

[24] See *David Daube*, Concessions to Sinfulness in Jewish Law, Journal of Jewish
Studies 10 (1959), 1—13.

[25] *Joachim Jeremias*, New Testament Theology, New York 1971, I, 251.

righteousness exceeding that of the Parisees. To deny it to Mt on the grounds of dissimilarity is to assume that the form is too bold for the evangelist as an author. The whole sweep of the Sermon on the Mount is itself too bold for such an assumption.

The authoritative declarations of ch. 5 rest firmly on Matthew's Christology. His programmatic challenge to Pharisaic righteousness depends on his recognition of Jesus as the very embodiment of the Torah. His ἐγὼ δὲ λέγω ὑμῖν does not set either the evangelist or the Lord he confesses in opposition to the Torah. He does not really intend to do any of those things we have traditionally associated with the antitheses: to abrogate the law "in principle," to proclaim a "new law," to deepen and spiritualize the law, and the like. Objectively, as outsiders to the Matthean context, we may be able to judge that the evangelist has in effect done some of these things. But this was not his purpose: his purpose was to define and exhibit the True Law and to call men to obedience to it as the first stage of discipleship.

EINE JUDENCHRISTLICHE KULT-DIDACHE IN MATTHÄUS 6, 1—18

Überlegungen und Fragen im Blick auf das Problem des historischen Jesus

HANS DIETER BETZ

Das Hauptproblem der heutigen historisch-kritischen Jesusforschung besteht in der nach wie vor nicht bewältigten Quellenfrage. Neue Untersuchungen der in den Evangelien verarbeiteten Traditionskomplexe zeigen, daß diese ihrerseits bereits unter redaktionsgeschichtlichen Einflüssen stehen[1]. Damit erweitert sich zusehends das Feld des vorsynoptischen Überlieferungsprozesses. Das Stichwort ist auch hier „Mannigfaltigkeit": mannigfaltig sind die Überlieferungsschichten, die Formen dieser Überlieferung und die theologischen Konzeptionen, die auf das Konglomerat Einfluß genommen und es geprägt haben. Im gleichen Maße werden bisher in der Wissenschaft übliche Kategorien und Vorstellungen wertlos: wie Formgeschichte und Redaktionsgeschichte ineinander übergehen, so können anonyme Traditionen gleichwohl individuell geprägt sein, usw. Während aber das Feld des vorsynoptischen Materials sich erweitert, schmilzt der Stoff, den man auf den historischen Jesus meint zurückführen zu können, zusammen. Man kann schon jetzt sagen, daß bei Anwendung der bisherigen Kriterien von „authentisch" und „nichtauthentisch" im Blick auf die Jesusüberlieferung nur der radikale Skeptizismus übrigbleibt. Die Frage ist natürlich, ob die seither anwendbaren Kriterien nicht auch einer kritischen Prüfung unterzogen werden müssen.

Dieser Befund steht ohne Zweifel im krassen Gegensatz zum Umfang der in den letzten Jahren erschienenen Jesus-Literatur[2]. Es hat den An-

---

[1] Siehe besonders die Arbeit von *D. Lührmann*, Die Redaktion der Logienquelle, Neukirchen-Vluyn 1969, sowie meine Rezension in ThLZ 96, 1971, 428 f.

[2] Vgl. die Überblicke von *H. Conzelmann*, Ergebnisse wissenschaftlich-theologischer Forschung? Neue Taschenbücher über Jesus, Evangelischer Erzieher 23, 1971, 452 bis 462; *E. Gräßer*, Motive und Methoden der neueren Jesus-Literatur, VF 18/2, 1973, 3—45.

schein, als stünde die Forschung trotz aller Mühen wieder am Anfang. „So steht am Ende der zwischen Bultmann und seinen Schülern geführten ‚neuen‘ Debatte um den historischen Jesus unversehens wieder jene Frage auf, die man, zumindest im Prinzip, schon längst hinter sich gelassen zu haben glaubte: die Frage nach dem Verhältnis der Evangelien und der in ihnen verarbeiteten Tradition zum irdischen Jesus."[3]

Im folgenden soll die lange vernachlässigte Perikope Mt 6,1—18 zunächst kurz analysiert werden[4]. Sodann soll mit Hilfe der Analyse die Problematik der Quellenfrage im Blick auf den historischen Jesus diskutiert werden.

I.

Die Perikope Mt 6,1—18 stellt einen eigentümlichen, in sich geschlossenen Komplex dar, den Matthäus wahrscheinlich zusammen mit der sog. Bergpredigt aus der Überlieferung übernommen hat. Wie sich diese Perikope zu Q verhält, ist ein weiteres Problem[5]. Jedenfalls besteht keine Notwendigkeit, alles, was nicht für Q vorauszusetzen ist, einfach dem Redaktor Matthäus zuzuschreiben[6]. Auch ist durchaus wahrscheinlich, daß der Komplex Mt 6,1—18 bereits vor Matthäus einen noch ablesbaren Überlieferungsprozeß durchlaufen hat, so daß die Aufnahme in die Bergpredigt des Matthäus nur den Abschluß dieses Vorganges bedeutet[7].

Formgeschichtlich gesehen stellt Mt 6,1—18 eine Kultdidache[8] dar, die,

---

[3] *J. Roloff*, Das Kerygma und der irdische Jesus, Göttingen 1970, 34.

[4] Aus Raumgründen muß die Analyse verständlicherweise auf das Notwendigste beschränkt bleiben. Zur neuesten Diskussion vgl. *H.-Th. Wrege*, Die Überlieferungsgeschichte der Bergpredigt, Tübingen 1968, 94—107, und die Rezension von *D. Lührmann*, ThLZ 95, 1970, 199; *W. Grundmann*, Das Evangelium nach Matthäus, 2. Aufl., Berlin 1971, 190—208; *J. Jeremias*, Neutestamentliche Theologie, Erster Teil: Die Verkündigung Jesu, Gütersloh 1971, passim.

[5] Vgl. *Lührmann*, Redaktion, 118 f.

[6] Vgl. *W. L. Knox*, The Sources of the Synoptic Gospels, II, Cambridge 1957, 7 ff, 25 f.

[7] Unabhängige Überlieferung liegt vor in Pap. Oxyr. 654, Nr. 6, hg. von *J. Fitzmyer*, Essays on the Semitic Background of the New Testament, London 1971, 384 bis 387; ich teile jedoch nicht das Urteil Fitzmyer's über den Ursprung des Logions. Vgl. auch ThomEv, Logion 6; Did 8; Didasc. Apost., hrsg. von *R. H. Connolly*, Oxford 1929, 143 f.

[8] Die Frage der formgeschichtlichen Bezeichnung wird von *R. Bultmann*, Die Ge-

wie die folgende Analyse deutlich macht, in sich sorgfältig gegliedert und komponiert ist.

schichte der synoptischen Tradition. 4. Aufl., Göttingen 1971, 140 f, angeschnitten. Er lehnt die Bezeichnung „Lehrgedicht" mit Recht ab und hebt die „Komposition" mit ihrem „Charakter eines Gemeindekatechismus" hervor (141, Anm. 1). An anderer Stelle spricht er von „Frömmigkeitsregeln" (156). Wir wählen den Terminus „Didache" in Anlehnung an den Titel der gleichnamigen urchristlichen Schrift.

[9] *Bultmann*, Geschichte, 141, 161, stellt auch die Frage nach der Herkunft der „Einleitung" (6,1). Eine Notwendigkeit, sie dem Evangelisten Matthäus zuzuweisen, besteht aber nicht. Vgl. auch *G. Strecker*, Der Weg der Gerechtigkeit. 3. Aufl., Göttingen 1971, 152; *Wrege*, Überlieferung, 97.

6,5e	d. Feststellung der Folgen des unangemessenen Verhaltens, in Form eines Amen-Wortes
6,6	3. Anweisung der angemessenen Ausübung
6,6a	a. Angabe der Kulthandlung
6,6b	b. Beschreibung der angemessenen Ausübung, unter Benutzung einer geläufigen Vorstellung
6,6c	c. Feststellung des (angemessenen) Zweckes der Anweisung (verkürzt)
	d. Theologische Begründung der Anweisung und Verheißung des eschatologischen Lohnes
6,16—18	III. Das Fasten
1,16a	1. Angabe der Kulthandlung
6,16b—e	2. Verbot der unangemessenen Ausübung der Kulthandlung
6,16b	a. Imperativ (negativ)
6,16b—c	b. Karikierende Beschreibung des abzulehnenden Verhaltens
6,16d	c. Feststellung des (unangemessenen) Zweckes
6,16e	d. Feststellung der Folgen des unangemessenen Verhaltens, in Form eines Amen-Wortes
6,17—18	3. Anweisung der angemessenen Ausübung
6,17a	a. Angabe der Kulthandlung
6,17b	b. Beschreibung der angemessenen Ausübung
6,18a	c. Feststellung des (angemessenen) Zweckes der Anweisung
6,18b	d. Theologische Begründung und Verheißung des eschatologischen Lohnes

Die Analyse läßt auf den ersten Blick einen recht komplexen Text erkennen. Die formale Gliederung zeigt zwei Hauptabschnitte (A, B), die eng aufeinander bezogen sind.

Abschnitt B enthält drei kultische Paränesen, die die gleiche Struktur aufweisen. Sie beginnen jeweils mit einer Angabe der Kulthandlung (I, 1; II,1; III,1). Darauf folgt das Verbot eines unangemessenen Vollzuges der Handlung. Diese Verbote sind wieder in der gleichen Weise untergegliedert (I,2; II,2; III,2): auf den Imperativ (a) folgt eine karikierende Beschreibung des abzulehnenden Verhaltens (b) und seines Zweckes (c), sowie ein Amen-Wort (d), in dem die Folgen des unangemessenen Verhaltens festgestellt werden; die Amen-Worte stimmen sogar wörtlich überein. Auch die drei anschließenden Anweisungen für eine rechte Begehung (I,3; II,3; III,3) sind einander entsprechend gegliedert: die Angabe der Kulthandlung wird wiederholt (a), die angemessene Ausübung wird geschildert (b), und der Zweck wird angegeben (c). Die Komposition schließt ab mit einer theologischen Begründung und einer darauf beruhenden eschatologischen „Verheißung"[10] (d); auch diese Abschlüsse stimmen wörtlich überein.

---

[10] *Bultmann*, Geschichte, 141.

Auffallend ist weiterhin der regelmäßige Wechsel von der 2. Person plur. bei der ersten Angabe der Handlung (II,1; III,1; anders I,1) zur 2. Person sing. bei der zweiten Angabe (I,3a; II,3a; III,3a).

Die Komposition von Abschnitt A ist der von B ähnlich, enthält aber charakteristische Unterschiede. Am Anfang steht eine allgemeine kultisch-ethische Mahnung und Warnung hinsichtlich der δικαιοσύνη (A, I). Diese Einleitung stellt fest, daß es sich bei dem in Abschnitt B verheißenen Lohn um den Lohn handelt, der vor dem himmlischen Vater gilt (A, III,2) und der für die vom Menschen zu erbringende δικαιοσύνη gegeben wird. Der Imperativ προσέχετε erkennt die Forderung der δικαιοσύνη an und setzt voraus, daß deren Erreichung von bestimmten Verhaltensweisen abhängt und insofern auch gefährdet ist. Die Kult-didache insgesamt ist nichts anderes als eine Anweisung zur Beachtung der Mahnung im Bereiche des Kultes.

Der Einleitungssatz führt dann sogleich über in eine Kennzeichnung einer abzulehnenden Gesamthaltung (A,II); diese kehrt, jeweils angewendet auf die betreffenden Kulthandlungen, in Abschnitt B wieder (B,I,2; II,2; III,2).

Der den Abschnitt A abschließende Satz ist ganz negativ gefaßt und definiert die Folgen, die sich aus einer Nichtbeachtung der Paränese ergeben (A,III). Zunächst wird, sehr knapp, der Fall einer Nichtbeachtung gesetzt (A,III,1), d. h. es wird angenommen, daß es zu dem in A,II abgelehnten Verhalten kommt. Die Folgen ergeben sich aus der Lehre vom eschatologischen Lohn. Der in A,III,2 enthaltene indikativische Satz enthält also einen Schluß aus einem vorausgesetzten Lehrsatz. Dieser hier negativ formulierte Schluß kehrt in Abschnitt B in zweifacher Weise positiv wieder: einmal als Warnung in den Amen-Worten (B,I,2d; II,2d; III,2d) und zum anderen als Begründung in B,I,3d; II,3d; III,3d. Folglich haben wir in A,III,2 das theologische Fundament vor uns, das das ganze paränetische Gebäude trägt.

Der formalen Struktur entspricht der Inhalt. Wie die allgemeine Paränese zu Anfang angibt, setzt der Text sich zum Ziel, durch angemessene Beobachtung von drei ausgewählten kultischen Handlungen δικαιοσύνη zu ermöglichen. Die Einhaltung der drei kultischen Anweisungen (B,I; II; III) tut darum der Forderung in A,I Genüge.

Die drei positiven Anweisungen (B,I,3; II,3; III,3) bedienen sich sprachlicher Formen, die über das rein Kultische hinausreichen, und zeigen damit an, daß die Kulthandlungen selbst lediglich Anlässe sind, an

denen die in der Einleitung (A, I) geforderte allgemeine Haltung konkret
wird. Diese Beurteilung setzt eine kritisch-differenzierende Haltung gegenüber dem Kult voraus. Jedoch werden die kultischen Handlungen
damit nicht überflüssig, sondern gerade mit theologisch zu rechtfertigen-
dem Sinn erfüllt.

Um die innere Logik zu verstehen, aus der die Kultdidache erwächst,
muß man sich folgende theologische Voraussetzungen bewußt machen.
Grundlegend ist die Lehre vom verborgenen Gott, der „in den Himmeln"
wohnt (6,1), d. h. der sich „im Verborgenen" befindet (6,6.18) und „im
Verborgenen sieht" (6,4). Vorausgesetzt ist sodann der Lohngedanke. Die
vom Menschen geforderte δικαιοσύνη ist als Bedingung der Erlösung
anerkannt. Lohn für gute Taten kann aber nur einmal gewährt werden.
Darum muß der Fromme, der im Jüngsten Gericht (6:1b: „vor eurem
Vater in den Himmeln") Lohn für seine Erlösung benötigt, eine Vorwegnahme dieses Lohnes in diesem Leben (6:1a: „vor den Menschen")
unter allen Umständen vermeiden. Dies zu ermöglichen, dient der Gedanke des Imitatio Dei, der zu Folge der angemessene Vollzug der Kulthandlungen „im Verborgenen" zu geschehen hat[11].

Aus diesen Lehrgrundlagen ergibt sich dann als Kehrseite eine ausge-
prägte Kultkritik. Allgemein ist gesagt, daß der eschatologische Lohn
dann vorweggenommen und damit vertan ist, wenn die δικαιοσύνη vor
den Augen der Menschen geleistet wird, um von diesen wahrgenommen
und mit Lob bedacht zu werden (6,1).

Wie das konkret in den genannten Kulthandlungen geschieht, schildern
die entsprechenden Karikaturen (6,2.5.16).

Religionsgeschichtlich betrachtet, entspricht die Kultdidache durchaus
jüdischer Theologie und Frömmigkeit. An keiner Stelle verrät sich
„christlicher" Einfluß. Das gilt im Blick auf die Lehre vom verborgenen
Gott, der in das Verborgene sieht, vom himmlischen „Vater", vom Lohn-
gedanken und vom Gedanken der Nachahmung Gottes. Auch die Kultkritik (6,2.5.16) ist ganz innerjüdisch und keineswegs, weil kritisch, deshalb auch notwendigerweise christlich. Vielleicht ist sie antipharisäisch[12]

---

[11] G. *Vermes,* Jesus the Jew, London 1973, 78, meint, in 6,1—4 sei auf die „Kammer der Verschwiegenen" im Tempel angespielt, von der Šeqalim 5,6 spricht (übers.
von Goldschmidt): „In die ‚Kammer der Verschwiegenen' brachten sündenscheue Leute
heimlich [ihre Spenden], aus denen Arme aus guter Herkunft heimlich unterhalten wurden." Jedoch werden die beiden anderen Kulthandlungen damit nicht erklärt, abgesehen davon, daß in Mt 6 und in der Mišna unter „Verborgenheit" ganz Verschiedenes
verstanden wird.

[12] So W. *Bousset* und H. *Gressmann,* Die Religion des Judentums im späthellenisti-

ausgerichtet, aber eine genauere Lokalisierung dieser Theologie innerhalb des Judentums scheint nicht möglich zu sein.

II.

Es ist wohl allgemein anerkannt, daß es sich in 6,7—15 um einen sekundären Einschub handelt[13]. Fraglich ist dagegen, ob der Evangelist Matthäus diesen Einschub vorgenommen oder ihn bereits als Teil des von ihm übernommenen Stoffes vorgefunden hat. Sicher ist, daß Matthäus den Abschnitt nicht selbst verfaßt hat. In dem Maße, in dem für wahrscheinlich zu halten ist, daß Mt 5,3—7,27 bereits als vormatthäische Komposition existiert hat, wird auch anzunehmen sein, daß 6,7—15 bereits Bestandteil dieses Stoffes gewesen ist. Als Ganzheit und separat betrachtet, ist 6,7—15 ebenfalls eine Kultdidache, freilich auf das Gebet beschränkt[14]. Die damit gegebene Affinität zu B,II ist offensichtlich und wird der Grund gewesen sein, sie an dieser Stelle in 6,1—18 einzufügen.

Nun ist aber 6,7—15 seinerseits ein zusammengesetzter Abschnitt und umfaßt drei Bestandteile: den eigentlich didaktischen Teil (6,7—9a), ein zitiertes Gebet („Unser Vater") in 6,9b—13 und einen „Satz heiligen Rechts" (6,14—15). Im einzelnen ergibt sich folgende Struktur:

6,7—15	C. Eine Gebetsparänese
6,7—13	I. Das Gebet
6,7a	1. Angabe der Kulthandlung
	2. Verbot einer unangemessenen Ausübung
	a. Imperativ (negativ)
	b. Karikierende Beschreibung des abzulehnenden Verhaltens und Vergleich mit der nichtjüdischen Gebetspraxis
6,7b	c. Feststellung der der nichtjüdischen Gebetspraxis zugrunde liegenden Theorie vom Gebet
6,8a	d. Warnung vor Angleichung an die nichtjüdische Praxis
6,8b—13	3. Anweisung einer angemessenen Ausübung
6,8b	a. Theologische Begründung der Anweisung
6,9a	b. Angabe der Kulthandlung
6,9b—13	c. Zitat des Gebets Unser-Vater als des autoritativen Vorbildes

---

schen Zeitalter. 4. Aufl., Tübingen 1966, 181; neuerdings auch *J. Neusner*, From Politics to Piety, Englewood Cliffs, N. J., 1973, 67 ff.

[13] *Bultmann*, Geschichte, 141, nimmt sekundären Charakter und eine „Sonderstellung" von Mt 6,7—13 an. Siehe auch das Ergänzungsheft zur 4. Aufl., bearbeitet von *G. Theissen* und *Ph. Vielhauer*, Göttingen 1971, 54.

[14] Vgl. *Jeremias*, Theologie, I, 189: „eine aus Worten Jesu zusammengestellte Gebetsdidache."

6,14—15   II. Die Sündenvergebung
                      („Satz heiligen Rechts" formuliert als antithetischer parallelis-
                      mus membrorum)[15]

Im Vergleich mit den Abschnitten A und B zeigt C formal ähnliche und doch wieder andersartige Strukturen. Wie A und B beginnt auch C mit einer Angabe der Kulthandlung (C,I,1), gefolgt vom Verbot der unangemessenen Ausübung, die karikierend beschrieben wird (C,I,2ab). Neu gegenüber A und B ist die Anführung der Gebetstheorie, die der abgelehnten Praxis zugrunde liegen soll (C,I,2c) und eine Warnung vor der Angleichung an solche Praxis (C,I,2d). Wie in A und B so folgt auch in C die Anweisung für eine angemessene Gebetspraxis (C,I,3), jedoch steht nunmehr deren theologische Begründung voran (a), gefolgt von der Nennung der Kulthandlung (b). Neu ist auch die Zitierung des Unser-Vater als des schlechthinnigen Vorbildes (c)[16]. Ebenfalls ohne Analogie in A und B ist der „Satz heiligen Rechts" (C, II)[17].

Auch religionsgeschichtlich lassen sich Besonderheiten anführen. Zwar bleibt der Abschnitt ganz innerhalb jüdischer Vorstellungen, aber statt innerjüdischer Polemik enthält C Polemik gegen „die Heiden" (d. h. Nichtjuden), deren Gebetspraxis und -theorie verspottet werden. Diese Polemik sowie die Warnung vor der Angleichung an „die Heiden" lassen auf das Diasporajudentum als Entstehungssituation schließen.

---

[15] Vgl. *Jeremias*, Theologie, I, 26,29,35,187,189.

[16] *Bultmann*, Geschichte, 141, stellt die Frage, „ob in Mt 6,7—13 das Unser-Vater an die Stelle einer früheren knappen antithetischen Bildung getreten ist, die, um ihm Platz zu schaffen, weggebrochen wurde, oder ob vielmehr Mt 6,7 f eine nach der Analogie der anderen Stücke (von Mt?) geschaffene Analogiebildung ist, um das Unser-Vater in diesem Zusammenhang unterzubringen. Das Letztere ist m. E. wahrscheinlicher; denn dann bestand der Komplex ursprünglich aus je einem Wort über das Almosengeben, das Beten und das Fasten; die Verdoppelung der Anweisung über das Beten dürfte sekundär sein. Auf jeden Fall aber ist zu konstatieren, daß das Bedürfnis nach katechismusartigen, ähnlich gebauten und leicht behältlichen Bildungen dazu geführt hat, fremden Stoff solchen Bildungen zu assimilieren." Bultmanns redaktionsgeschichtliche Erklärung vermag freilich nicht die *Besonderheiten* von 6,7—13 zu erklären; auch läßt das zweifellos richtig erkannte literarische Phänomen der „Analogiebildung" noch andere Möglichkeiten offen.

[17] *Bultmann*, Geschichte, hält 6,14 f für eine „christliche Bildung" (158), von Mt „als Kommentar zu einer Bitte des Unser-Vaters redigiert" (159). Bultmann sieht zwar, daß die „Verheißung" in 6,7—13 fehlt (141), aber er bemerkt nicht, daß dieses Fehlen die einseitig redaktionsgeschichtliche Erklärung fraglich macht. Zu 6,14 f als „Satz heiligen Rechtes" siehe *E. Käsemann*, Exegetische Versuche und Besinnungen, II, Göttingen 1964, 79; *K. Berger*, Zu den sogenannten Sätzen Heiligen Rechts, NTS 17, 1970/71, 10—40, bes. 14, Anm. 3; 17; 19.

Anders als in den Abschnitten A und B ist auch die theologische Lehre in C. Das Gebet wird gerechtfertigt mit Hilfe der Lehre von der Allwissenheit Gottes (C,I,3a), nicht mit Hilfe der Lehre von der Verborgenheit Gottes. Damit ist die „heidnische" Auffassung implizit abgelehnt, als müsse Gott durch das Gebet erst über die Bedürfnisse des Menschen informiert werden. Die Lehre vom Lohn und von der Nachahmung Gottes spielen in dieser Konzeption keine Rolle, jedoch sind beide Lehren im „Satz heiligen Rechts" vorausgesetzt (C,II). Hingewiesen sei auch darauf, daß theologisch gesehen zwischen dem Unser-Vater (I,3c) und der theologischen Begründung (I,3a) Spannungen bestehen.

III.

Wie verhält sich nun die Perikope Mt 6,1—18 zum historischen Jesus? Auf Grund der vorangegangenen Analyse und bei Anwendung der bisher üblichen Kriterien[18] wird man sagen müssen, daß die Perikope nicht für eine Rekonstruktion der Verkündigung Jesu in Anspruch genommen werden kann[19]. Freilich muß man zugleich sagen, daß damit die Problematik nicht zu Ende ist, sondern erst beginnt.

Theologisch bleibt der Abschnitt „dem Judentum" verhaftet. Das schließt aber keineswegs aus, daß er gleichzeitig „christlich" ist; er kann aus dem Judenchristentum stammen. Das kann selbst dann der Fall sein, wenn sich keine spezifisch „christlichen" Anschauungen im Text identifizieren lassen. Es ist methodisch höchst fragwürdig, „christlich" einfach mit „heidenchristlich" gleichzusetzen und dies dann „dem Jüdischen" entgegenzustellen. Sofern sich das Judenchristentum innerhalb des Judentums bewegte, muß nach anderen „Indizien" gesucht werden.

Die Möglichkeit oder gar Wahrscheinlichkeit einer Herkunft aus dem Judenchristentum besteht nicht nur im Blick auf die Abschnitte A und B,

---

[18] Zum Problem der Kriterien für die Unterscheidung von „authentisch" und „nichtauthentisch" siehe *N. Perrin*, Rediscovering the Teaching of Jesus, New York & Evanston 1967, 15 ff; *Jeremias*, Theologie, I, Kapitel I; kritisch dazu *D. G. A. Calvert*, An Examination of the Criteria for Distinguishing the Authentic Words of Jesus, NTS 18, 1972, 209—218; *J. G. Gager*, The Gospels and Jesus: Some Doubts About Method, JR 54, 1974, 244—272.

[19] Die meisten Forscher schreiben die Perikope dem historischen Jesus zu. Eine Ausnahme macht *Bultmann*, Geschichte, 160: „6,2—18 wird im Grunde der erhöhte Jesus als redend gedacht sein." Aber auch diese Annahme trifft nur eine der Möglichkeiten.

sondern auch im Blick auf C, einschließlich des Unser-Vaters. Da Jesus
Jude war, kann er — grundsätzlich gesehen — Autor aller Abschnitte
gewesen sein[20]. Das heißt aber nicht, daß Jesus deswegen mit „dem Judentum" hätte konform gehen müssen, denn man wird bestimmte Ausprägungen *innerhalb* des Judentums anzunehmen haben. Sowohl das
Unser-Vater als auch die Abschnitte A, B, C, stellen durchaus originelle
Formen jüdischer Theologie dar. Selbst dort, wo Kritik am Judentum
geübt wird, handelt es sich um innerjüdische Kritik. Die in den Unter-
abschnitten vertretenen Theologien lassen sich auch nicht einfach harmo-
nisieren, sondern verraten eine gewisse Eigenständigkeit. All das aber
bedeutet, daß man mit dem „Kriterium der Unähnlichkeit"[21] im Blick
auf unsere Perikope nicht weiterkommt.

Hinsichtlich des Alters der im Abschnitt 6,1—18 enthaltenen Überlieferungen läßt sich kaum ein sicheres Urteil fällen. Oft geht man davon
aus, daß das Unser-Vater in das älteste Stadium der Überlieferung zurückgeht und darum am ehesten auf den historischen Jesus zurückgeführt werden kann[22]. Jedoch ist selbst hier Vorsicht geboten. Bei liturgischem Gut wie im Falle des Unser-Vater ist eine Datierung schwierig[23].
Angesichts des reichhaltigen Parallelenmaterials in der jüdischen Gebetsliteratur muß man annehmen, daß die Bitten sogar älter als Jesus sind
und daß höchstens die eigentümliche Zusammenstellung im Unser-Vater
auf Jesus hindeutet[24]. Ob man angesichts der verschiedenen Überlieferung überhaupt auf eine „Urform" — eben die Jesu — zurückgehen
kann, ist eine Frage für sich. Bekanntlich sind Gebete nicht wörtlich

---

[20] Die Tatsache, daß der jüdische Lohngedanke in Mt 6,1—18 vertreten wird, spricht
an sich weder für noch gegen die Herkunft von Jesus. Anders *E. Haenchen*, Der Weg
Jesu, Berlin 1968, 117; vgl. *Jeremias*, Theologie, I, 208 f (mit weiterer Literatur).

[21] Vgl. dazu *Perrin*, Rediscovering the Teaching of Jesus, 39 f; sowie *Gager*, JR 54,
256—259.

[22] So z. B. *Jeremias*, Theologie, I, 188—196; *Perrin*, Rediscovering the Teaching of
Jesus, 41, 47.

[23] So meint *Perrin*, Rediscovering the Teaching of Jesus, 108, 151 f, für das Unser-
Vater die Tischgemeinschaft mit Jesus als „Sitz im Leben" angeben zu können.

[24] Von bezeichnender Unsicherheit ist die Darstellung bei *Jeremias*, der das Unser-
Vater einerseits als „ein neues Gebet", Theologie, I, 188 bezeichnet, andererseits aber
zugibt, daß die Bitten „nicht von Jesus neu geprägt" wurden, sondern „aus der jüdischen Liturgie" stammen (192). Der Widerspruch wird „dogmatisch" gelöst: „Die jüdische Gemeinde und die Jünger Jesu bitten mit den gleichen Worten ... Und doch besteht ein großer Unterschied. Im *Qaddiš* betet eine Gemeinde, die noch ganz im Vor-
hof des Wartens steht. Im Vaterunser beten Menschen, die wissen, daß Gottes gnädiges
Werk, die große Wende, schon begonnen hat" (193).

fixiert, bevor sie in Liturgien schriftlich festgelegt werden; dazu man kann sogar darauf hinweisen, daß das Unser-Vater bis heute nicht fixiert ist, sondern in verschiedenen Formen in Gebrauch ist. Hinzu kommt, daß der Kontext Mt 6,7—15, in dem sich das Unser-Vater vorfindet, eher diasporajüdisch ist; die lukanische Parallele ist wieder anders geartet, und in ihr findet sich ein merkwürdiger Hinweis auf Johannes den Täufer. Betreffen alle diese Fragen den Abschnitt C, so kann auch dem Abschnitt A, B ein gleich hohes Alter nicht abgesprochen werden.

Auch das „Kriterium mehrfacher Bezeugung" führt angesichts unseres Textes zu keinem brauchbaren Ergebnis. Mehrfach belegt ist nur das Unser-Vater[25], aber diese Bezeugung kann nicht auf den Kontext ausgedehnt werden.

Folgt man den Kriterien von J. Jeremias, so müßten die Amen-Worte (B, I, 2c; II, 2c; III, 2c) ein entscheidendes Beweisstück für die Authentizität des Abschnittes liefern[26]. Jedoch sind die Amen-Worte in diesem Falle unablösbarer Bestandteil der Komposition und können nicht separat existiert haben. Selbst wenn die Einleitung mit Amen auf Jesus zurückginge, muß man die Amen-Worte unseres Textes als „Imitationen" ansehen, wie wir sie auch sonst in der Evangelientradition finden. Sie beweisen nichts für die „Authentizität" dieses Abschnittes.

Fügt sich Mt 6,1—18 denn nun in den Rahmen der Verkündigung Jesu ein, der aus anderen Texten rekonstruiert worden ist? Da der Abschnitt in der synoptischen Tradition singulär dasteht, muß man die Frage (abgesehen vielleicht vom Unser-Vater) verneinen. Zwar enthält das Unser-Vater den für die Verkündigung Jesu entscheidenden Begriff der „βασιλεία", aber die Bitte „Dein Reich komme" ist Teil der jüdischen Gebetsliteratur sonst[27]; darüber hinaus findet sich der Begriff „Reich Gottes" in unserer Perikope nicht.

So muß das Gesamturteil dahin gehen, daß der Abschnitt 6,1—18 (vielleicht[28] mit Ausnahme des Unser-Vater) nicht auf Jesus zurückge-

---

[25] Vgl. *Wrege*, Überlieferung, 97—109; *S. Schulz*, Q. Die Spruchquelle der Evangelisten, Zürich 1972, 84—93.

[26] Vgl. dazu *Jeremias*, Theologie, I, 43 f; *K. Berger*, Die Amen-Worte Jesu (Berlin 1970), 30,33,77,81,92; *ders.*, Zur Geschichte der Einleitungsformel „Amen, ich sage euch", ZNW 63, 1972, 45—75, besonders 71 f.

[27] Zu den Texten vgl. Bill. I, 418 f.

[28] *Schulz*, Q, 87, sieht „im Vaterunser das ‚Gebetsformular' der ältesten judenchristlichen Q-Gemeinde Palästinas", das entstanden ist „in Anlehnung an spätjüdische Gebete bzw. Gebetsformeln" (93). Die Frage ist aber, ob man „die Q-Gemeinde" so einfach mit „dem Judenchristentum" gleichsetzen darf. Deutet nicht die verschiedenartige

führt werden kann. Wenn man dieses Urteil gelten läßt, ergeben sich nun weitere Fragen. Wie ist es möglich, daß nicht nur Matthäus, sondern auch die ihm voraufliegenden Überlieferungsschichten allesamt Jesus als Autor voraussetzen? Diese judenchristlichen Tradenten müssen Jesus zeitlich und theologisch mindestens nahegestanden haben[29]. Sie müssen ihre theologischen Anschauungen mit denen Jesu für vereinbar gehalten haben. Die Frage ist, welches Gewicht man dieser Aussage beimessen will.

Damit hängt eine weitere Frage zusammen. Der Abschnitt C impliziert, daß dessen Autor seine Gebetslehre (6,7—9a) im Unser-Vater exemplifiziert sieht und daraus ableiten will. Ähnlich wird im Abschnitt A, B die dort vertretene Theologie implizit auf Jesus zurückgeführt. Selbst wenn also Judenchristen Verfasser der betreffenden Abschnitte gewesen sind, so wird doch der Anspruch erhoben, daß Jesus zu dieser Ausprägung jüdischen Denkens den Anstoß gegeben hat. Man wird diesen impliziten Anspruch nicht einfach von der Hand weisen können, sondern fragen müssen, ob sich irgendetwas als „Wirkung Jesu" am Text ablesen läßt. Zweifellos ist der Text das Resultat einer „Beunruhigung", die zu einer Neubesinnung über den Kult geführt hat. Man kann sogar sagen, daß uns in Mt 6,1—18 eine Art „Reformprogramm" vorliegt[30]. Bei der Beurteilung muß beachtet werden, welche Kulthandlungen behandelt und welche ausgeklammert werden. Ferner ist deren Reihenfolge wichtig.

Auffallend ist zunächst die Konzentration auf die sog. Privatfrömmigkeit. Der öffentliche Kult ist nicht erwähnt, wird also doch wohl als unwesentlich abgelehnt. Der einzelne steht im Mittelpunkt. Im Blick auf die religiöse Selbstdarstellung wird radikale Askese empfohlen: die wahre Frömmigkeit ist als solche nicht wahrnehmbar. Die Reihenfolge der Kult-

---

Überlieferung des Unser-Vaters in Q und in Mt 6,1—18 auf eine differenziertere Überlieferung innerhalb des Judenchristentums hin, d. h. darauf, daß auch das Judenchristentum in sich keine einheitliche Größe gewesen ist? Ein solcher Fall von mehrfacher Bezeugung des Unser-Vaters im vorsynoptischen Material erhöht die Wahrscheinlichkeit der Herkunft von Jesus.

[29] Schon *Bousset-Gressmann*, Religion, 178 Anm. 4, weisen auf die Verwandtschaft zwischen dem Unser-Vater und der Gebetslehre einiger zeitgenössischer jüdischer Lehrer hin, die als dem Christentum nahestehend empfunden wurden; besonders zu nennen ist Eliezer ben Hyrkanus, über den jetzt eine neue Untersuchung von *J. Neusner* vorliegt: Eliezer ben Hyrcanus, Part I. II., Leiden 1973.

[30] In diese Richtung gehen auch *G. Schille*, Das vorsynoptische Judenchristentum (Stuttgart 1970), 43—46; *B. Gerhardsson*, Geistiger Opferdienst nach Matth 6,1—6. 16—21, in: Neues Testament und Geschichte, O Cullmann zum 70. Geburtstag, Zürich 1972, 69—77.

handlungen wird wohl durch deren Priorität bestimmt. Danach stünde das Almosengeben — wir würden sagen, die Sozialleistungen — an erster Stelle. Dem Gebet wird größte Aufmerksamkeit gewidmet. Das Fasten wird religionskritisch seines negativen Charakters entkleidet und neu interpretiert[31].

Man wird im Blick auf das Ganze sagen können, daß sich hier ein Juden(christen)tum darstellt, das am Tempelkult nicht interessiert und wahrscheinlich antipharisäisch ausgerichtet ist. Ist dieses Juden(christen)tum mit dem sog. „charismatischen" Judentum verwandt, von dem fast alle Spuren verschwunden sind[32]? Ist die Kult-Didache von Jesus angeregt? Oder ist sie in einer Ausprägung des Judentums entstanden, die Jesus nahestand, und darum mit seinem Namen nachträglich in Verbindung gebracht worden? Diese Fragen zeigen, daß das Problem des historischen Jesus und der Quellen, aus denen seine Lehre zu rekonstruieren ist, notwendig die religionsgeschichtliche Frage einschließt nach dem Typ von Judentum, aus dem Jesus und seine ersten Anhänger stammten. Selbst wenn wir aus Mangel an Quellen von diesem Judentum und Judenchristentum fast nichts mehr eruieren können, so muß dennoch die Möglichkeit und sogar Wahrscheinlichkeit offengehalten werden für ein Jesusbild, das von dem der synoptischen Tradition und ihrer heidenchristlichen Redaktoren ganz und gar verschieden gewesen ist.

---

[31] Vgl. *Roloff*, Kerygma, 230 f, der 6,16—18 einerseits „dem Judenchristentum" zuschreibt und dann im Widerspruch dazu von „Abgrenzung vom Judentum" spricht.

[32] Diesen Begriff verwendet *Vermes*, Jesus the Jew, 69 ff. Jedoch sollte man sich nicht bei diesem noch viel zu unklaren Begriff beruhigen; statt dessen gälte es, die noch erkennbaren Konturen herauszuarbeiten.

ERWÄGUNGEN
ZUR ESCHATOLOGISCHEN VERKÜNDIGUNG
JOHANNES DES TÄUFERS

FRIEDRICH LANG

Alle vier Evangelisten beginnen ihre Darstellung des Wirkens Jesu mit einem Blick auf das Auftreten und die Verkündigung Johannes des Täufers, wenn auch der Täufer im Johannesevangelium nur noch als Zeuge für Jesus von Nazareth in Erscheinung tritt. Was Markus mit der Überschrift seines Evangeliums zum Ausdruck bringt, daß der Täufer zum „Anfang des Evangeliums von Jesus Christus" gehört, war allgemeine Auffassung der frühen Christenheit (vgl. Apg 13,24 f). Das hebt die jeweils verschieden durchgeführte Einordnung des Täufers in die Offenbarungsgeschichte bei den einzelnen Evangelisten nicht auf. Es ist darum berechtigt und begrüßenswert, wenn in der neuesten Jesusforschung das Verhältnis Jesu zum Täufer methodisch stärker für die Aufhellung der Sendung Jesu fruchtbar gemacht wird[1]. Die traditions- und redaktionsgeschichtlichen Untersuchungen haben den Blick geschärft für die eigenen Beiträge der Evangelisten, für den in manchen Fällen noch erkennbaren Weg, den die Traditionen vor ihrer Einfügung in die Evangelien durchlaufen haben, und für die Worte, die auf Jesus oder Johannes den Täufer selbst zurückgeführt werden können.

Das historische Bild des Täufers und seine religionsgeschichtliche Einordnung sind in der Forschung immer noch umstritten. Das hängt mit der Quellenlage zusammen. Die wichtigsten Quellen sind die Schriften des Neuen Testament und der Bericht des Josephus[2]. Beide Darstellun-

---

[1] Vgl. *J. Becker*, Johannes der Täufer und Jesus von Nazareth, BSt 63, 1972, These 1, S. 105: „Durch den regelmäßigen Blick auf die Täufertradition kann die Verkündigung Jesu präziser erfaßt werden."

[2] Ant XVIII, 5,2; Niese § 117—119. — Die Erwähnungen des Täufers bei den christlichen Schriftstellern, in den apokryphen Evangelien und in der mandäischen Literatur mögen hier außer Betracht bleiben.

gen sind von einer bestimmten Tendenz beherrscht. Die neutestamentlichen Zeugnisse zeigen den Täufer als Vorläufer und Wegbereiter des
Messias Jesus, wobei der taufende „Lehrer" dem getauften „Schüler"
völlig untergeordnet wird. Außerdem wirkt von Lukas an eine zunehmende Polemik gegen die Sekte der Täuferjünger mit, die am Ende des
1. Jh. ihren Höhepunkt gehabt zu haben scheint. Josephus schreibt für
gebildete Menschen im Römischen Reich und richtet seine Darstellung
ganz auf das hellenistische Verständnis aus. Die Abschnitte im sog. Sla-
vischen Josephus[3], auf die R. Eisler seine These vom politischen Revolutionär Johannes vorwiegend gestützt hatte, können für das historische
Bild des Täufers nicht herangezogen werden, da sie auf einer literarisch
sehr späten Version beruhen.

1. Der Beitrag des Josephus

Vergleicht man den an die Niederlage des Herodes Antipas gegen seinen Schwiegervater Aretas IV. angeschlossenen Bericht des Josephus über
den Täufer mit dem Neuen Testament, dann fallen die Gemeinsamkei-
ten ebenso in die Augen wie die Verschiedenheit der Deutung. Die wichtigsten Punkte der Übereinstimmung betreffen die Kennzeichnung des
Johannes als βαπτιστής, die das für ihn Charakteristische hervorhebt, die
ethische Bußpredigt, das hohe Ansehen und den starken Erfolg des frommen und gerechten Mannes bei den breiten Massen und seine Hinrichtung durch Herodes Antipas. Die auffälligsten Unterschiede liegen in
dem völligen Fehlen der eschatologischen Verkündigung des Täufers bei
Josephus, im Verständnis der Taufe und in dem Motiv für die Tötung
des Johannes. Von der Taufe des Johannes sagt Josephus ausdrücklich,
daß sie nicht zur Tilgung der Sünden diene, sondern nur zur „Heiligung
des Leibes" (ἐφ' ἁγνείᾳ σώματος), da ja die Seele zuvor durch Gerechtigkeit gereinigt sei. Das ist offenkundig hellenistische Stilisierung mit
Hilfe des Leib-Seele-Dualismus. Immerhin schimmert durch, daß Johannes seine Bußtaufe zur Vergebung der Sünden mit der Forderung nach
Früchten, die der Buße angemessen sind, verbunden und sie nicht als
automatische Heilsgarantie verkündigt hat. Als Motiv für die Hinrichtung des Täufers auf der Festung Machaerus nennt Josephus die Furcht
des Herodes Antipas vor einer Volkserhebung. Dieses Motiv, das im

---

[3] In Übersetzung abgedruckt bei *E. Lohmeyer*, Das Urchristentum, 1. Bd: Johannes
der Täufer, 1932, S. 32—35.

Zusammenhang von religiöser Predigt und Politik verankert ist, dürfte der geschichtlichen Wahrheit näherkommen als die volkstümliche Darstellung in Mk 6,17—29 par. Aber bei Josephus bleibt die Frage offen, weshalb denn angesichts der Tätigkeit eines so edlen Tugendpredigers ein Grund zur Furcht vor einem Volksaufstand bestanden haben sollte. Hier verrät sich, daß der Täufer in Wirklichkeit eine Botschaft verkündigt hat, die im Sinn eines politischen Messianismus mißverstanden werden konnte. Der Bericht des Josephus enthält somit ein indirektes Zeugnis für die eschatologische Verkündigung des Täufers.

2. Der eschatologische Charakter der Johannestaufe

Die christlichen Zeugnisse lassen den eschatologischen Charakter der Wirksamkeit des Täufers, der selbst kurz vor der Äonenwende zu stehen glaubte, der aber für die Evangelisten bereits an die Wende von zwei geschichtlichen Epochen gerückt war, noch klar erkennen. Die Wendung κηρύσσων βάπτισμα (Mk 1,4) betont den engen Zusammenhang der Taufe des Johannes mit seiner Verkündigung. Daß diese Verkündigung durch und durch eschatologisch orientiert und motiviert war, wird durch Mk 1,7 f und die beiden aus der Spruchquelle übernommenen Bilder von der Axt (Mt 3,10; Lk 3,9) und von der Wurfschaufel (Mt 3,12; Lk 3,17) zur Genüge belegt. Der Grundtenor dieser Verkündigung lautet: Das Gericht Gottes steht unmittelbar bevor. Darum kehrt um und laßt euch taufen! Die Taufe ist das letzte Rettungsangebot Gottes vor dem Endgericht. Mit dieser eschatologischen Ausrichtung hängt die Eigenart der Johannestaufe zusammen. In Mk 1,4 ist sie als „Bußtaufe zur Vergebung der Sünden" charakterisiert. Der Ruf zur Umkehr war schon geläufiges Thema bei den alttestamentlichen Propheten. Aber bei Johannes ist er als Ruf zur Umkehr in letzter Stunde in singulärer Weise eschatologisch aktualisiert. Daraus erklärt sich die Einmaligkeit der Johannestaufe und auch die aus dem Beinamen zu erschließende Beteiligung des Johannes am Taufvorgang.

Im Unterschied von einer Selbstwaschung macht das Getauftwerden (Mk 1,5) deutlich, daß der Täufling eine Gabe Gottes erhält. Die Einmaligkeit der Johannestaufe hat also nicht nur zeitliche, sondern auch sachliche Gründe. Die darin zugesagte Sündenvergebung wird nicht durch wiederholte menschliche Leistungen erworben, sondern als Geschenk Gottes ergriffen. Der Täufling wird gewissermaßen „versiegelt" für die

Rettung im Endgericht. Im Vollzug der Übernahme der Taufe, die mit
einem Sündenbekenntnis verbunden ist und die Bereitschaft zu einer
Neuausrichtung der ganzen Lebensführung einschließt, wird die Sündenvergebung von Gott empfangen. Die Wassertaufe des Johannes ist nicht
nur ein äußeres Symbol für die Buße und die ethische Erneuerung, aber
auch nicht nur eine menschliche Bitte um die Sündenvergebung in der
kommenden Geisttaufe[4], sondern sie ist selbst ein von Gott durch den
Täufer angebotener, die Vergebung der Sünden vermittelnder Ritus,
durch den die Errettung vor dem „kommenden Zorn" (Mt 3,7) verbürgt
wird[5]. Darin liegt das Wahrheitsmoment der oft gebrauchten Bezeichnung für die Taufe als „eschatologisches Bußsakrament". Allerdings wäre
der dogmatische Begriff Sakrament mißverstanden, wenn er im Sinn der
naturhaft-magischen Riten der hellenistischen Mysterienreligionen interpretiert würde. Die Johannestaufe verbürgt die Anwartschaft auf die
Rettung im Endgericht, sie ist selbst aber noch nicht die Versetzung in
das Endheil. Aus diesem Grund wird ihr auch nicht die Vermittlung des
Geistes zugeschrieben (Apg 19,2). Sie ist angelegt auf eine Vollendung
durch den, der die letzte Entscheidung fällt im Endgericht.

Von hier aus wird deutlich, daß auch der Ausdruck „Initiationsritus
der sich sammelnden messianischen Gemeinde"[6] die Eigenart der Johannestaufe nicht zutreffend erfaßt. Der Täufer hat im Unterschied von
den Pharisäern und von der Qumransekte keinen ausgegrenzten religiösen Orden gebildet, wenn auch Mk 2,18 und Lk 11,1 von Jüngern des
Johannes die Rede ist. Kennzeichnend für Johannes ist gerade die Offenheit seines Taufangebots (vgl. Mk 1,5; Mt 3,5) und der Verzicht auf
ein Noviziat. Ein Initiationsritus markiert den Eintritt in eine religiöse
Gruppe, die ihrerseits durch bestimmte Gebräuche und Institutionen gekennzeichnet ist. Für solche Institutionen ist aber bei Johannes kein
Raum, nicht nur wegen des nahen Endes, sondern vor allem wegen der
Untauglichkeit aller religiösen und kultischen Einrichtungen. Es ist mehrfach betont worden, daß der Täufer auf keine der israelitischen Heils-
institutionen zurückgreift. Die ausschließliche Orientierung an der Zukunft schließt einen Bruch mit allem Vorhandenen und Gewesenen in
sich[7]. In der Situation des Johannes birgt die Umkehrtaufe die einzige
Möglichkeit der Rettung; weder die leibliche Abstammung von Abraham

---

[4] Gegen *M. Barth*, Die Taufe — ein Sakrament? 1951, S. 125.

[5] Vgl. *H. Thyen*, Studien zur Sündenvergebung im NT und seinen at. und jüd.
Voraussetzungen, FRLANT 96, 1970, S. 132.

[6] *A. Oepke*, ThW I, S. 535.   [7] *J. Becker*, aaO, S. 17.

und die Zugehörigkeit zum Bund noch die strenge Einhaltung des Mose-gesetzes noch der Tempelkult mit seinen Opfer- und Sühneeinrichtungen vermag vor dem kommenden Zorngericht zu bewahren.

In der Frage nach der religionsgeschichtlichen Herleitung und Einord-nung der Johannestaufe ist noch keine überzeugende Antwort gefun-den. Das vieldiskutierte Problem kann hier nicht ausführlich behandelt werden. Ziemlich allgemein durchgesetzt hat sich die Einsicht, daß die Johannestaufe nicht aus hellenistischen, sondern aus jüdischen Prämissen erwachsen ist[8]. Aber keine der drei am meisten erörterten Thesen, die Herleitung von der jüdischen Proselytentaufe, von den Tauchbädern der Qumransekte und von der mandäischen Taufe, erlaubt eine völlige Er-klärung des Phänomens. Die Proselytentaufe ist eine Selbsttaufe unter Anwesenheit von Zeugen und vermittelt den Heiden, die zum Judentum übertreten wollen, die rituelle Reinheit; sie ist nicht so eindeutig eschato-logisch orientiert wie die Johannestaufe. Außerdem gibt es keinen siche-ren Beleg dafür, daß sie schon zur Zeit des Johannes als anerkannter Aufnahmeritus geübt wurde[9]. Johannes der Täufer hat zwar in zeitlicher und örtlicher Nähe zur Wüstengemeinde von Qumran gewirkt und zeigt in seiner Verkündigung auch manche Anklänge an deren Theologie. Gleichwohl ist eine direkte Ableitung von dorther nicht möglich. Selbst wenn es in Qumran im Rahmen der Aufnahmezeremonie ein besonders hervorgehobenes Tauchbad gegeben haben sollte, was nicht erwiesen ist, so wäre dies doch nur der Auftakt zu den täglichen rituellen Waschun-gen und dadurch grundsätzlich von der Johannestaufe unterschieden. So wird es bei dem Urteil bleiben müssen, daß es sich bei der Johannestaufe nicht um einen essenischen Reinigungsritus gehandelt haben kann, „weil sich Flußwasser nicht sonderlich zur rituellen Reinigung eignet, weil Jo-hannes nicht exklusiv war wie die Sektenleute, sondern sich an alle wandte und diese ohne lange Vorbereitung taufte, sofern sie ihre Sün-den bekannten"[10]. Ebensowenig läßt sich eine Ableitung der Johannes-taufe von der mandäischen Taufe durchführen, wenn auch für beide Er-scheinungen wahrscheinlich ein gemeinsamer Mutterboden im hetero-doxen Judentum anzunehmen ist.

---

[8] Damit soll nicht einer seit M. Hengels Buch überholten schematischen Alternative von Judentum und Hellenismus das Wort geredet werden.

[9] In TestLev 14,6 rechnet J. Becker die Wendung „sie reinigend mit einer unge-setzlichen Reinigung" nicht zum ursprünglichen Text, Jüdische Schriften aus helleni-stisch-römischer Zeit, Bd III,1: Die Testamente der zwölf Patriarchen, 1974, S. 57.

[10] *G. Friedrich*, ThW VI, S. 839.

In der großen Taufbewegung, die in Palästina und Syrien sich seit dem 2. Jh. v. Chr. bemerkbar machte, hat es offenbar verschiedene Spielarten von Taufen gegeben. Es ist weithin anerkannt, daß Johannes in diesen allgemeinen religionsgeschichtlichen Rahmen hineingehört. Trotzdem ist „der spezifische Sinn der Johannestaufe ... eine originale Schöpfung des Täufers"[11]. Zu den darin beschlossenen Eigentümlichkeiten gehören vor allem die den Johannes charakterisierende Praxis, die Taufe an den Bußfertigen zu vollziehen, und die Unableitbarkeit seines prophetischen Sendungsbewußtseins mit der alles tragenden Gewißheit von dem unmittelbar bevorstehenden Ende, wie sie in dieser Konkretion und Direktheit weder in der Apokalyptik noch in Qumran begegnet. Die Entstehung der vorchristlichen Taufbewegung ist am ehesten durch eine Neuauslegung jüdischer Tradition zu erklären. So liegt auch für Johannes die Annahme nahe, daß er sich durch Aussagen des Alten Testaments legitimiert und motiviert wußte. Nun war das Auftreten des Täufers in der Steppe am Unterlauf des Jordans und die dadurch bedingte Nahrung und Tracht (Mk 1,4.6) durch die Wüstentypologie (vgl. Mt 11,7; Lk 7,24) bestimmt mit der Erwartung, daß die Wüste, in der Gott seinem Volk nach dem Auszug aus Ägypten so nahe war, auch die Stätte der neuen Gottesgemeinschaft in der Heilszeit sein werde. Deshalb haben allerlei Messiasprätendenten und Propheten in jener Zeit ihre Anhänger in die Wüste geführt. Die Qumransekte hat sich für ihren Aufenthalt in der Wüste auf Jes 40,3 berufen (1QS VIII,13; IX,19 f). Dasselbe ist auch für Johannes am wahrscheinlichsten, wenn er auch das Bereiten des Wegs in der Wüste anders verstand als die Sekte[12]. Mit Deuterojesaja steht ein Prophet im Blickfeld, der die neue Zeit des Heils für Israel angekündigt hat, nachdem das Alte abgetan ist. In denselben Zusammenhang gehören die eschatologischen Verheißungen des Ezechiel hinein. Der Johannestaufe am nächsten kommt die Stelle Ez 36,25 f, in der ein eschatologischer Reinigungsakt durch Besprengung mit reinem Wasser und durch die Verleihung des Geistes Gottes angekündigt ist. Es spricht so-

---

[11] P. *Vielhauer,* RGG III, Sp. 806.

[12] Das Mischzitat aus Mal 3,1; Ex 3,20 und Jes 40,3 in Mk 1,2 f dürfte bereits in der vormarkinischen Gemeinde gebildet worden sein, die Johannes als den Vorläufer Jesu in die Geschichte Gottes eingeordnet hat. Die Frage, ob Johannes selbst sich schon aufgrund von Mal 3,1.23 als Elia redivivus verstanden hat, läßt sich nicht mehr mit Sicherheit entscheiden. Die wohl aus Täuferkreisen stammenden Traditionen Lk 1,14 bis 17 könnten dafür sprechen; dagegen ist zu bedenken, daß die Erhebung des Täufers in messianische Würde erst nach seinem Tod durch seine Anhänger erfolgt ist. Deshalb ist es wahrscheinlicher, daß Johannes die Eliaerwartung noch nicht auf sich bezogen hat.

mit alles für die Annahme, daß Johannes der Täufer sich von Gott dazu berufen wußte, die Erfüllung der eschatologischen Verheißungen der Propheten durch das Angebot seiner Taufe in die Wege zu leiten.

3. Johannes als eschatologischer Prophet

Johannes hat nicht nur alte prophetische Verheißungen erfüllt, sondern auch Aussagen über die Zukunft gemacht. Im Zentrum der eschatologischen Verkündigung des Täufers mit der Ansage eines „Stärkeren", der nach ihm kommt, steht die drohende Nähe des Endgerichts. In allen Schichten der Evangelienüberlieferung wird Johannes als Prophet bezeichnet[13]. Nach Mk 11,32 und Mt 14,5 galt er auch im jüdischen Volk als ein Prophet. Jesus hat sogar über ihn geurteilt, daß er mehr sei als ein Prophet (Mt 11,9; Lk 7,26). Darin kommt zum Ausdruck, daß Johannes ein Prophet besonderer Art war, und zwar wegen seiner Zuordnung zum Anbruch der Heilszeit. Johannes gehört zum Typus des eschatologischen Propheten, der manche verwandte Züge mit dem Lehrer der Gerechtigkeit von Qumran aufweist[14]. Wenn die spätere Täufersekte ihren Meister als messianische Heilsgestalt verehrt hat, so beweist das nicht, daß Johannes selbst mit messianischem Anspruch aufgetreten ist. Auch in Qumran steht der eschatologische Prophet neben den beiden erwarteten Messiasgestalten[15]. Schon die Christen vor Markus haben in Johannes den wiederkehrenden Elia (Mal 3,1.23) gesehen. Markus (9,13) und Matthäus (17,12) haben diese Auffassung übernommen. Lukas hat (anders als die Traditionen in Lk 1,16 f.76) das Eliamotiv gemieden im Interesse seiner heilsgeschichtlichen Konzeption, wie *Hans Conzelmann* in seinem bahnbrechenden Buch gezeigt hat[16]. Dieser Befund erklärt sich am besten, wenn bereits Jesus den Täufer mit der Erfüllung der Maleachi-Weissagung in Verbindung gebracht hat (Mt 11,14)[17].

Der Hauptinhalt der eschatologischen Verkündigung des Täufers war das in allernächster Zukunft bevorstehende Endgericht. Das geht zunächst deutlich aus seiner in der Spruchquelle überlieferten Bußpredigt

---

[13] Mk 11,32 par; Q: Mt 11,9; Lk 7,26; Mt 14,5; Lk 1,76; Joh 1,21.25.

[14] *J. Becker* (Anm. 1), S. 60: Der Lehrer der Gerechtigkeit und der Täufer repräsentieren beide „den gleichen Grundtyp eines von Gott als letzten gesandten Propheten mit mittlerischer Funktion im Gegensatz zu Israels Heilsanspruch".

[15] 1QS IX,11; *R. Meyer*, ThW VI, S. 826.

[16] Die Mitte der Zeit. Studien zur Theologie des Lukas, 1954, S. 16.

[17] *J. Jeremias*, ThW II, S. 939.

hervor. Die Wendung von dem „kommenden Zorn" (Mt 3,7; Lk 3,7), die an die prophetische Ansage vom Tag Jahwes als dem „Tag des Zorns"[18] anknüpft, bezeichnet das eschatologische Gericht und lebt auch in der christlichen Missionssprache fort (1Thess 1,10). Diese Gerichtsansage wird unterstrichen durch zwei Bilder, welche die bedrohliche Nähe des Gerichts veranschaulichen. Die Axt, die bereits an die Wurzel der Bäume gelegt ist (Mt 3,10; Lk 3,9), zeigt an, daß der ausholende Schlag unmittelbar bevorsteht, und entsprechend macht die Wurfschaufel, die der dreschende Landmann schon in der Hand hält (Mt 3,12; Lk 3,17), unmißverständlich deutlich, daß sofort mit dem Worfeln auf der Feldtenne begonnen wird. Die beiden Bilder, die wohl einmal nebeneinander standen, rahmen bei Matthäus und Lukas die Ansage vom „Kommenden" ein. Über das Vorherrschen des Gerichtsmotivs besteht gar kein Zweifel. Es sollte aber nicht übersehen werden, daß beide Bilder den Gedanken der Scheidung enthalten. Abgehauen und verbrannt werden nicht alle Bäume, sondern „jeder Baum, der nicht gute Frucht bringt", und beim Bild vom Worfeln stellt die Scheidung zwischen Spreu und Weizen den Hauptinhalt dar; außerdem wird das Einbringen des Weizens in die Scheune noch eigens erwähnt (Mt 3,12). Die Ansage eines totalen Gerichts an das Volk Israel im geschichtlichen Horizont der vorexilischen Propheten ist zu unterscheiden von dem universalen, eschatologischen Gerichtsgedanken, wie er seit der Apokalyptik üblich war. Das Judentum war in der hellenistischen Welt mit der Frage nach dem Ganzen konfrontiert, und es hat von seiner Tradition aus die Antwort in seiner Weise zu geben versucht. Hätte sich Johannes das Gericht als Totalvernichtung vorgestellt, dann wäre seine Taufe sinnlos gewesen. Schon die Taufe impliziert den Gedanken einer Scheidung im Gericht. Der Vorstellung einer totalen Vernichtung der Menschheit steht im Judentum der Schöpfer- und Erwählungsglaube entgegen. Deshalb ist auch das Weltbrandmotiv nur am Rand aufgenommen worden. Ist aber die Johannestaufe nicht schon selbst die Heilsgabe, dann ruft sie geradezu nach einer positiven Entsprechung im Endgericht.

4. Das Wort von der eschatologischen Geist- und Feuertaufe

Es fällt auf, wie wenig der Gerichtsgedanke in der Darstellung des Markus (1,7.8) zur Geltung kommt. Hier hebt Johannes zwei Momente

---

[18] Am 5,18—20; Zeph 1,15.18.

heraus: die völlige Überlegenheit des „Stärkeren" und die Geisttaufe des „Kommenden" als Entsprechung zur Wassertaufe. Das Wort vom „kommenden Zorn" und die beiden Gerichtsbilder fehlen. Dieser Bericht betont offensichtlich die Züge, die einem Christen wichtig waren, der Jesus als den Erfüller der Täuferverheißung verstand. Matthäus und Lukas haben neben Markus auch die Spruchquelle verarbeitet und den Gerichtsgedanken aufgenommen. Traditionsgeschichtlich bietet Markus mit dem Nacheinander der Worte vom Stärkeren und von den Taufen wohl die ältere Form gegenüber der Umrahmung bei Matthäus und Lukas. Aber diese haben in der Ansage der zukünftigen Taufe die ältere Überlieferung aus Q bewahrt, die lautet: αὐτὸς ὑμᾶς βαπτίσει ἐν πνεύματι ἁγίῳ καὶ πυρί (Mt 3,11; Lk 3,16). Läßt sich aus diesen verschiedenen christlichen Traditionen das ursprüngliche Täuferwort noch ermitteln?

Im christlichen Bereich sind zunächst zwei Entwicklungen möglich. Bei der einen Annahme hätte Markus von der Pfingsterfahrung her in dem nur vom Feuer handelnden Täuferwort πυρί durch πνεύματι ἁγίῳ ersetzt, und Matthäus und Lukas hätten das Täuferwort und die Markusfassung kombiniert. Aber Q ist die Priorität vor Markus zuzuerkennen. Deshalb legt sich die andere, meist vertretene Annahme nahe, daß Markus in dem von πνεῦμα und πῦρ handelnden Täuferwort (vgl. Q) πῦρ weggelassen hat, weil das Feuergericht zum Wirken Jesu nicht paßte. Aber damit erhebt sich erst die entscheidende Frage, ob der Täufer in seiner geschichtlichen Lage schon von einer Taufe mit πνεῦμα und πῦρ gesprochen haben kann. Die drei durch die christliche Tradition gedeckten Möglichkeiten, daß das Täuferwort entweder nur πῦρ oder nur πνεῦμα oder beides enthalten hat, werden für die Interpretation dadurch noch vermehrt, daß Geist und Feuer nicht nur im Gegensatz von Gnade und Gericht verstanden, sondern auch synonym gefaßt und entweder dem Gericht oder dem Heil zugeordnet werden können.

Wir stellen zunächst die für unsere Frage einschlägigen Bedeutungen von πῦρ zusammen, die in der jüdischen Tradition belegt sind: 1. das Feuer (neben Wasser) als Mittel der rituellen Reinigung (Num 31,23), 2. das Feuer (des Metallschmelzers) als Ausdruck für Prüfungen und Leiden im geschichtlichen Leben (Sir 2,5; Weish 3,6), 3. das Feuer als Vorzeichen des Endakts (Joel 3,3), 4. das Feuer (des Schmelzers) als Mittel der Reinigung und Läuterung im eschatologischen Gericht (Mal 3,2 f; Sach 13,9: zwei Drittel werden vernichtet, ein Drittel wird durch Feuer geläutert), 5. das Feuer als Mittel der Vernichtung im Endgericht (Mal 3,19; Jes 66,15 f; Ez 38,22; 39,6), 6. das Feuer als Mittel der ewigen

Peinigung in der Hölle (Jes 66,24; Jdt 16,17; Sir 21,9 f), 7. das Feuer
als Ausdruck der himmlischen Herrlichkeit (Ez 1,28; äthHen 14,16 ff;
39,7).

In Frage kommen solche Bedeutungen, die einen Bezug zum eschatologischen Gericht haben. Die vorherrschende Auffassung nimmt im Täuferwort nur eine Taufe mit Feuer an im Sinn der Gerichtsverkündigung[19]. E. Schweizer gibt der Verbindung von πνεῦμα und πῦρ den Vorzug, deutet aber πνεῦμα als Sturmwind ebenfalls im Sinn des Gerichts[20].
Für eine exklusive Gerichtsverkündigung des Täufers entstehen jedoch
große Schwierigkeiten durch die Erwägung, daß Johannes seine Wassertaufe als Unterpfand der Rettung anbot, das Feuergericht aber keine
positiv überbietende Entsprechung zu der so verstandenen Wassertaufe
darstellt[21]. In Ez 36,25 f wird von Gott ein eschatologischer Reinigungsakt durch Besprengung mit reinem Wasser verheißen. In Unterschied von
der rituellen Reinigung mit Wasser bewirkt diese eschatologische Reinigung eine völlige Erneuerung der Menschen dadurch, daß Gott seinen
Geist in ihre Herzen gibt. Eine solche Verwandlung der Menschen durch
den Geist Gottes bildet die erforderliche positive Entsprechung zur Wassertaufe und kann auch übertragen als βαπτίζειν bezeichnet werden. Die
Geistmitteilung wird oft unter dem Bild des reinigenden Wassers dargestellt[22]. Nun wußte sich die Qumransekte schon in der Gegenwart im
Besitz des Geistes (1QH XVII,26). Sie hat aber noch einen eschatologischen Reinigungsakt durch den Geist Gottes im Endgericht erwartet. Es
heißt in 1QS IV,20 f: „zum Zeitpunkt des bestimmten Gerichtes. Und
dann wird Gott durch seine Wahrheit alle Werke der Menschen läutern
und wird sich einige aus den Menschenkindern (?) reinigen, indem er allen Geist des Frevels aus dem Innern ihres Fleisches tilgt und sie reinigt
durch heiligen Geist (ולטהרו ברוח קודש) von allen gottlosen Taten. Und
er wird über sie sprengen den Geist der Wahrheit wie Reinigungswas-
ser" (vgl. Ez 36,25 f). Der eschatologische Charakter dieser Stelle wird
sichergestellt durch die Notiz: „Bis dahin kämpfen die Geister der Wahr-

---

[19] W. G. *Kümmel*, Die Theologie des Neuen Testaments, NTD Erg.Bd 3, 1969,
S. 27 f.

[20] ThW VI, S. 397.

[21] *Vgl. H. Schürmann*, Das Lukasevangelium I, HThK III, 1, 1969, S. 174—177.

[22] E. *Schweizer*, ThW VI, S. 397. — Instruktiv hierfür ist die Schilderung der
Inspiration Esras: „Da tat ich den Mund auf, und sieh, ein voller Kelch ward mir
gereicht; der war gefüllt wie von Wasser, dessen Farbe aber dem Feuer gleich war"
(4Esr 14,39). Das Wasser versinnbildlicht den Geist; die Farbe des Feuers als Ausdruck des himmlischen Glanzes weist auf die göttliche Herkunft des Geistes hin.

heit und des Frevels im Herzen der Menschen" (1QS IV,23). Daneben kennt die Qumransekte aber auch ein eschatologisches Vernichtungsgericht durch Feuer (1QS IV,13).

Von hier aus ist im Täuferwort das Nebeneinander einer eschatologischen Reinigung durch den „Geist der Heiligkeit" und eines Vernichtungsgerichtes durch Feuer nicht als unmöglich auszuscheiden. Es ist jedoch zu fragen, ob sich der Begriff Feuer im Täuferwort nicht auf den eschatologischen Reinigungsakt bezieht. Dann wäre neben dem Vernichtungsfeuer im Bild von der Spreu (Lk 3,17) das Feuer im Wort von der Taufe (Lk 3,16) als Mittel der eschatologischen Reinigung verwendet. Hierfür ist auf das Nebeneinander von verzehrendem und reinigendem Feuer in Sach 12,6 und 13,9 und in Mal 3,19 und 2 f sowie auf die doppelte Verwendung des Feuers als Gerichtsmittel und als Zeichen der Herrlichkeit Gottes in Jes. 4,4 u. 5 hingewiesen worden[23]. Das Motiv der eschatologischen Reinigung durch Feuer könnte durch die Übertragung der rituellen Reinigung mit Wasser und Feuer (Num 31,23) auf das Endgericht motiviert sein. Aber das Feuer als Mittel der eschatologischen Reinigung ist meines Wissens neben der Reinigung durch den Geist nicht belegt[24]. So muß πῦρ im Wort von der Feuertaufe auf das Vernichtungsgericht bezogen werden. Die meisten griechischen Väter haben zwar πῦρ im Taufwort als Erscheinungsform des Geistes verstanden (vgl. Apg 2,3). Aber in der jüdischen Literatur ist das Feuer, obwohl Zeichen der himmlischen Herrlichkeit[25], kein geläufiges Epitheton des Geistes[26].

Der gewichtigste Einwand gegen die Verbindung von Geist und Feuer im Täuferwort ist die Beobachtung, daß die Verleihung des Geistes die

---

[23] *E. Earle Ellis*, Present and future Eschatology in Luke, NTS 12, 1965, S. 29.

[24] In Jo 3,1—5 (vgl. Apg 2) ist die Verbindung von Feuer und Geist anders gelagert. Blut, Feuer und Rauch auf Erden (neben den Änderungen am Himmel) weisen wohl auf Kriegsgeschehen als Vorzeichen des Endes hin.

[25] *F. Lang*, ThW VI, S. 937.

[26] TestBenj 9: „Und der Geist Gottes wird zu den Heiden übergehen wie ausgegossenes Feuer" ist auf christlichen Einfluß zurückzuführen. In der jüdischen Tradition bedeutet das Feuer Gericht, wenn von der verzehrenden Kraft des Feuers ausgegangen wird, himmlische Herrlichkeit, wenn der helle Glanz den Ausschlag gibt (Feuer neben Kristall, Sonne, Schnee, äthHen 14). — Für Lukas schließt die Geistgabe an Pfingsten nicht die Erfüllung der verheißenen Feuertaufe ein (vgl. Apg 1,5; 11,16 mit Lk 3,16). In Lk 3,17 dachte Lukas an das Höllenfeuer, wie der Zusatz ἀσβέστῳ zu πυρί anzeigt; ebenso ist Mt 3,11 f das ewige Feuer der Verdammnis gemeint, *vgl. G. Strecker*, Der Weg der Gerechtigkeit, 3. Aufl. 1971, S. 236 Anm. 5.

Domäne Gottes ist[27] und in der vorchristlichen Zeit πνεῦμα als Gabe des Messias oder einer anderen eschatologischen Gestalt nirgends sicher belegt ist. E. Sjöberg[28] nennt nur die Stellen TestJud 24,2 („er wird den Geist der Gnade über euch ausgießen") und TestLev 18,11 („er wird den Heiligen vom Baum des Lebens zu essen geben, und der Geist der Heiligen wird auf ihnen ruhen"); aber in beiden Stellen ist die Beziehung auf den Messias problematisch[29]. Von hier aus ist zu erwägen, ob der „Kommende" im Täuferwort nicht auf Gott zu beziehen ist[30]. Gott ist der Spender des Geistes und zugleich der Herr des Gerichtes; ihm gebührt die Stärke (vgl. Apk 7,12). Das Elia-Motiv (Mal 3,1.23) enthält den Gedanken, daß der nach Elia Kommende Gott selbst ist. Dennoch ist m. E. der „Kommende" eine von Gott verschiedene eschatologische Gestalt. Das Bild vom Lösen des Schuhriemens (Lk 3,16)[31] und der Komparativ ὁ ἰσχυρότερός μου sind in Beziehung auf Gott kaum vorstellbar[32]. Wenn der Täufer selbst die Eliaerwartung nicht auf sich bezogen hat, dann liegt auch die Einwirkung von Mal 3,1.2.19 nicht so nahe.

Sicher ist, daß in der Umgebung des Täufers messianische Gestalten erwartet wurden (der Messias: PsSal 17; der Menschensohn: äthHen 37—71; ein priesterlicher und ein königlicher Messias in Qumran). Es ist bekannt, daß der Menschensohn (im Anschluß an Dan 7) das eschatologische Gericht im Auftrag Gottes durchführt (äthHen 51,3; 62,2), obwohl nach der prophetischen Verheißung Gott selbst zum Endgericht mit Feuer kommt (Jes 66,15 f). In Qumran wird die Durchführung des Gerichts durch den Messias erwartet. Vom „Fürsten der Gemeinde" heißt es: „mit deinem Szepter wirst du die Erde verwüsten, und mit dem Hauch deiner Lippen wirst du die Gott[losen] töten, [mit dem Geist des Ra]tes und mit ewiger Kraft, mit dem Geist der Erkenntnis und Furcht Gottes" (1QSb V,24 f)[33]. Übt der Kommende im Auftrag Gottes nicht auch eine positive Funktion gegenüber den Bußfertigen und Gerechten aus? Der Menschensohn selbst ist ausgerüstet mit dem Geist der Weis-

---

[27] *J. Becker* (Anm. 1), S. 24.   [28] ThW VI, S. 382.

[29] *J. Becker* (Anm. 9), S. 61, hält TestLev 18,10—14 für eine selbständige, jüdische Apokalypse, die von Gott und nicht vom Messias redet.

[30] *E. Schweizer*, Das Evangelium nach Markus, NTD 1, 11. Aufl., 1967, S. 17: „Es ist nicht mehr mit Sicherheit auszumachen, ob der Täufer den Messias oder nur noch Gott selbst zum Gericht erwartet hat."

[31] *A. Schlatter*, Johannes der Täufer, hg. v. W. Michaelis, 1956, S. 103 fragt mit Recht: „wer wird auch von Gottes Schuhriemen reden?!"

[32] *E. Haenchen*, Der Weg Jesu, 1966, S. 43.

[33] Vgl. Jes 11,2—4.

heit und Gerechtigkeit (äthHen 49,3; 62,2). Für die Heiligen und Auserwählten wird in jenen Tagen eine Umwandlung stattfinden (äthHen
50,1). Der Menschensohn wird „ein Stab für die Gerechten und Heiligen" und „das Licht der Völker" sein (48,4). Die Gerechten werden „mit
jenem Menschensohn essen, sich niederlegen und erheben bis in alle Ewigkeit" (62,14). Wenn auch eine Übermittlung des Geistes nicht direkt erwähnt ist, so erfahren doch die Gerechten in der Begegnung mit dem
Menschensohn eine Erneuerung. „Ihr Geist wird in ihrem Inneren er-
starken, wenn sie meinen Auserwählten ... sehen" (45,3). Der Täufer
teilt zwar manche eschatologische Vorstellungen mit der Qumransekte,
aber unterscheidet sich von ihr durch die Erwartung einer einzigen eschatologischen Gestalt. In der Qumranliteratur kommt der Begriff des Menschensohnes nicht vor. Der „Stärkere" des Täuferworts zeigt jedoch eine
große Verwandtschaft mit dem henochitischen Menschensohn, bei dem
bereits eine Verbindung von Dan 7; Jes 11; 42,6; 52,15 vorliegt und zu
dem das Motiv des „Kommens" (Dan 7,13) gehört. Das legt die Vermutung nahe, daß die Verschiedenheit in der Messianologie mit ein
Grund für das gesonderte Auftreten des Täufers war. Dann ist aber auch
nicht auszuschließen, daß der Täufer vom Kommenden eine eschatologische Reinigung und Erneuerung der Getauften durch den Geist Gottes
erwartet haben kann. Vielleicht ist zu unterscheiden zwischen dem Geist
als Mittel der Reinigung und der Gabe des Geistes zu dauerndem Besitz[34]. Das Objekt ὑμᾶς bei dem Verbum βαπτίσει (Mt 3,11; Lk 3,16)
braucht nicht so gepreßt zu werden, daß Geist und Feuer sich auf dieselben Menschen beziehen. Die Voranstellung von πνεῦμα vor πῦρ läßt
eher daran denken, daß die eschatologische Reinigung und Erneuerung
der Bußwilligen sich vor der Vernichtung der Gottlosen vollzieht; letztere ist ein „Schauspiel" für die Auserwählten und Gerechten (äthHen
62,12).

Die ursprüngliche Fassung des Täuferworts ist nicht mehr mit Sicherheit zu ermitteln. Das Wort von der Geist- und Feuertaufe ist eine
Analogiebildung zur Taufe mit Wasser, wobei „taufen" einen metapho-
rischen Sinn erhält. Die positive Entsprechung zur Wassertaufe ist ein
eschatologischer Reinigungs- und Erneuerungsakt durch den „Geist der
Heiligkeit"; die negative Konsequenz für die Selbstsicheren, die die Umkehrtaufe nicht auf sich nehmen, ist ein Vernichtungsgericht durch Feuer
(oder ewige Pein in der Feuerhölle). So verstanden bildet das Wort von

---

[34] Vgl. *Y. E. Yates*, The Form of Mk I 8b, NTS 4, 1957/58, S. 336 f.

der Geist- und Feuertaufe eine sachgemäße Zusammenfassung der gesamten, auch in den beiden Gerichtsbildern enthaltenen eschatologischen Verkündigung des Täufers.

Mit diesen Erwägungen kann keine eindeutige Entscheidung herbeigeführt werden. Angesichts der mangelnden Belege für die Geistverleihung durch den Menschensohn, dem der „Kommende" des Täufers am nächsten steht, wenn er nicht sogar mit ihm identisch ist[35], muß die Möglichkeit eingeräumt werden, daß der Täufer nur vom Gericht des „Kommenden" sprach und die positive Heilsgabe in der von ihm vollzogenen Wassertaufe gewährleistet sah[36]. Aber die andere Möglichkeit ist nicht auszuschließen, daß der Originalität des Johannes hinsichtlich der Taufe auch eine Eigenständigkeit in der eschatologischen Verkündigung entspricht; dann hat der Täufer erwartet, daß der „Stärkere" nicht nur das Gericht durchführen, sondern vorher die Getauften in einem eschatologischen Reinigungsakt durch den „Geist der Heiligkeit" für die Existenz in der Heilszeit zurüsten wird. Die zweite Möglichkeit verdient m. E. vom geschichtlichen Gesamtbild her den Vorzug[37].

Das Wirken Jesu ist schon in der frühen Christenheit (Q) sicher als eine Erfüllung der eschatologischen Verkündigung des Täufers verstanden worden. Jesus selbst hat Johannes den Täufer sogar als den Größten unter den Menschen beurteilt (Mt 11,11; Lk 7,28) und bis zuletzt an seiner göttlichen Sendung festgehalten (Mk 11,30 par). Manche Züge in der Verkündigung Jesu zeigen dieselbe Struktur wie beim Täufer. All das ist leichter verständlich, wenn der eschatologische Prophet Johannes nicht nur ein exklusiver Gerichtsprediger war. Wahrscheinlich hat Jesus

---

[35] *J. Becker* (Anm. 1), S. 105 f, These 10: „Wahrscheinlich übernahm Jesus die Menschensohnvorstellung vom Täufer, dessen Gestalt des Kommenden in denselben Traditionsstrom gehört."

[36] Gegen die Vermutung von *C. H. Kraeling,* John the Baptist, 1951, S. 117 f, daß die freiwillige Übernahme der Taufe im Jordan eine Art Vorwegnahme des Eintauchens in den apokalyptischen Feuerstrom bedeute, spricht die Beurteilung des Jordans in der jüd. Tradition, vgl. *K. H. Rengstorf,* ThW VI, S. 611 ff. Das Motiv vom Feuerstrom (Dan 7,10) stammt wahrscheinlich aus der iranischen Eschatologie. Während aber dort das Feuer die Guten und die Bösen scheidet im Sinn eines Ordals (vgl. Yasna 47,6; 51,9), ist der Feuerstrom in der jüd. Überlieferung Mittel der Vernichtung. Der Leib des Tieres wird im Feuerstrom verbrannt (Dan 7,11) und ebenso bewirkt der Feuerstrom aus dem Mund des Menschensohnes (4Esr 13,10) die Vernichtung der Widersacher Gottes; vgl. auch die vernichtende Wirkung des Feuerstroms 1QH III, 29; Sib 3,84 f.

[37] Vgl. *G. Bornkamm,* Jesus von Nazareth, 1956, S. 42 Anm. 27.

das Elia-Motiv auf den Täufer angewendet (Mk 9,13; Mt 17,12) und sein eigenes Wirken im Zusammenhang mit der Täuferverheißung verstanden. So lassen sich auch die schwierigen Worte Lk 12,49 f und Mk 10,38 f am besten verstehen. Der entscheidende Unterschied zwischen dem Täufer und Jesus liegt darin, daß Jesus nicht nur Herold der eschatologischen Wende ist, sondern den Menschen die Gottesherrschaft mit Wort (vor allem in den Gleichnissen) und Tat (vgl. Mt 12,28; Lk 11,20) nahe bringt[38]. Darum trägt in seiner Verkündigung die Zusage des Heils und das Vertrauen auf die Güte Gottes den Bußruf, während es beim Täufer umgekehrt ist[39]. Hat der Täufer mit dem „Kommenden" den Menschensohn gemeint, dann fällt von hier aus auch ein neues Licht auf die Selbstbezeichnung Jesu als Menschensohn.

---

[38] *E. Käsemann*, Zum Thema der urchristlichen Apokalyptik, Exegetische Versuche und Besinnungen II, 1964, S. 117 f.

[39] Vgl. *J. Jeremias*, Neutestamentliche Theologie I. Die Verkündigung Jesu, 1971, S. 155 f.

CHRISTUS ALS DER WELTENRICHTER

EDUARD LOHSE

In den Sprüchen, die die synoptische Tradition vom Kommen des Menschensohns überliefert hat, ist wiederholt davon die Rede, daß er am Ende der Tage auf den Wolken des Himmels erscheinen und Gericht halten werde. Dann ist die Stunde da, in der darüber befunden wird, wohin der einzelne Mensch gehört. Nach seinen Taten wird entschieden, ob er auf die Seite des Lebens oder aber die des ewigen Verderbens gewiesen wird. Im Urteil, das der Menschensohn sprechen wird, ergeht der Spruch des göttlichen Gerichtes, vor dem sich alle Menschen werden verantworten müssen. In diesen Logien wird die Sprache der Apokalyptik geredet, deren man sich zur Entfaltung der christlichen Erwartung der Parusie und des Endes dieser Welt bediente.

I.

Die jüdische Apokalyptik schildert in bunten Bildern die Abfolge der Endereignisse. Wenn dieser Äon zu Ende geht — und sein Ende steht in baldiger Zukunft bevor —, dann wird das große Gericht gehalten werden. Dann werden Stühle aufgestellt, und der Höchste läßt sich auf seinem Thron nieder. Tausende und Zehntausende stehen vor ihm. Bücher werden aufgetan, nach denen Recht gesprochen wird. Auch das Verborgene kommt ans Licht. Völker und Menschen, Engel und Satan, alle werden sie diesem Gericht unterworfen werden. Die Toten stehen auf, damit auch über sie das gerechte Urteil gesprochen wird.

Nach Dan 7 und fast allen übrigen jüdischen Gerichtsschilderungen übt allein Gott das Richteramt aus. Der wie ein Mensch Gestaltete, der in Dan 7,13 auftritt, hat mit dem Endgericht nichts zu tun, sondern er er-

scheint erst nach Vollzug des Gerichtes über die Reiche, um die Welt-
herrschaft anzutreten, die ihm von Gott übertragen wird[1]. Auch nach
4Esra 7 ist Gott allein der Weltenrichter. Wenn dieser Äon zu Ende geht,
dann „gibt die Erde wieder, die darinnen ruhen, der Staub läßt los, die
darinnen schlafen, die Kammern erstatten die Seelen zurück, die ihnen
anvertraut sind[2]. Der Höchste erscheint auf dem Richterthron. Dann
kommt das Ende, und das Erbarmen vergeht, das Mitleid ist fern, die
Langmut verschwunden. Mein Gericht allein wird bleiben, die Wahrheit
bestehen, der Glaube triumphieren. Der Lohn folgt nach, die Vergeltung
erscheint. Die guten Taten erwachen, die bösen schlafen nicht mehr. Dann
erscheint die Grube der Pein und gegenüber der Ort der Erquickung.
Der Ofen der Gehenna wird offenbar und gegenüber das Paradies der
Seligkeit" (4Esra 7,32—36)[3]. Bei diesem Gericht hat der Messias keine
richterliche Funktion auszuüben. Nur gelegentlich heißt es, daß er als
Ankläger und Zeuge im Endgericht auftritt (4Esra 7,37), aber das Urteil
spricht Gott. So mannigfaltig und unterschiedlich im übrigen die Anschauungen des Judentums über die Messiaszeit und die Endereignisse
sind, fast durchgängig wird es als Gottes Sache bezeichnet, das Endgericht abzuhalten, der alten Welt ein Ende zu setzen und die neue anbre-
chen zu lassen.

Von diesem geläufigen Bild unterscheidet sich die Darstellung der Bilderreden des äthiopischen Henochbuches (äthHen 37—71)[4]. Die eschatologische Wende wird mit der Erscheinung des Menschensohnes eingeleitet,
der von Anfang an von Gott auserwählt war. Der Menschensohn wird
sich auf den Thron seiner Herrlichkeit setzen, und mit seiner Inthronisation beginnen die Endereignisse[5]. Damit übernimmt der Menschensohn
eine Funktion Gottes[6], der als der Herr der Geister den Auserwählten
auf seinen Thron der Herrlichkeit gesetzt hat[7]. Er ist mit dem Geist der
Weisheit und dem Geist dessen, der Einsicht gibt, mit dem Geist der
Lehre und Kraft und dem Geist derer, die in Gerechtigkeit entschlafen
sind, ausgerüstet[8]. Darum kann er auch die verborgenen Dinge richten[9].

---

[1] Vgl. *P. Volz*, Die Eschatologie der jüdischen Gemeinde, Tübingen ²1934, S. 214 f.

[2] Vgl. syrBar 50,2—4; äthHen 51,1.

[3] Gott als Richter wird u. a. auch an folgenden Stellen genannt: 4Esr 5,40; Hen 90; 100,4; OrSib III, 55 f; 670 f; IV, 40 ff; 182 f; V, 110.

[4] Vgl. *E. Sjöberg*, Der Menschensohn im äthiopischen Henochbuch, Lund 1946, Sei-ten 61—82: Die eschatologische Funktion des Menschensohnes.

[5] ÄthHen 45,3; 51,3; 55,4; 61,8; 62,2 ff; 69,27—29.

[6] Vgl. *Sjöberg*, aaO. S. 66.

[7] ÄthHen 61,8; 62,2; 69,27.

[8] ÄthHen 49,3.

[9] ÄthHen 49,4; 61,9.

Sein Gericht ist gerecht[10], so daß alle mit einer Stimme reden, preisen, erheben und loben den Namen des Herrn der Geister[11]. Aber für die Sünder, die Könige, Hohen und Mächtigen gibt es keine Barmherzigkeit und keine Gelegenheit mehr zur Umkehr. Sie werden verurteilt und verstoßen[12]. Auch über die Engel ergeht der Richterspruch des Menschensohnes[13]. Ob auch die Gerechten vor seinem Richtstuhl erscheinen müssen, um den Freispruch zu empfangen, wird nirgendwo ausdrücklich gesagt, vielleicht aber im Rahmen des allgemeinen Gerichtes vorausgesetzt[14].

Ist der Menschensohn ein unerbittlicher Richter, der gegenüber den Sündern kein Erbarmen kennt, so ist er auf der anderen Seite der Erlöser und Befreier der Gerechten. Denn eben dadurch, daß er ihre Bedränger verurteilt und vernichtet, wird den Gerechten Befreiung und Erlösung zuteil[15]. Der Menschensohn wird „ein Stab für die Gerechten sein, auf den sie sich stützen können, so daß sie nicht fallen, er wird das Licht der Völker sein, er wird die Hoffnung derer sein, die betrübten Herzens sind" (äthHen 48,4)[16].

Weil der Menschensohn seine Vollmacht von Gott empfangen hat, der ihn auf den Thron der Herrlichkeit gesetzt hat, darum bleibt er ihm untergeordnet. Das Gericht, das der Menschensohn abhält, gilt daher als Gericht Gottes. So werden äthHen 62 Gott und der Menschensohn in gemeinsamem Handeln geschildert: Gott setzt den Menschensohn auf seinen Thron, der Menschensohn waltet als Richter, aber Gott verhängt die Strafe und führt die Vernichtung der Sünder herbei[17]. Daher kann auch — ohne daß es einen gewichtigen Unterschied zu dem bisher entworfenen Bild bedeuten müßte — Gott selbst als der Richter genannt werden. Ähnlich wie Dan 7 heißt es äthHen 47,3: „In jenen Tagen sah ich, wie sich der Betagte auf den Thron seiner Herrlichkeit setzte und die Bücher vor ihm aufgeschlagen wurden und sein ganzes Heer, das oben in den Himmeln und um ihn herum ist, vor ihm stand."[18] Soweit der

---

[10] Vgl. äthHen 39,6; 46,3; 61,9; 62,2 f und den Titel des Menschensohnes als „der Gerechte" (38,2; 53,6 u. ö.).

[11] ÄthHen 61,9.

[12] ÄthHen 46,4—6; 48,8; 62,2 ff; 63,11; 69,27 f.

[13] ÄthHen 55,4; 61,8 f.   [14] Vgl. *Sjöberg*, aaO S. 73.

[15] ÄthHen 48,7; 51,2; 53,6; 62,13. Der Menschensohn ist jedoch nicht der Erlöser von der Sünde. Vgl. *Sjöberg*, aaO. S. 79.

[16] Übersetzung nach *Sjöberg*, aaO. S. 78.

[17] Vgl. *Volz*, aaO. S. 275; *Sjöberg*, aaO. S. 81.

[18] Vgl. auch äthHen 50,4.

Menschensohn das Richteramt vollzieht, übt er eine ihm von Gott übergebene Funktion aus, die er aufgrund seiner engen Verbundenheit mit
Gott und kraft seiner Ausrüstung mit seinem Geist in Gerechtigkeit zur
Erlösung der Gerechten erfüllen kann. Darum gilt auch der Lobpreis,
der seines gerechten Gerichtes wegen angestimmt wird, nicht ihm, sondern Gott[19].

Diese Darstellung des Endgerichtes, wie sie in den Bilderreden des
äth. Henochbuches entworfen wurde, ist in späterer Zeit an keiner Stelle
der jüdischen Literatur wieder aufgenommen worden. Den Rabbinen
gilt ausnahmslos Gott als der Weltenrichter. Und wo von ihnen eine
richterliche Tätigkeit des Messias erwähnt wird, da betrifft sie nicht das
Endgericht, sondern ist ein Teil der königlichen Macht, die der Messias
auf Erden ausübt[20]. Der Grund für das vollständige Fehlen rabbinischer
Aussagen über das Richteramt des Messias/Menschsohns beim Endgericht dürfte darin liegen, daß inzwischen dieser Gedanke in die eschatologische Erwartung der christlichen Gemeinde aufgenommen worden war.
Diese Vermutung wird dadurch bestätigt, daß im 4. Esrabuch, das bald
nach 70 n. Chr. geschrieben wurde, ausdrücklich betont wird, nur Gott
und kein anderer sei der Weltenrichter. Auf die Frage Esras, durch wen
Gott seine Schöpfung heimsuchen werde[21], wird ihm von Gott geantwortet: „Durch mich und niemand weiter ward es erschaffen; so auch
das Ende durch mich und niemand weiter."[22] Mit diesen Worten wird
offenbar gegen die im äth. Henochbuch und dann von den Christen vertretene Auffassung polemisiert, daß das Endgericht durch den Menschensohn an Gottes Statt abgehalten werde[23].

---

[19] ÄthHen 61,9.

[20] Vgl. *Billerbeck* IV, 1100. 1104. *Billerbeck* hat S. 1104 f die in Betracht kommenden Stellen geprüft und weist auch zu Chag 14a par Sanh 38b nach, daß in der Auslegung von Dan 7,13 durch R. ʿAqiba der für David bereitgestellte Stuhl nicht für
den Messias, sondern für den auferstandenen historischen König David aufgestellt wird
(gegen *Volz*, aaO. S. 275). Auch TargJes 53,9 bezieht sich nicht auf das Endgericht,
sondern auf das messianische Völkergericht (*Billerbeck* IV, 1105; gegen *Volz*, aaO.
S. 275).

[21] 4Esr 5,56.

[22] 4Esr 6,6. Dieser Schlußsatz, der offenbar späteren christlichen Abschreibern anstößig war, fehlt in einigen Handschriften; vgl. *H. Gunkel*, in: *E. Kautzsch*, Die Apokryphen und Pseudepigraphen des A. T., Tübingen 1900, II, S. 364, Anm. r.

[23] Vgl. *H. Gunkel*, in: *Kautzsch* II, 337. 349. 364; *R. Charles*, The Apocrypha and
Pseudepigrapha of the O. T., Oxford 1913, II, S. 574; *W. Bousset—H. Greßmann*,
Die Religion des Judentums, Tübingen ⁴1966, S. 259; *Volz*, aaO. S. 274 f; *Bertholet*,
in: RGG ²II, Sp. 1048.

II.

Wie man im Judentum allgemein erwartete, daß sich alle Menschen vor Gottes kommendem Gericht verantworten müssen, so wird auch in der ersten Christenheit von Gott als dem Richter gesprochen, der am Tag des Zorns jedem nach seinen Werken vergelten wird (Röm 2,6). Alle müssen vor seinem Richtstuhl offenbar werden (Röm 14,10), jeder wird dann Rechenschaft abzulegen haben (Röm 14,12). Der Tag ist nicht fern, und der Richter steht schon vor der Tür (Jak 5,9). Gott allein steht das Gericht zu, nicht den Menschen; denn er wird vergelten (Hebr 10,30; vgl. Dtn 32,35). Er sieht auch die geheimen Sünden (Hebr 13,4) und weiß, was im Verborgenen geschah (Mt 6,4). Mit dem Maß, mit dem die Menschen gemessen haben, wird dann auch ihnen zugemessen werden (Mt 7,2). Die christliche Gemeinde aber soll untadelig vor ihm bestehen (1 Thess 3,13)[24].

Die weit verbreitete Vorstellung, daß Gott das Gericht halten wird, bestimmt auch die Schilderung der Endereignisse in der JohApk. Zwar wird Christus als der Treue und Wahrhaftige auf weißem Roß erscheinen, im Endkampf über das Tier, den falschen Propheten und deren Anhänger den Sieg davontragen (19,11—21), das tausendjährige Reich aufrichten und darin mit den vollendeten Märtyrern herrschen (20,1—6). Wenn danach aber Gog und Magog im letzten Kampf entmachtet und vernichtet sind (20,7—10), dann wird — wie es im Anschluß an Dan 7 heißt — Gott das Endgericht halten. Er wird auf seinem Thron Platz nehmen (20,11), Bücher werden aufgetan, um über Lebende und Tote das Urteil zu fällen (20,12 f). Wer nicht im Buch des Lebens eingeschrieben gefunden wird, der wird in den Feuerpfuhl geworfen zum ewigen Verderben (20,15)[25].

Vor Gottes Richtstuhl wird Jesus als Zeuge bzw. als Fürsprecher für die Seinen auftreten. 1 Thess 1,9 f zitiert Paulus eine ihm vorgegebene urchristliche Wendung[26], in der gesagt wird, daß Jesus als der Retter

---

[24] Mit ἔμπροσθεν wird das Erscheinen vor dem Richtstuhl bezeichnet. In dieser Bedeutung wird ἔμπροσθεν häufiger verwendet; vgl. Mt 27,11: ὁ δὲ Ἰσοῦς ἐστάθη ἔμπροσθεν τοῦ ἡγεμῶνος; Act. 18,17: ἔμπροσθεν τοῦ βήματος; Mt 10,32 f: ἔμπροσθεν τοῦ πατρός μου τοῦ ἐν τοῖς οὐρανοῖς; Lk 12,8: ἔμπροσθεν τῶν ἀγγέλων τοῦ θεοῦ 12,9: ἐνώπιον τῶν ἀγγέλων τοῦ θεοῦ u. a.

[25] Weitere Belege zur allgemein verbreiteten Vorstellung von Gott als dem κριτὴς πάντων (Hebr 12,23) bei *R. Bultmann*, Theologie des Neuen Testaments, [6]Tübingen 1968, S. 78—80.

[26] Vgl. *G. Friedrich*, Ein Tauflied hellenistischer Judenchristen, ThZ 21 (1965), S. 502—516.

vom Himmel kommen und uns erretten wird vor dem kommenden Zorngericht. Wenn die Frage gestellt wird: „Wer will verurteilen?", so wird die Antwort lauten: Niemand! „Denn Christus Jesus ist hier, der gestorben, der auferweckt ist, der zur Rechten Gottes ist, der auch für uns eintritt" (Röm 8,34). Christus tritt als der Paraklet (1Joh 2,1) für die Seinen ein (Hebr 7,25).

Im letzten Gericht wird das Wort Jesu den Ausschlag geben. Darum die Warnung: „Wer sich meiner und meiner Worte schämt in diesem ehebrecherischen und sündigen Geschlecht, dessen wird sich auch der Menschensohn schämen, wenn er in der Herrlichkeit seines Vaters kommt mit den heiligen Engeln" (Mk 8,38 par). Der Ausdruck vom Bekennen oder der Verweigerung des Bekennens — denn Sich-Schämen bedeutet Versagen des Bekenntnisses — setzt eine Situation voraus, in der die Jünger sich zu Wort und Person Jesu bekennen sollen. Das aber bedeutet, daß die Entstehung des Logions in der Zeit der nachösterlichen Gemeinde anzusetzen ist[27]. Wenn dabei zwischen dem „Ich" des Vordersatzes und dem Menschensohn des Nachsatzes unterschieden wird, so wird auf der einen Seite vom Erniedrigten, auf der anderen Seite aber vom Erhöhten gesprochen, der als der Menschensohn in göttlicher Vollmacht erscheinen wird.

Daß das Wort des Menschensohns das Wort Jesu ist, das er in der Stunde des Gerichts sprechen wird, ist durch die in der Matthäusparallele vorliegende Formulierung klargestellt. Denn „jeder, der sich zu mir bekennen wird vor den Menschen, zu dem werde auch ich mich bekennen vor meinem himmlischen Vater. Wer aber mich verleugnen wird vor den Menschen, den werde auch ich verleugnen vor meinem himmlischen Vater" (Mt 10,32 f par Lk 12,8 f). Wenn Jesus sich weigert, als Zeuge im Gericht aufzutreten, dann wird das Urteil des Richters die Schuldigen treffen. Mögen sie auch sagen: „Herr, Herr, haben wir nicht in deinem Namen geweissagt und in deinem Namen Dämonen ausgetrieben und durch deinen Namen viele Krafttaten getan?", so wird doch Jesus ihnen entgegnen: „Dann werde ich gegen sie zeugen: Ich habe euch niemals gekannt (= anerkannt), weicht von mir, ihr Übeltäter" (Mt 7,22 f)[28].

---

[27] Vgl. *E. Käsemann*, Sätze heiligen Rechtes im Neuen Testament, NTS 1 (1954/ 55), S. 248—260 = Exegetische Versuche und Besinnungen I, Göttingen 1960 = ⁶1970, S. 211; *P. Vielhauer*, Gottesreich und Menschensohn in der Verkündigung Jesu, Festschrift für G. Dehn, Neukirchen 1957, S. 51—79 = Aufsätze zum NT, München 1965, S. 55—91.

[28] „Damit daß sie Jesus von sich weist und nicht als seine Jünger anerkennt, ist

Gibt Jesu Zeugenwort oder die Verweigerung seines Zeugnisses im Gericht den Ausschlag, so rückt der im Gericht auftretende Zeuge ganz nah an den Richter heran. Und heißt es in dem vorpaulinischen Fragment von 1Thess 1,9 f, daß Jesus „uns vom kommenden Zorngericht befreit", so könnte dabei auch an den „souveränen Akt des Richters" gedacht sein[29].

III.

In den synoptischen Sprüchen, die vom kommenden Menschensohn handeln, ist von der Ankunft des Menschensohns in der Herrlichkeit des Vaters mit den heiligen Engeln (Mk 8,38 par), seinem Kommen mit großer Kraft und Herrlichkeit (Mk 13,26 par), der Aussendung der Engel zur Zusammenführung der Auserwählten von den vier Enden der Erde (Mk 13,27 par), der Inthronisation des Menschensohns zur Rechten der Kraft und seiner Ankunft mit den Wolken des Himmels die Rede (Mk 14,62 par). In diesen Logien des Markusevangeliums ist zwar die richterliche Tätigkeit des Menschensohns vorausgesetzt, aber nicht ausdrücklich genannt. Matthäus und Lukas, die diese Sprüche übernommen haben, haben jedoch ihrerseits das Motiv des Gerichts stärker hervorgehoben. So heißt es Lk 21,36: „Wachet allezeit im Gebet, damit ihr dem, was kommen wird, entfliehen könnt und vor dem Menschensohn bestehen." Durch Wachsamkeit sollen sich die Jünger vor den endzeitlichen Versuchungen und Gefährdungen schützen; dann können sie ohne Furcht vor den Thron des Weltenrichters treten[30].

Der Evangelist Matthäus hat dem Hinweis auf das Gericht besonderen Nachdruck verliehen; denn erst am Jüngsten Tag wird sich herausstellen, ob die Kirche ihrem Auftrag treu geblieben ist. Der engen Verbindung von Kirchenbegriff und Gerichtsgedanken, wie sie im Matthäusevangelium ausgebildet worden ist[31], entspricht es, daß der kommende Menschensohn wiederholt als Weltenrichter beschrieben wird. So wird

---

ihre Verurteilung in dem Gerichte Gottes entschieden." *B. Weiß*, Das Evangelium des Matthäus, Göttingen 1898, S. 161.

[29] *E. v. Dobschütz*, Die Briefe an die Thessalonicher, Göttingen 1913, S. 80.

[30] Mit σταθῆναι ἔμπροσθεν ist die Szene des Gerichts bezeichnet. Siehe oben zu Anm. 24.

[31] Vgl. *G. Bornkamm*, Enderwartung und Kirche im Matthäusevangelium, in: *G. Bornkamm, G. Barth, H. J. Held*, Überlieferung und Auslegung im Matthäus-Evangelium, WMANT 1, Neukirchen 1960 = 1970, S. 13—53.

das Bild vom großen Weltgericht mit den Sätzen eingeleitet: „Wenn der Menschensohn in seiner Herrlichkeit erscheinen wird, dann wird er Platz nehmen auf dem Thron seiner Herrlichkeit. Dann werden vor ihm alle Völker zusammengebracht werden (sc. durch die Engel), und dann wird er sie voneinander scheiden, wie der Hirte die Schafe von den Böcken scheidet" (Mt 25,31 f). Das Urteil, das der Menschensohn über alle Menschen und Völker sprechen wird, wird nach dem Maßstab der Werke ergehen, die sie getan oder aber versäumt haben.

Die vorliegende Gestalt der Gerichtsschilderung geht, wie deutlich zu erkennen ist, auf die Hand des Evangelisten zurück. Der Menschensohn wird nur zu Beginn genannt, dann wird der Richter als König bezeichnet (V. 34). Der Titel König wird sonst jedoch niemals dem Menschensohn beigelegt. Wird der Stoff der Gerichtsschilderung auf jüdische Tradition zurückzuführen sein[32], so erscheinen in der Fassung durch den Evangelisten die geringsten Brüder, denen geholfen wurde, als Brüder Jesu, d. h. als Christen. Matthäus hat hier ebenso wie in den Erläuterungen, die er zu den Gleichnissen vom Unkraut unter dem Weizen und vom Fischnetz gibt (Mt 13,36—43.49—50), hervorgehoben, daß beim Weltgericht die große Scheidung zwischen den bösen und den gerechten Menschen erfolgen wird. Dann „wird der Menschensohn seine Engel aussenden, und sie werden aus seinem Reich alle Ärgernisse und Täter der Ungerechtigkeit sammeln und sie in den Feuerofen werfen. Dort wird sein Heulen und Zähneknirschen" (Mt 13,41 f)[33].

IV.

Da es sich in der Rede vom Menschensohn um den Ausdruck der endzeitlichen Hoffnung handelt, wird der Titel ausschließlich im Zusammenhang mit der Verkündigung Jesu überliefert, nicht aber als Ausdruck des Bekenntnisses verwendet. Die Erwartung, daß Christus am Jüngsten Tag zum Vollzug des Weltgerichts kommen werde, ist jedoch in der gesamten urchristlichen Tradition bezeugt.

---

[32] Vgl. *R. Bultmann*, Die Geschichte der synoptischen Tradition, ²Göttingen 1931 = ⁷1967, S. 131: „So kann man sich des Gedankens nicht erwehren, daß Mt 25,31—36 aus jüdischer Tradition stammt. Vielleicht ist bei der Übernahme durch die christliche Gemeinde der Menschensohn an die Stelle Gottes gesetzt worden." Vgl. auch *J. Jeremias*, Die Gleichnisse Jesu, ⁸Göttingen 1970, S. 204.

[33] Zum sekundären Charakter der Gleichnisdeutungen Mt 13,36—43.49 f vgl. *Jeremias*, aaO. S. 79—84.

Wenn Gott an seinem Tag die verborgenen Dinge durch Christus Jesus richten wird (Röm 2,16), dann werden Heiden und Juden ohne Unterschied vor Gericht gestellt und nach ihren Taten gefragt werden. Vor dem Richtstuhl Christi müssen alle offenbar werden, auch die Christen (2Kor 5,10). Ohne Unterschied der Bedeutung kann Paulus freilich auch sagen, daß wir alle vor dem Richtstuhl Gottes offenbar werden müssen (Röm 14,10). Paulus sieht Christus und Gott so nah beieinander, daß er beide Aussagen unausgeglichen nebeneinander stehen lassen kann. So wird auch Röm 14,11 das alttestamentliche Zitat, daß sich alle Knie dem Herrn beugen sollen (Jes 45,23), auf Gott bezogen, während es im urchristlichen Hymnus in Phil 2,11 auf Christus angewendet wird. Christus trägt den Kyrios-Namen, der im Alten Testament Gott vorbehalten war, so daß göttliche Prädikate nunmehr ihm beigelegt werden können. Anscheinend hat Paulus nach dem jeweiligen Zusammenhang einmal Gott, ein anderes Mal aber Christus als den Weltenrichter bezeichnet. Im Kontext von 2Kor 5 war vom κύριος die Rede — dem ἐκδημῆσαι ἀπὸ τοῦ κυρίου und dem ἐνδημῆσαι πρὸς τὸν κύριον —, darum wird V. 10 der Richtstuhl Christi genannt. Röm 14,10—12 dagegen gilt Gott als die letzte Instanz, vor der jeder Rechenschaft ablegen muß, so daß Paulus vom Richtstuhl Gottes spricht[34].

Paulus kann sogar innerhalb ein und desselben Briefes einmal Gott, ein anderes Mal aber Christus als den Weltenrichter bezeichnen. Während 1Thess 3,13 und 1,3 von Gottes Gericht gesprochen wird, erwähnt Paulus 1Thess 2,19 die Parusie Christi und läßt in diesem Zusammenhang den Hinweis auf den Richtstuhl Christi anklingen[35]. Und im zweiten Thessalonicherbrief, der sich wie ein korrigierender Kommentar zum ersten Thessalonicherbrief liest, wird 1,5 die δικαία κρίσις θεοῦ genannt, in der gerechte Vergeltung geübt wird, 1,7—10 dann aber von der Parusie Christi gesprochen, auf die das Gericht folgen wird. Alttestamentliche und jüdisch-apokalyptische Wendungen sind aufgenommen und christlich redigiert worden, so daß neben den älteren Satz von Gottes Gericht die christliche Aussage tritt, daß Christus bei seiner Parusie das Gericht halten wird[36].

Christus allein ist der zuständige Richter, der den Dienst des Apostels zu beurteilen hat — so hält es Paulus 1Kor 4,4 f seinen Kritikern ent-

---

[34] Vgl. *H. Windisch,* Der zweite Korintherbrief, Göttingen 1924 = 1970, S. 171.

[35] ἔμπροσθεν τοῦ κυρίου ἡμῶν Ἰησοῦ Χριστοῦ ἐν τῇ αὐτοῦ παρουσίᾳ. Auch hinter 1Thess 4,16 f steht der Gedanke, daß Christus als der Weltenrichter erscheint.

[36] Vgl. *M. Dibelius,* An die Thessalonicher, ³Tübingen 1937, S. 41—43.

gegen. Weder die Korinther noch Paulus selbst haben dieses Urteil zu
fällen. Christus wird auch die verborgenen Dinge ans Licht bringen und
die Gedanken der Herzen offenbaren[37]. Aus dem alttestamentlichen Tag
des Herrn wird daher der Tag Christi[38]. Weil die Glaubenden wissen,
daß der kommende Richter der Herr ist, darum können sie seiner Ankunft nicht nur in Furcht, sondern auch mit Freude entgegensehen[39].

Um Christi einzigartige Hoheit zu begründen und etwaige Mißverständnisse abzuwehren, als sollte Gott durch einen anderen Richter abgelöst werden[40], betont das Johannesevangelium: „Der Vater richtet
niemanden, sondern alles Gericht hat er dem Sohn gegeben, damit alle
den Sohn ehren, wie sie den Vater ehren" (5,22). „Und er (der Vater)
hat ihm Vollmacht gegeben, Gericht zu halten, weil er der Menschensohn
ist" (5,27; vgl. auch 8,16). Möglicherweise wenden sich diese Sätze zugleich gegen den jüdischen Einwand, wie er aus dem 4. Esrabuch zu erkennen ist (s. oben S. 478), daß nur Gott allein das Gericht halte und niemand sonst. Demgegenüber weist die christliche Verkündigung daraufhin, daß Gott dem Christus das Amt des Weltenrichters übertragen und
ihm Vollmacht gegeben hat.

In der urchristlichen Unterweisung, die die Belehrung über das κρίμα
αἰώνιον zu den festen Lehrstücken rechnete (Hebr 6,2), kehrt die Formulierung, Christus werde erscheinen, um die Lebendigen und die Toten
zu richten, häufig wieder[41]. Vor ihm werden alle Rechenschaft ablegen
müssen; denn seines Amtes ist es, κρῖναι ζῶντας καὶ νεκρούς (1Petr 4,5).
Der Prediger des Wortes wird an seine Verantwortung erinnert vor Gott
und Jesus Christus τοῦ μέλλοντος κρῖναι ζῶντας καὶ νεκρούς (2Tim 4,1).
War schon in der jüdisch-hellenistischen Missionspredigt durch den Hinweis auf das Gericht der ethischen Belehrung starker Nachdruck verliehen worden, so wird dieser Hinweis in der christlichen Verkündigung mit
den Worten verstärkt, daß Gott Christus schon bestimmt hat zum κριτής
ζώντων καὶ νεκρῶν (Act 10,42). Gott hat den Tag bereits festgesetzt, an
dem er durch den Mann, den er dazu ausersehen hat, μέλλει κρίνειν τὴν
οἰκουμένην ἐν δικαιοσύνῃ (Act 17,31). In Predigt und Lehre der Kirche spricht man seltener von Gott, häufiger aber von Christus als dem

---

[37] In dem Relativsatz ὃς καί ... scheint eine geprägte Formulierung vorzuliegen.
Vgl. *J. Weiß*, Der erste Korintherbrief, Göttingen 1910 = 1970, S. 99; *H. Conzelmann*, Der erste Brief an die Korinther, Göttingen 1969, S. 103.

[38] Vgl. auch 1Kor 1,8; 5,5; 2Kor 1,14.

[39] Vgl. auch 1Joh 2,28; 4,17.

[40] Vgl. *R. Bultmann*, Das Evangelium des Johannes, Göttingen 1950, S. 192.

[41] Vgl. *R. Bultmann*, ThLZ 74 (1949), Sp. 42.

Weltenrichter und ändert daher in späteren Handschriften zu Röm 14,10 βῆμα τοῦ θεοῦ in βῆμα τοῦ Χριστοῦ[42]. Die formelhafte Wendung, Christus werde die Lebenden und die Toten richten, ist im frühchristlichen Schrifttum weit verbreitet und gibt in knapper Zusammenfassung wieder, was von der Parusie Christi und dem Weltgericht gelehrt wurde[43].

Da Christus als Weltenrichter eine Funktion Gottes ausübt, werden auch andere Aussagen, die ursprünglich von Gottes Handeln sprechen, auf Christus übertragen. So heißt es Barn 4,12, Christus werde ohne Ansehen der Person die Welt richten. Damit aber ist der Satz, daß Gott ohne Ansehen der Person urteilt (1Petr 1,17), nun auf Christus angewendet. Noch weiter geht 2Clem 1,1, wenn gesagt wird: „So müssen wir über Jesus Christus denken als über Gott, als über den Richter der Lebenden und der Toten." Die Überzeugung, daß Christus in die göttliche Sphäre gehöre, ja daß er Gott sei, wird mit dem Hinweis auf sein Amt als Weltenrichter begründet[44]. Weil er das Urteil über die Lebenden und die Toten sprechen wird, darum muß man über ihn denken ὡς περὶ θεοῦ[45].

Im zweiten Jahrhundert verband man kurze, bekenntnisartige Wendungen zu größeren Zusammenhängen, in denen der Inhalt christlicher Lehre zusammengefaßt werden sollte. Dabei wird der Satz, daß Christus als der Richter der Lebenden und der Toten kommen werde, neben den über seine Erhöhung zur Rechten Gottes gestellt[46]. So schreibt Polykarp von Smyrna an die Gemeinde in Philippi: „Gott hat unseren Herrn Jesus Christus von den Toten auferweckt. Er hat ihm Herrlichkeit verliehen und ihm den Thronsitz zu seiner Rechten gegeben. Er hat ihm alles, was im Himmel und auf Erden ist, untertan gemacht, ihm dient jeder Lebenshauch. Er wird kommen als der Richter der Lebendigen und der Toten. Und Gott wird sein Blut von denen fordern, die ihm nicht glaubten" (2,1). In der zweiten Hälfte des zweiten Jahrhunderts ist diese lehrhafte Verbindung der christologischen Aussagen ganz geläufig: καὶ

---

[42] 𝕽, pl, vg^cl, sy, Polykarp, Marcion, Origenes.

[43] Vgl. 2Clem 1,1; Barn 4,12; 5,7; 7,2; 15,5; 21,6; Polykarp Phil 2,1; Diognetbrief 7,6; Hegesipp bei Euseb, H. E. III, 20,4; Justin, Dial. 118,1; 132,1.

[44] Vgl. *R. Knopf*, Die Lehre der zwölf Apostel, die zwei Clemensbriefe, Tübingen 1920, S. 153.

[45] Vgl. *A. v. Harnack*, Dogmengeschichte I, ⁴Tübingen 1909, S. 206 Anm. 3.

[46] Die Erhöhung Christi zur Rechten Gottes ist nach Ps. 110,1 im NT häufig genannt: Röm 8,34; Kol 3,1; Eph 1,20; Hebr 1,3.13; 8,1; 10,12; 12,2; 1Petr 3,22; Mk 12,36 par; 14,62 par; 16,19; Act 2,34; 5,31; 7,55.

ὄντα ἐν δεξιᾷ τοῦ πατρός, καὶ ἐρχόμενον κρῖναι ζῶντας καὶ νεκρούς[47]. Das römische Taufbekenntnis enthält die Sätze: „aufgefahren zu den Himmeln und sitzend zur Rechten des Vaters, woher er kommen wird, zu richten die Lebendigen und die Toten."

Mit dieser knappen Wendung wird festgehalten, was über Parusie und Gericht zu sagen ist. Dabei ist die apokalyptische Sprache zu einer formelhaften Aussage verdichtet und vom Menschensohn nicht mehr die Rede. Bewahrt aber ist das Bekenntnis zur einzigartigen und unvergleichlichen Hoheit des gekreuzigten und auferstandenen Christus. Wird er als der Weltenrichter bezeichnet, so soll damit zum Ausdruck gebracht werden, daß sich an der Antwort, die die Menschen auf die Verkündigung Jesu Christi geben oder aber versagen, die Frage nach dem Sinn ihres Lebens wie der Geschichte überhaupt entscheidet.

---

[47] Hippolyt, c. Noët 1, p. 43 (Lagarde), vgl. *H. Lietzmann,* Symbolstudien, ZNW 22 (1923), S. 271. 274. Vgl. ferner Tertullian, de praescr. haer. 13; de virgin. vel. 1; adv. Prax. 2.

VERSÖHNUNG DES ALLS
Kol 1,20

Hans Conzelmann geht in seiner Interpretation von Kol 1,15—20 mit
Recht von der Parallele V. 15/18b aus. Angesichts des für den Hymnus
typischen Einsatzes mit ὅς, der Parallele von „Bild" und „Anfang", die
bei Philo auswechselbar sind, und des sachlichen Beginns mit der Schöpfung einerseits, der Neuschöpfung andererseits, ist daran nicht zu zweifeln. Ebenso richtig ist, daß der dualistischen Zerreißung von Gott und
Welt, Schöpfung und Erlösung gewehrt, also keine Weltflucht gelehrt
wird, obwohl der kosmische Friede nicht selbstverständlich ist[1]. Aber wie
ist die Versöhnung von V. 20 vorzustellen?

1. Zur Analyse des Hymnus

E. Lohmeyer[2] weist auf den jüdischen Versöhnungstag hin. Dort stehen Erlösung und Sündenvergebung, aber auch die Königsherrschaft
Gottes im Mittelpunkt; dort wird Frieden gestiftet zwischen den Oberen
und Unteren; denn der Versöhnungstag ist Abschluß der mit dem Neujahrstag, der auf Schöpfung und Gericht hinweist, beginnenden Buß-
zeit[3]. Zweifellos spielte der Versöhnungstag eine große Rolle, wie Sir

---

[1] H. Conzelmann, NTD 8, [10]1965, 137—139; E. Schweizer, Kolosser 1,15—20 (EKK,
Vorarbeiten, Heft 1), in: ders., Beiträge zur Theologie des Neuen Testamentes, 1970,
113—117; 129, Anm. 61.

[2] MeyerK zSt, S. 43—46. Die Erinnerung daran, die Anregung zu diesem Aufsatz
und den Hinweis auf Bill II 422 verdanke ich P. Stuhlmacher.

[3] DtR 2 (199c); PesiqR 40 (169a); Midr Ps 102, § 3 (Bill II 19,422); Midr HL 8,8
(Bill IV 1067). Das entscheidende Zitat Lohmeyers „Frieden zu stiften zwischen den
Oberen und Unteren" findet sich aber GenR 3 (zu 1,4; 3d) nicht. Dort ist nur von
Friedensstiftung zwischen Licht und Finsternis, Tag und Nacht die Rede, und ob man

50,1—26 beweist, wo in V. 22 vielleicht Schöpfungsterminologie anklingt[4]. Sollte der Hymnus wirklich von hier aus zu erklären sein, dann
müßte gerade die Aussage von der Friedensstiftung durch das Kreuzes-
blut Kol 1,20b die zentrale sein und das Ganze von ihr aus interpretiert
werden, so daß die erste Strophe mit den Schöpfungsbezügen gewissermaßen aus der zweiten herausgewachsen wäre.

Nun ist einmal zu sagen, daß die von Lohmeyer hervorgehobenen
Ausdrücke Erlösung, Sündenvergebung, Königsherrschaft ja im Rahmen
vorkommen, nicht im eigentlichen Hymnus (V. 13 f), was freilich umstritten bleibt[4a]. Dann hat H. Conzelmann unterstrichen, daß für den
Verfasser des Kolosserbriefs der Friede durch Unterwerfung, nicht durch
Versöhnung der Mächte hergestellt wird (2,15) und der Briefschreiber
daher diese Aussage des Hymnus (1,20a) deutlich uminterpretiert. Tatsächlich kommt das Verbum ἀποκαταλλάσσειν außer in der davon abhängigen Stelle Eph 2,16 im Neuen Testament sonst nie, außerhalb nur sehr

---

das ganze auf den Versöhnungstag beziehen darf, weil „ein (statt: der erste) Tag"
dort (zu 1,5) auf ihn gedeutet wird (neben der Deutung auf den Sabbat und die Opferdarbringung von Num 7,12, s. Anm. 11), ist auch sehr fraglich (*A. Wünsche*, Der
Midrasch Bereschith Rabba, 1881, 13 f). Am nächsten kommt die Formel von der Friedensstiftung „in der oberen und unteren Familie" (Berakh 16b; Bill I 420 = Engelwelt
und Israel; Sanh 99b; Bill I 744 = oberer und unterer Gerichtshof, auf das Toralesen
bezogen); doch ist dabei weder von Neujahr noch von Versöhnungstag gesprochen, abgesehen davon, daß die Sanh 99b erwähnte Übereinstimmung am Neujahr besonders
wichtig ist (Pesiq 53b,151b; Bill I 745 f). Zweifellos sind Schöpfungswerk und Friedensstiftung früh verknüpft, nach SNu 6,26, § 42 (Bill I 216) schon bei R. Chananja
(um 70 n. Chr.), der vielleicht Jes 45,7 schon in der Form „der Frieden bereitet und
das All schafft" las (ebd. Anm. 1). Die Frage ist aber, an welchen „Frieden" dabei gedacht wird. Nun kann man im Judentum Natur und Geschichte sicher nicht streng
trennen, da die Natur ja von Engeln geleitet wird. Wohl aber ist zwischen Versöhnung
als Sündenvergebung (in Israel) und Versöhnung als Harmonisierung des Waltens verschiedener Engel, die das All regieren (im Universum), zu unterscheiden. In diesem
Sinn redet Midr HL 3,11 (*A. Wünsche*, Der Midrasch Schir Ha-Schirim, 1880, 99, worauf mich mein Assistent H. Weder hinweist) von der Friedensstiftung zwischen den
Elementen Wasser (oder Schnee) und Feuer. Aber schon die von Lohmeyer zitierte
Stelle spricht ja von Licht und Finsternis, und der oben genannte Satz in SNu 6,26
fährt fort: „Groß ist der Friede; denn siehe die Oberen (Engel) bedürfen seiner." Daß
Gott unter den Engeln Frieden schafft, sagt auch Bar Qappar'a (*P. Fiebig*, Jesu Bergpredigt 1924, 13, vgl. noch *H. J. Gabathuler*, Jesus Christus, AThANT 45, 1965, 36).

[4] Sicher ist dies freilich nicht; es scheint eher an die Taten in der Geschichte gedacht
zu sein; V. 14.17 (freilich erst in LXX) sprechen vom παντοκράτωρ.

[4a] *H. Ludwig*, Der Verfasser des Kolosserbriefes, Diss. Göttingen 1974 (Offset-
druck), 34 f beweist allerdings, daß 1,12—14 in eindeutig anderem Stil geschrieben ist
als 1,15—20.

selten vor. Es soll also offenbar betont werden, daß ein früher bestehender Zustand des (kosmischen) Versöhntseins, der Harmonie wiederhergestellt worden ist (oder eventuell werden soll). Dieses seltene Verbum nimmt der Verfasser des Briefs in V. 22 wieder auf, bezieht es jetzt aber auf die Versöhnung der Leser, die im Tode Jesu erfolgt ist. Nun gehört die erste Aussage von der Versöhnung des Alls zweifellos zur Tradition und wird dort der Auferstehung Jesu zugeschrieben. Dann muß aber die Neueinführung eines anderen Heilsereignisses, nämlich der Kreuzigung, die auch durch die schwerfällige Wiederholung von δι' αὐτοῦ als Einschub markiert ist, schon in V. 20 die Neuinterpretation des Briefschreibers darstellen[5]. Die partizipiale Aussage vom Friedenstiften könnte durchaus zur Vorlage gehören; nur daß dort „Himmel“ und „Erde“ Objekt sind, nicht die Leser wie im Kommentar von V. 21 f.

Das scheint sich mir auch von den *neutestamentlichen* Parallelen her zu bestätigen. Die nächste Parallele zur ersten Strophe, die die Schöpfungsmittlerschaft Jesu preist, Joh 1,1 ff, gipfelt zwar im Satz von der Fleischwerdung, nicht aber der Versöhnung. Wir bleiben im Johannesprolog innerhalb der hellenistisch-jüdischen Logosterminologie, die wohl die Blindheit der Welt für Gottes weisheitliches Walten schildert, nicht aber Schuld und Vergebung im engeren Sinn. Auch in 1Kor 8,6 ist wie in den zugrunde liegenden Weisheitsaussagen der Topos der Schöpfungsmittlerschaft selbständig aufgenommen und nicht mit einer Verheißung der Versöhnung verknüpft. Hebr 1,2—4 wird freilich die „Reinigung der Sünden“ genannt, aber doch nur nebenbei in partizipialer Klausel, während die Hauptaussage die Kol 1,18bc entsprechende Erhöhung Jesu zur Rechten Gottes ist, die den Schöpfungsmittler über alle Schöpfung, ja über die Engel erhebt, wie V. 10—12 bestätigen. Nicht ganz so klar ist Apk 3,14, wo neben die Titulierung Christi als „Anfang der Schöpfung“ die als „treuer Zeuge“ tritt; doch zeigt sich in 1,5, daß der Wechselbegriff zum „Anfang der Schöpfung“ der „Erstgeborene der Toten“ ist. Es ist also schon von dem auch sonst im Neuen Testament verwendeten Topos der Weisheitsliteratur her nicht gerade zu erwarten, daß Schöpfungsmittlerschaft und Sündenvergebung von Anfang an eng zusammengehörten.

---

[5] So auch *H. Conzelmann*, NTD 8,136 und 138. Das Fehlen von δι' αὐτοῦ in BD usw. dürfte sekundäre Erleichterung sein.

2. Die jüdischen Belege

Daß Schöpfung und Erlösung im damaligen Judentum verbunden worden sind, ist schon von Stellen wie Röm 4,17 oder 2Kor 4,6 her nicht zu leugnen, wo traditionelle Vorstellungen zu Worte kommen. Freilich ist dort die Auferstehung der Toten oder die neue Erkenntnis der Herrlichkeit Gottes mit der Schöpfungsaussage gekoppelt, erst im paulinischen Kontext auch die Rechtfertigung. Ähnliches gilt für die oben genannte Stelle Hebr 1,2—4, aber auch für das gleich zu nennende Manassegebet. Im *18-Bitten-Gebet* (Bill IV 211—214) folgen sich Preis der Schöpfung, der Totenauferstehung, des „furchtbaren Namens" (1—3), dann Bitte um Erkenntnis, Umkehr und Sündenvergebung (4—6). Am Neujahr wird nach RH 4,5 (Bill I 158) nur der Lobpreis (1—3) mit dem der Königsherrschaft Gottes verbunden, worauf Schriftlesungen und 16. bis 18. Bitte (Preis und Segen) folgen (Musaphgebet). Gewiß stehen der mit dem Schöpfungsthema eng verbundene Neujahrstag und der Versöhnungstag nah beisammen, und Philo geht SpecLeg II 188—192/193 naturgemäß in der Aufzählung der Feste vom einen zum andern weiter; doch sind sie nicht identisch und immerhin durch zehn Tage der Buße getrennt[6]. Das zeigt, daß eine Verknüpfung der beiden Themata im Sinne Lohmeyers sicher möglich, aber doch nicht ohne weiteres zu erwarten ist; seine Belege beweisen nur, daß um 300 n. Chr. Versöhnungstag, Lob der Königsherrschaft Gottes und Rechtfertigung („neue Kreatur") verbunden waren.

Ohne Zweifel geht die Zuordnung von Schöpfung und Kult im Judentum weit zurück. Interessant ist, daß gerade die allererersten Belege, nämlich die Gleichsetzung des siebenten Tages, des Sabbats mit dem ersten der Schöpfung, bzw. dem Geburtstag der Welt bei *Aristobul* und Philo, auf ein frühes Zusammenfließen pythagoreischer und jüdischer Gedanken zurückzugehen scheinen[7]. Die Frage bleibt aber, in welchem

---

[6] Näheres bei *E. Kutsch,* Feste in Israel, RGG ³II 913. Daß der Versöhnungstag an die Stelle eines früheren Neujahrsfestes getreten wäre, ist nicht zu belegen. Auch in Babylonien scheint nicht der Neujahrstag, sondern die erste Woche des Jahres der Sühne für die Sünden des alten Jahres geweiht zu sein (*F. M. Th. de Liagre Böhl,* Babylonien II, RGG ³I 818). In pRH 7,59c,51 (Bill III 217/8) findet Gericht, Friede und Schaffung der neuen Kreatur am Neujahr statt. Den Hinweis auf RH 4,5 verdanke ich *M. Hengel.*

[7] Aristobul bei Euseb, Praep Ev XIII 12,9 und dazu *M. Hengel,* Judentum und Hellenismus, 1969, 301 und 306 Anm. 392; Philo, Spec Leg I 170 (Opfer); II 70 (Ruhe selbst für Tiere); Op Mund 89 (universale Bedeutung); Vit Mos I 207 (Manna);

Sinn der Kult zu verstehen ist. Bei Aristobul ist eindeutig das Thema der Erkenntnis Gottes angeschlagen; bei Philo steht die Bemerkung in ganz verschiedenen Zusammenhängen. Wichtiger ist das *Gebet Manasses*, über dessen Alter sich leider nichts Sicheres sagen läßt, da es erst im 3. Jh. n. Chr. in den apost. Konstitutionen (2,22,12) erscheint. Hier ist der Preis des Schöpfers in V. 1—3 mit der Versicherung verbunden, daß „die Tiefe" (תהום!) durch den „furchtbaren und gepriesenen Namen", von dem ja auch das Neujahrsgebet der Synagoge spricht[8], „verschlossen und versiegelt" sei. Erst im folgenden (V. 4—7) wird dann auch von Gottes Zorn, seiner Gnade und Bußvergebung gesprochen. Nun sind Schöpfung und Tempelkult sehr wahrscheinlich auch in der *rabbinischen* Überlieferung schon vor 70 n. Chr. verknüpft worden; aber einigermaßen gesichert ist dies nur für die kosmologisch orientierten Texte, die offenkundig noch aus priesterlichen, kultisch interessierten Kreisen stammen, nicht aus pharisäischen[9]. Die Gründung der Welt erfolgte danach von dem Grundstein aus, der in der Mitte des Tempels steht und auf dem die Bundeslade einst stand; er enthält die Abflußkanäle, durch die sich die Regenmassen wieder in die Urflut zurückziehen, und etwas später wird er ausdrücklich als der Verschluß verstanden, durch den diese zurückgedämmt wird[10]. Die heilsgeschichtlich-ethische Ausrichtung, die das Heiligtum als „Ort der Sühne" versteht und die Welterschaffung erst mit der ersten Darbringung des Opfers abgeschlossen sieht, scheint jüngeren Midraschim anzugehören[11]. Wie im Manassegebet wird also die Schöpfung mit dem die Urflut in Schranken haltenden Verschlußstein verknüpft; durch seine Identifikation mit dem Tempelgrundstein wird aber nicht nur ausgesagt, daß der Schöpfer sein Werk auch bewahrt, sondern ebenso, daß der Tempelkult diese bewahrende Gnade Gottes im-

---

II 210 (Harmonie für Himmel und Erde) und dazu *N. Walter*, Der Toraausleger Aristobul, 1964, 65 f.158—162.

[8] „Dein Name ist furchtbar für alle Kreatur" (*Bousset*, Rel 372), verknüpft mit dem Gedanken der Herrschaft Gottes über die ganze Erde.

[9] *P. Schäfer*, Tempel und Schöpfung, Kairos 16, 1974, 122—133. Vgl. Anm. 3 und Literatur und Religion des Frühjudentums, hg. v. J. Maier/J. Schreiner, 1973, 383—385.

[10] Joma 5,2; T Joma 3,6 (Bill 183; 182; Fundament der Bundeslade, in der Mischna implizit, in der Tosephta ausdrücklich gesagt); ältester Beleg für Weltgründung vom Tempelstein her um 150, aber wohl bis vor 70 zurückreichend; wahrscheinlich vom selben Rabbi die Tradition über die Abflußkanäle (*Schäfer* [Anm. 9] 125 bis 127).

[11] *Schäfer* (Anm. 9) 131 f. Zur Auslegung des „ersten Tages" der Opferdarbringung (Num 7,12) auf den Tag der Erschaffung der Welt vgl. die Aristobulstelle in Anm. 7 und GenR in Anm. 3.

mer neu wieder bewirkt. Auch das ist soteriologische Aussage; sie ist aber
eindeutig kosmisch konzipiert, entspricht also dem Denkbereich, in dem
auch die noch weitergehende Aussage von der kosmischen Versöhnung in
Kol 1,20a zu Hause ist. Sie scheint ihren Sitz im Leben im Neujahrsfest
zu haben.

Nun hat schon S. Lyonnet[12] auf die *philonische* Deutung des Neujahrsfestes SpecLeg II 188—192 hingewiesen, wo die Aussage vom „Friedensstifter" (εἰρηνοποιός) ebenso als Hapaxlegomenon auftaucht wie das
entsprechende Verbum innerhalb des Neuen Testamentes in Kol 1,20.
Philo erklärt, daß die Trompeten des Neujahrs zwar Israel an die Gesetzgebung am Sinai erinnerten, die für alle Menschen gültige Bedeutung
sei aber die, daß hier zum Kriegsabbruch geblasen und damit Gott als
der „Stifter und Schirmherr des Friedens" gepriesen werde. Dabei handelt es sich zwar auch um menschliche Kriege, vor allem und betont aber
um den Frieden zwischen den „Teilen des Alls" (μέρη τοῦ παντός), die in
der im Kampf mit sich selbst liegenden Natur gegeneinander streiten. In
ähnlicher Weise lobt auch Decal 178 Gottes Fürsorge für den Frieden
des Alls. Im Hintergrund steht also wiederum die kosmische Funktion
des Kultes. Gerade der Versöhnung schaffende Hohepriester ist ja auch
nach VitMos II Repräsentant des Alls (117), Verbindung von oberer und
unterer Welt (127); mit ihm tritt das ganze Weltall in den Tempel (133),
so daß die „Harmonie des Alls" garantiert wird (132). Schon hier ist
also diese Harmonie nicht nur bewahrt, sondern wie in der Entwicklung
der Aussagen vom Schlußstein immer wieder durch Versöhnung hergestellt; nicht aber, jedenfalls nicht primär, durch Sündenvergebung, sondern
durch kosmische Friedensherstellung unter den sich befehdenden Teilen
der Natur. Die alte Theorie von der zurückgehaltenen Urflut ist durch
eine modernere ersetzt; es ist der Kampf der Teile (μέρη) der Natur; sie
können nach SpecLeg I 210 auch als Glieder (μέλη) eines vollkommenen
Lebewesens bezeichnet werden und sind identisch mit den Elementen
(στοιχεῖα); denn nur die richtige Mischung der vier Elemente erhält Welt
und Mensch (ebd. 208). Noch ausführlicher wird dies RerDivHer 151
bis 153 ausgeführt, wiederum mit dem Hinweis auf die Parallele der
Glieder im menschlichen Körper. Das Schöpfungswerk Gottes besteht

---

[12] L'hymne christologique de l'épître aux Colossiens et la fête juive du nouvel an,
Recherches de Science Religieuse 48, 1960, 93—100. Gerade die ältesten Teile der Neu-
jahrsliturgie enthalten dasselbe Thema (ebd. 97—99). Lyonnet nimmt freilich an, daß
die Verbindung der kosmischen Versöhnung des Neujahrstages mit der der Sünder am
Versöhnungstag Paulus zu der Doppelaussage von V. 20 geführt habe (99 f). εἰρηνο-
ποιοί findet sich noch Mt 5,9.

geradezu in der Herstellung dieser Harmonie; denn erst durch das Wirken des Logos „ließ das Zerbrechen nach" (ebd. 199—201). Der Logos bringt nämlich die „Liebe" (φιλία); als Mittler garantiert er die Stabilität der Welt, zwingt die Elemente zusammen und wehrt so der Disharmonie (Quaest in Ex II 68; 118). Erst das absolute Gleichgewicht gibt unbeugsame Festigkeit und unbewegliche Beständigkeit (AetMund 112; 116). Eindeutig ist Philo dabei am „Bestehen" (συνεστηκέναι RerDivHer 281 wie Kol 1,17), am „Frieden" (284, vom menschlichen Körper) interessiert, obwohl er auch vom Herkommen aus der Einheit und Wiedereinmünden in sie (SpecLeg I 208; RerDivHer 281 f) reden kann, oder von der Welt „oben", in der die eigentliche Harmonie lebt und zu der die Seele streben soll (SpecLeg I 207).

Auch das sind Gedanken, die schon vor Philo im hellenistischen Judentum zu belegen sind, und zwar gerade dort, wo vermutlich Pythagoreisches eingeflossen ist. Wiederum ist es Aristobul, der die göttliche Beständigkeit (θεία στάσις) preist, die die Welt garantiert, weil allein in Gott alles Bestand hat und unwandelbar ist[13].

Hintergrund und Quelle dieser Gedanken sind klar. AetMund 111 zitiert Heraklit; die stoische Lehre vom „Weltbrand" und der (darauffolgenden, neuen) „Weltbildung", die auf dem wiederhergestellten Gleichgewicht der vier Elemente (στοιχεῖα) beruht, erscheint SpecLeg I 208 (vgl. AetMund 107; Providentia[14] I 14—16). Das Thema des dauernden Austauschs der Elemente, die ineinander fließen und sich wieder trennen, ihr Sterben und — gerade so — unsterblich Werden, die Verwandlung (μεταβολή) der Erde in Wasser, des Wassers in Luft, der Luft in Feuer und wieder zurück, wodurch sich auch der Wechsel der Jahreszeiten erklärt (AetMund 108—110; vgl. RerDivHer 149 f neben 151 bis 153!), schließlich die Frage, ob solche Verwandlung Vernichtung bedeutet oder letztliche Auflösung in die Einheit der „Idee" (AetMund 5 f), sind weiterhin verhandelte Themata der Philosophie. Der Begriff der μεταβολή weist ebenso klar in die Stoa wie der der φιλία auf Empedokles; im Hintergrund steht Platons Timaios, der Providentia 20 zitiert, aber auch RerDivHer 152 vorausgesetzt wird (S. 32B). Daß die unmittelbare Vermittlung über die Pythagoreer, vermutlich einen jüdischen Pythagoreismus, verlaufen ist, ist schon bei Aristobul und Philo höchstwahrscheinlich; jüdisch-pythagoreisch ist wahrscheinlich auch die „Philo-

---

[13] Euseb Praep Ev VIII 10,9b—12a.

[14] Dazu *M. Pohlenz,* Philon von Alexandria, NAG 1942, 417—424, der den Traktat für philonisch hält.

sophie" von Kol 2,8[15]. Dort ist in der Tat die Vermischung all dieser Aussagen zu finden, und zeitgeschichtlich liegt dieser Einfluß am nächsten, da der Pythagoreismus ab Mitte des 1. Jh. v. Chr. einen starken Aufschwung genommen hat[16]. Das ist jetzt nachzuweisen.

3. Von Heraklit bis zu den Pythagoreern um die Zeitwende

Heraklits Schilderung des Gottes, der „sich wandelt wie das Feuer" und „Tag—Nacht, Winter—Sommer, Krieg—Frieden, Sattheit—Hunger" ist (Fragment B 67; I 165,8 ff[17]), und der Notwendigkeit von „Krieg" und „Zwist" (πόλεμος und ἔρις), weil alles nur aufgrund von „Zwist" und „Notwendigkeit" geschehe (B 80; I 169,3—5), hat mächtig nachgewirkt. *Empedokles* führt „Liebe" und „Streit" (φιλία[18] und νεῖκος) als Grundkräfte alles Geschehens ein (B 17,7 f; 26; I 316,1 f; 322, 15 ff), die in den „Gliedern" (μέλη, sonst auch γυῖα) des Weltalls, den später sogenannten στοιχεῖα, herrschen (B 35,9—13; vgl. 27a; 30; I 327, 6—10; 324,8; 325,10—13). Diese Elemente und Kräfte gewinnen abwechselnd die Oberhand und vergehen ineinander. Sein ist nur den Elementen zuzuschreiben, Werden ihrer Vereinigung in Liebe und ihrem Auseinanderbrechen im Streit, bis sie zum Alleinen zusammenwachsen und wieder unterliegen; so wird im ewigen Kreislauf das Eine aus dem Vielen und daraus wieder das Viele (B 26; I 322,15 ff). Nie hört dieser beständige Tauschwechsel auf; bald vereinigt sich alles durch Liebe zum Einen, bald trennen sich die einzelnen wieder im Haß des Streites (B 17, 6—8; I 315,6 ff). Von allen Seiten sich selbst gleich ist nur der Urzustand, der kugelförmige Σφαῖρος (B 27—29; I 323,11 ff). Wie man das zur Zeit der Entstehung des Kolosserbriefs interpretierte, zeigt ein vermutlich ungefähr dann anzusetzender[19] Satz des *„Hippokrates"* (Vict 1,5; I 183,8), der erklärt, Empedokles lehre „für alle die Vernichtung durch einander", während wenig später Plutarch (E Delph I, II 389A)

---

[15] *E. Schweizer*, Die „Elemente der Welt" (Festschrift für G. Stählin), in: *ders.*, Beiträge zur Theologie des Neuen Testamentes, 1970, 147—163, bes. 160—163.

[16] *H. Dörrie*, in PW 24, 1963, 269.

[17] *H. Diels*, Die Fragmente der Vorsokratiker, [5]ed. W. Kranz, 1934 ff.

[18] Empedokles selbst scheint φιλότης gesagt zu haben; doch verwenden schon die Referate von Aristoteles (Diels [Anm. 17] I 211,25; 290,18 ff; 332,15), Plutarch (288,23; 318,6; 326,5) und Hippolyt (288,37; 315,1; 356,13 ff; 364,12) dafür φιλία, das in Fragment B 17,20 als Textvariante, in B 18 (Plutarch) neben φιλότης steht.

[19] Der kleine Pauly II, 1967, 1171.

von „Untergang und Vernichtung, Wiederaufleben und Wiedergeburt"
spricht.

Aristoteles hat sich sehr mit dieser Lehre des Empedokles beschäftigt.
Freilich wirft er ihm vor, unlogisch zu sein; denn nach ihm sei es gerade
die „Liebe", die die einzelnen Elemente (jetzt στοιχεῖα genannt) auflöse
und auseinandernehme[20], eben weil sie sich miteinander mengen, während der „Streit" sie wieder in ihre unvermischte Reinheit zurückführe
(GenCorr 2,6; S. 333b). In dieser Kritik zeigt sich die gewandelte Anschauung; die eigentliche Welt ist jetzt die der absoluten „Einheit", in
die sich diese Welt erst auflösen wird. Denn die jetzige Welt lebt im
Zeichen des „Streites", der trennt, die frühere (der Urzustand) in dem
der Liebe (ebd. S. 334a). Unter der Herrschaft des „Streites" wird das
All in seine Bestandteile zersprengt; damit werden aber das Feuer oder
die anderen Elemente wieder an *einen* Ort versammelt (Metaph I,4;
S. 985a). Also trennt gerade die Liebe, während der Streit verbindet
(vom Einzelelement her gedacht), obwohl Empedokles doch, wenn man
seine unklaren Andeutungen recht versteht, sagen möchte, die „Liebe"
sei Ursache alles Guten, der „Streit" die alles Schlechten (ebd). So herrscht
„mächtiger Streit in den Gliedern" (ebd. II,4; S. 1000b). Der „Streit" ist
Prinzip der Vergänglichkeit (ebd. S. 1000a), ohne ihn wäre alles in die
Einheit zurückgeführt; doch ist er wie Ursache des Vergehens, auch wieder die des Seins.

In der *Stoa* bekommt dies schärfere Züge durch die Einführung der
Lehre vom „Weltbrand" und der darauf folgenden „Weltwerdung"[21].
Auch das lebt in den sechziger Jahren (n. Chr.) weiter. Wenn Gott Altes
vernichtet, um Besseres zu schaffen, dann hört die in festgesetzten Grenzen gehaltene Ordnung von Ebbe und Flut auf und wie das Feuer beim
Weltenbrand bekommt das Wasser die Übermacht und vernichtet alles
(Seneca, QuaestNat III 28,6). Nun hat schon Aristoteles die *Pythagoreer*
gelobt, weil sie so von den Grundlagen und Ursachen der Weltwerdung
redeten, daß auch ein Emporsteigen zu dem, was jenseits des Seienden
liegt, weit besser als nach den Naturphilosophen möglich werde (Metaph
I,8; S. 990a). Genau das ist das Ziel jenes Textes aus dem 1. Jh. v. Chr.,

---

[20] So aufzufassen (Aristote, De la génération et de la corruption, ed. Ch. Mugler,
1966, 95 f).

[21] Ἐκπύρωσις und διακόσμησις wie bei Philo SpecLeg I 208: Stoicorum Veterum
Fragmenta, ed. H. v. Arnim, 1903—1924, II 626, S. 190,36—39 von der Stoa allgemein; I 107, S. 32 von Zeno usw.; dazu *M. Pohlenz*, Die Stoa, 1959, I 77—79. Auch
der terminus technicus der „Verwandlung" (Philo Aet Mund 5; 107 ff) findet sich hier:
I 102, S. 28 f von Zeno.

der der Kol 2,8 erwähnten, vom Briefverfasser bekämpften „Philosophie" näher zu stehen scheint als irgend etwas sonst und außer der jüdischen Aufzählung der Feste alle in Kol 2 geschilderten Eigenheiten zu erklären vermag. Noch deutlicher als bei Philo erscheint die stoische Terminologie für die Verwandlung der vier Elemente (στοιχεῖα) ineinander (μεταβάλλειν καὶ τρέπεσθαι δι᾽ ὅλων, I 449,6 f[22]). Empedokleische Anschauung zeigt sich in der Schilderung des lebendigen, geistigen (νοερός), kugelförmigen Kosmos (in dem drin die ebenfalls kugelförmige Erde lebt, I 449,7 f). Das Stichwort vom „Streit" findet sich zwar nicht bei ihm, wohl aber bei einem andern Pythagoreer derselben Zeit, Pseudo-Okkelos (2,2), den auch Philo, AetMund 12 zitiert[23]. Der Text fügt sich völlig der Entwicklung ein, die von Heraklit über Empedokles und die Stoa führt, spricht aber, aufgrund der platonischen und aristotelischen Einflüsse, jetzt ausdrücklich von der „oberen Welt"[24]. Wesentlich ist, wie für Philo, das Gleichgewicht von Licht und Finsternis, Warm und Kalt, Trocken und Feucht; durch das Überwiegen des einen oder andern entstehen Sommer und Winter, Morgen und Abend. Entscheidend ist aber, daß dies zur Aussage führt, deswegen sei die Erdsphäre unbeständig und ungesund und alles darin sterblich, während die obere Welt unbeweglich, rein und gesund und alles darin unsterblich und göttlich sei (I 449, 8 ff). Offenbar sind diese Dinge überall abgehandelt worden. Genauso erklärt ja Philo, daß die ordnungsfreundliche Gleichheit gelegentlich der Übermacht der Ungleichheit erliege, wobei Trockenheit oder Wolkenbrüche, Sonnenbrand oder Winterkälte entstehe und die Harmonie der Natur in die Disharmonie umschlage (SpecLeg II 190 f), wogegen eben nur der am Neujahrstag im Kult sich manifestierende Gott als „Stifter und Schirmherr des Friedens" angerufen werden kann (192). Auch er kann von der oberen Welt sprechen, die die Seele suchen soll (ἄνω, αἰθήρ, οὐρανός, SpecLeg I 207).

Doch zeigt sich in diesem pythagoreischen Text noch eine andere Note als bei dem doch vom Alten Testament herkommenden und die Einheit der Schöpfung festhaltendem Philo. Schon bei Empedokles ist der Mensch

---

[22] Diels (Anm. 17). Stoa: v. Arnim (Anm. 21) I 102 Zeno; I 495 Kleanthes, S. 28 f, 111.

[23] *R. Harder,* Ocellus Lucanus (Neue philosophische Untersuchungen, ed. W. Jaeger, I, 1926), § 19. Die μεταβολαί und ἀλλοιώσεις (4,§ 22) der vier Elemente ineinander ebd. 6, § 24 (Einschub). Zu § 19 vgl. *E. Zeller,* Die Philosophie der Griechen, ⁵1923, III/2, 149 f, Anm. 5.

[24] Ebenso Okkelos: in der Welt über dem Mond leben die Unsterblichkeit und die Götter (ebd.).

das Produkt dieses unaufhörlichen Tauschwechsels der Elemente (B 26,4; 23,6—10; 35,7.16; I 323,2; 321,15 ff; 327,4; 328,2) und ihm darum verfallen. Als „Dämon" wird die Seele, in Schuld verstrickt, nach mit starken Schwüren versiegeltem Götterbeschluß durch alle Elemente gejagt, von allen gehaßt[25]. Diesem unseligen Kreislauf durch die Elemente zu entfliehen ist nur durch Reinigung, insbesondere durch asketische Enthaltsamkeit möglich (B 126; 128; 140; 141; I 362,9; 363,9 f; 368,15.28). Die gleiche Verbindung der beiden Themata vom Kampf der Elemente in der Natur gegeneinander, von der Vernichtung aller durch alle, wie Hippokrates es verstand, einerseits, von der Erlösung des Menschen daraus durch asketische Reinigung andererseits wird in dem zitierten Text des Alexander im 1. Jh. v. Chr. aufgenommen. Durch Verehrung der Götter und, abgestuft und bloß am Nachmittag zu leisten, auch der Heroen und Dämonen (d. h. der Seelen, die jüdisch-christlich mit den Engeln identifiziert werden[26]), durch Reinigungsbäder, Waschungen und Besprengungen, vor allem jedoch durch den Verzicht auf Sexualverkehr und allerlei Speisen, wie er für die gilt, die die Weihen in den Heiligtümern auf sich nehmen (I 451,3 f.13—19), wird es der Seele gelingen, sich vom Leib und den unteren Elementen zu lösen und an den höchsten Ort (oder: zu dem höchsten Gott?) zu gelangen, ohne als unreine wieder von den Rachegeistern mit unlöslichen Fesseln gebunden zu werden (450, 25—451,3). Das dürfte ziemlich genau dem entsprechen, was die „Philosophie" in Kolossä lehrte[27].

4. Die Zeit nach dem Kolosserbrief von Plutarch bis zu den Sammlern des 6. Jh.

Nicht nur die Jahrzehnte vor Abfassung unseres Briefes zeigen Gedanken, die in Kolossä offenbar im Hintergrund standen, sondern auch die Zeit unmittelbar danach. Noch fast gleichzeitig ist *Plutarch* zu nennen, der von Empedokles fasziniert war. Neben den schon genannten Empedokleszitaten, die gerade die für uns wichtigsten Stellen über die Fesselung der Seelen im dauernden Wechsel der Elemente betreffen, zeigen das vor allem seine, uns nicht erhaltenen, zehn Bücher über Empedokles[28]. Ausdrücklich beruft er sich auf den „Krieg" des Heraklit, das

---

[25] Oder: „alle hassend"? Diels (Anm. 17) B 115, I 356,3 ff, von Plutarch (II 361 C und 607 C) zitiert. [26] Philo, Gig 6, Som I 140 f.

[27] Vgl. Anm. 15. [28] *Schweizer* (Anm. 15) 153, Anm. 33.

νεῖκος (den „Streit") des Empedokles, die „Zweiheit" (δυάς) der Pythagoreer (Is et Os 48, II 370DE). Freilich überwiegt in der „Mischung" der
Welt das Bessere, aber das böse Prinzip kann man nicht vernichten, so
daß der Kampf stets weitergeht; im ägyptischen Mythos ist es durch
„Typhon" symbolisiert und für die Naturkatastrophen verantwortlich
(ebd. 49, 371AB). Der Logos (durch „Horos" angedeutet) bringt das All
zwar aus Gegensätzlichem zusammen; doch wird es immer wieder durch
Erdbeben, Dürre usw. gestört (ebd. 55, 373D). So ist in der sublunaren
Welt alles in Bewegung und verändert sich (μεταβάλλεσθαι) durch die vier
Elemente (στοιχεῖα ebd. 63, 376D). Deswegen hängt auch alles daran,
daß die Seele nach dem Tod, vom Körper befreit, aus dem in der Mond-
region befindlichen Hades in die Sphäre über dem Mond, in den „Äther"
zur Seligkeit aufsteigen kann. Das ist nur möglich, wenn sie rein ist und
nicht vom Irdischem beschwert wieder heruntergeworfen wird. Die zu
Dämonen gewordenen Seelen, die noch nicht ganz zu oberst angelangt
sind, sind die „Retter" (σωτῆρες!), die zu den Orakelstätten herabsteigen
und in den höchsten Weihen der Mysterien mitwirken (FacLun 28—30;
II 943C-E; 944CD). So hat man offenbar weiterum im 1. Jh. und anfangs des 2. Jh. n. Chr. gedacht.

Noch enger ist der Zusammenhang beider Topoi und noch deutlicher
das Fortleben der skizzierten Gedanken in *Hippolyts* Referat über Empedokles um 200 n. Chr. Hippolyt ist dabei überzeugt, damit die Irr-
lehre Markions (gegen Mitte des 2. Jh.) zu zeichnen. Seine Loslösung
vom alttestamentlichen Schöpfergott und seine asketischen Forderungen
sind für ihn die direkte Fortsetzung empedokleisch-pythagoreischer
Gedanken (Ref VII 30,1—4). Der Haß ist die Ursache der Schöpfung, die Liebe die des Vergehens der Weltdinge, damit auch ihrer
Veränderung und Rückführung in das Eine (Ref VII 29,9; εἰς τὸ ἓν
ἀποκατάστασις). Das durch den Haß Entstandene geht zugrunde, weil die
Liebe das All zur Einheit führt und gleichförmig gestaltet (ebd. 11; δια-
κοσμεῖσθαι). Die von der Liebe gestaltete Form (ἰδέα ... κοσμουμένη,
ebd. 13) der Welt ist die empedokleische Kugel. Um diesem rasenden
Streit, dem „Zwang" zu entrinnen und wieder zurückzufinden zur Einheit Gottes, um nicht zu jenen Seelen (= Dämonen) zu gehören, die von
Haß erfüllt von Element zu Element gejagt werden, wie das Empe-
dokleszitat es sagt, muß der Mensch auf das Essen von Fleisch und den
Sexualverkehr verzichten (ebd. 13—23).

Spricht Hippolyt im Gefolge der platonisch-aristotelisch-pythagorei-
schen Tradition noch vom νοητὸς κόσμος, so bezeichnet doch auch er ihn

schon als den zweiten, in dessen Einheit hinein der Logos die vom Haß Getrennten sammelt (Ref VII 31,3), und die oben zitierte Rede von der Apokatastasis zeigt auch schon die, für die Kirche natürlich wichtige, eschatologische Ausrichtung. Der Übergang vom Vielen zum Einen war schon im „Umschwung des Kreises" bei Empedokles angelegt; nur daß dieses Eine dort wiederum durch den „Streit" in die Vielheit zerrissen wird (B 26; 30; I 322,15 ff; 325,6 ff). Erst recht gilt dies vom stoischen Übergang vom Weltenbrand zur neuen Weltwerdung. Vollkommen beherrschend wird die jetzt eindeutig eschatologisch unumkehrbar erwartete Rückkehr zum Heil in den Referaten des 6. Jh. n. Chr. über Empedokles bei Aetius I 7,28 und Simplicius (de Caelo 293,18 ff[29]), wo man in aristotelischer Systematisierung nachlesen kann, wie man sich damals die empedokleische Lehre zurechtlegte.

5. Die drei Antworten im Kolosserbrief

Der *Hintergrund* des Kolosserbriefes ist das allgemeine Zeitgefühl, in einer brüchigen Welt zu leben, in der der Kreislauf von Werden und Vergehen herrscht, in die jederzeit die Zerstörung in Form von Naturkatastrophen einbrechen kann und die gesamthaft als Vernichtung aller durch alle im Kampf der Elemente beschrieben werden kann. Bei den Pythagoreern des 1. Jh. v. Chr. und von ihnen beeinflußt bei Philo zur Zeit Jesu und bei Plutarch an der Wende zum 2. Jh. n. Chr. zeigt sich die von Heraklit und Empedokles herkommende, mit platonischen und stoischen Gedanken durchsetzte Lehre vom Streit der Elemente in der Natur, unter den der Mensch versklavt ist. Die Antwort kann ganz verschieden erfolgen. Schon die aristotelische Kritik an Empedokles zeigte eine von Plato herkommende Hochschätzung der alleinen Idealwelt und eine Abwertung der empirischen Welt; darum wird für ihn der „Streit", der diese Welt auflöst und sie wieder in die Einheit der Elemente zurücksinken läßt, positiv. Das wird bei den Pythagoreern, die nun vor allem die Gedanken der Reinigung aufnehmen, religiös verklärt und führt daher in rituelle Waschungen und asketische Reinigung von allem Weltlichen hinein. Dadurch und durch die Verehrung von Heroen und Dämonen (christlich interpretiert: Engeln) entflieht man dem schrecklichen Streit der Natur. Das ist auch die Linie Plutarchs und des von Hippolyt gezeichneten Markion. Es ist die Antwort der in Kolossä wirksam gewordenen *Philosophie*. Ihre Anhänger haben vermutlich den Hymnus

---

[29] Diels (Anm. 17) I 289,8 ff und 293,12 ff.

Kol 1,15—20 durchaus singen können. Sie leugnen die Einzigartigkeit Christi keineswegs. Kein Zweifel, daß die ursprüngliche heile Welt in ihm ihren Grund hat, und kein Zweifel, daß er in der oberen Welt das Chaos wieder in die Einheit zurückgeführt hat. Die Frage ist nur, wie man der jetzigen, verteufelten Welt entfliehen und in die obere Welt gelangen konnte. Und dazu boten sich eben die genannten Praktiken an[30].

Dem stellt sich der *Verfasser des Briefes* entgegen. Auch für ihn befindet sich die heile Welt „oben"; aber um in sie zu gelangen, braucht es keine asketischen Praktiken und zusätzliche Waschungen und Engelverehrung mehr. Mit Christus sind die Glaubenden doch schon auferstanden, schon „oben", darum auch der alten Welt schon entnommen. Wer aber wie der Verfasser die Aussagen des Hymnus direkt auf das Leben in dieser Welt beziehen und zugleich die seltsame Dialektik zwischen dem Leben in ihr und dem Leben „oben" bewältigen will, der muß die kosmische Versöhnung jetzt anthropologisch als Schuldenvergebung interpretieren, durch die der gerechtfertigte Mensch schon an der neuen Christuswelt teilhat. Darum kann dann nur zu ethischer Bewährung dieser schon errungenen Freiheit aufgerufen werden.

In der Mitte zwischen beiden Positionen steht der *Hymnus*. Er ist am nächsten dem verwandt, was in Philos Behandlung des Neujahrsfestes sichtbar wird. Philo ist vom Alten Testament her eine ganz andere Deutung der Welt, die er weithin gleich sieht wie die von Heraklit und Empedokles beeinflußte Zeitströmung, vorgegeben. Freilich ist die Welt dauernd von Zerstörung und Vernichtung bedroht. Aber über ihr steht die

---

[30] Man kann sogar fragen, ob die Fünfzahl der Laster (Kol 3,5 und 8) oder Tugenden (3,12) mit der pythagoreischen Vorliebe für die Fünfzahl zusammenhängt, ist diese doch aus der ersten geraden (2) und der ersten ungeraden Zahl (3) zusammengesetzt (E Delph 8, II 388 A; C: nach den Pythagoreern = „Ehe" und „Natur"; DE: die Zahl des nach Heraklits Lehre vom Wechsel zwischen All und Feuer die Welt regierenden Prinzips; Def Or 35,429 B—430 A: daher Zahl des sinnlich Wahrnehmbaren, Körperlichen und nach Is et Os 56, 374 A des durch Osiris und Isis als Symbole der ungeraden und geraden Zahl entstandenen Alls [πέντε = πάντα]). Die fünf Elemente (Def Or 35, 428 D: στοιχεῖα σωματικά), die nach Plato und Aristoteles auf eine fünffache Welt schließen lassen (E Delph 11, 389 F/390 A; mit dem Thema der Verwandlung der Elemente ineinander verknüpft Def Or 32,427 C; 37,430 C; vgl. überhaupt 31—37, 426 E—430 F), korrespondieren nach einigen auch den fünf Kräften der Sinne (E Delph 12,390 B; Def Or 36,429 E; auch Philo, Vit Mos II 81). Zur pythagoreischen Herkunft der Ableitung der 5 aus 2+3 vgl. *Th. Hopfner*, Plutarch, Über Isis und Osiris, II, 1967, 237. Doch müßten dann die Laster- und Tugendkataloge nicht direkt auf die paulinischen Parallelen zurückgehen, sondern mindestens in Kolossae umgestaltet worden sein.

Treue des Schöpfers, der in seinem Logos die verfeindeten Elemente zusammenzwingt und im Gleichgewicht hält. Diese Treue wird im Kult immer wieder neu hergestellt und sichert daher den Bestand der Welt. Gott ist Schirmherr und Stifter des kosmischen Friedens. So preist auch der Hymnus Kol 1,15—20 Gott als den Schöpfer, in dem das ganze All seinen Bestand hat; nur daß dies jetzt, anders als bei Philo, nicht im zeitlosen Walten des Logos, sondern in der Schöpfungsmittlerschaft Jesu Christi seine Garantie gefunden hat. So preist die Gemeinde zugleich den, der dem Kampf der Elemente ein Ende bereitet und das All versöhnt hat; nur daß dies nicht mehr stets von neuem im Kult wiederhergestellt werden muß, sondern daß es ein für allemal in der Auferstehung Jesu Christi garantiert ist. Beide Antworten stehen auch bei Philo zusammen. Was SpecLeg I 208—210 und RerDivHer 146 ff auf die Treue des Schöpfers zurückgeführt wird, der die Gegensätze zusammenhält, wird SpecLeg II 188—192 als Friedensstiftung gepriesen, in der die Posaune zum Kampfabbruch für die Natur geblasen wird. Sobald freilich diese Friedenswelt nicht mehr nur eine auf Zeit mühsam wiederhergestellte Ordnung ist, die daher auch der immer wiederholten kultischen Erneuerung bedarf, sondern als endgültige, in Jesu Christi Auferstehung hergestellte proklamiert wird, zeigt sich die Unklarheit, die zu der ganz verschiedenen Auslegung durch die kolossische Philosophie einerseits, den Briefverfasser andererseits geführt hat. Wie der Dichter des Hymnus das Problem gelöst hat, ist natürlich nicht mehr zu eruieren. Vermutlich war er, wie es zu einem echten Hymnus paßt, so radikal auf den Adressaten des Loblieds, eben Jesus Christus selbst, ausgerichtet, daß er nur sein Heilswirken in Schöpfung und Erlösung beschreiben wollte, ohne über ihr Neben- oder Nacheinander zu reflektieren. Die neue Welt mag auch für ihn „oben" gewesen sein, aber so, daß er eben als den Hymnus Singender schon ihr angehörte und daher unbekümmert das Lob dessen singen konnte, der das All versöhnt hatte.

Vielleicht freut sich Hans Conzelmann, der zum Einschlafen statt einem Detektivroman gelegentlich auch das sicher nicht leichte Griechisch Philos liest, doch ein wenig am Aufmarsch der Zeugen für ein damaliges Weltverständnis und die dafür gegebenen Lösungen. Vor allem aber wird dahinter das sichtbar, worin wir beide zutiefst eins sind, nämlich das Angebot des Briefverfassers, sich als den durch Jesus Christus Gerechtfertigten zu verstehen, der sich nicht mehr durch alle möglichen Praktiken der heilen Welt versichern muß, sondern weiß, daß er nur als der versöhnte Sünder auch der versöhnten Welt teilhaftig ist.

DAS EVANGELIUM JESU CHRISTI[*]

GEORG STRECKER

Die Darstellung des neutestamentlichen εὐαγγέλιον-Begriffs und seiner religions- und traditionsgeschichtlichen Vorgeschichte bedarf keiner ausdrücklichen Begründung: Nicht wenige christliche Kirchen führen die Bezeichnung „evangelisch" in ihrem Namen, sämtliche christliche Konfessionen verstehen sich als mit der Verkündigung des Evangeliums Jesu Christi beauftragt. Martin Luther hatte einst „Evangelium" und Rechtfertigungslehre identifizieren[1] und das „Evangelium", die gute Botschaft und Verkündigung[2], die „Lehre über den Gottessohn Jesus Christus"[3], dem Gesetz grundsätzlich konfrontieren können[4]. Das Dekret „Dienst und Leben der Priester" des Zweiten Vatikanischen Konzils besagt, die „erste Aufgabe der Priester" habe darin zu bestehen, „allen die frohe Botschaft Gottes zu verkündigen"[5]. Und die im sog. Malta-Dokument festgehaltenen Gespräche zwischen Repräsentanten des Lutherischen Weltbundes und des Einheitssekretariates der römisch-katholischen Kirche standen unter dem Thema „Evangelium und Kirche"; sie führten zu konvergierenden Ergebnissen[6]. Solche Beispiele lassen sich beliebig

---

[*] Der folgende Beitrag geht auf einen Vortrag zurück, den der Verfasser am 17. 10. 1974 im Ecumenical Institute for Advanced Theological Studies (Tantur-Jerusalem) gehalten hat.

[1] WA 2, S. 467, Z. 16—18.   [2] WA 10 I 1, S. 17, Z. 7—12.

[3] WA 2, S. 467, Z. 22 f.

[4] WA 2, S. 466, Z. 3—8; 39 I, S. 387, Z. 2—4; S. 416, Z. 8—10.

[5] Zweites Vatikanisches Ökumenisches Konzil, Dekret Dienst und Leben der Priester. Deutsche Übersetzung im Auftrage der deutschen und österreichischen Bischöfe. Mit einer Einleitung von Dr. J. Höffner, Münster 1967, S. 29.

[6] Vgl. G. Strecker, Evangelium und Kirche nach katholischem und evangelischem Verständnis. Die Ergebnisse der römisch-katholisch/evangelisch-lutherischen Studienkommission, SgV 257/258, Tübingen 1972.

vermehren; sie zeigen die grundlegende Bedeutung unserer Fragestellung für Selbstverständnis und Leben der Kirche an. Die folgenden Überlegungen sollen insbesondere zur Beantwortung der Frage beitragen, inwieweit historisch-kritische Exegese des Neuen Testaments Theologie und Kirche zur notwendigen Selbstorientierung zu verhelfen in der Lage ist und inwieweit die Rückbesinnung auf die im Neuen Testament fixierte Urtradition der Kirche eine ökumenische Relevanz besitzen kann.

1. Vor- und nebenchristliche Tradition

1.1 Alttestamentlich-jüdische Überlieferungen

1.1.1 Der hebräische Text des Alten Testaments

Der alttestamentliche Gebrauch des Piel בשׂר *(biśar)* gibt sowohl das neutrale „verkündigen" wieder (z. B. 1Kön 1,42; Jes 52,7: Zusatz טוב; 1Sam 4,17: für eine schlechte Botschaft; 2Sam 18,20.26: offener Sprachgebrauch, dh ohne Objekt) als auch das spezifische „eine frohe Botschaft verkündigen", das neben einer profanen (z. B. 1Sam 31,9: „einen Sieg melden") eine theologische Bedeutung haben kann (z. B. Jes 52,7 par; Nah 2,1: Proklamation der Königsherrschaft Jahwes). Das Substantiv בשׂרה *(beśorah)* hat bei ausnahmslos positiver Grundlage die profane Bedeutung von „Botenlohn für eine Siegesbotschaft" (2Sam 4,10; 18,22) bzw. von „Siegesbotschaft" (2Sam 18,20.25.27; 2Kön 7,9), niemals jedoch einen theologischen Inhalt.

Ableitung des neutestamentlichen εὐαγγέλιον aus dem Alten Testament. Allerdings ist im Blick auf das Verb בשׂר eine Beziehung zwischen dem alttestamentlichen und dem neutestamentlichen Sprachgebrauch unbestreitbar; nicht sosehr hinsichtlich der Engelbotschaft in Lk 1,19[7] oder in Lk 2,10[8], wohl aber in der Zitierung von Jes 61,1 in Lk 4,18 und Mt 11,5 par Lk 7,22. Freilich mag schon an dieser Stelle festgestellt werden,

---

[7] Die Parallele Jer 20,15, in der von der Nachricht einer Geburt eines Kindes die Rede ist, ist mehr zufällig, da es sich dort um eine nicht-theologische, eher biographische Aussage, auch nicht um eine Engelbotschaft handelt; andererseits bezeichnet in Lk 1,19 das Verb εὐαγγελίζεσθαι nicht eine Geburtsankündigung, sondern die Folgen des Unglaubens.

[8] Die Engelbotschaft an die Hirten, welche die Geburt des Christus ankündigt, hat in der Verwendung von εὐαγγελίζεσθαι im Alten Testament keine Parallele.

daß ein Zitat einen eigenständigen Sprachgebrauch oder eine selbständige Fortentwicklung des alttestamentlichen Begriffs durch die neutestamentlichen Schriftsteller noch nicht nahelegt. Darüber hinaus sind die Unterschiede nicht zu übersehen: Zwar handelt es sich hier wie dort um eine eschatologische Heilsbotschaft, aber der politische Hintergrund des alttestamentlichen Textes (Voraussage eines Ereignisses, das für die Geschichte Israels Heil bedeutet, nicht als Prolepse im apokalyptischen Sinn) ist im Neuen Testament nicht vorhanden. Ferner: Eine messianologische Interpretation findet sich in Jes 61 nicht[9], dagegen setzen Mt/Lk das christologische Kerygma der Urchristenheit voraus. Möglicherweise wurde das AT-Zitat sekundär mit der frühchristlichen christologischen Vorstellung und Terminologie verbunden; in den Synoptikern (und in ihrer Vorlage) dient die Vorstellung vom „prophetischen Trostamt" (Jes 61) zur Interpretation des Christuskerygmas und ist hierdurch inhaltlich modifiziert worden.

1.1.2 Septuaginta (LXX)

In der LXX wird das Verb בשׂר überwiegend mit εὐαγγελίζεσθαι(-ζειν) wiedergegeben. Es herrscht hierbei eine positive Grundstimmung vor (Vorsilbe εὐ-!). Entsprechend dem hebräischen Äquivalent ist neben einem profanen (vgl. außer den oben genannten Stellen noch 2Sam = 1Kön 18,26; 1Kön = 3Kön 1,42 u. a.) ein theologischer Sinn belegt (z. B. Ps 96,2 = 95,2 LXX; Jes 60,6[10] u. ö.; über MT hinausführend: Joel 3,5 LXX gegen 2,1 MT: die Verkündiger der frohen Botschaft sind von dem Herrn berufen)[11]. Das Substantiv erscheint in der LXX lediglich im Plural (2Sam = 2Kön 4,10: „Lohn für gute Botschaft"). Darüber hinaus findet sich an fünf Stellen ἡ εὐαγγελία = „Freudenbotschaft" (im profanen Sinn: 2Sam = 2Kön 18,20—27; 2Kön = 4Kön 7,9). Der Abstand zum neutestamentlichen εὐαγγέλιον-Begriff ist denkbar groß, um so mehr, als

---

[9] Vgl. dazu C. *Westermann*, Das Buch Jesaja. Kap. 40—66, ATD 19, Göttingen 1966, S. 292: „Es ist an eine Zeitwende im allgemeinen Sinn gedacht."

[10] Hier ist fraglich, ob nicht spätere christliche Interpretation aufgrund von Mt 2,11 eingewirkt hat; vgl. *I. L. Seeligmann*, The Septuagint Version of Isaiah, MVG Ex Oriente Lux 9, Leiden 1948, S. 28; anders *P. Stuhlmacher*, Das paulinische Evangelium I. Vorgeschichte, FRLANT 95, Göttingen 1968, S. 157.

[11] *G. Friedrich*, Artikel εὐαγγελίζομαι κτλ. in: ThW II, S. 705—735 nennt als weitere, für LXX gegen MT neue Belegstelle Jer 28,10, wo sich freilich nur das Verb ἀναγγέλλειν findet (S. 710).

das Substantiv in der LXX, ebenso wie im MT, eine theologische Bedeutung nicht besitzt.

1.1.3 Hebräisch-aramäisches Judentum

Ähnlich dem alttestamentlichen Sprachgebrauch kann das Verb בשׂר im hebräisch-aramäischen Judentum sowohl positiv als auch negativ gefüllt werden und auf einen profanen oder auch auf einen religiösen Gegenstand bezogen sein[12]. Geht im ältesten vermuteten Beleg der Sprachgebrauch nicht über einen allgemeinen theologischen Inhalt hinaus[13], so schließt sich, darin dem primär exegetischen Charakter der Literatur des nach-alttestamentlichen Judentums entsprechend, die spätere Begrifflichkeit den alttestamentlichen Texten an: Im Anschluß an Dtjes (Jes 52,7 bzw. Nah 2,1) scheint sich für das Partizip ein fester Sprachgebrauch ausgeprägt zu haben; מבשׂר *(mᵉbaśer)* ist der eschatologische Freudenbote, der die messianische Heilszeit ankündigt[14] oder auch selbst eine messianische Qualität erhält[15]. Die Belege in der Qumranliteratur scheinen die Tendenz zur Profilierung des מבשׂר als eines endzeitlichen Freudenboten zu bestätigen[16].

Daß den neutestamentlichen Schriftstellern solche jüdische Interpretation des מבשׂר bekannt war, ist freilich nicht wahrscheinlich zu machen: Wo im Neuen Testament allenfalls Entsprechungen vermutet werden könnten (Mt 11,5 par), bezieht sich dieses direkt auf das Alte Testament (LXX) zurück. Die Bezeichnung Jesu als eines εὐαγγελιζόμενος findet sich nur an zwei späten (redaktionellen) Stellen des Lukasevangeliums (Lk 8,1; 20,1) und kann nicht für die These der Einwirkung von jüdisch-exegetischer Tradition geltend gemacht werden. Das eschatolo-

---

[12] Vgl. die Belege in ThW II, S. 712—714; *H. Strack—P. Billerbeck,* Kommentar zum Neuen Testament aus Talmud und Midrasch, I—IV, München 1922—1928; III, S. 7 ff; *P. Stuhlmacher,* aaO. S. 122—153.

[13] Ps Sal 11,2 — überliefert ist allerdings lediglich die griechische Übersetzung eines hebräischen oder aramäischen Urtextes; εὐαγγελίζεσθαι hat hier das „Erbarmen Gottes über Israel" zum Gegenstand, also den in den Psalmen Salomos zentralen Begriff; vgl. *H. Braun,* Vom Erbarmen Gottes über den Gerechten, in: Gesammelte Studien zum Neuen Testament und seiner Umwelt, Tübingen 1962, S. 8—69.

[14] Z. B. Pesikt R 35 (161a); vgl. ThW II, S. 713.

[15] Vgl. *A. Schlatter,* Der Evangelist Matthäus, Stuttgart 1929, S. 122: zu Mt 4,23; Str.-B. III, S. 9c.

[16] 1QH 18: Jes 61,1; 11QMelch 16: Jes. 52,7; vgl. *J. A. Fitzmyer,* Essays on the Semitic Background of the New Testament, London 1971, S. 246 ff.

gisch-messianologische Verständnis von בשׂר des nach-alttestamentlichen Judentums hat im christologischen εὐαγγελίζεσθαι eine Parallele, nicht jedoch ist diese von jenem als abhängig zu erweisen.

Das Substantiv בשׂרה ist in der Qumranliteratur nicht belegt. Im übrigen nach-alttestamentlichen Judentum kann der Begriff sowohl gute als auch schlechte Nachricht aussagen[17]; er steht häufig nicht absolut, so auch nicht in der sog. Fastenrolle (Megillath Taanith 12)[18], so daß der Vergleich mit der berühmten Priene-Inschrift schon von hier aus sich nicht naheleigt[19], um so weniger, als der Terminus in der Fastenrolle eine eschatologisch-soteriologische Bedeutung nicht kennt; es handelt sich vielmehr um eine gute Nachricht betreffend Aufhebung der Verfolgung[20].

1.2 Die griechisch-hellenistische Überlieferung

1.2.1 Philo und Josephus

Sachlich einen Übergang zwischen dem alttestamentlich-jüdischen und dem griechisch-hellenistischen Bereich bilden der Alexandriner Philo und der fast ein halbes Jahrhundert später lebende Jerusalemer Josephus.

---

[17] Vgl. schon *J. Wellhausen*, Einleitung in die drei ersten Evangelien, Berlin ²1911, S. 99; hier auch der Hinweis auf die negative Umdeutung des neutestamentlichen Evangeliums als eines און גליון (Unglücksrolle) im Rabbinismus, der die späte Identifizierung von εὐαγγέλιον mit dem Buch „Evangelium" voraussetzt.

[18] Nach *M. Hengel* (Die Zeloten. Untersuchungen zur jüdischen Freiheitsbewegung in der Zeit von Herodes I. bis 70 n. Chr., AGSU I, Leiden/Köln 1961, S. 19 Anm. 2; 208) ist die „Fastenrolle" in die Zeit des Zelotismus des jüdischen Krieges (1. Jh.) zu datieren; so schon *H. Lichtenstein*, Die Fastenrolle. Eine Untersuchung zur jüdisch-hellenistischen Geschichte, HUCA VIII/IX, 1931/32, S. 257—351 (257 f). Die Tatsache, daß einzelne Angaben in der Fastenrolle möglicherweise in die Zeit nach dem jüdischen Aufstand verweisen (so übrigens auch die o. a. Stelle, für die ein Bezug auf die Hadrianische Verfolgung jedenfalls nicht sicher auszuschließen ist), läßt daran denken, daß die Endfassung nicht auf das erste, sondern auf das zweite Jh. n. Chr. zurückgeht. Vgl. auch *W. F. Albright*, Archäologie in Palästina, Zürich/Köln 1962, S. 197.

[19] Gegen *P. Stuhlmacher*, aaO. S. 130.

[20] Es erübrigt sich, an dieser Stelle auf die weiteren Belege in der nach-alttestamentlichen jüdischen Literatur (vorbildlich gesammelt von *P. Stuhlmacher*, aaO. S. 122 ff) einzugehen. Daß sie sich weitgehend im exegetischen Kontext (Targumim!) finden, besagt, daß sie einen selbständigen Sprachgebrauch nicht notwendig repräsentieren. Darüber hinaus sind sie zeitlich nach der Entstehung des Neuen Testaments anzusetzen, so daß sich eine Verbindung zu den griechisch geschriebenen neutestamentlichen Schriften auch aus diesem Grund nicht nahelegt.

Beide können als Repräsentanten des hellenistischen Judentums gelten, wenn auch ihre schriftstellerische Zielsetzung sie über die Vorstellungswelt der Masse des hellenistischen Judentums hinaushebt.

1.2.1.1 Philo

Während das Substantiv εὐαγγέλιον oder auch εὐαγγελία für Philo nicht nachzuweisen ist, findet sich das Verbum εὐαγγελίζεσθαι häufiger. Es enthält weithin den profanen Sinn von „(Gutes) melden"[21]. Darüber hinaus setzt Philo im Traktat Legatio ad Gaium 18.99 und 231 den Sprachgebrauch der hellenistischen Kaiserverehrung voraus: So ist Objekt des εὐαγγελίζεσθαι die Gesundung (aaO. 18) oder Thronbesteigung des Kaisers (aaO. 231); derselbe traditionsgeschichtliche Hintergrund zeigt sich bei der Darstellung des Gottes Hermes als Gegenbild des Kaisers Caligula (aaO. 99). Solche hellenistisch-sakrale Füllung des Verbs wird durch das Zeugnis des Josephus auch für das Substantiv ergänzt und bestätigt. Dies ist für das Verständnis der neutestamentlichen Belege um so mehr von Bedeutung, als die Leser der griechisch verfaßten Schriften des Neuen Testaments für das Verständnis von εὐαγγέλ.- zu allererst auf den Sprachgebrauch ihrer hellenistischen Umwelt und nicht auf das semitischsprachige Judentum gewiesen waren[22].

1.2.1.2 Josephus

Hat das Verb εὐαγγελίζεσθαι bei Josephus primär die Bedeutung von „verheißen"[23] oder auch von „melden"[24], so aber auch von „eine gute Botschaft"[25] oder „eine Siegesbotschaft verkünden"[26].

Das Substantiv εὐαγγέλιον[27] wird in Bell. 2,420 als „gute Botschaft" verwendet, wobei das adjektivische δεινόν eine Steigerung aussagt[28]. Von besonderer Bedeutung ist Bell. 4,618: Gegenstand des εὐαγγέλιον ist die Erhebung Vespasians zum Kaiser; in Verbindung mit Opferdarbringung

---

[21] Z. B. Op. Mundi 34; Mut. Nom. 158; Virt. 41 u. ö.

[22] Vgl. *A. v. Harnack*, „Als die Zeit erfüllet war", in: Reden und Aufsätze I, Gießen ²1906, S. 301 ff; *W. Bauer*, Aufsätze und Kleine Schriften, Tübingen 1967, S. 83. 110.

[23] Ant. 5,24.277.282.

[24] Ant. 7,245.250; so doch auch Ant. 11,65, obwohl dort ein theologischer Inhalt nicht zu bestreiten sein wird; ferner Bell. 3,143 f.

[25] Bell. 3,143 f; Ant. 18,228 f.   [26] Bell. 3,503.

[27] Vgl. auch εὐαγγελία: Ant. 18,228 ff = gute Botschaft im politischen Sinn.

[28] Vgl. Homer Il. 7,245.346; Her. 9,2 u. ö.

ist der Zusammenhang mit dem Kaiserkult evident und hierdurch die religiös-technische, sakrale Ausdrucksweise auch für die hellenistische Umwelt des Josephus belegt. Dies bestätigt Bell. 4,656: „Freudenbotschaften", die Vespasian in Alexandria erreichten, haben seine Kaiserproklamation in Rom zum Inhalt. Dieser sakrale Kontext des Begriffs wie auch sein Inhalt (Proklamation eines neuen Herrschers) sollten bei der traditionsgeschichtlichen Ableitung des neutestamentlichen Begriffs nicht vernachlässigt werden.

1.2.2 Hellenismus

Ähnlich der Überlieferung im AT (LXX) sind für den Sprachgebrauch des griechisch-hellenistischen εὐαγγελίζεσθαι vor allem die neutrale und die positive Bedeutung charakteristisch; εὐαγγελίζεσθαι kann mit ἀγγέλλειν identisch sein[29], aber auch die Ankündigung von Siegesnachrichten bezeichnen. Ein heilvoller Inhalt deutet sich durch die Identifizierung von εὐτυχίαν εὐαγγελίζεσθαι und σωτηρίαν προσαγορεύειν an[30]. Im Griechentum ist εὐάγγελος der Orakelkünder, also ein dem Sakralbereich zugehörender Freudenbote[31]. Εὐαγγελίζεσθαι kann entsprechend den Sinn von „verheißen" haben[32]. Die religiöse Zuordnung wird deutlich, wo Gegenstand des εὐαγγελίζεσθαι die Ankunft eines heilbringenden θεῖος ἀνήρ ist[33]. Für die εὐαγγέλιον-Begrifflichkeit des Neuen Testament, zu dessen Vorgeschichte die angeführten Belegstellen aus der griechischen Literatur nicht weniger als die alttestamentlich-jüdischen zu zählen sind, ergeben sich vor allem die folgenden wichtigeren Verbindungslinien: 1. εὐάγγελος (= Freudenbote) hat im Auftreten Jesu und dem der urchristlichen Missionare/Apostel als von „Verkündigern" eine Parallele; 2. entsprechend den θεῖος ἀνήρ-Überlieferungen hat das neutestamentliche εὐαγγελίζεσθαι die Ankunft Jesu als eines Heilbringers zum Gegenstand[34].

---

[29] Vgl. Alciphr Ep II 9,2.   [30] Vgl. Lyc 6,18.

[31] Vgl. *J. Schniewind*, Euangelion. Ursprung und erste Gestalt des Begriffs Evangelium, BFChrTh II 13 u. 25, Gütersloh 1927. 1931, S. 185—196. Vgl. auch Supplementum Epigraphicum Graecum IV, Leiden 1930, S. 84 (Nr. 464).

[32] Vgl. die Belege bei *H. G. Liddell—R. Scott*, A Greek-English Lexicon, Oxford 1925 s. v.; für das Passiv („eine Verheißung erhalten") vgl. Am. Journ of Archaeol. 18, 1914, S. 323 (ThW II, S. 721 Anm. 37).

[33] Zum Beispiel Philostr. Vit. Ap. I 28; VIII 27; vgl. *G. Petzke*, Die Traditionen über Apollonius von Tyana und das Neue Testament, in: Studia Ad Corpus Hellenisticum Novi Testamenti I, Leiden 1970, S. 211 Anm. 1.

[34] Vgl. besonders Apg 5,42; 8,35; 11,20.

Das religiöse Verständnis des Substantivs ist besonders im *hellenistisch-römischen Kaiserkult* bezeugt. Die kultische Interpretation ist durch das Griechentum vorbereitet und vorweggenommen, da εὐαγγέλιον dort nicht nur „Lohn für gute Botschaft", sondern auch frohe Botschaft (einschl. Orakelspruch) bezeichnet[35].

Schon ein alter Inschriftenbeleg aus dem 4. Jh. v. Chr.[36] zeigt trotz rhetorischer Sprachfärbung, daß den εὐαγγέλια, welche die Taten des Herrschers ankündigen, eine heilvolle Bedeutung zukommt (Verbindung von εὐαγγέλια und σωτήρια θύειν). So verdeutlicht es vor allem die berühmte Inschrift von Priene, in der εὐαγγέλια sowohl Ankündigungen des mit dem Erscheinen des Kaisers heraufziehenden Heils (Z. 37 f) als auch die Freudenbotschaften als Heilsereignis (Z. 40 f) bezeichnen[37]. Betrifft dies im vorliegenden Fall die Geburt des Kaisers, so in anderen Belegen die Kaiserproklamation[38], Mündigkeitserklärung[39], Thronbesteigung[40] o. a. So entspricht es dem bei Josephus und Philo für die Kaiserzeit belegten Sprachgebrauch. So wenig in dieser Überlieferung rhetorischer Sprachstil in Abrede zu stellen ist, so deutlich ist der Tatbestand, daß εὐαγγέλια Heilsereignisse kennzeichnen, welche die Bewohner des Imperiums in ihrer Existenz betreffen[41]. Zwar läßt sich einwenden, daß

---

[35] Der Ausdruck εὐαγγέλια θύειν bedürfte einer besonderen Untersuchung; überzeugend ist *P. Stuhlmachers* Kritik an der künstlichen Erklärung *J. Schniewinds* (aaO. S. 168 ff; übernommen von *G. Friedrich* in ThW II, S. 719 f), wonach schlechte Erfahrungen die Unterscheidung zwischen Botschaft und tatsächlichem Ereignis und damit eine nichtreligiöse Verwendung von εὐαγγέλια erzwungen hätten. Solche Interpretation berücksichtigt nicht die Tatsache, daß den εὐαγγέλια in Verbindung mit Opferdarbringung eine religiöse Komponente eignen konnte, wie Texte aus der Überlieferung des Cäsarenkultes belegen (vgl. auch die Verbindung εὐαγγέλια ἑορτάζειν). Dies steht durchaus im Einklang mit der Feststellung, daß manche der hierher gehörenden Texte rhetorische Stileigentümlichkeiten aufweisen (*P. Stuhlmacher*, aaO. S. 192 Anm. 2).

[36] *W. Dittenberger*, Orientis Graeci Inscriptiones Selectae I, Hildesheim 1960, S. 13 (Nr. 4, Z. 39 ff); vgl. ebd. S. 20 (Nr. 6, Z. 31 f).

[37] Nr. 105; aus dem 1. Jh., vermutlich dem Jahr 9 v. Chr.; vgl. *W. H. Buckler*, An Epigraphic Contribution to Letters, Classical Review 41, 1927, S. 119—121; ders., Supplementum Epigraphicum Graecum IV, 1930, S. 90, Nr. 490; auch *A. Deißmann*, Licht vom Osten, Tübingen ⁴1923, S. 313; *W. Dittenberger*, aaO. II, S. 458; ThW II, S. 721; *P. Stuhlmacher*, aaO. S. 186 Anm. 3 (Text!), 199 f.

[38] *A. Deißmann*, aaO. S. 313 f.   [39] Vgl. ThW II, S. 721 Anm. 37.

[40] Vgl. u. a. Philo, Legatio ad Gaium 231 (s. oben 1.2.1.1).

[41] Εὐαγγέλιον hat also in diesem Zusammenhang eine sakrale, Heil schaffende Funktion, unabhängig von der weitergehenden Frage, ob bzw. inwieweit jeweils ein technischer Sprachgebrauch nachzuweisen ist; zu *R. Bultmann*, ΔΙΚΑΙΟΣΥΝΗ ΘΕΟΥ, JBL 83, 1964, S. 12—16 (16 Anm. 9).

die Terminologie des Kaiserkultes nur den pluralen Gebrauch, das Neue Testament jedoch lediglich das singularische εὐαγγέλιον kennt[42]; diese Feststellung kann das Urteil stützen, daß das Neue Testament trotz der unbestreitbar vorliegenden Parallelen zu Sprache und Vorstellungswelt des Kaiserkultes[43] eine Abgrenzung nicht ausdrücklich vollzieht, auch wenn diese in sachlicher Hinsicht gegeben ist, daß also eine polemische Situation in Hinsicht auf den Kaiserkult — abgesehen von allenfalls einigen Kapiteln in der Johannesapokalypse — nicht vorliegt[44]. Der primäre traditionsgeschichtliche Urgrund des neutestamentlichen εὐαγγέλιον

[42] *E. Käsemann*, An die Römer, HNT 8a, Tübingen 1973, S. 4; *P. Stuhlmacher*, aaO. S. 204 u. ö.

[43] Vgl. hierzu *G. Herzog-Hauser*, Art. Kaiserkult, PW, Suppl. IV, Stuttgart 1924, Sp. 806—853; *L. Cerfaux* et *J. Tondriau*, Le culte des souverains dans la civilisation gréco-romaine. Un concurrent du christianisme, Bibl. de Théologie, série III, vol. V, Tournai 1957; *M. P. Nilsson*, Geschichte der griechischen Religion II. Die hellenistische und römische Zeit, HAW V 2, München ²1961, S. 132—185; *G. Hansen*, Herrscherkult und Friedensidee, in: *J. Leipoldt—W. Grundmann* (Hg.), Umwelt des Urchristentums I. Darstellung des neutestamentlichen Zeitalters, Berlin 1965, S. 127 bis 142. Daß von dogmatischen Voraussetzungen aus die Parallelen zum Kaiserkult bestritten werden, zeigt *W. Fenebergs* Urteil: „Die Ableitung vom hellenistisch-römischen Kaiserkult (impliziert) das Vorverständnis des Christentums als eines synkretistischen Phänomens und ist deshalb [!] schon suspekt." (in: Der Markusprolog. Studien zur Formgeschichte des Evangeliums, StANT 36, München 1974, S. 145.)

[44] Ist auch, wie oben gesagt, für die neutestamentlichen Schriftsteller eine direkte Abhängigkeit von der Sprache und Vorstellungswelt des Kaiserkultes nicht nachzuweisen, so kann andererseits nicht in Abrede gestellt werden, daß der Kaiserkult zur Zeit der Abfassung der neutestamentlichen Schriften eine religionsgeschichtlich wirksame Größe gewesen ist. Zwar sind die entsprechenden Inschriftenbelege weitgehend nachneutestamentlich (vgl. Inscriptiones Graecae [hg. v. *J. Kirchner*], II/III 1, Berlin 1913, S. 498, Nr. 1077, Z. 5—6; *F. Preisigke*, Sammelbuch Griechischer Urkunden aus Ägypten I, Straßburg 1915, S. 38, Nr. 421.) — die Priene-Inschrift ist darin eine Ausnahme —, aber das Zeugnis des Philo und des Josephus beweist die Möglichkeit der Einflußnahme des Kaiserkultes auf die εὐαγγέλιον-Begrifflichkeit in neutestamentlicher Zeit. Nach *A. Deißmann* trafen „die vom Christuskult bereits mitgebrachten Urworte aus den Schatzkammern der Septuagintabibel und des Evangeliums mit ähnlich- oder gleichklingenden solennen Begriffen des Kaiserkultus zusammen" (aaO. S. 290 f). Bezieht man diesen Satz auf die εὐαγγέλιον-Terminologie des Neuen Testaments, so wäre der Einfluß des griechischen Alten Testaments hierbei zweifellos zu hoch bewertet. An der Einwirkungsmöglichkeit des Kaiserkultes ist jedoch nicht zu deuten (vgl. *W. Schneemelcher* in: *E. Hennecke—W. Schneemelcher*, Neutestamentliche Apokryphen I. Evangelien, Tübingen 1959, S. 42), auch wenn sich die Frage nach ihrer Realisierung nicht losgelöst von dem weiteren sprach- und religionsgeschichtlichen Hintergrund der griechischen Herrscherverehrung beantworten läßt. (Vgl. zum Problem auch *E. Lohmeyer*, Christuskult und Kaiserkult, SgV 90, Tübingen 1919, S. 37.)

dürfte daher im Umkreis der hellenistischen Herrscherverehrung zu suchen sein[45], welche die Sprache auch des Kaiserkultes geprägt hat. Auf dieser Grundlage konnte der Kaiserkult auf ein allgemeines Verstehen im griechischsprachigen Bereich des römischen Imperiums rechnen. Hier kann die εὐαγγέλιον-Terminologie vorgeprägt worden sein, in der urchristliche Missionare das Christusgeschehen ihren griechischsprachigen Hörern verständlich machten. Daß das Neue Testament lediglich die singularische Fassung verwendet, charakterisiert die Botschaft vom Christusgeschehen bzw. dieses selbst als ein eschatologisches Ereignis, neben dem andere εὐαγγέλια in der Umwelt der frühchristlichen Gemeinden keinen Bestand haben.

Selbstverständlich ist mit dem Gesagten noch nicht das letzte Wort über die Frage der Ableitung des neutestamentlichen εὐαγγέλιον gesprochen. Es ist aber deutlich geworden, daß die aufgezeigten Übereinstimmungen und Unterschiede einer einseitigen, alttestamentlich-jüdischen *oder* griechisch-hellenistischen Genealogie des Begriffs widerraten[46]. Zweifellos stellt sowohl die alttestamentlich-jüdische[47] als auch die griechisch-hellenistische Überlieferung Elemente bereit, an die die neutestamentliche Evangeliumsverkündigung anknüpfen konnte, um das Neue, das sie zu sagen hatte, in ihrer Umwelt verstehbar zu artikulieren. Die Entstehung und Entwicklung der urchristlichen Theologie läßt sich ohne die Einwirkungen aus jüdischem *und* aus griechischem Bereich nicht erklären. Es wird nun zu fragen sein, welches der tragende, über das Problem einer religions- und traditionsgeschichtlichen Ableitung hinausführende Faktor in der Geschichte des neutestamentlichen εὐαγγέλιον-Begriffs gewesen ist, um eben diesen seiner Uraussage nach zu erhellen.

---

[45] Vgl. *W. Dittenberger*, aaO. (oben Anm. 36) u. ö.; *J. Schniewind*, aaO. S. 171; *F. Taeger*, Charisma. Studien zur Geschichte des antiken Herrscherkultes I, Stuttgart 1957, S. 245. 262. 263 f; *P. Stuhlmacher*, aaO. S. 197 f.

[46] Zu O. *Michel*, Art. Evangelium, RAC VI, Sp. 1107—1160 (1111).

[47] Daß z. B. Paulus an die alttestamentliche Überlieferung anknüpfen konnte, zeigt Röm 10,15; freilich deckt dieses Zitat auf der Grundlage von Jes 52,7 (Nah 2,1) nur das Verb, nicht das Substantiv. Da letzteres im neutestamentlichen Verständnis weder alttestamentlich noch vorneutestamentlich-jüdisch belegt ist, ergibt sich zwingend, daß Paulus bei dem Gebrauch von εὐαγγέλιον der Tradition des hellenistischen Christentums folgt (s. u.).

2. Die den neutestamentlichen Schriften unmittelbar vorausgehende Überlieferung

2.1 Jesus

Der Begriff εὐαγγέλιον bzw. sein hebräisches oder aramäisches Äquivalent ist nach Ausweis der vorliegenden Texte kein Bestandteil der Verkündigung des historischen Jesus gewesen. Die Frage, ob das Verb εὐαγγελίζεσθαι in Mt 11,5 par Lk 7,22 (und Lk 4,18) als Zitat von Jes 35,5 f und 61,1 auf die Verkündigung Jesu zurückgeht, ist nicht mit Sicherheit zu beantworten[48]. Im bejahenden Fall müßte die Interpretation im Zusammenhang mit dem Ganzen der Verkündigung des historischen Jesus erfolgen. Wenn Jesus sich im Sinn Proto- und Tritojesajas als Verkündiger der heraufziehenden Befreiung des Volkes Israel verstanden hat, müßte in der urchristlichen Überlieferung sein Auftreten nachträglich entpolitisiert worden sein[49]. Hinzu kommt als weitere Schwierigkeit die Beobachtung, daß der vorliegende Text (Mt 11,5 par) in der Apostrophierung von Aussätzigenheilungen und Totenauferweckungen über den angezogenen AT-Hintergrund hinausführt; ist der Nachweis nicht zu erbringen, daß es sich hierbei um sekundäre, christliche Interpolationen eines überlieferten Textes handelt, so wird um so wahrscheinlicher, daß die Zitierung die nachösterliche Christologie der Gemeinde voraussetzt und nicht für die Verkündigung des historischen Jesus in Anspruch genommen werden kann.

2.2 Logiensammlung (Q)

Soweit sich der Text Mt 11,5 par zurückverfolgen läßt, hat er einen ursprünglichen Sitz in der Logiensammlung[50]. Ist auch die Komposition

---

[48] Vgl. dazu *G. Dalman*, Die Worte Jesu, Darmstadt 1965 (= Leipzig ²1930), S. 84 ff; *M. Dibelius*, Die Formgeschichte des Evangeliums, Tübingen ⁵1966, S. 259; *R. Bultmann*, Die Geschichte der synoptischen Tradition, Göttingen ⁸1970, S. 178.

[49] Vgl. *R. Eisler*, ΙΗΣΟΥΣ ΒΑΣΙΛΕΥΣ ΟΥ ΒΑΣΙΛΕΥΣΑΣ, Religionswiss. Bibliothek 9, I. II, Heidelberg 1929. 1930, S. 439—529; *J. Carmichael*, The Death of Jesus, London ²1963; *O. Cullmann*, Jesus und die Revolutionären seiner Zeit, Tübingen 1970; *M. Hengel*, War Jesus Revolutionär? Stuttgart ³1971.

[50] Vgl. zur Rekonstruktion der zugrunde liegenden Einheit: *S. Schulz*, Q — Die Spruchquelle der Evangelisten, Zürich 1972, S. 190 ff; hier auch zu Recht Bedenken gegen die Vermutung, es handle sich in Mt 11,5 f um einen ursprünglich isoliert umlaufenden christlichen Prophetenspruch. — Lk 4,18 ist mit Wahrscheinlichkeit ein redaktioneller Beleg, der das Q-Zitat von Mt 11,5 par aufnimmt; anders *H. Schürmann*, Das Lukasevangelium Tl. I, HThK III, Freiburg/Basel/Wien 1969, S. 229.

der Q-Quelle in ihren verschiedenen redaktionellen Stadien nicht sicher
zu rekonstruieren, so ist doch deutlich, daß die vorliegende Einheit einem
größeren Q-Komplex der Sprüche Jesu über Johannes den Täufer angehörte (Mt 11,2—19 par). Möglicherweise ist diesem die einzige mit
Sicherheit auf Q zurückzuführende Wundererzählung (Mt 8,5—13 par)
angeschlossen gewesen. Auffallend ist, daß weder eine Aussätzigenhei-
lung noch eine Totenauferweckung in der sicher erschließbaren Logiensammlung berichtet ist[51]. Offenbar setzt die Q-Quelle ein Bild vom irdischen Jesus voraus, das nicht vollständig in die fixierte Q-Tradition eingegangen ist. Dies gilt auch von dem urchristlichen Kerygma, das die
Heilsbedeutung von Kreuz und Auferstehung Jesu Christi aussagt und
entsprechend Mt 10,38 par Lk 14,27 der Q-Überlieferung vorgegeben
ist[52]; denn daß eine paränetische Spruchsammlung, wie Q sie darstellt,
Passions- und Auferstehungserzählungen nicht enthalten mußte, versteht

---

[51] Mt 8,1—4 par ist von Mk 1,40—44 abhängig; trotz einzelner Übereinstimmungen mit Lk 5,12—16 gegen Mk ist der Schluß auf Doppelüberlieferung (Q und Mk)
nicht sicher zu vollziehen; dasselbe gilt für Mt 9, 18—26 par Mk/Lk; offen mag bleiben, ob die zweite Auferweckungserzählung in den synoptischen Evangelien (Lk 7,11
bis 17) auf das Q-Exemplar des Lukas zurückführt; die Möglichkeit, daß Sonderüber-
lieferungen im Mt- oder LkEv teilweise aus der Logiensammlung stammen, ist jedenfalls nicht von vornherein auszuschließen, um so weniger, als zwischen der Mt/Lk gemeinsamen Q-Grundlage und ihren Evangelien unterschiedliche Überlieferungsstufen
(Q^Mt und Q^Lk) anzusetzen sind; vgl. *G. Strecker*, Die Makarismen der Bergpredigt,
NTS 17, 1971, S. 255—275; das von *W. Schmithals* aufgestellte Stemma (in: Jesus
und die Apokalyptik, oben S. 83) ist also zumindest in dieser Hinsicht zu ergänzen.
[52] Der Versuch, mit *R. Eisler* (aaO. II, 1930, S. 238 f) den Ausdruck σταυρός im
Sinn eines eintätowierten X- oder †-Zeichens zu verstehen (vgl. im übertragenen Sinn
auch *R. Bultmann*, Synopt. Tradition S. 173; *E. Dinkler*, Jesu Wort vom Kreuztragen,
Ntl. Studien für R. Bultmann, BZNW 21, ²1957, S. 110—129; ders. Das Kreuz als
Siegeszeichen, ZThK 62, 1965, S. 1—20 = Signum Crucis. Aufsätze zum Neuen Testament und zur christlichen Archäologie, Tübingen 1967, S. 77—98. 55—76), ist abwegig; vgl. auch *E. Haenchen*, Der Weg Jesu, Berlin 1966, S. 297 (zu Mk 8,35). Das
Personalpronomen αὐτοῦ schließt die Vorstellung des Kreuzes Jesu nicht aus, vielmehr
wird allein unter dieser Voraussetzung der Ruf zur Nachfolge sinnvoll (zu *S. Schulz*,
aaO. S. 431). Daß das christologische Kerygma vorausgesetzt ist, ergibt auch die Überlegung, daß Q nach Aufriß und Inhalt ein „Halbevangelium" darstellte. Es ist aber
bezeichnend, daß die christologische Kerygmatradition auch in den eigentlichen Evangelien trotz der abschließenden Passions- und Auferstehungsüberlieferungen die Darstellung nur zu einem geringen Teil inhaltlich geprägt hat — vor allem in den Leidens-
und Auferstehungsankündigungen. Gleichwohl wird sie von den Evangelisten vorausgesetzt. Eine absolute Differenz der theologischen Konzeptionen ist weder im Verhältnis der synoptischen Evangelisten untereinander noch zwischen der Logiensammlung
und den synoptischen Evangelien zu konstatieren.

sich von selbst. Jedoch läßt sich auch auf dieser Grundlage für das Verständnis von εὐαγγελίζεσθαι nicht viel entnehmen. Da es sich in einem Zitat findet, ist im Q-Zusammenhang von einem „unterminologischen" Sprachgebrauch kaum zu reden[53]. Seine inhaltliche Füllung gewinnt εὐαγγελίζεσθαι nicht aus dem alttestamentlichen Zitat, sondern aus dem literarischen Kontext. Hier finden sich apokalyptische Züge[54]: der den Armen die Botschaft Verkündende, wie ein θεῖος ἀνήρ unter ihnen Wirkende[55] ist der irdische Gottessohn[56], der in der Endzeit die βασιλεία θεοῦ heraufführende Menschensohn[57], der „schon jetzt" seine Autorität in Weisung und Wundertat ausspricht[58].

2.3 Apk 10,7 und 14,6

Nur an diesen beiden Belegstellen ist im Neuen Testament das Aktiv εὐαγγελίζειν bezeugt[59]. Daß das Aktiv in der Profangräzität erst seit dem zweiten nachchristlichen Jahrhundert zu belegen ist, mag als ein erster Hinweis gegen die These geltend zu machen sein, wonach 10,7 und 14,6 als Ausgangspunkt für die Rekonstruktion der ältesten christlichen Traditionsgeschichte zu εὐαγγέλ.- sich anbieten[60]. Schwerlich auch handelt es

---

[53] Gegen *P. Stuhlmacher*, aaO. S. 229. 244 u. ö.; *S. Schulz*, aaO. S. 199, der andererseits zu Recht betont, daß weder Mt 11,5 par noch Apk 10,7; 14,6 als traditionsgeschichtliche Vorstufen für den Stamm εὐαγγέλ.- in der vorpaulinischen Gemeindetradition anzusehen sind.

[54] Vgl. zu ἐρχόμενος: Dan 7,13 Theod., in Entsprechung zu der Ankündigung des Täufers nach Mt 3,11 par.

[55] Vgl. für die Wundertätigkeit Jesu nach der Q-Quelle: Mt 8,5 ff; 11,20 ff; Lk 11, 14 ff u. ö.

[56] Der Ausdruck „Prophet der Endzeit" ist auf den vorliegenden Tatbestand nicht anwendbar. Er gilt nicht für die Verkündigung Jesajas bzw. Tritojesajas, eher schon für die in nachalttestamentlicher Exegese des Judentums überlieferte Vorstellung; er mag für Jesus in einem gewissen Grad zutreffen (vgl. *R. Bultmann*, Theologie des Neuen Testaments, Tübingen [6]1968, S. 3 ff), aber schon im Blick auf Q ist die Bezeichnung „endzeitlicher Prophet" angesichts der christologischen Qualität des Gottessohnes und Menschensohnes Jesus nicht angemessen.

[57] Lk 21, 5—38.

[58] Weitere Belegstellen finden sich für Q nicht (vgl. *G. Strecker* in GGA 223, 1971, S. 22), so daß der oben genannte, für Q einzige Beleg hinsichtlich der Frage nach der urchristlichen Traditionsgeschichte des Begriffs nicht überschätzt werden sollte.

[59] Allerdings liest eine textkritische Variante zu 14,6 das Medium εὐαγγελίζεσθαι, jedoch handelt es sich um eine nicht ursprüngliche Lesart. — Das aktivische εὐαγγελίζειν auch in einer zweifellos sekundären Überlieferung zu Apg 16,17 (D*); in der LXX findet es sich zweimal: 1Sam = 1Kön 13,9; 2Sam = 2Kön 18,19.

[60] So etwa *P. Zondervan*, Het woord „Evangelium", ThT 48 (NF 6), 1914, S. 187

sich an beiden Stellen um „Übersetzungsgriechisch", das den Schluß auf
palästinisch-judenchristliche Überlieferung erleichtern könnte[61], wie denn
auch das neutrale εὐαγγελίζειν im Sinn von „verkündigen" durchaus der
griechisch-hellenistischen Tradition angemessen ist[62] und die Konstruktion von εὐαγγελίζειν mit εὐαγγέλιον (14,6) nicht auf die — übrigens im
Alten Testament nicht bezeugte — Verbindung בשר בשרה zurückgehen
muß, sondern griechischem Sprachgebrauch entsprechen kann[63]. Und
wenn auch der Einwand berechtigt bleibt, daß adjektivische Erweiterungen zu εὐαγγέλιον im hellenistischen Sprachbereich selten sind[64], so trifft
eben dies auch für die alttestamentlich-jüdische Überlieferung zu, in der
das Substantiv allenfalls durch טובה, nicht jedoch durch ein Äquivalent
zu αἰώνιος (etwa עולם) ergänzt wird.

Für beide Belege gilt darüber hinaus, daß sie nach Komposition und
Sprache dem Endverfasser der Apokalypse zuzuweisen sind. 10,7 steht
in dem Abschnitt 10,1—11, der zusammen mit 11,1—14 zwischen die
sechste und siebte Posaunenvision eingeschoben ist und offensichtlich die
Funktion einer Überleitung hat: Die Ankündigung der Vollendung des
Geheimnisses (V. 7) und das Essen des Buches (Vv. 9 f) bereiten die siebte
Posaunenvision (11,15—19) vor, mit der die Verheißung (V. 7) zu ihrem
Ziel kommen wird[65]. Terminologisch zeigen die Anlehnungen an das

---

bis 213 (200 f); *P. Stuhlmacher,* aaO. S. 210—218.

[61] Die Konstruktion ἔχοντα mit AcI (nahe Parallele: Apg 23,18) ist nicht rück-
übersetzbar; vgl. etwa die syrischen Übersetzungen.

[62] Zu *P. Stuhlmacher,* aaO. S. 216 (vgl. 182. 184); ThW II, S. 708; s. oben 1.2.2.

[63] Die von *G. Friedrich* aus der rabbinischen Literatur aufgeführten Stellen (Gen.
R. 50; Num R. 14; ThW II, S. 723 Anm. 46; vgl. Str.-B. III 6d) sind spät und bieten
keine deckungsgleichen Parallelen. Im übrigen ist der griechische Akkusativ des Inhalts,
der ein mit dem Verbum wurzelverwandtes Verbalabstraktum darstellt, im Neuen
Testament häufiger bezeugt (vgl. hierzu besonders Apg 13,32: εὐαγγελιζόμεθα τήν ...
ἐπαγγελίαν). Daß er im Text nicht weiter erklärt wird, entspricht dem Sprachgebrauch der klassischen Gräzität, ferner der Septuaginta und der Tatsache, daß „das
etymologisch verwandte Subst(antiv) nicht bloß den Verbalbegriff substantiviert" (*F.
Blaß—A. Debrunner,* Grammatik des neutestamentlichen Griechisch, Göttingen [13]1970,
S. 101 [§ 153]).

[64] *P. Stuhlmacher,* aaO. S. 213 (vgl. 169) mit Hinweis auf Jos. Bell. 2,420: δεινόν
— da ein Artikel fehlt, ist dieses Wort nicht zwingend als Substantiv aufzufassen.

[65] εὐηγγέλισεν hat schwerlich einen Akkusativ der Beziehung nach sich („wie er es
von seinen Knechten, den Propheten, verkündigt hat" — so *H. Kraft,* Die Offenbarung des Johannes, HNT 16a, Tübingen 1974, S. 149), sondern — parallel zur Konstruktion in 14,6 — die Propheten sind als Empfänger der Verheißung Gottes gedacht; so entspricht es dem futurischen Charakter von ἐτελέσθη, wodurch auf 11,15 ff
vorausgewiesen ist.

Alte Testament[66] den auch sonst für den Endredaktor der Apokalypse typischen archaisierenden Sprachstil. — 14,6 hat ebenfalls eine vorbereitende, überleitende Aufgabe, da die Botschaft des „anderen Engels" vom Kommen des Gerichtes durch das Erscheinen des Menschensohnes erfüllt werden wird (14,14 ff). Und nicht nur die Komposition, sondern auch sprachlicher Ausdruck und inhaltliche Motive weisen den Passus der Redaktion zu[67]. Allerdings sind Kontext wie Gesamtwerk der Johannesapokalypse durch Elemente der jüdisch-apokalyptischen Tradition geprägt. Sie ergeben jedoch keinen Anhaltspunkt für die Zuweisung der εὐαγγέλ.-Belege zu einer frühchristlichen Überlieferungsstufe; sie sind vielmehr primär Kennzeichen einer in künstlicher, reflektierter Komposition sich ausweisenden christianisierten Apokalyptik, die zeitlich wie sachlich von der älteren urchristlichen apokalyptischen Tradition entfernt ist.

2.4 Vorpaulinische Überlieferung

Ist mit alldem deutlich geworden, daß das neutestamentliche εὐαγγέλιον auf die palästinisch-judenchristliche Gemeinde wie auch auf die ursprüngliche Jesusverkündigung nicht zurückzuführen ist, so bietet sich für die Erschließung des frühchristlichen Sprachgebrauchs die vorpaulinische Überlieferung, wie sie aus den paulinischen Briefen erhoben werden kann, an; denn daß Paulus den Terminus εὐαγγέλιον im Rahmen der christlichen Verkündigung vorgefunden hat, ergibt sich aus der Tatsache, daß er ihn bei den von ihm gegründeten wie auch ihm fremden christlichen Gemeinden als bekannt voraussetzt und im absoluten Sinn verwendet[68]. Welchen Inhalt hatte der Terminus in der vorpaulinischen Überlieferung? Eine Antwort auf diese Frage können die Texte 1 Thess 1,1 ff, 1 Kor 15,1 ff und Röm 1,1 ff geben[69].

---

[66] Vgl. zu 10,7: Dt 29,28; Amos 3,7; Sach 1,6; Dan 9,6.10.

[67] Vgl. z. B. zum Motiv des ἄλλος ἄγγελος: 7,2; 8,3; 9,11; 10,1; 12,7; 14,6.15 ff.

[68] Für die These, daß das absolute τὸ εὐαγγέλιον vorpaulinischem Sprachgebrauch entstammt, vgl. W. *Schneemelcher*, aaO. S. 43; R. *Bultmann*, Theologie des N. T., S. 89 f; E. *Käsemann*, aaO. S. 7. Anders W. *Marxsen*, Der Evangelist Markus, FRLANT 67, Göttingen ²1959, S. 91; W. *Grundmann*, Das Evangelium nach Markus, ThHK II, Berlin ³1968, S. 2 (wonach der absolute Gebrauch des Substantivs paulinischer Herkunft ist).

[69] Vgl. W. *Kramer*, Christos, Kyrios, Gottessohn, AThANT 44, Zürich/Stuttgart 1963; R. *Deichgräber*, Gotteshymnus und Christushymnus in der frühen Christenheit, StUNT 5, Göttingen 1967; K. *Wengst*, Christologische Formeln und Lieder des Urchristentums, StNT 7, Gütersloh 1972.

2.4.1 1Thess 1,1 ff

Das erste Kapitel des 1Thess enthält in den Vv. 9b—10 eine vorpaulinische Traditionseinheit, die in zwei Strophen a) von der Bekehrung
zu Gott und der Abwendung von den εἴδωλα und b) von der Erwartung
des aus den Toten erweckten Gottessohnes Jesus, des Retters vor dem
künftigen Zornesgericht gesprochen hat[70]. Mag die Frage, ob dieses Traditionsstück auf den Überlieferungsträger von Q zurückgeht[71], auch offenbleiben, so ist die Zweigliedrigkeit doch charakteristisch und das Traditionsstück im hellenistisch-christlichen Bereich zu lokalisieren, in dem
von den bekehrten Heiden nicht nur die Umkehr zu dem „lebendigen
und wahren Gott", sondern auch die Erwartung des kommenden Gottessohnes ausgesagt werden konnte[72]. Es handelt sich also um eine be-

---

[70] Vgl. *G. Friedrich*, Ein Tauflied hellenistischer Judenchristen, ThZ 21, 1965, S. 502
bis 516; zur Begründung sind die Hapaxlegomena ἀληθινός, ἀναμένειν, ἐκ τῶν οὐρανῶν zu nennen; ἐπιστρέφειν ist als Bezeichnung für die Bekehrung bei Paulus sonst
nicht verwendet (anders in Gal 4,9; 2Kor 3,16), auch nicht ῥύεσθαι im christologisch-
apokalyptischen Sinn (jedoch von Gott: 2Kor 1,10; Röm 15,31, ferner im Zitat: Röm
11,26); unterschiedlich ist der Sprachgebrauch zu ἤγειρεν ἐκ τῶν νεκρῶν (in den pln.
Parallelen Gal 1,1; Röm 4,24 fehlt der Artikel) und unpaulinisch der Ausdruck ὀργὴ
ἡ ἐρχομένη als Terminus für das Endgericht. Daß das Traditionsstück auf eine Tauf-
situation zurückgeht, ist eine ansprechende Vermutung, auch wenn sich ein Tauflied
nicht wirklich rekonstruieren läßt.

[71] So *G. Friedrich* mit Berufung auf Mt 3,7 par (aaO. S. 514); jedoch ist schon die
Differenz im Sprachgebrauch des Folgenden auffallend (Mt 3,8: μετάνοια; 1Thess
1,9: ἐπεστρέψατε) und im übrigen auch die Tatsache, daß V. 10 von Jesus als dem
„von den Toten Auferweckten" redet, was zwar nicht grundsätzlich gegen eine Zugehörigkeit zu Q, aber auch nicht als Argument für eine solche Zuweisung auszuwerten ist.

[72] Auffallend ist, daß der überlieferte Text von der Erwartung des kommenden
„Gottessohnes" spricht. In Übereinstimmung mit den Aussagen der urchristlichen Pa-
rusiehoffnung würde der Begriff „Menschensohn" als ursprüngliches Traditionselement
näherliegen (vgl. z. B. Mk 8,31; 13,26; 14,62 par; Lk 17,22 — *J. Dupont*, Filius meus
es tu, Rech. de science rel. 35, 1948, S. 525; *G. Friedrich*, aaO. S. 514). Jedoch sind die
Fragen nicht mit ausreichender Sicherheit zu beantworten, ob in der Tat das Traditionsstück ursprünglich vom „Menschensohn" handelte und diesen Titel etwa unter
dem Einfluß der hellenistischen Missionspraxis verdrängte (dagegen spricht der weitgehende hellenistische Sprachgebrauch auch des Übrigen) oder ob erst Paulus entsprechend der ihm geläufigen Zuordnung „Gott — Gottessohn" (Gal 1,16; 4,4; Röm 1,1—3
u. ö.) und der Tatsache, daß er den Titel „Menschensohn" geradezu meidet (vgl. etwa
1Thess 4,13 ff), den Begriff austauschte.

kenntnisartige Formulierung[73], und ein ursprünglicher Zusammenhang mit der urchristlichen Taufe ist begründet zu vermuten[74].

Ist die Verbindung dieses Traditionsstückes mit der εὐαγγέλιον-Begrifflichkeit des paulinischen Kontextes nicht zufällig[75], so ist möglich, freilich nicht stringent beweisbar, daß schon vor Paulus in den urchristlich-hellenistischen Gemeinden monotheistische und christologische Aussageinhalte mit dem Stamm εὐαγγέλ.- kombiniert worden sind. Auch wenn man zugestehen wird, daß im grundsätzlichen eine weite Variabilität vorausgesetzt werden kann, ist doch auffallend, daß die vorliegende Traditionseinheit weder eine heils- noch eine erwählungsgeschichtliche, vielmehr eine christologisch-soteriologische Akzentuierung enthält; sie impliziert die Ansage von Gegenwärtigkeit und Zukünftigkeit des Heils: Zuwendung zum wahren Gott und die Erwartung der heilvollen Zukunft des Gottessohnes, die durch das Heilsereignis von Kreuz und Auferstehung Jesu Christi begründet ist. Die Ableitung von εὐαγγέλ.- aus der monotheistischen Missionspredigt der hellenistischen Synagoge ist nicht terminologisch zu stützen[76] und nicht mit Wahrscheinlichkeit zu vermuten: ist doch der Bekehrungsruf zum einen, wahren Gott von der christologisch motivierten Heilszusage nicht zu trennen[77].

2.4.2 1Kor 15,1 ff

Wie in der Forschung weitgehend anerkannt ist, findet sich die von Paulus in 1Kor 15 zitierte Traditionseinheit zumindest in den Versen 3—5. Für die Annahme eines ursprünglichen vorpaulinischen Überlieferungsstückes sprechen neben einer Reihe von unpaulinischen Wendungen[78] die metrische Struktur des Abschnittes, die ihn vom Kontext ab-

---

[73] Vgl. *H. Conzelmann*, Grundriß der Theologie des Neuen Testaments, München ²1968, S. 106; ders., Die Apostelgeschichte, HNT 7, Tübingen ²1972, S. 112; *U. Luz*, Das Geschichtsverständnis des Paulus, BevTh 49, München 1968, S. 310 f; *J. Becker*, Das Gottesbild Jesu und die älteste Auslegung von Ostern (s. oben S. 123); zur Gliederung und paulinischen Interpretation siehe *B. Rigaux*, Saint Paul — Les Épîtres aux Thessaloniciens, Études Bibliques, Paris/Gembloux 1956, S. 392.

[74] Vgl. noch V. 10 mit Röm 6,4.9.   [75] 1Thess 1,5; 2,2.4.8 f; 3.2.

[76] Auch nicht aufgrund von „Joseph und Aseneth": *Chr. Burchard*, Untersuchungen zu Joseph und Aseneth, WUNT 8, Tübingen 1965, S. 117.

[77] Mit Recht zeigt *P. Stuhlmacher* trotz abweichender Grundtendenz die Unterschiede zur synagogalen Überlieferung auf (aaO. S. 261 f).

[78] ὑπὲρ τῶν ἁμαρτιῶν ἡμῶν, κατὰ τὰς γραφάς, ἐγήγερται, τῇ ἡμέρᾳ τῇ τρίτῃ, ὤφθη; vgl. *H. Conzelmann*, Zur Analyse der Bekenntnisformel 1Kor 15,3—5, EvTh

hebt: das viermalige ὅτι gliedert den Abschnitt in vier Zeilen, von denen die erste und die dritte quantitativ und sachlich die gewichtigeren sind, während die jeweils anschließende Zeile eine interpretatorische Bestätigung der voraufgehenden bringt. Man möchte vermuten, daß entsprechend V. 4a (καὶ ὅτι ἐτάφη) der ursprüngliche Schluß mit V. 5a (καὶ ὅτι ὤφθη Κηφᾷ) gegeben war und V 5b (εἶτα τοῖς δώδεκα) im Vergleich hierzu als sekundärer Übergang anzusehen ist, also in der vorpaulinischen Formel nur die Ersterscheinung vor Kephas genannt wurde[79]. So stimmt es zu der paulinischen Anreihungsformel εἶτα bzw. ἔπειτα, die im folgenden aufgenommen wird[80] und auch die Fortführung des Überlieferungsstückes durch Vv. 6—8 als paulinisch erkennen läßt, sowenig zu bestreiten ist, daß Paulus in den Vv. 5b—7 eine vorgegebene, offenbar mündliche Überlieferung nachträgt[81].

Umfaßte die Formel ursprünglich nicht den Langtext (Vv. 3b—7), so ist schon aus diesem Grund die These, es handle sich um eine katechetische Überlieferung[82], nicht notwendig, vielmehr konnte das Bekenntnis (Vv. 3b—5a) in den vielfältigen Situationen des frühchristlichen Gemeindelebens Verwendung finden[83]. In der von Paulus vorgefundenen Fassung ist es nicht auf die palästinische, sondern auf die hellenistische Gemeinde zurückzuführen[84]. Sind die εὐαγγέλ.-Belege des Kontextes (Vv. 1 und 2) von Paulus im Anschluß an die Überlieferung der hellenistisch-

---

25, 1965, S. 1—11; *J. Jeremias,* Artikelloses Χριστός. Zur Ursprache von ICor 15, 3b—5, ZNW 57, 1966, S. 211—215; *B. Klappert,* Zur Frage des semitischen oder griechischen Urtextes von IKor XV, 3—5, NTSt 13, 1966/67, S. 168—173.

[79] Vgl. besonders Lk 24,34; Joh 21,15 ff; Mt 16,17 ff; die neuere Diskussion in: Peter in the New Testament (hg. v. R. E. Brown, K. P. Donfried, J. Reumann), Minneapolis 1973.

[80] εἶτα: V. 5b.7b (vgl. 1Kor 15,24); ἔπειτα: V. 6.7a (vgl. 1Thess 4,17; Gal 1,18 u. 21; 2,1; 1Kor 12,28; 15,23.46).

[81] Hierzu sind also nicht nur das vorpln. δώδεκα (nur an dieser Stelle im pln. Briefkorpus!) zu zählen, sondern auch die übrigen Erscheinungszeugen: ἐπάνω πεντακοσίοις ἀδελφοῖς (V. 6a), Ἰακώβῳ (V. 7a), τοῖς ἀποστόλοις πᾶσιν (V. 7b).

[82] *P. Stuhlmacher,* aaO. S. 266 ff, der lediglich V. 6b als paulinischen Zusatz ansehen möchte (268 f); anders ders., Das Bekenntnis zur Auferweckung Jesu von den Toten und die Biblische Theologie, ZThK 70, 1973, S. 365—403 (378 Anm.).

[83] Vgl. *O. Cullmann,* Die ersten christlichen Glaubensbekenntnisse, ThST 15, Zürich 1943; die Erweiterung des Bekenntnisses zur Heilsbedeutung von Tod und Auferstehung Jesu Christi durch Schriftbeweis und Zeugenschaft fand sich vermutlich auch in der urchristlichen Missionspredigt, wie die lukanischen Redekompositionen in der Apostelgeschichte (einschl. Apg 10,34—43) wahrscheinlich machen können.

[84] Die Vermutung eines semitischen Urtextes (*J. Jeremias, B. Klappert* — letzterer mit dem Zugeständnis von „Ausnahmen": aaO. S. 173) ist schon wegen des Ausdruk-

christlichen Gemeinde mit dem Bekenntnis (Vv. 3b—5a) verbunden worden, so besagt dies, daß — entsprechend dem Verständnis zu 1Thess 1,1 ff — eine christologische Füllung von εὐαγγέλ.- vorgegeben ist, also der Zusammenhang von Sühntod und Auferweckung Jesu Christi als wesentlicher Inhalt des vorpaulinischen εὐαγγέλιον tradiert wurde, sowenig bestritten werden kann, daß in der vorpaulinischen Überlieferung das Christuskerygma durch alttestamentliche Elemente interpretiert worden ist[85].

2.4.3 Röm 1,1 ff

Ebenfalls im Zusammenhang mit einem vorpaulinischen Bekenntnis stehen die εὐαγγέλ.-Belege im ersten Kapitel des Römerbriefes (1,1.9.15 f). Daß Paulus in V. 3b (τοῦ γενομένου) — 4a (νεκρῶν) ein Überlieferungsstück zitiert, weisen nicht nur der unpaulinische Sprachgebrauch[86], sondern auch der Partizipialstil und die parallele Struktur der beiden Zeilen aus. Dabei mögen die Ausdrücke κατὰ σάρκα und κατὰ πνεῦμα ἁγιωσύνης auf einen paulinischen interpretierenden Einschub zurückzuführen sein[87]. Das vorpaulinische Traditionsstück gibt eine Zweistufenchristologie wie-

---

kes κατὰ τὰς γραφάς, der nicht ins Semitische zurückzübersetzen ist, nicht evident zu machen; vgl. *H. Conzelmann,* Theologie, S. 84 f.

[85] Vgl. V. 3: ὑπὲρ τῶν ἁμαρτιῶν — möglicherweise eine Anspielung an Jes 53,3.12, allerdings sachlich Allgemeingut der christologisch-soteriologischen Tradition (vgl. etwa Röm 4,25; Mk 14,24 par) und auch in der jüdischen Vorstellung vom Sühntod des Gerechten vorgeprägt; vgl. *E. Lohse,* Märtyrer und Gottesknecht. Untersuchungen zur urchristlichen Verkündigung vom Sühntod Jesu Christi, Göttingen ²1963. — Die Beziehung des Ausdrucks κατὰ τὰς γραφάς auf Hos 6,2 ist möglich, aber nicht stringent beweisbar. Nach urchristlicher Anschauung ist Christus allgemein als Erfüller der Schrift gedacht (vgl. *G. Strecker,* Die Leidens- und Auferstehungsaussagen im Markusevangelium, ZThK 64, 1967, S. 16—39).

[86] τοῦ γενομένου ἐκ σπέρματος Δαυίδ, ὁρισθέντος (und πνεῦμα ἁγιωσύνης).

[87] So *R. Bultmann,* Theologie, S. 52. — Anders *E. Schweizer,* Röm 1,3 f und der Gegensatz von Fleisch und Geist vor und bei Paulus, in: Neotestamentica. Deutsche und englische Aufsätze 1951—1963, Zürich/Stuttgart 1963, S. 180—189, wonach πνεῦμα ἁγιωσύνης eine unpaulinische Formulierung ist, das Gegensatzpaar σάρξ—πνεῦμα bei Paulus sonst die Antithese von sündigem Menschen und heiligem Handeln Gottes bezeichnet und dasselbe Schema auch 1Tim 3,16; 1Petr 3,18; 4,6 zu finden sei, so daß das Traditionsstück als Ganzes vorpaulinischen Ursprungs sein müsse. *E. Linnemann* machte demgegenüber zu Recht darauf aufmerksam, daß es sich um den Gegensatz κατὰ σάρκα — κατὰ πνεῦμα handelt, der zweifellos genuin paulinisch ist, und daß die genannten Paralleltexte die ihnen aufgebürdete Beweislast nicht tragen können (Tradition und Interpretation in Röm 1,3 f, EvTh 31, 1971, S. 264—276). Ihr Vor-

der; die Feststellung der Davidsohnschaft Jesu in der ersten Zeile wird messianologisch zu interpretieren sein[88]. Gleichwohl stellt die in der zweiten Zeile ausgesagte Erhöhung eine höhere Existenzweise als die des Davidsohnes dar. Sie sagt die Adoption Jesu zum Gottessohn aus, wobei ἐξ ἀναστάσεως νεκρῶν die Zeitangabe enthält, von der an die Existenzweise des Gottessohnes gilt[89]. Andererseits betont die erste Zeile den heilsgeschichtlichen Hintergrund des Christusgeschehens: Jesus, der Davidsohn, ist der Vollender der Geschichte Gottes mit seinem Volk, wie dies nach voraufgehender paulinischer Erläuterung auch in der Verkündigung der alttestamentlichen Propheten angesagt war (V. 2).

Wenn Paulus mit dem Römerbrief sich der von ihm nicht gegründeten römischen Gemeinde bekannt machen will, um sie zur Unterstützung seines Planes, in Spanien seine Mission fortzusetzen, zu gewinnen[90], so kommt der im Briefeingang zitierten Formel die Funktion zu, das paulinische Evangelium als mit dem „Glauben" der römischen Gemeinde identisch zu erweisen. Unabhängig von der Frage, ob sich im einzelnen nachweisen läßt, daß Paulus den Zusammenhang von Bekenntnisformel und εὐαγγέλ.- an der vorliegenden Stelle übernommen hat, bestätigt sich das zu 1Thess 1,1 ff und 1Kor 15,1 ff Gesagte: Für die vorpaulinische christlich-hellenistische Missionsgemeinde ist die christologische Interpretation des εὐαγγέλιον-Begriffs als gegeben vorauszusetzen.

Man kann von hier aus begründet vermuten, daß in der vorpaulinischen, hellenistisch-christlichen Überlieferung der Stamm εὐαγγέλ.- mit dem christologischen Bekenntnis der hellenistischen Gemeinde verbunden

---

schlag, in der zweiten Zeile sei statt ἐν δυνάμει κατὰ πνεῦμα ἁγιωσύνης ursprünglich ἐν δυνάμει πνεύματος ἁγιωσύνης zu lesen (aaO. S. 274), ist freilich durch die Schwierigkeit eingeengt, daß von ἐν δυνάμει ein zweifacher Genitiv abhängig gemacht wird. Da Paulus πνεῦμα durch Genitivapposition erläutern kann (vgl. z. B. Röm 8,2: πνεῦμα ζωῆς) und ἁγιωσύνη im Neuen Testament ausschließlich in den paulinischen Briefen belegt ist (auch 2Kor 7,1; 1Thess 3,13), scheint der oben vertretene Lösungsvorschlag die am wenigsten schwerwiegenden Argumente gegen sich zu haben.

[88] Nur unter dieser Voraussetzung läßt sich das Interesse an der Überlieferung der ersten Zeile des Traditionsstückes in der christlichen Gemeinde motivieren (zu *E. Linnemann*, aaO. S. 266).

[89] Im Verhältnis zum vorpaulinischen Christushymnus in Phil 2,6—11 handelt es sich also in Röm 1,3 f um eine reinere Adoptionschristologie; vgl. auch *F. Hahn*, Christologische Hoheitstitel, FRLANT 83, Göttingen 1963, S. 251—259; *H. Schlier*, Zu Röm 1,3 f, in: Neues Testament und Geschichte usw. [s. unten Anm. 93] 1972, S. 207 bis 218.

[90] Vgl. Röm 15,22 ff; *E. Käsemann*, An die Römer, S. 381 ff; *G. Strecker*, Perspektiven der Römerbriefauslegung, Luth. Rd. 24, 1974, S. 285—298.

gewesen ist. Hat εὐαγγέλ.- das eine Christusgeschehen zum Inhalt, so kann dieses in verschiedener Weise ausgelegt werden; 1Thess 1,9 f: in Verbindung mit dem Bekehrungsruf zum einen Gott motiviert das Bekenntnis zu Jesus als dem künftigen Retter die eschatologische Hoffnung der Gemeinde; 1Kor 15,3 ff: das Bekenntnis zu Christus demonstriert die sühnende Bedeutung des Todes Jesu Christi und seine durch Zeugen ausgewiesene Auferweckung; Röm 1,3 f: das Christusbekenntnis verkündet den die Geschichte Israels zur Vollendung führenden Davidsohn, den seit seiner Auferweckung mit herrscherlicher Gewalt begabten Gottessohn. Paulus hat diese disparaten christologischen Inhalte mit unterschiedlicher, aber sachlich im wesentlichen synonymer εὐαγγέλ.-Begrifflichkeit kombinieren können[91]; dies deutet darauf hin, daß auch in der vorpaulinischen Tradition solche unterschiedliche Terminologie mit der Christusverkündigung verbunden gewesen ist[92].

2.5 Vormarkinische Überlieferung

Wie an anderer Stelle zu begründen versucht wurde, sind die εὐαγγέλιον-Belege im Markusevangelium dem Redaktionsgut zuzuweisen[93]. Der Sprachgebrauch ist teilweise vormarkinisch; die Parallelen im paulinischen Schrifttum zeigen, daß die Ausdrücke εὐαγγέλιον θεοῦ (1,14), εὐαγγέλιον Ἰησοῦ Χριστοῦ (1,1) wie auch das absolute (τὸ) εὐαγγέλιον (1,15; 8,35; 10,29; 13,10; 14,9) von Markus vorgefunden wurden. Daß diese

---

[91] Vgl. εὐαγγέλιον τοῦ θεοῦ: 1Thess 2,2.8 f; Röm 1,1; εὐαγγέλιον τοῦ Χριστοῦ (τοῦ υἱοῦ): 1Thess 3,2; Röm 1,9; τὸ εὐαγγέλιον: 1Thess 1,5; 2,4; 1Kor 15,1; Röm 1,16; ferner das Verbum.

[92] Über die weitere Vorgeschichte von εὐαγγέλιον in der hellenistisch-christlichen Überlieferung lassen sich nur Vermutungen anstellen. Ist εὐαγγέλιον θεοῦ für die hellenistische Synagoge nicht zu belegen (s. o. 2.4.1), so ist über den ältesten christlichen Beleg, die zweigliedrige Formel in 1Thess 1,9 f, nicht wirklich hinauszukommen; seine doppelte, monotheistisch-christologische Aussage ist jedenfalls für die frühchristliche hellenistische Predigt charakteristisch; zu εὐαγγέλιον θεοῦ dürfte eine heidnisch-hellenistische Vorstufe nicht unwahrscheinlicher als eine mögliche jüdische sein (s. o.). Allenfalls vermuten läßt sich noch, daß in der christlichen Überlieferung das absolute εὐαγγέλιον, da es als *terminus technicus* weitergegeben wird, zeitlich und inhaltlich sowohl εὐαγγέλιον θεοῦ als auch εὐαγγέλιον τοῦ Χριστοῦ (und Äquivalente) voraussetzt.

[93] Mk 1,1.14 f; 8,35; 10,29; 13,10; 14,9; als nachmarkinisch ist 16,15 anzusehen; vgl. hierzu und zum folgenden die Begründungen im einzelnen in: G. *Strecker*, Literarkritische Überlegungen zum εὐαγγέλιον-Begriff im Markusevangelium, in: Neues Testament und Geschichte. Historisches Geschehen und Deutung im Neuen Testament. Oscar Cullmann zum 70. Geburtstag (hg. v. H. Baltensweiler und B. Reicke), Zürich/Tübingen 1972, S. 91—104.

Begriffe *promiscue* Verwendung finden, erhärtet die Vermutung, daß schon im vorpaulinischen christlichen Sprachgebrauch nicht wirklich unterschieden wurde. Der durchgehende christologische Inhalt bestätigt die Feststellung, daß die vorpaulinisch-christliche εὐαγγέλ.-Begrifflichkeit christologisch zentriert war. Welche christologischen Elemente im einzelnen in der vormarkinischen Traditionsstufe ausgesagt waren — etwa in Entsprechung zu 1 Thess 1,9 f eine apokalyptische Akzentsetzung —, läßt sich auf der Grundlage der markinischen Texte nicht mehr ausmachen.

3. Die Schriften des Neuen Testaments

3.1 Paulus

3.1.1 Als Ausgangspunkt für die Rekonstruktion des paulinischen Verständnisses bietet sich der *1. Thessalonicherbrief* als der älteste echte Paulusbrief, dessen literarische Einheitlichkeit im folgenden vorausgesetzt wird, an[94]. Hat Paulus das absolute τὸ εὐαγγέλιον[95] und die Genitivverbindungen εὐαγγέλιον τοῦ θεοῦ[96] bzw. εὐαγγέλιον τοῦ Χριστοῦ[97] in hellenistisch-christlicher Überlieferung vorgefunden[98], so unterscheidet er

---

[94] Die nichtpaulinische Abfassung wurde schon von *F. Chr. Baur* behauptet (Paulus, der Apostel Jesu Christi. Sein Leben und Wirken, seine Briefe und seine Lehre, Leipzig ²1867, S. 95 ff); vgl. jetzt *Chr. Demke* mit beachtlichen Argumenten: Theologie und Literarkritik im 1. Thessalonicherbrief, Festschrift für Ernst Fuchs (hg. v. G. Ebeling, E. Jüngel, G. Schunack), Tübingen 1973, S. 103—124. Zum Beispiel könnte 2,16 auf eine sekundäre Überlieferung zurückgehen, so daß auch die Möglichkeit einer „Glosse" nicht völlig ausgeschlossen werden kann; jedoch dürfte es sich bei solchen Anstößen eher um vorpaulinisches Traditionsgut handeln, das einen Einblick in den theologischen Reflektionsstand der *vor*paulinischen Gemeinden erlaubt.

[95] 2.4. Vgl. Röm 1,16; 10,16; 11,28; 1 Kor 4,15; 9,14; 15,1; 2 Kor 8,18; Gal 1,11; 2,2 ff; Phil 1,5 ff; 2,22; 4,3.5; Phm 13.

[96] 2,2 ff. Vgl. Röm 1,1; 15,16.19; 2 Kor 11,7.

[97] 3,2 (vgl. 2,7); Röm 1,16 v. l.; 15,29 v. l.; 1 Kor 9,12.18 v. l.; 2 Kor 2,12; 9,13; 10,14; Gal 1,7; Phil 1,27.

[98] Die Verbindung mit dem Genitiv des Personalpronomens (1,5; vgl. 2 Kor 4,3; Röm 2,16; ferner die Umschreibungen in Gal 1,8.11; 2,2; 1 Kor 15,1 und die deuteropaulinischen Belege Röm 16,25; 2 Thess 2,14; 2 Tim 2,8) gehört zur paulinischen Missionspraxis, in der Sache und Person des Apostels eine Einheit darstellen. Obwohl das Betonen dieses Zusammenhangs nicht ausschließlich an eine polemische Situation gebunden ist, sondern Paulus seinem Anspruch und Selbstbewußtsein auch unabhängig hiervon Ausdruck zu geben sucht, so ist doch nicht zu bestreiten, daß εὐαγγέλιον ἡμῶν (o. ä.) in der Auseinandersetzung mit den Gegnern der paulinischen Verkündigung eine Funktion besitzen konnte (vgl. Gal 1,11 u. ö.). Dieser Sprachgebrauch ist

doch nicht wirklich, wie auch *genetivus obiectivus* und *genetivus subiectivus* in diesem Zusammenhang nicht inhaltlich getrennt werden können. Die Konstruktion mit λαλεῖν (2,2) und κηρύσσειν (2,9) macht deutlich, daß mit dem „Evangelium" jeweils ein *Lehrinhalt* gegeben ist, der dem Apostel zur Verkündigung anvertraut wurde (2,4). Das Substantiv εὐαγγέλιον kann als *nomen actionis* (= die paulinische Verkündigung) und die Verwirklichung des Verkündigungsauftrags als Ausdruck der Agape des Apostels gegenüber der Gemeinde verstanden werden (2,8; vgl. 3,2). Εὐαγγέλιον kennzeichnet also den Vollzug der gemeindegründenden Predigt des Paulus (1,5) und sagt zugleich dessen Inhalt an. Dieser hat eine monotheistische und eine christologische Ausrichtung; das „Evangelium" schließt das urchristliche Bekenntnis zur Heilsbedeutung von Kreuz und Auferstehung Jesu Christi ein (vgl. 1,10 mit 4,14), das hier primär futurisch-eschatologisch verstanden ist. Konkretisiert εὐαγγέλιον die vorgeschichtliche Erwählung (1,4) als Berufung des Menschen zum Heil (2,12), so ist es nicht leeres, sondern geistgewirktes und pneumatische Taten wirkendes Wort[99], wie sich auch an der Verwirklichung der eschatologisch begründeten χαρά in der θλῖψις von Apostel und Gemeinde zeigt.

Paulus' Verkündigung ist zur Zeit der Abfassung des 1. Thessalonicherbriefes nicht mit der Rechtfertigungsbotschaft zu identifizieren. Ihr soteriologischer Inhalt wird durch den apokalyptischen (futurisch-eschatologischen) Kontext des Briefes bestimmt. Mit Ausnahme von 1Kor 15,23 ist die theologische Bedeutung von παρουσία (= die erhoffte Ankunft des Christus) in den paulinischen Briefen nur 1Thess 2,19; 3,13; 4,15; 5,23 bezeugt. Nicht zufällig antwortet der 1. Thessalonicherbrief auf die für die Gemeinde in Thessalonich wichtige Frage nach dem Schicksal der verstorbenen Mitchristen (4,13 ff; 5,9). Daß die futurisch-eschatologische Akzentuierung der Evangeliumsverkündigung in Thessalonich von Paulus als bekannt vorausgesetzt wird, zeigt auch der Hinweis auf die βασιλεία τοῦ θεοῦ als Ziel der Berufung[100]. Eben hierdurch ist die soteriologi-

---

für die Zeit vor Paulus nicht belegt, vielleicht von ihm selbst geschaffen worden. (Zu *E. Molland*, aaO. S. 83—97.)

[99] 1,5. Vgl. zur Gegenüberstellung von λόγος und δύναμις besonders 1Kor 2,4 f; 4,19. — Nach *Chr. Demke* besteht zwischen 1,5 („nicht nur im Wort, sondern auch in Kraft und heiligem Geist …") und 1Kor 2,4 f; 4,19 f („nicht … sondern") eine sachliche Differenz. Jedoch dürfte diese Basis zu schwach sein, um folgern zu können, daß im 1Thess das „Verkündigungsgeschehen … nicht als Offenbarungsgeschehen verstanden" ist; wie es auch eine Überinterpretation der paränetischen Elemente des 1Thess bedeutet, wenn behauptet wird, der Inhalt des Evangeliums sei in erster Linie das Verhalten des Apostels und der Glaubenden (zu aaO. S. 115 f).

[100] 2,12. Vgl. 1Kor 4,20; 6,9 f; 15,50; Gal 5,21; Röm 14,17.

sche Konzeption der frühpaulinischen Verkündigung weitgehend geprägt, wie 1,10 verdeutlichen kann.

Daß andererseits die Verkündigung des Paulus „in Kraft, in heiligem Geist und mit viel Zuversicht" sich vollzieht (1,5), besagt, daß die apokalyptische Äonenwende sich durch die Gabe des Geistes in der Gegenwart vorwegnehmend ereignet (vgl. 4,8; 5,19). Unbeschadet der futurischen Perspektive sprechen auch die Fürbitt-Gebete (3,11—13; 5,23 f) Gegenwärtigkeit des eschatologischen Heils aus. Insbesondere die ἐν Χριστῷ/ἐν κυρίῳ-Aussagen des 1Thess konkretisieren die im Evangeliumsbegriff enthaltene Spannung des „Schon jetzt" und des „Noch nicht"[101].

3.1.2 Zum Vorkommen des Begriffs im *Galaterbrief* stellt sich die Frage, ob Gal 2,7 trotz paulinischer Vokabeln auf eine vorpaulinische Tradition zurückzuführen ist[102] und ob 1,6 den Sprachgebrauch der ga-

---

[101] 1,1; 2,14; 4,16; 5,18. — 3,8; 4,1; 4,12. Vgl. zu 1,5 noch den Übersetzungsvorschlag von *B. Rigaux:* „in großer Fülle" (Les Épîtres aux Thessaloniciens [s. oben Anm. 73], S. 377—379; *ders.,* Evangelium im ersten Thessalonicherbrief, Wissenschaft und Weisheit 35, 1972, S. 1—12; hier S. 3), wodurch der Gegenwartsbezug der apokalyptischen Aussage noch stärker betont wird.

[102] Auffallend ist vor allem die Namensbezeichnung Πέτρος (2,7—8), die für Paulus ungewöhnlich ist. Durchweg liest der ursprüngliche Text der Paulusbriefe Κηφᾶς. Es sind vier Typen von Lösungsversuchen zu registrieren:

1. *A. Merx* (Die vorkanonischen Evangelien nach ihren ältesten bekannten Texten II 1, Berlin 1902, S. 160 ff) und *K. Holl* (Der Kirchenbegriff des Paulus in seinem Verhältnis zu dem der Urgemeinde, in: Gesammelte Aufsätze zur Kirchengeschichte II, Tübingen 1928, S. 44—67; 45 Anm. 3) wollten das vorliegende Problem textkritisch lösen. Danach wäre die Lesart Πέτρος an allen Stellen der Paulusbriefe sekundär. Man könnte also an eine hellenisierende Redaktion denken, die den Text der Paulusbriefe in dieser Weise zu verändern suchte. Unsere Verse wären dann die einzige Belegstelle, an der die sekundäre Namenform sich völlig durchgesetzt hätte. — Gegen diesen Vorschlag spricht, daß die vorliegende Bezeugung einheitlich ist, ein ursprüngliches Κηφᾶς zu Verse 7—8 also nicht postuliert werden darf. Man könnte vielmehr umgekehrt vermuten, daß die Abschreiber die Namensform Πέτρος an unserer Stelle zum Anlaß genommen haben, sie auch in den übrigen Text der Paulusbriefe einzutragen.

2. *H. Schlier* vermutete, der Namenswechsel habe eine sachliche Funktion, Paulus bezeichne mit dem griechischen Πέτρος den Missionar Petrus, dagegen mit dem aramäischen Κηφᾶς den Jerusalemer Amtsträger (Der Brief an die Galater, Meyer VII, Göttingen 11/2 1951 z. St.), jedoch läßt diese These sich nicht durchführen: in 1Kor 9,5 bezieht sich der Ausdruck Κηφᾶς eindeutig auf den „Missionar" Petrus. Seit der vierten Auflage seines Kommentars (1965) schloß sich H. Schlier denn auch der Position von E. Dinkler an (s. u.).

3. Umfassender bearbeitete *E. Barnikol* das Problem, wenn er für die Verse 2,7b (τῆς ἀκροβυστίας) bis Vers 8 (ἔθνη) eine nachpaulinische Glosse vermutete (Der nichtpaulinische Ursprung des Parallelismus der Apostel Petrus und Paulus [Galater 2,7

latischen Gegner des Paulus reflektiert[103]. Ist hier eine sichere Entscheidung nicht möglich, so ist doch offenkundig, daß Paulus das „eine Evangelium", auf das hin christliche Verkündigung sich nach ihrer Legitimität befragen lassen muß (1,6), mit dem εὐαγγέλιον τοῦ Χριστοῦ identifiziert

bis 8], in: Forschungen zur Entstehung des Urchristentums usw. V, Kiel 1931). Für diesen Vorschlag spricht nicht nur die Namensdifferenz zum Voraufgehenden und Folgenden, sondern auch die Tatsache, daß die Gegenüberstellung Paulus—Petrus im folgenden durch die Unterscheidung Paulus/Barnabas und Jakobus/Kephas/Johannes abgelöst wird, ferner, daß der Text in der vorgeschlagenen Weise aus dem Kontext herausgenommen werden kann, und, daß der Sprachgebrauch weitgehend unpaulinisch ist: Sind auch die Vokabeln an anderer Stelle als paulinisch bezeugt, so sind doch die Wortverbindungen πεπίστευμαι τὸ εὐαγγέλιον, τὸ εὐαγγέλιον τῆς ἀκροβυστίας, ἀποστολὴ τῆς περιτομῆς wie auch die Konstruktion ἐνεργεῖν c. dat. für Paulus sonst nicht nachzuweisen. Allerdings kann die Vermutung einer Glosse textkritisch nicht abgesichert werden, und die genannten Gesichtspunkte lassen sich auch für den Vorschlag geltend machen, Paulus benutze an unserer Stelle ein älteres Dokument:

4. So *E. Dinkler* (Der Brief an die Galater. Zum Kommentar von H. Schlier, VF 1953/55, S. 175—183 = [mit Nachtrag] in: Signum Crucis, S. 270—282; vgl. bes. 280: Rekonstruktionsversuch des griechischen Traditionsstückes [Einsatz mit V. 7a: ὅτι]), ähnlich *G. Klein* (Galater 2,6—9 und die Geschichte der Jerusalemer Urgemeinde, ZThK 57, 1960, S. 270—295; abgedruckt mit Nachtrag in: ders., Rekonstruktion und Interpretation, München 1969, S. 99—128, bes. 106 f), *O. Cullmann* (Art Πέτρος, ThW VI, S. 100 Anm. 6), *J. Munck* (Paulus und die Heilsgeschichte, Kopenhagen 1954, S. 54), *D. Warner* (Galatians 2,3—8 as an Interpretation, Exp. Times 62, 1950/51, S. 380); danach erklärt sich der Namenswechsel aus der Benutzung einer schriftlichen Tradition, die als „Sitzungsprotokoll" bezeichnet und auf das Apostelkonzil zurückgeführt wird.

Jedoch ist nach Ausweis von Apg 15 wie auch von Gal 2,9 f auf dem Konzil nicht Petrus allein der Gesprächspartner des Paulus gewesen, sondern eine Mehrzahl von Autoritäten der Jerusalemer Gemeinde (nach Gal 2,9 die „Styloi" Jakobus, Kephas und Johannes). Daher die Aufteilung des Missionsgebietes zwischen Petrus und Paulus eher Gal 1,18, der ersten Begegnung in Jerusalem, entspricht. Solche Abgrenzung der Verkündigung des Paulus ist nach Auffassung der paulinischen Gemeinden sicher noch nach dem Apostelkonzil von Bedeutung gewesen (vgl. Gal 2,11 ff; 1Kor 1,12; 9,5). So mag es in nichtpaulinischer mündlicher Überlieferung für die paulinischen Missionsgemeinden formuliert worden sein: Ein in den hellenistischen Gemeinden tradierter Lehrsatz — auf den hellenistischen Hintergrund verweist die griechische Namensform Πέτρος —, der die unterschiedliche Zielrichtung der Tätigkeit der Apostel Petrus und Paulus zum Gegenstand hat. Daß Paulus ihn im Zusammenhang des Galaterbriefes aufnimmt, entspricht dem Tenor dieses Schreibens: der Warnung, sich beschneiden zu lassen und dadurch unter das Gesetz zurückzufallen. Da sich die Überlieferungseinheit nicht völlig rekonstruieren läßt, ist freilich nur zu vermuten, daß schon in ihr die Verkündigung der Apostel als εὐαγγέλιον bezeichnet wurde.

[103] *Th. Zahn*, Der Brief des Paulus an die Galater, Zahn IX, Leipzig ³1922, S. 47 f; *G. Friedrich* in ThW II, S. 731,42 f.

(1,7). Ist der Genitiv τοῦ Χριστοῦ weder ausschließlich als objektiver (vgl. 1,16) noch als nur subjektiver (vgl. 1,12) zu verstehen, so kennzeichnet er das „Evangelium", die Botschaft vom Christusgeschehen, als durch den erhöhten Christus autorisiert. Das Christusgeschehen ist Gegenstand des von Paulus verkündigten und überlieferten Evangeliums (1,8 f), ebenso der „Glaube" (1,23). Allerdings ist πίστις hier nicht mit einem „Credo" identifiziert und auch nicht mit εὐαγγέλιον synonym[104], sondern bezeichnet das glaubende Annehmen der Verkündigung[105]. Solcher Annahme des Glaubens eignet wie der Evangeliumsverkündigung überhaupt menschliche Unableitbarkeit (1,11 f); so verwirklicht es sich im paulinischen Apostolat unter den Heiden (2,2.7 f).

Anders als im 1Thess entfaltet Paulus — zum erstenmal, für das Verständnis der Hauptphase seiner Verkündigung grundlegend — im Galaterbrief sein „Evangelium" als Rechtfertigungsbotschaft. Das Christusgeschehen, der Inhalt des paulinischen Evangeliums, ist Überwindung des Weges der menschlichen Gerechtigkeit aufgrund des Gesetzes und zugleich Grundlegung des Lebens aus der χάρις θεοῦ (2,19—21). Das paulinische εὐαγγέλιον ist Verkündigung vom rechtfertigenden Christusereignis. Die „Wahrheit des Evangeliums" ist als Rechtfertigung des Sünders aussagbar geworden[106].

3.1.3 Die *Korintherbriefe* setzen die Rechtfertigungslehre des Galaterbriefes zeitlich und inhaltlich voraus. Sie verstehen „Evangelium" umfassend als Verkündigung des Paulus[107]. Kennzeichnet 1Kor 15,1 ff beispielhaft den Inhalt des εὐαγγέλιον als das Kerygma von Tod und Auf-

---

[104] Zu *E. Molland,* aaO. S. 39 f; die angebliche Parallele Phil 1,27 ist nicht als *gen. epexegeticus* („Glaube, der das Evangelium ist": aaO. S. 45), sondern als *gen. obiectivus* („Glaube an das Evangelium") zu begreifen.

[105] So auch Röm 1,8. — Εὐαγγέλιον bezeichnet nach alldem sowohl den Inhalt der pln. Missionsverkündigung als auch deren Vollzug (s. oben zu 1Thess 1,5). Vgl. *H. Schlier:* „Der Ruf Gottes ist an die galatischen Christen durch das εὐαγγέλιον des Paulus ergangen" (aaO. [14/5]1971, S. 37). — Daß die Annahme des Evangeliums zum *status confessionis* führt, sobald die „Substanz des Evangeliums bedroht wird", zeigt *P. Vielhauer,* Zum ‚Paulinismus' der Apostelgeschichte, in: Aufsätze zum Neuen Testament, ThBü 31, München 1965, S. 16. Vgl. auch *E. Gräßer,* Das eine Evangelium. Hermeneutische Erwägungen zu Gal 1,6—10, ZThK 66, 1969, S. 306—344 (343 f).

[106] 2,14 — gegen *E. Molland,* aaO. S. 61—63, wonach die paulinische Rechtfertigungsbotschaft lediglich die „Wahrheit, die aus dem Evangelium folgt", bezeichne, nicht jedoch mit „Evangelium" identisch, die Rechtfertigungslehre also „nicht der Inhalt der Evangelienbotschaft ..., sondern deren theologische Konsequenz" sei; anders *Th. Zahn,* aaO. S. 118: „die Wahrheit, welche das Ev. ist und enthält"; vgl. Kol 1,5.

[107] 1Kor 1,17; 4,15; 9,12 ff; 2Kor 2,12; 4,3 f u. ö.

erweckung Jesu Christi[108], so ordnen sich andere Belegstellen der paränetisch-ethischen Abzweckung des Ersten Korintherbriefes ein, im Zusammenhang mit der Frage nach dem Recht auf Lebensunterhalt, den Paulus wie andere Evangeliumsverkündiger für sich beanspruchen kann[109]. Im Zweiten Korintherbrief stehen Person und Auftrag des Apostels grundsätzlich zur Diskussion: Das Evangelium des Paulus fordert zum Vergleich mit den Gegnern heraus (2Kor 11,1 ff); es hat eschatologische Verhüllung und Erleuchtung, Verwerfung und Annahme zum Ziel (2Kor 4,3 f).

3.1.4 Die im Galaterbrief dargelegte Beziehung zwischen εὐαγγέλιον und Rechtfertigungsbotschaft wird im *Römerbrief* weiter ausgearbeitet. Röm 1,16 f bezeichnet εὐαγγέλιον als die δύναμις θεοῦ, durch die Gottes Gerechtigkeit zu einer menschlichen Möglichkeit wird, und nennt damit das Briefthema: die in der Evangeliumsverkündigung des Apostels sich offenbarende Gottesgerechtigkeit erschließt sich dem Bereich des Glaubens, nicht dem des Gesetzes[110]. Εὐαγγέλιον als apostolische Missionspredigt gründet sich auf das Christuskerygma, wie Paulus es in 1,3 f zitiert[111]; die heilsgeschichtliche Einordnung, wie sie in 1,2 versucht wird, entspricht dem Horizont des Römerbriefes (vgl. Kap. 9—11), sosehr andererseits die universale Ausrichtung des paulinischen Apostolats, der Predigt von der die Fesseln des Gesetzes sprengenden Befreiung des Menschen, auch heilsgeschichtliche Schranken überwindet.

Nicht nur das die Rechtfertigung des Sünders aus Gnaden begründende Christuskerygma, sondern auch die Verkündigung des Gerichtes nach den Werken ist Gegenstand des εὐαγγέλιον[112]. Die Frage, ob solche Ge-

---

[108] Siehe oben 2.4.2.

[109] 9,12 ff; vgl. auch 2Kor 11,7 ff. — Der Gebrauch des Verbs εὐαγγελίζεσθαι ist in den Korintherbriefen mit dieser Thematik aufs engste verbunden; vgl. *R. Schuster,* Evangelium das Wort. Untersuchung zum Verständnis des Wortsinns von Evangelium bei Paulus, theol. Diss., Marburg 1967, S. 200 ff.

[110] Die Frage, ob die „Gerechtigkeit Gottes" Macht- oder Gabecharakter habe (vgl. hierzu *R. Bultmann,* JBL 83, 1964, S. 12—16; *E. Käsemann,* Gottesgerechtigkeit bei Paulus, ZThK 58, 1961, S. 367—378 = Exeget. Versuche und Besinnungen II, Göttingen ³1970, S. 181—193), läßt sich auf der Grundlage des Römerbriefes nicht im Sinn einer Alternative beantworten.

[111] Siehe oben 2.4.3. — Den Zusammenhang betont auch *J. Cambier,* L'évangile de dieu selon l'épître aux Romains. Éxègese et Théologie biblique I. L'évangile de la justice et de la grâce, Studia Neotestamentica, Studia III, 1967, S. 26—28; vgl. auch *S. L. Johnson Jr.,* The Gospel That Paul Preached, Bibliotheca Sacra 1971, S. 327 bis 340.

[112] 2,16; vgl. 1Kor 4,5; 2Kor 5,10 u. ö. Der Gerichtsgedanke ist Paulus durchaus

richtsankündigung einschließt, daß auch die ethische Weisung des Apostels zum Inhalt des „Evangeliums" gehört[113], wird sich nicht sicher entscheiden lassen, obwohl Paulus εὐαγγέλιον als umfassenden Begriff für
seine Predigt verstehen kann und es sicher nicht möglich ist, den Terminus auf einen Kanon von christologischen Lehrtopoi einzugrenzen[114].

3.1.5 Nicht zuletzt die paulinischen Gefangenschaftsbriefe, also der
Philipper- und *Philemonbrief*, lassen erkennen, daß der paulinische
Evangeliums-Begriff in unterschiedlichen Perspektiven verwendet werden kann. Dabei ist εὐαγγέλιον primär in die vorausgesetzte Situation
der Haft des Apostels eingeordnet. Wie das „Evangelium" die Gemeinschaft zwischen Apostel und Gemeinde vom ersten Tage der Gemeinde-

---

vertraut, so daß sich von hier aus kein Argument für die Vermutung, Röm 2,16 sei
eine nachpaulinische Glosse (so *R. Bultmann*, Glossen im Römerbrief, ThLZ 72, 1947,
Sp. 281), ergibt. Vgl. aber im übrigen unten S. 535. Zur Sache: *E. Käsemann*, An die
Römer S. 62 f.

[113] Hiervon zu unterscheiden ist die Feststellung, daß εὐαγγέλιον nach pln. Verständnis als Norm für das Verhalten der Gemeinde begriffen werden kann; vgl. Gal
2,14; Phil 1,27. *A. Grabner-Haider* (Paränese und Eschatologie bei Paulus. Mensch
und Welt im Anspruch der Zukunft Gottes, Münster 1968) betont im Grundsatz zweifellos zu Recht den Zusammenhang zwischen Evangelium und Paraklese bei Paulus;
danach ist die Paraklese „Folge und Weise der Evangeliumsverkündigung. Sie ist das
Evangelium in der Weise des Zuspruchs und des Anspruchs, sowie in der Weise der
Bestärkung und des Trostes" (aaO. S. 44). Für das neutestamentliche παράκλησις ist
charakteristisch, daß der Begriff die Doppelbedeutung „Trost" und „Mahnung" einschließt, so daß die eben zitierte These eine weitere Erläuterung erfordert.

[114] Zu *A. Seeberg*, Das Evangelium Christi, Leipzig 1905; *E. Molland*, aaO. S. 67 ff
(wonach das pln. Evangelium die folgenden christologischen Lehrstücke enthielt: Präexistenz, Inkarnation, Messiaswürde, Auferstehung, Glorifikation und Herrscherstel-
lung Christi); *F. Mußner*, „Evangelium" und „Mitte des Evangeliums". Ein Beitrag
zur Kontroverstheologie, in: Gott in Welt. Festgabe für K. Rahner, Bd 1, Freiburg
1964, S. 492—514. — Entsprechend dem Verständnis von εὐαγγέλιον hat das Verb
bei Paulus meistens die präzise Bedeutung von „das Evangelium verkündigen" (Gal
4,13; 1Kor 1,17; 9,16; 2Kor 10,16 u. ö.; Röm 1,15; 15,20 u. ö.; anders 1Thess 3,6; Gal
1,11 u. ö.: „melden", „verkündigen").

Von Interesse ist Röm 10,15 (Zitat Jes 52,7). Läßt sich auf dieser Grundlage die —
im Vergleich mit *Stuhlmachers* These einschränkende — Behauptung wagen, „daß die
Anschauung der deuterojesajanischen Überlieferung relativ unterschwellig blieb" (*E. Käsemann*, An die Römer, S. 5)? Jedoch, die Möglichkeit, letztere zu nutzen, ist kaum realisiert worden. Im Kontext hat das Zitat eine nur untergeordnete Funktion. Es ist Bestandteil der Schriftargumentation des Paulus, wonach das empirische Volk Israel angesichts seines Unglaubens schuldig geworden ist, da es von der Verkündigung des
Evangeliums erreicht wurde. Eine Textstelle, aus der die inhaltliche Bedeutung Deu-
terojesajas für das paulinische εὐαγγέλιον-Verständnis hervorgehen könnte, findet sich
im übrigen nicht.

gründung an stiftet[115], so begründet es solchen Zusammenhalt in der Gegenwart; dient doch die Gefangenschaft zur „Verteidigung und Befestigung des Evangeliums"[116]. Das Leiden des gefangenen Apostels ist aber nicht nur Folge seiner Evangeliumsverkündigung, sondern es zeigt sich, daß es sogar der Ausbreitung des Evangeliums förderlich ist[117]. Darüber hinaus hat das Evangelium die Funktion einer Norm für das Verhalten der Gemeinde: der Ruf, „würdig dem Evangelium des Christus zu wandeln", konkretisiert sich in der Mahnung, gegenüber der Bedrohung der „Widersacher" die Einheit der Gemeinde zu wahren. Solche Einheit verwirklicht sich im „Glauben an das Evangelium" (1,27).

3.2 Deuteropaulinen

3.2.1 Kolosser- und Epheserbrief

Verhältnismäßig am Rand taucht das Substantiv — nicht das Verb — im *Kolosserbrief* auf. Ist es das eigentliche Anliegen des Verfassers, die universale Bedeutung des Christus, der den Sieg über die kosmischen Mächte errungen hat, der Gemeinde vor Augen zu führen (vgl. 1,15 ff; 2,15) und von dort den Standort der Kirche und den Auftrag des Apostels bestimmen zu lassen, so liegt der Schwerpunkt im Kolosserbrief auf dem Bekenntnis zur Gegenwart des in Christus erschlossenen und sich erschließenden Heils. Es ist nun bezeichnend, daß εὐαγγέλιον an beiden Belegstellen (1,5.23) nicht so sehr diesen Tenor des Briefes unterstreicht, als vielmehr im Anschluß an die Trias „Glaube, Liebe, Hoffnung" der ἐλπίς zugeordnet ist. Das „Evangelium", das Wort der Wahrheit[118], der Inhalt der gemeindegründenden Predigt wie der Verkündigung der Kirche in der Welt, eröffnet für Gemeinde und Welt eine eschatologische Zukunft[119]. Daß die „Hoffnung" wesentlicher Inhalt des „Evange-

---

[115] 1,5; vgl. 4,15. — Zur gemeinschaftsstiftenden Kraft der Evangeliumsverkündigung vgl. auch 2,22; 4,3; Phm 13.

[116] 1,7. — Das Wort ἀπολογία bezieht sich nicht auf die Verteidigung des Paulus vor Gericht, sondern hat eine allgemeine Bedeutung.

[117] Vgl. 1,12.

[118] *H. Schlier,* Der Brief an die Epheser, Düsseldorf ²1958, S. 69 (zu Eph 1,13).

[119] 1,5; nach *E. Lohse* wären allerdings ἐλπίς und πίστις Gegenstand der Botschaft (Die Briefe an die Kolosser und an Philemon, Meyer IX 2, Göttingen ¹⁴/¹¹1968, S. 46 f. 180 f). Vgl. zur Einordnung der Belegstellen in den Kontext auch *H. Ludwig,* Der Verfasser des Kolosserbriefes. Ein Schüler des Paulus, theol. Diss., Göttingen 1974, S. 81. 83.

liums" ist, bestätigt 1,23: sie zählt mit dem „Glauben" zu den Grund-
steinen, auf denen die Gemeinde erbaut ist. Zu diesem Anfang zurück-
zukehren, ruft der Verfasser die Gemeinde — im Anschluß an den den
„Erstgeborenen der Schöpfung" preisenden Christushymnus (1,15—20).
Solche Stellung macht deutlich, daß die Christuswirklichkeit die eigentliche Grundlage der „Hoffnung des Evangeliums" ist (vgl. 1,27: „Christus in euch, die Hoffnung auf δόξα").

Der *Epheserbrief* ist in engem Anschluß an den Kolosserbrief gestaltet, so daß die einzelnen Belegstellen als Interpretationen der Parallelen
im Kolosserbrief erscheinen[120]. Entsprechend Kol 1,5 artikuliert in Eph
1,13 f εὐαγγέλιον ein Hoffnungsgut, konkret bezogen auf den „Geist der
Verheißung", der den ἀρραβὼν τῆς κληρονομίας darstellt. Die so begründete Hoffnung auf die „Erlösung des Eigentums" ist der Gemeinde durch
das Evangelium als das „Wort der Wahrheit" zugesprochen. In Anlehnung an Kol 1,23 vermittelt das Evangelium nach Eph 3,6 Anteilhabe
an der Verheißung; daß es universal auch den Heiden gilt, ist der Inhalt
des „Geheimnisses des Christus", das in früheren Zeiten den Menschen
verborgen war, nun aber den Aposteln des Christus und den Propheten
offenbart worden ist[121]. 6,19 interpretiert Kol 4,3: Indem der Verfasser τοῦ εὐαγγελίου einfügt[122], legt er das „Geheimnis des Christus" als
das „Evangelium" aus, das zu verkünden der Apostel beauftragt worden ist. Daß auch die Gemeinde zur Verkündigung des Evangeliums aufgerufen ist, sagt 6,15; dabei wird das Ziel dieser Verkündigung hervorgehoben, nämlich die εἰρήνη, die im Kampf mit den Mächten der Finsternis und des Bösen behauptet werden muß[123].

---

[120] Vgl. zum Verhältnis des Epheser- zum Kolosserbrief: *P. Benoit,* Rapport lit-
teraire entre les épîtres aux Colossiens et aux Ephésiens, Neutestamentliche Aufsätze. Festschrift für J. Schmid (hg. v. J. Blinzler, O. Kuß, F. Mußner), Regensburg 1963,
S. 11—22; *W. G. Kümmel,* Einleitung in das Neue Testament (begr. v. P. Feine und
J. Behm), Heidelberg [14]1965, S. 257—262.

[121] 3,4 ff; vgl. Kol 1,26 f.

[122] Die Lesart des P[46] u. anderer Textzeugen belegt den Begriff nicht, kann aber als
Angleichung an Kol 4,3 verstanden werden.

[123] 6,12 ff; das Zitat in 6,15 führt auf Jes 52,7 zurück; der zu 2,17 in Nestle als
Parallele angegebene Text Jes 57,19 LXX enthält das Verb εὐαγγελίζεσθαι; wie in
6,14 ff ist auch in 2,17 der Rückgriff auf Dtjes gegenüber Kol sekundär — ein Hinweis, daß die Anknüpfung an deuterojesajanische Vorstellungen oft das Ergebnis der
späteren Exegese ist. Inhaltlich unterstreicht 2,17, daß εἰρήνη der wesentliche Inhalt
des Evangeliums nach Aussage des Epheserbriefes ist. Übrigens erscheint das Verb auch
3,8: der Apostel verkündet den Heiden den „Reichtum Christi".

3.2.2 Zweiter Thessalonicherbrief

Ähnlich wie der Epheserbrief den Kolosserbrief zur Vorlage hat, ist der Zweite Thessalonicherbrief eine spezifische, auf der Grundlage einer veränderten Gemeindesituation geschaffene Ausarbeitung, nämlich des Ersten Thessalonicherbriefes[124]. Die apokalyptischen Ausführungen, die einem christlich-apokalyptischen Enthusiasmus entgegentreten wollen, nehmen die Autorität des Paulus für sich in Anspruch. Jedoch macht die massive Weise dieser Bezugnahme den nachpaulinischen Ursprung des Schreibens sichtbar. Solche Zielsetzung und Methode reflektieren die beiden εὐαγγέλιον-Belege. Die Darstellung des Endgerichtes, die alttestamentliche Schriftstellen benutzt, schließt die Ankündigung des Gerichtsurteils über den Ungehorsam gegenüber „dem Evangelium unseres Herrn Jesus Christus" ein (1,8). Wird auch Näheres nicht gesagt und darin möglicherweise ein stereotyper Sprachgebrauch erkennbar, so ist doch deutlich, daß solche Abweisung mit „Gott Nicht-Erkennen und Nicht-Anerkennen" identisch ist. 2,14 bezeichnet die Verkündigung des Apostels mit εὐαγγέλιον ἡμῶν; sie hat die göttliche Berufung der Gemeinde zur Folge (vgl. auch 1,11); eben in dieser Weise wird der erhöhte Kyrios durch das Evangelium wirksam. Der betonte Bezug auf die Wirklichkeit des Erhöhten[125] hat eine sachliche Entsprechung in der autoritativen Evangeliumsverkündigung des Apostels[126]. Durch den Rückbezug auf die eben genannten „Autoritäten" versucht der Verfasser einer bedrohten, durch die Frage nach dem „wahren Glauben" gezeichneten Gemeindesituation zu begegnen[127].

3.2.3 Pastoralbriefe

In den nachpaulinischen Briefen an Timotheus[128] ist εὐαγγέλιον dem Bild des Apostels zugeordnet, wie es einer nachapostolischen Zeit, die bewußt an die paulinische Tradition anzuknüpfen sucht, erscheinen muß:

---

[124] Vgl. zum Verhältnis 1/2Thess: *E. v. Dobschütz*, Die Thessalonicherbriefe, Meyer X, Göttingen ⁷1909, S. 21 f; *M. Dibelius*, An die Thessalonicher I.II, An die Philipper, HNT 11, Tübingen ³1927, S. 57 f; *W. Trilling*, Untersuchungen zum Zweiten Thessalonicherbrief, Erfurter Theologische Studien 27, Leipzig 1972.
[125] Vgl. 2Thess 1,12; 3,6 (ὄνομα); 1,8 f; 2,13 f.16; 3,3.5.16 (κύριος).
[126] Vgl. 2,1 ff u. ö.   [127] Vgl. 2,13.
[128] Der Titusbrief enthält keinen εὐαγγέλιον-Beleg; die Pastoralbriefe übrigens auch nicht das Verb εὐαγγελίζεσθαι.

Paulus, der Kirchenlehrer, der seine rechte, „gesunde Lehre"[129] seinem
Schüler übermittelt, bleibende kirchliche Ordnungen begründet und sein
Werk vor den Gefahren der Häresie abzusichern versucht. Die durch die
authentischen Briefe ausgewiesene ursprüngliche paulinische Tradition
trägt zur Gestaltung dieses Bildes bei und wird hierdurch tiefgreifend
modifiziert. In liturgischer Sprache[130] wird der dem Apostel übergebene
Verkündigungsauftrag als „das Evangelium der Herrlichkeit des seligen
Gottes, das mir anvertraut worden ist", apostrophiert (1Tim 1,11). Ist
hier entsprechend 2Kor 4,4.6 und Kol 1,27 die himmlische δόξα der Inhalt des Evangeliums, so ist der unmittelbare Anschluß an die ethische
Mahnung (1Tim 1,3—10) darüber hinaus kennzeichnend: Die Evangeliumsverkündigung des Paulus der Pastoralbriefe will zu einer Haltung
führen, die dem Gesetz, wie es in der Kirche praktiziert wird, angemessen ist[131].

Daß die Pastoralbriefe sich auf die Leidenssituation des Paulus
beziehen, ermöglicht es, den Zusammenhang zwischen dem Leiden
und dem εὐαγγέλιον herauszustellen: Nach dem Vorbild des Apostels soll der Schüler bereit sein, für das Evangelium zu leiden, und darin
den Kyrios und die Gemeinschaft mit dem gefangenen Apostel und Lehrer bezeugen (2Tim 1,8). Eben hierdurch erweist sich der Geist der Macht
Gottes (1,7 f), die nach Röm 1,16 mit dem Evangelium identisch ist. In
liturgischem, überladenem Partizipialstil spricht auch 2Tim 1,10 von der
Bedeutung des Evangeliums im Angesicht von Leiden und Tod. Der Apostel ist Herold und Lehrer eines Evangeliums, durch das nicht nur „Leben und Unvergänglichkeit ans Licht gebracht", sondern auch der Tod
überwunden worden ist. Von solchem „Typos" weiß sich die Kirche in
Lehre und Verkündigung bestimmt (1,13).

In einer engen Verbindung mit dem Leiden des Apostels und der Gemeinde steht auch 2Tim 2,8. Der Hinweis auf das Vorbild des die Verfolgung auf sich nehmenden Paulus und die Mahnung zum Mitleiden
sind verbunden mit der Erinnerung an die Überlieferung (2,2.8.11); die
Kräfte der Tradition sind geeignet, das Leiden durchsichtig zu machen
und zu helfen, es zu ertragen. Dies ist offenbar auch die Funktion des
Rückgriffes auf das Christuskerygma; sein wesentlicher Bestandteil, die
Auferweckung Jesu von den Toten, wird in V. 11b aufgenommen — zur

---

[129] 1Tim 1,10.

[130] Vgl. *M. Dibelius*, Die Pastoralbriefe, HNT 13, Tübingen ³1955, S. 21.

[131] Vgl. 1,8. — Hierbei sind gegnerische „Gesetzeslehrer" vorausgesetzt (1,7); vgl.
B. Weiß, Die Briefe Pauli an Timotheus und Titus, Meyer XI, Göttingen ⁷1902, S. 92;

Begründung von Hoffnung und Ausdauer im Ertragen der Verfolgung. Die kerygmatische Formulierung hat eine Parallele in Röm 1,3 f; wie dort deutet sich eine zweistufige Adoptionschristologie an. Daß der Verfasser sich einer überlieferten Formel anschließt, zeigt das im Kontext überflüssige ἐκ σπέρματος Δαυίδ. Dabei mag an dieser Stelle offenbleiben, ob er direkt von Röm 1,3 f abhängig ist oder Zugang zu der von Paulus zitierten Traditionseinheit hatte. Im letzteren Fall ergäbe sich eine Bestätigung der These von der vorpaulinischen Kombination von εὐαγγέλ.-Begrifflichkeit und christologischer Überlieferung. Sollte der Verfasser dagegen Röm 1,3 f unmittelbar aufnehmen, so ist eben dadurch das Bemühen der nachpaulinischen Zeit gekennzeichnet, die apostolische Lehre als die eigene sich anzueignen. Auch unabhängig von diesem Problem ist κατὰ τὸ εὐαγγέλιόν μου als epigonale Formel zu erkennen, die in (der möglicherweise nachpaulinischen Glosse[132]) Röm 2,16 und im unpaulinischen Anhang des Römerbriefes (16,25) Parallelen hat.

3.3 Die synoptischen Evangelien

3.3.1 Markus

Hat der Evangelist Markus εὐαγγέλιον im Zusammenhang der christologischen Verkündigung der hellenistischen Gemeinde vorgefunden, wie dies für Paulus vermutet werden konnte und aus der engen Beziehung von εὐαγγέλιον zur Person des Christus auch für Markus hervorgeht (vgl. besonders 1,1; 14,9), ist also in der vormarkinischen Überlieferung zu εὐαγγέλιον sinngemäß ein Genitiv Ἰησοῦ Χριστοῦ mit primär objektivem Sinn zu ergänzen, so besteht die theologische Leistung des Markus in Hinsicht auf das Verständnis von εὐαγγέλιον darin, daß der Genitiv als subjektiver ausgelegt und Jesus zum Verkündiger des Evangeliums geworden ist. So ergibt es sich aus 1,14 f, dem bedeutendsten der markinischen Summarien, das die Funktion einer „Überschrift" hat[133]; entsprechend ist 1,1 im primär subjektiven Sinn auszulegen[134]; andererseits läßt sich der objektive Gebrauch für 13,10 und 14,9 zumindest nicht ausschließen, während für das Verständnis von 8,35 und 10,29 sowohl die

---

G. *Holtz*, Die Pastoralbriefe, ThHNT XIII, Berlin 1965, S. 42. — Zum Problem auch O. *Merk*, Glaube und Tat in den Pastoralbriefen, ZNW 66, 1975, S. 91—102 (95).

[132] Vgl. dazu oben S. 529 f. Anm. 112.

[133] So E. *Schweizer*, Das Evangelium nach Markus, NTD 1, Göttingen [13]1973, S. 23.

[134] Allerdings ist der Genitiv in 1,1 besonders problematisch. Da das MkEv weit mehr von Jesu Wirksamkeit als von den Reden Jesu erzählt, scheint die oft geäußerte

Gemeindesituation als auch die Situation Jesu von Gewicht ist: die Ge-
meindeverkündigung von Christus gilt als Anlaß der Verfolgung; ande-

---

Vermutung, das zweite Evangelium sei nichts anderes als ein ausgearbeitetes urchrist-
liches Credo, unsere Frage durch die Postulierung eines *gen. obiectivus* zu entscheiden
(so z. B. *B. Weiß*, Kritisch exegetisches Handbuch über die Evangelien des Markus und
Lukas, Meyer I 2, Göttingen ⁷1885, S. 14 f; vgl. zur Auslegung von 1,1 die Zusammenstellung von zehn verschiedenen Lösungsvorschlägen durch *C. E. B. Cranfield*, The
Gospel According to St. Mark, Cambridge ²1963, S. 34 f). Hat die urchristliche kerygmatische Überlieferung das Christusgeschehen zum Gegenstand (s. oben 2.4. 3 u. ö.), so
bezieht sie sich doch nicht primär auf das Auftreten des irdischen Jesus; daher das
MkEv nicht einfach als Erweiterung des urchristlichen Bekenntnisses zu Jesus als dem
Gekreuzigten und Auferstandenen beurteilt werden kann, um so weniger, als die aus
der Passions- und Auferstehungsgeschichte erschließbare Soteriologie des Markus sich
vom urchristlichen Kerygma (z. B. 1Kor 15,3 ff) erheblich unterscheidet. Darüber hinaus haben auf die Darstellung des zweiten Evangelisten nicht nur das christologische
Credo der Urkirche, sondern auch andere Traditionen, u. a. Überlieferungen von Jesus
als dem Wundertäter, dem Gleichnislehrer oder dem apokalyptischen Menschensohn,
eingewirkt.

Wird es von hier aus fragwürdig, auf der ausschließlichen Basis des urchristlichen
Bekenntnisses einen direkten Zugang zum Verständnis des markinischen εὐαγγέλιον zu
gewinnen, so ist dem hinzuzufügen, daß auch die Interpretation von V. 1 als „Überschrift“ des MkEv schwerlich das Verständnis des Genitivs als eines *gen. obiectivus*
begründen kann, indem unterstellt wird, daß der Ausdruck „Anfang des Evangeliums
Jesu Christi“ das folgende Buch charakterisieren soll, also die Darstellung vor allem
der Taten Jesu einbezieht, wie Markus sie zeichnet. Auf die Parallele Hos 1,2, wonach
ebenfalls zu Anfang eines Buches von dem „Anfang“ des Wortes Jahwes an den Propheten die Rede ist, läßt sich in diesem Zusammenhang nicht hinweisen, da es sich
hierbei nicht um eine Überschrift zum Hoseabuch handelt. Man müßte auch bei dem
genannten Vorschlag voraussetzen, daß Markus eine Fortsetzung seines Werkes beab-
sichtigt oder gar ausgeführt hat, was zwar im Rahmen der theologischen Konzeption
des zweiten Evangelisten — nicht anders als bei Lukas und entsprechend bei Matthäus — denkbar wäre, aber doch durch die Aussagen des Evangelisten nicht nahe-
gelegt wird.

Selbst die Einschränkung dieser These in der Weise, daß der Evangelist mit ἀρχή
nicht sein Evangelium, sondern lediglich dessen Anfang kennzeichnen will, so
daß τὸ εὐαγγέλιον Ἰησοῦ Χριστοῦ der ursprüngliche Titel des MkEv wäre, ist nicht
wahrscheinlich zu machen; wird doch solche Annahme durch keinen der übrigen εὐαγγέλιον-Belege im MkEv gestützt; ist doch darüber hinaus erst am Ende des zweiten
Jahrhunderts die Identifizierung von εὐαγγέλιον und Evangelienschrift belegt (Iren.
haer. IV 20,6; Clem. Alexandr. Strom. I 136,1).

Richtiger dürfte daher sein, die in V. 1 genannte ἀρχή auf die im folgenden ge-
schilderte Wirksamkeit des Täufers zu beziehen (Mk 1,1—13; so z. B. *E. Lohmeyer*,
Das Evangelium des Markus, Meyer I 2, Göttingen ¹⁰1937, S. 10; *C. E. B. Cranfield*,
The Gospel According to Saint Mark, S. 34 f; *M. Dibelius*, Die Formgeschichte des
Evangeliums, Tübingen ⁵1966, S. 264; vgl. *H. Conzelmann*, Gegenwart und Zukunft

rerseits handelt es sich im Rahmen des Evangeliums um einen Ausspruch *Jesu,* also um die Verkündigung des Christus[135].

Daß Markus die „Kehre" von der Verkündigung der Gemeinde zur Verkündigung Jesu, so sehr auch der Gemeindeglaube im einzelnen wie im ganzen das Markusevangelium bestimmt, bewußt durchgeführt hat, steht im Einklang mit der Tatsache, daß Markus möglicherweise der Urheber der Gattung „Evangelium" gewesen ist, da er das disparate, in den vormarkinischen Gemeinden umlaufende Jesusgut gesammelt und in eine einfache historisch-biographische Ordnung gebracht hat, wie die geographische (von Galiläa nach Jerusalem) und chronologische (von Johannes dem Täufer bis zu Kreuz und Auferweckung Jesu) Disposition seines Werkes anzeigt. Markus schreibt sein Evangelium in der Absicht, die Gemeinde am Bild des in der Vergangenheit wirkenden Gottes- und Menschensohnes Jesus Christus sich orientieren zu lassen. Die These, daß

in der synoptischen Tradition, ZThK 54, 1957, S. 277—296 [290] = Theologie als Schriftauslegung. Aufsätze zum N. T., BevTh 65, München 1974, S. 42—61 [55]; *L. E. Keck,* The Introduction to Mark's Gospel, NTS 12 [1965/66], S. 352—370 [354]; anders *W. Marxsen,* Der Evangelist Markus, S. 87 f; *W. Grundmann,* Das Evangelium nach Markus, ThHK II, Berlin ³1968, S. 26; *V. Taylor,* The Gospel According to St. Mark, London ²1966, S. 152; *R. Pesch,* Anfang des Evangeliums Jesu Christi, in: Die Zeit Jesu, Festschrift für Heinrich Schlier, hg. v. G. Bornkamm u. K. Rahner, Freiburg 1970, S. 108—144 [113]; auch *E. Haenchen,* Der Weg Jesu, S. 38 Anm. 1, der V. 1 als Angabe für den „Inhalt des Buches" verstehen möchte). Hierfür spricht, daß Markus durch die καθώς-Überleitung V. 1 unmittelbar an das Folgende bindet, und auch, daß εὐαγγέλιον in V. 1 durch Vv. 14—15 offenbar bewußt aufgenommen wird. Damit ist gesagt, daß zwischen dem Auftreten des Täufers und dem εὐαγγέλιον zu unterscheiden ist, Johannes der Täufer zwar die ἀρχή, nicht jedoch unmittelbar das εὐαγγέλιον repräsentiert; aber auch, daß das Problem des Verhältnisses von εὐαγγέλιον und Person Jesu (so deutlich zwischen beiden ein Zusammenhang besteht) auf der Grundlage von V. 1 offen, also auch noch nicht im Sinn eines *gen. obiectivus,* sondern allein in Verbindung mit der Interpretation von Vv. 14 f zu entscheiden ist. Vgl. zum Problem auch *R. Schnackenburg,* „Das Evangelium" im Verständnis des ältesten Evangelisten, in: Orientierung an Jesus. Zur Theologie der Synoptiker (Festschrift für J. Schmid), hg. v. P. Hoffmann, Freiburg 1973, S. 309—324; *E. Stegemann,* Das Markusevangelium als Ruf in die Nachfolge, theol. Diss. Heidelberg 1974, S. 70—73. 76 ff (Masch.).

[135] Diese letztere Auslegung vertritt *A. Harnack* (Entstehung und Entwicklung der Kirchenverfassung und des Kirchenrechts in den zwei ersten Jahrhunderten. Nebst einer Kritik der Abhandlung R. Sohms: „Wesen und Ursprung des Katholizismus" und Untersuchungen über „Evangelium", „Wort Gottes" und das Trinitarische Bekenntnis, Leipzig 1910, S. 204). Das „Evangelium" wäre danach die Botschaft vom Reich, die Christus verkündigt hat, nicht aber die Botschaft, die von Christus handelt, da sonst in 8,35 und 10,29 ἕνεκεν ἐμοῦ und ἕνεκεν εὐαγγελίου jeweils eine Tautologie darstellen würden.

solche Intention einem heidenchristlichen Enthusiasmus in der Umwelt
des Markus konfrontiert ist[136], wird sich auf der Grundlage des Markusevangeliums nicht beweisen lassen, um so weniger, als angesichts des
Fortgangs der Geschichte die innere Notwendigkeit des Gemeindelebens
den Rückgriff auf die Verkündigung des irdischen Jesus veranlassen
konnte[137].

Aber Markus hat die ihm vorgegebene Überlieferung nicht nur historisch eingeordnet, sondern auch apokalyptisch interpretiert, wie zB die
Übernahme der Menschensohnbegrifflichkeit[138] und — in Hinsicht auf
die εὐαγγέλιον-Begrifflichkeit — eine betonte Zukunftsorientierung zum
Ausdruck bringen: Mit dem Beginn des Auftretens Jesu in Galiläa erfolgt die Verkündigung des εὐαγγέλιον τοῦ θεοῦ, das die „Erfüllung der
Zeit"[139] in eben diesem Auftreten, aber auch die Verkündigung des
Kommens der künftigen Gottesherrschaft zum Inhalt hat[140]. Jesu Botschaft impliziert einen Entscheidungsruf; sie fordert Umkehr und Glauben (1,14 f).

Apokalyptisch, auf das Kommen des Menschensohnes zum Gericht
ausgerichtet, ist auch der Beleg 8,35 (vgl. 8,38). Das Verhalten zu Jesus
und zu seinem Evangelium entscheidet über Annahme oder Verwerfung
im Endgericht[141]. Menschliches Verhalten gegenüber dem Evangelium ist
gleichbedeutend dem Verhalten zu Jesus. Für Markus ist bezeichnend,
daß das Evangelium, an dem sich die Haltung der Gemeinde in der Geschichte entscheidet (vgl. noch 13,10), die von Jesus verkündigte, den
Anbruch der Gottesherrschaft ansagende Botschaft ist[142]; wenn Markus
zwischen dem Evangelium Jesu und dem nachösterlichen Evangelium,
das die Gemeinde in Fortsetzung der Verkündigung Jesu weitersagt,
auch nicht terminologisch unterscheidet, so unterstreicht die Einordnung
in den vorösterlichen Kontext des Lebens Jesu, daß das „Evangelium"

---

[136] So *Th. J. Weeden,* The heresy that necessitated Mark's Gospel, ZNW 59, 1968,
S. 145—158; *E. Schweizer,* Das Evangelium nach Markus, S. 221; *U. Luz,* Theologia
crucis als Mitte der Theologie im Neuen Testament, EvTh 34, 1974, S. 116—141 (137).

[137] Im Gegenüber zur ursprünglichen Parusienaherwartung; vgl. Mk 9,1; 13,30.

[138] Vgl. 8,38; 13,26; 14,62.

[139] Vgl. Die Belege in der Literatur des apokalyptischen Judentums; z. B. 4Esr 4,36 f;
9,5; 11,44; Dan 11,35.

[140] ἤγγικεν (1,15) ist zukunftsorientiert; der Unterschied zu ἔφθασεν (Mt 12,28
par) ist bezeichnend.

[141] Zu *J. Wellhausen,* Das Evangelium Marci, Berlin ²1909, S. 67.

[142] Vgl. *E. Schweizer,* aaO. S. 99 f: „Der Zusatz ‚und des Evangeliums' ist marki-
nisch; er will — richtig — festhalten, daß das Wort natürlich auch nach Jesu Tod gilt."

auf das Wort Jesu zurückgeht[143]. Dabei ist der Zusammenhang mit der Aufforderung zur Kreuzesnachfolge evident (8,34); sie konkretisiert für die Jüngerschaft die in den vielfältigen Vorstellungsweisen der Messiasgeheimnistheorie zur Sprache kommende Verborgenheit, in der sich die Epiphanie des Gottessohnes dialektisch bricht: Markus versteht das Kreuz Jesu nicht als ausschließliches Interpretationskriterium seines Evangeliums — dem stehen schon die Auferstehungsaussagen in den Leidensankündigungen entgegen —, sondern als Konkretion des übergreifenden Motivs der Verborgenheit des Offenbarers.

Ähnlich findet sich 10,29 im apokalyptischen Kontext; der angefochtenen, verfolgten Jüngerschaft wird die endzeitliche Zukunft verheißen, in der für die Leiden der Gegenwart ein Ausgleich bereitsteht. Solche Verfolgung nimmt — wie auch in 8,35 vorausgesetzt — Person und Evangelium Jesu Christi zum Anlaß.

13,10 ist in besonderer Weise zukunftsorientiert. Muß die universale Verkündigung vor dem Ende erfolgen, so besagt dies im Einklang mit 1,15, daß das von Jesus initiierte, von der Gemeinde weitergetragene εὐαγγέλιον auch inhaltlich auf das Ende der Zeit ausgerichtet und damit selbst ein apokalyptisches Ereignis ist. Andererseits läßt die redaktionelle Bearbeitung des Kontextes erkennen, daß Markus mit der „Dehnung der Zeit"[144] vor dem Ende rechnet. Dieser Zeitablauf ist durch das göttliche δεῖ bestimmt, also eine den „Plan Gottes" zur Erfüllung bringende Geschichte.

Nicht nur die Historisierung, sondern auch die Apokalyptisierung von εὐαγγέλιον trägt zum heilsgeschichtlichen Rahmen bei, in den Markus die

---

[143] Den Doppelcharakter des markinischen Evangeliums betont zu Recht *K.-G. Reploh,* Markus — Lehrer der Gemeinde. Eine redaktionsgeschichtliche Studie zu den Jüngerperikopen des Markus-Evangeliums, Stuttgarter Bibl. Monogr. 9, Stuttgart 1969, S. 13—26. Anders *J. Wellhausens* Bemerkung: „Das Evangelium ist der von den Aposteln gepredigte Christus" (aaO, S. 67); so trifft es gerade nicht die entgegengesetzte Intention des Markus; und *Wellhausens* richtige Feststellung, καί sei als epexegetisches zu verstehen, so daß „der Herr im Evangelium gegenwärtig" erscheint (so auch *W. Marxsen,* aaO. S. 84 f; *W. Grundmann,* aaO. S. 176), ist im Sinn des Markus nicht einlinig auszuwerten; vielmehr ist nicht zuletzt gemeint, daß das Evangelium schon im Auftreten und in der Verkündigung des Christus Jesus vergegenwärtigt worden ist; überzeugend verweist *J. Schreiber* auf die Tatsache, daß εὐαγγέλιον durch τοὺς ἐμοὺς λόγους (8,38) aufgenommen wird, d. h. sich auf die Verkündigung des markinischen Jesus bezieht (Theologie des Vertrauens. Eine redaktionsgeschichtliche Untersuchung des Markusevangeliums, Hamburg 1967, S. 111).

[144] Vgl. *H. Conzelmann,* Geschichte und Eschaton nach Mc 13, ZNW 50, 1959, S. 210—221 (211) = Theologie als Schriftauslegung 1974, S. 62—73 (63).

Verkündigung und das Auftreten Jesu gestellt hat. Entsprechend dem Winzergleichnis in 12,1—12 tritt Jesus am Höhe- und Endpunkt der Geschichte Gottes mit seinem erwählten Volk auf: Nach dem Scheitern der Verkündigung der alttestamentlichen Propheten erfolgt die Sendung des Sohnes (12,6); seine Ablehnung durch das jüdische Volk bedeutet „Erfüllung der Schriften" (14,49; vgl. 15,28 v. l.). Der Weg Jesu zum Kreuz steht bei solcher Erfolglosigkeit unter dem göttlichen δεῖ (8,31), wie schon vorher der Weg des Vorläufers Johannes des Täufers (9,11). Ist die Geschichte Jesu, wie Markus sie darstellt, eine aus dem Zeitablauf herausgehobene, besondere Geschichte, in der sich Gottes Handeln mit dem jüdischen Volk vollendet, so ist demgegenüber die Geschichte der Kirche durch die universale Wendung der Botschaft an die Völker gekennzeichnet. Das Evangelium, das Jesus im Gegenüber zum jüdischen Volk verkündigte[145], wird nach Kreuz und Auferstehung universal entschränkt[146]. Die Botschaft Jesu wird zur Botschaft der Kirche, der Christus Jesus vom Verkündiger zum Verkündigten[147].

3.3.2 Matthäus

Der Evangelist Matthäus folgt weitgehend den εὐαγγέλιον-Belegen des Markusevangeliums[148]. Die „Ausnahmen" sind sachlich motiviert: Mk 1,1 fällt der Tatsache zum Opfer, daß Matthäus Stammbaum und Kindheitsgeschichte Jesu dem Markusstoff voranstellt, während zu Mk 8,35 und 10,29 durch die Eliminierung von εὐαγγέλιον die Person Jesu in den Vordergrund gestellt wird, wie dies auch sonst für Matthäus charakteristisch ist. Der Beleg aus dem markinischen Summarium (Mk 1,14 f) kehrt inhaltlich in den matthäischen Summarien 4,23 und 9,35 wieder.

Auffallend ist, daß Matthäus das Wort εὐαγγέλιον niemals im absoluten Sinn verwendet, sondern mit dem Demonstrativ τοῦτο (26,13; 24,14)

---

[145] Die Perikope 7,24—30 bestätigt diese Ausrichtung der Sendung Jesu, da die geschilderte Heilung der Tochter der Syrophönizierin ausdrücklich als „Ausnahme" gekennzeichnet wird: 7,27 f.

[146] Wie dies an der Auslieferung Jesu durch die Juden an die „Heiden" zum Ausdruck kommt: 10,33; so in Entsprechung zur eigentlichen Bestimmung des Tempels: 11,17 (nach Jes 56,7).

[147] Vgl. besonders den objektiven Sinn der Belege 13,10 und 14,9.

[148] Der Versuch nachzuweisen, daß Matthäus an einigen Belegstellen gegenüber dem Markusevangelium die ursprüngliche Überlieferung repräsentiert, setzt direkt oder indirekt die quellenkritische Hypothese der Matthäuspriorität voraus und bedarf an dieser Stelle keiner besonderen Widerlegung.

bzw. dem Genitiv τῆς βασιλείας (4,23; 9,35; 24,14) jeweils eine nähere Bestimmung hinzugesetzt hat. Hieraus ergibt sich, daß Matthäus eine offene Verwendung des Begriffs vorgefunden hat und darin vorneutestamentlichen, alttestamentlich-jüdischen bzw. griechisch-hellenistischen Sprachgebrauch reflektiert. Was die inhaltliche Aussage angeht, so ist εὐαγγέλιον bei Matthäus noch stärker als bei Markus auf die Verkündigung Jesu bezogen, wie die häufigere Verbindung mit κηρύσσειν[149] und der gen. *obiectivus* τῆς βασιλείας, der den wesentlichen Inhalt der Predigt Jesu aussagt, anzeigen. Gibt εὐαγγέλιον den Inhalt der Verkündigung Jesu wieder[150], so ist zwischen Lehre und Verkündigung Jesu im Matthäusevangelium inhaltlich nicht zu unterscheiden; εὐαγγέλιον ist die eschatologische Weisung des Kyrios, wie sie als ethische Forderung Jesu in den Reden des Matthäusevangeliums exemplarisch dargestellt und nach 28,18—20 der Gemeinde als verbindliche Botschaft aufgetragen ist[151]. Grundsätzlich nicht anders als bei Markus kann danach die Gemeinde des Matthäus an solcher Beauftragung ihren heilsgeschichtlich ausgewiesenen Ort erkennen[152].

3.3.3 Lukas

Lukas übernimmt das Wort εὐαγγέλιον an keiner Stelle aus dem Markusevangelium. Lediglich in der Apostelgeschichte erscheint es zweimal als Terminus für die Verkündigung der Apostel unter den Heiden (Apg 15,7; 20,24). Von hier aus legte es sich für Lukas nicht nahe, den Begriff auch für die Verkündigung Jesu zu verwenden, um so weniger, als die apostolische Verkündigung nach Darstellung der Apostelgeschichte nicht einfach eine Wiederholung der Predigt Jesu, sondern grundlegend von dem Heilsereignis in Kreuz und Auferstehung Jesu Christi bestimmt ist. Andererseits ist kennzeichnend, daß das Verb εὐαγγελίζεσθαι eine Klammer zwischen dem Leben Jesu und der Geschichte der Apostel darstellt. Die vielfältige Bezeugung in Verbindung mit Engelbotschaft, Jo-

---

[149] 4,23; 9,35; 24,14; 26,13.

[150] Matthäus differenziert konsequent zwischen Verkündigungs- und Heilungstätigkeit Jesu; vgl. 4,23; 9,35.

[151] Vgl. 24,14. Daß hierbei der Verkündiger Jesus zum Verkündigten wird, ist besonders in 26,13 erkennbar, wo τὸ εὐαγγέλιον τοῦτο die Passion Jesu zum unmittelbaren Kontext hat. Siehe im übrigen G. *Strecker*, Der Weg der Gerechtigkeit. Untersuchung zur Theologie des Matthäus, FRLANT 82, Göttingen ³1971, S. 128—130.

[152] Das Verb εὐαγγελίζεσθαι erscheint im MtEv nur im Zitat 11,5; es ist dem o. a. Rahmen der Verkündigung Jesu einzuordnen.

hannes dem Täufer, Jesus wie auch den Jüngern[153] und den Aposteln[154] zeigt, daß εὐαγγελίζεσθαι ein und denselben Inhalt nicht voraussetzt, sondern entsprechend der semitischen und griechischen Vorgeschichte des Wortes den unspezifizierten Sinn von „verkündigen" besitzt. So verwendet Lukas den Begriff im teilweisen Anschluß an die Markusvorlage[155] oder an das vorgegebene Zitat Jes 61,1[156], durch das er entsprechend seiner heilsgeschichtlichen Absicht[157] die Verkündigung Jesu als durch die Schrift legitimiert zu erweisen sucht. Im ganzen überwiegt redaktionelle Arbeit, so daß sich ein Schluß auf vorlukanische, palästinisch-judenchristliche Traditionen nicht nahelegt.

3.4 Hebräer- und Erster Petrusbrief

3.4.1 Hebräerbrief

Der zweifache Beleg in Hebr 4,2.6 bringt das Verb in der passivischen Form[158]. Eine Verbindung zum spezifischen christologischen Sprachgebrauch des Neuen Testaments findet sich nicht. Vielmehr hat εὐαγγελίζεσθαι die allgemeine, für die profane Gräzität belegte Bedeutung von „eine Verheißung erhalten"[159]. Dieser Inhalt schließt die für die Theologie des Hebräerbriefes charakteristische Spannung zwischen Christologie und Ekklesiologie, dem Hohepriestertum Christi und dem wandernden Gottesvolk ein und läßt eine universalgeschichtliche Anschauung deutlich werden: Von der Weltschöpfung (1,2; 9,26) bis zur endzeitlichen κατάπαυσις — alles wird von dem hohenpriesterlichen Werk des Christus umfaßt. Schon das Volk Israel erhielt die eschatologische Verheißung,

---

[153] Engelbotschaft: Lk 1,19.28 v. l.; 2,10; Johannes der Täufer: 3,18; Jünger Jesu: 9,6; Jesus: 4,18.43; 7,22; 8,1; 16,13; 20.1.

[154] Apg 5,42; 8,4.35 u. ö.

[155] Vgl. 4,43; 8,1; 16,16 (Jesu als Verkündiger der Gottesherrschaft) mit Mk 1,14 f.

[156] Lk 4,18; 7,22 par Mt 11,5.

[157] Für die Rekonstruktion der lukanischen heilsgeschichtlichen Konzeption bleibt grundlegend: *H. Conzelmann*, Die Mitte der Zeit. Studien zur Theologie des Lukas, BHTh 17, Tübingen ⁵1964. Zur εὐαγγέλ.-Begrifflichkeit im lukanischen Geschichtswerk siehe auch *W. Marxsen*, aaO. S. 95—98.

[158] So auch Mt 11,5 par Lk 7,22; Lk 16,16; Gal 1,11; 1Petr 1,25; 4,6.

[159] Vgl. oben 1.2.2. — In der Aufnahme dieser Bedeutung hat εὐαγγελίζεσθαι eine große Nähe zur für die Theologie des Hebräerbriefes zentralen ἐπαγγέλ.-Begrifflichkeit. Vgl. auch *O. Michel:* „Nach Meinung des Hebr ist das Wort Gottes grundsätzlich ‚Verheißung'" (Der Brief an die Hebräer, Meyer XIII, Göttingen ¹²/⁶1966, S. 193).

konnte jedoch „wegen des Ungehorsams" ihre Verwirklichung nicht schauen (4,6), so sehr andererseits die Geschichte Israels durch einzelne erfüllte, als solche auf die Zukunft vorausweisende Verheißungen gekennzeichnet ist (11,8 f.11.33). Sind durch das hohepriesterliche Opfer des Christus die Verheißungen Gottes erfüllt (8,6; 10,14 ff.37 ff), so lebt das Volk, das auf das Christusgeschehen seine Existenz gründet, im Raum der schon verwirklichten Verheißung, wenn auch andererseits die zugesagte κατάπαυσις noch aussteht (4,1 f): Das neue Gottesvolk weiß sich durch die Dialektik von schon erfüllter und noch ausstehender Verheißung bestimmt.

3.4.2 Erster Petrusbrief

Obwohl der Erste Petrusbrief anders als die übrigen „katholischen" Briefe der frühchristlich-paulinischen Theologie in vieler Hinsicht nahesteht[160], zeigt doch die vorausgesetzte und ausgeführte theologische Reflexion des Verfassers einen zeitlich wie sachlich verhältnismäßig späten Standort im neutestamentlichen Kanon an.

Das Deuterojesajazitat (Jes 40,8 f) in 1,25 hat eine abstrahierende Funktion. Das „Wort des Herrn, das euch verkündigt worden ist", überspannt die Wechselfälle der Geschichte und errichtet einen Damm gegen die Vergänglichkeit der Menschenwelt. Im Einklang mit der frühchristlichen Tradition ist εὐαγγελίζεσθαι terminologisch gebraucht und hat das in Christus geoffenbarte Heil zum Gegenstand (1,9 f.12). Die Konzentration auf die christologische kerygmatische Tradition (vgl. 1,2.11.19 u. ö.) kann nicht darüber hinwegführen, daß das Kerygma theologisierend ausgelegt wird: Schon die Engel verlangten, die Christusoffenbarung zu schauen, ohne sie zu Gesicht zu bekommen (1,12); gleiches gilt von den alttestamentlichen Propheten (1,10). Das Christusgeschehen selbst, von dem der Gemeinde des Briefes als einer späteren Generation „durch die Verkündiger" berichtet worden ist (1,12), wird wesentlich als τὰ εἰς Χριστὸν παθήματα und τὰς μετὰ ταῦτα δόξας interpretiert (1,11). Von hier aus wird der für die Sünden leidende Christus zum Vorbild für die verfolgte Gemeinde (2,21 ff; 3,18).

In einer im Neuen Testament einzig dastehenden Weise[161] wird in

---

[160] Vgl. *R. Bultmann*, Theologie, S. 530 ff.

[161] Die Stelle Eph 4,9, die unserem Text noch am nächsten kommt, bezieht sich vermutlich nicht auf die Hadesfahrt, sondern auf die „Herabkunft Jesu auf Erden im Sinn der Inkarnation" (*H. Schlier*, Der Brief an die Epheser, S. 192).

Aufnahme von jüdisch-apokalyptischen Vorstellungen[162] die Auferwek-
kung Jesu von den Toten mit dem Motiv der Hadesfahrt verbunden:
Daß der auferstehende Christus den Toten „verkündigt"[163], sichert die
Universalität des Kerygmas wie auch die Allgemeinheit des Lebende und
Tote einbeziehenden Gerichtsaktes Gottes (4,5 f). Den frühchristlichen
Inhalt der Christusbotschaft deutet der Ausdruck εὐαγγέλιον τοῦ θεοῦ in
4,17 an, wonach den dem Evangelium Gottes Ungehorsamen das Gericht
angekündigt und damit ein Entscheidungsruf ausgesprochen wird. Jedoch
zeigt sich aufgrund des Kontextes eine sekundäre Reflexionsstufe, da —
anders als etwa in der Sachparallele 1Kor 11,32 — das Endgericht an
den Nichtglaubenden abstrahiert zur Sprache kommt; der Begriff εὐαγγέλιον ist zum Grundprinzip der kirchlichen Selbstdarstellung geworden[164].

3.5 Johannesapokalypse

Trotz des scheinbar jüdisch-apokalyptischen Rahmens der Johannesapokalypse sind die beiden Belegstellen 10,7 und 14,6 nicht im heilsge-
schichtlich-partikularistischen Sinn auszulegen. Wie auch in den genutz-
ten alttestamentlich-jüdischen Elementen zum Ausdruck kommt[165], ist
der Tenor universalistisch. Die Gerichtsankündigung gegenüber allen
Völkern verbindet sich mit dem uneingeschränkten Bekehrungsruf (14,7).

---

[162] Vgl. *P. Volz*, Die Eschatologie der jüdischen Gemeinde im neutestamentlichen
Zeitalter, Tübingen 1934 (= Hildesheim 1966), S. 320 ff; Str.-B. IV, S. 1016—1165.

[163] εὐηγγελίσθη in 4,6 interpretiert ἐκήρυξεν in 3,19; vgl. zur literarkritischen Frage: *R. Bultmann*, Bekenntnisse und Liedfragmente im ersten Petrusbrief, Coni. Neot.
XI, Lund 1947, S. 1—14; Literatur zur „Hadesfahrt Christi" bei *P. Feine*, Theologie
des Neuen Testaments, Berlin ⁸1951, S. 399 Anm. 1 (ältere Lit.); *B. Reicke*, Art. Höl-
lenfahrt Christi I, RGG ³III 410 (neuere Lit.).

[164] Solche Vergrundsätzlichung zeigen auch die ethischen Ausführungen des Kontextes: nur dem als Christ Leidenden gilt die Verheißung (4,16). Der voraufgehende Vers
bezieht sich auf Fragen der Gemeindeordnung (Stichwort: ἀλλοτριεπίσκοπος), die eine
fortgeschrittene Entwicklungsstufe der kirchlichen Organisation andeuten. — Zu Recht
sagt *A. Schlatter*, daß εὐαγγελίζεσθαι im 1. Petrusbrief „als das technische Wort für
die Verkündigung, daß der Christus gekommen ist und kommen wird, durch die die
Kirche entstand", gebraucht wird (Petrus und Paulus nach dem ersten Petrusbrief,
Stuttgart 1937, S. 63). Die anschließende Folgerung („Ebenso hat Paulus gesprochen")
gibt jedoch einer harmonisierenden Tendenz Ausdruck, die das Spezifische der Theologie des 1. Petrusbriefes vernachlässigt.

[165] Vgl. z. B. den Bezug auf Gott den Schöpfer (10,6), auf das himmlische Paradies
(2,7; 22,2) oder die Erwartung „eines neuen Himmels und einer neuen Erde" (21,1).

Fraglich ist, ob der Verfasser an dieser Stelle auf den Gedanken der Völkerwallfahrt zum Zion — der in 15,4 zum mindesten anklingt — Bezug nehmen will[166]. Grundlegend ist der christologische Zielpunkt, die Erwartung des kommenden Kyrios, der Gericht sprechen und Gnade üben wird; so sagt es das Bekenntnis der angefochtenen Gemeinde, wie die Apokalypse sie voraussetzt (22,20 f). Als Ausdruck dieser Hoffnung enthält εὐαγγέλιον Heil, ohne daß das Wort einfach mit „frohe Botschaft" zu übersetzen wäre; vielmehr erinnert die Verwendung in der Apokalypse an den offenen Sprachgebrauch, wie er sich in griechischer, jüdischer und neutestamentlicher Überlieferung findet. Für die Interpretation maßgebend hat der Kontext zu sein. Entsprechend der Ansage in 10,7 bezieht sich „Evangelium" auf die Stunde der Erlösung, d. h. die Überwindung des Bösen, die der Kyrios heraufführen wird[167]. Solcher Ankündigung von Heil und Gericht ist das Adjektiv αἰώνιος angemessen[168]. Die durch die Zeiten hindurch andauernde Gültigkeit des „Evangeliums" manifestiert seine eschatologische Qualität.

4. Ergebnisse und Folgerungen

4.1 Das neutestamentliche εὐαγγέλ.- ist nicht in eine lückenlose traditionsgeschichtliche Entwicklung einzuordnen. Seine Wurzeln sind sowohl alttestamentlich-jüdisch als auch griechisch-hellenistisch, ohne daß für den einen oder den anderen Hintergrund eine vorherrschende Bedeutung nachgewiesen werden könnte. Vielmehr ist für das Substantiv primär ein griechisch-hellenistischer, für das Verb dagegen mindestens auch der alttestamentlich-jüdische Sprachgebrauch von Einfluß gewesen.

Εὐαγγέλιον ist in der ältesten rekonstruierbaren christlichen Überlieferung mit kerygmatisch-christologischen Formeln verbunden gewesen; sie legten das Christusgeschehen unterschiedlich, jedoch in enger soteriologischer Beziehung zu Tod und Auferweckung Jesu Christi aus[169].

---

[166] Vgl. *J. Jeremias*, Jesu Verheißung für die Völker, Stuttgart ²1959, S. 19 f (zu Mk 14,9).

[167] Künstlich ist die Unterscheidung, 10,7 sei ekklesiologisch („triomphe des saints"), 14,6 kosmologisch („sort final du monde") auszulegen; zu *E.-B. Allo*, Saint Jean: L'Apocalypse, Études Bibliques, Paris 1921, S. 217.

[168] Vgl. entsprechend die unterschiedlichen Verwendungen von αἰώνιος im Neuen Testament: 2Tim 2,10; Hebr 5,9; 9,12.15; 1Petr 5,10; 2Petr 1,11 (Heil); Mt 18,8; 25,41.46; 2Thess 1,9; Hebr 6,2 (Gericht).

[169] Vgl. oben 2.4 (zu 1Thess 1,9 f; 1Kor 15,3 ff; Röm 1,3 f).

Nach neutestamentlichem Verständnis sagt εὐαγγέλιον das durch Christus für Gemeinde und Welt manifestierte Heil an. So bezeugt es Paulus im Zusammenhang mit den unterschiedlichen Phasen seiner Theologie in verschiedener Weise im Blick auf die Autorität des Erhöhten, Markus primär in der Rückbeziehung auf den irdischen Jesus. Die nachpaulinischen und nachmarkinischen Schriften des Neuen Testaments variieren den Begriffsinhalt in selbständiger Anlehnung sowohl an alttestamentlich-jüdische als auch an griechisch-hellenistische Überlieferung in Entsprechung zu der ihrem sachlichen Kontext jeweils angemessenen Aussagerichtung.

4.2 Der disparate Inhalt der neutestamentlichen εὐαγγέλ.-Begrifflichkeit kann nicht bestritten werden. Er ist traditionsgeschichtlich, aber auch durch den jeweils vorherrschenden literarischen Kontext bedingt. Macht schon die vorpaulinische und vormarkinische Terminologie eine breite Skala von Interpretationsmöglichkeiten sichtbar[170], so erst recht der Sprachgebrauch der neutestamentlichen Schriftsteller: Neben einer christologischen[171] steht eine ekklesiologische Akzentuierung[172], neben dem *gen. subiectivus*[173] der *gen. obiectivus*[174], neben dem christologischen Vergangenheits-[175] oder Gegenwartsbezug[176] eine betonte Ausrichtung auf die apokalyptische Zukunft[177]. Dabei behaupten sich sowohl unterminologischer[178] als auch terminologischer Sprachgebrauch[179]. Auch der letztere ist variabel, da er nicht nur als *nomen actionis* begriffen, sondern auch auf den Gegenstand der Verkündigung angewendet werden kann und einmal überwiegend einer kerygmatischen, ein anderes Mal mehr einer didaktischen Intention Raum gibt.

Ist εὐαγγέλιον nach paulinischer Anschauung das von dem πνεῦμα gewirkte Wort, manifestiert sich in ihm die δύναμις θεοῦ und hat es an

---

[170] Vgl. die typischen Genitivkonstruktionen (εὐαγγέλιον τοῦ θεοῦ, εὐαγγέλιον Ἰησοῦ Χριστοῦ) und den absoluten Sprachgebrauch (τὸ εὐαγγέλιον); s. oben 2.4 und 2.5.5.

[171] Mk 1,1; Röm 1,16 f; Gal 1,7 u. ö.

[172] Apg 15,7; Phil 1,5; Eph 1,13 u. ö.

[173] Mk 1,1; 1Thess 3,2 u. ö.: Χριστοῦ; Mk 1,14; Röm 1,1; 1Thess 2,2 u. ö.: θεοῦ.

[174] 2Kor 2,12; Mt 4,23; vgl. Röm 1,9; Apg 5,42.

[175] Mk 1,1.14 f; 1Kor 15,1 ff; Röm 1,1 ff u. ö.

[176] Eph 3,6; vgl. 1Kor 9,12 ff; 2Kor 4,4.

[177] Apg 14,6; Hebr 4,2.6; Mk 8,35; 10,29 f; 13,10 u. ö.

[178] Vgl. für das Verb z. B. Lk 1,19; hinsichtlich des Substantivs setzt das Matthäusevangelium den unterminologischen, offenen Sprachgebrauch voraus.

[179] Vgl. z. B. das absolute τὸ εὐαγγέλιον: Mk 1,15 u. ö.

der Bewegtheit des Geistes teil[180], so ist es andererseits in den Prozeß der Dogmatisierung und Institutionalisierung der sich entwickelnden Kirche einbezogen. Ist es Kennzeichen und Norm der *einen* Gemeinde Jesu Christi[181] und unverfügbar, da ihm menschliche Unableitbarkeit eignet[182], so deutet sich auf der anderen Seite die Tendenz an, daß die Kirche über solche Norm verfügen zu können meint und εὐαγγέλιον nicht mehr das kritische Gegenüber, sondern lediglich eine Funktion der kirchlichen Organisation[183] oder der dogmatischen Reflexion darstellt[184].

4.3 Die hier aufgewiesene Komplexität hat ihre Sacheinheit in der Tatsache, daß nach neutestamentlichem Verständnis εὐαγγέλιον jeweils einen christologischen Kontext voraussetzt. Sosehr die einzelnen Aussagen variabel sind, daß εὐαγγέλιον inhaltlich auf das Christusgeschehen bezogen ist und sich von diesem ableitet, kann für keinen neutestamentlichen Beleg strittig sein[185].

Εὐαγγέλιον ist die Christusbotschaft. Daß diese Botschaft verschiedene Interpretationen einschließen kann, macht die Freiheit der neutestamentlichen Schriftsteller deutlich, das durch das Christusgeschehen begründete, es explizierende „Evangelium" jeweils neu zu verstehen und zu sagen. Das von ihnen bezeugte εὐαγγέλιον ist nicht eine abstrakte Idee, sondern eine je unterschiedlich sich konkretisierende dynamische Gegebenheit.

Indem die Autoren des Neuen Testaments durch die unterschiedliche Aussage von dem, was das εὐαγγέλιον ist, den Anforderungen ihrer Zeit entsprechen, lassen sie die Aufgabe erkennen, die der Kirche aller Zeiten gestellt ist: entsprechend zu ihrer Situation, wie diese im Wandel der Geschichte durch die sich ändernden Gegenwartsbedingungen bestimmt wird, in den differenzierten Weisen ihres Auftretens „Evangelium" konkret werden zu lassen. Sie wird hierbei ihre eigene Geschichte und ihre unterschiedlichen Konfessionen nicht verleugnen können und nicht ignorieren dürfen. Die Verschiedenheit der christlichen Repräsentation „des

---

[180] Röm 1,16; vgl. 1Kor 2,4 f; 4,19 f.

[181] Gal 1,6; 2,7.

[182] Gal 1,11.

[183] Vgl. die Pastoralbriefe, z. B. 1Tim 1,3—11; 2Tim 2,1—13.

[184] Vgl. z. B. 1Petr 1,10—12; 4,17 (s. oben 3.4.2.). — Wie sehr der Inhalt des εὐαγγέλιον differieren kann, zeigt der Vergleich Paulus—Matthäus: Bei Paulus wesentlich als indikativische Verkündigung vom Heilsgeschehen begriffen, ist εὐαγγέλιον im Matthäusevangelium mit der eschatologisch-ethischen Forderung des Kyrios identisch.

[185] Dies gilt übrigens auch im Blick auf die Mehrzahl der Belegstellen für das Verb.

Evangeliums" ist legitim und vermag das ökumenische Gespräch zu beleben.

Freilich bleibt kritisch zu fragen, ob in den unterschiedlichen Verwirklichungen des Evangeliums dessen christologische Basis zur Geltung kommt. Ist doch mit dem christologisch begründeten εὐαγγέλιον des Neuen Testaments ein Maßstab gegeben, an dem Verkündigung und Auftreten der Kirche zu messen sind. Der im Neuen Testament bezeugte „Primat des Evangeliums" widerstreitet jeder Absolutsetzung nach-neu-testamentlicher Tradition und jeder Überordnung der Ekklesiologie über die Christologie. Da aber die „Wahrheit des Evangeliums" nicht eine statisch-fixierbare Größe ist, sondern im dialogischen Vollzug je neu erfragt und erfahren werden muß, gewährt sie andererseits einen Freiheitsraum für Theologie, Verkündigung und alle Verhaltensweisen der Glaubenden. Diese Erkenntnis vor allem sollte die Bereitschaft zur Toleranz und zur Kooperation in der ökumenischen Theorie und Praxis stärken können und zugleich ermutigen, neue Wege im Verhältnis der Kirchen zueinander zu beschreiten.

VERÖFFENTLICHUNGEN VON HANS CONZELMANN

Zusammengestellt von *Wolfgang Hinze* unter Mitarbeit von *Andreas Lindemann*

1951

Die geographischen Vorstellungen im Lukasevangelium, Dissertation (masch.), Tübingen.

1952

Zur Lukasanalyse, ZThK 49, 16—33. Wieder abgedruckt in: G. Braumann (Hg.), Das Lukas-Evangelium, Wege der Forschung 280, 43—63, Wissenschaftliche Buchgesellschaft, Darmstadt.

1953

Die geographischen Vorstellungen im Lukasevangelium (s. 1951), Selbstanzeige in ThLZ 78, 690—692.

1954

Die Mitte der Zeit. Studien zur Theologie des Lukas, BHTh 17, J. C. B. Mohr (Paul Siebeck), Tübingen.
„Was von Anfang war". In: Neutestamentliche Studien für Rudolf Bultmann, BZNW 21, 194—201, de Gruyter, Berlin. Wieder abgedruckt in: H. C., Theologie als Schriftauslegung, 1974, 207—214.
Miszelle zu Act 20,4 f., ZNW 45, 266.

1955

Neubearbeitung von M. Dibelius, Die Pastoralbriefe, HNT 13, J. C. B. Mohr (Paul Siebeck), Tübingen.
Was glaubte die frühe Christenheit?, Schweizerische Theologische Umschau 25, 61—74. Wieder abgedruckt in: H. C., Theologie als Schriftauslegung, 1974, 106—119.

Besprechung von:
R. Bultmann, Theologie des Neuen Testaments, 1953, ZKG 66, 1954/55, 151—157.

1956

Art. Formen und Gattungen II. NT, EKL I, 1310—1315 (= ²1961).

Einzelerzählung und Gesamtgeschichte im Neuen Testament. In: Die Biblische Botschaft in der Bildungskrise der heutigen Schule. Schriftenreihe der Pädagogischen Studienkommission der Studiengemeinschaft der Evangelischen Akademien, Heft 4, 37—47.

Das Gottesbild als Säkularismus, Reformatio (Zeitschrift für evangelische Kultur und Politik, hg. vom Schweizerischen Evangelisch-Kirchlichen Verein) 5, 65—76.

Pharisäer und Zöllner. Predigt über Lukas 18,9—14, Predigten für Jedermann 3, Nr. 10, R. Müllerschön Verlag, Bad Cannstatt.

1957

Art. Amt II. Im NT, RGG³ I, 335—337.

Art. Auferstehung V. Im NT, RGG³ I, 695 f.

Art. Auferstehung Christi I. Im NT, RGG³ I, 698—700.

Gegenwart und Zukunft in der synoptischen Tradition, ZThK 54, 277—296. Wieder abgedruckt in: H. C., Theologie als Schriftauslegung, 1974, 42—61.

Das Urchristentum, Reformatio (Zeitschrift für evangelische Kultur und Politik, hg. vom Schweizerischen Evangelisch-Kirchlichen Verein) 6, 564—573.

Besprechungen von:

M. Dibelius, Botschaft und Geschichte I, 1953; II, 1956, VF 1956/57, 151—155.

W. Marxsen, Der Evangelist Markus, 1956, ThLZ 82, 585 f.

H. Ott, Geschichte und Heilsgeschichte in der Theologie Rudolf Bultmanns, 1955, ThlZ 82, 678—681.

Neuauflage:

Die Mitte der Zeit (s. 1954), 2. Auflage.

1958

Art. Eschatologie IV. Im Urchristentum, RGG³ II, 665—672.

Art. Ewiges Leben III B. Im NT, RGG³ II, 804 f.

Art. Gericht Gottes III. Im NT, RGG³ II, 1419—1421.

Art. Lukasevangelium, EKL II, 1160—1162 (= ²1962).

Die Rede des Paulus auf dem Areopag, Gymnasium Helveticum 12, 18—32. Wieder abgedruckt in: H. C., Theologie als Schriftauslegung, 1974, 91—105.

Die Anfänge des Marienlebens, Neue Zürcher Zeitung vom 26. 11. 1958, 1 f.

Besprechung von:

F. Gils, Jésus Prophète d'après les évangiles synoptiques, 1957, ThLZ 83, 352 f.

1959

Art. Heidenchristentum, RGG³ III, 128—141.

Art. Hoffnung II. Im NT, RGG³ III, 417 f.

Art. Jesus Christus, RGG³ III, 619—653.

Geschichte und Eschaton nach Mc 13, ZNW 50, 210—221. Wieder abgedruckt in: H. C., Theologie als Schriftauslegung, 1974, 62—73.

Die formgeschichtliche Methode, Schweizerische Theologische Umschau 29, 54—62.

Zur Methode der Leben-Jesu-Forschung, ZThK Beiheft 1, 2—13. Wieder abgedruckt in: H. C., Theologie als Schriftauslegung, 1974, 18—29.

Besprechungen von:
R. Bultmann, Die Geschichte der synoptischen Tradition, 3. Auflage 1957, ThLZ 84, 189.

H. Schlier, Der Brief an die Epheser, 1957 (²1958), VF 1958/59, 70—76.

1960

Geschichte, Geschichtsbild und Geschichtsdarstellung bei Lukas, ThLZ 85, 241—250.

Jesus von Nazareth und der Glaube an den Auferstandenen. In: Der historische Jesus und der kerygmatische Christus, hg. von H. Ristow und K. Matthiae, 188—199, Evangelische Verlagsanstalt, Berlin.

Die Überwindung der Weltangst durch den Glauben. In: Mensch und Kosmos. Ringvorlesung der Theologischen Fakultät Zürich, 51—61.

Besprechung von:
F. Rehkopf, Die lukanische Sonderquelle, 1958, Gnomon 32, 470 f.

Übersetzung und Neuauflage:
The Theology of St Luke (engl. Übersetzung von Die Mitte der Zeit; s. 1954), Harper, New York. Faber and Faber, London.

Die Mitte der Zeit (s. 1954), 3. Auflage.

1961

Art. Parusie, RGG³ V, 130—132.

Art. Reich Gottes I. 2. Im NT, RGG³ V, 912—918.

Rudolf Bultmann, Theologie als Schriftauslegung, Studium Generale 14, 27—31. Wieder abgedruckt in: H. C., Theologie als Schriftauslegung, 1974, 9—17.

1962

Der Brief an die Epheser. Der Brief an die Kolosser. In: Die kleineren Briefe des Apostels Paulus, NTD 8, 9. (= 1. neubearbeitete) Auflage. 56—91. 130—154, Vandenhoeck & Ruprecht, Göttingen.

Art. Zorn Gottes III. Im Judentum und NT, RGG³ VI, 1931 f.

Christus im Gottesdienst der neutestamentlichen Zeit. In: Bild und Verkündigung (Festschrift Hanna Jursch), 21—30, Evangelische Verlagsanstalt, Berlin. Wieder abgedruckt in: Pastoraltheologie 55 (1966) 355—365, und: H. C., Theologie als Schriftauslegung, 1974, 120—130.

Randbemerkungen zur Lage im „Neuen Testament", EvTh 22, 225—233.

Die gemeinsame Verantwortung der Bischöfe und der theologischen Lehrer für die Verkündigung der Kirche, Lutherische Monatshefte 1, 494—498.

Vom großen Weltgericht. Predigt über Matth. 25,31—46. Predigten für Jedermann 9. Nr. 1., R. Müllerschön Verlag, Bad Cannstatt.

Besprechungen von:
J. C. O'Neill, The Theology of Acts in its Historical Setting, 1961. ThLZ 87, 753—755.
P. Vallotan, Le Christ et la foi, 1960, ThLZ 87, 513 f.

Neuauflage:
Die Mitte der Zeit (s. 1954), 4. verbesserte und ergänzte Auflage.

1963

Die Apostelgeschichte, HNT 7, J. C. B. Mohr (Paul Siebeck), Tübingen.
Art. Entmythologisierung. In: Theologie für Nicht-Theologen, hg. von H. J. Schultz, 82—89 (= ²1968), Kreuz-Verlag, Stuttgart.
Das Wort und die Wörter. Bemerkungen zu einer „Übersetzung" des Neuen Testaments, EvTh 23, 55—62.
Christlicher Glaube und Humanismus heute, Der Evangelische Erzieher 15, 113—120 (= Humanismus und Christentum — Grundsätzliches und Zeitbedingtes. Sonderheft der Schriftenreihe Probleme der humanistischen Bildung, hg. von der Gesellschaft der humanistischen Bildung, 1963, 45—52, Verlag Moritz Diesterweg, Frankfurt/M., Berlin, Bonn).
Jesu självmedvetande. SEÅ 28/29, 1963/64, 39—53.

1964

Art. σκότος κτλ., ThWNT VII, 424—446.
Art. συνίημι κτλ., ThWNT VII, 886—894.
Die Mutter der Weisheit. In: Zeit und Geschichte. Dankesgabe an Rudolf Bultmann, hg. von E. Dinkler, 225—234, J. C. B. Mohr (Paul Siebeck), Tübingen. Wieder abgedruckt in: H. C., Theologie als Schriftauslegung, 1974, 167—176.
Fragen an Gerhard von Rad, EvTh 24, 113—125.

Besprechungen von:
J. Barr, The Semantics of Biblical Language, 1961 (²1962), EvTh 24, 171.
K. Stalder, Das Werk des Geistes in der Heiligung bei Paulus, 1962, EvTh 24, 172.
G. Wagner, Das religionsgeschichtliche Problem von Röm 6,1—11, 1962, EvTh 24, 171 f.
(Bemerkung zu: K. Deschner, Und abermals krähte der Hahn, 1962), EvTh 24, 336.

Übersetzung und Neuauflage:
The Historical Jesus and the Kerygmatic Christ (englische Übersetzung von: Zur Methode der Leben-Jesu-Forschung; s. 1959). In: Essays on the New Quest of the Historical Jesus, ed. by C. E. Braaten and R. A. Harrisville, 54—68, Abingdon Press, Nashville and New York.
Die Mitte der Zeit (s. 1954), 5. Auflage.

1965

Paulus und die Weisheit, NTS 12, 231—244. Wieder abgedruckt in: H. C., Theologie als Schriftauslegung, 1974, 177—190.

Zur Analyse der Bekenntnisformel I. Kor. 15,3—5, EvTh 25, 1—11. Wieder abgedruckt in: H. C., Theologie als Schriftauslegung, 1974, 131—141.

The First Christian Century as Christian History. In: The Bible in modern Scholarship, ed. by J. P. Hyatt, 217—226, Abingdon Press, Nashville and New York.

Wo steht die Kirche?, Blätter für deutsche und internationale Politik 10, 1014—1020.

Geleitwort zu J. Barr, Bibelexegese und moderne Semantik, Chr. Kaiser Verlag, München.

Besprechung von:
H.-W. Bartsch, Das historische Problem des Todes Jesu, 1960, ThLZ 90, 754 f.

Neuauflage:
Der Brief an die Epheser usw. (s. 1962), 10. (= 2. neubearbeitete und durchgesehene) Auflage.

1966

Luke's Place in the Development of Early Christianity. In: Studies in Luke-Acts. Essays presented in Honor of Paul Schubert, ed. by L. E. Keck and J. L. Martyn, 298—316, Abingdon Press, Nashville and New York.

Rudolf Bultmann. In: Tendenzen der Theologie im 20. Jahrhundert. Eine Geschichte in Porträts, hg. von H. J. Schultz, 243—247 (= ²1967), Kreuz-Verlag, Stuttgart.

Jesu Wirken nach seinem Tode, Kontexte 3: Die Zeit Jesu, hg. von H. J. Schultz, 119—124, Kreuz-Verlag, Stuttgart.

Heutige Probleme der Paulus-Forschung, Der Evangelische Erzieher 18, 241—252.

Pilatus. In: Gestalten der Passion, 36—44, Verlag Katholisches Bibelwerk GmbH, Stuttgart.

Spiegelfechtereien um Jesus (betr.: J. Carmichael, Leben und Tod des Jesus von Nazareth, 1965), Christ und Welt 19, Nr. 8 vom 25. 2. 1966, 10.

Besprechungen von:
R. Bultmann, The History of the Synoptic Tradition, 1963, ThLZ 91, 431 f.

W. G. Kümmel, Heilsgeschehen und Geschichte. Gesammelte Aufsätze, 1965, ThR NF 31, 94 f.

J. E. Scheid, Die Heilstat Gottes in Christus, 1962, ThLZ 91, 666 f.

W. Wrede, Das Messiasgeheimnis in den Evangelien, ³1963, ThLZ 91, 754 f.

Übersetzungen und Neuauflage:
On the Analysis of the Confessional Formula in I Corinthians 15:3—5, Interpretation 20, 15—25 (engl. Übersetzung von: Zur Analyse der Bekenntnisformel I. Kor. 15,3—5; s. 1965).

The Address of Paul on the Areopagus. In: Studies in Luke-Acts. Essays presented in Honor of Paul Schubert, ed. by L. E. Keck and J. L. Martyn 217—230, Abingdon Press, Nashville and New York (engl. Übersetzung von Die Rede des Paulus auf dem Areopag; s. 1958).
Die Pastoralbriefe (s. 1955), 4. ergänzte Auflage.

1967

Grundriß der Theologie des Neuen Testaments. Einführung in die evangelische Theologie Band 2, Chr. Kaiser Verlag, München.
Korinth und die Mädchen der Aphrodite. Zur Religionsgeschichte der Stadt Korinth, NAG 1967 (8), 247—261. Wieder abgedruckt in: H. C., Theologie als Schriftauslegung, 1974, 152—166.
Historie und Theologie in den synoptischen Passionsberichten. In: Zur Bedeutung des Todes Jesu. Exegetische Beiträge, Schriftenreihe des Theologischen Ausschusses der Evangelischen Kirche der Union, hg. von F. Viering, 35—53 (= ²,³1968), Gütersloher Verlagshaus Gerd Mohn. Wieder abgedruckt in: H. C., Theologie als Schriftauslegung, 1974, 74—90.
Worauf gründet sich die Rechtfertigung durch den Glauben?, In: Bibel, Bekenntnis, Theologie. Bericht über eine Informationstagung der 17. Landessynode der Ev.-luth. Landeskirche Hannovers, 110—124.
Rechtfertigung durch den Glauben, Lutherische Monatshefte 6, 159—164. Wieder abgedruckt in: H. C., Theologie als Schriftauslegung, 1974, 215—228.
„Sitzend zur Rechten Gottes, des allmächtigen Vaters, von wo er kommen wird, zu richten die Lebenden und die Toten", in: G. Rein (Hg.), Das Glaubensbekenntnis, 46—49. Kreuz Verlag, Stuttgart.
Zum Prozeß Jesu, EvTh 27, 109 f.
. . . und ihr habt mich gespeist. Predigt über Matth. 25,31—36, Kirche und Mann, November 1967, 8.
Geleitwort zu M. Dibelius, Die Botschaft von Jesus Christus, Siebenstern-Taschenbuch 99.

1968

Die Rechtfertigungslehre des Paulus: Theologie oder Anthropologie?, EvTh 28, 389—404. Wieder abgedruckt in: H. C., Theologie als Schriftauslegung, 1974, 191—206.
Theologie und Positivismus. In: Positivismus als wissenschaftstheoretisches Problem. Mainzer Universitätsgespräche WS 1964/65, hg. von P. Schneider und O. Saame, 5—13.
Auslegung von Markus 4,35—41 par; Markus 8,31—37 par; Römer 1,3 f, Der Evangelische Erzieher 20, 249—260.
Auferstehung, Liturgie und Mönchtum. Laacher Hefte 42, 59—65.

Besprechung von:
Theologisches Wörterbuch zum Neuen Testament VI, 1959, 769 — VIII, 1967, 512, Gnomon 40, 769—775.

Übersetzungen und Neuauflagen:
Present and Future in the Synoptic Tradition. In: H. Braun et al., God and Christ: Existence and Providence. Journal for Theology and the Church 5, 26—44, J. C. B. Mohr (Paul Siebeck), Tübingen. Harper and Row, New York and Evanston (engl. Übersetzung von: Gegenwart und Zukunft in der synoptischen Tradition; s. 1957).
Current Problems in Pauline Research, Interpretation 22, 171—186 (engl. Übersetzung von: Heutige Probleme der Paulus-Forschung; s. 1966). Wieder abgedruckt in: New Testament Issues, ed. by R. Batey, 1970, 130—147, Harper and Row, New York and Evanston.
Grundriß der Theologie des Neuen Testaments (s. 1967), 2. Auflage.
Der Brief an die Epheser usw. (s. 1962. 1965), 11. (= 3. neubearbeitete) Auflage.

1969
Der erste Brief an die Korinther, Kritisch-Exegetischer Kommentar über das Neue Testament begründet von H. A. W. Meyer. V, 11. (= 1. neubearbeitete) Auflage, Vandenhoeck & Ruprecht, Göttingen.
Geschichte des Urchristentums, Grundrisse zum Neuen Testament. Das Neue Testament Deutsch, Ergänzungsreihe, hg. von G. Friedrich, 5, Vandenhoeck & Ruprecht, Göttingen.
Zum Überlieferungsproblem im Neuen Testament, ThLZ 94, 881—888. Wieder abgedruckt in: H. C., Theologie als Schriftauslegung, 1974, 142—151.
Rechtfertigung und Gottesfrage, Der Evangelische Erzieher 21, 333—343.
„... die nicht guten Willens sind". Im Zentrum des Glaubens: Die Rechtfertigung des Gottlosen, Deutsches Allgemeines Sonntagsblatt Nr. 52 vom 28. 12. 1969, 12.

Besprechung von:
O. Merlier, Le quatrième évangile. La question johannique, 1961; ders., Itinéraires de Jésus et chronologie dans le quatrième évangile, 1961, Gnomon 41, 311.

Übersetzungen und Neuauflage:
The Theology of St Luke (Taschenbuchausgabe; s. 1960), Faber and Faber, London.
An Outline of the Theology of the New Testament, Harper and Row, New York. SCM Press Ltd London (engl. Übersetzung von: Grundriß der Theologie des Neuen Testaments; s. 1967).
Théologie du Nouveau Testament, Nouvelle série théologique 21, Editions du Centurion Paris. Editions Labor et Fides Genève (französ. Übersetzung von: Grundriß der Theologie des Neuen Testaments; s. 1967).
Entmythologisierung. In: Theologie für Nicht-Theologen. Gütersloher Taschenausgabe 46, 74—82, Gütersloher Verlagshaus Gerd Mohn (s. 1963).

1970
„Lieber keine gemeinsame Formel". Eine Warnung vor Euphorie in den Gesprächen mit Rom, Lutherische Monatshefte 9, 371 f.

Christologische Aussagen des Neuen Testaments in ihrer Bedeutung für die Verkündigung. In: Evangelischer Informationsdienst Berlin, hg. von der Berliner Arbeitsgemeinschaft für kirchliche Publizistik 4, Heft 3, 4—14.

Übersetzung und Neuauflage:
History and Theology in the Passion Narratives of the Synoptic Gospels, Interpretation 24, 178—197 (engl. Übersetzung von: Histories und Theologie in den synoptischen Passionsberichten; s. 1967).
Der Brief an die Epheser usw. (s. 1962. 1965), 12. (= 4. neubearbeitete) Auflage.

1971
Ergebnisse wissenschaftlich-theologischer Forschung? Neue Taschenbücher über Jesus, Der Evangelische Erzieher 23, 452—462.

Übersetzungen und Neuauflage:
Paul's Doctrine of Justification. Theology or Anthropology? In: Theology of the Liberating Word, ed. and introduced by F. Herzog, 108—123, Abingdon Press, Nashville and New York (engl. Übersetzung von: Die Rechtfertigungslehre des Paulus: Theologie oder Anthropologie?; s. 1968).
The Influence of Jesus after his Death. In: Jesus in His Time, 142—148 (engl. Übersetzung von: Jesu Wirken nach seinem Tode; s. 1966).
Thèmes et tendances de l'exégèse du Nouveau Testament en Allemagne, EThR 46 (4), 429—443.
Geschichte des Urchristentums (s. 1969), 2. durchgesehene Auflage.

1972
Literaturbericht zu den Synoptischen Evangelien, ThR NF 37, 220—272.
Die Frage der Einheit der Neutestamentlichen Schriften. In: Moderne Exegese und historische Wissenschaft. Dokumentation der Tagung des Deutschen Instituts für Bildung und Wissen in Niederaltaich/Ndb. vom 6.—11. Oktober 1969, hg. von J. M. Hollenbach und H. Staudinger, 67—76, Spee-Verlag, Trier.

Übersetzungen und Neuauflagen:
Epistola a los Efesios. Epistola a los Colosenses, Epistolas de la Cautividad. Texto y Comentario, Actualidad Biblica 29, 9—90. 173—231, Ediciones Fax, Madrid (span. Übersetzung von: Der Brief an die Epheser usw.; s. 1962. 1965).
(Die Mitte der Zeit) Japanische Übersetzung, Tokio (s. 1954. 1962).
The Pastoral Epistles. A Commentary on the Pastoral Epistles, ed. by H. Koester. Hermeneia. A Critical and Historical Commentary on the Bible, Fortress Press, Philadelphia (engl. Übersetzung von: Neubearbeitung von M. Dibelius, Die Pastoralbriefe; s. 1955. 1966).
Teologia del Nuovo Testamento, Biblioteca Teologica 5, Paideia Editrice, Brescia (ital. Übersetzung von: Grundriß der Theologie des Neuen Testaments; s. 1967).
Die Apostelgeschichte (s. 1963), 2. verbesserte Auflage.

Der Brief an die Epheser usw. (s. 1962. 1965), 13. (= 5. neubearbeitete)
Auflage.
Geschichte des Urchristentums (s. 1969. 1971). Nachdruck der zweiten, durch-
gesehenen Auflage. Evangelische Verlagsanstalt, Berlin.

1973
Art. φῶς κτλ., ThWNT IX, 302—349.
Art. χαίρω κτλ., ThWNT IX, 350—366. 377—405.
Art. ψεῦδος κτλ., ThWNT IX, 590—599.

Übersetzungen:
History of Primitive Christianity, Abingdon Press, Nashville and New York.
Darton, Longman & Todd London (engl. Übersetzung von: Geschichte des
Urchristentums; s. 1969. 1971).
Jesus. The classic article from RGG³ expanded and updated. Edited, with an
Introduction, by J. Reumann, Fortress Press, Philadelphia (engl. Übersetzung
von: Jesus Christus; s. 1959).

1974
Theologie als Schriftauslegung. Aufsätze zum Neuen Testament, BEvTh 65,
Chr. Kaiser Verlag, München.

Besprechung von:
R. Kieffer, Essais de méthodologie néo-testamentaire, 1972, SEÅ 39, 176—179.

Übersetzungen:
El centro del tiempo. Estudio de la teología de Lucas, Ediciones Fax, Madrid
(span. Übersetzung von: Die Mitte der Zeit; s. 1954. 1962).
Der geschichtliche Ort der lukanischen Schriften im Urchristentum. In: G. Brau-
mann (Hg.), Das Lukas-Evangelium. Wege der Forschung 280, 236—260,
Wissenschaftliche Buchgesellschaft, Darmstadt (deutsche Übersetzung von:
Luke's Place in the Development of Early Christianity; s. 1966).
Das Selbstbewußtsein Jesu. In: H. C., Theologie als Schriftauslegung, 30—41
(deutsche Übersetzung von: Jesu självmedvetande; s. 1963).

1975
Arbeitsbuch zum Neuen Testament (gemeinsam mit Andreas Lindemann), UTB
52, J. C. B. Mohr (Paul Siebeck), Tübingen.

Übersetzung:
1 Corinthians. A Commentary on the First Epistle to the Corinthians, ed. by
G. W. MacRae, S. J., Hermeneia. A Critical and Historical Commentary on the
Bible, Fortress Press Philadelphia (englische Übersetzung von: Der erste Brief
an die Korinther; s. 1969).

REGISTER

Zusammengestellt von *Andreas Lindemann* und *Gerd Lüdemann*

1. Verfasser

2. Stellen (Auswahl)

Altes Testament

Altjüdische Schriften

Rabbinisches Schrifttum

Griechische, römische und sonstige antike Schriften

Neues Testament

Frühchristliche Schriften außerhalb des Neuen Testaments

3. Sachen

ANSCHRIFTEN

Mitarbeiter:

Prof. Dr. Jürgen Becker
2301 Raisdorf, Rönnerweg 15

Prof. Dr. Hans Dieter Betz
School for Theology
Claremont, Calif. 91711, USA

Prof. Dr. Christoph Burchard
69 Heidelberg-Ziegelhausen, Klingenweg 1/1

Prof. Dr. Jacques Dupont, OSB
Monastère St. André
B-1340 Ottignies, Belgien

Prof. Dr. E. Earle Ellis
Theological Seminary
17 Seminary Place,
New Brunswick, N. J. 08901, USA

Prof. Dr. Joseph A. Fitzmyer, S. J.
Weston-College, School of Theology
Cambridge, Mass. 02138, USA

Prof. Dr. Reginald H. Fuller
The Protestant Episcopal
Theological Seminary in Virginia
Alexandria, Virginia 22304, USA

Prof. Dr. Erich Gräßer
5810 Witten-Bommern, Akazienweg 25

Stud. Ref. Wolfgang Hinze
3405 Rosdorf, Hagenbreite 9 a

Pastor Dr. Dietrich-Alex Koch
3515 Scheden 1, Große Straße 19

Prof. Dr. Friedrich Lang
74 Tübingen, Eugenstraße 9

Dr. Andreas Lindemann
3411 Drüber (Einbeck), Nr. 99

Prof. Dr. Eta Linnemann
33 Braunschweig, Adolfstraße 27

Landesbischof Prof. D. Eduard Lohse
3 Hannover, Haarstraße 6

Dr. Gerd Lüdemann
3411 Wulften, Unterdorf 22

Prof. Dr. Dieter Lührmann
4813 Bethel b. Bielefeld, Pellaweg 42

Prof. Dr. Ulrich Luz
3404 Adelebsen, Am Kirchweg 19

Prof. Dr. Peter von der Osten-Sacken
1 Berlin 45, Walter-Linse-Straße 12

Dr. Gerd Petzke
627 Idstein, Buchenweg 16

Prof. Dr. Jürgen Roloff
852 Erlangen, Steinforststraße 32

Prof. Dr. Walter Schmithals
1 Berlin 33, Landauerstraße 6

Prof. Dr. Luise Schottroff
65 Mainz 21 – Finthen, Kakteenweg 14

Prof. Dr. Siegfried Schulz
CH-8708 Meilen, Wampflenstraße 40

Prof. Dr. Eduard Schweizer
CH-8044 Zürich, Pilgerweg 8

Prof. Dr. Peter Stuhlmacher
74 Tübingen, Untere Schillerstraße 4

Prof. Dr. Jack M. Suggs
Brite Divinity School
Fort Worth, Texas 76128, USA

Prof. Dr. Hartwig Thyen
6901 Dossenheim, Alemannenweg 3

Herausgeber:

Prof. Dr. Georg Strecker
3406 Bovenden 1 bei Göttingen, Wilhelm-Raabe-Straße 6